COURS
DE
LANGUE LATINE.

EN VENTE A LA LIBRAIRIE DE DERACHE, RUE DU BOULOY, 7, A PARIS.

NOUVEAU COURS DE LANGUE ANGLAISE, 3 vol. in-8° brochés avec la Clef des Exercices de composition, par T. ROBERTSON. Prix : 13 fr.
—On vend chaque vol. séparément avec ou sans la clef des Exercices.

LEÇONS PRATIQUES DE LANGUE ANGLAISE, à l'usage des Maisons d'éducation, par T. ROBERTSON. *Paris*, un vol. in-8° br. 3 fr.
Leçons extraites des soixante leçons du *Nouveau Cours de langue Anglaise*.

On vend séparément les divisions suivantes de cet ouvrage :

1° LEÇONS I à XX, 1re partie (" *Sultan Mahmoud*, etc.") Br. in-8°. 1 25
2° Id. XXI à XL, 2e partie (" *Young John Lounger*, etc."), in-8°. 1 25
3° Id. XLI à LX, 3e partie (" *I sit down to breakfast*, etc."), in-8°. 1 25

THE WHOLE FRENCH LANGUAGE, comprised in a series of Lessons, with a Key to the Exercises, by T. ROBERTSON. *Paris*, 1853-54. Complete in two vols. 8° ; 14 fr. *sewed*,—15 fr. 50 c. *boards*.

Sold separately: VOL. I, with the Key. *Paris*, 6 fr. *sewed*,—6 fr. 75 c. *boards*.
— VOL. II, with a copious Index and an *Alphabetical Grammar*. *Paris*, 8 fr. *sewed*, 8 fr. 75 c. *boards*.

PRACTICAL LESSONS IN FRENCH, extracted from " THE WHOLE FRENCH LANGUAGE, " and arranged for the use of Schools, by T. ROBERTSON. Complete in one vol. 8° ; 3 fr. 50 c. *sewed*,—4 fr. 25 c. *boards*.

THE GARLAND, Choix de Morceaux extraits des meilleurs prosateurs anglais contemporains,—Bulwer, Cooper, Dickens, D'Israeli, Miss Edgeworth, Howard, Irving, James, Lamb, Leigh Hunt, Marryat, W. Scott, Warren, Wilson, par T. ROBERTSON. *Paris*, 1850. Un vol. in-8° br. 4 50

ABRÉGÉ DE LA VIE ET DES AVENTURES DE ROBINSON CRUSOÉ, arrangé en série de leçons progressives de langue anglaise d'après la *Méthode-Robertson*, par H. HAMILTON. *Paris*, 1856, 2e édit. Un vol. in-12, broché, avec la *Clef des Exercices de traduction des Fables et Historiettes*. 4 50
—LE MÊME OUVRAGE broché sans la *Clef des Exercices* : 3 50

THE VICAR OF WAKEFIELD, quatre chapitres avec la prononciation figurée d'après la *Méthode-Robertson*, et augmentés de notes philologiques grammaticales et anecdotiques, par H. HAMILTON. In-8°, br. 2 50

COURS DE LANGUE ALLEMANDE, d'après la *Méthode-Robertson*, suivi du *Corrigé des Exercices*, par J. SAVOYE. *Paris*, 1856. Cinquième édition. Un vol. in-8°, br. 7 50
——LE MÊME OUVRAGE broché sans le *Corrigé*. 6 »

GERMANIA, Recueil en prose et en vers de littérature allemande, par J. SAVOYE. *Paris*, 2 vol. in-8°, br. 12 »

COURS DE LANGUE ITALIENNE, d'après la *Méthode-Robertson*, par D. MARTELLI. *Paris*, 1853. Quatrième édition. 1 vol. in-8°, br. 3 50

LEÇONS DE LANGUE ESPAGNOLE, d'après la *Méthode-Robertson*, par LÉONCE MALLEFILLE. Troisième édition revue et considérablement augmentée. *Paris*, 1855. Un fort vol. in-12, br. 4 50

Paris.— Imprimé chez Bonaventure et Ducessois, quai des Augustins, 55, près du Pont Neuf.

COURS

DE

LANGUE LATINE

AVEC

EXERCICES PRÉPARATOIRES

D'APRÈS LA MÉTHODE-ROBERTSON

PAR

Am. JACQUET.

PARIS

A. DERACHE,

LIBRAIRE POUR LES LANGUES ÉTRANGÈRES,

7, RUE DU BOULOI, AU PREMIER.

L'entrée à côté des Messageries-Jumelles.

1856

L'auteur et l'éditeur, ayant rempli toutes les formalités légales françaises et étrangères, poursuivront, en vertu des lois, décrets et traités internationaux, toute reproduction, même partielle, de cet ouvrage.

INTRODUCTION.

Les esprits éclairés et libres de tout préjugé, pour ce qui a trait à l'enseignement des langues anciennes, s'avouent sincèrement qu'il doit exister un moyen, une marche plus efficace que les procédés ordinairement suivis. Aussi n'est-ce pas sans étonnement que, depuis longtemps, j'ai remarqué l'insouciance des savants pour l'amélioration des méthodes d'instruction. Et cependant, les savants pourraient, sans grand effort, revenir sur leur passé et rechercher sérieusement les causes réelles de leur savoir. Ils seraient bientôt amenés à reconnaître qu'il est dû à la vraie méthode, naturelle en toutes choses, l'observation et l'expérimentation; ils seraient amenés à reconnaître que les succès de leurs études ont été d'autant plus importants qu'ils ont été plus fidèlement cherchés dans ce mode d'application de l'intelligence.

Demandez à un latiniste consommé comment il s'est familiarisé avec la langue des Romains. Il vous dira qu'il a lu et relu des textes attentivement et dans tous les sens ; qu'il les a analysés, commentés, comparés ; qu'il a ensuite cherché à imiter les tours de phrase, les liaisons, les transitions; et enfin qu'il a composé lui-même du latin par réminiscence et avec des mots d'emprunt. Il n'a pas manqué d'observer que tout doit être du calque, de l'imitation, dans une langue morte surtout ; il sait que la moindre image, la moindre liberté de langage qu'il sera tenté de se permettre sans autorité, peut être désavouée. Ainsi, analyse et synthèse, observation et expérimentation : voilà tout son travail, voilà tout son secret.

Je n'ai donc pas réellement la prétention de rien innover en présentant cet ouvrage au public, je ne fais que rechercher et réclamer pour l'étudiant la méthode sûre et naturelle qui a formé le savant.

Voici en quelques mots le plan que j'ai suivi dans cette étude du latin.

J'ai choisi des textes gradués, autant que possible, dans des auteurs de genres différents : Quinte-Curce, Ovide, Suétone, Saint-Augustin, Horace, Cicéron, Quintilien, Plaute et Térence. Chaque texte est suivi d'une traduction littérale, d'une traduction française et d'une traduction alternative.

Le texte porte la *quantité*, tant qu'elle n'est pas supposée connue suffisamment.

La traduction littérale ne contient pas le français des mots qui ont été précédemment expliqués, à moins que la clarté ne l'exige.

La traduction alternative consiste à traduire, successivement et par parties, le latin en français et le français en latin. On doit répéter cet exercice jusqu'à ce qu'on possède la signification de toutes les expressions du texte, seules ou combinées.

On trouve ensuite, sous le titre de *Conversation*, une série de questions qui ont pour but de faire disparaître jusqu'à la moindre trace d'hésitation sur le sens du récit.

Enfin, dans la *Phraséologie*, on cherche à construire des phrases avec les éléments que l'on possède ; ce latin retourné est une préparation indispensable pour la composition. On dispose progressivement du matériel étudié, et on s'exerce à ce rapprochement soudain, mais correct, des mots et des formes, sans lequel on ne peut dire qu'on connaît une langue. C'est là que se termine la partie plus spécialement pratique de la leçon.

La deuxième partie, intitulée *Analyse et Théorie*, se divise en quatre points : *Lexiologie, Choix et disposition des Mots, Syntaxe* et *Versification*.

Dans la Lexiologie, on analyse chaque mot nouveau, et on recherche les diverses acceptions, la racine et les principaux dérivés.

Dans le second point, on fait des remarques sur la disposition la plus élégante ou, au moins, la plus générale des mots ; on discute l'emploi des expressions simples ou composées ; et l'on donne les particularités utiles qui n'ont pas trouvé place dans la lexiologie et la syntaxe.

Vient ensuite la Syntaxe, qui développe les règles de construction, au fur et à mesure qu'elles se présentent dans le texte, dans un ordre suffisant de liaison et de déduction.

La Quantité et la Versification terminent cette seconde partie ; je me suis efforcé d'en exposer les règles d'une manière succincte et coordonnée.

La Phraséologie et la Composition, celle-ci surtout, pourraient être plus développées qu'elles ne le sont; mais ces exercices, aidés par les citations nombreuses que j'ai données, suffiront, il me semble, pour faire disparaître toute incertitude sur l'interprétation et l'emploi des principes expliqués.

La disposition des mots ne peut être, en bien des cas, soumise à des règles fixes, surtout quand on néglige l'accentuation. Il est cependant très-utile d'apprendre les plus communes et les mieux établies, sous peine de s'exposer à écrire longtemps du latin au hasard, et à confondre les lois générales avec les particularités.

On reconnaîtra aisément que j'ai pris pour guide, dans mes leçons, la méthode de M. Robertson. J'ai longtemps employé et fait employer cette méthode pour les langues vivantes, et je déclare, en toute conscience, que j'en ai obtenu des résultats bien supérieurs à ceux que l'on obtient généralement sans son secours. J'ai fait dès lors de nombreuses tentatives pour l'appliquer aux langues anciennes; mais les ouvrages qui se sont inspirés, plus ou moins, de cette doctrine et de ses devancières, me paraissant insuffisants pour le but sérieux que je me proposais, j'ai fait choix de mes textes et j'ai construit d'une manière nouvelle les développements de mes leçons. Si je donne aujourd'hui de la publicité à l'une des pensées intimes de mon enseignement, c'est dans l'unique espoir d'amener tôt ou tard les maîtres et amis de la jeunesse à se mettre à l'œuvre, et à introduire dans l'étude des langues les méthodes naturelles et philosophiques dont la plupart des sciences ressentent les bienfaits depuis un demi-siècle.

Pour être entièrement fidèle aux préceptes de M. Robertson, j'aurais dû, avant tout, composer des textes méthodiques qui continssent des applications de la lexiologie, de la syntaxe et de la presque totalité des racines latines : j'aurais pu donner ainsi à mes explications le mouvement le plus simple et le plus régulier. J'avoue que la perspective d'un agencement subordonné servilement à la logique d'exposition que j'avais conçue, m'a laissé des regrets; mais je vais reproduire les considérations puissantes qui, à mes yeux, ont prévalu.

Pour habituer les jeunes gens à une interprétation correcte du latin, et, à plus forte raison, pour les former à une bonne latinité, il faut absolument enrichir leur mémoire de locutions, de tours de phrase tout faits, d'un arsenal enfin, dont ils puissent disposer spontanément et judicieusement ; il faut que des modèles, fixés dans leur esprit, les habituent à l'ordre et à l'enchaînement des mots et des propositions ; il n'est pas même inutile qu'ils se rappellent la source des expressions, des figures qui ne sont pas d'un usage fréquent. Et quelle est la première condition indispensable pour arriver à cet important résultat ? Il faut fixer leur attention sur un latin naturel, de premier jet et d'un aloi incontestable, et non sur un latin tiraillé par les exigences de la composition. Les langues vivantes, celles des peuples, du moins, qui ont avec nous une certaine affinité, se plient plus facilement à nos idées, à la direction actuelle de notre pensée ; les langues mortes, au contraire, se particularisent, en quelque sorte, dans les écrivains qui nous les ont léguées ; elles ne sont pour nous que dans ce qu'ils nous ont laissé. Ce sont donc ces écrivains eux-mêmes qu'il est besoin de connaître ; c'est avec eux qu'il faut s'identifier. On n'est sûr de soi qu'autant qu'on marche avec eux ; et s'il est un ordre d'idées dans lequel ils n'aient rien transmis, on ne peut l'aborder qu'avec une extrême réserve.

On remarquera, dès les premières pages, que je tends constamment, dans mes exercices et mes explications, à me rendre maître de la phraséologie latine, en ne m'inquiétant que subsidiairement de la phraséologie française correspondante. Quand un polyglotte parle une langue étrangère, il sait parfaitement qu'il ne fera que balbutier, s'il commence par formuler sa pensée dans sa langue maternelle. Si, au contraire, il cherche à se substituer aux nationaux mêmes de la langue qu'il veut parler, il aura beaucoup plus de chances pour rencontrer l'expresssion propre, la tournure d'esprit dont il a besoin. S'appliquant à l'objet de sa pensée directement et sans intermédiaire, il se créera, s'il le faut, des ressources factices ; il aura recours à des synonymes, à des périphrases, à des équivalents quelconques ; mais il tiendra fermement à faire entrer son idée dans les moules qu'il se sera acquis.

Tout langage est la forme que revêt la pensée communiquée. Il est, primitivement, le produit de l'imitation, de l'analogie et du caprice. Il délaisse peu à peu, en vieillissant, ses sources naturelles, et grandit par le rapport et la combinaison de ses éléments. Il y a donc, dans tout langage, des mots racines et des mots dérivés, simples ou composés. Les mots racines ont, le plus souvent, des flexions qui en désignent le cas, le genre, le nombre et le temps; les mots dérivés ont une terminaison qui, ordinairement, les spécifie, les particularise, comme parties du discours ou de l'idée; les mots composés se forment plus ou moins fidèlement de l'expression des uns et des autres, mais, en général, ils conservent les accidents de ceux qui les terminent. Il est donc hors de doute que, pour se rendre maître du matériel d'une langue, il faudrait s'adonner à l'étude des racines, et des lois de formation des dérivés et des composés. Partant de cette idée, on a conseillé à l'élève d'apprendre par cœur, soit un recueil complet de racines, chose rebutante et, selon moi, impraticable sous le point de vue des résultats, soit un récit contenant toutes les racines aménagées d'une manière quelconque. Ces principes ont été malheureusement érigés en systèmes à panacée qui ne sauraient avoir un succès mérité; mais ils ont, en germe, du vrai et de l'utile. Je pense, et j'ai avec moi, il me semble, beaucoup de bons esprits, que les racines latines doivent être apprises sur des textes naturels et choisis, afin que l'attention se porte spécialement sur les types les plus usuels, et que la mémoire en retienne exactement le sens d'application.

Mais il est une étude bien plus scabreuse, bien plus délicate que celle des racines et de leurs dérivés, c'est celle des idiotismes. C'est la partie des langues pour laquelle on reste le plus longtemps dans l'enfance; aussi est-ce la partie que j'ai traitée avec le plus de soin. J'ai tâché d'oublier les grammairiens, mes premiers maîtres, et, sur une lecture nouvelle et patiente des écrivains latins, j'ai cherché à construire un édifice de données justes et inattaquables. Je suis loin, toutefois, de me dissimuler l'imperfection de mes recherches, et, sur ce point comme sur bien d'autres, je compte beaucoup sur l'indulgence et le savoir des professeurs qui voudront bien accueillir mon travail.

Tous ceux qui font des cours dans les Maisons d'éducation en viennent à admettre que, passé une certaine limite, les progrès des élèves sont, en moyenne, en raison inverse de leur nombre. Qu'ils fassent l'épreuve d'exercices analogues à ceux que je propose; qu'ils donnent à leur cours, de la vie, de l'attrait, par des questions, des interpellations continuelles;

qu'ils demandent à un élève la traduction spontanée d'un mot, d'une phrase, l'appréciation d'une locution, d'une pensée, de l'auteur même qui sert de texte ; et ils ne tarderont pas à s'apercevoir de la puissance de ces pourparlers alternatifs et bien ordonnés entre le professeur et son jeune auditoire. Tous les élèves connaîtront imperturbablement les mots du texte que le maître aura pris pour thème, et ils saisiront, comme d'instinct, les acceptions, les tournures qu'ils n'auront pas encore remarquées. Les explications du professeur sur la leçon du jour, ses explications rétrogrades, les unes et les autres basées sur un plan d'exposition qu'il s'est fait d'avance, donneront à son enseignement un mouvement toujours régulier et progressif.

Comme conseil spécial, je recommanderai aux personnes qui étudient eules d'exécuter ponctuellement et progressivement les exercices indiqués et de retenir par cœur les morceaux qui servent à la fois de matériaux et de modèles. La précipitation et l'impatience ne donnent en toute chose que de faibles résultats : tel est le principe général qu'il ne faut jamais oublier dans le but que nous poursuivons. Il faut travailler d'une manière continue, mais avec cette sage lenteur que suggère le profond désir du succès. Grâce à la flexibilité de leur intelligence, les dames se livrent ordinairement avec beaucoup de fruit à l'étude des langues, quand on leur présente, comme j'espère le faire ici, une forme d'enseignement rapide et attachante. Sans avoir l'ambition de se poser en émules de Madame Dacier, elles peuvent assurément concevoir la prétention de se pénétrer des beautés des originaux anciens. Cette étude n'a rien de frivole; elle a, au contraire, pour effet de développer en elles un goût sûr, un sens droit et une imagination réglée, qualités bien précieuses et pour les femmes elles-mêmes et pour ceux sur qui retombent leurs tendres soins et leur influence si souvent salutaire !

Sous le titre de *Repos de l'Étude*, j'ai joint à quelques chapitres des versions accompagnées d'annotations françaises ou latines. J'ai voulu donner là un modèle d'exercices qui tendissent à constater les progrès de l'élève, à certains intervalles de ses études, et à le fortifier sur la traduction. J'ai emprunté cette idée d'intercalation à l'Abrégé de *Robinson Crusoé*, arrangé par M. H. Hamilton en *Série de Leçons progressives de Langue Anglaise*.

Dans les traductions, et j'ai tout traduit *ad hoc*, textes et citations, j'ai cherché à me tenir le plus près possible de l'expression latine, afin d'habituer l'élève à transporter facilement sa pensée dans la langue qu'il étudie. Le professeur doit, avant tout, exiger une traduction transparente et correcte. Il doit, dans le principe surtout, employer la rigueur des sciences exactes, en repoussant non-seulement les mots vagues et parasites, mais encore les formules qui s'écartent gratuitement de celles de l'idiome expliqué. Les ornements de style ne doivent avoir pour effet, à ses yeux, que de faire goûter les écrits des auteurs étrangers.

Le plan d'enseignement que je propose est, certes, susceptible de perfectionnement, et peut-être n'est-ce pas son moindre mérite ; car il donne par-là un libre champ au bon vouloir, à l'activité, à l'érudition de celui qui enseigne. Si, en dehors de ce plan, on examine attentivement mon ouvrage dans sa valeur grammaticale, on accordera probablement quelque mérite à la manière dont j'ai cherché à grouper et à élucider les règles si nombreuses de la langue des savants. Puissé-je avoir fourni quelques observations utiles ! Puissé-je avoir apporté ma part de documents pour ceux à qui il est réservé de nous doter un jour d'un traité complet de la langue latine !

Am. Jacquet.

LISTE DES ABRÉVIATIONS.

Abl.	ablatif.		Liv.	Tite-Live.
Acc.	accusatif.		M. *ou* masc.	masculin.
Adj.	adjectif.		M. R.	mot racine.
Adv.	adverbe.		Nep.	Corn. Nepos.
Arch.	archaïsme.		N. *ou* neut.	neutre.
Augm.	augmentatif.		Nom.	nominatif.
Aug.	Saint Augustin.		Ov.	Ovide.
C.	conjugaison.		Pass.	passif.
Cæs.	César.		Plaut.	Plaute.
Ch.	chapitre.		Plin.	Pline.
Cic.	Cicéron.		Pl. *ou* plur.	pluriel.
Cl.	classe.		Prép.	préposition.
Comp.	comparatif.		Priv.	privatif.
Conj.	conjonction.		Rég.	régulier.
Curt.	Quinte-Curce.		R. R.	racines.
Dat.	datif.		Sall.	Salluste.
Décl.	déclinaison.		Sen.	Sénèque.
F. *ou* fém.	féminin.		S. *ou* sing.	singulier.
Gén.	génitif.		Sup.	superlatif.
Hor.	Horace.		Tac.	Tacite.
Indécl.	indéclinable.		Tér.	Térence.
Irrég.	irrégulier.		V. *ou* voc.	vocatif.
Juv. *ou* Juvén.	Juvénal.		Virg.	Virgile.

COURS DE LANGUE LATINE.

CHAPITRE PREMIER.

I. Pratique.

Quīntī Cūrtĭī Rūfī,
de Ălēxāndrō Māgnō, rēgĕ Măcĕdŏnŭm,
Lĭbēr tērtĭŭs. — Căpŭt quīntūm.

Mĕdĭām Tārsŭm Cȳdnŭs āmnĭs, dē quō paulō āntĕ dīctŭm ēst, īntērflŭĭt : ēt tūnc æstās ĕrăt, cūjŭs călŏr nōn ălĭām măgĭs quām Cĭlĭcĭæ ōrăm văpŏrĕ sōlĭs āccēndĭt; ēt dĭĕī fērvĭdīssĭmŭm tēmpŭs cœpĕrăt.

PHRASES DÉTACHÉES :

Āspĕră tŭm pŏsĭtīs mītēscēnt sēcŭlă bēllīs. (*Virg.*)

Nōstrī sēcŭlī exēmplă nōn prætĕrībŏ. (*Sen.*)

CHAPITRE PREMIER.—TRADUCTION.

EXPLICATION DES SIGNES.

Quand une syllabe est surmontée de ce signe _, c'est-à-dire d'une *longue*, elle se prononce deux fois plus lentement que celle qui est surmontée du signe ⌣, c'est-à-dire d'une *brève*. Ainsi les deux premières syllabes de *mediam* sont brèves et la dernière est longue (dans la phrase du texte). On doit mettre autant de temps pour prononcer la dernière syllabe *am* que pour les deux premières *medi*. La brève valant un temps, la longue vaut donc deux temps.

Quoique l'on ne puisse pas espérer reproduire exactement la prononciation, et encore moins l'intonation des langues anciennes, l'appréciation, l'expression des *longues* et des *brèves* est d'une utilité incontestable. C'est pourquoi nous les avons notées sur les textes, en ayant soin de donner graduellement les règles de la *quantité*, que nous ferons suivre des règles principales de la *versification*. Grâce à cette marche, on se familiarisera avec la prosodie, sans peine et, pour ainsi dire, sans étude spéciale.

TRADUCTION LITTÉRALE.

QUINTI CURTII RUFI,
DE QUINTUS CURTIUS RUFUS,

DE ALEXANDRO MAGNO, REGE MACEDONUM,
SUR ALEXANDRE-LE-GRAND, ROI DES MACÉDONIENS,

Liber tertius. | *Caput quintum.*
Livre troisième. | Chapitre cinquième.

Mediam Tarsum Cydnus amnis, de quo paulo ante
Moyenne Tarse Cydnus fleuve, de quel peu avant
(Le milieu de) (le fleuve Cydnus) (dont)

dictum est, interfluit : et tunc æstas erat, cujus
dit est, coule entre et alors été était, dont
(il a été parlé) (traverse) (l'été)

calor non aliam magis quam Ciliciæ oram
(la) chaleur non (une) autre plus que de (la) Cilicie (la) contrée

vapore solis accendit; et diei fervidissimum tempus
par (l') ardeur de soleil brûle; et de jour (le) plus chaud temps
(du soleil) (du jour)

cœperat.
avait commencé.

CHAPITRE PREMIER. — TRADUCTION.

PHRASES DÉTACHÉES:

Aspera tum positis mitescent secula bellis,
Durs alors déposées s'adouciront (les) siècles (par les) guerres.

Nostri seculi exempla non præteribo.
De notre siècle (les) exemples (je) ne passerai pas sous silence.

TRADUCTION FRANÇAISE.

LIVRE TROISIÈME DE QUINTE-CURCE,
SUR ALEXANDRE-LE-GRAND, ROI DE MACÉDOINE.

CHAPITRE CINQUIÈME.

Le fleuve Cydnus, dont on a parlé plus haut, traverse le milieu de Tarse. On était alors en été, et, à cette époque, la chaleur développée par l'ardeur du soleil, embrase la Cilicie plus que toute autre contrée ; et le moment le plus chaud du jour avait commencé à se faire sentir.

PHRASES DÉTACHÉES :

Alors les guerres cesseront, et des siècles barbares s'adouciront.
Je ne passerai pas sous silence les exemples de notre siècle.

TRADUCTION ALTERNATIVE.

Dans l'exercice qui suit, le professeur réunit des fragments de phrase dans leur ordre logique, et exerce l'élève à en donner immédiatement la traduction, en ayant soin de passer alternativement du latin au français et du français au latin. L'élève qui travaille seul cache tantôt la colonne de droite, tantôt celle de gauche, et s'impose l'obligation de ne pas passer outre avant un succès complet.

Liber tertius.	Livre troisième
Quinti Curtii Rufi,	de Quintus Curtius Rufus,
de Alexandro,	touchant Alexandre,
rege Macedonum.	roi des Macédoniens.
Caput quintum.	Chapitre cinquième.
Cydnus amnis,	Le fleuve Cydnus,
de quo dictum est paulo ante,	dont on a parlé peu avant,
interfluit mediam Tarsum :	traverse le milieu de Tarse :
et tunc æstas erat.	et alors l'été était,
cujus calor	dont la chaleur
accendit vapore solis.	brûle par l'ardeur du soleil
non aliam oram.	pas autre contrée

magis quam oram Ciliciæ; . . .	plus que la contrée de la Cilicie;
et tempus fervidissimum diei. . .	et le temps le plus chaud du jour
cœperat.	avait commencé.
Tum secula aspera.	Alors les siècles durs
mitescent, ...	s'adouciront,
bellis positis.	les guerres étant mises de côté.
Non præteribo	Je ne passerai pas sous silence
exempla nostri seculi. . . .	les exemples de notre siècle.

CONVERSATION.

Les questions que nous faisons ici sont rédigées de telle sorte que l'élève peut répondre en latin au moyen des mots ou des membres de phrase qu'il connaît.

QUESTIONS.	RÉPONSES.
Qu'était-ce que le Cydnus?	Amnis.
Que traversait-il?	Tarsum.
Quelle partie de Tarse?	Mediam.
Quand a-t-on parlé du Cydnus?	Paulo ante.
Qu'a-t-on fait un peu auparavant?	Dictum est.
Que fait le Cydnus dans Tarse?	Interfluit.
Quelle était l'époque de l'année?	Æstas.
Quand était-on à cette époque?	Tunc.
Qu'est-ce qui brûle la Cilicie?	Calor.
Que fait la chaleur?	Accendit oram Ciliciæ.
Comment brûle-t-elle cette contrée?	Non aliam magis accendit.
Par quoi la brûle-t-elle?	Vapore solis.
Comment était le temps?	Fervidissimum.
Qu'est-ce qui était le plus chaud?	Tempus diei.
Qu'avait fait ce temps le plus chaud?	Cœperat.
Qu'est-ce qui s'adoucira?	Secula.
Quels siècles?	Aspera.
Quand?	Tum.
Après quel fait?	Positis bellis.
Que feront les siècles barbares?	Mitescent.
Quels exemples n'omettrai-je pas?	Nostri seculi.
Que ferai-je à l'égard de ces exemples?	Non præteribo.

PHRASÉOLOGIE.

L'élève, dans cet exercice, met en pratique les rapports de mots qu'il a observés, et s'habitue à former des phrases à l'aide des éléments que le texte lui a fournis. Il ne doit pas le quitter avant d'être capable de mettre spontanément les phrases latines en français et *vice versa*.

A TRADUIRE EN FRANÇAIS.	A TRADUIRE EN LATIN.
Cydnus erat amnis.	Le Cydnus était un fleuve.
Quinti Curtii caput quintum.	Le chapitre cinquième de Quinte-Curce.
Liber de Alexandro, rege Macedonum.	Le livre sur Alexandre, roi des Macédoniens.
Tarsum amnis, de quo dictum est, interfluit.	Le fleuve dont on a parlé traverse Tarse.
Æstas paulo ante cœperat.	L'été avait commencé peu auparavant.
Mediam Tarsum Cydnus non interfluit.	Le Cydnus ne passe pas au milieu de Tarse.
Æstas, cujus calor cœperat, non aliam oram accendit.	L'été, dont la chaleur avait commencé, ne brûle pas d'autre contrée.
Diei fervidissimum tempus vapore solis accendit.	Le temps le plus chaud du jour brûle par l'ardeur du soleil.
Solis calor Ciliciæ oram accendit.	La chaleur du soleil brûle la contrée de la Cilicie.
Quinti Curtii exempla præteribo.	Je passerai sous silence les exemples de Quinte-Curce.
Positis bellis, exempla mitescent.	Les guerres étant terminées, les exemples s'adouciront.

II. Analyse et Théorie.

DE LA LANGUE LATINE.

Le latin était la langue parlée par les anciens Romains. Il tire son nom du Latium, contrée d'Italie qui paraît avoir été son berceau, et dont Rome occupait à peu près le milieu occidental. Les dialectes qui l'ont formé émanent de sources diverses, mais le Celte et le Grec en sont les principaux éléments ; c'est de toutes les langues mortes celle qui s'est le plus propagée en Europe. Comme langue parlée, elle a survécu longtemps à la domination romaine, et il existe encore aujourd'hui quelques localités de Pologne et de Hongrie où le latin s'est conservé comme idiome vulgaire. Tout en cessant d'être langue usuelle chez nous et chez les peuples voisins, il s'est maintenu presque jusqu'à nos jours comme langue exclusive des savants et surtout des érudits. C'est l'Allemagne qui semble être disposée la dernière à l'abandonner sous ce dernier rapport.

La langue latine est, comme la langue grecque, éminemment transpositive, c'est-à-dire que, grâce aux nombreuses inflexions dont sont doués les mots qu'elle emploie, elle peut faire des inversions hardies et variées, qui, calquées en notre langue, ne seraient le plus souvent que confusion et non-sens. Il faut toutefois se garder de penser que la construction latine soit arbitraire. Outre les règles auxquelles elle est assujettie par la clarté et le bon goût, elle donne à certains mots, ou assemblages de mots, une place fixe et consacrée par les bons auteurs.

L'ordre des idées est le même dans toutes les langues; mais l'ordre syntaxique, ou, si l'on veut, l'ordre des mots qui servent à rendre ces idées peut suivre une marche analogue ou inversive. Ainsi, en français, la disposition générale des membres d'une phrase est celle-ci : le sujet, ses compléments, le verbe et les compléments du verbe. La proposition subordonnée, du moins dans sa position normale, suit le verbe sous la dépendance duquel elle se trouve. Enfin la marche syntaxique tend à se confondre avec la marche de la pensée.

Il en est autrement de la langue latine, qui toutefois ne suit pas nécessairement un ordre différent. Car si elle a des places fixes pour les termes d'un certain nombre de locutions, si elle se plaît à refouler le verbe à la fin de la proposition, ou au moins à la fin de ses compléments, elle est d'ailleurs d'une construction libre, et singulièrement propre à mettre en relief les mots ou même les propositions qu'elle veut accentuer.

Les règles que l'on peut établir pour la transposition latine sont moins nombreuses et moins exclusives qu'on ne serait tout d'abord porté à le supposer. Aussi leur énumération est-elle insuffisante par elle-même; il faut qu'elles soient aidées par l'oreille, le jugement et les formes élégantes recueillies dans les écrivains réputés les plus purs. Si une même idée peut être exprimée par des constructions différentes, il en est une ordinairement que l'on doit préférer pour la clarté, la vivacité, l'harmonie, enfin pour une plus grande conformité avec la vraie phraséologie latine.

L'écrivain latin se laisse guider par l'importance relative des mots; il enclave, jette en avant ou réserve pour la fin ceux sur lesquels il veut imprimer le trait principal de sa pensée. Il peut ainsi attirer vivement l'attention, la ménager ou la tenir en suspens avec les mêmes termes et par un simple mouvement syntaxique; avantage spécial aux langues réellement transpositives.

Nous serons, pour ces raisons, très-sobre de théorie sur la construction et sur l'élégance latine. Nous essayerons cependant de rien omettre d'important pour le but que nous voulons atteindre ici. Nos remarques, aidées des textes et mises en pratique dans nos compositions, nous amèneront insensiblement à reconnaître une phrase naturelle et correcte. Tel est en tout cas l'objet de nos efforts et de notre espoir; car, sur ce point comme sur tant d'autres champs d'application de l'entendement humain, un petit nombre de principes, du sens et de l'exercice produisent un meilleur effet que les compilations les mieux faites. C'est la pratique, c'est l'exercice, dit Cicéron, qui nous formera à un heureux arrangement des mots : *Stylus exercitatus efficiet facile hanc viam componendi.*

ALPHABET LATIN.

L'alphabet latin est composé des mêmes vingt-cinq lettres que le nôtre qui en est tiré. Il contient en outre les deux lettres doubles œ, æ, par lesquelles il a interprété les diphthongues grecques οι, αι. Ces deux lettres et la voyelle simple *e* se prononcent comme notre *é* fermé.

Le *C* latin était toujours dur même devant *e, i*. C'est pourquoi l'on a inventé la cédille pour l'orthographe française. Dans la lecture du latin, nous prononçons *c* doux devant *e, i* seulement. Il est dur partout ailleurs.

CH se prononce toujours *c* dur comme dans *charitas (caritas).*

Les Latins aspiraient fortement les voyelles précédées de *h.* Nous devons nous attacher à bien marquer cette aspiration. La lecture des vers surtout y gagnera beaucoup. On peut se figurer l'expression du *monstrum horrendum*, du vers de Virgile, quand, après l'élision de la finale *um* du premier mot, il aspirait fortement le commencement du second.

K ne se rencontre pour ainsi dire pas en latin; et en effet il devenait inutile autrement que pour marquer l'étymologie, puisque *c* était toujours dur.

M, que Quintilien appelle la *lettre mugissante (mugiens littera),* sonne à la fin des mots, où elle se trouve souvent en latin, contrairement à la langue grecque.

Q, comme dans le français, ne se trouve que suivi de *u* et d'une autre voyelle. Avec *a*, il fait *qua (coua)*, comme dans *aquarelle;* avec *e*, il fait *que (cué)*, comme dans *évacuer;* avec *i*, il fait *qui (cui)*, comme dans le mot *cuit;* avec *o*, il fait *quo (co)*, comme dans *quolibet.*

J était tantôt voyelle et tantôt consonne. Il était voyelle devant les consonnes et à la fin des mots, ou encore devant les voyelles des mots d'origine grecque. Il était consonne devant les voyelles des mots d'origine italique (Jupiter) ; d'ailleurs, le signe était le même dans l'un et l'autre cas. Ce n'est qu'au XVIe siècle que, se rendant aux justes observations de Ramus, on parvint à adopter un signe différent pour *i* consonne.

L'*i* consonne était prononcé par les Latins avec une articulation douce, ayant pour base l'*i* ordinaire, et qu'on a comparée, peut-être avec quelque raison, avec celle de l'*y* du mot anglais *yes*.

Il n'y avait également qu'un signe pour l'*u* et le *v*, c'est-à-dire pour l'*u* voyelle et l'*u* consonne, ou plutôt l'*u* aspiré. Ramus avait proposé, parmi ses réformes orthographiques, des caractères différents pour ces deux sons, mais on sait que cette distinction n'a prévalu que fort tard.

Les Romains, comme les Italiens et les Anglais, n'avaient pas le son de l'*u* tel que nous le rendons. Ils prononçaient cette lettre *ou*; ce qui prouve qu'on doit ranger *ou* parmi les voyelles et non parmi les diphthongues. Ils n'avaient en réalité que vingt-trois lettres, et nous avons été de même jusqu'à l'introduction du *j* et du *v*.

Un alphabet bien fait devrait contenir autant de caractères qu'il a de sons à reproduire. Mais quelle langue remplit cette condition? Aucune. Le sanscrit est, de toutes les langues connues de nous en ce moment, la moins défectueuse à cet égard.

PRONONCIATION.

Les nations modernes prononcent chacune le grec et le latin d'une manière plus ou moins appropriée à la langue qu'elles parlent. Il s'agit donc ici uniquement de la prononciation latine usitée dans notre enseignement. Nous aurons d'ailleurs peu de chose à ajouter à ce que nous venons de dire à propos de l'alphabet.

Quinti, cuin-ti. La première syllabe *cuin*, garde pour *n* le son nasal français.

Curtii, cur-si-i. *Ti*, suivi d'une voyelle, se prononce *si* comme dans le mot *action*.

De, dé. *E* n'est jamais muet.

Macedonum, Macédonome. Les consonnes finales se font nettement sentir, et la finale *um* se prononce *ome* comme dans *Rome*.

Liber, li-bair. *R* s'articule toujours dans la lecture du latin.

Mediam, médiame. La finale *am* a toujours le même son.

Cydnus, Cydnusse ; *solis*, solisse ; *œstas*, ess-tasse.

S à la fin et au commencement des mots se prononce sifflante.

Au milieu des mots, nous le faisons sonner comme en français, tantôt comme sifflante, tantôt comme *z*. Les Latins ne l'adoucissaient pas au milieu des mots, comme nous le faisons entre deux voyelles.

CHAPITRE PREMIER. — DÉCLINAISONS.

Ante, anté. **An,** suivi d'une consonne au commencement ou dans l'intérieur des mots, se conserve nasal comme dans le mot français *constant.*

Est, ésst. E long comme dans *être.*

Interfluit, ain-ter-flu-it. **In,** suivi d'une consonne au commencement ou dans l'intérieur des mots, se prononce comme dans le mot *instruit.*

Tunc, tun-que. **Un** se prononce ici avec le son nasal de notre adjectif cardinal *un,* suivi d'une consonne.

Diei, di-é-i.

Positis, po-zi-tisse. S ayant le son de z entre deux voyelles.

Accendit, ac-cen-dit; tempus, tin-pusse. **En,** *em* suivis d'une consonne dans le même mot, prennent le son nasal *in.*

Non, none. On à la fin des mots ou suivi d'une voyelle se prononce *one.*

DÉCLINAISONS.

Le latin a deux nombres, le *singulier* et le *pluriel.* Il n'a pas de *duel* comme le grec ; mais il a, comme cette langue, trois genres, le *masculin,* le *féminin* et le *neutre.* Le masculin convient aux mâles, le féminin aux femelles, et le neutre (mot signifiant ni l'un ni l'autre) à ce dont on ne distingue pas le sexe. Si cette loi était observée, l'application des genres serait facile ; mais le plus souvent le caprice ou plutôt l'abus de la métaphore et de la personnification en ont seul décidé. Il n'a pas d'articles, et il n'en a pas réellement besoin, à cause des nombreux déterminatifs qu'il possède.

La terminaison des noms, des adjectifs et des pronoms varie suivant leur fonction dans le mécanisme de la phrase. Ces changements de terminaisons ont le nom consacré de *cas* (*casus,* chute). Ces cas, au nombre de six, sont les suivants :

Le *nominatif* (*nominativus*), qui sert à désigner, à nommer le terme principal, le sujet de la proposition.

Le *vocatif* (*vocativus*), qui sert à appeler, à interpeller. Il peut être le sujet d'une proposition ; mais alors le verbe est à la seconde personne. Avec le nominatif, le verbe est à la première ou à la troisième personne.

Le nominatif et le vocatif sont appelés cas *directs,* par cette raison qu'ils sont sujets ; les autres, par opposition, sont appelés cas *indirects* ou *obliques.*

Le *génitif* (*genitivus*), ainsi appelé parce qu'il sert à engendrer les autres cas obliques du singulier et tous les cas du pluriel, exprime le rapport, la dépendance, la possession.

Le *datif* (*dativus*), qui désigne à qui l'on donne, l'on attribue quelque chose.

L'*accusatif* (*accusativus*), exprime le terme direct d'une action.

CHAPITRE PREMIER. — DÉCLINAISONS.

⚥ L'*ablatif* (*ablativus*), qui sert à enlever. Il marque le terme de l'éloignement, de la séparation, de la source, de la cause, etc. Il subit toujours la loi d'une préposition exprimée ou sous-entendue.

Les grammairiens ramènent ordinairement à cinq paradigmes ou modèles, le classement des diverses manières de décliner les noms. Le génitif est le principal guide dans ce classement.

Première déclinaison.

χLes noms de cette déclinaison sont généralement féminins.

Quelques-uns sont masculins, ou sont masculins et féminins selon le sexe auquel on les applique.

Ils ont tous le nominatif et le vocatif singulier en *a* bref, le génitif singulier en *æ*, et le génitif pluriel en *arum*.

L'*a* de l'ablatif singulier est long.

Il suffit d'ajouter à un radical quelconque les terminaisons suivantes pour obtenir les différents cas.

SINGULIER.		PLURIEL.	
Nom............	ă	Nom............	æ
Voc............	ă	Voc............	æ
Gén............	æ	Gén............	ārūm
Dat............	æ	Dat............	īs
Acc............	ăm	Acc............	ās
Abl............	ā.	Abl............	īs.

Le vocatif est souvent précédé de l'interjection *o*.

Quelques noms de cette déclinaison ont le datif et l'ablatif du pluriel en *abus*.

Seconde déclinaison.

Cette déclinaison contient des noms masculins en *us* ou *r*, et des noms neutres en *um*. Quelques-uns des noms en *us* sont féminins. Quelques noms propres en *um* sont masculins ou féminins. Les noms en *r* sont tous masculins.

Le génitif singulier est en *i*, et le génitif pluriel en *orum*.

Le génitif, le datif et l'ablatif des deux nombres sont les mêmes pour tous les genres.

Le vocatif singulier des noms en *us* est généralement *e*; celui des noms en *r* est semblable au nominatif. Leur vocatif et leur nominatif ont *i* au pluriel.

Les noms neutres en *um* ont le nominatif, le vocatif et l'accusatif en *um* au singulier et en *a* au pluriel.

Les noms en *er* changent au génitif cette finale en *ri* ou en *eri*. Le premier cas provient de la suppression de l'*e*, comme dans les deux mots du texte *Alexander*, gén. *Alexandri*, *liber*, gén. *libri*.

	SINGULIER.				PLURIEL.	
Nom...	ŭs,	r,	ŭm,	*Nom*...	ī,	ă,
Voc....	ĕ,	r,	ŭm,	*Voc*....	ī,	ă,
Gén....		ī,		*Gén*....	ōrūm,	
Dat....		ō,		*Dat*....	īs,	
Acc....		ŭm,		*Acc*....	ōs,	ă,
Abl....		ō.		*Abl*....	īs.	

ADJECTIFS DE LA PREMIÈRE CLASSE.

Les adjectifs se déclinent comme les substantifs. Ceux qu'on désigne communément sous le nom d'adjectifs de la première classe, déclinent leur féminin d'après la première déclinaison, leur masculin d'après les noms en *us* ou *r* de la seconde, et leur neutre d'après les noms en *um*.

Les adjectifs dont le masculin est *us* se déclinent de cette manière : Nom. *us*, *a*, *um*; voc. *e*, *a*, *um*; gén. *i*, *œ*, *i*, etc.

Les adjectifs en *er* se déclineront ainsi : Nom. et voc. *er*, *era* ou *ra*, *erum* ou *rum*; gén. *eri* ou *ri*, *erœ* ou *rœ*, *eri* ou *ri*, etc.

Ceux qui élident *e*, feront au nom. et au voc. *er*, *ra*, *rum* ; au gén. *ri*, *rœ*, *ri* ; au dat. *ro*, *rœ*, *ro*, etc.

LEXIOLOGIE.

Quintii Curtii Rufi, gén. de *Quintus Curtius Rufus*, 2ᵉ décl. Nom d'un historien latin qui, selon l'opinion la plus commune, vivait vers le premier siècle après J.-C. Il a laissé une *Histoire d'Alexandre-le-Grand* en dix livres, qui ne nous est pas parvenue en entier. On le désigne communément sous le nom de *Quinte-Curce*.

Les Grecs n'avaient qu'un seul nom, auquel ils ajoutaient *fils de*.... : *Miltiade*, *fils de Cimon*. Les Latins avaient ordinairement trois noms, le prénom, le nom et le surnom.

Le prénom (*prænomen*) servait, comme chez nous, à distinguer les frères et les sœurs. Il n'y avait guère qu'une vingtaine de prénoms usités que l'on trouve le plus souvent écrits par de simples initiales. C. veut dire *Caius* ; *Cn.*, *Cneius* ; *Q.*, *Quintus* ou *Quintius*, etc.

Le nom (*nomen*) était commun à toute une famille (*gens*). Il était terminé en *ius*. Ainsi *Curtius* est le nom de famille de notre historien; *gens Curtia* signifierait la famille *Curtia* ou la famille des *Curtius*.

Le surnom (*cognomen*, *nomen cognationis*, nom de parenté), indiquait la branche de la famille. Ainsi *Rufus* distingue une branche de la race des *Curtius*. *Rufus* signifie le *Roux*. Un sobriquet devenait ainsi un nom de branche, comme *Cicero*, sobriquet donné au grand orateur, servit à distinguer ses descendants, les Cicérons, des autres membres de la famille *Tullia* à laquelle il appartenait.

Le surnom n'était une sorte de sobriquet appelé *agnomen* ou *adnomen*, que pour celui qui le premier le recevait pour une particularité quelconque, mais il devenait un nom de branche (*cognomen*) pour les enfants. Quand le *cognomen* manquait, l'*agnomen* était le troisième nom ; autrement, il était le quatrième.

N'étant pas fixés sur la famille de Quinte-Curce, nous ignorons donc si son surnom *Rufus* est *cognomen* ou *agnomen*.

Un fils adoptif prenait le nom de la famille qui l'adoptait, et le faisait suivre d'un nom en *ianus*, qui rappelait la sienne. Ainsi Scipion Emilien, fils d'Æmilius, était appelé *Publius Cornelius Scipio Æmilianus*, noms auxquels sa conduite militaire fit ajouter *Africanus Numantinus*.

Les Romains avaient au moins deux noms, le prénom et le nom de famille.

De, M. R. (*) prép. de, touchant, etc., régit l'ablatif.

Alexandro, abl. sing. de *Alexander*, gén. *Alexandri*, 2e décl. On voit que, dans la formation des cas, l'*e* qui précède *r* est élidé dans ce nom propre. Les cas obliques se réglant sur le génitif, on aura au datif et à l'ablatif *Alexandro*, et à l'accusatif *Alexandrum*.

Magno, abl. sing. masc. de l'adj. *magnus, a, um*. M. R. grand.

Liber, gén. *libri* (avec élision de l'*e*), masc. sing. 2e décl. M. R. livre. Ses principaux dérivés sont :

Libellus, m., petit livre ; libelle ;	*Librarius*, m., copiste ; libraire.
Libellarium ou *librarium*, n., porte-feuilles ;	

Tertius, m. *tertia*, f. *tertium*, n. adj. ordinal de la 1re cl., troisième, R. *tres*, trois.

Quintum, nom. sing. neut. de *quintus, a, um*, adj. ord. de la 1re cl., cinquième. R. *quinque*, cinq.

Mediam, acc. sing. fém. de l'adj. *medius, a, um*, M. R. qui est au milieu, moyen. Les principaux dérivés sont :

Medium, n., milieu, centre ;	*Mediatrix*, f., médiatrice ;
Dimidium, n., la moitié ;	*Mediocris*, adj., médiocre ;
Dimidius, a, um, demi ;	*Mediocriter*, médiocrement ;
Mediator, m., médiateur ;	*Mediocritas*, f., médiocrité.

1. Quelques adjectifs latins se rendent en français d'une manière

---

(*) On rencontrera souvent ces majuscules M. R. dans le cours de cet ouvrage. Ces initiales signifient *mot racine*.— R. seul signifie *racine*.

analogue à *medius*, le milieu de, ce sont : *summus*, le haut de ; *imus*, le fond de ; *extremus*, l'extrémité de ; *reliquus*, le reste de ; *cavus*, le creux de, etc.

Tarsum, acc. sing. de *Tarsus, i*, f. 2ᵉ déclinaison, Tarse.

2. Les noms de ville sont généralement féminins, parce qu'on sous-entend *urbs*, ville, qui est féminin.

Cydnus, i, m. 2ᵉ déclinaison, *le* Cydnus. Il n'y a pas d'article en latin.

3. Les noms de fleuves sont masculins, même quand ils ont une terminaison féminine, parce qu'on sous-entend *amnis* ou *fluvius*, qui sont masculins.

Certains fleuves ont conservé le nom latin dans l'Histoire ancienne.

Paulo, abl. du nom neutre de quantité *paulum*, peu, un peu. Il s'emploie ainsi devant *ante*, *post*, après, *aliter*, autrement, etc., et dans quelques autres cas que nous verrons plus loin. R. *paulus, a, um*, petit, en petite quantité, dont les dérivés principaux sont :

Paulum, adv., un peu;
Paulisper, adv., un peu de temps;
Paulatim, adv., peu à peu;
Paululus, adj., en très-petite quantité;
Paululum, adv., très-peu.

Ante, M. R. avant, auparavant, employé tantôt comme adverbe, tantôt comme préposition. Il est, dans ce dernier cas, suivi de l'accusatif.

On met bien *modo*, tout à l'heure, à la place de *paulo ante*, comme *mox*, bientôt, est généralement plus élégant que *paulo post*, peu après.

Antea, adv., \
Antehac, adv., } auparavant;
Anterior, adj., qui est devant;
Antiquus, adj., antique;
Antique, adv., anciennement;
Antiquitas, f., antiquité.

Et, conj. M. R. et.
Tunc ou *tum*, adv. M. R. alors.
Non, adverbe de négation, M. R. non, ne, ne pas, ne point.
Magis, adv., plus. R. *magnus*, grand, dont les dérivés sont:

Magne ou *magnum*, adv., fortement;
Magnitudo, f., grandeur;
Magister, m., maître;
Majestas, f., majesté;
Major, plus grand;
Majores, pl., les anciens.

Quam, conj. que, R. *qui*, qui, lequel.

Ciliciæ, gén. sing. de *Cilicia, æ*, fém., 1ʳᵉ décl. Cilicie, province de l'Asie-Mineure.

4. Les noms propres de pays et de femme en *ia*, font généralement *ie* en français, quand on ne leur conserve pas le nom latin. Ex. : *Achaia*, Achaïe; *Albania*, Albanie; *Armenia*, Arménie; *Assyria*, Assyrie; *Babylonia*, Babylonie; *Bœotia*, Béotie; *Canidia*, Canidie; *Cornelia*,

Cornélie. Il faut excepter : *Antiochia*, Antioche ; *Aquitana*, Aquitaine ; *Bactria*, Bactriane ; *Calabria*, Calabre ; *Macedonia*, Macédoine, etc.

D'autres mots en *ia* font également *ie* : *penuria*, pénurie ; *colonia*, colonie, etc. Il en est de même de certains noms de science : *geometria*, géométrie ; *geographia*, géographie ; *philosophia*, philosophie, etc.

Oram, acc. sing. de *ora*, *æ*, fém. 1re décl. M. R. bord, frontière, région, contrée.

Fervidissimum, nom. sing. neut. de *fervidissimus, a, um*, adj. de la 1re cl., superlatif de *fervidus, a, um*, chaud, ardent, R. *fervere*, être échauffé.

Fervidissimus signifie le plus chaud ou très-chaud, les Latins n'ayant qu'une même forme pour le superlatif relatif et le superlatif absolu.

5. Le comparatif et le superlatif se forment, le premier, en ajoutant *or*, le second, en ajoutant *ssimus* au cas de l'adjectif terminé en *i*. Ainsi, du génitif *fervidi* on fait *fervidior*, plus chaud, *fervidissimus*, très-chaud.

Aspera, nominatif plur. neut. de l'adj. *asper, aspera, asperum*, M. R. âpre, rude, dur, barbare : son comparatif est *asperior*, et son superlatif *asperrimus*.

6. Les adjectifs en *er* forment le comparatif en ajoutant *or* au cas terminé en *i*; mais le superlatif se forme en ajoutant *rimus* à la désinence *er* du nominatif. Ses dérivés sont :

Asperare, rendre âpre.
Aspere ou *asperiter*, d'une manière rude.
Asperitas, âpreté, rudesse.
Exasperare, rendre rude, exaspérer.

Secula, nom. plur. de *seculum, i*, neut. 2e décl. M. R. siècle, d'où est formé *secularis*, séculaire.

Bellis, abl. plur. de *bellum, i*, neut. M. R. guerre. Ses dérivés sont :

Bellare, } faire la guerre ;
Bellari,
Bellator, m., guerrier ;
Bellicus, } belliqueux ;
Bellicosus,
Bellona, f., Bellone ;
Debellare, vaincre ;
Imbellis, adj., impropre à la guerre, lâche ;
Rebellare, se révolter ;
Rebellio, f., rébellion ;
Rebellis, adj. rebelle.

Nostri, gén. sing. neut. de l'adj. possessif *noster, nostra, nostrum*. Notre, R. nos, nous, d'où se forme aussi *nostras*, qui est de notre pays.

Exempla, acc. plur. de *exemplum, i*, neut. 2e décl. M. R. exemple, d'où se forme *exemplar*, n. copie, exemplaire.

Nous examinerons les autres mots du texte au fur et à mesure que l'exposé théorique nous le permettra.

DISPOSITION ET CHOIX DES MOTS.

7. Les déterminatifs d'un mot se placent ordinairement avant lui.

L'adjectif de plus de deux syllabes se met de préférence avant le substantif auquel il se rapporte. Ex. : *Mediam Tarsum; fervidissimum tempus; aspera secula.*

Un adjectif, quel que soit le nombre des syllabes, se place avant le substantif s'il indique une qualité uniquement personnelle ; il se place après s'il exprime une marque distinctive. Ainsi, dans *Alexander magnus*, l'adjectif *magnus* distingue Alexandre des autres Alexandre et des autres hommes, tandis que dans *magnus Alexander*, l'adjectif n'aurait pour but que de signaler le héros, le génie, sans idée de comparaison.

C'est par une même vue de l'esprit que *rege Macedonum* vient après *Alexandro*; que *amnis*, indiquant l'espèce de cours d'eau, se met après *Cydnus*.

C'est encore par l'extension du même principe que les adjectifs possessifs et numéraux se placent après, à moins qu'on ne soit particulièrement préoccupé par l'idée de la possession et du nombre. Ex. : *Liber tertius; caput quintum;—nostri seculi.* Dans ce dernier exemple, c'est *nous*, c'est *notre* époque, *notre* temps, l'âge où *nous* vivons qui nous préoccupe ; le mot *siècle* est secondaire ; un équivalent quelconque pourrait tenir sa place.

Les adjectifs *medius, imus, extremus*, etc., n'exprimant qu'une simple détermination de l'objet même auquel ils sont joints, ils devront le précéder.

8. Le génitif de plus de deux syllabes se met ordinairement avant le substantif dont il est le déterminatif. Ex. : *Q. Curtii Rufi liber; Ciliciæ oram; diei tempus; seculi exempla.*

Mais si le génitif n'a que deux syllabes, il se met après, surtout quand le substantif dont il dépend a plus d'étendue. Ex. : *Vapore solis.*

On met également le comparatif et le superlatif après le substantif auquel ils se rapportent.

Mais s'il y en a plusieurs, où s'ils sont accompagnés d'autres déterminatifs, on les met avant. Ainsi, *fervidissimum* précède également *tempus*, à cause de l'autre déterminatif *diei*.

Le comparatif et le superlatif se mettent bien au commencement ou à la fin de la phrase.

Non doit précéder immédiatement le verbe (*non præteribo*), excepté quand la négation porte moins sur la phrase que sur un mot ; c'est alors ce mot qu'il précède, comme dans *non aliam*.

SYNTAXE.

9.   *Cydnus interfluit.* — Le Cydnus traverse.

Le sujet d'une proposition est au nominatif.

10.   *Quinti Curtii Rufi.*— De Q. Curtius Rufus.

Deux ou plusieurs substantifs qui se lient l'un à l'autre pour exprimer un même objet, se mettent au même cas.

Nous verrons dans le chapitre suivant que, conformément à cette règle, *amnis* est au nominatif, comme le mot *Cydnus* auquel il se rapporte. Dans ces gallicismes, « Le fleuve du Cydnus,—La ville de Tarse, » *de* sera donc considéré comme purement explétif.

11.   *Aspera secula.* — *Mediam Tarsum.*
     Les siècles barbares. — Le milieu de Tarse.

Aspera, au nominatif pluriel neutre, parce qu'il qualifie *secula*, qui est au nominatif pluriel neutre ; *mediam*, à l'accusatif singulier féminin, parce qu'il qualifie *Tarsum* qui a le même cas, le même nombre et le même genre.

L'adjectif prend le genre, le nombre et le cas du nom ou pronom auquel il se rapporte.

12.   *Quinti Curtii Rufi liber.* — *Ciliciæ oram.*
     Livre de Q. Curtius Rufus. — Contrée de Cilicie.

Si deux substantifs se lient ensemble de telle sorte que l'un exprime une propriété, une dépendance, une partie de l'autre, ce dernier se met au génitif, quel que soit le cas du premier.

QUANTITÉ.

Les règles sur la quantité ont pour but de faire connaître en quel cas une syllabe est *longue, brève* ou *ad libitum* (à volonté).

On indique la quantité en mettant sur la voyelle les signes suivants : ‾ longue ; ◡ brève ; ∨ ad libitum.

RÈGLES GÉNÉRALES.

13. Toute voyelle est longue quand elle est suivie, dans le même mot, de deux consonnes, ou de *j, x, z*, que l'on considère comme des lettres doubles. C'est pourquoi nous avons vu : *Tārsum, Cȳdnus, ēxempla, cūjus*, etc.

Toute voyelle est encore longue quand elle est suivie d'une consonne finale et que le mot suivant commence par une consonne. Ainsi, nous avons vu : *Mediām Tarsum, tempŭs cœperat, cujŭs calor*, etc., où les terminaisons *am*, *us* brèves, dans ces mots pris isolément, deviennent longues à cause du mot qui suit. Mais la finale restera brève dans *Cydnŭs, interfluit,* etc., parce que le mot suivant commence par une voyelle.

14. Les diphthongues sont longues : *Paūlo, cœperat, prœteribo.*

15. Une voyelle est généralement brève quand, dans le même mot, elle est suivie d'une autre voyelle. Ex. : *Mediam, interfluit, aliam, Ciliciæ.*

III. Exercices.

EXERCICE PRÉPARATOIRE.

1 — Décliner : *Tarsus, Cydnus* et *Cilicia* (au singulier) — *Seculum, liber, ora* (aux deux nombres).

2 — Décliner en entier les adjectifs *fervidus* et *asper.*

3 — Décliner ensemble (aux deux nombres) *nostrum bellum.*

4 — Tarse est chaude, très-chaude — Le Cydnus est chaud, très-chaud — Le grand Alexandre — Alexandre-le-Grand — Le fleuve du Cydnus — Le siècle est barbare.

5 — La Cilicie, confins de l'Asie — (Un) fleuve de la Babylonie — Les guerres les plus barbares — Nos exemples — Le livre cinquième.

6 — Un peu après — Un peu autrement — Plus qu'alors — Plus qu'auparavant.

7 — L'Aonie et l'Hyrcanie — La chaleur des bords du Cydnus — Le fond du Cydnus — L'extrémité de la Macédoine — Le reste du livre — Le cinquième livre de Quinte-Curce.

8 — Notre Tarse — Les exemples d'Alexandre — Notre livre — Le milieu du siècle.

COMPOSITION.

La traduction des phrases de composition se trouve dans la *Clef des Exercices* qui termine cet ouvrage, mais il ne faudra lire cette traduction qu'après avoir fait la sienne par écrit, et seulement pour la corriger ou pour s'assurer qu'on ne s'est pas trompé.

1 — Le milieu de la Mauritanie était très-chaud.

2 — Le Genusus, fleuve de Macédoine, ne traverse pas Tarse.

3 — Le reste du temps était très-chaud.

4 — Le temps ne brûle aucune autre contrée plus que la Bithynie.

5 — La fin de l'été n'avait pas commencé.

6 — Le bas de la Cilicie n'était pas la frontière de la Bithynie.

7 — La chaleur ne brûle pas le bord du Cydnus par l'ardeur du soleil.
8 — Le haut du Cydnus ne coule pas au milieu de Tarse.
9 — On était alors en été, et la chaleur n'avait pas commencé.
10 — L'extrémité de l'Ionie n'était pas chaude auparavant.
11 — Le fleuve dont on a parlé auparavant ne brûle pas une autre contrée.
12 — Je ne passerai pas sous silence les exemples d'Alexandre-le-Grand.
13 — Les siècles barbares ne s'adouciront pas.
14 — Ils s'adouciront alors par l'ardeur du soleil.
15 — Notre troisième livre avait commencé, après les guerres terminées.

CHAPITRE DEUXIÈME.

I. Pratique.

Pulvĕrĕ ac sūdŏrĕ sĭmul perfūsum rēgĕm invītāvit lĭquor flŭmĭnĭs, ut călĭdŭm ādhuc corpŭs ābluērĕt. Ĭtăquĕ vestĕ dēpŏsĭtā in conspectū agmĭnis (dĕcōrum quŏquĕ fŭtūrum răthus, sī ostendissĕt suis lĕvī ac părābĭlī cultū corpŏris sē essĕ contentum), descendĭt in flūmĕn.

PHRASES DÉTACHÉES :

Ŭt in fĭdĭbus mūsĭcōrŭm aures vel mĭnĭmă sentiunt, sic nos, si ācres ac dīlĭgentes jūdĭcēs esse volumus, magna sæpe intelligemus ex parvis. (*Cic.*)

Genu M. Antonium vidi, quum contente ipse pro se diceret, terram tangere. (*Cic.*)

PRONONCIATION.

Regem, rée-gemme. Em, à la fin des mots ou suivi d'une voyelle, se prononce *emme*.
Conspectu, cons-pec-tu. On, suivi d'une consonne dans le même mot, se prononce comme en français.
In, ine. In, à la fin des mots ou suivi d'une voyelle, se prononce *ine.*
Flumen, flu-menne. En, à la fin des mots ou suivi d'une voyelle, se prononce *enne.*
Musicorum, mu-zi-co-rome. S, entre deux voyelles, se prononce comme *z*.
Sæpe, sée-pé; cœperat, cée-pé-rat. Æ, œ, se prononcent *ée*.

TRADUCTION LITTÉRALE.

Pulvere ac sudore simul perfusum regem invitavit
De poussière et de sueur à la fois couvert le roi invita

liquor fluminis, ut calidum adhuc corpus ablueret.
l'eau du fleuve, afin que chaud encore (son) corps il lavât.

Itaque veste deposita in conspectu agminis
C'est pourquoi (son) vêtement (ayant été) déposé en présence de l'armée

(decorum quoque futurum ratus, si ostendisset suis
(beau aussi devoir être persuadé, si il eût montré aux siens

levi ac parabili cultu corporis se esse con-
d'une légère de facile acquisition parure du corps soi être con-

tentum), descendit in flumen.
tent), il descendit dans le fleuve.

CHAP. II.—TRADUCTION.

PHRASES DÉTACHÉES :

Ut in fidibus musicorum aures vel mini-
Comme les instruments des musiciens les oreilles même les moin-

ma sentiunt, sic nos, si acres ac diligentes
dres (choses) sentent, ainsi nous, des pénétrants soigneux

judices esse volumus, magna sæpe intelligemus
juges nous voulons, de grandes (choses) souvent nous comprendrons

ex parvis.
de les petites.

Genu M. Antonium vidi, quum contente ipse
Du genou M. Antoine j'ai vu, lorsque avec véhémence lui-même

pro se diceret, terram tangere.
pour il parlait, la terre toucher.

TRADUCTION FRANÇAISE.

L'eau du fleuve invita le roi, couvert à la fois de poussière et de sueur, à se laver le corps tout échauffé qu'il était encore. C'est pourquoi, ayant mis bas son vêtement en présence de l'armée (persuadé d'ailleurs qu'il serait bon de montrer à ses soldats qu'il se contentait d'une mise légère et peu coûteuse), il descendit dans le fleuve.

PHRASES DÉTACHÉES :

De même que les oreilles des musiciens saisissent dans un instrument les sons même les plus déliés, de même nous tirerons souvent de grandes appréciations de petites particularités, si nous voulons être des juges pénétrants et attentifs.

J'ai vu Marc-Antoine toucher la terre du genou, dans un moment de véhémence où il plaidait pour lui-même.

TRADUCTION ALTERNATIVE.

Liquor fluminis.	L'eau du fleuve
invitavit regem.	invita le roi
perfusum simul pulvere ac sudore,	couvert en même temps de poussière et de sueur,
ut ablueret.	afin qu'il lavât
corpus adhuc calidum. . . .	son corps encore chaud.

Itaque, veste deposita.	C'est pourquoi, ayant mis bas son vêtement
in conspectu agminis, ...	en présence de l'armée,
ratus futurum quoque decorum, .	persuadé qu'il serait beau aussi,
si ostendisset suis.	s'il montrait aux siens
se esse contentum.	lui être content
cultu corporis.	d'une mise du corps
levi ac parabili.	légère et de facile acquisition,
descendit in flumen.	il descendit dans le fleuve.
Ut musicorum aures.	Comme les oreilles des musiciens
sentiunt in fidibus.	sentent dans les instruments
vel minima, ...	même les moindres choses,
sic nos, ...	ainsi nous,
si volumus esse judices.	si nous voulons être des juges
acres ac diligentes, ...	pénétrants et soigneux,
intelligemus sæpe.	nous comprendrons souvent
magna ex parvis.	de grandes choses d'après les petites.
Vidi Marcum Antonium, . . .	J'ai vu Marc-Antoine,
tangere terram genu, ...	toucher la terre du genou,
quum ipse diceret pro se . . .	lorsque lui-même il plaidait pour lui-même
contente.	avec véhémence.

CONVERSATION.

QUESTIONS.	RÉPONSES.
Qu'est-ce qui engagea le roi à se baigner ?	Liquor fluminis.
De quoi était-il couvert ?	Pulvere ac sudore.
A quoi le fleuve engagea-t-il le roi ?	Ut corpus ablueret.
Comment était son corps ?	Adhuc calidum.
Où le roi quitta-t-il son vêtement ?	In conspectu agminis.
Après quoi se mit-il au bain ?	Veste deposita.
De quoi était-il persuadé ?	Decorum futurum, si ostendisset suis levi ac parabili cultu corporis se esse contentum.
De quelle parure se contentait-il ?	Levi ac parabili.
Que fit-il après avoir quitté son vêtement ?	Descendit in flumen.
Que font les oreilles des musiciens ?	In fidibus vel minima sentiunt.

CHAP. II.—PHRASÉOLOGIE.

Qu'est-ce qui sent les moindres choses dans les instruments?	Musicorum aures.
Que comprendrons-nous si nous sommes attentifs?	Magna ex parvis.
Toujours?	Sæpe.
Quels juges devons-nous être alors?	Acres ac diligentes.
De quoi Antoine touchait-il la terre?	Genu.
Que touchait-il du genou?	Terram.
Quand?	Quum contente ipse pro se diceret.
Pour qui parlait-il alors?	Pro se.

PHRASÉOLOGIE.

A TRADUIRE EN FRANÇAIS.	A TRADUIRE EN LATIN.
Fluminis liquor regem invitavit.	L'eau du fleuve invita le roi.
Ut calidum adhuc corpus abluret, descendit in flumen.	Il descendit dans le fleuve, afin de laver son corps encore tout échauffé.
Cydnus regem pulvere perfusum invitavit.	Le Cydnus invita le roi couvert de poussière.
Decorum quoque futurum ratus, regem sudore perfusum invitavit.	Persuadé aussi que ce serait une belle chose, il invita le roi couvert de sueur.
In conspectu agminis contentus erat.	Il était content en présence de l'armée.
Contentus erat levi ac parabili cultu corporis.	Il se contentait d'une mise légère et peu coûteuse.
Decorum futurum ratus, si ostendisset suis se esse contentum, descendit in flumen.	Persuadé qu'il serait beau de montrer aux siens qu'il était satisfait, il descendit dans le fleuve.
Itaque, veste deposita, descendit.	C'est pourquoi, ayant déposé ses vêtements, il descendit.
Ut musici vel minima sentiunt, sic nos magna intelligemus ex parvis.	De même que les musiciens sentent même les moindres choses, ainsi nous comprendrons de grandes choses d'après les petites.
Musicorum aures vel minima sentiunt.	Les oreilles des musiciens sentent même les plus petites choses.

CHAP. II.—DÉCLINAISONS.   23

Si acres ac diligentes esse volumus, magna intelligemus.	Si nous voulons être pénétrants et attentifs, nous comprendrons de grandes choses.
Acres sæpe judices esse volumus.	Nous voulons souvent être des juges pénétrants.
Marcum Antonium vidi, quum diceret.	J'ai vu Marc-Antoine quand il parlait.
Genu Antonium vidi terram tangere.	J'ai vu Antoine toucher la terre du genou.
Marcum Antonium vidi, quum in conspectu agminis ipse pro se diceret.	J'ai vu Marc-Antoine quand il plaidait pour lui-même en présence de l'armée.
Nostri seculi judices mitescent.	Les juges de notre siècle s'adouciront.

II. Analyse et Théorie.

Il est bon de mettre en tête des articles qui vont suivre, des questions méthodiques et suffisamment détaillées pour rappeler les observations contenues dans ce qui précède ; nous en donnons le modèle dans ce chapitre seulement. Nous laissons désormais au lecteur le soin de revenir lui-même avec ordre et discernement sur les points qu'il aura crainte d'avoir oubliés ou mal interprétés.

DÉCLINAISONS.

§ 1. PARTIE INTERROGATIVE.

Combien y a-t-il de nombres et de genres en latin ?
Comment supplée-t-on à l'absence de l'article ?
Comment distingue-t-on le rôle du substantif dans la phrase ?
Donnez le nom et l'usage général des différents cas ?
Combien reconnaît-on généralement de déclinaisons ?
Sur quoi se base la classification adoptée ?
De quel genre sont les noms de la première déclinaison ?
Quelle est la terminaison de ses génitifs ?
Quelle est la différence entre le nominatif et l'ablatif du singulier ?
Que remarquez-vous dans le rapprochement du génitif et du datif du singulier ?—Du datif et de l'ablatif du pluriel ?
Quelle est la particule qui précède souvent le vocatif ?
De quel genre sont les noms classés dans la seconde déclinaison ?
Quelle est la terminaison du nominatif singulier des noms masculins ?
—Des noms masculins ou féminins ?—Des noms neutres ?
Quelle particularité présentent les noms neutres ?

Quelle est la terminaison des génitifs de la seconde déclinaison ?
Quelle particularité présente le génitif des noms en *er* ?
Quel rapprochement peut-on établir entre les datifs et les ablatifs des noms de tous les genres ?
Comment se déclinent les adjectifs de la première classe ?
Quelles sont les deux terminaisons qu'ils peuvent avoir au masculin ?
Quelles sont les deux terminaisons que peuvent avoir les adjectifs en *er* au féminin ?

§ 2. PARTIE EXPLICATIVE.

Troisième déclinaison.

Les noms de cette déclinaison sont masculins, féminins ou neutres.

Nous verrons, par les exemples qui nous passeront sous les yeux, que la terminaison du nominatif singulier est très-variable et généralement formée par une consonne.

Le vocatif, au singulier comme au pluriel, est toujours semblable au nominatif.

Dans cette déclinaison, comme dans la seconde, le nominatif, le vocatif et l'accusatif des noms neutres sont semblables aux deux nombres, et ces cas sont en *a* au pluriel.

Le génitif singulier est en *is*, et le génitif pluriel en *um*. Le génitif pluriel est généralement en *ium*, dans les noms qui ont au génitif singulier autant de syllabes qu'au nominatif, et dans quelques autres qui n'ont pas ce caractère.

L'accusatif des noms masculins ou féminins est en *em*, quelquefois en *em* ou *im* (ad libitum), quelquefois en *im* seulement.

L'ablatif singulier est généralement en *e*, quelquefois en *e* ou *i*, quelquefois en *i* seulement.

Les noms masculins se déclinent complétement comme les féminins ; et les neutres ne diffèrent des noms masculins ou féminins, que par les trois cas semblables des deux nombres.

Le nominatif singulier des noms de cette déclinaison n'étant pas toujours de nature (du moins au point de vue élémentaire) à donner le génitif d'où s'établissent les autres cas, nous déclinerons en entier les deux exemples qui suivent.

SINGULIER.	PLURIEL.
Nom. .... m. sudor.	*Nom.* .... sudorēs.
Voc. .... sudor.	*Voc.* .... sudorēs.
Gén. .... sudorĭs.	*Gén.* .... sudorum.
Dat. .... sudorī.	*Dat.* .... sudorĭbŭs.
Acc. .... sudorĕm.	*Acc.* .... sudorēs.
Abl. .... sudorĕ.	*Abl.* .... sudorĭbŭs.

CHAP. II.—DÉCLINAISONS.

SINGULIER.		PLURIEL.	
Nom...........n.	flumen.	*Nom*............	flumină.
Voc..............	flumen.	*Voc*.............	flumină.
Gén..............	fluminĭs.	*Gén*.............	fluminum.
Dat..............	fluminī.	*Dat*.............	fluminĭbŭs.
Acc..............	flumen.	*Acc*.............	flumină,
Abl..............	fluminĕ.	*Abl*.............	fluminĭbŭs.

Quatrième déclinaison.

Les noms de cette déclinaison sont masculins ou féminins, avec la terminaison *us* bref au nominatif singulier ; ou ils sont neutres et terminés en *u* à tous les cas du singulier.

Les noms neutres ont, comme ceux des autres déclinaisons, trois cas semblables au pluriel. Ces cas sont en *ua*.

Le génitif singulier des noms masculins et féminins est en *us* long, parce qu'il est contracté de *uis* ; l'ablatif singulier est en *u* long, contracté de *ue* ; le nominatif et le vocatif du pluriel sont en *us* long, comme contracté de *ues*. Le génitif pluriel est en *uum*.

Le radical de ces noms est réellement ce qui précède le *s* final du nominatif singulier des uns, et ce nominatif même dans les neutres. On doit les considérer comme des noms contractes de la troisième déclinaison. Quelques-uns ont le datif et l'ablatif du pluriel en *ubus* au lieu de *ibus*.

SINGULIER.			PLURIEL.		
Nom........m. f.	ŭs,	n. ū.	*Nom*....m. f. ūs,	n. ŭă.
Voc..............	ūs,	ū.	*Voc*........ ūs,	ŭă.
Gén..............	ūs,	ū.	*Gén*........ ŭum,	
Dat..............	ŭī,	ū.	*Dat*........ ĭbŭs,	
Acc..............	ūm,	ū.	*Acc*........ ūs,	ŭă.
Abl..............	ū,	ū.	*Abl*........ ĭbus.	

Cinquième déclinaison.

Dans cette déclinaison se rangent des noms masculins et féminins en *es*, qui ont le génitif singulier en *ei* et le génitif pluriel en *erum*. Les cas en *es* du pluriel sont généralement les seuls usités.

SINGULIER.		PLURIEL.	
Nom..........m. f.	ēs.	*Nom*.............	ēs.
Voc..............	ēs.	*Voc*.............	ēs.
Gén..............	ĕī, (ēī).	*Gén*.............	ērum.
Dat..............	ĕī, (ēī).	*Dat*.............	ēbŭs.
Acc..............	ēm.	*Acc*.............	ēs.
Abl..............	ē.	*Abl*.............	ēbŭs.

CHAP. II.—DÉCLINAISONS.

ADJECTIFS DE LA DEUXIÈME CLASSE.

On range dans cette classe les adjectifs qui suivent la troisième déclinaison. Pour les décliner, il faut connaître le nominatif aux trois genres, et le génitif qui, comme le datif et l'ablatif, est de tout genre. Le vocatif est toujours semblable au nominatif.

On distingue trois espèces d'adjectifs de cette classe :

1° Les uns n'ont au nominatif singulier qu'une seule terminaison pour les trois genres : *diligens*. Leur accusatif est en *em* pour le masculin et le féminin, et est semblable au nominatif pour le neutre : *diligentem*, *diligens*. Leur ablatif est en *e* ou en *i* : *diligente* ou *diligenti*. Quelques-uns ont toujours ce cas en *i* : *immemor*, qui ne se souvient pas, fait *immemori*; d'autres l'ont toujours en *e* : *compos*, maître de, ablatif *compote*.

2° Ceux de la seconde espèce ont, au nominatif, une terminaison en *is* pour le masculin et le féminin, et la terminaison *e* pour le neutre : *levis, leve*. L'accusatif est en *em*, pour le masculin et le féminin, et en *e* pour le neutre : *levem, leve*. L'ablatif est toujours en *i* : *levi*.

3° D'autres enfin (il n'y en a que douze) ont le nominatif en *er* pour le masculin, en *ris* (avec élision de l'*e*) pour le féminin, en *re* pour le neutre : *acer, acris, acre*. L'accusatif est en *rem*, pour le masculin et le féminin et en *re* pour le neutre : *acrem, acre*. L'ablatif est en *i* pour tous les genres : *acri*. Il n'y a que l'adjectif *celer, celeris, celere*, prompt, qui n'élide pas l'*e* devant *r* dans les cas dérivés.

La déclinaison du pluriel est la même pour tous les adjectifs de la seconde classe. Le génitif pluriel est *ium*, et quelquefois *um*. Les cas semblables neutres du pluriel sont en *ia*, excepté dans les comparatifs, et dans *vetus*, vieux, qui fait *vetera*.

Les comparatifs appartiennent entièrement à cette classe. Ils ont au nominatif la terminaison *or*, pour le masculin et le féminin, et la terminaison *us* pour le neutre. Le génitif singulier est *oris*, et le génitif pluriel est en *um*.

SINGULIER.	PLURIEL.
Nom. et Voc. m. f. n. diligens.	*Nom. et Voc.* m. f. diligentes, n. diligentia.
Gén. .... diligentis,	*Gén.* ..... m. f. n. diligentium.
Dat. .... diligenti.	*Dat.* .... diligentibus.
Acc. .... m. f.. diligentem, n. diligens.	*Acc.* .... m. f. diligentes, n. diligentia.
Abl. ...... m. f. n. diligenti *ou* diligente.	*Abl.* ...... m. f. n. diligentibus.

SINGULIER.	PLURIEL.
Nom. et Voc., m. acer, f. acris, n. acre.	*Nom. et Voc.* m. f. acres, n. acria.
Gén. .... m. f. n. acris.	*Gén.* .... m. f. n. acrium.
Dat. .... acri.	*Dat.* .... acribus.
Acc. ...... m. f. acrem, n. acre.	*Acc.* ...... m. f. acres, n. acria.
Abl. ..... m. f. n. acri.	*Abl.* .... m. f. n. acribus.

SINGULIER.	PLURIEL.
Nom. et Voc. m. f. levis, n. leve.	*Nom. et Voc.* m. f. leves, n. levia.
Gén. ..... m. f. n. levis.	*Gén.* .... m. f. n. levium.
Dat. .... levi.	*Dat.* .... levibus.
Acc. ...... m. f. levem, n. leve.	*Acc.* ...... m. f. leves, n. levia.
Abl. .... m. f. n. levi.	*Abl.* ..... m. f. n. levibus.

LEXIOLOGIE.

§ 1. PARTIE INTERROGATIVE.

Combien les Romains avaient-ils généralement de noms?
Quelle était la terminaison du nom de famille?
Que signifiaient les noms en *ianus*?
De quel genre sont la plupart des noms de ville?
Dans quel cas se sert-on de *paulo* pour exprimer *un peu*?
Comment rendra-t-on en latin les noms de pays ou de femme en *ie*?
N'existe-t-il pas d'autres mots auxquels on puisse appliquer la même règle?
Comment forme-t-on le comparatif et le superlatif dans les adjectifs en *us*?
Comment les forme-t-on dans les adjectifs en *er*?

§ 2. PARTIE EXPLICATIVE.

Rege, ablatif singulier de *rex, regis*, masculin, 3ᵉ déclinaison, roi. R. *regere*, régir. Il est à l'ablatif, parce qu'il se rapporte à *Alexandro* qui est à l'ablatif.

Les principaux dérivés de *regere* sont :

Regina, f., reine ;	*Regius*, adj., royal;
Rectus, adj., droit ;	*Regnare*, v., régner;
Recte, adv., droit, bien ;	*Regnum*, n., royaume;
Rector, m., gouverneur;	*Regula*, f., règle;
Regia, f., palais;	*Regularis*, adj., régulier;
Regio, f., région;	*Regulus*, m., petit roi.

Arrigere, dresser; | *Directio*, f., direction;
Corrigere, redresser; | *Erigere*, dresser;
Correctio, f., correction; | *Porrigere*, tendre;
Dirigere, diriger; | *Pergere*, aller, continuer.

Macedonum, génitif pluriel de *Macedo*, ou *Macedon, onis*, masculin, 3ᵉ déclinaison, *Macédonien*. Il est au génitif, parce qu'il est complément de *rege*.

Amnis, is, masculin, 3ᵉ déclinaison, ablatif *e* ou *i*. M. R. fleuve. Il est au nominatif parce qu'il se rapporte à *Cydnus*, sujet de la phrase.

Æstas, atis, féminin, 3ᵉ déclinaison, ablatif *e* ou *i*. M. R. été. Il est au nominatif parce qu'il est le sujet du verbe *erat*.

16. Les noms en *tas* ont *té* pour correspondant en français, avec ou sans altération du radical : *Pietas*, piété ; *sanctitas*, sainteté. Ces noms abstraits se forment des adjectifs qualificatifs.

Les principaux dérivés sont :

Æstiva, plur. n., camp d'été ; | *Æstivare*, passer l'été ;
Æstivus et *æstivalis*, adj., d'été ; | *Æstive*, chaudement, à la légère.

Calor, oris, masculin, 3ᵉ déclinaison, chaleur. R. *calere*, être chaud, avoir chaud.

17. Les noms en *or* font *eur* en français, avec ou sans altération du radical : *Sudor*, sueur ; *vapor*, vapeur. Ils sont généralement masculins.

Calor est au nominatif comme sujet de *accendit*.

Les principaux dérivés sont :

Calidus, adj., chaud ; | *Calefactio*, ⎫ action d'échauf-
Calorificus, adj., calorifique ; | *Excalfactio*, ⎭ fer ;
Caldaria, f., chaudron ; | *Calefieri, concalefieri, excalefieri* et *excalfieri*, s'échauffer ;
Calescere, concalescere, incalescere, s'échauffer, devenir chaud ; | *Percalefacere*, échauffer fortement ;
Calefacere, concalefacere, excaldare, excalefacere et *excalfacere, incalfacere*, chauffer, échauffer ; | *Calefactare*, chauffer souvent ; *Recalfacere*, réchauffer.

Vapore, ablatif singulier de *vapor, oris*, masculin, 3ᵉ déclinaison. M. R. vapeur, chaleur.

Les principaux dérivés sont :

Vapos, oris, m., vapeur ; | *Vaporalis*, adj., de vapeur ;
Vaporosus, adj., vaporeux ; | *Vaporaliter*, adv., en forme de vapeur ;
Vaporare, exhaler des vapeurs ; |
Vaporatio, evaporatio, évaporation ; | *Evaporare*, évaporer.

CHAP. II.—LEXIOLOGIE.

Solis, génitif singulier de *sol, solis*, masculin, 3ᵉ déclinaison, M. R. soleil. *Solis* est au génitif parce qu'il est le complément de *vapore*.

Solanus, solarius et *solaris*, solaire;
Solago, inis, f., tournesol, plante;
Solanum, n., morelle, genre qui donne son nom à la famille des solanées;
Solatum, n., coup de soleil;

Solarium, n., lieu exposé au soleil;
Solsequium (R. *solem sequor*), tournesol, plante;
Insolare, exposer au soleil;
Insolatio, f., action d'exposer au soleil.

Diei, génitif singulier de *dies, diei*, 5ᵉ déclinaison. M. R. jour, journée. Ce mot est masculin ou féminin au singulier; il est toujours masculin au pluriel. Son pluriel est usité à tous les cas.

Diei est au génitif comme complément de *tempus*.

Ses principaux dérivés sont :

Dialis, adj., d'un jour;
Diu, adv., longtemps;
Diurnus, adj., de jour, diurne;

Diutinus et *diuturnus*, adj., qui dure longtemps;
Diuturnitas, f., longue durée.

Tempus, oris, neutre, 3ᵉ déclinaison. M. R. temps.
Il est au nominatif, comme sujet du verbe *cœperat*.

Ses dérivés principaux sont :

Tempora, plur. n., les tempes;
Temporalis, temporarius, adj., temporaire;
Temporaneus, tempestivus, adj., fait en temps convenable;
Tempestas, f., temps, époque, tempête;
Tempestivitas, f., opportunité;
Tempestuosus, adj., orageux;
Temperare, allier, tempérer;

Temperatio, f., alliage, tempérament;
Temperantia, tempérance;
Contemporaneus ou *contemporalis*, adj., contemporain;
Temperans, adj., tempérant, retenu;
Intemperans, adj., immodéré;
Intemperantia, intempérance, intempérie de l'air;
Intempestivus, adj., intempestif.

Pulvere, ablatif singulier de *pulvis, eris*, masculin, 3ᵉ déclinaison. M. R. poussière. On trouve aussi *pulver* au lieu de *pulvis*. C'est d'ailleurs la forme primitive.

Pulvisculum et *pulvisculus*, petite poussière;
Pulverulentus, adj., pulvérulent, poudreux;

Pulverare, couvrir de poussière;
Pulverens, adj., de poussière.

Ac, conjonction. M. R. et, comme. Il ne faut pas l'employer devant les voyelles et les consonnes *c* et *q*.

Sudore, ablatif singulier de *sudor*, *oris*, masculin, 3ᵉ déclinaison, sueur. R. *sudare*, suer.

Sudarium, n., mouchoir, suaire;
Sudatio, f., action de suer;
Sudatorius, adj., qui sert à faire suer;
Consudare, être tout en sueur;

Consudascere, ressuer;
Desudare, } suer abondam-
Desudascere, } ment;
Exsudare, transpirer;
Persudare, transpirer, filtrer.

Simul, adverbe, ensemble, à la fois, R. *similis*, semblable.

Similiter, adv., semblablement;
Similitudo, *inis*, f., similitude;
Assimilare, rendre semblable, assimiler;
Assimilis, consimilis, semblable;
Assimilatio, f., conformité;
Dissimilitudo, f., différence;

Persimilis, adj., très-semblable;
Simulare, feindre;
Simultas, haine cachée;
Dissimulare, dissimuler;
Insimulare, accuser;
Insimulatio, f., accusation.

Perfusum, accusatif, singulier masculin, de *perfusus, a, um*, participe passé passif de *perfundo*, couvert.

18. Les participes passés sont en *us, a, um*, et se déclinent comme les adjectifs de la première classe.

Regem, accusatif singulier, de *rex, regis*.

Liquor, oris, masculin, 3ᵉ déclinaison. M. R. liquide quelconque, eau. Ce mot est au nominatif comme sujet de *invitavit*.

Liquescere, } se liquéfier;
Liquefieri, }
Liquefacere, } liquéfier ;
Liquare, }

Liquidus, adj., liquide;
Liqui, se fondre, couler.

Fluminis, génitif singulier de *flumen, inis*, neutre, 3ᵉ déclinaison, fleuve. R. *fluere*, couler ; au génitif, comme complément de *liquor*.

Amnis est le mot propre pour exprimer un grand fleuve ; *flumen* a le sens général d'un grand courant ; *fluvius* signifie tout simplement un fleuve.

Fluitare, flotter;
Fluxus, adj., qui coule;
Fluidus, adj., fluide;
Fluxus, us, m., *fluxio*, f., *onis*, cours, flux;
Fluvius, m., fleuve;
Fluvialis, adj., } de fleuve;
Fluviatilis, adj. }

Fluctus, us, m., flot;
Fluctuosus, adj., agité, orageux;
Affluere, affluer;
Circumfluere, couler autour;
Confluere, couler ensemble;
Confluens, tis, m., confluent;
Defluere, couler en bas;
Profluere, couler abondamment.

Ut, conjonction, M. R. afin que, pour que, etc. *Uti* a le même sens.

Calidum, accusatif singulier neutre de *calidus, a, um.* chaud, R. *calere*, être chaud, avoir chaud.

Adhuc, adverbe, jusqu'ici, encore. RR. *ad*, jusque, *huc*, ici.

Corpus, accusatif singulier de *corpus, oris*, neutre, 3ᵉ déclinaison. M. R. corps;

Corpusculum, n., corpuscule;
Corporeus, adj., corporel, matériel;
Corporalis, adj., du corps;
Corpulentus, adj, corpulent;

Corpulentia, corpulence, embonpoint;
Corporativus, adj., fortifiant;
Corporecustos, m., garde du corps.

Itaque, conjonction, c'est pourquoi, et ainsi, RR. *ita*, ainsi, *que*, et.

Veste, ablatif singulier de *vestis, is*, féminin, 3ᵉ déclinaison, M. R. vêtement.

Vestiarium, n., vestiaire;
Vestire, vêtir;
Vestigium, vestige, trace;
Vestigare, investigare, chercher à la piste;

Vestigatio, } recherche, investigation;
Investigatio, }

Investire, revêtir.

Deposita, ablatif singulier féminin de *depositus, a, um*, participe passé passif de *depono*, déposé, ayant été déposé.

In, préposition, M. R. en, dans, etc.

In est suivi de l'ablatif quand le sens de la phrase ne marque ni mouvement, ni tendance vers un objet; autrement il est suivi de l'accusatif.

Conspectu, ablatif singulier de *conspectus, us*, masculin, 4ᵉ déclinaison, RR. *cum*, avec, et *specere* (arch.), voir, regarder.

19. Dans la composition des mots, la préposition initiale *cum* devient *co* devant *h* et les voyelles; *col* devant *l*; *com* devant *b, m, p* et dans *comedere*, manger; *con* devant *c, d, f, g, j, n, q, s, t, v* (très-rare devant *r*); *cor* devant *r*.

Les principaux dérivés de *specere* sont:

Species, ei, f., forme, apparence;
Specimen, n., preuve, modèle;
Speculum, n., miroir;
Specus, us, m., antre, caverne;
Spectrum, n., spectre, fantôme;
Speculari, observer;
Speculator, spéculateur;
Spectare, regarder;

Spectator, spectateur;
Aspectus, aspect;
Aspectare, regarder longtemps;
Aspicere, apercevoir;
Despicere, regarder de haut;
Expectare, attendre;
Conspicere, voir.

Agminis, génitif singulier de *agmen, inis*, neutre, 3ᵉ déclinaison, troupe, armée. R. *agere*. conduire. Il est au génitif comme complément de *conspectu*.

Les principaux dérivés de *agere* sont :

Actio, onis, f., acte, action;
Activus, adj., actif;
Actor, m., qui agit, acteur;
Agitare, chasser devant soi, agiter;
Agilis, adj., agile;

Agilitas, f., agilité;
Cogere, pousser, forcer;
Exigere, pousser dehors, exiger;
Prodigere, pousser, prodiguer;
Ambigere, douter.

Decorum, accusatif singulier neutre de *decorus, a, um*, convenable. R. *decere*, convenir;

Decentia, décence;
Decenter, adv., avec décence;
Decus, oris, n., } honneur;
Decor, oris, m., } gloire;
Decorum, i, n., } bienséance;

Decorare, embellir;
Decoramen, ornement;
Dedecus, n., déshonneur;
Perdecorus, adj., très-beau;
Dedecorare, déshonorer.

Quoque, adverbe, aussi, même, RR. *que* et *quo*, par cela.

Futurum, accusatif singulier neutre de *futurus, a, um*, devant être, participe futur de *esse*, être.

Si, conjonction. M. R., si.

Suis, datif pluriel masculin de *suus, sua, suum*, son, sa, ses. Cet adjectif possessif se décline comme les adjectifs de la 1re classe, excepté qu'il n'a pas de vocatif. R. *sui*, de soi.

Levi, ablatif singulier masculin de *levis, e*, adjectif de 2e classe. M. R. léger. Il est à l'ablatif singulier comme se rapportant à *cultu*.

Levitas, légèreté;
Leviter, adv., légèrement;
Levare, élever, alléger;
Levamen, *levamentum*, soulagement;

Elevare, élever, hausser;
Elevatio, élévation;
Perlevis, très-léger;
Relevare, soulager;
Sublevare, soulever, soulager.

Parabili, ablatif singulier masculin de *parabilis, e*, adjectif de la 2e classe, simple, qu'on se procure facilement. R. *parare*, préparer, acquérir. Il est à l'ablatif parce qu'il se rapporte à *cultu*.

20. Les adjectifs en *abilis* dérivent d'un verbe et indiquent la possibilité, le pouvoir de faire ce qui est marqué par le radical. Ils ont en français pour correspondants les adjectifs en *able*.

Paratus, us, m., *apparatus, us*, m., préparatif;
Apparare, apprêter;

Comparare, comparer;
Præparare, préparer;
Reparare, réparer.

Imperare, commander, ordonner ;
Imperator, celui qui commande ;
Imperium, commandement, empire ;
Separare, séparer.

Se, accusatif singulier masculin du pronom personnel *sui*, de soi, de lui-même. Son singulier ressemble à son pluriel. Il n'a pas de nominatif. Il se décline ainsi : génitif, *sui ;* — datif, *sibi ;* — accusatif et ablatif, *se*.

Contentum, accusatif singulier masculin de *contentus, a, um*, content, formé par un participe passé passif de *continere*, retenir, RR. *cum*, avec ; *tenere*, tenir ; d'où *contentus* signifie qui se borne à, qui est content de.

Tenax, adj., tenace ;
Tenacitas, f., ténacité ;
Tentare, fréq., tenter, essayer ;
Attinere, retenir, toucher ;
Continere, contenir, retenir ;
Continuus, continu ;
Continuare, continuer ;
Detinere, retenir, détenir ;
Obtinere, tenir, obtenir ;
Pertinere, s'étendre, appartenir ;
Pertinacia, f., opiniâtreté ;
Retinere, retenir, garder ;
Sustinere, soutenir ;
Sustentare, fréq., soutenir.

Fidibus, ablatif pluriel de *fides, ium*, féminin, 3ᵉ déclinaison, lyre. Son singulier est *fidis, is*, M. R. mais il est peu usité. Il est à l'ablatif à cause de *in* ne réveillant aucune idée de tendance vers quelqu'un ou quelque chose. On en forme *fidicen, inis* (*fides, cano*, je chante), joueur de lyre, et le féminin *fidicina*, joueuse de lyre.

Musicorum, génitif pluriel de *musicus, i*, masculin, musicien. R. *musa*, muse, d'où se forment aussi *musica*, fém., la musique, *musicus*, adjectif, relatif à la musique, etc. *Musicorum* est au génitif, comme complément de *fidibus*.

Aures, nominatif pluriel de *auris, is*, féminin, 3ᵉ décl. M. R. oreille. Il est au nominatif, comme sujet de *sentiunt*.

Auricularis et *auricularius*, adj., auriculaire ;
Aurea, têtière de cheval ;
Auriga, m., cocher ;
Inauris, is, f., pendant d'oreille.

Vel, conj. et adv., M. R. ou, même. L'enclitique *ve* a aussi le sens de ou, ou bien.

Minima, accusatif pluriel neutre, de *minimus, a, um*, le moindre, le plus petit. R. *minor*, moindre.

Minor sert de comparatif, et *minimus* de superlatif à l'adjectif *parvus*, petit.

Sic, conjonction, M. R. ainsi.

Nos, nominatif pluriel masculin du pronom personnel *nos*, nous. Ce pronom se décline ainsi : nominatif et accusatif, *nos.*—génitif, *nostrum* ou *nostri ;* — datif et ablatif, *nobis.*

21. Les pronoms personnels ne s'expriment devant les verbes latins que pour donner plus d'expression à la pensée, car généralement ils ne sont pas employés comme sujets.

Acres, nominatif pluriel masculin de l'adjectif de 2ᵉ classe *acer, acris, acre*, M. R. âcre, actif, pénétrant.

Acrescere, s'aigrir ;	*Acer, eris*, n., érable, arbre ;
Acrimonia, f., acrimonie ;	*Peracer*, adj., très-âcre ;
Acritas, f., âcreté ;	*Peracerbus*, adj., très-âpre.
Acerbus, adj. acerbe ;	

Diligentes, nominatif pluriel masculin de l'adjectif de 2ᵉ classe *diligens, entis*, qui est attaché à, exact, soigneux ; R. *diligere*, aimer, formé de *di*, particule marquant séparation, et *legere*, choisir ; —*legere*, cueillir, lire, choisir ; — *lectio, onis*, f., leçon ; — *legio, onis*, f., légion ; — *intelligere*, comprendre ; — *colligere*, rassembler ; — *deligere*, choisir ; — *eligere*, élire ; — *elegans, tis*, adj., élégant, te ; — *negligere*, négliger.

Judices, nominatif pluriel de *judex, icis*, masculin, 3ᵉ déclin., juge ; R. R. *jus*, justice ; *dicere*, dire.

Judicium, n., ugement ;	*Præjudicare*, préjuger ;
Judicare, juger ;	*Jurisdictio, onis*, f., juridiction ;
Adjudicare, adjuger ;	*Juridicus*, adj., juridique.
Dijudicare, discerner ;	

Magna, accusatif pluriel neutre de *magnus, a, um*, grand ; à l'accusatif neutre, comme se rapportant au mot *negotia* (choses), sous-entendu. *Magnus* a pour comparatif *major*, et pour superlatif *maximus*.

Sæpe, adverbe, M. R. souvent, son comparatif est *sæpius*, et son superlatif, *sæpissime*.

Ex, e, préposition suivie de l'ablatif, M. R. de, hors de, depuis, d'après.

Parvis, ablatif pluriel neutre de *parvus, a, um*, M. R. petit ; à l'ablatif, parce qu'il se rapporte au mot *negotiis* (choses), sous-entendu ; *parvulus*, adj., très-petit ; — *parvulus*, m., petit enfant ; — *parvitas*, f., petitesse.

Genu, nominatif neutre de la 4ᵉ décl., M. R. genou. S'il n'était pas indéclinable au singulier, il serait à l'ablatif.—*Genualia*, pluriel neutre, genouillère, jarretière.

Marcum Antonium, accusatif de *Marcus Antonius* (prénom et nom), Marc-Antoine.

22. On voit que les noms propres se déclinent. Ceux qui font exception ne sont pas de formation latine.

Quum ou *cum*, conj., M. R. lorsque, quoique, puisque. Nous adopterons la première manière d'écrire cette conjonction, en réservant la seconde pour la préposition *cum*, avec.

Contente, adv., avec contention, avec véhémence, R. *contendere*, s'efforcer, R.R. *cum* (augmentatif); *tendere*, tendre, s'efforcer; — *attendere*, tendre, faire attention; — *attentio, onis*, f., attention; — *contentio*, f., contention, effort; — *detendere*, détendre; — *distendere*, distendre, élargir; — *extendere*, étendre; — *intendere*, bander, s'appliquer; — *intensio*, tension, f., intention; — *attente* ou *intente*, adv., attentivement; — *obtendere*, mettre devant; — *portendere*, prédire; — *portentum*, n., prodige, présage.

Ipse, ipsa, ipsum, pronom démonstratif. *Ipse* est au nominatif comme sujet du verbe *diceret*.

Pro, préposition. M. R. pour, à cause de, devant, selon. Le complément de *pro* doit être à l'ablatif.

Terram, accusatif singulier féminin, de *terra, æ*, féminin, M. R. terre.

Terreus, adj., qui est de terre;
Terrestris, adj., } terrestre;
Terrenus, adj., }
Terrenum, n., terrain;

Territorium, n. territoire;
Mediterraneus, adj., qui est au milieu de la terre.

SYNTAXE.

§ 1. Partie interrogative.

A quel cas doit être le sujet d'une proposition?

Quand le déterminatif d'un substantif doit-il être au génitif?

Quel est l'accord de l'adjectif avec le nom qu'il détermine?

Dans quel cas un nom doit-il être au même cas que le nom qu'il détermine?

N. On joindra des questions d'application sur les mots régis par les règles expliquées.

§ 2. Partie explicative.

23. *Se esse contentum.* — *Nos volumus esse diligentes.*
Qu'il était content. — Nous voulons être diligents.

Contentum est à l'accusatif singulier masculin, parce qu'il se rapporte à *se*; *diligentes* est au nominatif pluriel masculin, parce qu'il se rapporte à *nos*, qui, dans la phrase, est au nominatif pluriel masculin.

Un adjectif s'accorde en genre, en nombre et en cas avec le nom ou pronom dont il est l'attribut.

24. *Nos volumus esse judices.* — Nous voulons être des juges.

Judices est au nominatif pluriel, parce qu'il se rapporte à *nos*, sujet de la phrase.

Un substantif s'accorde en nombre et en cas avec le nom ou pronom dont il est l'attribut.

QUANTITÉ.

§ 1. Partie interrogative.

Qu'est-ce que la quantité ?
Quelle différence y a-t-il entre une brève et une longue ?
Qu'appelons-nous quantité *ad libitum*?
Quelle est la quantité d'une voyelle suivie de deux consonnes dans le même mot ? — Dans deux mots qui se suivent ?
Quelle est la quantité des diphthongues ?
Quelle est la quantité d'une voyelle suivie d'une autre voyelle dans le même mot ?
Pourquoi *u* est-il bref dans *ablueret, suis* ?
Pourquoi *i* est-il bref dans *sentiunt, Antonium* ?
Pourquoi *u* est-il long dans *ratus* et dans la première syllabe de *cultu* ?

§ 2. Partie explicative.

Règles générales.

25. *Exception.* La voyelle suivie d'une muette (*b, c, d, f, g, k, p, q, t, v*), et d'une des liquides *l* ou *r*, est *ad libitum* si elle est brève de sa nature, c'est-à-dire si elle est brève dans le primitif.

La règle générale doit être observée si, comme dans les mots composés, la muette et la liquide appartiennent à deux syllabes différentes : *ābluĕret ;* ou si la voyelle est longue de sa nature : *ācres*.

26. 1ʳᵉ *exception.* E entre deux *i* est long dans les noms de la cinquième déclinaison : *diēi*.

VOYELLES FINALES.

27. A est bref à la fin des mots : *oră* (au nominatif), *flumină*.
1ᵉʳ *exception.* A est long à l'ablatif de la 1ʳᵉ déclinaison : *orā* (à l'ablatif).
28. E final est bref : *vaporĕ, sudorĕ, antĕ, essĕ*.
1ᵉ *exception.* E est long à l'ablatif de la 5ᵉ déclinaison : *diē*.

2e *exception.* E est long dans les monosyllabes : $d\bar{e}$, $s\bar{e}$, $\bar{e}$, etc.

29. *I* final est long : $di\bar{e}i$, $lev\bar{i}$, $vapor\bar{i}$, $cultu\bar{i}$.

30. *O* final est *ad libitum* : *o*, interjection devant une voyelle.

1re *exception.* O est long au datif et à l'ablatif : $Cydn\bar{o}$, $Alexandr\bar{o}$, $bell\bar{o}$.

2e *exception.* O est long dans les monosyllabes : $qu\bar{o}$, $pr\bar{o}$, etc.
Il est long également dans l'interjection $\bar{o}$ devant une consonne.

31. *U* final est long : $conspect\bar{u}$, $cult\bar{u}$, $gen\bar{u}$.

III. Exercices.

EXERCICE PRÉPARATOIRE.

1 — Décliner : *Cultus parabilis—Corpus leve—Bellum acre—Judex diligens.*

2 — Marquer la quantité des voyelles soulignées de : *Accendit—Pulvere—Agmen—Corpora—Vestigium—Levium—Suus—Acrem.*

3 — Traduire : Le milieu du corps—Le milieu des fleuves—La sueur du roi—La mise simple d'Alexandre—Le soleil était chaud—L'eau du fleuve était légère—La chaleur des jours avait commencé—Les armées des rois étaient de facile acquisition—Le vêtement est léger—Les oreilles des juges—Les genoux des musiciens—Le juge était (un) musicien—Les grandes guerres—Les rois de notre siècle—Notre terre—Nos lyres.

4 — Chercher des synonymes en *ie* aux mots suivants et les traduire : Manque— Pudeur — Retenue — Parabole — Opprobre — Inexpérience — Cruauté—Prédiction—Privation de sommeil—Tristesse—Inaction.

5 — Chercher des synonymes en *té* aux mots suivants et les traduire : Grandeur d'âme—Enjouement—Vitesse—Droiture—Pénétration—Bienveillance—Malheur—Irréligion— Différence— Calme—Pouvoir—Moyen —Plaisir—Bonheur—Pesanteur—Présomption—Adresse.

6 — Chercher des synonymes en *eur* aux mots suivants et les traduire. Gloire—Méprise—Teinte—Abattement—Retenue—Enflure—Innocence—Appui—Effroi—Sévérité—Magnificence—Grande piété.

COMPOSITION.

1 — Ayant déposé son vêtement, le roi satisfait descendit dans le fleuve encore chaud.

2 — Le roi était inexorable.

3 — Le manque d'eau n'engagea pas le roi à se laver le corps en présence de ses soldats (des siens), c'est pourquoi il ne descendit pas.

4 — La parure de (son) corps était légère et simple.

5 — La couleur des vêtements de l'armée avait commencé à être imitable.

6 — Persuadé qu'il serait beau de montrer qu'il était content, le roi descendit dans le bas de la Messénie.

7 — L'eau du Cydnus n'était pas habitable, et la chaleur du soleil avait commencé à être très-brûlante.

8 — De même que les musiciens sentent même les moindres choses, de même, si nous voulons être attentifs, nous comprendrons les plus grandes choses par (d'après) les plus petites.

9 — Marc-Antoine était juge lui-même quand il parlait avec véhémence.

10 — J'ai vu Marc-Antoine toucher de ses genoux la terre d'Italie.

CHAPITRE TROISIÈME.

1. Pratique.

Vixquĕ ingressi sŭbĭto horrōre artus rĭgēre cœpērunt; pallor deinde suffūsŭs est, et tōtum prŏpēmŏdum corpus vītālis călor rĕlīquit. Exspīranti sĭmĭlem mĭnistri mănu excĭpiunt, nec sătis compŏtem mentĭs in tăbernācŭlum dĕfĕrunt.

PHRASES DÉTACHÉES :

Quod satĭs est cŭī contĭgĭt, hic nĭhĭl amplĭŭs optĕt. (*Hor.*)

Bĕnĕfĭcium quod quĭbuslĭbet dătur, nulli grātum est. (*Sén.*)

Bŏnŭm appello, quidquid sĕcundum nātūrăm est; quod contrā, mălum : nĕc ĕgo sōlus; sed tu ĕtiam, Chrysippe, in fōro, dŏmi. (*Cic.*)

PRONONCIATION.

Cœperunt, cée-pé-ronte. Un suivi d'une consonne se prononce généralement *on* nasal.

Compotem, con-po-temme. Om suivi d'une consonne autre que *m* ou *n*, se prononce *on* nasal; autrement, il se prononce *omme*.

TRADUCTION LITTÉRALE.

Vixque ingressi subito horrore artus rigere
A peine et de (lui) entré par (un) subit grand froid les membres à se roidir

cœperunt; pallor deinde suffusus est, et totum prope-
commencèrent; la pâleur ensuite fut répandue, entier pres-

modum corpus vitalis calor reliquit. Exspiranti
que vitale la chaleur quitta. A (un) expirant

similem ministri manu excipiunt, nec satis com-
(lui) semblable les serviteurs de la main recueillent, et non assez maî-

potem mentis in tabernaculum deferunt.
tre d'esprit la tente emportent.

PHRASES DÉTACHÉES :

Quod satis est cui contigit, hic nihil amplius
Ce qui assez à qui est arrivé, (que) celui-ci rien de plus

optet.
désire.

Beneficium quod quibuslibet datur, nulli gratum
Le bienfait qui à qui que ce soit est donné, à aucun agréable

est.

Bonum appello, quidquid secundum naturam est;
Bien j'appelle, tout ce qui selon la nature

quod contra, malum : nec ego solus; sed tu etiam,
ce qui contre, mal : moi seul; mais toi, aussi,

Chrysippe, in foro, domi.
Chrysippe, le forum, à la maison.

TRADUCTION FRANÇAISE.

Et à peine le roi eut-il pénétré que ses membres commencèrent à se roidir par un froid subit. Ensuite la pâleur s'y répandit, et la chaleur vitale abandonna presque tout son corps. Des serviteurs recueillent dans leurs mains le roi semblable à un mourant, et l'emportent presque sans connaissance dans sa tente.

PHRASES DÉTACHÉES.

Que celui qui a le nécessaire, ne désire rien de plus.

Un bienfait que l'on accorde à tout le monde, n'est agréable à personne.

J'appelle bien, tout ce qui est selon la nature ; et mal, tout ce qui lui est contraire : et je ne suis pas le seul qui raisonne ainsi, mais vous raisonnez de même, Chrysippe, chez vous et sur la place publique.

TRADUCTION ALTERNATIVE.

Vixque ingressi artus.	Et les membres de lui à peine entré
cœperunt rigere	commencèrent à se roidir
subito horrore;	par un froid subit;
deinde pallor suffusus est, . . .	ensuite la pâleur se répandit,
et vitalis calor.	et la chaleur vitale
reliquit totum propemodum corpus.	abandonna presque tout le corps.
Ministri excipiunt manu	Les serviteurs reçoivent dans la main
exspiranti similem, ...	(le roi) semblable à un mourant
in tabernaculum deferunt . . .	ils portent dans la tente
nec satis compotem mentis . . .	et pas assez maître de (son) esprit.
Hic nihil amplius optet	Que celui-ci ne désire rien de plus,

cui quod satis est	à qui ce qui est assez
contigit.	est arrivé.
Beneficium quod datur	Le bienfait qui est donné
quibuslibet,	à qui que ce soit,
gratum est nulli.	n'est agréable à aucun.
Appello bonum	J'appelle bien,
quidquid est	tout ce qui est
secundum naturam;	selon la nature;
quod est contra naturam,	ce qui est contre la nature
appello malum :	j'appelle mal :
nec ego solus appello bonum,	et je n'appelle pas seul bien,
quidquid est.	tout ce qui est
secundum naturam,	selon la nature,
sed tu etiam, Chrysippe,	mais toi aussi, Chrysippe,
in foro,	dans la place publique,
domi.	à la maison.

CONVERSATION.

QUESTIONS.	RÉPONSES.
Où était entré le roi ?	In flumen.
Par quoi ses membres furent-ils roidis ?	Subito horrore.
Que firent ses membres au moment où il entra dans le fleuve ?	Rigere cœperunt.
Qu'est-ce qui se répandit sur ses membres ?	Pallor.
Que fit la pâleur ?	Suffusus est.
La chaleur abandonna-t-elle tout son corps ?	Propemodum.
Qu'est-ce qui abandonna son corps ?	Vitalis calor.
Que fit la chaleur ?	Corpus reliquit.
A quoi ressemblait alors le roi ?	Exspiranti.
Que font les serviteurs ?	Exspiranti similem manu excipiunt.
Où l'emportent-ils ?	In tabernaculum.
En quel état l'emportent-ils ?	Nec satis compotem mentis.
De quoi n'était-il plus maître ?	Mentis.
Que font les serviteurs après l'avoir recueilli ?	In tabernaculum deferunt.

42 CHAP. III.—PHRASÉOLOGIE.

Que doit faire celui qui a le nécessaire ?	Nihil amplius optet.
Qui ne doit rien désirer de plus ?	Hic cui contigit quod satis est.
Quel bienfait n'est agréable à personne ?	Quod quibuslibet datur.
Qu'est-ce qui est accordé à tout le monde ?	Beneficium.
A qui ce bienfait est-il agréable ?	Nulli.
Qu'arrive-t-il pour ce bienfait ?	Nulli gratum est.
Que dis-je de ce qui est selon la nature ?	Bonum appello.
Comment appellerai-je ce qui est contre la nature ?	Malum.
Qu'est-ce que j'entends par bien ?	Quiquid secundum naturam est.
Qu'est-ce que j'entends par mal ?	Quod contra naturam est.
Suis-je seul à parler ainsi ?	Nec ego solus.
Qui parle de même ?	Chrysippus.
Où Chrysippe parle-t-il ainsi ?	In foro, domi.

PHRASÉOLOGIE.

A TRADUIRE EN FRANÇAIS.	A TRADUIRE EN LATIN.
Regis artus rigere cœperunt.	Les membres du roi commencèrent à se roidir.
In flumen ingressi Alexandri artus horrore subito rigere cœperunt.	Alexandre étant entré dans le fleuve, ses membres commencèrent à se roidir par un froid subit.
Subitus horror cœperat.	Un froid subit avait commencé.
Subitus pallor regis corpus non reliquit.	Une pâleur subite ne quitta pas le corps du roi.
Vitalis deinde calor suffusus est.	Ensuite la chaleur vitale se répandit.
Exspiranti similem in tabernaculum deferunt.	Ils le portent dans sa tente semblable à quelqu'un qui se meurt.
Exspiranti similis erat.	Il ressemblait à quelqu'un qui expire.
Nec satis compotem mentis manu excipiunt.	Ils le reçoivent dans leurs bras lorsque déjà il ne se possédait plus.
Totum propemodum corpus horror reliquit.	Le froid quitta presque tout son corps.
Calidum adhuc corpus vitalis calor reliquit.	La chaleur vitale abandonna son corps qui était encore échauffé.

Quod satis est, optet.	Qu'il désire ce qui est suffisant.
Quod satis est cui contigit, hic regi similis est.	Celui qui a le nécessaire ressemble à un roi.
Nihil amplius optet.	Qu'il ne désire rien de plus.
Beneficia ministris sunt grata.	Les bienfaits sont agréables aux serviteurs.
Beneficium quibuslibet datur.	Le bienfait est accordé à n'importe qui.
Beneficium nulli datur.	Le bienfait n'est accordé à personne.
Bonum non appello, quidquid non est malum.	Je n'appelle pas un bien, tout ce qui n'est pas un mal.
Bonum est, quidquid secundum naturam est.	Tout ce qui est selon la nature est un bien.
Malum est, quod contra naturam est.	Ce qui est contre la nature est un mal.
Nec ego solus bonum appello, quod in natura est.	Je ne suis pas le seul à appeler bien, ce qui est dans la nature.
Chrysippus in foro erat.	Chrysippe était au forum.
Chrysippus etiam gratus domi erat.	Chrysippe aussi était agréable chez lui.

II. Analyse et Théorie.

DÉCLINAISONS.

ADJECTIFS NUMÉRAUX.

Les adjectifs numéraux ordinaux se déclinent comme les adjectifs de la première classe. Ainsi l'on dira : nominatif, *primus*, (premier) *prima, primum*; gén., *primi, primæ, primi*; dat., *primo, primæ, primo*; etc.

Quand le nombre ordinal est composé, toutes ses parties se déclinent en même temps. Ainsi l'on dira : nominatif, *vicesimus primus*, vingt-unième, *vicesima prima, vicesimum primum*; gén., *vicesimi primi, vicesimæ primæ, vicesimi primi*; dat., *vicesimo primo, vicesimæ primæ, vicesimo primo*; etc.

Les nombres cardinaux sont, comme dans les autres langues, presque entièrement invariables.

Les trois premiers se déclinent.

Unus, una, unum, un, une, se décline comme les adjectifs de la première classe, si ce n'est qu'il fait au génitif *ius* et au datif *i* : *unius, uni* pour les trois genres.

Quand il a le sens de *seuls*, il a un pluriel qui est régulier, c'est-à-dire entièrement conforme au pluriel des adjectifs en *us, a, um*.

Duo, deux, se décline ainsi : Nominatif masculin et neutre *duo*, féminin *duæ*; génitif masculin et neutre *duorum*, féminin *duarum*; datif et ablatif masculin et neutre *duobus*, féminin *duabus*; accusatif masculin *duos*, féminin *duas*, neutre *duo*.

Tres, tria, trois, se décline comme le pluriel des adjectifs en *is* de la seconde classe.

De *trois* à *cent* les nombres cardinaux sont indéclinables : *quatuor*, quatre, *quinque*, cinq, *sex*, six, etc.

De *cent* à *mille* ils suivent le pluriel de la première classe : *ducenti, æ, a*, deux cents ; *trecenti, æ, a*, trois cents ; *quadringenti, æ, a*, quatre cents.

Nous donnerons d'abord les dix premiers nombres cardinaux et ordinaux.

Un,	unus.	Premier,	primus.
Deux,	duo.	Second,	secundus.
Trois,	tres.	Troisième,	tertius.
Quatre,	quatuor.	Quatrième,	quartus.
Cinq,	quinque.	Cinquième,	quintus.
Six,	sex.	Sixième,	sextus.
Sept,	septem.	Septième,	septimus.
Huit,	octo.	Huitième,	octavus.
Neuf,	novem.	Neuvième,	nonus.
Dix,	decem.	Dixième,	decimus.

PRONOMS PERSONNELS.

Le *pronom*, en latin *pronomen*, c'est-à-dire *pro nomine* (à la place du nom), est un mot que les langues emploient pour éviter la répétition du nom.

Les pronoms *personnels* sont ceux qui indiquent proprement les *trois personnes* : celle *qui parle*, celle *à qui l'on parle*, celle *de qui l'on parle*.

Dans la langue latine comme dans la nôtre, le pronom de la première personne appartient à deux radicaux différents selon qu'il est ou sujet ou régime, *ego, mei*.

Les latins employaient, pour la troisième personne, *is, ea, id*, il, elle, ou *ille, illa, illud*, celui-là, celle-là, ou *hic, hæc, hoc*, celui-ci, celle-ci,

CHAP. III.—ADJECTIFS OU PRONOMS DÉMONSTRATIFS.

ou enfin un démonstratif quelconque. Il n'y a donc pas en latin de pronom de la troisième personne qui corresponde entièrement au pronom français *il, elle*. On se sert de pronoms démonstratifs, relatifs ou indéfinis auxquels on donne même, dans certains cas, la place de *ego* et *tu*.

Quand le pronom personnel est régime et rappelle le sujet, on l'exprime par *sui, sibi, se*. Ainsi, dans ces mots *si ostendisset se esse contentum, se* rappelle le sujet du verbe *ostendisset*.

PRONOM DE LA 1ʳᵉ PERSONNE.   **PRONOM DE LA 2ᵉ PERSONNE.**

SINGULIER.

Nom............. ĕgo.	Nom............. tū.
Voc..............	Voc.............. tū.
Gén............. mĕī.	Gen............. tŭī.
Dat............. mĭhĭ.	Dat............. tĭbĭ.
Acc. Abl........ mē.	Acc. Abl........ te.

PLURIEL.

Nom. Acc. nōs.	Nom. Acc. vōs.
Voc......	Voc...... vōs.
Gén...... nōstrum *ou* nōstrī.	Gén..... vĕstrum *ou* vĕstrī.
Dat. Abl.. nōbīs.	Dat. Abl.. vōbīs.

Remarque. — La seconde forme *nostri, vestri*, s'emploie quand le pronom a un sens général.

Nous avons donné la déclinaison de *sui*, p. 33.

ADJECTIFS OU PRONOMS DÉMONSTRATIFS.

Nous appelons ainsi des mots qui remplissent tantôt la fonction d'un adjectif, et tantôt celle d'un pronom.

Ils ont une déclinaison particulière que l'on peut rapporter aux trois modèles ci-après.

I. *Is, ea, id*, il, elle, cela ; ce, cette.

SINGULIER.   PLURIEL.

Nom. m. ĭs,	f. ĕă,	n. ĭd.	m. ĭī,	f. ĕæ,	n. ĕă.
Gén..... ējŭs, } de tout genre.			ĕōrum,	ĕārum,	ĕōrum.
Dat..... ĕī,			ĭīs *ou* ĕīs, de tout genre.		
Acc. .m. ĕum,	f. ĕam,	n. ĭd.	m. ĕōs,	f. ĕās,	n. ĕă.
Abl. ... ĕō,	ĕā,	ĕō.	ĭīs *ou* ĕīs, de tout genre.		

L'ancien nominatif pluriel était *ei*.

Idem, eadem, idem, le même, la même, est formé de *is, ea, id* par la simple addition de la syllabe *dem ;* si ce n'est qu'on met *idem* au masculin pour *isdem*, et au neutre pour *iddem*.

II. *Hic, hæc, hoc,* celui-ci, celle-ci, cela ; ce, cette.

	SINGULIER.			PLURIEL.		
Nom.	m. hĭc,	f. hæc,	n. hōc.	m. hī,	hæ,	n. hæc.
Gén.	hūjŭs,	} de t. genre.		hōrum,	f. hārum,	hōrum.
Dat.	huĭc,			hīs, de t. genre.		
Acc.	m. hŭnc,	f. hănc,	n. hōc.	m. hōs	f. hās,	n. hæc.
Abl.	hōc.	hāc.	hōc.	hīs, de t. genre.		

III. *Ille, illa, illud,* celui-là, celle-là, cela, ce, cette.

	SINGULIER.			PLURIEL.		
N.	m. īllĕ,	f. illă,	n. illŭd.	m. illī,	f. illæ,	n. illă.
G.	illĭŭs,	} de t. genre.		illōrum,	illārum,	illorum.
D.	illī,			illīs, de t. genre.		
A.	m. illum,	f. illam,	n. illud.	m. illōs,	f. illās,	n. illă.
A.	illō,	illā,	illō.	illīs, de t. genre.		

Ipse, ipsa, ipsum, moi-même, toi-même, lui-même, elle-même, cela même, se décline comme *ille*, si ce n'est que son neutre est *um* et non *ud*.

ADJECTIFS OU PRONOMS RELATIFS.

Qui, quæ, quod, qui, lequel, laquelle ; celui qui, ce qui, ce que.

	SINGULIER.			PLURIEL.		
N.	m. quī,	f. quæ,	n. quŏd.	n. quī,	f. quæ,	quæ.
G.	cūjŭs,	} de t. genre.		quōrum,	quārum,	n. quōrum
D.	cŭī,			quĭbŭs, de t. genre.		
A.	quem,	f. quam,	n. quŏd.	m. quōs,	f. quās,	n. quæ.
A.	quō,	quā,	quō.	quĭbŭs, de t. genre.		

Ce *qui relatif* est aussi désigné dans les grammaires sous le nom d'*adjectif conjonctif.* Il est important de ne pas le confondre avec le *qui interrogatif,* qui cependant en diffère très-peu dans la déclinaison.

Dans l'interrogation on dit *quis* au lieu de *qui* au nominatif singulier, et *quid* au lieu de *quod,* quand il n'est pas adjectif. Tous les autres relatifs sont composés de *qui* ou de *quis.* Les uns se forment par répétition : *quisquis ;* les autres se forment par l'addition d'une initiale ou d'une finale invariable : *Quilibet.*

ADJECTIFS OU PRONOMS INDÉFINIS.

Nous comprendrons sous cette dénomination les pronoms ou adjectifs qui déterminent d'une manière plus vague que les précédents, et ne peuvent s'y rapporter que dans des cas particuliers.

Ils se font remarquer en général par leur déclinaison analogue à celle que nous avons vue dans *unus*. Nous aurons soin de les signaler quand ils se présenteront.

Nous trouvons dans le texte de ce chapitre *nulli*, dat. sing. de *nullus, nulla, nullum*, aucun, aucune, nul, nulle; gén., *nullius*, de tout genre; dat., *nulli*, de tout genre. Le reste est régulier. Il en est de même de *solus, sola, solum*, seul, seule; gén., *solius*; dat., *soli*; et de *totus, a, um*; gén., *ius*, dat., *i*. Nous rattacherons à cette classe *alius, alia, aliud*, autre; gén., *alius*; dat., *alii*.

ADJECTIFS OU PRONOMS POSSESSIFS.

Les Latins forment, comme les Grecs, le pronom possessif par l'emploi de l'adjectif possessif correspondant, auquel ils donnent le genre et le nombre du mot qu'ils ont dans l'esprit. Il n'existe donc, à proprement parler, pour ces deux langues, que des adjectifs possessifs.

Les adjectifs possessifs sont :
Meus, mea, meum, mon, ma;
Tuus, tua, tuum, ton, ta;
Suus, sua, suum, son, sa;
Noster, nostra, nostrum, notre;
Vester, vestra, vestrum, votre.

Ils se déclinent comme les adjectifs de la première classe, si ce n'est que le vocatif masculin singulier de *meus* est *mi*, et que *suus* et *tuus* n'ont pas de vocatif.

On joindra à ces adjectifs *cujus, cuja, cujum*, adjectif peu usité, mais remarquable par son originalité.

Cujus signifie *à qui appartenant?* Ainsi l'expression de Virgile : *cujum pecus?* signifie *à qui appartient ce troupeau? Pecus, oris*, troupeau, est au nominatif singulier neutre : d'où *cujum*.

LEXIOLOGIE.

Quo (Ch. I), abl. sing. masc. de *qui, quæ, quod*, M. R. qui, lequel, laquelle. Ses principaux dérivés et composés sont :

Quicumque, quæcumque, quodcumque,
Quilibet, quælibet, quodlibet;
Quivis, quævis, quodvis, quidvis.
} Quiconque, qui que ce soit, quel que soit celui qui, qui vous voudrez.

Quidam, quædam, quoddam, quiddam, un certain;
Quis, quæ, quid, quod (interrogatif);
Quisnam, quænam, quidnam, quodnam, } Qui, lequel?
Quispiam, quæpiam, quidpiam, quodpiam, quelqu'un;
Quisquam, quæquam, quidquam, quodquam, quelqu'un;
Quisquis, quidquid ou *quicquid,* qui que ce soit, tout ce qui ;
Quam, conj., que;
Quamvis, et *quanquam,* conj., quoique;
Quamdiu, aussi longtemps que ;
Quià et *quoniam,* conj., parce que ;
Quidem, adv., à la vérité ;
Equidem, adv., certes.

Cujus (Ch. I), gén. sing. masc. de *qui, quæ, quod,* au génitif, comme complément de *calor, la chaleur du quel.*

Aliam, acc. sing. fém. de *alius, alia, aliud,* gén. *alius;* dat. *alii,* M. R. autre ; à l'accusatif, parce qu'il se rapporte à *oram.*

Alias, adv., une autre fois, autrement; *alibi, alio,* adv. ailleurs; *alicubi,* adv., quelque part; *alioquin,* autrement.

Vix, adv., M. R. à peine, difficilement.

Que, conj., M. R. et. Cette conjonction est *enclitique,* c'est-à-dire doit se mettre après le mot qu'elle lie et fait corps avec lui.

Ingressi, gén. sing. masc. de *ingressus, a, um,* part. passé du verbe *ingredi,* entrer.

Subito, abl. sing. masc. de *subitus, a, um,* subit, imprévu, R. *subire,* aller sous.

Horrore, abl. sing. de *horror, oris,* masc., hérissement, frisson, froid, horreur. R. *horrere,* se hérisser, frissonner; — *abhorrere,* avoir en abomination ; — *horridus,* adj., hideux; — *horribilis,* adj., horrible.

Artus, nom. plur. masc. de *artus,* gén. *us;* gén. plur. *uum.* Son datif et son ablatif pluriel font *artubus* et non *artibus* qui appartiennent au nom *ars, artis,* art.

32. La figurative *u* de la quatrième déclinaison reste ainsi dans quelques noms au datif et à l'ablatif pluriel; elle sert à les distinguer.

Artus, est un mot racine qui est fort peu usité au singulier. Il signifie articulation des membres; membres, force ; — *articulus,* m. membre, article; *articulatio,* f. articulation; *articulare,* séparer, articuler; *articularis, articularius,* qui concerne les jointures, articulaire.

Pallor, oris, m. pâleur. R. *pallere,* pâlir; — *pallidus,* adj., pâle ; — *perpallidus,* adj., fort pâle.

Deinde, adv., ensuite. R. *inde,* de là ; même sens que *dein.*

Totum, acc. sing. neut. de *totus, tota, totum;* gén. *totius;* dat.

toti. M. R. entier, tout ; — *tot*, plur. indécl., tant de ; — *toti-dem*, plur. indécl., tout autant de ; — *toties*, adv., autant de fois.

Propemodum ou *propemodo*, adv., presque. R. *prope*, près, presque ; — *propior*, comp., qui est plus proche ; — *proximus*, superl., qui est très-proche ; — *propinquus*, adj., proche, voisin ; — *propitius*, adj., propice ; — *proprius*, adj., propre.

Vitalis, e, adj. 2ᵉ classe, vital ; R. *vivere*, vivre ; — *vita*, f. vie, conduite ; — *victus, us*, m. vivres, nourriture ; — *vivus*, adj., vif, vivant ; — *vivax*, adj., vivace ; — *vivacitas*, f. force vitale, vivacité ; — *vividus*, adj., qui a vie, animé ; — *conviva, æ*, m. convive ; — *convivium*, n. festin.

Exspiranti, dat. sing. masc. de *exspirans, antis*, part. prés. de *exspirare*, expirer.

Similem, acc. sing. masc. de l'adj. *similis, e*, 2ᵉ classe. M. R. semblable ; à l'acc. parce qu'il se rapporte à *regem* sous-entendu. (*Voir* au chapitre II pour les dérivés.)

Ministri, nom. plur. de *minister, tri*, m. 2ᵉ décl., M. R. serviteur, ministre ; — *ministrare*, servir à table, procurer ; — *ministerium*, n. ministère ; — *administratio*, f. administration ; — *administrator*, m. administrateur.

Manu, abl. sing. de *manus, us*, f. 4ᵉ décl. M. R. main ; — *manubiæ, arum*, f. pl. dépouilles, butin ; — *manicæ, arum*, f. pl. manches, menottes ; — *manifestus*, adj., manifeste ; — *manipulus*, m. poignée.

Nec, conj., ni, et ne pas, équivaut à *et non*. R. *ne*, ne... pas.

Satis, sat, adv., M. R. assez ; — *satius*, n. comp. meilleur ; — *satietas*, f. satiété ; — *satur, ura, urum*, adj., rassasié ; — *saturare*, rassasier, saturer.

Compotem, acc. sing. masc. de *compos, otis*, adj. 2ᵉ cl., qui est maître de. R. R. *cum*, avec ; *potis*, qui peut.

Mentis, gén. sing. de *mens, mentis*, f. 3ᵉ décl. M. R. âme, esprit ; — *amens* (*a* privatif), adj., insensé ; — *demens* (*de* privatif), adj., insensé ; — *vehemens*, adj., impétueux, véhément ; — *amentia*, f. folie ; — *dementia* f. démence.

Tabernaculum, n. tente ; R. *taberna*, habitation, cabane ; à l'accusatif, parce qu'il y a passage d'un lieu dans un autre.

Contubernium, n. chambrée ; — *contubernalis*, adj., camarade de chambrée.

Quod, nom. sing. neut. de *qui, quæ, quod*; ce qui, sujet de *est*, est.

Cui, dat. sing. masc. de *qui, quæ, quod.*

Hic, nom. sing. masc. de *hic, hæc, hoc* ; sujet de *optet.*

4

Beneficium, nom. sing. de *beneficium, ii,* n. bienfait. R. R. *bene,* bien ; *facere,* faire.

Quibuslibet, dat. plur. masc. de *quilibet, quælibet, quodlibet ;* gén. *cujuslibet,* qui l'on voudra, quiconque, quelconque. R. R. *qui,* lequel ; *libet,* il plaît.

Nulli, dat. sing. masc. de *nullus, a, um,* gén. *ius,* nul, aucun. R. R. *non,* pas ; *ullus,* quelqu'un.

Gratum, nom. sing. neut. de *gratus, a, um.* M. R. agréable, reconnaissant ; au nom. sing. neut. parce qu'il est attribut de *beneficium ;* — *gratia,* f. grâce, beauté, faveur ; — *gratiosus,* adj., qui est en faveur ; — *gratuitus,* adj., gratuit ; — *gratis,* adv., gratuitement ; — *gratificatio,* f. gratification ; — *gratulatio,* f. félicitation ; — *ingratus*, adj., désagréable, ingrat.

Bonum, acc. sing. de *bonum, i,* n. bien, avantage. R. *bonus,* adj., bon ; — *bonitas,* f., bonté ; — *bene,* adv., bien ; — *benigne,* adv., avec bonté ; — *benignus, beneficus,* adj., bienfaisant ; — *benevolus, benevolens,* adj., bienveillant.

Quidquid, acc. sing. neut. de *quisquis,* qui que ce soit, dont le neutre *quidquid* ou *quicquid* signifie tout ce qui. C'est un composé de *quis.* (V. Ch. X.)

Quisquis est usité aux cas suivants : dat. sing. *cuicui,* abl. *quoquo, quaqua ;* acc. plur. *quosquos, quasquas, quæquæ.* On trouve encore *quiqui, quibusquibus,* etc.

Secundum, prép. qui régit l'acc., derrière, à côté de ; — selon, R. *secundus,* adj., second ; — *secundum,* adv., pour la seconde fois ; — *secundarius,* adj., du second ordre, secondaire.

Naturam, acc. sing. fém. de *natura, æ,* f. nature ; — R. *nasci,* naître ; — *naturalis,* adj. naturel ; — *naturaliter,* adv. naturellement ; — *natus, i,* m. fils ; — *nata, æ,* f. fille ; — *natio, onis,* f. reproduction, race, nation ; — *natalis,* adj. natal ; — *nativitas,* f. nativité, naissance ; — *denasci,* mourir.

Contra, prép. qui régit l'acc. M. R. contre ; — *contrarius,* adj., contraire ; — *contrarietas,* f., opposition, contrariété ; — *contrario,* adv., au contraire.

Malum, acc. sing. de *malum, i,* n. 2ᵉ décl., mal, R. *malus,* adj., mauvais ; — *male,* adv., mal ; — *malitia,* f., malice ; — *malignus,* adj., malin ; — *malignitas,* f., malignité ; — *maledicere,* médire ; — *maledictio,* f., médisance, malédiction ; — *maledicus,* adj., médisant ; — *malefactor,* m., malfaiteur ; — *malevolus,* adj., malveillant.

Ego, gén. *mei,* pron. pers. 1ʳᵉ personne, je, moi ; mot tiré du grec.

Solus, a, um, gén. *solius,* M. R. seul ; — *solitudo, inis,* f., solitude ;

— *soliloquium*, n. soliloque; — *solare* et *desolare*, dépeupler,
— *desolatio*, f., désolation.

Sed, conj., mais. M. R. *Sed* se met au commencement de la phrase.

Tu, gén. *tui*, pron. pers. 2ᵉ personne, tu, toi; mot tiré du dorien, d'où se forme *tuus*, *tua*, *tuum*, ton, ta.

Etiam, adv., même, aussi. RR. *et*, et; *jam*, déjà, maintenant.

Foro, abl. sing. de *forum*, *i*, n., 2ᵉ décl. M. R. place publique, forum.

Domi, gén. sing. de *domus*, gén. *us* et *i*, M. R. maison, logis. Ce nom est *hétéroclite*, c'est-à-dire suit deux déclinaisons. Il se décline ainsi : Sing. nom. *domus*; gén. régulier *domus*, gén. irrégulier *domi*, qui ne s'emploie guère que comme adverbe de lieu (chez soi, au logis); dat. rég. *domui*, dat. irrég. *domo* (archaïsme); acc. *domum*; abl. rég. *domu* (arch.), abl. irrég. *domo* (usité). — Plur. nom. voc. *domus*; gén. *domuum* et *domorum* (ce dernier plus usité); dat. et abl. *domibus*; acc. *domus* (peu usité) et *domos* (usité).

DISPOSITION ET CHOIX DES MOTS.

33. Il est souvent élégant de supprimer, avec *suus* et les autres adjectifs possessifs, les substantifs *filius*, fils; *pater*, père; *amicus*, ami; *socius*, compagnon; *miles*, soldat; *discipulus*, disciple, et leurs analogues. Ex. : *Si ostendisset suis*, s'il montrait *aux siens*, c'est-à-dire à *ses soldats*.

34. L'adverbe se place d'ordinaire auprès du mot auquel il sert de déterminatif : *Paulo ante* dictum est; — *quoque* futurum ; — *Calidum adhuc* corpus. Quand cet adverbe détermine un adjectif placé avant un substantif, il convient de mettre l'adverbe entre ces deux derniers : *Calidum adhuc corpus*; — *totum propemodum corpus*. — Quand l'adverbe sert à restreindre un mot, il se met après : *totum propemodum*.

35. La conjonction se place ordinairement avant le mot ou membre de phrase qu'elle doit lier à ce qui précède : *Pulvere ac sudore*; — *itaque veste deposita*; — *si ostendisset*. — Nous avons vu une exception dans l'enclitique *que* : Vix*que*; nous en verrons d'autres plus loin.

36. La préposition se place ordinairement devant le mot qu'elle régit : *De quo*; — *in conspectu*; — *in flumen*, etc.

37. Dans les phrases liées, le pronom relatif se met en tête de la subordonnée, et il faut, en général, le faire précéder de son antécédent : *amnis de quo paulo....*

Le relatif au génitif doit être suivi du nom qui le régit : *Cujus calor*.

Le complément du verbe est souvent dans un tel rapport avec le sujet, qu'il est pensé avant le verbe. Ce dernier se place alors naturellement après lui. Puis le sujet précède ou suit le complément, selon l'ordre dans lequel il se présente à l'esprit, ou selon le degré d'importance qu'on veut lui donner, ou enfin selon sa longueur et les mots qui l'accompagnent.

Dans cette phrase : « *Mediam Tarsum Cydnus amnis interfluit,* » il est clair que c'est l'importance des mots qui aura guidé l'historien. Tarse se sera d'abord présenté à son esprit ; puis, dans cette ville, il aura vu le Cydnus comme particularité.

Si, par exemple, dans une description du cours de la Seine, nous avions à mettre en présence les deux mots *Seine* et *Paris*, le mot dominant serait la *Seine*. Ce serait l'inverse, si nous voulions simplement mentionner la Seine comme une des choses remarquables de Paris.

38. Or, on peut établir cette règle générale que, « *dans une phrase latine, les mots doivent se suivre, d'après le degré d'importance que celui qui parle juge à propos de leur attribuer.* » Mais il faut ajouter qu'elle se trouve souvent en opposition avec celle-ci, « *que les idées doivent se suivre dans leur ordre naturel, c'est-à-dire que l'idée principale doit être suivie successivement par les idées déterminatives.* »

Ainsi, dans les lettres, le nom de celui qui écrit doit marcher le premier : *Cicero, Attico salutem dicit,* Cicéron à Atticus, salut. Plus tard, par déférence pour un supérieur, on a employé un ordre inverse.

Fronton, écrivain du II° siècle de notre ère, débutait ainsi dans ses lettres à Marc-Aurèle : « *M. Aurelio imperatori, Fronto;* » tandis qu'il écrivait à ses amis : « *Fronto Victorino genero salutem,* Fronton à Victorinus, son gendre, salut. »

Nous avons traduit cette phrase du texte : « *Totum propemodum corpus vitalis calor reliquit,* » par : *La chaleur vitale abandonna presque tout son corps.* Notre traduction est traînante en comparaison du texte latin. Au moment où l'on prononce le « *Totum propemodum corpus,* » on sent instantanément que le corps a été en butte à une révolution dont la détermination est secondaire relativement. Pour bien traduire la phrase latine, il faudrait donc commencer la phrase française par le mot *corps*. Nous l'avons déjà dit, l'ordre des idées est le même dans toutes les langues; aussi le traducteur doit-il se mettre en garde contre l'ordre syntaxique, s'il veut être l'interprète fidèle du mouvement de la pensée d'un auteur.

SYNTAXE.

39. *Amnis, de quo. — Æstas, cujus calor.*
Fleuve duquel. — L'été dont la chaleur.

Quo est au masculin singulier, parce que son antécédent *amnis* est masculin singulier.

Cujus est au féminin singulier, parce que son antécédent *œstas* est féminin singulier.

Le pronom relatif s'accorde avec son antécédent en genre et en nombre.

Exception. Si l'idée s'arrête plus particulièrement sur un attribut qui suit le relatif, celui-ci prend souvent le genre de cet attribut : *Cydnus, quod flumen Ciliciæ est,* au lieu de *Cydnus, qui,* etc.

40. *Æstas, cujus calor.* — L'été dont la chaleur.

Cujus est au génitif, parce que le substantif *calor* est sous sa dépendance. *Cujus* est ici pour *œstatis,* de l'été.

Un pronom, servant de complément à un substantif qu'il tient sous sa dépendance, se met au génitif, comme s'il était le substantif même qu'il représente.

41. *Quod satis est, contigit.* — Ce qui suffit, arrive.

Quod est, au singulier neutre, à cause du pronom *id* (ce) sous-entendu. La phrase se construit donc ainsi : *Id quod satis est, contigit. Id* est au nominatif comme sujet de *contigit.*

Le pronom antécédent de *qui* peut et doit même souvent, pour l'élégance, être supprimé, quand l'un et l'autre sont au même cas.

QUANTITÉ.

RÈGLES GÉNÉRALES.

2e *exc. I* suivi d'une voyelle est ad libitum dans les génitifs en *ius* : *Unīus, illīus,* etc. ; mais il est long dans *alīus* et *solīus,* et bref dans *alterĭus,* gén. de *alter,* autre.

VOYELLES FINALES.

E final est bref dans les monosyllabes enclitiques : *Quĕ.*

Exc. I final est ad libitum dans *mihi, tibi, sibi,* et dans ces mots que nous verrons plus loin : *Ubi,* où ; *ibi,* là ; *uti,* pour que ; *quasi,* comme si ; *nisi,* si ce n'est.

Nous ajouterons pour dernière exception que *i* final est bref au datif et au vocatif des noms tirés du grec, comme *Daphnis,* voc. *Daphnĭ,* dat. *Daphnidĭ.*

CONSONNES FINALES.

42. *C* final est long : *āc, adhūc*, c'est-à-dire : *c* final rend longue la dernière syllabe à laquelle il appartient. Nous avons conservé le langage, quoique impropre, employé dans les prosodies.

1re *exc.* Il est bref dans *něc* et *donĕc* (jusqu'à ce que).

2e *exc. C* final est ad libitum dans le pronom *hĭc*, celui-ci.

43. *D* final est bref : *Illŭd, aliŭd, istŭd, quŏd, ĭd.*

44. *L* final est bref : *Simŭl.*

Exc. Il est long dans *sōl* (soleil), *sāl* (sel) et les noms hébreux : *Daniēl*, etc.

45. *M* final s'élide devant une voyelle et devient long devant une consonne. D'ailleurs il est bref de sa nature.

46. *N* final est long : *Nōn.*

1re *exc. N* est bref dans les noms en *ĕn, inis* : *Flumĕn, inis, agmĕn, inis.*

2e *exc.* Il est bref dans *ĭn, deĭn* (ensuite), *tamĕn* (cependant), *ăn* (ou), dans les mots élidés, comme *vidĕn* pour *videsne*, et dans les mots grecs brefs comme *Iliŏn.*

47. *R* final est bref : *Calŏr, vapŏr, horrŏr, pallŏr.*

48. *As* final est long : *Æstās, pietās, orās.*

Exc. Les noms grecs en *ăs, adis* : *Lampăs, adis,* flambeau.

49. *Es* final est long : *Sudorēs, diēs, levēs.*

Exc. Il est bref dans les vocatifs et nominatifs pluriels des mots tirés du grec et de la 3e déclinaison, tels que *heroĕs* (héros), *Troĕs* (Troyens), etc.

50. *Is* final est bref : *Amnĭs, magĭs, satĭs, pulvĭs.*

1re *exc.* Il est long au datif et à l'ablatif pluriel : *Orīs, templīs, nobīs.*

51. *Os* final est long : *Mediōs, librōs, asperōs.*

1re *exc.* Il est bref dans *compŏs* (maître de soi), *impŏs* (non maître de soi), *ŏs* (ossement), *exos* (sans ossements). *Os* est encore bref dans les mots grecs qui ont *ŏ* bref : *Chaŏs.*

52. *Us* final est bref : *Cydnŭs, corpŭs, manŭs* (nom. sing.)

1re *exc.* Il est long au génitif singulier, au nominatif, à l'accusatif et au vocatif pluriel de la 4e décl. : *Artūs* (les membres), *cultūs* (de la parure, les parures).

53. *T* final est bref, pourvu qu'il ne soit pas précédé d'une consonne, comme dans *est* : *Erăt, interfluĭt, reliquĭt, ĕt.*

54. *X* final est long : *Vīx.*

Remarque générale. Une consonne conserve dans l'intérieur des mots son influence de finale, quand elle termine une syllabe : *sub* est bref dans *subito*, comme dans *sub* considéré isolément.

III. Exercices.

EXERCICE PRÉPARATOIRE.

1 — Décliner : Quilibet —Solus —Totus — Meus—Idem—-Quis—Ipse.

2 — Marquer la quantité des voyelles soulignées de : Subit*us*—Subit*is*—Subite (voc.) — Horror*es*—Art*uu*m—Pallor*is*—Corpor*a*— Su*a*s—M*a*-jest*a*s—Parcimoni*æ*—M*e*i—M*e*—Null*o*s— S*e*d.

3 — Traduire : Ces membres-ci — Ces membres-là — La pâleur de ces membres-ci, de ces membres-là—La même horreur—Les mêmes chaleurs—Les vêtements du roi lui-même—Les mains des ministres — Le milieu de la tente était chaud—Et le roi n'était pas assez maître de lui—La chaleur dont on a parlé—Le vêtement dont on a parlé—L'été est un temps brûlant—Les tentes reçoivent—La sueur, la poussière et l'eau—La présence des siens—Le roi semblable à un mourant—Les serviteurs semblables au roi—A peine commencèrent-ils—Les premières chaleurs.

COMPOSITION.

1 — L'été, dont les chaleurs commencèrent, ne quitta pas les bords (acc.) de la Sarmatie.

2 — Ensuite la pâleur ne quitta pas le corps du ministre.

3 — Nos membres commencèrent à se roidir par un froid subit.

4 — Des serviteurs semblables emportent dans leurs bras (de la main, abl.) le roi expirant.

5 — Le roi, couvert de poussière, invita son ministre à laver le corps des enfants.

6 — Les tentes des rois reçoivent leurs ministres (les ministres (acc.) d'eux).

7 — Votre roi n'est pas assez maître de son esprit.

8 — Les mêmes mains reçoivent les juges (acc.) presque semblables à des mourants.

9 — Et à peine le roi eut-il pénétré dans le fleuve, que la chaleur vitale abandonna tout (son) corps. (*Tournez* : La chaleur abandonna tout le corps du roi à peine entré dans le fleuve.)

10 — C'est pourquoi ils emportent le roi couvert de sueur en présence de l'armée.

11—Rien de plus n'est arrivé, quand il plaidait (il disait) pour lui-même.

12 — Que celui qui est roi ne désire rien de plus.

13 — Le bienfait d'Alexandre n'est agréable à personne.

14 — Les oreilles des musiciens sentent quoi que ce soit (acc. plur. neut.), même les plus petites choses.

CHAPITRE QUATRIÈME.

I. Pratique.

Ingens sollicitudo et pene jam luctus in castris erat. Flentes querebantur in tanto impetu cursuque rerum, omnis ætatis ac memoriæ clarissimum regem, non in acie saltem, non ab hoste dejectum, sed abluentem aqua corpus ereptum esse et exstinctum : instare Darium, victorem antequam vidisset hostem : sibi easdem terras quas victores peragrassent repetendas.

PHRASES DÉTACHÉES :

Pars equitum et auxiliariæ cohortes ducebant; mox prima legio; et, mediis impedimentis, sinistrum latus unaetvicesimani, dextrum quintani clausere : vicesima legio terga firmavit, post ceteri sociorum. (*Tac.*)

CHAP. IV.—PRONONCIATION—TRADUCTION.

Quădrāgĭntā̆ armātōrum millia irrūpĕre. (*Tac.*)

Mille ĕquĭtes via brĕviōri præmissi. (*Cic.*)

PRONONCIATION.

Im suivi d'une consonne dans le même mot se prononce *in* nasal : *mpetu*, *ain--pétu*.

TRADUCTION LITTÉRALE.

Ingens sollicitudo et pene jam luctus in castris erat.
Une grande inquiétude presque déjà le deuil le camp

Flentes querebantur in tanto impetu cursuque rerum,
Pleurant ils se plaignaient si grande impétuosité cours des choses,

omnis ætatis ac memoriæ clarissimum regem, non in
de tout âge mémoire le plus illustre

acie saltem, non ab hoste dejectum, sed abluentem
le combat du moins, par l'ennemi jeté à bas, lavant

aqua corpus ereptum esse et exstinctum : instare
par l'eau enlevé éteint : suivre de près.

Darium, victorem antequam vidisset hostem : sibi
Darius, vainqueur avant que il eût vu

easdem terras quas victores peragrassent repetendas.
ils avaient parcourues devant être regagnées.

PHRASES DÉTACHÉES :

Pars equitum et auxiliariæ cohortes ducebant ; mox
Une partie des cavaliers les auxiliaires cohortes conduisaient ; bientôt

prima legio ; et, mediis impedimentis, sinistrum
la première légion ; étant au milieu les bagages, le gauche

latus unaetvicesimani, dextrum quintani clausere :
côté les vingt et unièmes, le droit les cinquièmes fermèrent :
(les soldats de la vingt-et-unième légion) (ceux de la cinquième légion)

vicesima legio terga firmavit, post ceteri sociorum.
la vingtième les dos affermit, après le reste des alliés.

Quadraginta armatorum millia irrupere.
Quarante d'armés mille firent irruption.

Mille equites via breviori præmissi.
Mille cavaliers par une voie plus courte envoyés en avant.

TRADUCTION FRANÇAISE.

Une grande inquiétude et déjà le deuil, pour ainsi dire, s'était répandu dans le camp. Ils se désolaient de ce que, au milieu d'une impétuosité si grande et d'un cours si rapide des événements, le roi le plus illustre de tous les âges, le plus illustre de mémoire d'homme, ne succombait pas au moins dans un combat, ni par le bras d'un ennemi, mais de ce qu'il était enlevé, de ce qu'il périssait en prenant un bain. Ils se plaignaient de voir approcher Darius victorieux avant même d'avoir aperçu son ennemi, et de ce qu'il leur fallait regagner ces provinces qu'ils avaient parcourues en vainqueurs.

PHRASES DÉTACHÉES :

Une partie des cavaliers et les cohortes auxiliaires ouvraient la marche ; ensuite venait la première légion ; et, les bagages étant placés au milieu, les soldats de la vingt-et-unième légion fermèrent l'aile gauche, et ceux de la cinquième, la droite. La vingtième légion soutint les derrières, et après elle se plaça le reste des alliés.

Quarante mille hommes armés firent irruption.

Mille cavaliers envoyés en avant par un chemin plus court.

TRADUCTION ALTERNATIVE.

Ingens sollicitudo.	Une grande inquiétude
et pene jam luctus.	et presque déjà le deuil
erat in castris.	était dans le camp.
Flentes querebantur.	Ils se plaignaient en pleurant
in tanto impetu.	dans une si grande impétuosité
cursuque rerum,	et cours des choses
regem clarissimum.	le roi le plus illustre
omnis ætatis.	de tout âge
ac memoriæ,	et mémoire,
non esse dejectum ab hoste,	n'avoir pas été renversé par l'ennemi,

sed ereptum esse.	mais avoir été enlevé
abluentem aqua corpus,	lavant son corps par l'eau,
et exstinctum esse :	et avoir été éteint :
Darium instare,	Darius menacer,
victorem antequam.	vainqueur avant que
vidisset hostem :	il eût vu l'ennemi :
easdem terras.	les mêmes terres
quas victores peragrassent.	que vainqueurs ils avaient parcourues
repetendas (esse) sibi.	devant être regagnées par eux.
Pars equitum.	Une partie des cavaliers
et cohortes auxiliariæ.	et les cohortes auxiliaires
ducebant;	conduisaient;
mox prima legio,	bientôt la première légion,
et, mediis impedimentis,	et, les bagages étant au centre,
una et vicesimani.	ceux de la vingt-et-unième légion
clausere sinistrum latus,	fermèrent le flanc gauche,
quintani clausere dextrum ;	ceux de la cinquième fermèrent le droit ;
vicesima legio.	la vingtième légion
firmavit terga,	protégea les derrières,
post ceteri sociorum.	ensuite les autres alliés.
Quadraginta millia armatorum.	Quarante mille hommes armés
irrupere.	firent irruption.
Mille equites præmissi.	Mille cavaliers envoyés en avant
via breviori.	par un chemin plus court.

CONVERSATION.

QUESTIONS.	RÉPONSES.
Où régnait une grande inquiétude ?	In castris.
Qu'y avait-il dans le camp ?	Ingens sollicitudo et pene jam luctus.
Comment les soldats se plaignaient-ils ?	Flentes.
Que faisaient-ils en pleurant ?	Querebantur regem ereptum esse et exstinctum.
Comment le roi était-il mort ?	Abluens aqua corpus.
De quoi le roi était-il le plus illustre ?	Omnis ætatis ac memoriæ.
Où n'était-il pas mort ?	In acie.

Par qui n'avait-il pas été tué ?	Ab hoste.
Que disaient-ils de Darius ?	Darium instare.
Comment Darius était-il vainqueur ?	Antequam vidisset hostem.
Quelles terres devaient-ils regagner ?	Easdem quas victores peragrassent.
Qui marchait en avant ?	Pars equitum et auxiliariæ cohortes.
Que faisaient les cavaliers et les alliés ?	Ducebant.
Qui venait immédiatement après ?	Prima legio.
Où étaient placés les bagages ?	Media.
Qu'est-ce que fermait la vingt-et-unième légion ?	Sinistrum latus.
Qui fermait le flanc droit ?	Quintani.
Que fit la vingtième légion ?	Terga firmavit.
Qui venait après ?	Ceteri sociorum.
Combien d'hommes armés firent irruption ?	Quadraginta armatorum millia.
Que firent ces hommes armés ?	Irrupere.
Qui fut envoyé en avant ?	Mille equites.
Par quelle route ?	Via breviori.

PHRASÉOLOGIE.

A TRADUIRE EN FRANÇAIS.	A TRADUIRE EN LATIN.
Ingens sollicitudo cœperat.	Une grande inquiétude avait commencé.
Subitus jam luctus nostris in castris erat.	Déjà un deuil subit était dans notre camp.
Flentes querebantur regem in acie non esse dejectum.	Ils se plaignaient les larmes aux yeux de ce que le roi n'avait pas succombé dans le combat.
Omnis ætatis ac memoriæ clarissimus erat.	Il était le plus illustre de tous les âges passés.
Non ab hoste dejectus, sed abluens aqua corpus exstinctus erat.	Il n'avait pas été terrassé par l'ennemi, mais il était mort en prenant un bain.
Victor erat Darius, antequam vidisset hostem.	Darius était vainqueur avant d'avoir vu son ennemi.
Darium instare querebantur.	Ils se plaignaient de ce que Darius approchait.

Itaque rex in tanto cursu rerum ereptus erat.	C'est pourquoi le roi avait été enlevé au milieu d'un si grand flux d'événements.
Sibi easdem terras quas paulo ante peragrassent repetendas querebantur.	Ils se plaignaient d'être obligés de regagner ces mêmes contrées que peu auparavant ils avaient traversées.
Auxiliariæ cohortes sinistrum latus clausere.	Les cohortes auxiliaires fermèrent l'aile gauche.
Mille equites ducebant.	Mille cavaliers ouvraient la marche.
Prima legio terga firmavit, post ceteri equitum.	La première légion soutint les derrières, ensuite venait le reste de la cavalerie.
Quadraginta sociorum millia breviori via irrupere.	Quarante mille alliés fondirent par un chemin plus court.

II. Analyse et Théorie.

DU VERBE.

On distingue dans le verbe latin quatre modes, que nous allons énumérer avec leurs temps usités :

1° L'*indicatif* est le mode que l'on emploie quand on affirme simplement qu'une chose est, a été ou sera. Ses temps sont : le *présent* (je suis, *sum*) ; l'*imparfait* (j'étais, *eram*) ; le *parfait* qui correspond à notre *passé défini*, *indéfini* et *antérieur* (je fus, j'ai été, j'eus été, *fui*) ; le *plus-que-parfait* (j'avais été, *fueram*) ; le *futur* (je serai, *ero*) ; le *futur passé* (j'aurai été, *fuero*).

2° L'*impératif* s'emploie pour exprimer un ordre ou une prière. Il n'a qu'un temps en latin (sois, *es*, ou *esto*).

3° Le *subjonctif* exprime en général la subordination. Il a un *présent* (que je sois, *sim*) ; un *imparfait* qui équivaut à notre imparfait du subjonctif et à notre conditionnel présent (que je fusse ou je serais, *essem*) ; un *parfait* qui se traduit par notre passé (que j'aie été, *fuerim*) ; un *plus-que-parfait* qui équivaut au nôtre et à notre conditionnel passé (que j'eusse été ou j'aurais été, *fuissem*).

4° L'*infinitif*, mode impersonnel, c'est-à-dire n'ayant pas de flexions particulières pour les personnes. Ses temps sont : le *présent* (être, *esse*) ; le *parfait* (avoir été, *fuisse*) ; le *futur* (devoir être, *fore* (indécl.), ou *futurum, am esse*) ; le *futur passé* (avoir dû être, *futurum, am fuisse*).

CHAP. IV.—DU VERBE.

Au mode infinitif on joint, pour les verbes attributifs, le *participe*, le *supin* et le *gérondif*, que l'on pourrait considérer comme des modes distincts.

Le *participe présent* (étant) n'existe pas dans le verbe *sum* ; mais il existe, comme en français, dans les verbes réguliers.—Le *participe passé* (ayant été) n'existe en latin ni dans le verbe substantif, ni dans les verbes actifs. On est obligé de le traduire par une périphrase, excepté dans les verbes déponents. — Le *participe futur* (devant être, *futurus, a, um*) est déclinable en latin comme les deux autres dans les verbes où ils existent.

Dans les conjugaisons, comme dans les déclinaisons, il faut porter une grande attention sur le radical.

Le verbe substantif est, nous croyons, irrégulier dans toutes les langues connues. Il n'a pas de supin ni de gérondif. En voici le tableau, où l'on remarquera qu'il vient de deux racines différentes, l'une *es*, ou le plus souvent *s* par la suppression de l'*e* ; l'autre *fu*.

VERBE SUBSTANTIF.

INDICATIF.

PRÉSENT.	IMPARFAIT.
sum, *je suis*.	ĕr am, *j'étais*.
ĕs,	ĕr ās,
est,	ĕr ăt,
sŭ mŭs,	ĕr āmŭs,
es tĭs,	ĕr ātĭs,
sunt.	ĕr ant.

PARFAIT.	PLUS-QUE-PARFAIT.
fu ī, *je fus, j'ai été, j'eus été*.	fu ĕram, *j'avais été*,
fu istī,	fu ĕrās,
fu ĭt,	fu ĕrăt,
fu ĭmŭs,	fu ĕrāmŭs,
fu istĭs,	fu ĕrātĭs,
fu ērunt *ou* fu ērĕ.	fu ĕrant.

FUTUR.	FUTUR PASSÉ.
ĕr o, *je serai*.	fu ĕro, *j'aurais été*.
ĕr ĭs,	fu ĕrĭs,
ĕr ĭt,	fu ĕrĭt,
ĕr ĭmŭs,	fu ĕrĭmŭs,
ĕr ĭtĭs,	fu ĕrĭtĭs,
ĕr unt.	fu ĕrint.

CHAP. IV.—DU VERBE.

IMPÉRATIF.

ĕs ou esto, *sois*, | estĕ ou estōtĕ, *soyez*,
esto, *qu'il soit*, | suntō, *qu'ils soient*.

SUBJONCTIF.

PRÉSENT.	IMPARFAIT.
si m, *que je sois*.	es sem, *que je fusse* ou *je serais*.
sī s,	es sēs,
sĭ t,	es sĕt,
sī mŭs,	es sēmŭs,
sī tĭs,	es sētĭs,
si nt.	es sent.
PARFAIT.	**PLUS-QUE-PARFAIT.**
fu ĕrim, *que j'aie été*.	fu issem, *que j'eusse été* ou *j'au-*
fu ĕrĭs,	fu issēs, [*rais été*.
fu ĕrĭt,	fu issĕt,
fu ĕrĭmŭs,	fu issēmŭs,
fu ĕrĭtĭs,	fu issētĭs,
fu ĕrint.	fu issent.

INFINITIF.

PRÉSENT.	PARFAIT.
essĕ, *être*.	fuissĕ, *avoir été*.
FUTUR.	**FUTUR PASSÉ.**
fŏrĕ (ind.) *ou* futurum (am, um) esse, *devoir être*.	fŭtūrum, (am, um) fuisse, *avoir dû être*.

PARTICIPE.—FUTUR.

Fŭtūrŭs, ă, um, *devant être*.

L'impératif n'a pas de première personne. Pour traduire la première personne plur. *soyons*, on se sert de celle du subj. *simus*.—La première forme *es* n'est guère usitée que dans les composés de *sum*. — L'imparfait du subj. a une autre forme : *Forem, fores, foret*. Ces trois personnes du sing. sont usitées ; mais, au plur., on n'emploie que la 3ᵐᵉ : *Forent*.— On forme de *sum* un certain nombre de composés qui suivent sa conjugaison plus ou moins fidèlement.

Conjuguez avec la simple addition d'une préposition : *Adsum*, je suis présent ; *absum*, je suis absent ; *insum*, je suis dans ; *desum*, je manque.

CHAP. IV.—ADJECTIFS NUMÉRAUX.

ADJECTIFS NUMÉRAUX.

11. Undecim.	Undecimus.
12. Duodecim.	Duodecimus.
13. Tredecim, ou decem et tres.	Tertius decimus.
14. Quatuordecim, ou dec. et quatuor.	Quartus decimus.
15. Quindecim.	Quintus decimus — quindecimus (rare).
16. Sedecim — sexdecim — dec. et sex.	Sextus decimus.
17. Septemdecim — dec. et septem.	Septimus decimus.
18. Decem et octo — duodeviginti — très-rar. octodecim.	Octavus decimus — duodevicesimus.
19. Decem et novem — undeviginti.	Nonus decimus — undevicesimus.
20. Viginti.	Vicesimus — vigesimus.
21. Vig. unus — unus et vig.	Vic. primus — prim. et vic. — et mieux, unus et vic. — ou vic. unus.
22. Vig. duo — duo et vig.	Vic. secundus — sec. et vic. — duo et vic.
23. Vig. tres — tres et vig.	Vic. tertius — tert. et vic.
24. Vig. quatuor — quat. et vig.	Vic. quartus — quart. et vic.
25. Vig. quinque — quinq. et vig.	Vic. quintus — quint. et vic.
26. Vig. sex — sex et vig.	Vic. sextus — sext. et vic.
27. Vig. septem — sept. et vig.	Vic. septimus — septim. et vic.
28. Vig. octo — octo et vig. — duodetrig.	Vic. octavus — octav. et vic. — duodetricesimus.
29. Vig. novem — nov. et vig. — undetrig.	Vic. nonus — non. et vic. — undetricesimus.
30. Triginta.	Tricesimus — trigesimus.
31. Trig. unus — unus et trig.	Tric. primus — prim. et tric.
38. Trig. octo. — octo et trig — duodequadrag.	Tric. octavus — oct. et tric — duodequadragesimus.

CHAP. IV.—ADJECTIFS NUMÉRAUX.

39. Trig. nov.—nov. et trig —unde quadrag.	Tric. nonus—non. et tric.—unde- quadragesimus.
40. Quadraginta.	Quadragesimus.
50. Quinquaginta.	Quinquagesimus.
60. Sexaginta.	Sexagesimus.
70. Septuaginta.	Septuagesimus.
80. Octoginta,	Octogesimus.
90. Nonaginta.	Nonagesimus.
99. Non. novem — nov. et nonaginta—undecentum.	Non. nonus—nonus et non.—unde- centesimus.
100. Centum.	Centesimus.
101. Centum et unus—cent. unus.	Cent. primus—prim. et cent.
102. Cent. et duo--cent. duo.	Cent. secundus—sec. et cent.
120. Cent. et viginti—cent. viginti.	Cent. vicesimus.
125. Cent. et vig. quinque— cent. vig. quinque.	Cent. vicesimus quintus.
200. Ducenti, æ, a.	Ducentesimus.
300. Trecenti, æ, a.	Trecentesimus.
400. Quadringenti, æ, a.	Quadringentesimus.
500. Quingenti, æ, a.	Quingentesimus.
600. Sexcenti, æ, a.	Sexcentesimus.
700. Septingenti, æ, a.	Septingentesimus.
800. Octingenti, æ, a.	Octingentesimus.
900. Nongenti, æ, a—nonin- genti.	Nongentesimus — Noningentesimus (rare).
1,000. Mille.	Millesimus.
1,001. Mille et unus — mille unus.	Millesimus primus.
1,025 Mille et viginti quinque — m. v. q.	Millesimus vicesimus quintus.
1,300. Mille et trecenti.	Millesimus trecentesimus.
2,000. Duo millia — bis mille.	Bis millesimus.
3,000. Tria millia—ter mille.	Ter millesimus.
4,000. Quatuor millia —qua- tuor mille.	Quater millesimus.
100,000. Centum millia.	Centies millesimus.
200,000. Ducenta millia.	Ducenties millesimus.
1,000,000. Decies centena millia —Decies centum mil- lia—mille millia.	Millies millesimus.

Remarquons dans ce tableau que les mots *unus*..... *decem, viginti, centum, mille*, sont des mots racines d'où dérivent tous les autres ; que la terminaison *ginta* sert pour les dizaines comme notre terminaison *ante* ou *ente*; que cette terminaison *ginta* devient *genti* pour les mots qui la conservent dans la formation des centaines ; que les désinences des nombres ordinaux sont *us* pour *secundus, tertius, quartus, quintus, sextus, septimus, octavus, nonus* ; *imus* pour *primus, decimus* et ses composés, et *esimus* pour tout le reste.

De *dix* à *vingt*, les nombres se composent des précédents combinés avec *decim* pour *decem*, ou ils se forment des deux composants qui restent distincts et séparés par la conjonction *et*. En ce dernier cas, c'est *decem* qui est énoncé en premier lieu. *Decimus* se met au contraire le dernier pour les ordinaux.

De *vingt* à *cent*, les composants sont séparés par *et* ; alors c'est le nombre des dizaines qui vient le second (*quinque et viginti, quintus et vicesimus*) ; ou ils se suivent immédiatement, et alors c'est le contraire (*viginti quinque, vicesimus quintus*).

Au-dessus de *cent*, les centaines et les mille se placent en premier lieu. On les fait suivre ou non de la conjonction dans les cardinaux, et on ne l'emploie pas dans les ordinaux. Si on l'emploie pour ces derniers, on place le plus petit nombre le premier (*decimus et centesimus*, au lieu de *centesimus decimus*).

N'oublions pas de dire que certains auteurs enfreignent ces règles de disposition des nombres ; mais nous devons l'éviter. A l'imitation d'une tournure analogue des Grecs, les Latins exprimaient souvent 18, 19, 38, 39, etc., par deux, un (ôté) de 20, de 40, etc., *duodeviginti, undeviginti, duodequadraginta, undequadraginta*. — Pour 22e, 32e, etc., on se sert souvent de *alter* à la place de *secundus* : *alter et vicesimus* pour *secundus et vicesimus*. — Les multiples de *millesimus* se forment au moyen des adverbes de nombre *bis*, deux fois ; *ter*, trois fois, etc.

En changeant *us* des nombres ordinaux en *anus*, on forme des adjectifs qui servent à désigner à quelle légion des soldats appartiennent. Si le mot est composé, le premier est au féminin et conserve sa terminaison ordinale : *quintani*, les soldats de la cinquième légion ; *unaetvicesimani*, les soldats de la vingt et unième légion.

Si on considère *mille* comme adjectif, il est indéclinable et pluriel, et n'influe en rien sur le cas du substantif qui le suit : *Mille ministri, mille reges*. On le multiplie au moyen des adverbes *bis, ter*, etc. : *bis mille reges*, deux mille rois ; *quater mille ministri*, quatre mille serviteurs. — Si on le considère comme substantif, il signifie *millier* et est suivi du génitif : *Mille regum*, un millier de rois, mille rois. Il est neutre et indéclinable au sing. et fait *millia, millium, millibus* au pluriel : *duo millia regum*, deux mille rois. On pourrait dire, mais moins bien, *bis mille regum*, deux fois un millier de rois.

Les adverbes de nombre *premièrement*, *secondement*, etc., s'expriment en latin par l'acc. ou l'abl. neut. des nombres ordinaux : *Primum* ou *primo*, *secundum* ou *secundo*, *tertium* ou *tertio*, etc.

ADVERBES DE NOMBRE.

1. Semel, une fois.
2. Bis, deux fois.
3. Ter.
4. Quater.
5. Quinquies.
6. Sexies.
7. Septies.
8. Octies.
9. Novies.
10. Decies.
11. Undecies.
12. Duodecies.
13. Tredecies *ou* terdecies.
14. Quaterdecies *ou* quatuordecies.
15. Quindecies *ou* quinquiesdecies.
16. Sedecies *ou* sexiesdecies.
17. Septiesdecies *ou* decies et septies.
18. Duodevicies *ou* octiesdecies, *ou* decies et octies.
19. Undevicies *ou* noviesdecies.
20. Vicies.
21. Vicies semel *ou* semel et vicies.
22. Bis et vicies.
23. Ter et vicies.
28. Duodetricies *ou* duodetriciens.
30. Tricies *ou* triciens.
40. Quadragies *ou* quadragiens.
100. Centies.
101. Centies semel *ou* semel et centies.
200. Ducenties.
400. Quadringenties.
1,000. Millies.
2,000. Bis millies.
1,000,000. Decies centies millies *ou* millies millies.

Il faut rattacher à cette forme les adverbes de quantité *toties*, tant de fois; *quoties*, combien de fois; *aliquoties* ou *aliquotiens*, quelquefois.

LEXIOLOGIE.

Ingens, tis, adj. 2ᵉ cl. M. R. grand, extraordinairement;—*sollicitudo, inis*, f., 3ᵉ décl., inquiétude, R. *sollicitus*, inquiet;—*sollicite*, adv., avec soin, avec inquiétude;—*sollicitare*, émouvoir, solliciter;—*sollicitatio, onis*, f., sollicitation.

55. La terminaison *itudo* fait *itude* en français. Elle sert à former des substantifs en se substituant à la terminaison des adjectifs. Elle indique donc la qualité en général. Il existe quelques mots français que l'on a formés à l'instar des Latins et qu'il faut se garder de considérer comme venant directement de leur langue : *Platitude* formé de *plat*, *exactitude* formé de *exact*, etc. Nous ajouterons cette réflexion générale, que notre langue a pris de toutes pièces un grand nombre de mots latins, avec des changements d'acception que l'observation seule peut faire connaître. Ainsi le mot *turpitude* ne rend ni le sens primitif du mot latin (laideur), ni toutes ses diverses significations (honte, déshonneur, etc.).

Pene, adv., M. R. presque.

Jam, adv., M. R. déjà.

Luctus, *us*, m. 4ᵉ décl., douleur, deuil, R. *lugere*, n. et act., pleurer ;—*lugubris*, *e*, adv., lugubre ;—*lugubre* et *lugubriter*, adv., d'une manière lugubre.

Castris, abl. plur. de *castra*, *orum*, camp, pluriel de *castrum*, M. R. qui, employé au singulier, signifie un *fort* ;—*castrensis*, *e*, adj., de camp ;— *castellum*, n., camp., château-fort.

Erat, 3ᵉ pers. sing. imparfait indicatif du verbe *sum*, *es*, *fui*, *esse*, M. R. être.

Flentes, nom plur. masc. de *flens*, *tis*, part. présent du verbe *flere*, pleurer. (Ch. XIV.)

Tanto, abl. sing. masc. de *tantus*, *a*, *um*, si grand, R. *tam*, autant, si; se rapporte à *impetu*.

Impetu, abl. sing. de *impetus*, *us*, m. 4ᵉ décl., impétuosité, R. R. *in* dans, sur ; *petere*, aller ;—*impetere*, assaillir ;—*impetuosus*, adj., impétueux.

Cursu, abl. sing. de *cursus*, *us*, m. 4ᵉ décl., course, R. *currere*, courir.

Rerum, gén. sing. fém. de *res*, *rei*, f. 5ᵉ décl. M. R. chose ;—*reus*, m., plaideur ; accusé ; — *reipsa* et *reapte*, adv., en effet ;—*realis*, adj., réel; —*realitas*, f., réalité.

Omnis, gén. sing., fém. de *omnis*, *e*, adj. 2ᵉ cl. M. R. tout ;— *omnino*, adj. tout-à-fait.

Ætatis, gén. sing. de *œtas*, *atis*, f. 3ᵉ décl., âge. R. *œvum*, *i*, n., âge, long espace de temps ;—*œternus* et *œternalis*, adj., éternel ; — *œternitas*, f., éternité ;—*œternum*, adv., éternellement;—*œvitas*, f., âge (par syncope, on a formé *œtas* ; — *coœvus*, adj., contemporain.

Memoriœ, gén. sing. de *memoria*, *œ*, f., souvenir, mémoire, R. *meminisse*, se souvenir;—*memor*, adj., qui se souvient;—*mentio*, f., mention ; — *memorabilis*, adj., mémorable ; — *commentari*, méditer, inventer ; — *memoriter*, adv., de mémoire ; — *immemor*, adj., qui ne se souvient pas.

Clarissimum, acc. sing. masc. de *clarissimus*, *a*, *um*, superlatif de *clarus*, *a*, *um*, M. R. clair, fameux, illustre ;—*clare*, adv., clairement; *prœclarus*, adj., brillant, très-illustre ; — *declarare*, déclarer.

Acie, abl. sing. de *acies, ei*, f., M. R. tranchant, pointe ; armée en bataille.

Saltem, conj., M. R. du moins, au moins.

Ab, prép. qui régit l'ablatif, M. R. de, par.

56. Cette préposition est *a* devant les consonnes, *ab* devant les voyelles et *h*. Les consonnes *j, l, r, s* sont aussi souvent précédées de *ab* ; *d* et *n* le sont même quelquefois. Enfin, on trouve *abs* assez souvent devant *q, r, t*.

Hoste, abl. sing. de *hostis*, m. et f., 3ᵉ décl. M. R. ennemi ;—*hostia*, f., hostie, victime ; — *hostilitas*, f., hostilité ;—*hostilis*, adj., hostile.

Dejectum, acc. sing. de *dejectus, a, um*, part. pass. passif de *dejicere*, jeter à bas.

Abluentem, acc. sing. masc. de *abluens, entis*, part. prés. de *abluere*, laver.

Aqua, abl. sing. de *aqua, æ*, f. 1ʳᵉ décl. M. R. eau ;—*aquosus*, adj., aqueux ;—*aquarium*, n., abreuvoir ;—*aquarius*, m., le Verseau ;—*aquaticus*, adj., aquatique ; — *aquilex, egis*, m., qui a soin des eaux, fontainier.

Ereptum, acc. sing., masc. de *ereptus, a, um*, part. passé passif de *eripere*, arracher.

Exstinctum, acc. sing. masc. de *exstinctus, a, um*, part. pass. passif de *exstinguere*, éteindre, faire mourir.

Victorem, acc. sing. de *victor, oris*, m. 3ᵉ décl., vainqueur, R. *vincere*, vaincre ;—*victoria*, f., victoire ;—*victrix*, f., victorieuse ;—*victoriosus*, adj., victorieux ; — *victima*, f., victime ; — *victimare*, immoler.

Antequam, conj., avant que, R. R. *ante*, avant ; *quam*, que.

Terras, acc. plur. de *terra, æ*, f., 1ʳᵉ décl., M. R. terre, pays.

Repetendas, acc. plur. fém. de *repetendus, a, um*, part. fut. passif de *repetere*, regagner.

Pars, tis, f., 3ᵉ décl., M. R. part, partie ;—*partiri*, diviser ;—*particula*, f., parcelle, particule ;— *partim*, adv., en partie ;—*particeps*, adj., participant ; — *participium*, n., participe ;—*particularis*, adj., particulier ;—*portio*, f., portion.

Equitum, gén. plur. de *eques, itis*, m., 3ᵉ décl., cavalier. R. *equus*, cheval ;—*equester* et *equestris*, adj., équestre ;— *equile, is*, n., écurie ;— *equiso, onis*, m., écuyer ;—*equitium*, n., haras ;—*equisetum*, n., prêle, vulg. queue de cheval.

Auxiliarius, a, um, adj., auxiliaire, R. *auxilium*, secours ; — *auxiliaris, e*, adj., auxiliaire ; — *auxiliare* et *auxiliari*, assister ; — *auxiliator*, m., qui donne du secours.

Cohortes, n. plur. de *cohors, tis*, f., 3ᵉ décl., M. R. cohorte.

Mox, adv., bientôt.

Primus, a, um, adj. ordinal, premier, R. *prior,* premier (en parlant de deux); — *primo* et *primum,* adv., premièrement; —*primordium,* n., commencement;—*primordialis, e,* adj., primordial;—*primatus, us,* m. primauté ; — *Princeps, ipis,* m., principal, prince ;—*Imprimis, comprimis,* adv., surtout, principalement.

Legio, onis, f., 3ᵉ décl., légion, R. *legere,* choisir.

Impedimentum, i, n., entraves, bagages, R. R., *in,* dans; *pes,* pied. On ne l'emploie qu'au pluriel, dans le sens de *bagages.*

Sinistrum, acc. sing. neut. de *sinister, tra, trum,* M. R. gauche; sinistre. (V. Ch. X.)

Latus, eris, n., 3ᵉ décl., côté, R. *latere,* être caché;—*lateralis,* adj., de côté, latéral; — *Latium, ii,* n., contrée d'Italie où Saturne s'était caché; — *latinus,* adj., latin ; — *latinitas,* f., latinité.

57. *Unaetvicesimani,* soldats de la 21ᵉ légion; expression formée de *unus et vicesimus,* vingt et unième. La première partie du nombre ordinal reste au féminin et se rapporte à *legio* sous-entendu ; la seconde, terminée en *anus,* se rapporte au soldat dont elle détermine le classement, R. R. *unus, a, um,* un; *viginti,* vingt.

Dextrum, acc. sing. de *dexter, tera* ou *tra, terum* ou *trum,* M. R. droit;—*dextra* ou *dextera,* la main droite ;—*dexteritas,* f., dextérité.

Quintani, nom. plur. masc. de *quintanus,* soldat de la cinquième légion, formé de *quintus,* cinquième, R. *quinque,* cinq ; — *quintuplex,* adj., quintuple ;—*quinquies,* adv., cinq fois;—*quintilis,* m., juillet, cinquième mois depuis mars.

Terga, acc. plur. de *tergum, i,* n., 2ᵉ décl., M. R. dos, derrière ;— *tergus, oris,* n., peau ; — *tergorare,* se vautrer, se rouler sur le dos.

Post, prép. employée ici comme adverbe, M. R. après.

Ceteri, nom. plur. masc. de *ceterus, a, um,* M. R. le reste ;—*cetera,* adv., au reste ; — *cetero,* du reste ; — *ceterum, ceteroqui, ceteroquin,* d'ailleurs. *Ceterus* s'emploie surtout au pluriel.

Sociorum, gén. plur. de *socius, ii,* m., M. R. compagnon, camarade ; — *sociare,* joindre, associer ;—*sociabilis,* adj., sociable.

Quadraginta, adj. cardinal, quarante, R. *quatuor,* quatre.

Armatorum, gén. plur. masc. de *armatus, a, um,* part. passé passif de *armare,* armer ; se rapporte au mot soldats ou hommes sous-entendu.

Mille, nombre cardinal, mille. Il est ici considéré comme substantif et suivi du génitif. Il est alors déclinable au pluriel de la manière suivante : Nom. acc. *millia;* gén. *millium;* dat. et abl. *millibus.*

Via, abl. sing. de *via, æ,* f. 1ʳᵉ décl. M. R. voie, chemin ; — *viaticum,* n., provisions de voyage ;—*viator,* m., voyageur ;—*avius, invius, impervius,* adj., inaccessible;—*pervius,* adj., accessible;—*deviare,* s'égarer ; — *obviare,* aller au-devant, s'opposer ;—*obvius,* adj., qui s'offre au passage; —*obviam*, adv., au-devant; —*trivium*, n., carrefour; —*trivialis*, adj., trivial, vulgaire.

Breviori, abl. sing. fém. de *brevior, ius*, comparatif de *brevis, e*, M. R. court; — *brevitas*, f., brièveté; — *breviter*, adv., brièvement; — *brevi*, adv., bientôt; — *breviarium*, n., abrégé, breviaire; —*perbrevis*, adj., fort bref.

Præmissi, nom. plur. masc. de *præmissus, a, um*, part. passé passif de *præmittere*, envoyer devant.

DISPOSITION ET CHOIX DES MOTS.

58. Un adjectif déterminatif (*hic, is, ipse, idem, meus*, etc.) précède son substantif quand on veut attirer l'attention sur le déterminatif; autrement, il se place après. Nous avons vu un exemple dans *nostri seculi*, nous en trouvons un second dans *easdem terras, quas*.

Nous avons vu que la règle est la même pour les adjectifs numéraux. (Ch. 1er). En disant *prima legio, vicesima legio*, Tacite se préoccupe avant tout de préciser *quelles* sont les légions qui prennent rang dans la marche.

Pour déterminer avec plus de force, on ajoute élégamment *hic, ille* à *meus* et *noster*, comme on ajoute *iste* à *tuus* et *vester*.

SYNTAXE.

59. *Tunc æstas erat.*— Alors l'été était (c'était alors l'été.)

Erat est à la troisième personne du singulier, parce que son sujet *æstas* est de la troisième personne du singulier. Le verbe prend le nombre et la personne de son sujet.

60. *Ingens sollicitudo et pene jam luctus erat.*
Une grande inquiétude et déjà presque le deuil était.

Quand plusieurs sujets sont synonymes, et surtout quand ils forment gradation, le verbe peut se trouver au singulier. Il s'appuie alors sur le plus proche.

61. *Omnis ætatis ac memoriæ clarissimum regem.*
Le roi le plus illustre de tout âge et de toute mémoire.

Le complément d'un superlatif se met au génitif.— Pour établir ici une construction exacte, il faut sous-entendre *regum*, ce qui donnerait : *Le plus illustre roi des rois de tout âge*, etc. Aussi *ætatis* doit-il être considéré, selon nous, comme le déterminatif de *regum* sous-entendu et non du superlatif lui-même. Ceci deviendra évident par la règle suivante que, pour plus d'unité dans les idées, nous donnons par anticipation.

62. *Clarissimus regum.* — Le plus illustre des rois.

Le mot qui sert de terme de comparaison à un superlatif se met au génitif et donne son genre à ce superlatif.—On construit de même les mots *princeps*, premier, *unus*, un, le seul, et les nombres ordinaux, le mot *prior*, le premier, et les comparatifs quand on ne parle que de deux. Ainsi on dira d'une manière générale : *Princeps* ou *primus omnium*, le premier de tous ; *unus omnium*, le seul d'entre tous ; et en parlant de deux : *Prior, clarior eorum*, le premier, le plus illustre d'entre eux.

63. *Alexander clarior Dario.—Clarior quam Darius.*
Alexandre plus illustre que Darius.

Dans la règle précédente, on peut répéter le complément avec le superlatif : *Clarissimus rex regum;* et c'est pour cette raison que *clarissimus* prend le genre de son complément. Il en est de même dans l'emploi du comparatif, quand on ne parle que de deux : *Clarior rex eorum regum.* Nous exprimerons ainsi cette différence à établir :

Toutes les fois que le complément d'un comparatif ne peut se répéter avec lui, ce complément se met à l'ablatif (à cause de la préposition *præ*, en comparaison de, sous-entendue) , ou ce complément prend le cas du nom auquel il est comparé, et on les unit par la conjonction *quam*, que. —Si le complément d'un comparatif est un adjectif, celui-ci se met également au comparatif et au même cas : *Obscurior quam clarior; obscuriorem quam clariorem*, plus obscur qu'illustre.

64. *Ceteri sociorum.—*Les autres des alliés (ce qui reste des alliés).

C'est comme mots partitifs que les superlatifs sont suivis du génitif. Cette règle du génitif, qui est basée sur *la dépendance*, sera donc applicable à beaucoup de mots adjectifs ou pronoms que l'on emploiera avec cette idée fondamentale. C'est pourquoi nous trouvons *ceteri sociorum*, au lieu de *ceteri socii.*

QUANTITÉ.

RÈGLES GÉNÉRALES.

65. Une syllabe provenant de contraction doit être considérée comme diphthongue et par conséquent est longue : *Queīs* ou *quīs*, employé quelquefois pour *quibus* (relatif et non interrogatif), chez les poëtes surtout : *mī* pour *mihi*.

66. Dans les mots composés, les particules ou prépositions *a, e, de, di, se, tra*, sont longues : *Dēferunt, dējectum, dēposita.* — *Exc.* De devient bref quand il est suivi d'une voyelle ou de *h* : *Dĕesse, dĕinde.*

Les prépositions *ăb, ăd, ăn, antĕ, circŭm, ĭn, ĭnter, ŏb, pĕr, prætĕr,* sŭb, supĕr, qui sont brèves de leur nature, sont brèves dans les mots composés : Pĕragrassent, antĕquam. Il faut y joindre rĕ qui est bref dans les composés, excepté dans rēfert, il importe, qui vient de res, chose : Rĕlinquit, rĕpetendas.

Remarque. La première syllabe est brève dans cŏhors, h n'ayant aucune influence sur la quantité.

Voyelles finales.

2ᵐᵉ exc.—*A* final est *ad libitum* dans les noms de nombre terminés en ginta : Trigintă, sexagintă, etc.

Consonnes finales.

67; *B* final est bref : *Ab.*—2ᵉ exc. *Es* final est bref dans ĕs, 2ᵉ pers. de *sum* et de ses composés.—2ᵉ exc. *Is* final est long au parfait du subjonctif, quand il termine une césure (ch. XIV), autrement il est bref : *Fuerĭs*, que tu aies été.

III. Exercices.

EXERCICE PRÉPARATOIRE.

1—Marquer la quantité des voyelles soulignées : Sollicitu*do*—Pe*ne*—Luc*tus* aux n. v. et g. sing. et aux n. v. et acc. plur. — Er*at* — Querebant*ur* — Impe*tu* — Æt*as* — Ætat*is* — Ætatib*us* — A*c* — No*n* a*b* host*e* — Abluent*em* — Aqu*a*, n. sing. — Aqu*a*, abl. sing. — Corp*us* — Terr*as* — E*s* — Sum*us* — Est*is* — Er*as* — Fuer*as* — Ess*es* — For*e* — Ab*es* — Ad*es* — Trigin*ta* duo.

2 — Traduire ce qui suit : Nous étions vingt-trois — Ils avaient été au nombre de dix-neuf — Je fus le quatrième — Ils étaient cinquante-quatre — Je serai le centième — Le cent vingtième été était présent — Le roi descendit trois fois — Trente-sept cavaliers étaient absents — Trois cent mille ennemis seront présents — Darius fut roi (en) trois cent trente-six (rendre par le nombre à l'ablatif et joint à *anno*, année) — La plus chaude des eaux — Le plus illustre des fleuves — Les soldats qui restaient firent irruption — Les guerres furent plus courtes qu'agréables — Deux mille hommes armés.

3—Il avait été le neuvième roi après (*post* avec acc.) le premier Darius — Ils seront trois et quatre fois victorieux — La Scythie ne fut pas une fois chaude — Dix fois sept font (deviennent, *fiunt*) soixante-dix — La cohorte a été mille fois victorieuse.

4—Chercher des synonymes en *itude* et les traduire : Bonheur — Douceur — Intégrité (au propre) — Isolement — Trouble moral — Ressemblance.

COMPOSITION.

1 — Le choc (impétuosité) des ennemis avait commencé, mais tout (entier) cet âge de rois illustres avait disparu (était absent).

2 — Cette témérité qui existe (*inesse*) dans le ministre même ne manque pas dans le roi.

3 — Darius et Alexandre étaient ennemis ; celui-ci descendit en Asie, ensuite celui-là ne fut pas content.

4 — Ma patrie (appuyer sur la détermination) sera la plus illustre de tous les âges.

5 — Ce jour-là fut le plus illustre, quand Darius fut renversé par son ennemi.

6 — Les serviteurs pleurant recueillent de leurs mains leur roi mourant.

7 — Ils se plaignaient de ce que Alexandre était mort en se lavant le corps dans l'eau, au moment le plus chaud du jour (dans le temps…).

8 — Les choses avaient marché avec une grande impétuosité (l'impétuosité des choses avait été grande), avant qu'il (n') eût vu (son) illustre ennemi.

9 — Les soldats de la vingt-quatrième légion fermèrent le côté gauche de l'armée.

10 — La vingt-huitième légion protégea les derrières.

11 — Notre route (appuyer sur la détermination) qui passe (est) par (*per*, acc.) la Cilicie, vous fut aussi fort agréable.

12 — La cohorte auxiliaire, puis les autres alliés, fondirent (firent irruption) par la route la plus courte.

13 — C'est pourquoi, les cavaliers étant au centre, les soldats de la quinzième légion fermèrent le flanc droit.

CHAPITRE CINQUIÈME.

I. Pratique.

Omnia aut ipsos aut hostes populatos ; per vastas solitudines, etiamsi nemo insequi velit, euntes, fame atque inopia debellari posse :

quem signum daturum fugientibus? quem ausurum Alexandro succedere? jam ut ad Hellespontum fuga penetrarent, classem qua transeant quem præparaturum? Rursus in ipsum regem misericordia versa, illum florem juventæ, illam vim animi, eumdem regem et commilitonem, divelli a se et abrumpi, immemores sui, querebantur.

TRADUCTION LITTÉRALE.

Omnia aut ipsos aut hostes populatos ; per vastas
Toutes (choses) ou   ayant ravagé ;   par de vastes

solitudines, etiamsi nemo insequi velit, euntes, fame
solitudes,   même si personne poursuivre veuille, allant, par la faim

atque inopia debellari posse : quem signum daturum
et   la disette être réduits pouvoir :   le signal devant donner

fugientibus? quem ausurum Alexandro succedere?
à (eux) fuyant ?   devant oser à Alexandre succéder ?

jam ut ad Hellespontem fuga penetrarent, classem
déjà dès que vers l'Hellespont par la fuite ils pénétreraient, une flotte

qua transeant quem præparaturum? Rursus in
par laquelle ils traversent devant préparer ? En arrière sur

ipsum regem misericordia conversa, illum florem
          la compassion (ayant été) tournée,   fleur

juventæ, illam vim animi, eumdem regem et commi-
de la jeunesse, force de l'âme,   compagnon

litonem, divelli a se et abrumpi, immemores sui,
d'armes, être arraché de être brisé, oublieux
querebantur.

TRADUCTION FRANÇAISE.

(Ils répétaient en gémissant) « qu'eux-mêmes ou les ennemis avaient tout dévasté ; que, traversant de vastes solitudes, ils pouvaient être réduits par la famine et les privations, quand même personne ne voudrait les poursuivre. Qui, ajoutaient-ils, les dirigerait dans leur fuite ? qui oserait succéder à Alexandre ? qui leur préparerait une flotte pour traverser l'Hellespont quand ils arriveraient ? » Puis, reportant leur compassion sur le roi lui-même, oubliant leurs propres infortunes, ils se plaignaient de se voir arracher, de voir périr cette fleur de jeunesse, cette force d'âme, leur roi et leur compagnon d'armes.

TRADUCTION ALTERNATIVE.

Querebantur aut ipsos aut hostes.	Ils se plaignaient ou eux ou les ennemis
populatos omnia ;	ayant tout ravagé ;
euntes per vastas solitudines.	allant à travers de vastes solitudes,
etiamsi nemo.	quand même personne
velit insequi,	ne voudrait poursuivre,
posse debellari.	pouvoir être réduits
fame atque inopia :	par la faim et la disette :
quem daturum.	qui devant donner
signum fugientibus ?	le signal à eux fuyant ?
quem ausurum.	qui devant oser
succedere Alexandro ?	succéder à Alexandre ?
jam quem præparaturum.	déjà qui devant préparer
classem qua transeant.	une flotte par laquelle ils traversent
ut penetrarent	dès qu'ils arriveraient
fuga.	par la fuite
ad Hellespontum ?	vers l'Hellespont ?
Misericordia rursus versa.	La compassion s'étant retournée
in ipsum regem,	sur le roi lui-même,
immemores sui,	oublieux d'eux-mêmes,
querebantur.	ils se plaignaient
illum florem juventæ,	cette fleur de jeunesse,
illam vim animi,	cette force d'âme,

eumdem regem.	ce même roi,
et commilitonem, ...	et compagnon d'armes,
divelli a se.	être arraché d'eux
et abrumpi	et être brisé.

CONVERSATION.

QUESTIONS.	RÉPONSES.
Qu'avaient-ils ravagé eux ou les ennemis ?	Omnia.
Qui avait tout ravagé ?	Ipsi aut hostes.
Par où étaient-ils obligés d'aller ?	Per vastas solitudines.
Que pouvaient-ils craindre ?	Fame atque inopia debellari posse.
En dépit de quoi ce sort était-il à craindre ?	Etiamsi nemo insequi velit.
De qui auraient-ils besoin dans leur fuite ?	(Aliquem) signum daturum.
Qu'est-ce que personne n'osait faire ?	Alexandro succedere.
Qu'auraient-ils besoin qu'on leur préparât vers l'Hellespont ?	Classem qua transeant.
Quand auraient-ils besoin d'une flotte ?	Ut ad Hellespontum penetrarent.
Comment devaient-ils arriver vers l'Hellespont ?	Fuga.
Sur qui tournaient-ils leur compassion ?	In ipsum regem.
Comment appelaient-ils le roi ?	Illum florem juventæ, illam vim animi, eumdem regem et commilitonem.
Comment se plaignaient-ils ?	Immemores sui.
De quoi se plaignaient-ils enfin ?	Regem divelli a se et abrumpi.

PHRASÉOLOGIE.

A TRADUIRE EN FRANÇAIS.	A TRADUIRE EN LATIN.
Ipsos omnia populatos esse querebantur.	Ils se plaignaient d'avoir tout ravagé eux-mêmes.
Fames et inopia in castris non deerat.	La famine et la disette ne manquaient pas dans le camp.

Per vastas solitudines euntes, se fame debellari querebantur.	Ils se plaignaient d'être réduits par la famine en traversant de vastes solitudes.
Etiamsi nemo insequi velit, ipsos aut hostes debellari posse.	Que quand même personne ne voudrait les poursuivre, ils pouvaient être vaincus eux ou les ennemis.
Etiamsi nemo Alexandro succedere velit, ipsos abrumpi posse.	Que quand même personne ne voudrait succéder à Alexandre, ils pouvaient être anéantis.
Quem signum hostibus daturum fugientibus ?	Qui donnerait le mot d'ordre aux ennemis dans leur fuite ?
Ut ad Hellespontum penetrarent, classem qua transeant quem in acie preparaturum ?	Qui leur préparerait une flotte dans le combat, dès qu'ils seraient parvenus à l'Hellespont ?
Misericordia in ipsos versa, se abrumpi querebantur.	Tournant sur eux-mêmes leur compassion, ils se plaignaient de se voir briser.
Immemor sui, rex Alexander vis animi flosque juventæ erat.	S'oubliant lui-même, le roi Alexandre était une force d'âme et une fleur de jeunesse.

II. Analyse et Théorie.

VERBES ATTRIBUTIFS.

Nous avons mis dans ce tableau des quatre conjugaisons les terminaisons du passif en regard de celles de l'actif.

PREMIÈRE CONJUGAISON.

INDICATIF

PRÉSENT.		IMPARFAIT.	
Actif.	*Passif.*	*Actif.*	*Passif.*
o	ŏr	ābam	ābăr
ās	ārĭs *ou* ārĕ	ābās	ābārĭs (rĕ)
ăt	ătŭr	ābăt	ābătur
āmŭs	āmŭr	ābāmŭs	ābāmŭr
ātĭs	āmĭnī	ābātĭs	ābāmĭnī
ant	antur.	ābant	ābāntŭr.

CHAP. V.—VERBES ATTRIBUTIFS. 79

PARFAIT.

Actif.	Passif.
āvī	ātŭs (ă, um),
āvistī	[sum *ou* fŭī
āvĭt	
āvĭmŭs	ātī (æ, ă).
āvistĭs	
āvērunt (ērĕ)	

FUTUR.

Actif.	Passif.
ăbo	ăbŏr
ăbĭs	ăbĕrĭs (rĕ)
ăbĭt	ăbĭtŭr
ăbĭmŭs	ăbĭmŭr
ăbĭtĭs	ăbĭmĭnī
ăbunt	ăbuntŭr.

PLUS-QUE-PARFAIT.

āvĕram	ātŭs (ă, um)
āvĕrās	[ĕram *ou* fuĕ-
āvĕrăt	ram
āvĕrāmŭs	ātī (æ, ă) ĕrā-
āvĕrātĭs	[mus *ou* fuĕ-
āvĕrant	[rāmus.

FUTUR PASSÉ.

āvĕro	ātŭs (ă, um) ĕro
āvĕrĭs	[*ou* fŭĕro
āvĕrĭt	
āvĕrĭmŭs	ātī (æ, ă) ĕrimŭs
āvĕritĭs	[*ou* fŭĕrimŭs.
āvĕrint	

IMPÉRATIF.

ă *ou* āto	ărĕ *ou* ătŏr
āto	ătŏr
ătĕ *ou* ătōtĕ	ămĭnī
anto	antŏr.

SUBJONCTIF

PRÉSENT.

em	ĕr
ēs	ērĭs (rĕ)
ĕt	ētŭr
ēmŭs	ēmŭr
ētĭs	ēmĭnī
ent	entŭr.

PARFAIT.

āvĕrim	ātŭs (ă, um) sim
āvĕrĭs	[*ou* fŭĕrim
āvĕrĭt	
āvĕrimŭs	ātī (æ, ă) sīmŭs
āvĕritĭs	[*ou* fŭĕrimŭs.
āvĕrint	

IMPARFAIT.

ārem	ārĕr
ārēs	ārērĭs (rĕ)
ārĕt	ārētŭr
ārēmŭs	ārēmŭr
ārētĭs	ārēmĭnī
ārent	ārentŭr.

PLUS-QUE-PARFAIT.

āvissem	ātŭs (ă, um) es-
āvissēs	[sem *ou* fuis-
āvissĕt	[sem
āvissēmŭs	ātī (æ, ă) essē-
āvissētĭs	[mŭs *ou* fuis-
āvissent.	[sēmŭs.

CHAP. V.—VERBES ATTRIBUTIFS.

INFINITIF

PRÉSENT.		PARTICIPE PASSÉ.	
Actif.	*Passif.*	*Actif.*	*Passif.*
ārĕ	ārī.		ātŭs, ă, um.
PARFAIT.		PARTICIPE FUTUR.	
āvissĕ	ātum (am) essĕ	ātūrŭs (ă, ŭm)	andŭs (ă, um).
	[*ou* fuissĕ.	SUPIN.	
FUTUR.		ātum	ātū.
ātūrum (am) essĕ	ātum īrī.	GÉRONDIF.	
FUTUR PASSÉ.		andī	
ātūrum (am) fuissĕ.		andō	
PARTICIPE PRÉSENT.		andum.	
ans,	āntis.		

DEUXIÈME CONJUGAISON.

INDICATIF

PRÉSENT.		PLUS-QUE-PARFAIT.	
eo	eŏr	uĕram	ĭtŭs (ă, um) ĕram
ēs	ĕrĭs (rĕ)	uĕrās	[*ou* fuĕram.
ĕt	ētŭr	uĕrăt	
ēmŭs	ēmŭr	uĕrāmŭs	ĭtī (æ, ă) ĕrāmus
ētĭs	ēmĭnī	uĕrātĭs	[*ou* fuĕrāmus.
ent	entŭr.	uĕrant	
IMPARFAIT.		FUTUR.	
ēbam	ēbār	ēbo	ēbŏr
ēbās	ēbārĭs (rĕ)	ēbĭs	ēbĕrĭs (rĕ)
ēbăt	ēbātŭr	ēbĭt	ēbĭtŭr
ēbāmŭs	ēbāmŭr	ēbĭmŭs	ēbĭmŭr
ēbātĭs	ēbāmĭnī	ēbĭtĭs	ēbĭmĭnī
ēbant.	ēbantŭr.	ēbunt	ēbuntŭr.
PARFAIT.		FUTUR PASSÉ.	
uī	ĭtŭs (ă, um) sum	uĕro	ĭtŭs (ă um) ĕro
uistī	[*ou* fui	uĕrĭs	[*ou* fuĕro
uĭt		uĕrĭt	
uĭmŭs	ĭtī (æ, ă) sumus	uĕrimŭs	ĭtī (æ, ā) ĕrimus
uistĭs	[*ou* fuimus.	uĕritĭs	[*ou* fuĕrimus.
uērunt (rĕ)		uĕrint	

CHAP. V.—VERBES ATTRIBUTIFS.

IMPÉRATIF.

ē *ou* ēto	ĕrĕ *ou* ētŏr
ēto	ētŏr
ētĕ *ou* ētōtĕ	ēmĭnī
ento	entŏr.

SUBJONCTIF

PRÉSENT.		PARFAIT.	
eam	eăr	uĕrim	ĭtŭs (ă, um) sim
eās	eārĭs (rĕ)	uĕrĭs	[*ou* fuĕrim
eăt	eātŭr	uĕrĭt	
eāmŭs	eāmŭr	uĕrĭmŭs	ĭtī (æ, ā) sīmus
eātĭs	eāmĭnī	uĕritĭs	[*ou* fuĕrimus.
eant	eantŭr.	uĕrint	

IMPARFAIT.		PLUS-QUE-PARFAIT.	
ērem	ērĕr	uissem	ĭtŭs (ā, um) es-
ērēs	ērērĭs (rĕ)	uissēs	[sem *ou* fuis-
ērĕt	ērētŭr	uissĕt	[sem
ērēmŭs	ērēmŭr	uissēmŭs	ĭtī (æ, ă) esse-
ērētĭs	ērēmĭnī	uissētĭs	[mus *ou* fuis-
ērent	ērentŭr.	uissent	[semus.

INFINITIF

PRÉSENT.		PARTICIPE PASSÉ.
ĕrĕ	ērī.	ĭtŭs (ă, um)

PARFAIT.		PARTICIPE FUTUR.
uissĕ	ĭtum (am) esse	ĭtūrŭs (ă um) endus (a um).
	[*ou* fuisse.	SUPIN.

FUTUR.		
ĭtūrum (am) esse	ĭtum īrī.	ĭtum ĭtū.

GÉRONDIF.

FUTUR PASSÉ.
ĭtūrum (am) fuisse.

endī
endō
endum.

PARTICIPE PRÉSENT.
ens, entis.

CHAP. V—VERBES ATTRIBUTIFS.

TROISIÈME CONJUGAISON.

INDICATIF

PRÉSENT.		PLUS-QUE-PARFAIT.	
o (io)	ŏr (iŏr)	ĕram	tŭs (ă, um) eram
ĭs	ĕrĭs (rĕ)	ĕrās	[ou fueram
ĭt	ĭtŭr	ĕrăt	
ĭmŭs	ĭmŭr	ĕrāmŭs	tī (æ, ă) eramus
ĭtĭs	ĭmĭnī	ĕrātĭs	[ou fueramus.
unt (iunt)	untŭr (iuntŭr).	ĕrant	

IMPARFAIT.		FUTUR.	
ēbam (iēbam)	ēbăr (iēbăr)	am (iam)	ăr (iăr)
ēbās	ēbārĭs (rĕ)	ēs	ĕrĭs (rĕ)
ēbăt	ēbātŭr	ĕt	ētŭr
ēbāmŭs	ēbāmŭr	ēmŭs	ēmŭr
ēbātĭs	ēbāmĭnī	ētĭs	
ēbant	ēbantŭr.	ent	entŭr.

PARFAIT.		FUTUR PASSÉ.	
ī	tus (a um) sum	ĕro	tŭs (ă, um) ero
istī	[ou fui	ĕrĭs	[ou fuero.
ĭt		ĕrĭt	
ĭmus	ti (æ, a) sumus	ĕrimŭs	ti (æ, a) erimus
istĭs	[ou fuimus.	ĕritĭs	ou fuerimus.
ērunt ou ērĕ		ĕrint	

IMPÉRATIF.

ĕ ou ĭto	ĕrĕ ou ĭtŏr
ĭto	ĭtŏr
ĭtĕ ou ĭtōtĕ	ĭmĭnī
unto	untŏr.

SUBJONCTIF

PRÉSENT.		IMPARFAIT.	
am (iam)	ăr (iăr)	ĕrem	ĕrĕr
ās	ārĭs (rĕ)	ĕrēs	ĕrērĭs (rĕ)
ăt	ātŭr	ĕrĕt	ĕrētŭr
āmŭs	āmŭr	ĕrēmŭs	ĕrēmŭr
ātĭs	āmĭnī	ĕrētis	ĕrēmĭnī
ant	antŭr.	ĕrent	ĕrentŭr.

CHAP. V.—VERBES ATTRIBUTIFS.

PARFAIT.		PLUS-QUE-PARFAIT.	
ĕrim	tŭs (ă, um) sim	issem	tŭs (ă, um) es-
ĕrĭs	[ou fuerim	issēs	[sem ou fuissem.
ĕrĭt		issĕt	
ĕrimŭs	tī (æ, ă) simus	issēmŭs	tī (æ, ă) essemus
ĕritĭs	[ou fuerimus.	issētĭs	[ou fuissemus.
ĕrint		issent	

INFINITIF

PRÉSENT.		PARTICIPE PASSÉ.
ĕrĕ	ī	tus (a, um).
PARFAIT.		PARTICIPE FUTUR.
issĕ	tum (am) esse *ou* [fuisse.	tūrŭs (ă, um) endus (a, um).

FUTUR.	SUPIN.
tūrum (am) esse tum iri.	tum tū.
FUTUR PASSÉ.	GÉRONDIF.
tūrum (am) fuisse.	endī
PARTICIPE PRÉSENT.	endō
ens, entis.	endum.

QUATRIÈME CONJUGAISON.

INDICATIF

PRÉSENT.		PARFAIT.	
ĭo	ĭŏr	īvī	ītŭs (ă, um) sum
īs	īrĭs	īvistī	[ou fui
ĭt	ītŭr	īvĭt	
īmŭs	īmŭr	īvĭmŭs	ītī (æ, ă) sumus
ītĭs	īmĭnī	īvistĭs	[ou fuimus.
iunt	iuntŭr.	īvērunt *ou* ērĕ	
IMPARFAIT.		PLUS-QUE-PARFAIT.	
iēbam	iēbăr	īvĕram	ītŭs, (ă um) eram
iēbās	iēbărĭs (rĕ)	īvĕrās	[ou fueram
iēbăt	iēbātŭr	īvĕrăt	
iēbāmŭs	iēbāmŭr	īvĕrāmŭs	ītī (æ, ă) eramus
iēbātĭs	iēbāmĭnī	īvĕrātĭs	[ou fueramus.
iēbant	iēbantŭr.	īvĕrant	

CHAP. V. — VERBES ATTRIBUTIFS.

FUTUR.		FUTUR PASSÉ.	
ĭam	ĭăr	īvĕro	tŭs (ă, um) ero
ĭēs	ĭērĭs (rĕ)	īvĕrĭs	[ou fuero
ĭĕt	ĭētŭr	īvĕrĭt	
ĭēmŭs	ĭēmŭr	īvĕrĭmŭs	tī (æ, ă) erimus
ĭētĭs	ĭēmĭnī	īvĕrĭtĭs	[ou fuerimus.
ient	ientŭr.	īvĕrint	

IMPÉRATIF.

ī *ou* īto		īrĕ *ou* ītŏr	
īto		ītŏr	
ītĕ *ou* ītŏtĕ		īmĭnī	
iunto		iuntŏr.	

SUBJONCTIF

PRÉSENT.		PARFAIT.	
ĭam	ĭăr	īvĕrim	ītŭs (ă, um) sim
ĭās	ĭārĭs (rĕ)	īvĕrĭs	[ou fuerim
ĭăt	ĭātŭr	īvĕrĭt	
ĭāmŭs	ĭāmŭr	īvĕrĭmŭs	ītī (æ, ă) simus
ĭātĭs	ĭāmĭnī	īvĕrĭtĭs	[ou fuerimus.
iant	iantŭr.	īvĕrint.	

IMPARFAIT.		PLUS-QUE-PARFAIT.	
īrem	īrĕr	īvissem	ītŭs (ă, um) es-
īrēs	īrērĭs (rĕ)	īvissēs	[sem *ou* fuis-
īrĕt	īrētŭr	īvissĕt	[sem.
īrēmŭs	īrēmŭr	īvissēmŭs	ītī (æ, ă) esse-
īrētĭs	īrēmĭnī	īvissētĭs	[mus *ou* fuis-
īrent	īrentŭr.	īvissent.	[semus.

INFINITIF

PRÉSENT.		FUTUR PASSÉ.
īrĕ	īrī.	ītūrum (am) fuisse.
PARFAIT.		PARTICIPE PRÉSENT.
īvissĕ	ītum (am) esse	iens, ientis.
	[*ou* fuisse.	
FUTUR.		PARTICIPE PASSÉ.
ītūrum (am) esse tum īrī.		itus (a, um).

CHAP. V. — VERBES ATTRIBUTIFS.

PARTICIPE FUTUR.		GÉRONDIF.
ītŭrŭs (a, um),	iendus (a, um).	iendī,
SUPIN.		iendō,
ītum	ītū.	iendum.

On a ramené les verbes latins attributifs à quatre types principaux qui servent de guide pour la conjugaison. Il suffit de mettre un radical devant les terminaisons du tableau pour former toutes les parties d'un verbe; de même il suffit de retrancher une de ces terminaisons, dans un mot donné, pour retrouver son radical. Ainsi *invitavit* nous donne la terminaison *avit* et le radical *invit*, d'où nous formons *invito*, j'invite; *invitabam*, j'invitais; *invitabo*, j'inviterai, etc. De même *dictum est* nous donnera pour radical *dic*, après que nous aurons ôté *tum est*, désinence de la 3ᵉ pers. du parfait passif; nous retrouverons alors *dico*, je dis; *dicebam*, je disais, etc.

La 1ʳᵉ conj. se distingue par son infinitif en *āre*, et les deux premières personnes du prés. de l'ind. en *o*, *as*.

La 2ᵉ, par son inf. en *ēre* (*ē* long) et ses désinences *eo*, *es*.

La 3ᵉ, par son inf. en *ĕre* (*ĕ* bref) et ses désinences *o*, *is* (*i* bref).

La 4ᵉ, par son inf. en *īre* et ses désinences *io*, *is* (*īs* long).

On rencontre fréquemment une forme de verbes que l'on rattache à la 3ᵉ conjugaison, parce qu'ils ont l'inf. en *ĕre*, et la 2ᵉ pers. *is* brève, quoiqu'ils soient en *io* comme ceux de la 4ᵉ, et qu'ils conservent l'*i* intercalé à tous les temps qui dérivent de l'ind. présent, et à la 3ᵉ pers. plur. de l'impératif, c'est-à-dire partout où il est suivi d'une longue.

Pour plus de facilité, nous avons mis, pour le parfait, les terminaisons *avi*, *ui*, *i* et *ivi*, mais il faut remarquer que la vraie désinence de ce temps est *i*, *isti*, *it*, comme nous l'avons vue dans *fui*, *isti*, *it*. Nous ferons la même remarque au sujet du supin. Il existe beaucoup de verbes qui s'écartent, pour ces deux temps, des formes que présente le tableau. Il est donc essentiel, pour la conjugaison des verbes, de connaître les deux premières personnes du prés. de l'indicatif, le parfait, l'infinitif et le supin.

Du présent de l'indicatif actif, qui donne le prés. ind. passif par l'addition de *r*, on forme : 1° L'imparfait, en ajoutant au radical la figurative propre à chaque conjugaison, avec *ebam* qui est la terminaison naturelle de l'imparfait, on aura *aebam*, et par contraction *ābam*, pour la 1ʳᵉ, *eebam*, et par contraction *ēbam* pour la 2ᵉ; *ēbam* pour la 3ᵉ, qui n'a pas de figurative; *iebam* pour la 4ᵉ, qui ne souffre la contraction à aucune des personnes de ce temps.

Changez *m* en *r* pour le passif : *abar*, *ebar*, *iebar*.

2° Le *futur* qu'on forme pour les deux prem. conj. en ajoutant *bo* à la figurative, ce qui donne *abo*, *ebo*, et en ajoutant *am* à la figurative de la 4e, ce qui donne *iam*. La 3e n'ayant pas de figurative fait simplement *am*.

Au passif, le futur se forme dans les deux premières en ajoutant *r* à l'actif, *abor*, *ebor*, et dans les deux dernières en changeant *m* en *r*, d'où *ar*, *iar*.

3° Le *subjonctif présent* qui s'obtient en ajoutant *em* au radical de la 1re conjugaison, et en ajoutant *am* aux trois autres et laissant subsister la figurative de celles qui en ont une.

On change *m* en *r* pour le passif, et on a *er*, *ear*, *ar*, *iar*.

4° Le *participe présent* qui se forme en ajoutant *ens* au radical et en raisonnant comme pour l'imparfait, ce qui donne *ans* pour la 1re, *ens* pour la 2e et la 3e, *iens* pour la 4e. Le participe est un adj. de la 2e classe (1er cas).

5° Le *gérondif* qui se forme en ajoutant ses diverses terminaisons *endi*, *endo*, *endum* au radical, et en raisonnant comme pour l'imparfait et le participe. Ce qui donne *andi* pour la 1re conj., *endi* pour la 2e et la 3e, *iendi* pour la 4e. Le *participe futur passif* ressemble au gérondif, et fait *andus*, *endus*, *iendus*.

Du parfait de l'indicatif on forme : 1° le *plus-que-parfait de l'indicatif*, en changeant *i* en *eram*; 2° le *futur passé* en changeant *i* en *ero*; 3° le *parfait du subj.* en changeant *i* en *erim*, 4° le *plus-que-parfait du subj.* en changeant *i* en *issem*; 5° le *parfait de l'inf.* en lui ajoutant *sse*.

De l'infinitif on forme : 1° l'*impératif* en retranchant *re*; 2° l'*imparfait du subj.* en ajoutant *m*, que l'on change en *r* pour le passif ; 3° l'*impératif passif* qui lui est entièrement semblable.

Du supin on forme : 1° les *futurs de l'infinitif* et le *participe futur* en changeant *um* en *urus*, *a*, *um*; 2° le *participe passé passif* et les *temps composés*; 3° le *supin passif* en retranchant *m* ; 4° le *futur de l'infinitif passif* en ajoutant *iri*.

Par suite de la contraction de la figurative *i* et de la voyelle suivante, *i* est long dans *īs*, *īmus*, *ītis*, du présent de la 4e conj., tandis qu'il est bref dans les mêmes désinences de la 3e qui n'a pas de figurative à supprimer. Il est long de même dans *īrem*, *īres*, *īret*.

Le supin est en *tum*, dont l'euphonie a fait *sum* et *xum* dans quelques verbes que l'usage apprendra.

Dans les parfaits et les temps qui en dérivent on supprime souvent *ve*, *vi*. Ainsi on dirait *invitarunt* pour *invitaverunt*, *invitassem* pour *invitavissem*; dans les parfaits en *ivi* on fait la syncope *ii* par l'élision de *v*.

Il existe en latin comme en grec certains verbes qui, avec une forme passive, remplissent le rôle de verbes actifs ou neutres. Ils sont connus sous le nom de *déponents*. Nous ne voyons pas d'utilité à en donner le tableau, mais il ne faut pas négliger les remarques suivantes :

CHAP. V.—LEXIOLOGIE, N° 68. 87

Le futur et le futur passé de l'inf. ont les terminaisons de l'actif. Le participe prés. a la forme et la signification active : *insequens*, poursuivant. Le participe passé a la forme passive et la signification active : *insecutus*, ayant poursuivi. Le participe futur a une forme active avec sens actif, et une forme passive avec sens passif : *insecuturus*, devant poursuivre, *insequendus*, devant être poursuivi. Il en est de même du supin : *insecutum*, à poursuivre, *insecutu*, à être poursuivi.

LEXIOLOGIE.

Dictum est, 3ᵉ pers. s., n. du parf. ind. pass. de *dico, is, xi, ctum, cĕre*, 3ᵉ c. act. M. R. dire. Ce verbe est pris ici impersonnellement (il a été dit, on a parlé). Quand un verbe est employé impersonnellement et à un temps composé, il se met au neutre.

Les principaux dérivés de *dico* sont : *Dicax, acis*, m., railleur ; — *dictare*, dicter ; — *dictitare*, redire souvent ; — *dictum*, n., mot ; *dictator*, m., dictateur ; — *abdicare*, abdiquer ; — *contradicere*, contredire ; — *interdicere*, interdire.

Interfluit, 3ᵉ pers. s. prés. ind. de *interfluo, is, ĕre*, n., 3ᵉ c. (parf. et sup. inusités), couler entre. R. R. *inter*, entre, et *fluo, is xi, xum, ĕre*, couler ; — *interfluus*, adj., qui coule entre deux.

Accendit, 3ᵉ pers. prés. ind. de *accendo, is, di, sum, dĕre*, act., 3ᵉ c., brûler. R. R. *ad*, auprès ; *candeo, ui, ĕre*, être blanc ; brûler.

68. *Ad*, dans les composés, marque le rapprochement. S'il est suivi d'une consonne, son *d* se change en cette même consonne ; s'il est suivi de *s*, accompagné d'une autre consonne, son *d* s'élide. Il se supprime encore dans *agnosco*.

Mitescent, 3ᵉ pers. plur. fut. de *mitesco, is, cĕre*, n., 3ᵉ c., s'adoucir, se calmer. R. *mitis*, mûr, calme, doux.

Præteribo, 1ʳᵉ pers. sing., fut. de *prætereo, is, ivi* ou *ii, itum, īre*, n. et act., passer auprès, passer outre. R. R. *præter*, outre ; *ire*, aller.

Perfusum, de *perfundo, is, udi, usum, undĕre*, act., 3ᵉ c., verser sur, arroser. R. R. *per*, par ; *fundo, fudi, fusum, ĕre*, verser.

Invitavit, 3ᵉ pers. s. p. ind. de *invito, as, avi, atum, are*, act., 1ʳᵉ c. M. R. inviter, exciter ; — *invitatio*, f., invitation.

Ablueret, 3ᵉ pers. s. imp. subj. de *abluo, is, ui, utum, uĕre*, act., 3ᵉ c., laver. R. R. *ab*, de, *luo*, laver.

Deposita, de *depono, is, sui, situm, nĕre*, act., 3ᵉ c., déposer. R.R. *de*, de ; *pono*, placer, poser ; — *positio*, f., position ; — *depositio*, f., dépôt.

Ratus, de *reor, reris, ratus, sum* (*rēri*, inus.), dép. 2ᵉ c. M. R. croire, être persuadé ; — *irritus*, adj., vain, inutile ; — *ratiocinari*, calculer, raisonner ; — *ratio*, f., moyen, raison.

Ostendisset, 3ᵉ pers. sing. pl. q. parf. subj. de *ostendo, is, di, sum* et *tum, dere*, act., 3ᵉ conj., montrer. R. R. *ob*, devant; *tendo*, tendre, présenter; — *ostentum*, n., apparition, prodige; — *ostentare*, montrer souvent, vanter. — *Ob*, en composition, assimile la consonne devant *c, f, p*; la conserve, l'assimile ou la retranche devant *m*; la change en *s* devant *ostendere* et ses dérivés et la conserve partout ailleurs.

Descendit, 3ᵉ pers. s. parf. ind. de *descendo, is, di, sum, dere*, n., 3ᵉ c., descendre. R. R. *de*, de; *scando*, monter, grimper.

Ingressus, de *ingredior, eris, essus sum, i*, dép., 3ᵉ c., entrer dans. R. R. *in*, dans; *gradior*, marcher.

69. *In* se change en *im* devant les labiales *b, p, m*; se change en *il* devant *l*; en *ir* devant *r*.

Sentiunt, 3ᵉ pers. plur. prés. ind. de *sentio, is, si, sum, ire*, act., 4ᵉ c. M. R. sentir; — *sensus, us*, m., sens, sensation; — *sensibilis, e*, adj., qui tombe sous les sens; — *sensim*, adv., peu à peu; — *sententia*, f., sentiment, opinion, sentence.

Intelligemus, 1ʳᵉ pers. plur. fut. prés. de *intelligo, is, exi, ectum, igere*, act., 3ᵉ c., comprendre. R. R. *inter*, parmi; *legere*, lire. — *Intellectus, us*, m., action de comprendre, connaissance; — *intelligentia*, f., intelligence, entendement.

Tangere, o, is, tetigi, tactum, act. M. R. toucher.

70. Il existe en latin un certain nombre de verbes qui ont au parfait un redoublement analogue à celui des verbes grecs.

Rigere, inf. prés. de *rigeo, es, ui, ere*, n., 2ᵉ c. M. R. être roide; — *rigor*, m., grand froid; roideur; rigueur; — *rigidus*, adj., roide de froid; rigide.

Cœperunt, 3ᵉ pers. plur. parf., du verbe défectif *cœpi*, j'ai commencé. Ce verbe n'est usité qu'aux temps qui dérivent du parfait, ainsi : *Cœperam*, j'avais commencé; *cœpero*, j'aurai commencé; *cœperim*, que j'aie commencé; *cœpissem*, que j'eusse commencé; *cœpisse*, avoir commencé. Il possède aussi *cœpturus*, devant commencer. Aux autres temps, on se sert d'un autre verbe, tel que *incipio*. *Cœpi* est un mot racine.

Suffusus est, 3ᵉ pers. s. m., du parf. pass. de *suffundo, is, udi, usum, undere*, act., 3ᵉ c., répandre, d'où *suffundor*, être répandu, se répandre. R. R. *sub*, sous; *fundo*, verser.

71. Dans la composition, *sub* assimile souvent *b* avec la consonne suivante, quand cette consonne est *c, f, g, l, m, p, r, s*.

Reliquit, 3ᵉ pers. s. du parf. de l'ind. de *relinquo, is, iqui, ictum, ere*, act., 3ᵉ c., laisser, quitter. R. R. *re*, abrév. de *retro*, en arrière, et *linquo*, laisser, quitter.

Expiranti, de *expiro* ou *exspiro, as, avi, atum, āre*, n. et act., 1re conjug., souffler, expirer. R. R. *ex*, de, dehors; et *spiro*, souffler.

Deferunt, 3e pers. plur. du prés. ind. de *defero, fers, tuli, latum, ferre*, act., 3e c., porter d'un lieu dans un autre. R. R. *de*, de, hors de, et *fero*, porter.

Le verbe *fero* ne possède réellement que le présent de l'indicatif, l'infinitif et les temps qui en dérivent. Il se conjugue comme la 3e conjug.; mais il présente les irrégularités suivantes : Au présent de l'indicatif et à l'impératif act. et pass., *ĕ* bref et *ĭ* bref de la terminaison se retranchent devant *r*, *s*, *t*; en outre, l'impératif (1re forme) est *fer*, et cela se conçoit d'après ce que nous avons dit sur la dérivation de ce temps; enfin l'infinitif passif est *ferri*.

INDICATIF PRÉSENT.		IMPÉRATIF.	
Actif. Fero.	Passif. Feror.	Actif. Fer ou	Passif. Ferre ou
Fers.	Ferris.	ferto.	fertor.
Fert.	Fertur.	Ferto.	Fertor.
Ferimus.	Ferimur.	Ferte ou	Ferimini.
Fertis.	Ferimini.	fertote.	
Ferunt.	Feruntur.	Ferunto.	Feruntor.

Les autres temps qui dérivent de l'ind. prés. et de l'inf. sont réguliers. Ce verbe emprunte son parfait *tuli* à l'ancien parfait *tetuli*, de *tollo*, et son supin *latum* à l'ancien supin *tlatum*, du vieux mot dérivé du grec *tlao*, supporter. Ces temps et leurs dérivés n'offrent aucune difficulté.

Delatio, f., délation; — *delator*, m., délateur.

Contigit, 3e pers. parf. ind. de *contingo, is, tigi, tactum, ĕre*, n., 3e c., échoir, arriver. R. R. *cum*, avec; *tangere*, toucher.

Optet, 3e pers. s. prés. subj. de *opto, as, avi, atum, āre*, act., 1re c. M. R. opter, désirer;—*optimus*, adj., très-bon, sert de superlatif à *bonus*, bon; — *optimas, atis*, pluriel *optimates, um*, les grands; — *optativus*, adj., qui concerne le souhait; optatif; — *adoptio*, f., adoption.

Appello, as, avi, atum, are, act., 1re c., appeler, nommer, R. R. *ad*, vers; *pellere*, pousser; — *appellativus*, adj., appellatif; — *appellatio*, f., nom, appellation.

Excipiunt, 3e pers. pl. prés. ind. de *excipio, is, ēpi, eptum, ĭpere*, act., 3e c., recevoir, recueillir. R. R. *ex*, de, hors de, et *capio*, prendre.

72. *A* est changé en *i* dans les verbes composés d'un autre verbe et d'une préposition. Il se change quelquefois en *e*.

Flentes, de *fleo, es, ēvi, ētum, ēre*, n., 2e c. M. R. pleurer;—*fletus, us*, m., larmes; — *flebiliter*, adv., tristement; — *flebilis*, adj., triste.

Querebantur, 3e pers. pl. imp. ind. de *queror, reris, estus sum, ĕri*, dép., 3e c. M. R. se plaindre. — *Querela*, f.; *querimonia*, f., *questus*, *us*, m., plainte ; — *querulus*, adj., qui se plaint souvent ; — *quèribundus*, adj., lamentable ; — *conqueri*, se plaindre ensemble.

Dejectum, de *dejicio*, *is*, *jēci*, *jectum*, *jicĕre*, act., 3ᵉ conjug., jeter à bas. R. R. *de*, de haut en bas ; *jacio*, jeter.

73. Tous les composés de *jacio* changent *a* en *i*.

Abluentem, de *abluo*, *is*, *ui*, *utum*, *uere*, act., 3ᵉ c. R. R. *ab*, de (marquant séparation), et *luo*, laver.

Ereptum, de *eripio*, *is*, *ui*, *eptum*, *ere*, act., 3ᵉ c., tirer hors, arracher. R. R. *e*, de ; *rapio*, prendre de force.

74. Les composés de *rapio* changent *a* en *i*.

Extinctum, de *extinguo*, *is*, *xi*, *ctum*, *guere*, act., 3ᵉ c., éteindre. R. R. *ex*, tout-à-fait, et *stinguo* (*inus*), éteindre.

Instare, inf. prés. de *insto*, *as*, *stiti*, *statum*, *stare*, n., 1ʳᵉ conjug., se tenir sur, menacer, approcher. R. R. *in*, sur ; *sto*, se tenir debout.— *Instantia*, f., instance ; — *instanter*, adv., instamment.

Vidisset, 3ᵉ pers. s. du plus-q.-parf. du subj. de *video*, *es*, *vīdi*, *sum*, *ēre*, act., 2ᵉ c. M. R. voir ; — *visus*, *us*. m., vue ; — *visio*, *onis*, f., vision ; — *visitare*, voir souvent, visiter ; — *visibilis*, adj., visible ; — *evidens*, adj., évident ; — *invidere*, envier.

Peragrassent, syncope pour *peragravissent*, 3ᵉ p. pl. du plus-q.-parf. du subj. de *peragro*, *as*, *avi*, *atum*, *are*, act., 1ʳᵉ c., parcourir. R. R. *per*, au travers ; *ager*, champ.

Repetendas, acc. pl. fem. de *repetendus*, *a*, *um*, part. fut. passif de *repeto*, *is*, *ivi*, ou *ii*, *itum*, *ĕre*, act., 3ᵉ c., regagner, retourner vers. R. R. *re*, de nouveau, *peto*, aller vers. *Repetitio*, f., répétition ; — *repetentia*, f., souvenir.

Ducebant, 3ᵉ pers. pl. imparf. ind. de *duco*, *is*, *xi*, *ctum*, *cere*, act., 3ᵉ c. M. R. conduire ; — *dux*, *ducis*, m., conducteur, chef ; — *ductilis*, adj., qu'on mène aisément, ductil ; — *adducere*, amener ; — *educare*, instruire ; — *educatio*, f., éducation.

Clausere, 3ᵉ pers. pl. parf. ind. de *claudo*, *is*, *si*, *sum*, *dĕre*, act., 3ᵉ c. M. R. fermer.

Claustrum, n., mieux, au pluriel *claustra*, barrière, clôture ; — *clausum*, n., clos, endroit fermé.

Firmavit, 3ᵉ pers. sing. parf. ind. de *firmo*, *as*, *avi*, *atum*, *are*, act., 1ʳᵉ conjug., affermir, soutenir. R. *firmus*, ferme ; — *firmamentum*, n., soutien ; firmament ; — *affirmare*, affirmer ; — *affirmatio*, f., affirmation ; — *Infirmus*, adj., infirme.

Irrupere, 3ᵉ pers. plur. parf. ind. de *irrumpo*, *is*, *rupi*, *ruptum*, *pĕre*, n., 3ᵉ c., fondre sur, R. R. *in*, sur ; — *rumpere*, rompre ; — *irruptio*, f., irruption.

Præmitto, is, misi, missum, mittere, act., 3ᵉ conj., envoyer devant. R. R. *præ*, devant ;—*mittere*, envoyer.

Aut, conj., M. R. ou.

Populatos, acc. pl. m. de *populatus, a, um*, part. passé de *populor, aris, atus, sum, ari*, dép., 1ʳᵉ conj., ravager ;—*populo*, act. se dit également. R. *populus*, peuple, foule.

Per, prép. qui régit l'acc. M. R. par, au milieu de.

Vastus, a, um, adj., 1ʳᵉ c., M. R. dévasté, désert ; vaste ;—*vastare*, ravager ; *vaste*, adv., d'une manière vaste.

Solitudo, inis, f., 3ᵉ décl., solitude. R. *solus*, seul.

Etiamsi ou *etiam si*, conj., quand même, quoique. R. R. *et*, et, aussi ; *si*, si.

Nemo, inis, m., 3ᵉ décl., personne, R. R. *ne*, pas ; *homo*, homme.

Insequor, eris, cutus, sum, qui, dép. 3ᵉ conjug., poursuivre. R.R. *in*, sur (marquant la direction) ; *sequor*, suivre, poursuivre.

Velit, 3ᵉ pers. s. prés. du subj., de l'irrég., *volo, vis, volui, velle*, act., M. R, vouloir.

Volo, et ses deux composés *malo* et *nolo*, se conjuguent ainsi :

INDICATIF PRÉSENT

Volo, *je veux*,	nolo, *je ne veux pas*,	malo, *j'aime mieux*.
Vis,	non vis,	mavis.
Vult,	non vult,	mavult.
Volumus,	nolumus,	malumus.
Vultis,	non vultis,	mavultis.
Volunt,	nolunt,	malunt.

Imparfait : *Volebam, nolebam, malebam ;*— futur : *Volam*. Celui des deux autres est peu usité ; on se sert de *nolim, malim*.

Le parfait *volui, nolui, malui* et les temps qui en dérivent sont réguliers.

L'impératif de *nolo* se conjugue ainsi : *Noli* ou *nolito, nolito, nolite* ou *nolitote, nolunto*.

Malle et *velle* n'ont pas d'impératif. Le participe présent *malens* n'est pas usité, mais *volens* et *nolens* le sont.—*Voluntas*, f., volonté ;— *voluntarius*, adj., volontaire.

SUBJONCTIF

PRÉSENT.	IMPARFAIT.
Velim, is, it, imus, itis, int.	Vellem, es, et, emus, etis, ent.
De même : Nolim, malim.	*De même :* Nollem, mallem.

Euntes, acc. pl. m. (se rapporte à *ipsos*), de *iens, euntis*, part. prés. de *eo, is, ivi, itum, ire*, n., 4ᵉ conjug., M. R. aller.

CHAP V.—LEXIOLOGIE, N° 74.

Le verbe irrégulier *ire* présente les particularités suivantes :
Indicatif présent : *Eo*, je vais, *is, it, imus, itis, eunt*; — imparfait : *Ibam*, j'allais; — parfait : *Ivi*, je suis allé (ses dérivés sont réguliers); —impératif : *I* ou *ito*, va, *ito, ite* ou *itote, eunto* ;—subjonctif présent : *Eam*, que j'aille; — imparfait : *Irem*, que j'allasse; —participe présent : *Iens, euntis*, allant; — gérondif : *Eundi, o, um*.

Ce verbe prend *e* devant une voyelle, excepté au nom. part. prés., qui alors aurait deux *e* de suite. *Iter, itineris*, n., route, voyage ;— *iterum* et *iterato*, de nouveau; —*iterare*, répéter; — *abire*, s'en aller; —*ambire*, aller autour;—*ambitio*, f., circuit, ambition.

Fame, abl., s. f. de *fames, is*, 3ᵉ décl. M. R. faim, famine, disette.

Atque, conj., et. R. R. *at*, mais; *et*, et. *At* n'est ici qu'explétif et rend *que* susceptible d'être placé devant un mot.

Inopia, abl. s. f. de *inopia, œ*, 1ʳᵉ décl., manque, disette. R. R. *In* (privatif); *ops*, pouvoir, ressource.

Debellari, inf. prés. pass. de *debello, as, avi, atum, are*, n. et act., 1ʳᵉ c., terminer victorieusement la guerre, soumettre, réduire. R. R. *de*, priv. ; *bellare*, faire la guerre (R. *bellum*, guerre).

Posse, inf. prés. de *possum, potes, potui*, n. pouvoir. R. R. *sum*, je suis; *pos* et *potis*, qui devient *pot* en composition, qui peut. Ce verbe est un composé irrégulier du verbe *sum*. La conjugaison en est bien facile, quand on observe qu'on se sert de *pos* devant les temps de *sum* commençant par *s* (*possum, possim*), mais en supprimant la première syllabe *es* de l'inf. et du subj. imp. (*posse, possem*); qu'on se sert de *pot* devant les temps commençant par une voyelle (*poteram, potero*); qu'on se sert encore de *pot* avec la suppression de *f* devant *fui* et ses dérivés; enfin qu'il n'a ni participe ni infinitif futur. *Possibilis*, adj., possible ;—*impossibilis*, adj., impossible ; — *potens*, adj., puissant ;— *potestas*, f., puissance; — *potentia*, f., force, faculté ; — *compos*, adj., qui possède ; — *impos*, adj., qui ne possède pas ; — *possessio*, f., possession.

Signum, i, n., 2ᵉ décl. M. R. signe, signal (*V.* Ch. X).

Daturum, acc. s. m. de *daturus, a, um*, part. fut. act. de *do, das, dedi, datum, dare*. 1ʳᵉ c. M. R. donner. *Donare*, donner, gratifier ;— *donum*, n., don ;—*ditio*, f., pouvoir;— *dativus*, adj., qui peut donner; —*additio*, f., addition.

Fugientibus, dat. pl. m. de *fugiens, entis*, part. prés. de *fugio, is, i, itum, gere*, n., 3ᵉ c. M. R. fuir, s'enfuir. *Fugare*, mettre en fuite ;— *fugitivus*, adj., fugitif;—*fuga*, f., fuite.

Ausurum, acc. s. m. de *ausurus, a, um*, part. fut. de *audeo, es, ausus sum, dere*, act., 2ᵉ c. M. R. oser. Ce verbe offre cette particularité que son parfait et ses dérivés ont la forme passive. Il existe quelques autres verbes de cette sorte (*Voir* sa forme *ausim*, Ch. XXIV). *Audacia*, f.) audace ; — *audacter*, adv., audacieusement ; — *audax*, adj., audacieux ; — *audenter*, adv., hardiment.

Succedere, inf. prés. de *succedo*, *is*, *essi*, *essum*, *ere*, n., 3ᵉ c. R. R. *sub*, sous, à la suite de ; *cedere*, s'en aller, aller.

Jam, adv. M. R. déjà.

Ut, conj. M. R. afin que, dès que, lorsque.

Ad, prép. rég. l'acc. M. R. à, vers, jusqu'à.

Hellespontus, *i*, m., 2ᵉ décl. Hellespont (Dardanelles).

Fuga, *æ*, f., 1ʳᵉ décl., fuite, n., R. *fugio*, fuir.

Penetrarent, imp. subj. de *penetro*, *as*, *avi*, *atum*, *are*, n. et act., 1ʳᵉ c., pénétrer. R. *penitus*, jusqu'au fond, profondément.

Classis, *is*, f., 3ᵉ décl. M. R. classe, flotte ; *classiarii*, m., matelots.

Transeant, 3ᵉ pers. pl. imp. subj., de *transeo*, *is*, *ivi* ou *ii*, *itum*, *ire*, n. et act., 4ᵉ c., passer au-delà, traverser. R. R. *trans*, au delà ; *eo*, aller.

Præparaturum, part. fut. act. de *præparo*, *as*, *avi*, *atum*, *are*, 1ʳᵉ c., préparer. R. R. *præ*, avant, d'avance ; *paro*, apprêter, préparer.

Rursus et arch. *rursum*, en arrière, ensuite. R. R. *re*, abrév. pour *retro*, en arrière ; *versus* ou *versum*, vers. (R. *verto*, tourner.)

Misericordia, *æ*, f., 1ʳᵉ décl., compassion.

75. Les adjectifs de la 2ᵐᵉ classe (1ᵉʳ cas) forment des substantifs par le changement de *is* du gén. en *ia*. Ainsi de *inops*, *opis*, pauvre, on forme *inopia*, pauvreté, et de *misericors*, *ordis*, compatissant, on a formé *misericordia*, compassion. — *Misericors* a pour racines *cor*, *cordis*, cœur, et *misereo*, avoir pitié, qui a lui-même pour racine *miser*, malheureux.

Versa, abl. s. f. de *versus*, *a*, *um*, part. passé pass. de *verto*, *is*, *ti*, *sum*, *tere*, act., 3ᵉ c. M. R. tourner ; — *vertex*, *icis*, m., ce qui tourne ; sommet ; — *vertebra*, f., vertèbre ; — *vertigo*, *ginis*, f., mouvement de rotation, vertige ; — *versio*, f., version ; — *versatilis*, adj., versatile.

Florem, acc. s. m. de *flos*, *oris*, m. M. R. fleur ; — *floridus*, adj., fleuri ; — *florere*, fleurir ; — *floreus*, adj. de fleur.

Juventa, *æ*, f., 1ʳᵉ décl., jeunesse. R. *juvenis*, jeune ; — *juventas*, *juventus*, f., jeunesse.

Vim, acc. s. f. de *vis*, *vis*, *vim*, *vi* ; plur. *vires*, *virium*. M. R. force ; — *violare*, violer ; — *violentus*, adj., violent ; — *violentia*, f., violence ; — *inviolabilis*, adj., inviolable.

Animus, *i*, m., 2ᵉ décl. M. R. souffle de vie, âme, esprit.

Anima est souvent usité comme synonyme de *animus*. *Anima* signifie l'âme en général, l'élément distinct du corps ; *animus* exprime l'âme en tant qu'active, c'est-à-dire exerçant ses facultés. — *Animal*, n., animal ; — *animare*, souffler, animer ; — *exanimus*, *exanimis*, adj., mort.

Commilito, onis, m., 3ᵉ décl., compagnon d'armes. R. R. *cum*, avec; *miles*, soldat.

Divelli, inf. prés. pass. de *divello, is, velli* ou *vulsi, vulsum, ere*, 3ᵉ c., act., arracher violemment. R. R. *dis*, part. insép. marquant séparation, et *vello*, arracher.

76. *Dis* perd *s* devant *b, c* (dans les mots tirés du grec), *d, g, l, m, p* (mots tirés du grec), *r, s* (suivi d'une consonne avec laquelle il s'articule). *S* se change en *r* dans *dirimo*, partager (*dis, emo*, prendre), et dans *diribeo*, trier (*dis, habeo*, avoir); il se change en *f* devant *f*.

Abrumpi, inf. prés. pass. de *abrumpo, is, rupi, ruptum, ere*, act., 3ᵉ c., briser violemment. R. R. *ab*, marquant séparation; *rumpo*, rompre, briser.

Immemor, is, adj., 2ᵉ c., qui ne se souvient pas. R. R. *in*, négatif; *memor*, qui se souvient. (R. *memini*, je me souviens.)

DISPOSITION ET CHOIX DES MOTS.

77. Nous avons vu *et* rendu successivement par *et, que, ac, atque*.

Et peut être employé partout; mais il est à propos de lui substituer, dans certains cas, les autres conjonctions. — L'enclitique *que* se place bien après les monosyllabes et les polysyllabes d'une certaine étendue. On la trouve aussi fréquemment après les pronoms, les adjectifs indéfinis, tels que *totus, alius, omnis*, et les adverbes. Enfin, quand trois mots doivent être unis, il est parfois très-élégant de mettre *que, et*, entre le second et le troisième : *Pulvere, sudoreque et aqua perfusus*, couvert de poussière, de sueur et d'eau.

Que va bien devant les voyelles; cependant c'est généralement de *atque* qu'on se sert. En outre, on trouve surtout *atque* entre deux mots de plusieurs syllabes. — *Ac* ne s'emploie pas devant les voyelles, ni devant *c* et *q*. Autrement, il est d'un bon usage pour varier l'expression. — *Atque* est fort usité comme particule explétive; *et* et *ac* le sont moins. Quand la conjonction est suivie de *non*, on se sert de *nec*, qui équivaut à *et non*.

78. La nature propre du verbe actif demande pour sujet un être animé. Les Latins sont plus fidèles que nous à ce principe; aussi devons-nous donner de préférence la tournure passive à nos phrases latines, même dans les cas où le français admet bien la tournure active.

79. L'usage de l'ablatif absolu donne à la phrase une allure plus nette et plus dégagée. Il remplace avantageusement les propositions incidentes précédées de *cum, postquam*, etc. L'ablatif absolu se met au commencement de la phrase ou entre deux virgules après le premier mot. On ne doit pas le placer après le verbe principal.

SYNTAXE.

80.   *Nec satis compotem.* — Pas assez maître.

L'adjectif peut avoir un adverbe pour déterminatif : *satis*, assez; *magis*, plus; *tam*, autant; *minus*, moins; *nimis*, trop; *adeo*, tellement.

81.   *Compotem mentis.* — Maître de son esprit.

L'adjectif peut avoir pour complément un substantif ou un pronom, qui se mettent, à des cas divers, suivant l'idée que renferme cet adjectif. Si l'adjectif représente une qualité dont l'action s'exerce sur le complément, il se met, en quelque sorte, sous sa dépendance et le veut naturellement au génitif. On doit donc considérer comme des exceptions ou des anomalies les exemples du contraire. Aussi trouve-t-on plus souvent *compos animi* que *compos animo*. Nous allons, dès à présent, grouper ces adjectifs sur lesquels on pourra revenir.

Penchant pour ou contre : *Avidus*, avide; *cupidus*, qui désire; *appetens*, qui recherche; *amans*, qui aime; *studiosus*, qui a du goût pour; *curiosus*, qui a soin de; *diligens, amicus*, ami de; *providus*, préoccupé; *colens*, qui pratique; *observans*, qui observe; *impiger*, actif à; *supplex*, qui supplie; *fidens*, qui a confiance en; *patiens*, qui souffre; *perferens*, qui supporte; *sitiens*, qui a soif de.

Incuriosus, qui n'a pas soin de; *fastidiosus*, qui dédaigne; *inimicus*, ennemi; *alienus pacis* (Lucr.), ennemi de la paix; *invidus*, jaloux de; *improvidus*, qui ne se préoccupe pas; *metuens*, qui craint; *impatiens*, qui ne supporte pas; *fugiens*, qui fuit; *contemnens*, qui méprise; *negligens*, qui néglige; *timidus*, qui craint; *securus* ou *socors futuri*, qui ne s'inquiète pas de l'avenir.

On doit joindre à ceux qui marquent penchant : *similis, consimilis*, semblable; *par*, égal; *æqualis*, contemporain; *affinis*, qui a du penchant pour; *sacer*, consacré à; *communis*, commun; *vicinus*, voisin; *socius*, compagnon, allié; *consors*, qui a le même sort; *dispar, dissimilis*, différent de.

Capacité et incapacité : *Peritus*, habile; *consultus*, expérimenté; *conscius*, qui a la conscience de; *doctus*, instruit dans; *prudens*, versé dans; *gnarus*, qui connaît; *certus*, certain de; *certior*, informé de; *efficiens*, qui effectue, qui produit; *capax*, capable de, qui peut contenir; *ferax, fecundus, fertilis*, fertile en; *tenax*, qui s'attache à; *edax*, qui dévore, qui consume; *abundans*, qui abonde en; *acer, strenuus militiæ* (Tac.), infatigable, intrépide à la guerre; *assuetus*, accoutumé à; *memor*, qui se souvient; *compos*, maître de; *plenus*, plein; *refertus*, rempli; *particeps*, qui a part; *potens*, maître de, puissant sur; *dignus*, digne de.

Imperitus, inhabile ; *inscius, nescius*, qui ne sait pas ; *ignarus*, qui ignore ; *rudis*, qui n'est pas façonné à ; *imprudens*, qui n'est pas versé dans ; *incertus*, incertain ; *dubius, ambiguus*, irrésolu, qui hésite, qui balance ; *immemor*, qui ne se souvient pas ; *insuetus, insolens, insolitus*, inaccoutumé, étranger à ; *inops, expers*, qui manque de, dénué de ; *inanis*, vide de ; *exheres*, déshérité, privé de ; *impos*, qui n'est pas maître de ; *sterilis*, stérile en ; *degener*, qui dégénère de.

Nous joindrons à ceux qui marquent la capacité : *reus*, accusé de ; *noxius*, coupable de ; *obnoxius*, coupable de, responsable de ; *manifestus, compertus*, convaincu de ; *superstes*, qui survit à.

On trouve assez souvent dans Tite-Live et les auteurs qui l'ont suivi, le génitif après des adjectifs, et surtout des participes qui ont un sens partitif ; quelquefois même cette dernière condition manque, et le génitif est l'effet d'un pur hellénisme. Ainsi : *vastæ solitudinum*, celles d'entre les solitudes qui sont vastes ; *exstincti regum*, des rois choisis parmi ceux qui sont morts.

82. *Expiranti similem.* — Semblable à un mourant.

Lorsqu'on n'a dans l'idée qu'un rapprochement ou une attribution et non une subordination, une dépendance, le déterminatif se met au datif. C'est donc l'idée plutôt que le mot qui doit faire loi.

État favorable ou défavorable ; similitude, parenté, voisinage, dissemblance.

Acceptus, agréable à, bien venu de ; *æquus*, bienveillant ; *amicus*, ami ; *benevolus*, bienveillant, dévoué ; *carus*, cher à ; *commodus*, avantageux à ; *congruens*, en harmonie avec ; *consentaneus*, d'accord avec ; *conveniens*, convenant à ; *decorus*, ce qui convient par bienséance ; *dulcis*, doux envers ; *expeditus*, commode ; *facilis*, facile ; *familiaris Cæsari* (Cic.), ami de César ; *fertilis*, fertile pour ; *fidelis, fidus*, fidèle ; *fructuosus*, profitable ; *gratus, jucundus*, agréable à ; *obvius*, exposé à ; *propitius*, propice ; *saluber, salutaris*, salutaire à ; *secundus*, favorable à ; *utilis*, utile à.

Adversus, contraire à ; *æmulus*, rival de ; *arduus, difficilis*, difficile à ; *damnosus, calamitosus, funestus*, funeste à ; *exitiosus*, pernicieux ; *fœdus*, honteux pour ; *gravis*, qui est à charge à ; *indecorus*, messéant ; *infensus, infestus*, ennemi de ; *infidus*, infidèle ; *ingratus, insuavis, injucundus*, désagréable à ; *iratus*, irrité contre ; *molestus*, fâcheux ; *noxius, obnoxius*, nuisible ; *perniciosus, pestifer*, pernicieux ; *æqualis*, égal ; *affinis*, allié à, qui participe à ; *cognatus*, parent, qui s'accorde avec ; *communis*, commun ; *confinis, conterminus*, qui confine, qui touche ; *finitimus*, linsitrophe ; *par*, pareille ; *propinquus*, situé auprès ; *propior*, situé plus près ; *proprius*, propre à ; *proximus*, situé très-près ; *sacer*, consacré à ; *similis*, semblable ; *vicinus*, voisin; *notus*, connu de.

Alienus, étranger à ; *absimilis*, *dissimilis*, différent ; *discolor*, différent, qui jure avec ; *dispar*, *impar*, inégal, différent ; *insolitus*, qui n'est pas habituel à ; *superstes*, survivant à.

On joindra les adjectifs verbaux en *bilis* et en *dus* : *Id est mihi parabile*, c'est pour moi de facile acquisition ; *rex mihi invitandus est*, il me faut inviter le roi. On joindra encore les verbaux en *bundus*, dont le primitif veut le datif : *Dario gratulabundus*, félicitant Darius.

83. Enfin le datif s'emploie quelquefois après des adjectifs qui veulent ordinairement l'acc. avec *ad*, et qui expriment l'aptitude et le penchant.

Accommodatus, approprié à ; *aptus*, *idoneus*, propre à ; *assuetus*, accoutumé à ; *natus*, né pour ; *paratus*, disposé à ; *proclivis*, *pronus*, porté à ; *promptus ultioni* (Tac.), tout prêt pour la vengeance.

84. *Parabili cultu contentum*. — Content d'une mise simple.

Le complément d'un adjectif se met à l'ablatif quand il exprime :

1° Ce dont on est satisfait, fier, pourvu, riche, insatiable : *Contentus* content de ; *lætus*, joyeux de ; *superbus*, fier de ; *fretus*, s'appuyant sur, fort de ; *dives*, riche de ; *opimus præda* (Cic.), riche, chargé de butin ; *compos ingenti præda* (Liv.), maître d'un grand butin ; *onustus*, chargé ; *plenus, confertus, refertus*, plein de ; *præditus*, doué de ; *insatiabilis*, insatiable ; *fertilis*, fertile.

2° Ce dont on est libre, exempt, dépourvu : *Liber*, libre ; *vacuus*, vide, exempt ; *expers, nudus, orbus*, privé ; *inops*, dépourvu.

3° Ce dont on est digne, indigne ; ce que l'on vaut : *Dignus*, digne ; *indignus*, indigne ; *venalis, carus asse*, qui se vend, qui vaut un as ; *vilis*, qui a le vil prix de.

4° L'origine : *Natus, ortus*, né de, issu de ; *prognatus*, descendant ; *genitus, satus, editus*, engendré de.

5° La cause (des adjectifs et certains participes) : *Cæcus avaritiâ* (Liv.), aveugle d'avarice ; *æger avaritia* (Sall.), malade d'avarice ; *fessus*, fatigué ; *impeditus*, embarrassé ; *incensus*, enflammé ; *inductus*, poussé, etc.

6° Le rapport sous lequel on est qualifié : *Grandis natu*, avancé en âge ; *claudus altero pede*, boiteux d'un pied ; *pedibus æger*, malade des pieds ; *par eloquentia*, égal par l'éloquence.

On trouve encore l'ablatif après *assuetus, assuefactus*, accoutumé ; *insuetus*, qui n'est pas habitué à ; *peritus*, habile ; *consultus*, versé ; *rudis*, ignorant dans ; et dans ces expressions : *Pauci numero*, en petit nombre ; *centum numero*, au nombre de cent.

Les adjectifs *facilis, difficilis, turpis, dignus, indignus, mirabilis, dulcis, parvus, magnus, bonus, necessarius, rarus*, etc., sont suivis du supin en *u*, que l'on doit considérer comme un ablatif.

85. *Regem invitavit. — Omnia populatus.*
Invita le roi. — Ayant tout ravagé.

Les verbes actifs et les verbes déponents, ayant un sens actif, veulent leur complément direct à l'accusatif.

Beaucoup de verbes neutres acquièrent la force d'un verbe actif au moyen d'une préfixe : *Tarsum interfluit*.

86. *Alexandro succedere.* — Succéder à Alexandre.

Le complément d'un verbe neutre se met ordinairement au datif.

87. *Ab hoste dejectum. — Sudore perfusum.*
Renversé par l'ennemi. — Couvert de sueur.

La cause d'une action exprimée par un verbe passif se met à l'ablatif avec *a* ou *ab*, si c'est une personne, et à l'ablatif sans préposition dans les autres cas.

88. *Veste deposita.* — Son vêtement étant mis bas.

Quand un substantif joint à un participe, un adjectif ou un substantif pris adjectivement, figure dans une phrase à la manière des incises, il se met à l'ablatif, ainsi que le mot auquel il est joint.

On donne communément à cette règle le nom *d'ablatif absolu*.

89. *Aut ipsos aut hostes populatos.*
Ou eux-mêmes ou les ennemis ayant ravagé.

La disjonctive *aut* étant répétée, le verbe prend le nombre du dernier sujet. Ainsi « ou eux-mêmes ou l'ennemi ayant ravagé » se rendrait par *aut ipsos aut hostem populatum*. Mais si *aut* n'est exprimé qu'une seule fois, on se laisse guider par l'idée, qui, comme en français dans le même cas, réclame le pluriel quand elle est collective.

QUANTITÉ.

VOYELLES FINALES.

3ᵉ *exc.* — *A* final est long à l'impératif : *Invitā, instā*.
3ᵉ *exc.* — *E* final est long à l'impératif de la 2ᵉ conjugaison : *Rigē*.

CHAP. V.—CRÉMENTS.—EXERCICE PRÉPARATOIRE.

CONSONNES FINALES.

3ᵉ *exc.*—*Is* est long à la 2ᵉ pers. prés. ind. de la 4ᵉ conjugaison : *Transīs* ; et dans *vīs, velīs, mavīs, malīs, nolīs, ausīs* (pour *audeas*), *sīs*.

90. *Ys* final est bref : *Libўs* (Libyen), *Capўs* (nom prop.), etc.

CRÉMENTS.

Nous avons vu que les noms et les verbes ne conservent pas le même nombre de syllabes dans toutes leurs formes. On appelle *créments* les syllabes d'accroissement qui précèdent la syllabe finale. On compte les créments d'après le nominatif dans les noms, et d'après la 2ᵉ personne du présent de l'indicatif actif dans les verbes. Ces syllabes d'accroissement prennent une quantité basée sur des règles que nous ferons connaître.

Créments dans les noms.

La règle qui concerne le pluriel des noms est fort simple, la voici :
Si le crément est *a, e, o*, il est long ; s'il est *i* ou *u*, il est bref.
Ex. : *Orārum, puerōrum, diērum, levĭum, artŭum.*
La première déclinaison n'a pas de crément au singulier. Le crément du singulier est bref dans la 2ᵉ décl. : *Puĕri.*

Troisième déclinaison (singulier).

A crément est long : *Æstas, æstātis*. *E* crément est bref : *Pulvis, pulvĕris*. 1ʳᵉ *exc.* Il est long dans quelques noms, parmi lesquels se trouve *rex, rēgis*.

I, y créments sont brefs : *Flumen, flumĭnis, sollicitudo, dĭnis, styx, stўgis*.

O crément est long : *Sudor, sudōris, victor, victōris, sol, sōlis*.

1ʳᵉ *exc.* — *O* est bref dans les noms neutres en *or, ur, us* : *Tempus, tempŏris, corpus corpŏris*.

2ᵉ *exc.* — *O* est bref dans *memor, memŏris, immemor, immemŏris, compos, compŏtis* et quelques autres.

III. Exercices.

EXERCICE PRÉPARATOIRE.

1 — Marquer la quantité des voyelles soulignées : Pallor*e*m — Host*i*bus — Omn*i*um — Nem*i*nem — Sign*o*rum — Expir*a*ntibus — Class*i*um — Sudor*i*bus — Fl*o*rum — Mem*o*ribus — Vast*a*rum — Pulv*e*rem — Reg*i*bus — Corp*o*ra — Comp*o*te.

2 — Il ravage — Il ravageait — Ils ravageront — Ils ravageraient — Ravagez — Ravageant — Ayant ravagé.

3 — Osez — Qu'ils osent (imp. f) — J'aurais osé — Nous osâmes — Les rois osant — Tu oseras — Ils osaient — Il aura osé.

4 — Je voulais — Tu ne voulais pas — Il aimait mieux — Nous ne voudrons pas — J'aimerai mieux — Avoir mieux aimé.

5 — Je pouvais — J'avais pu — Je pourrai — Que nous puissions — Que vous pussiez — Ils pourraient — Avoir pu — Tu peux.

6 — Allons — Allez — Qu'ils aillent (imp. f) — J'allais — Tu es allé — Il était allé — Nous irons — Vous iriez — Qu'ils aillent (subj.).

7 — Je commençais — J'avais commencé — Nous commencerons — Nous aurons commencé — Je commencerai — J'aurai commencé.

8 — Nous portons — Vous portez — Ils portent — Nous porterons — Vous porteriez — Avoir porté — Portant — Porte — Portez.

9 — Il invita Darius — Nous avons vu la pâleur du roi — Nous verrons la compassion de l'armée — Ils ravageront les bords de la Sarmatie — La compassion se tourna (fut tournée) sur le roi lui-même — Nous ne voulons pas poursuivre les ennemis.

10 — Joyeux de son âge — Ami du roi — Maître des terres — Maître de lui-même — Semblable à quelqu'un qui se plaint.

COMPOSITION.

1 — L'armée ou Alexandre ne voulaient pas donner le signal de la fuite ; mais déjà les ennemis menaçaient, et l'inquiétude avait commencé à succéder à la compassion.

2 — Ou Alexandre ou Darius sera vainqueur, et nous préparerons une flotte pour traverser (par laquelle nous traversions) l'Hellespont.

3 — Après avoir donné le signal, nous traverserons les plus vastes solitudes (les vastes des solitudes), quand même personne ne voudrait (ne veuille) nous poursuivre.

4 — La famine et la disette réduisirent presque tous les compagnons d'armes de cette fleur de jeunesse, et personne n'osa succéder au roi le plus illustre de tous les âges.

5 — Et (explétif) la force d'âme ne manquait pas aux compagnons d'armes qui, ayant parcouru les terres des ennemis, se retirèrent (pénétrèrent de nouveau) en fuyant vers l'Hellespont.

6 — En osant parcourir les terres de la Cilicie, Alexandre a pu anéantir les ennemis.

7 — La postérité oubliera (sera oublieuse de) cette guerre.

8 — Personne (*quisquam*) ne fut dans le forum ni meilleur, ni plus illustre que Marc-Antoine.

9 — Nous sommes tous nés pour la justice.

REPOS DE L'ÉTUDE.

VENETI.

Hujus civitatis est longe amplissima auctoritas omnis oræ maritimæ regionum earum ; quod et naves habent Veneti plurimas, quibus in Britanniam navigare consueverunt, et scientia atque usu nauticarum rerum ceteros antecedunt ; et in magno impetu maris, paucis portubus interjectis, quos tenent ipsi, omnes fere qui eodem mari uti consueverunt, habent vectigales.

Civitas, atis, f., ville ; — *Veneti, orum*, m. pl., Vannes, ses habitants (les Vénètes) ; — *longe*, adv., beaucoup ; — *amplus, a, um*, considérable ; — *navis, is*, f., vaisseau ; — *habere*, avoir ; — *plurimus, a, um*, le plus nombreux ; — *Britannia*, f., Bretagne ; — *navigare*, naviguer ; — *consuescere*, s'accoutumer ; d'où le parfait *consuevi*, je me suis accoutumé, j'ai coutume ; — *usus us*, m., usage ; — *nauticus, a, um*, naval ; — *antecedere*, surpasser ; — *mare, is*, n., mer ; — *pauci, æ, a*, peu nombreux ; — *portus, us*, m., port. ; — *interjectus, a, um*, jeté entre ; — *tenere*, occuper ; — *fere*, adv., presque ; — *uti*, se servir ; — *vectigalis*, tributaire.

CHAPITRE SIXIÈME.

La partie pratique de nos leçons doit être apprise avec le plus grand soin ; c'est avant tout la condition obligée de la méthode que nous suivons. Dans la partie théorique, on pourra se dispenser d'abord de s'appesantir sur les développements étendus d'une même règle et sur l'étude des racines. Il en sera de même de certains détails d'acception, qui ont été mis là pour éviter le plus possible l'emploi des dictionnaires, pour la composition latine surtout.

I. Pratique.

Inter hæc liberius meare spiritus cœperat; allevabat rex oculos, et, paulatim redeunte animo, circumstantes amicos agnoverat; laxataque vis morbi ob hoc solum videbatur, quia magnitudinem mali sentiebat. Animi autem ægritudo corpus urgebat, quippe Darium quinto die in Ciliciam fore nunciabatur; vinctum ergo se tradi, et tantam victoriam eripi sibi e manibus, obscuraque et ignobili morte in tabernaculo suo exstingui se querebatur.

PHRASES DÉTACHÉES :

Senarios (versus) effugere vix possumus. (*Cic.*)

Nec ullum genus est dicendi aut melius aut fortius, quam binis aut ternis ferire verbis, nonnunquam singulis.

TRADUCTION LITTÉRALE.

Inter hæc liberius meare spiritus cœperat;
Entre ces (choses) plus librement à passer le souffle avait commencé;

allevabat rex oculos, et, paulatim redeunte animo,
levait les yeux, peu à peu revenant l'esprit,

circumstantes amicos agnoverat; laxataque vis morbi
se tenant autour les amis il avait reconnu; relâchée de la maladie

ob hoc solum videbatur, quia magnitudinem mali
pour paraissait, parce que la grandeur

sentiebat. Animi autem ægritudo corpus urgebat,
il sentait. mais la maladie le corps accablait,

quippe Darium quinto die in Ciliciam fore nunciabatur:
car il était annoncé:

CHAP. VI.—TRADUCTION.

vinctum ergo se tradi, et tantam victoriam eripi sibi
_{enchaîné donc être livré, une si grande victoire être arrachée}

e manibus, obscuraque et ignobili morte in tabernaculo
_{obscure non noble mort}

suo exstingui se querebatur.

PHRASES DÉTACHÉES :

Senarios (versus) effugere vix possumus.
_{Sénaires les vers éviter}

Nec ullum genus est dicendi aut melius aut fortius,
_{aucun genre ou mieux plus fortement,}

quam binis aut ternis ferire verbis, nonnunquam
_{deux à deux trois à trois par des mots, quelquefois}

singulis.
_{un à un.}

TRADUCTION FRANÇAISE.

Cependant sa respiration commençait à devenir plus libre; il levait les yeux, et reprenant ses sens peu à peu, il avait reconnu ses amis qui l'entouraient. La maladie ne semblait avoir perdu de sa force que parce qu'il sentait toute la gravité de son mal. Il avait le corps anéanti par le chagrin qui assiégeait son esprit, car on avait annoncé que Darius serait dans cinq jours en Cilicie. Il se plaignait donc d'être livré enchaîné, de se voir arracher des mains une si grande victoire, et de subir dans sa tente une mort obscure et indigne de lui.

PHRASES DÉTACHÉES :

Nous ne pouvons qu'avec peine éviter les vers de six pieds.

Il n'est pas de genre de discours plus efficace et plus expressif que de frapper par des traits de deux mots, de trois ou quelquefois d'un seul mot.

TRADUCTION ALTERNATIVE.

Inter hæc spiritus cœperat. . . .	Cependant le souffle avait commencé
meare liberius ;	à circuler plus librement ;
rex allevabat oculos, ...	le roi levait les yeux,
et animo redeunte paulatim, . .	et l'esprit revenant peu à peu,

agnoverat amicos circumstantes ;	il avait reconnu ses amis qui l'entouraient;
que vis morbi	et la force de la maladie
videbatur laxata ob hoc solum,	paraissait relâchée pour cela seul
quia sentiebat magnitudinem mali.	parce qu'il sentait la grandeur du mal.
Autem ægritudo animi	Mais l'indisposition de l'âme
urgebat corpus,	accablait le corps,
quippe nunciabatur Darium fore	car on annonçait Darius devoir être
quinto die in Ciliciam ;	le cinquième jour en Cilicie;
ergo querebatur se tradi vinctum.	donc il se plaignait lui être livré enchaîné,
et tantam victoriam	et une si grande victoire
eripi sibi e manibus	être arrachée à lui des mains,
que se exstingui obscura et ignobili morte.	et lui être éteint par une mort obscure et non noble
in tabernaculo suo.	dans sa tente.
Vix possumus effugere senarios.	A peine nous pouvons éviter les vers de six pieds.
Nec ullum est genus dicendi,	Et il n'est aucun genre de discours,
aut melius aut fortius.	ou meilleur ou plus fort,
quam ferire verbis.	que de frapper par des mots
binis aut ternis,	deux à deux ou trois à trois,
nonnunquam singulis.	quelquefois un à un.

CONVERSATION.

QUESTIONS.	RÉPONSES.
Qu'arrivait-il pour la respiration du roi ? — Quand ?	Liberius meare cœperat. — Inter hæc.
Que faisait-il alors ?	Allevabat oculos.
Qui avait-il reconnu ?	Circumstantes amicos.
Comment les avait-il reconnus ?	Paulatim redeunte animo.
Que paraissait la force de la maladie ? — Pourquoi ?	Laxata. — Ob hoc solum quia magnitudinem mali sentiebat.
Qu'est-ce qui accablait le corps ? Pourquoi ?	Animi ægritudo. Quippe Darium quinto die in Ciliciam fore nunciabatur.
Comment était-il livré ?	Vinctum.
Qu'est-ce qui lui était arraché ?	Tantam victoriam.
D'où lui échappait cette victoire ?	E manibus.
Où se plaignait-il de mourir ?	In tabernaculo suo.
Comment mourait-il ?	Obscura et ignobili morte.

CHAP. VI.—PHRASÉOLOGIE.—NOMBRES DISTRIBUTIFS. 105

Qu'est-ce que nous avons peine à éviter ?

Par quels mots faut-il frapper ?

Que peut-on dire de ce genre de discours ?

Senarios.

Binis aut ternis verbis, nonnunquam singulis.

Nec ullum est aut melius, aut fortius.

PHRASÉOLOGIE.

A TRADUIRE EN FRANÇAIS.

Inter hæc oculos paulatim allevare cœperat.

Liberius meare spiritu incipiente, redierat animus circumstantes que amici agnoscebantur.

Laxataque vis morbi visa erat.

Ob hoc solum corpus urgebatur, quia animus sentiebat mali magnitudinem.

Quinto die Darius in Cilicia nunciatus est.

Vinctus ergo tradebatur.

Victoria Dario e manibus eripiebatur.

Obscura ignobilique morte extinctus est.

Morbo urgeri se querebatur.

Senarios nonnunquam effugere poterimus.

Binis aut ternis feriamus verbis.

Nec ulla sunt genera dicendi aut meliora aut fortiora.

A TRADUIRE EN LATIN.

Pendant cela il avait commencé à lever peu à peu les yeux.

La respiration commençant à être plus libre, il avait repris ses sens et il reconnaissait ses amis qui l'entouraient.

Et la force de la maladie avait paru diminuer.

Son corps était accablé pour cette raison seule que son esprit sentait la grandeur du mal.

Le cinquième jour, Darius fut annoncé en Cilicie.

Il était donc livré enchaîné.

La victoire était enlevée des mains de Darius.

Il succomba par une mort obscure et vulgaire.

Il se plaignait d'être accablé par la maladie.

Nous pourrons quelquefois éviter les vers de six pieds.

Frappons par des expressions de deux ou trois mots.

Il n'existe pas de façons de parler meilleures ou plus expressives.

II. Analyse et Théorie.

NOMBRES DISTRIBUTIFS.

On se sert de ces nombres pour distribuer en parties égales, comme dans cette phrase : *Bina nobis talenta dedit*, il nous a donné à chacun deux talents; ou pour exprimer *un à un, deux à deux, trois à trois*, etc.

On s'en sert encore à la place des nombres cardinaux, avec les noms qui n'ont pas de singulier : *Bina castra*, deux camps; et avec les objets pairs : *Bini consules*, les deux consuls; *binæ manus*, les deux mains. On dirait *una castra*, pour désigner un seul camp.

Ils se déclinent comme les adjectifs de la 1re classe. On trouve presque toujours le génitif pluriel masculin contracté en *um*, pour *orum*.

On en forme les mots en *arius* pour exprimer *qui a, qui contient* un certain nombre : *Sexagenarius*, qui contient soixante, sexagénaire.

1. Singuli, æ, a.
2. Bini.
3. Terni.
4. Quaterni.
5. Quini.
6. Seni.
7. Septeni.
8. Octoni.
9. Noveni.
10. Deni.
11. Undeni.
12. Duodeni.
13. Terni deni.
14. Quaterni deni.
15. Quini deni — quindeni.
16. Seni deni.
17. Septeni deni.
18. Octoni deni — duodeviceni.
19. Noveni deni — undeviceni.
20. Viceni.
21. Viceni singuli.
30. Triceni.
40. Quadrageni.

50. Quinquageni.
60. Sexageni.
70. Septuageni.
80. Octogeni.
90. Nonageni.
100. Centeni.
110. Centeni deni.
200. Duceni.
300. Treceni — trecenteni (rare).
400. Quadringeni — quadringenteni (rare).
500. Quingeni.
600. Sexceni — sexcenteni (rare).
700. Septingeni.
800. Octingeni.
900. Nongeni.
1,000. Singula millia — milleni (rare).
2,000. Bina millia — bis milleni (rare).
20,000. Vicena millia — vicies milleni (rare).

LEXIOLOGIE.

Inter hæc (*negotia*), entre ces choses, cependant, pendant cela. *Inter*, prép. acc. M. R. entre, parmi; *hæc*, acc. plur., n. de *hic, hæc, hoc*.

Liberius, plus librement, comparatif de l'adv. *libere*, librement. R. *liber, era, erum*, libre.

91. Les adjectifs de la 1re classe forment des adverbes de manière en ajoutant ē long au radical : *Liber*, libre ; — *liberē*, librement ; — *fervidus*, chaud ; — *fervidē*, avec chaleur.

Les adjectifs de la 2ᵐᵉ classe les forment en ajoutant *iter* au radical : *Levis*, léger ; — *leviter*, légèrement.

Pour l'une et l'autre classes le comparatif adverbe est le neutre du comparatif : *Liberior*, plus libre ; — *liberius*, plus librement ; — *levior*, plus léger ; — *levius*, plus légèrement.

Libertas, f., liberté ; — *libertus*, m., affranchi ; — *libertinus*, m., fils d'affranchi ; — *liberalis*, adj., libéral ; — *liberalitas*, f., libéralité ; — *liberi*, *orum* et *um*, enfants (les Romains appelaient ainsi leurs enfants pour les distinguer des esclaves) ; — *liberare*, délivrer ; — *liberator*, m., libérateur.

Meo, *as*, *avi*, *atum*, *are*, n., 1ʳᵉ conjug. M. R. aller et venir, circuler.
—*Allevo*, *as*, *avi*, *atum*, *are*, act., 1ʳᵉ conjug., élever. R. R. *ad*, vers ; *levo*, lever, alléger. R. *levis*, léger.

Oculus, *i*, m., 2ᵉ décl. M. R. œil ; — *ocularius*, adj., oculaire ; — *inoculare*, greffer, inoculer.

Paulatim et *paullatim*, adv., peu à peu, formé de *paulo* ou *paulum*, un peu. (Ch. Iᵉʳ.)

92. Certains adverbes de manière se forment diversement d'un radical et de la terminaison *tim* et quelquefois *sim*.

Redeo, *is*, *ivi* et *ii*, *itum*, *ire*, part. prés. *iens*, *euntis*, revenir. R. R. *re*, en arrière ; *eo*, aller.

Circumsto, *as*, *steti*, *statum*, *are*, n., 1ʳᵉ c., se tenir autour. R. R. *circum*, autour ; *sto*, se tenir debout. (V. Ch. IX.)

Amicus, *i*, m., 2ᵉ décl., ami. R. *amare*, aimer ; — *amor*, m., amour ; — *amator*, m., qui aime ; amateur ; — *amice*, adv., amicalement ; — *amicitia*, f., amitié ; — *amabilis*, adj., aimable ; — *inimicus*, adj., ennemi.

Agnoverat, 3ᵉ pers. sing. plus-q.-parf. ind. de *agnosco*, *is*, *ovi*, *agnitum*, *scere*, act., 3ᵉ c., reconnaître. R. R. *ad* ; *gnosco* ou *nosco*, connaître.

Laxo, *as*, *avi*, *atum*, *are*, act., 1ʳᵉ c., étendre, relâcher. R. *laxus*, large, lâche, relâché.

Morbus, *i*, m., 2ᵉ décl. M. R. maladie.

Ob, prép. acc. M. R. à cause de, pour.

Solum, acc. sing. n. de *solus*, *a*, *um* ; gén. *ius*, dat. *i*. M. R. seul, unique. (Ch. III.)

Videbatur, paraissait. Le pass. de *video*, voir, a le sens de paraître, sembler. Il est souvent employé impersonnellement : *Mihi videtur*, il me paraît. (Ch. V.)

Quia, conj., parce que. R. *qui*, *quæ*, *quod*, qui, lequel.

Magnitudo, inis, f., 3° décl., grandeur. R. *magnus*, grand; *major*, plus grand; *maximus*, très-grand. (Ch. I⁰ʳ.)

Malum, i, n., 2° décl., mal. R. *malus*, mauvais.

Autem, conj. M. R. or, mais. Se met toujours après un mot.

Ægritudo, inis, f., 3° décl., maladie. R. *æger*, malade.

Ægritudo se dit des maladies de l'âme, tandis que *morbus* se dit plutôt des maladies du corps. Aussi est-ce à tort, selon nous, que l'on a lu dans Quinte-Curce : *Animum ægritudo corporis urgebat*, la maladie du corps tourmentait l'âme.

Quippe, conj., car. R. *qui, quæ, quod;* se met au commencement de la proposition ou après un mot.

Nuncio, as, avi, atum, are, act., 1ʳᵉ c., annoncer. R. *nuncius*, qui annonce, messager; nouvelle, message. On écrit aussi ces mots par un *t* : *nuntius*. — *Nuncium*, n., nouvelle; — *denunciatio*, f., dénonciation; — *enunciare*, expliquer, divulguer; — *internuncius*, m., entremetteur; — *renunciare*, rapporter; renoncer.

Vincio, is, nxi, nctum, ire, act., 4° c. M. R. lier, enchaîner; — *vinculum*, n., lien; chaînes; — *convinctio*, f., conjonction (partie du discours).

Ergo, conj. M. R. donc, par conséquent.

Trado, is, didi, ditum dere, comme *transdo*, act., 3° c., remettre, livrer. R. R. *trans*, au delà; *do*, donner.

93. *Trans*, au delà, outre, perd *s* devant les mots commençant par *s*, et devient *tra* dans les autres composés où on le contracte.

Tantus, a, um, adj., 1ʳᵉ c., si grand. R. *tam*, si, aussi. (Ch. IV.)

Victoria, æ, f., 1ʳᵉ décl., victoire, formé de *victor*, vainqueur. R. *vinco*, vaincre. (Ch. IV.)

E ou *ex*, prép. abl. M. R. de, hors de.

Obscurus, a, um, adj., 1ʳᵉ c. M. R. obscur, inconnu; — *obscurare*, obscurcir; — *obscuritas*, f., obscurité; — *obscure*, adv., obscurément; — *perobscurus*, adj., très-obscur.

Ignobilis, e, adj., 2° c., inconnu, obscur. R. R. *in*, priv.; *gnobilis* ou *nobilis*, connu, distingué. R. *nosco*, connaître.

Mors, mortis, f., 3° décl. M. R. mort; — *mortalis*, adj., mortel; — *mortalitas*, f., mortalité; — *immortalis*, adj., immortel; — *mortuarius*, adj., mortuaire; — *mori*, mourir.

Senarius, a, um, qui a six. Joint à *versus* ou seul, cet adjectif signifie *vers de six pieds*. Sa racine est *sex*, six.

Versus, us, m., vers. R. *vertere*, tourner.

Effugio, is, i, ere, act., 3° c., échapper à, éviter. R. *fugere*, fuir. Ce verbe est aussi neutre et signifie s'échapper en fuyant. (Ch. V.)

Ullus, a, um; gén. *ullius*, dat. *ulli*. M. R. quelqu'un.

Genus, eris, n., 3ᵉ décl., race; genre. R. *gignere,* engendrer.
Fortis, e, adj., fort; véhément; courageux; — *fortitudo,* f., force, courage; — *fortificare,* fortifier.
Ferio, is (pas de parf.), *ire,* act., 4ᵉ c. M. R. frapper; — *ferula,* f., férule.
Verbum, i, n. M. R. mot, parole; —*verbosus,* adj., verbeux, diffus (e).
Nonnunquam ou *non nunquam,* non jamais, quelquefois. R. R. *non,* non; *nunquam,* ne... jamais. (V. Ch. IX.)
Singulus, a, um, adj. M. R. un seul. Son pluriel a le sens de chacun en particulier, un à un, les uns après les autres.

DISPOSITION ET CHOIX DES MOTS.

94. Les verbes de plusieurs syllabes se mettent bien au commencement et mieux à la fin de la phrase : *Allevabat rex oculos,* au lieu de *rex oculos allevabat.* Les verbes *cœperat, agnoverat, sentiebat, nunciabatur, querebatur, possumus,* employés à un mode personnel, sont placés à la fin des phrases ou membres de phrase; c'est leur position la plus ordinaire.

95. Les verbes à l'infinitif précèdent ordinairement les verbes dont ils sont compléments : *Effugere possumus; exstingui se querebatur.*

96. Le pronom personnel, qui sert de régime à un infinitif, se met bien immédiatement après lui : *Eripi sibi.*

97. Un substantif monosyllabe se place plus habituellement avant son complément : *Vis morbi; vim animi.*

Nec ullus, nec unquam, nec quisquam, s'emploient plus élégamment que *et nullus, et nunquam, et nemo.*

98. Un mot négatif prend un sens affirmatif quand il est précédé d'une négation. Ainsi *nonnunquam* signifie *quelquefois.* Il est important de remarquer que *nunquam non* signifie *toujours.*

SYNTAXE.

99. *Ob hoc solum quia.* — Pour cela seul, parce que.

Après *eo, ideo, idcirco, propterea, ob eam causam,* pour cela, pour cette raison, *ob hoc solum,* pour cela seul et autres expressions analogues, on emploie les conjonctions *quod, quia* ou *quoniam.* Cette dernière est moins usitée que les deux autres.

Ces conjonctions sont suivies du subjonctif ainsi que *quando, quando-*

quidem, quand la subordonnée ne renferme pas une affirmation formelle; et on la considère ainsi quand on rapporte le discours d'un autre.

100. *Quinto die.* — Le cinquième jour.

Le nom de temps figurant dans une phrase comme complément circonstanciel, se met à l'ablatif.

101. *Signum daturum fugientibus.*
Devant donner le signal à eux fuyant.

Quand le complément indirect d'un verbe actif ou passif indique le but, la destination, on le met ordinairement au datif : *Signum dedit fugientibus*, il donna le signal aux fugitifs ; *signum datum est fugientibus*, le signal fut donné aux fugitifs.

102. *Ciliciam vapore solis accendit.*
Brûle la Cilicie par l'ardeur du soleil.

Le complément indirect d'un verbe quelconque se met à l'ablatif s'il représente le moyen, la manière, l'instrument.

Nous voyons l'application de cette règle dans les expressions : *Subito horrore rigere ; — manu excipiunt; — abluentem aqua; — fuga penetrarent.*

103. *Victoriam sibi eripi e manibus.*
La victoire lui être arrachée des mains.
Regem divelli a se querebantur.
Ils se plaignaient de ce que le roi leur était arraché.

Le complément indirect d'un verbe quelconque se met à l'ablatif avec *e* ou *ex*, s'il indique la source, l'origine, le lieu de départ. (Ch. II.)

Mais si la source, le point de départ est un être animé, on emploie l'ablatif avec *a* ou *ab*. (On verra d'autres cas à l'article *Choix des mots*, ch. XI.)

104. *Luctus in castris erat.—Descendit in flumen.*
Le deuil était dans le camp.—Il descendit dans le fleuve.

Le complément indirect d'un verbe quelconque se met à l'ablatif avec *in* quand il indique le lieu, le point où un fait se passe ; et se met à l'accusatif avec *in*, quand il indique le lieu, le point où l'on va, où l'on tend. Ex. : *In conspectu agminis ; — in tabernaculo suo se exstingui ; — in regem misericordia versa ; — in Ciliciam fore.*

105. *Meare cœperat.*—Avait commencé à circuler.

Quand je dis *cœpi*, on attend que j'achève d'exprimer une idée ; mais si je dis *scribo*, j'ai exprimé un sens complet. Il existe donc des verbes d'un emploi particulier, et qui semblent faire corps avec un verbe qui les suit dans l'ordre logique. Nous leur donnerons le nom de *verbes proclitiques*; tels sont : *Volo, possum, audeo, cœpi,* etc.

Les verbes proclitiques et les autres verbes employés comme tels ont le même sujet que le verbe qui les suit. On met ce second verbe à l'infinitif présent, et on n'exprime pas son sujet. Ex. : *Rigere cœperunt;—insequi velit;—debellari posse;—ausurum succedere.*

106.   *Si ostendisset se esse contentum.*
       S'il montrait qu'il était content.

Quand les verbes qui expriment une opération de l'âme ou une énonciation ont pour complément une proposition, le verbe de cette proposition se met à l'infinitif, et son sujet se met à l'accusatif.

Pour savoir quel temps de l'infinitif on doit employer, il suffit de donner à la phrase française la tournure que demande le latin. *On annonçait que Darius serait;* tournez : *On annonçait Darius devoir être—Darium fore nunciabatur.*

Si le verbe subordonné n'a pas de futurs de l'infinitif, on se sert de *fore* ou *futurum esse ut,* pour le futur simple, et de *futurum fuisse ut,* pour le futur antérieur. Le verbe subordonné se met au temps du subjonctif que nécessite le sens. On se sert aussi de cette forme, même quand les futurs existent. *Il annonce que les médecins entoureront le roi;* tournez : *Il annonce devoir être que les médecins entourent le roi—Nunciat fore ut medici regem circumstent.*

Si le verbe principal exprime un de nos sens, le subordonné se met au participe présent : *Vidit amicos appropinquantes,* il vit approcher ses amis.

Les verbes qui expriment les opérations de l'âme ou une énonciation pourraient être désignés ainsi : *Volitifs* (*jubere,* ordonner); *désidératifs,* qui à la rigueur se rapportent aux volitifs (*cupere,* désirer); *sensitifs* (*sentire,* sentir); *intellectifs* (*credere,* croire); *énonciatifs* (*dicere,* dire).

107.   *Se esse contentum.* — Qu'il était content.

Lorsque le pronom personnel se rapporte au sujet de la phrase, on l'exprime en latin par *sui, sibi, se,* et non par *is* ou *ille.* On l'exprime encore par *ipse* : *Omnia aut* ipsos *aut hostes populatos.* L'emploi de *ipse* est quelquefois de rigueur pour désigner ce qui se rapporte au sujet principal.

108.   *Terras quas peragrassent.*
       Les terres qu'ils avaient parcourues.

Qui, quæ, quod, quand il n'est pas sujet de la proposition, prend le

CHAP. VI. — QUANTITÉ. — CRÉMENTS DANS LES NOMS.

cas que réclame le mot dont il est le complément. *Quas* est à l'accusatif parce qu'il est le complément direct du verbe actif *peragrare*.

Æstas cujus calor. Cujus, au génitif, comme complément du substantif *calor*.

Amnis de quo dictum est. Quo, à l'ablatif, avec la préposition *de,* comme complément indirect du verbe *dictum est*. Par le même principe, on dira : *Rex cui successit,* le roi à qui il succéda ; *rex quem excipiunt,* le roi qu'ils reçoivent ; *flumen in quod descendit,* le fleuve dans lequel il est descendu.

QUANTITÉ.

VOYELLES FINALES.

4ᵉ *exc.* — *A* final est long dans les adverbes, les conjonctions et les prépositions ; mais il suit la règle dans *quiă, ită,* ainsi ; *eiă,* allons ; *puta,* supposons, et est *ad libitum* dans *postea,* ensuite.

Nous ajouterons, comme 5ᵉ exception, que le vocatif des noms tirés du grec en *as* est long : *Æneā,* ô Enée. (Ch. XIII.)

2ᵉ *exc. O* final est bref dans *modŏ* et ses composés.

CONSONNES FINALES.

1ʳᵉ *exc.* — *R* final est long dans *vēr,* printemps ; *aer, œthēr,* air, et autres mots tirés du grec qui font *eris* au génitif.

Nous ajouterons, comme dernière exception, que *r* est long dans les monosyllabes *cūr,* pourquoi ; *fūr,* voleur ; *fār,* blé ; *lār,* lare ; *pār,* égal, et ses composés.

CRÉMENTS DANS LES NOMS.

Troisième déclinaison (singulier).

1ʳᵉ *exc. A* crément est bref dans les noms neutres en *a, ătis : Poema, ătis.*

2ᵉ *exc. A* est bref dans les noms en *as, ădis* ou *ăris : Lampas, ădis, mas, măris,* mâle.

3ᵉ *exc. A* est bref dans les mots *sal, sălis,* sel ; *lar, lăris,* lare ; *nectar, ăris, trabs, trăbis,* poutre, etc., et dans les noms propres en *al* ou *ar,* comme *Cæsar, ăris; Asdrubal, ălis.*

1ʳᵉ *exc. I* et *y* sont longs dans un certain nombre de mots en *ix, yx : Felix, īcis,* heureux ; *bombyx, ȳcis,* ver à soie ; *victrix, īcis,* victorieuse, etc. ; et dans les monosyllabes *lis, lītis,* procès ; *Dis, Dītis,* Pluton ; *vis, vīres.*

CHAP. VI.—EXERCICE PRÉPARATOIRE—COMPOSITION.   113

2ᵉ *exc*. *I* est long dans les noms en *in* : *Delphin, īnis*, dauphin ; il l'est aussi dans les noms de peuple en *is* : *Samnis, ītis*.

3ᵉ *exc*. *O* est bref dans les noms propres en *or* et en *on* (excepté *Helicon, ōnis*) : *Polymnestor, ŏris* ; *Memnon, ŏnis* ; et dans les noms de peuple : *Macedo, ŏnis*, Macédonien.

U crément est bref : *Consul, ŭlis*.

Exc. U est long dans les noms en *us, ūdis, ūris, ūtis* : *Salus, ūtis* ; *virtus, ūtis*. Il est long aussi dans ces quatre noms : *Pollux, ūcis* ; *lux, ūcis*, lumière ; *fur, fūris* ; (*frux*), *frūgis*.

Le crément du singulier, dans la 4ᵉ et la 5ᵉ déclinaisons, se déduit des règles générales (Ch. I et II).

III. Exercices.

EXERCICE PRÉPARATOIRE.

1 — Marquer la quantité des syllabes *italiques* : Spirit*ui* — Spirit*u* — Ocul*orum* — *Vi* — *Vi*res — *Vi*rium — Magnitud*i*ne — Corp*o*ra — Corp*o*ribus — Di*e*bus — Ignobil*i*um — M*o*rte.

2 — Presque à la dixième heure du jour, il s'échappa — Il s'échappa à la neuvième heure environ (presque) — Le premier jour, il reconnut ses amis.

3 — La victoire que tu m'as arrachée des mains — Les rois qu'il avait enchaînés — Les musiciens auxquels je succèderai.

4 — Ils se plaignaient de ce qu'il avait plaidé pour lui-même avec véhémence — Je me plains de ce que tu es revenue victorieuse.

5 — Mais je ne dis pas ce que je sens — Je ne dirai qu'une seule chose (je dirai cela seul).

6 — Je dis que tu oses — Que nos amis oseront — On a annoncé que les juges l'avaient entouré.

7 — Levons les yeux — Ils virent la force de la maladie — Ils sont enchaînés dans la tente — Il frappait les assistants par des paroles expressives.

COMPOSITION.

1 — Il reconnut ses amis un à un — Darius n'avait qu'un camp — Les deux camps pouvaient être réduits par la famine — Nous avons vu dix ennemis à la fois.

2 — Il les reconnaît parce qu'ils entourent la tente — Nous avons annoncé la victoire à nos amis, le quatrième jour — Nous sommes arrachés de la mort par les compagnons d'armes du roi — Mais la violence du

mal commença à se répandre dans le corps — Il sentait qu'il était livré à la mort; car la flotte qu'il avait préparée était peu à peu abandonnée par l'armée.

3 — C'est pourquoi la respiration commença à prendre peu à peu son cours, et le roi, levant les yeux, reconnut ses compagnons.

4 — Mais ceux-ci, se tenant autour de lui, paraissaient sentir (toute) la force de (son mal).

5 — La connaissance revenait peu à peu ; et Alexandre, arraché à la mort, se plaignait de ce que ses amis n'étaient pas présents.

6 — Il était accablé par le chagrin et la maladie, parce qu'on annonçait que Darius menaçait (d'arriver).

7 — Étant donc enchaîné et semblable à un moribond, il se voyait livré à des ennemis obscurs.

8 — Cependant Darius annonçait qu'il oserait (bien) succéder au roi; et le troisième jour il se mit à ravager les terres de l'homme le plus illustre.

9 — Il paraissait être satisfait par cela seul, que la mort est la fin (*extremum*, n.) de toutes choses.

10 — Lorsque je me fus arraché (*eripere*, plus-q.-parf. subj.) de votre présence, je ne pus échapper à la grandeur du mal.

11 — Un ami est comme (*tanquam*) un autre soi-même (le même).

12 — Cette guerre fut éteinte par la mort de Darius.

CHAPITRE SEPTIÈME.

I. Pratique.

Admissisque pariter et medicis : « In quo me, inquit, articulo rerum mearum fortuna deprehenderit, cernitis. Strepitum hostilium armorum exaudire mihi videor; et qui ultro intuli bellum, jam provocor. Darius ergo, quum tam superbas litteras scriberet, fortunam meam in consilio habuit; sed nequidquam, si mihi arbitrio meo curari licet. Lenta remedia et segnes medicos non expetunt tempora mea; vel mori strenue quam tarde convalescere mihi melius est : proinde, si quid opis, si quid artis in medicis est, sciant me non tam mortis quam belli remedium quærere. »

PHRASES DÉTACHÉES :

Ego et Cicero valemus, si tu et Tullia valetis. (*Cic.*)

Video, Patres conscripti, in me omnium vestrum ora atque oculos esse conversos. (*Cic.*)

Pars melior nostri, est animus. (*Cic.*)

Itaque boni sunt religiosi etiam oblato farre ac farina; mali contra non effugiunt impietatem, quamvis cruentaverint aras multo sanguine. (*Sén.*)

Vărium et mūtābile semper fēmĭna. (*Virg.*)

Lăbor vŏluptasque dissĭmillĭma nātūra. (*Liv.*)

TRADUCTION LITTÉRALE.

Admissisque amicis, pariter et medicis : « In quo me,
Admis   pareillement   les médecins :

inquit, articulo rerum mearum fortuna deprehenderit,
dit-il,   point   des affaires   la fortune   a surpris,

cernitis. Strepitum hostilium armorum exaudire mihi
vous voyez.   Le bruit   des ennemies   armes   entendre

videor ; et qui ultro intuli bellum, jam provocor.
je semble ;   de moi-même j'ai apporté   déjà je suis provoqué.

Darius ergo, quum tam superbas litteras scriberet,
     donc,   de si   superbes   lettres   écrivait,

fortunam meam in consilio habuit ; sed nequidquam,
                 conseil   eut ;   en vain,

si mihi arbitrio meo curari licet. Lenta remedia
     par la volonté   être traité il est permis. Lents   remèdes

et segnes medicos non expetunt tempora mea ; vel
   inactifs   demandent   même

mori strenue quam tarde convalescere mihi melius
mourir promptement   tardivement   me rétablir   mieux

est : proinde, si quid opis, si quid artis in me-
par conséquent, quelque chose de secours,   d'art

dicis est, sciant me non tam mortis quam belli reme-
        qu'ils sachent

dium quærere. »
    chercher.

PHRASES DÉTACHÉES :

Ego et Cicero valemus, si tu et Tullia valetis.
      nous nous portons bien,

Video, Patres conscripti, in me omnium vestrum
        Pères   conscrits,

ora atque oculos esse conversos.
les visages et   tournés.

Pars melior nostri est animus.
                    l'âme.

Itaque boni sunt religiosi etiam oblato farre
C'est pourquoi les bons   religieux   étant offert du gâteau

et farina; mali contra non effugiunt impietatem,
de la farine; les méchants au contraire

quamvis cruentaverint aras multo sanguine.
quoique ils aient ensanglanté les autels par beaucoup de sang.

Varium et mutabile semper femina.
Variable changeante toujours la femme.

Labor voluptasque dissimillima natura.
Le travail plaisir très-différents par la nature.

TRADUCTION FRANÇAISE.

Ses amis et les médecins ayant été introduits en même temps : « Vous voyez, leur dit-il, dans quel état de mes affaires la fortune m'a surpris. Il me semble entendre le fracas des armes ennemies ; et déjà l'on me défie, moi qui ai apporté la guerre de mon propre mouvement. Darius a donc pris conseil de la fortune, quand il m'écrivait des lettres si hautaines ; mais ce sera en vain si l'on me permet d'être traité à ma guise. Le cas dans lequel je me trouve ne veut ni remèdes lents, ni médecins inactifs ; une mort prompte est même préférable pour moi à une longue convalescence. Si j'ai quelque secours, quelque art à attendre des médecins, qu'ils sachent que je cherche moins un remède contre les atteintes de la mort que contre celles de la guerre. »

PHRASES DÉTACHÉES :

Cicéron et moi, nous nous portons bien, si vous et Tullie vous vous portez bien.

Je vois, Pères conscrits, tous vos regards portés sur moi.

La meilleure partie de nous-mêmes est notre âme.

C'est pourquoi les bons se montrent religieux en n'offrant même que du gâteau et de la farine ; les méchants, au contraire, n'échappent pas à l'impiété, quand même ils ensanglantent les autels par le sang de nombreuses victimes.

La femme est toujours mobile et changeante.

Le travail et le plaisir sont de leur nature très-dissemblables.

TRADUCTION ALTERNATIVE.

Que amicis et medicis pariter admissis :	Et les amis et également les médecins ayant été introduits :
« Cernitis, inquit,	« Vous voyez, dit-il,
in quo articulo rerum mearum.	dans quel point de mes affaires
fortuna me deprehenderit.	la fortune m'a surpris.
Mihi videor exaudire.	Il me semble entendre
strepitum hostilium armorum ;	le fracas des armes ennemies ;
et jam provocor,	et déjà je suis provoqué,
qui intuli bellum.	moi qui ai apporté la guerre.
Darius ergo.	Darius donc
habuit in consilio.	eut en conseil
fortunam meam,	ma fortune,
quum scriberat.	quand il écrivait
litteras tam superbas ;	des lettres si hautaines ;
sed nequidquam,	mais en vain,
si mihi licet.	s'il m'est permis
curari arbitrio meo.	d'être traité à ma volonté.
Tempora mea non expetunt.	Mes temps ne demandent pas
lenta remedia.	de lents remèdes
et segnes medicos ;	et des médecins inactifs ;
melius est mihi.	il est mieux pour moi
vel mori strenue.	même de mourir promptement
quam convalescere tarde :	que de me rétablir lentement :
Proinde, si quid opis est,	De là, s'il est quelque secours,
si quid artis in medicis,	s'il est quelque art dans les médecins,
sciant me quærere.	qu'ils sachent que je cherche
non tam remedium mortis.	pas tant un remède de la mort
quam belli remedium. »	qu'un remède de la guerre. »
Ego et Cicero valemus,	Moi et Cicéron nous nous portons bien,
si tu et Tullia valetis.	si toi et Tullie vous vous portez bien.
Video, Patres conscripti,	Je vois, Pères conscrits,
ora et oculos omnium vestrûm.	les visages et les yeux de vous tous

CHAP. VII.—CONVERSATION.

esse conversos in me	être tournés vers moi.
Pars melior nostri.	La meilleure partie de nous-mêmes
est animus	est l'âme.
Itaque boni sunt religiosi. . .	C'est pourquoi les bons sont religieux
etiam farre oblato.	même du gâteau étant offert
et farina (oblata) ;	et de la farine étant offerte ;
mali contra.	les méchants au contraire
non effugiunt impietatem, . .	n'échappent pas à l'impiété,
quamvis cruentaverint aras. .	quoiqu'ils aient ensanglanté les
multo sanguine.	autels par un sang abondant.
Femina (est) semper (negotium),	La femme est toujours (une chose)
varium et mutabile.	variable et changeante.
Labor voluptasque (sunt negotia).	Le travail et le plaisir (sont des choses)
dissimillima natura.	très-dissemblables par la nature.

CONVERSATION.

QUESTIONS.	RÉPONSES.
Qui fut introduit auprès du roi ?	Amici, pariter et medici.
Quand commença-t-il à parler ?	Admissis amicis pariter et medicis.
Que leur dit-il d'abord ?	In quo me articulo rerum mearum fortuna deprehenderit, cernitis.
Que voient-ils ?	In quo articulo rerum fortuna regem deprehenderit.
Que lui semblait-il entendre ?	Strepitum hostilium armorum.
Qu'avait-il fait de son propre mouvement ?	Bellum intulerat.
Comment avait-il porté la guerre ?	Ultro.
Que lui arrivait-il alors ?	Jam provocabatur.
Qu'avait fait Darius ?	Superbas litteras scripserat.
De qui prenait-il conseil en écrivant ces lettres ?	Fortunam Alexandri in consilio habebat.
Mais dans quel cas est-ce en vain ?	Si Alexandro arbitrio suo curari licet.
Qu'est-ce que ne demande pas la position du roi ?	Lenta remedia et segnes medicos.
Que valait-il mieux pour lui ?	Vel mori strenue quam tarde convalescere.

Que cherchait-il avant tout ?	Belli remedium.
Comment le cherchait-il ?	Non tam mortis quam belli remedium quærebat.
Chez qui supposait-il qu'il pût y avoir de l'art et de la ressource ?	In medicis.
Que faisons-nous, Cicéron et moi ?	Valemus.
A quelle condition ?	Si tu et Tullia valetis.
Quel nom Cicéron donne-t-il à ses auditeurs ?	Patres conscripti.
Que tournaient-ils sur lui ?	Ora et oculos.
Quelle est la meilleure partie de nous-mêmes ?	Animus.
Qu'est notre âme ?	Melior pars nostri.
Quand les bons sont-ils même religieux ?	Etiam oblato farre et farina.
Que n'évitent pas les méchants ?	Impietatem.
Quand ?	Quamvis cruentaverint aras multo sanguine.
Qu'est toujours la femme ?	Varium et mutabile.
Que remarquez-vous dans le plaisir et le travail ?	Dissimillima sunt natura.
Qu'est-ce qui est très-dissemblable naturellement ?	Labor voluptasque.

PHRASÉOLOGIE.

A TRADUIRE EN FRANÇAIS.	A TRADUIRE EN LATIN.
Regis in tabernaculum amici pariter et medici admissi fuerant.	On avait introduit en même temps dans la tente du roi ses amis et ses médecins.
Hoc in articulo rerum suarum fortuna deprehensus est.	Il a été surpris par la fortune dans une telle conjoncture.
Victoriam mihi e manibus ereptam cernitis.	Vous voyez que la victoire m'est arrachée des mains.
Armorum strepitum exaudiebant.	Ils entendaient le cliquetis des armes.
Hostilia arma exaudiuntur.	On entend les armes des ennemis.
Videre mihi videor hostes.	Il me semble voir les ennemis.
Qui ultro intulerat bellum jam provocatur.	Déjà celui qui avait apporté la guerre est provoqué.

Superbæ litteræ a Dario scriptæ sunt. | Darius écrivit des lettres hautaines.
Aliorum fortunam in consilio habere mihi videor. | Il me semble être d'intelligence avec la fortune des autres.
Mihi nequidquam arbitrio meo amicos curare licet. | C'est en vain qu'il m'est permis de soigner mes amis à mon gré.
Lenta sunt remedia segnium medicorum. | Les remèdes des médecins inactifs sont lents.
Strenue quam tarde mori malumus. | Nous aimons mieux mourir promptement que lentement.
Clarissimis a medicis curatur, ergo convalescet. | Il est traité par des médecins très-célèbres, donc il se rétablira.
Si quid artis in illis est, mortis remedium expetam. | S'ils ont quelque talent, je demanderai un remède contre la mort.
Ego et tu tarde convaluimus. | Toi et moi nous nous sommes rétablis lentement.
Tu et Alexander strepitum armorum exaudiistis. | Toi et Alexandre vous avez entendu le bruit des armes.
Video, inquit, meliorem nostri partem esse animum. | Je vois, dit-il, que l'âme est la meilleure partie de nous-mêmes.
Omnium oculi in te conversi sunt. | Les yeux de tous se sont tournés vers toi.
Boni effugiunt impietatem etiam oblato farre et farina. | Les bons échappent à l'impiété même en n'offrant que du gâteau et de la farine.
Multo sanguine non cruentantur aræ. | Les autels ne sont pas ensanglantés par des victimes nombreuses.
Corpus et animus sunt dissimillima. | Le corps et l'âme sont très-dissemblables.
Varium et mutabile feminæ natura est. | La nature de la femme est variable et changeante.

II. Analyse et Théorie.

LEXIOLOGIE.

Admissis, abl. plr. masc. (ablatif absolu), de *admissus, a, um*, part. passé passif de *admitto, is, misi, missum, ere*, act. 3° c., admettre, introduire. R. R. *ad*, auprès; *mittere*, envoyer; — *missio*, f. mission; — *admissio*, f. admission, introduction; — *missilis, e*, adj., qu'on lance.

Pariter, adv., également. R. *par*, égal.

Medicus, i, m., 2ᵉ décl., médecin ; R. *mederi,* porter remède, guérir ; —*medicina,* f., médecine ;—*medicinalis,* adj., médicinal ;—*medicare* et *medicari,* traiter ; — *medicamen, inis,* n. ; — *medicamentum, i,* n., remède, médicament ;—*remediari,* guérir, remédier.

Inquit, dit-il, 3ᵉ pers. prés. ind. du verbe défectif *inquam,* rarement *inquio.* M. R. dire ; dont les parties réellement usitées sont les suivantes: *Indicatif présent :* Inquam, dis-je ; *inquis, inquit, inquimus, inquitis* (rare)*, inquiunt ;—Imparfait :* Inquiebat, disait-il ; *inquiebant,* disaient-ils ;—*Parfait :* Inquisti, as-tu dit ; *inquit,* a-t-il dit ;—*Futur :* Inquies, diras-tu ; *inquiet,* dira-t-il.—Ce verbe n'a pas de dérivés.

Articulus, i, m., 2ᵉ décl., articulation, moment, circonstance. R. *artus,* jointures, membres du corps ; — *articulare,* prononcer distinctement ; — *articularis* et *articularius,* adj., articulaire ; — *articulatio,* f. articulation.

Fortuna, æ, f., 1ʳᵉ décl., fortune. R. *fors, tis,* hasard, fortune ;—*forsan, forsitan, fortasse, forte,* adv., peut-être ; — *fortuito, fortuitu,* adv., par hasard ; — *fortunate, fortunatim,* adv., heureusement ; — *fortunatus,* adj., heureux ; — *infortunatus,* adj., infortuné ;—*infortunitas,* f., et *infortunium,* n., malheur, infortune.

Deprehenderit, 3ᵉ pers. sing. parf. subj. de *deprehendo, is, di, sum, ere,* act., 3ᵉ c., surprendre ; R. R. *de,* touchant, sur ; — *prehendere,* prendre.

Cerno, is, crevi, cretum, ere, act., 3ᵉ c. M. R. séparer, voir distinctement.

Strepitus, us, m., 4ᵉ décl., bruit, fracas. R. *strepere,* faire du bruit.

Hostilis, e. adj., hostile. R. *hostis,* ennemi.

Arma, orum, n. plur., 2ᵉ décl. M. R. armes ; *arma* n'a pas de singulier ;—*armare,* armer ; — *armamenta, orum,* n., équipement d'un vaisseau ;—*armatura,* f. armure.

Exaudio, is, ivi et *ii, itum, ire,* act. 4ᵉ c., entendre de loin. R. R. *ex,* de ; *audire,* entendre.

Ultro, adv. M. R. de son propre mouvement.

Infero, fers, tuli, illátum, ferre, act., porter dans. R. R. *in,* dans ; *ferre,* porter ; d'où *illatio,* f., action de porter, transport.

Provoco, as, avi, atum, are, act., 1ʳᵉ c., appeler, provoquer. R. R. *pro,* en avant ; *voco,* appeler. (R. *vox,* voix, parole.)—*Provocator,* m., *trix,* f., celui, celle qui provoque ; — *provocatio,* f., défi, provocation.

Tam, adv. M. R. autant, si. (Ch. IV.)

Superbus, a, um, adj., 1ʳᵉ c. M. R. fier, orgueilleux ; — *superbiter* et *superbe,* adv., orgueilleusement, arrogamment ; — *superbia,* f., orgueil ; — *superbire,* s'énorgueillir.

Litteræ, arum, f., 1ʳᵉ décl., lettre. R. *littera* ou *litera,* lettre, caractère. Ce mot ne s'emploie qu'au pluriel pour désigner une lettre, épître. Au singulier, il signifie le caractère appelé lettre. — *Litteralis,* adj., littéral ; — *litteratura,* f., écriture, littérature ; — *litterator, litteratus,* m., savant.

Scribo, is, psi, ptum, ere, act., 3ᵉ c. M. R. écrire, composer ; — *scriba,* m., scribe ; — *scriptum,* n., écrit.

Consilium, ii, n., 2ᵉ décl., conseil. R. *consulo,* délibérer, prendre conseil. (Ch. IX.)

Habeo, es, ui, itum, ere, act., 2ᵉ c. M. R. avoir.

Nequidquam ou *nequicquam,* adv., en vain. R. R. *ne,* ne pas ; *qui,* qui.

Arbitrium, ii, n., 2ᵉ décl., jugement, gré. R. *arbiter,* arbitre, juge ; — *arbitrare* (archaïsme) et *arbitrari,* croire, juger, observer.

Curo, as, avi, atum, are, act., 1ʳᵉ c., soigner, traiter. R. *cura,* soin ; — *curate,* adv., avec soin ; — *curatio,* f., soin ; — *curator,* m., qui soigne, curateur.

Licet, il est permis, verbe impersonnel, c'est-à-dire qui n'est employé qu'impersonnellement et qui, par conséquent, n'a que la 3ᵉ pers. sing. de chaque temps : *Licet,* il est permis ; *licuit* ou *licitum est,* il a été permis ; — *licere,* être permis, 2ᵉ c., M. R. ; — *scilicet,* adv., sans doute ; — *videlicet,* adv., c'est-à-dire ; — *licentia,* f., permission, licence ; — *illicitus,* adj., illicite.

Lentus, a, um, adj , 1ʳᵉ c. M. R. pliant ; amolli ; lent.

Remedium, ii, n., 2ᵉ décl., remède. R. R. *re* ; *medeor,* remédier.

Segnis, e, adj., 2ᵉ c. M. R. lent, paresseux ; — *segniter,* adv., lentement ; — *segnitia,* f. ; *segnities,* f. ; lenteur, inaction.

Expeto, is, ivi ou *ii, itum, ere,* act., 3ᵉ c., demander instamment, réclamer. R. R. *ex,* augmentatif, et *peto,* aller vers, rechercher.

Vel, adv. M. R. même.

Morior, eris, tuus sum, mori, dép. 3ᵉ c., mourir. R. *mors,* mort.

Strenue, adv., promptement. R. *strenuus,* courageux, prompt ; comp. *magis strenuus,* superl. *maxime strenuus.*

109. Les adjectifs en *uus, ius, eus,* n'ont pas de comparatif ni de superlatif. On forme ainsi ces deux degrés dans les adjectifs qui en sont privés. Cependant *strenuissimus, strenuissime,* sont usités.

Tarde, adv., lentement, tardivement. R. *tardus,* lent, tardif ; — *tardare,* retarder ; — *tarditas,* f., lenteur ; — *retardatio,* f., délai, retour.

Convalesco, is, lui, lescere, n., 3ᵉ c., prendre des forces, se rétablir. R. R. *cum* ; *valeo,* se porter bien.

Melior, ius, adj., 2ᵉ c. M. R. meilleur, servant de comparatif à *bonus,* bon, dont le superlatif est *optimus,* très-bon. (V. *bonus,* Ch. III.)

124   CHAP. VII.—LEXIOLOGIE, N° 109.

Proinde et *proin*, conj., ainsi, par conséquent. R. *inde*, de là.

Ops, opis, f., 3e décl. M. R. pouvoir, aide, secours; — *opimus*, adj., gras; — *opitulari*, secourir; — *opulentia*, f., opulence; — *opulentus*, adj., opulent; — *oppidum*, n., ville; — *oppido*, adv., beaucoup; — *inops*, adj., pauvre; — *inopia*, f., manque, indigence.

Ars, artis, f., 3e décl. M. R. art, science;—*artificium*, n., profession, métier, artifice;— *artifex, icis*, m., artisan, artificieux; — *artificiosus*, adj., d'art, qui possède son art;—*iners*, adj., sans savoir, oisif; — *inertia*, f., ignorance, oisiveté;—*solers*, adj., industrieux;— *disertus*, adj., habile dans les beaux-arts, éloquent.

Scio, scis, scivi et *scii, scitum, scire*, act. 4e c. M. R. savoir;—*scius*, adj., qui sait;—*sciolus*, adj., demi-savant;—*sciscitari*, demander, questionner;—*siscere*, savoir, apprendre; — *inscius*, adj., qui ne sait pas, ignorant; — *inscitus*, adj., ignorant, maladroit; — *inscitia, inscientia*, ignorance, incapacité.

Quæro, is, sivi, situm, ere, act. 3e c. M. R. chercher;—*quæsitus, us*, (employé à l'abl. seulement) et *quæsitio*, f., recherche; — *quæsitum*, n., demande; — *quæsitor*, m., celui qui cherche; — *quæstor*, m., celui qui cherche, questeur; — *quæstus, us*, m., gain, bénéfice; — *quæso*, *quæsumus*, je vous prie, nous vous prions;—*inquisitor*, m., qui recherche, inquisiteur;—*requisitio*, f., recherche, enquête.

Valemus, 1re pers. plur. prés. ind, de *valeo, es, ui, ēre*, n., 2e c., M. R. être fort, se bien porter; — *valens*, adj., fort, bien portant; — *vale*, impératif de *valeo*, adieu; — *valde* (pour *valide*), adv., beaucoup; —*validitas*, f., force, validité; —*validus*, adj. fort, sain, valide; — *valetudo* ou *valitudo, inis*, f., santé en général, bonne santé; —*valetudinarius*, m., maladif, valétudinaire.

Pater, ris, m., 3e décl. M. R. père; — *paternus*, adj., paternel; — *patrimonium*, n., patrimoine;—*patrius*, adj., paternel (sens plus général que *paternus*);—*patria*, f., patrie;—*patriarcha*, m., patriarche;— *patricius*, m., patricien; — *patruus*, m., oncle paternel; —*patronus*, m., patron, avocat.

Dans tous ceux de ces mots où *t* est suivi de *r*, *a* est ad libitum, puisqu'il est bref dans *pater*.

Conscriptus, a, um, part. passé pass. de *conscribo, is, psi, ptum, bere*, act., 3e c., enrôler. R. R. *cum*, avec; *scribere*, écrire.

Les sénateurs portaient dans le principe le nom de *senatores*, mot tiré de *seniores*, plus vieux, c'est-à-dire les *anciens*; on les désignait également sous le nom de *patres*, pères. Plus tard ceux qu'on choisit dans l'ordre équestre pour en augmenter le nombre ou remplir les places vacantes, furent appelés *patres conscripti*, pères conscrits, parce qu'on les inscrivait sur le tableau des sénateurs. Enfin cette dernière désignation devint commune à tous les membres du sénat.

Conscriptio, f., action d'enregistrer; — *conscriptor*, m., rédacteur d'une loi, auteur.

Os, oris, n., 3e décl., M. R. bouche; visage; — *orare*, parler, prier; — *orator*, m., orateur; — *oratio*, f., discours, harangue; — *oraculum*, n., oracle; — *adorare*, adorer; — *perorare*, achever un discours; — *peroratio*, f., péroraison.

Converto, is, i, sum, ere, act., 3e c., tourner. R. R. *cum*, avec; *vertere*, tourner.

Religiosus, a, um, adj., religieux, pieux. R. *religio*, religion.

Oblato, abl. sing. masc. de *oblatus, a, um,* part. passé passif de *offero, fers, obtuli, oblatum*, offrir. R. R. *ob*, devant; *ferre*, porter.

Far, farris, n., 3e décl. M. R. blé; gâteau sacré; — *farina, æ,* f., farine, pain.

Contra, adv. M. R. au contraire; — *contrario*, adv., au contraire; — *contrarietas*, f., opposition; — *contrarius*, adj., contraire.

Impietas, tatis, f., 3e décl., impiété. R. R. *in*, nég.; *pius*, pieux; — *pietas*, f., piété; — *pie*, adv., pieusement; — *piare*, offrir des sacrifices expiatoires; — *expiare*, expier; — *impius*, adj., impie.

Quamvis, conj., quoique. R. *qui*, lequel.

Cruento, as, avi, atum, are, act., 1re c., ensanglanter. R. *cruor*, sang; — *cruentus*, adj., sanglant; — *cruente*, adv., d'une manière sanglante; — *cruenter*, adv., cruellement.

Ara, æ, f., 1re décl. M. R. autel; — *aræ, arum,* rochers à fleur d'eau.

Multus, a, um, adj., M. R. nombreux; — *multum* et *multo*, adv. beaucoup; — *multitudo*, f., multitude.

Sanguis, inis, m., 3e décl. M. R., sang.

On emploie *cruor* pour le sang provenant d'une blessure, et *sanguis* en tout autre cas.

Varius, a, um, adj., M. R., varié, variable.

Mutabilis, e, adj. comp., *abilior*, sup., *abilissimus*, changeant. R. *mutare*, changer; — *mutabilitas*, f., changement, inconstance; *mutatio*, f., action de changer; — *permutare*, échanger.

Semper, adv., M. R. toujours; — *sempiternus*, adj., perpétuel; — *sempervivus*, adj., qui vit toujours.

Femina, æ, f., 1re décl. M. R. femme, femelle; — *femininus*, adj., féminin; — *effeminare*, énerver.

Labor, ou *os, oris,* m., 3e décl. M. R. travail; — *laborare*, travailler; — *laboriosus*, adj., laborieux.

Voluptas, atis, f., 3ᵉ décl. M. R. volupté, plaisir ; — *voluptuosus*, adj., qui plaît.

Dissimilis, e, adj., dissemblable, différent. R. R. *dis*, particule d'opposition ; *similis*, semblable. *Dissimilis* fait au comparatif *dissimilior*, au superlatif *dissimillimus*.

110. Les adjectifs en *ilis* forment leur comparatif régulièrement, mais le superlatif est régulier pour les uns, manque pour les autres, et se termine en *illimus* pour sept d'entre eux.

DISPOSITION ET CHOIX DES MOTS.

111. Lorsqu'une subordonnée a le même sujet que la principale, il convient ordinairement de l'intercaler comme dans cet exemple : *Darius ergo, quum tam....*

112. Le pronom personnel se met bien entre l'adjectif et le substantif ; *In quo me articulo*. On le met souvent après un infinitif : *Eripi sibi ; — exstingui se.*

Remarquons dans *rerum mearum ; — fortunam meam ; — arbitrio meo ; — tempora mea*, l'adjectif possessif placé après le substantif, parce que ce n'est pas l'idée de possession qui préoccupe l'esprit. On reconnaîtra ce cas quand, à la rigueur, on pourra supprimer ce possessif sans nuire au sens.

SYNTAXE.

113. *Mori melius est.* — Il vaut mieux mourir.

Les expressions impersonnelles d'un sens *absolu* veulent après elles la proposition infinitive : seule, quand la pensée est générale ou indéterminée ; accompagnée de son sujet à l'accusatif, quand la pensée est particulière ou déterminée.

Tempus est redire, il est temps de revenir.

Decorum est pro patria mori, il est beau de mourir pour sa patrie.

Hostes victos esse nunciatur, on annonce que les ennemis ont été vaincus.

Si l'expression impersonnelle a un sens partitif, consécutif, suppositif, démonstratif, interrogatif, enfin un sens *relatif*, elle est suivie de *ut* avec le subjonctif.

Accedebat etiam, ut cœcus esset. Cic. A cela se joignait qu'il était aveugle.

Reliquum est, ut certemus inter nos. Cic. Il nous reste à lutter entre nous.

Sequitur ut... il suit que ; — *restat, ut...* il reste à ; — *ita fit, ut...* il arrive ainsi que.

Une même expression impersonnelle peut être suivie de l'infinitif ou de *ut*, suivant le sens dans lequel elle est présentée. Il en est toutefois après lesquelles l'une ou l'autre tournure est employée indifféremment, comme après *oportet*, il faut ; *necesse est*, il est nécessaire; *refert*, il importe, etc. Cette particularité existe dans notre langue. Ainsi on dira également : *Il est sûr de réussir*, ou *il est sûr qu'il réussira*.

Melius est au neutre, parce que tout adjectif qui forme une expression impersonnelle se met au neutre.

114. *Nunciabatur.* — *Nunciabant.*

Il était annoncé (on annonçait).—Ils annonçaient (on annonçait).

Tout verbe employé dans un sens général ou indéfini se construit impersonnellement par le passif ou avec la troisième personne du pluriel par l'actif.

115. *Si quid*, pour *si aliquid*.

Après *quum*, lorsque ;—*si*, si ;—*nisi*, à moins que;—*ne*, de peur que, on retranche les deux syllabes initiales de *aliquis, aliqua, aliquid, aliquod*. On les retranche également après *si* et *ne* dans *aliquando*, quelquefois, et *alicubi*, quelque part. On fait souvent de même après *num*, est-ce que?—*num quis*, y a-t-il quelqu'un qui?—*Ali* ne se retranche pas quand on veut appuyer sur le mot auquel il appartient.

116. *Si quid artis.* — Si quelque (quantité) d'art.

Quand les mots *hoc, id, illud, quid, quod, aliquid, nihil*, sont employés neutralement, le nom qui les suit se met au génitif. *Hoc ætatis*, cet âge ; — *id temporis*, cette époque ; — *quid ætatis*, quel âge ? Cette construction est très-propre, comme dans le cas de notre texte, à donner au sens quelque chose de partitif. (V. Ch. XI.)

117. *Sciant medici me...*—Que les médecins sachent...

Le subjonctif présente l'affirmation d'une manière indirecte et dépendante. Il trouve donc naturellement sa place dans les propositions subordonnées. Mais si on n'énonce pas le mot qui exprime le souhait, la volonté, la permission, il fait partie de la principale ; ce qui arrive toutes les fois qu'il rend notre impératif, notre conditionnel, ou encore notre futur et même le présent de l'indicatif, dans certaines formes interrogatives.

Quis hæc neget esse utilia? Cic. Qui dira, qui dirait, que ce n'est pas utile? *Neget*, au subjonctif.

Dixerit quis ou *quispiam*, Cic. Mais dira-t-on ou dirait-on. *Dixerit*, au subjonctif passé. *Quidni tu hæc vota sæpe facias?* Sén. Que ne lui adressez-vous souvent ces vœux ?

118. *Regem invitavit, ut ablueret...*—Invita le roi à laver...

Lorsque la subordonnée indique *dans quel but, pour quel motif*, a lieu l'affirmation présentée par la principale, elle prend le subjonctif avec *ut*, afin que. — Ex. : *Ut ad Hellespontum penetrarent, quem præparaturum classem ?*

119. *Si ostendisset. — Si mihi licet.*
S'il montrait. — S'il m'est permis.

Quand *si* peut se tourner par *s'il arrive que*, en *supposant que*, on le fait suivre du subjonctif; autrement, on met l'indicatif. C'est souvent l'idée de l'écrivain qui fait loi plutôt que la forme de la phrase. La règle est la même pour *nisi*, si... ne, à moins que, et son abréviation *ni;* pour *si non* et *sin minus*, mais si... ne.

Moriar, si velim bellum inferre! que je meure si je veux porter la guerre.

Ni redit animus, amicos non agnoscet, s'il ne reprend pas ses sens, il ne reconnaîtra pas ses amis.

Hostem potes insequi, nisi fame urgeris, tu peux te mettre à la poursuite de l'ennemi, si tu n'es pas pressé par la faim.

Si non videmus, saltem sentimus, si nous ne voyons pas, du moins nous sentons.

Pene exstinctus est, ni medicus fuisset Philippus, il faillit mourir s'il n'eût eu Philippe pour médecin.

Quand le verbe de la proposition principale est au futur, on met aussi le futur après *si*.

Si bellum omittemus, pace nunquam fruemur, Cic. Si nous négligeons de faire la guerre, nous ne jouirons jamais de la paix.

Le verbe après *si* peut être au futur antérieur.

Plura scribam, si plus otii habuero, Cic. Je vous en écrirai davantage, si j'ai plus de loisir.

Les deux verbes peuvent être au futur antérieur.

Respiraro, si te videro, Cic. Je respirerai, si je te vois.

Quelquefois, au contraire, le futur se transforme en subjonctif par une sorte d'attraction avec le verbe de la subordonnée, comme dans cette phrase : *Roges me quid sentiam, nihil respondeam*, Cic. Si roges, si tu me demandes ce que je pense, je ne répondrai rien.

Etiamsi, etsi, tametsi, tamen etsi (quoique), *si quidem, si modo* (si toutefois), *sin autem, sin* (mais si), *sive* ou *seu* (soit que), prennent ndicatif ou le subjonctif dans les mêmes cas que *si* et *nisi*. *Etsi temeri-*

tas ex tribus brevibus et longa est, Cic. Quoique *temeritas* soit un mot composé de trois brèves et d'une longue.

Nemo de nobis unus excellat; sin quis exstiterit, alio in loco, et apud alios sit, Cic. Que personne d'entre nous ne se distingue par-dessus les autres; et s'il se trouve quelqu'un de tel, qu'il aille briller ailleurs.

Sin in processu cœpit crudescere morbus, tum vero ardentes oculi, Virg. Mais si la maladie a commencé à faire des progrès violents, alors les yeux s'enflamment.

Remarque. — *Sin, sin autem*, s'emploient dans les cas où nous employons *mais si, et si*. Ils sont souvent précédés de *si* ou de l'idée de *si*; mais les exemples ci-dessus prouvent que cette condition n'a pas toujours lieu.

Quasi, quam si, tanquam, ut, velut, similiter ac, idem ac, æque ac, perinde ac, proinde ac, seuls ou accompagnés de *si*; —*perinde quasi, proinde quasi, ceu*, toutes expressions signifiant *comme si*, se construisent toujours avec le subjonctif.

Vivendum est tanquam vivamus in conspectu omnium, Sén. Nous devons nous comporter comme si nous vivions seuls sous les yeux de tout le monde.

Sic quæstor est factus, quam si esset summo loco natus, Cic. Il devint ainsi questeur, comme s'il eût été d'une illustre naissance.

Ceu cetera nusquam bella forent, Virg. Comme si l'on ne combattait en nul autre endroit. Quand *ceu* signifie seulement *comme*, il veut l'indicatif : *Ceu notamus in muscis*, Plin. Comme nous le remarquons dans les mouches.

Si est quelquefois précédé de *quod* explétif au commencement du discours. *Quod*, en ce cas, n'a aucune influence sur le mode. (Ch. XIX.)

Quod si corporis gravioribus morbis vitæ jucunditas impeditur, etc., Cic. Que si le charme de l'existence est troublé par les maladies graves du corps, etc. (*Impeditur*, à l'indicatif.) *Quod si eum nunc reperire possim, nihil est, quod verear*, Tér. Que si je puis maintenant le trouver, je n'ai plus rien à craindre. (*Possim*, au subjonctif.)

119. *Antequam vidisset hostem.* — Avant qu'il eût vu l'ennemi.

Antequam, priusquam (avant que); *pridie quam* (la veille que), sont suivis du subjonctif, excepté quand le fait exprimé par la subordonnée est attendu comme certain ou considéré comme ayant déjà eu lieu.

Cui fui semper amicus, antequam ille reipublicæ est factus inimicus, Cic. Je fus toujours son ami, avant qu'il ne devînt l'ennemi de la république.

Sed priusquam illa conor attingere, etc., Cic. Mais avant d'essayer

9

à toucher à ce sujet. — *Ac priusquam aggrediar ad causam*, etc., Cic. Et avant d'en venir à la cause. Dans le premier de ces deux cas, *prius quam conor*, Cicéron déclare formellement qu'il essaiera, etc.; dans le second, *priusquam aggrediar*, il semble douter s'il en viendra là.

Postquam, posteaquam (après que), *postridie quam* (le lendemain que), sont suivis de l'ind., excepté quand on rapporte un fait d'après un autre, ou qu'on semble ne le présenter que sous réserves, ou enfin quand la subordonnée dépend d'une proposition qui est elle-même subordonnée.

Posteaquam mihi renunciatum est, etc., Cic. Après qu'il m'eût été annoncé, etc.

Nihil habebam novi, quod post accidisset, quam dedissem ad te liberto tuo litteras, Cic. Je n'avais rien de nouveau qui fût arrivé avant que je donnasse à ton affranchi des lettres pour toi.

Postquam, comme *antequam, priusquam, postridie quam*, etc., est souvent employé avec *tmèse*, c'est-à-dire en deux parties séparées par un ou plusieurs mots.

Postquam, depuis que. (Ch. XXIV.)

126.   *Quum scriberet.* — Lorsqu'il écrivait.

Quum, lorsque, marquant le temps, se construit avec le subjonctif devant l'imparfait et le plus-que-parfait, quand la subordonnée est présentée comme conséquence ou au moins comme inséparable de la principale. — Darius ne paraissait avoir écrit de cette manière que parce qu'il avait la fortune pour conseil.

Quum Camillus pergeret ad delendam urbem Veios, decimam partem prædæ voverat Apollini, Liv. Camille, en marchant sur la ville de Veies pour la détruire, avait voué à Apollon la dixième partie du butin. — L'accomplissement du vœu, la marche contre Veies, sont deux faits dépendants l'un de l'autre, ou au moins intimement liés dans l'esprit de l'écrivain : aussi s'est-il servi du subjonctif.

Nam tum, quum ex urbe Catilinam ejiciebam, eos qui restitissent infirmos sine illo fore putabam, Cic. Car, lorsque je chassais Catilina de la ville, je pensais que ceux qui seraient restés auraient perdu toute force en le perdant. — Cicéron, en rappelant le moment où il a chassé Catilina, rappelle ce fait d'une manière purement historique, et n'a pas l'idée de le rapprocher autrement de la proposition principale.

Quum signifiant *puisque, attendu que, comme*, est suivi du subjonctif si la subordonnée indique une cause, un motif.

On le fait quelquefois précéder de *quippe* ou de *ut pote*.

Quæ quum constent. Cic. Puisque le fait est certain.

Quæ quum ita sint, Cic. Puisqu'il en est ainsi; — *quod quum ita sit*. Cic. Même sens.

Quippe quum Peripatetici omnia, quæ ipsi bona appellant, pertinere dicant ad beate vivendum, Cic. Puisque les Péripatéticiens affirment que tout ce qu'ils considèrent comme biens contribue au bonheur de la vie.

Quum signifiant *quoique* veut toujours le subjonctif.

Ego me sæpe nova videri dicere intelligo, quum pervetera dicam, Cic. Je m'aperçois que souvent je parais dire des choses nouvelles, quand je n'en dis (quoique je n'en dise) que de fort anciennes.

Il est encore suivi du subjonctif quand il signifie *si toutefois, supposé que*.

An quum omnes leges te exulem esse jubeant, non eris tu exul? Cic. Est-ce que vous n'irez pas en exil, si toutes les lois vous y condamnent?

Quum a encore après un nom de durée le sens de *depuis que, depuis le moment où*, et est alors suivi le plus souvent de l'indicatif.

Et apud Græcos quidem jam anni prope quadringenti sunt, quum hoc probatur, Cic. Il y a près de quatre cents ans que les Grecs l'apprécient (l'harmonie).

Après un nom d'époque, *quum*, qui remplace alors nos mots *où, que*, est ordinairement suivi du subjonctif.

Fuit tempus, quum... Il fut un temps où... (subjonctif préférablement).

Nunc quum, maintenant que; — *veniet tempus quum*, un jour viendra que.

121. *Non tam mortis quam belli remedium.*
Non tant un remède de la mort que de la guerre.

Les deux termes d'une comparaison sont ordinairement unis par la conjonction *quam*, que la comparaison ait pour termes des substantifs, des adjectifs ou des verbes. Nous avons un exemple de verbes comparés dans ce passage de notre texte : *Mori strenue quam tarde convalescere mihi melius est*. Nous avons vu précédemment comment on joint à son complément le comparatif de supériorité. On met encore *quam* après les expressions comparatives *alius, alter* (autre), *alibi* (ailleurs), *aliter, contra, secus* (autrement), *æque, perinde* (de même), mais on se sert mieux de *ac, atque*.

Si aliter scribo ac sentio, Cic. Si j'écris autrement que je ne pense.

Contraque faciunt ac pollicentur, Cic. Ils font autrement qu'ils ne promettent.

Si hæc contra ac dico essent omnia, Cic. Si tout cela était autrement que je ne le dis.

Après *idem*, le même, on met *ac, atque*, et ou *qui, quæ, quod*.

Idem, qui semper fueris, inventus es, Cic. Tu as été trouvé le même que tu as toujours été.

Après *is, ea, id*, tel, on emploie *qui, quæ, quod*. Après *talis*, tel, on emploie *qualis;* après *tantus,* aussi grand, *quantus;* après *tot,* autant avec idée de pluralité, *quot;* après *tanto,* devant un comparatif, *quanto;* après *eo, hoc* (même usage et même sens que *tanto*), *quo....*

Talem erga parentes te præsta, quales optares se tibi tuos liberos exhibere. Conduisez-vous envers vos parents comme vous voudriez que vos enfants se conduisissent envers vous.

Sin autem is tu sis, qui multam utilitatem reipublicæ afferre possis, Cic. Mais si vous êtes tel que vous puissiez vous montrer d'une grande utilité envers la république.

Equidem non video, cur, quid ipse sentiam de morte, non audeam vobis dicere; quod eo melius mihi cernere videor, quo ab ea propius absum, Cic. Certes, je ne vois pas pourquoi je n'oserais pas vous dire ce que je pense de la mort; ce qu'il me semble voir d'autant mieux que j'en suis moins éloigné.

Quelquefois *alius, alter, aliter* se répètent. *Alia sentit, alia loquitur,* Cic. Il pense certaines choses, il en dit d'autres (il parle autrement qu'il ne pense); — ce qui peut être exprimé également par : *Loquitur aliter ac sentit.*

122. *Ego et Cicero valemus, si tu et Tullia valetis.* — Cicéron et moi nous nous portons bien, si vous et Tullia, vous vous portez bien.

Nous ferons sur cette phrase plusieurs remarques qui donneront lieu à autant de règles.

Ego et Cicero, moi et Cicéron. — En latin, la première personne s'énonce la première.

Si tu, si toi, si vous.— En latin, on tutoie tout le monde.

Valemus, valetis, nous nous portons bien, vous vous portez bien.—Le verbe, qui a plusieurs sujets au singulier, se met au pluriel. Il prend la première personne si l'un des sujets est à la première personne. Si aucun des sujets n'est à la première personne, et qu'il en existe un à la seconde, c'est cette seconde personne qui règle celle du verbe. Dans les autres cas, il se met à la troisième.

123. *Omnium vestrum ora.* — Les visages de vous tous.

Vestrum, nostrum, de vous, de nous, s'emploient quand l'idée est collective, mais non générale.

124. *Pars melior nostri.*—La meilleure partie de nous-mêmes.

Vestri, nostri, de vous, de nous, s'emploient quand l'idée est collective et générale en même temps.

Dans le cas précédent, Cicéron s'adresse à tous les sénateurs présents; l'idée est collective, mais elle s'arrête à ceux-là seuls qui l'écoutent. Dans celui-ci, au contraire, il s'agit de l'âme qui existe dans tous et qui est dans tous telle qu'on la signale : *Pars melior*.

125. *Boni sunt.* — Les bons sont.

L'adjectif s'emploie souvent substantivement au singulier en français. On l'emploie également en grec ; mais, en latin, comme en anglais et en allemand, il faut éviter de le faire, et joindre à l'adjectif le substantif dont il rappelle l'idée ou au moins un pronom : ainsi *l'envieux* se traduirait par *homo invidus* ou *aliquis invidus*, ou un équivalent semblable.

Ut improbo, et stulto, et inerti nemini bene esse ; sic bonus vir, et fortis, et sapiens, miser esse nemo potest, Cic. Comme il n'y a pas de bonheur pour le méchant, l'insensé et le lâche ; de même l'homme honnête, le brave et le sage, ne sauraient être malheureux.

Mendaci homini, ne verum quidem dicenti, credere solemus, Cic. Nous avons coutume de ne pas croire un menteur, lors même qu'il dit la vérité.

Cependant le latin se sert bien de l'adjectif neutre singulier, et c'est pour cette raison que beaucoup de ces adjectifs neutres sont devenus de véritables substantifs : *Bonum*, le bon, le bien ; — *justum*, le juste, ce qui est juste, etc.

Il n'en est pas de même de l'adjectif au pluriel. Son acception substantive paraît être universelle ; cela se conçoit, puisque l'adjectif présente alors, soit par sa forme, soit par celle du verbe qui le suit, une idée collective.

Invidi virtutem oderunt, Liv. Les envieux haïssent la vertu.

126. *Ora atque oculos esse conversos.*
Les visages et les yeux être tournés.

L'adjectif ou le participe qui se rapporte à deux ou plusieurs substantifs, se met au pluriel. Si l'un des substantifs est du masculin (*oculos*), l'adjectif ou le participe prend le masculin. Toutefois, quand ces substantifs sont des objets inanimés, le pluriel neutre est employé de préférence. Quand, comme dans notre exemple, on emploie le masculin, le nom qui donne le genre doit être le plus voisin du mot qui le reçoit.

La phrase : « *Labor voluptasque simillima* » montre l'emploi du pluriel neutre (*simillima*) après des noms inanimés. On sous-entend *negotia*, choses. Le neutre se trouve même au singulier, mais par exception poétique, avec un seul nom de quelque genre et de quelque qualité qu'il soit. C'est toujours *negotium* qui est sous-entendu. Il faut remarquer que, dans ce cas et ses analogues, *negotium* a un sens plus étendu que notre mot *chose* ; il signifie un être, un objet quelconque. De là *varium et mutabile*, au neutre, quoique se rapportant à *femina*.

127. *Oblato farre ac farina.*
Du gâteau et de la farine étant offerts.

D'après la règle précédente, *oblato* devrait être au pluriel, puisque l'on a offert en même temps et du gâteau et de la farine. Nous allons énoncer sous ce rapport les principes qui sont communs au verbe et à l'adjectif dans leur concordance de nombre.

On emploie le singulier avec plusieurs substantifs :

1° Quand leur ensemble forme un tout que l'on a principalement en vue.

Senatus populusque romanus intelligit, Cic. Le sénat et le peuple romain comprennent.

Urbem atque Italiam interno bello consumptam, Tac. La ville et l'Italie épuisées par une guerre intestine.

2° Quand ils sont synonymes par rapport à l'idée qu'on veut émettre.

Mens enim, et ratio, et consilium in senibus est, Cic. Car on trouve dans les vieillards jugement, raison et prudence.

3° Quand l'un d'eux doit attirer particulièrement l'attention.

Mittitur ad hostes colloquendi causa C. Arpineius, eques romanus, et Q. Junius quidam. On envoie pour conférer avec les ennemis C. Arpineius, chevalier romain, et un certain Q. Junius.

C. Arpineius, le sujet principal, est placé le plus près de *mittitur*.

4° Lorsque les sujets forment gradation. (Voir l'exemple du Ch. IV.)

5° Lorsqu'on veut appuyer sur chaque sujet en particulier. En ce cas, on répète quelquefois le verbe.

Gallos ab Aquitanis Garumna flumen, a Belgis Matrona et Sequana dividit, Cæs. Les Gaulois sont séparés des Aquitains par la Garonne, des Belges par la Marne et la Seine.

128. *In quo me articulo deprehenderit, cernitis.*
Vous voyez dans quelles conjonctures elle m'a surpris.

Toute subordonnée qui forme une interrogation indirecte se met au subjonctif. On reconnaît ordinairement qu'il y a interrogation indirecte quand la subordonnée est précédée d'un des mots interrogatifs *quis, qualis, quam, cur, quantum, quanti, quotus, quantus, uter, quare, quomodo, an, utrum, num, ne, ubi, quo, qua, unde*, etc., et que la principale renferme un de ces mots, *nescio, quæro, disco, incertum est, video, dico, cerno*, etc.

Reperio quatuor causas, cur senectus misera videatur, Cic. Je trouve quatre causes qui font regarder la vieillesse comme malheureuse.

Quasi quisquam sit, qui, quid sit voluptas, nesciat, Cic. Comme s'il y avait quelqu'un qui ne sût pas ce que c'est que la volupté.

Qualis sit animus, ipse animus nescit, Cic. L'âme elle-même ne connaît pas sa nature.—*Disce, quid sit vivere,* Tér. Apprends ce que c'est que vivre.

La même règle est applicable à l'exclamation indirecte.

Agminis sollicitudo quam esset ingens, pensate! Considérez combien était grande l'inquiétude de l'armée!

129. *Mihi videor.*— Il me semble (je suis vu par moi).

Au lieu de l'ablatif avec *a, ab* (Ch. V), on met le datif avec certains verbes passifs tels que *probor, laudor, videor, audior, intelligor,* etc.

Id tibi probari gaudeo. Je me réjouis de vous voir approuver cela (cela être approuvé par vous).

Le complément indirect est encore au datif :

1° Après les impersonnels *conducit, expedit,* il est avantageux; — *accidit, evenit, contingit,* il arrive; — *licet,* il est permis, etc.

Peccare nemini licet, Cic. Il n'est permis à personne de faire mal.

2° Après *parco,* j'épargne; — *studeo,* j'étudie; — *invideo,* je porte envie; — *arrideo,* je souris; — *succenseo, irascor,* je me fâche; — *nubo,* j'épouse; — *auxilior, opitulor,* je porte secours; — *noceo,* je nuis; — *blandior,* je flatte, etc. (Ch. V).

Probus invidet nemini, Cic. L'honnête homme ne porte envie à personne.

Venus nupsit Vulcano, Cic. Vénus épousa Vulcain.

3° Après *differo, discrepo,* je diffère; — *dissentio,* je suis d'avis contraire; — *disto,* je suis éloigné; qui prennent mieux l'ablatif avec *ab*.

Dissentire alicui ou *ab aliquo,* n'être pas d'accord avec quelqu'un.

4° Après *contendo, certo, pugno, bello, luctor,* je lutte, je combats; *altercor,* je me querelle, qui prennent mieux (excepté chez les poètes) l'ablatif avec *cum*.

Solus tibi certet Amyntas, Virg. Qu'Amyntas lutte seul avec toi.

5° Après beaucoup de verbes composés de *satis, bene, male, ante, inter, in, ad, ob, e, de, præ, pro, post, sub, super, re, con : Satisdare, satisfacere, benedicere, maledicere, adesse, obesse, accedere,* etc.

Lecto appropinquat, il s'approche du lit.
Omnibus satisfacit, il satisfait tout le monde.
Præesse exercitui, être à la tête d'une armée.

QUANTITÉ.

VOYELLES FINALES.

4° exc. — E final est long dans les adv. formés de la 2ᵉ décl. : *tardē, strenuē.* Les adv. *benĕ,* bien, *malĕ,* mal, *supernĕ,* d'en haut, suivent la règle générale. Nous ajouterons, comme 5ᵉ exception, *e* final des mots grecs de la 1ʳᵉ déclinaison.

CRÉMENTS DES VERBES.

A crément des verbes est long : *Provocāmur, provocāmini, curāri, curavit*. On en excepte le premier crément de *dăre* et de ses composés : *dăbat, dăbamus*.

E est long : *Cernēbam, scribēmus, rigēbant*.

1ʳᵉ *exc.* — *E* est bref devant *r* dans la 3ᵉ conj. : *scribĕre, scribĕrem*.

2ᵉ *exc.* — Il est bref dans les temps en *ĕram, ĕrim, ĕro*, dans les temps *ĕram, ĕro*, du verbe *sum*, et dans les deuxièmes personnes du futur passif en *bĕris, bĕre*.

I est bref : *Curavĭmus, curabĭtis*.

1ʳᵉ *exc.* — Il est long au premier crément des verbes de la 4ᵉ conj. : *exaudīmus, exaudīvimus*.

2ᵉ *exc.* — Il est long au premier crément des prétérits en *īvi* et des temps qui en sont formés : *Quæsīvi, quæsīverunt, quæsīveram*.

3ᵉ *exc.* — Il est long au présent du subj. de *sum, volo, nolo, malo* : *sīmus, adsīmus, velīmus*.

O crément est long : *Curatōte, estōte*. — Exceptez *fŏrem*.

U crément est bref : *Sŭmus*. — Exceptez les participes futurs en *ūrus, a, um : curatūrus*.

III. Exercices.

EXERCICE PRÉPARATOIRE.

1 — Marquer la quantité des syllabes soulignées : Admit*ti*mus — Admit*te*bant — Admit*te*re — Exaud*i*mus — Exaud*ie*bam — Exaud*ia*m — Nunc*ia*bant — Vid*e*mus — Hab*e*tis — Hab*e*re — Cur*a*bam — Cur*a*te — Cur*a*re — Exaud*i*re — *Da*bit — Cur*a*veram — Quæs*i*vit — *Si*tis — *Fo*ret — Scriptu*rus* — Futu*rum* — *Fo*re — Su*per*be (adv.) — *Len*te (adv.)

2 — Il vaut mieux porter la guerre que d'être provoqué — Il est permis aux médecins de chercher des remèdes — La violence de la maladie ne demande pas un secours lent — Nous avons fait la guerre à la Cilicie — Il me semble écrire une lettre — Il fit (porta) la guerre, comme s'il voulait provoquer la fortune — Que je sois accablé par la maladie si je reviens ! — Le médecin lui-même ne voit pas ce que je sens — On annonçait qu'on entendait le cliquetis des armes ennemies.

3 — L'âme et le corps sont différents de leur nature — Vous et moi nous chercherons un remède — Vous et Cicéron, vous voyez ce que c'est que l'âme.

COMPOSITION.

1 — Après la mort du roi, les ministres déclarèrent la guerre de leur propre mouvement, persuadés qu'ils étaient qu'il serait avantageux s'ils avaient pour conseil la fortune de leurs ennemis.

2 — Mais Darius, entendant le fracas des armes ennemies, sentit qu'on arrachait la victoire de ses mains.

3 — Vous voyez, dit-il, au milieu de quelles affaires ils me surprennent, moi le roi des Perses ; puis, reconnaissant ses amis, ces (hommes) veulent nous arracher la victoire ; mais c'est en vain s'il m'est permis de suivre ma fortune.

4 — Il me semble voir nos ennemis réduits par les privations ; si, par conséquent, il y a quelque courage (*animus*) dans l'armée, je chercherai un prompt remède à cette guerre.

5 — Si les circonstances le réclamaient, je pénétrerais jusqu'à l'Hellespont en les poursuivant par les armes ; mais il est préférable qu'ils soient anéantis par une mort indigne et obscure.

6 — Il écrivit donc des lettres et les donna aux compagnons d'armes, ainsi qu'aux médecins d'Alexandre.

7 — Mais je reviens à ce sujet (à cela) ; si, comme (*ut*) on dit (il est dit), nous donnons entrée aux médecins, nous ne nous porterons jamais bien.

8 — Qu'y a-t-il donc, Pères conscrits, qui puisse échapper à vos regards ?

9 — Si quelqu'un de vous avait offert un gâteau et de la farine, les impies n'auraient pas ensanglanté les autels.

10 — Tous avaient tourné leurs visages et leurs yeux sur Cicéron.

11 — Si les circonstances (le) réclament, vous aurez la guerre.

REPOS DE L'ÉTUDE.

DE MORTE CYRI.

Scytharum regina Tomyris, compositis in montibus insidiis, ducenta millia Persarum cum ipso rege trucidavit. In qua victoria etiam illud memorabile fuit, quod ne nuntius quidem tantæ cladis superfuit. Caput Cyri amputatum, in utrem humano sanguine repletum conjici regina jubet, cum hac exprobratione crudelitatis : « Satia te, inquit, sanguine quem sitisti, cujusque insatiabilis semper fuisti. » (Justin, *Hist.*)

Scythæ, arum, m. pl., Scythes ; — *componere, ponere, parare insi-*

dias, dresser des embûches ; — *insidiæ, arum*, f. pl., embûches ; — *trucidare, pluribus vulneribus occidere*, massacrer ; — *clades, is*, f., défaite ; — *superesse*, rester ; — *caput, itis*, n., tête ; — *amputare, circumcidere, resecare*, couper, trancher ; — *uter, tris*, m., outre ; — *humanus, a, um*, humain ; — *sanguis, inis*, m., sang ; — *conjicere*, jeter ; — *exprobratio, onis*, f., reproche ; — *crudelitas, atis*, f., cruauté ; — *satiare*, rassasier ; — *sitisti*, syncope pour *sitiisti*, parf. de *sitire*, avoir soif.

CHAPITRE HUITIÈME.

1. Pratique.

Ingentem omnibus incusserat curam tam præceps temeritas ejus. Ergo pro se quisque precari cœpere, ne festinatione periculum augeret, sed esset in potestate medentium : inexperta remedia haud injuria ipsis esse suspecta, quum ad perniciem ejus a latere ipsius pecunia sollicitaret hostis (quippe Darius mille talenta interfectori Alexandri daturum se pronunciari jusserat) ; itaque, ne ausurum quidem quemquam arbitrabantur experiri remedium, quod propter novitatem posset esse suspectum.

Erat inter nobiles medicos e Macedonia regem secutus Philippus, natione Acarnan, fidus admodum regi : puero comes et custos salutis datus, non ut regem modo, sed etiam ut alumnum, eximia caritate diligebat.

TRADUCTION LITTÉRALE.

Ingentem omnibus incusserat curam tam præceps
       avait causé   un souci   si   précipité

temeritas ejus. Ergo pro se quisque precari cœpere,
la témérité   Donc   pour soi   chacun   à prier

ne festinatione periculum augeret, sed esset in
de peur que par précipitation   le danger   il (n') augmentât,

potestate medentium : inexperta remedia haud injuria
le pouvoir   des médecins : non éprouvés les remèdes non à tort

ipsis esse suspecta, quum ad perniciem ejus etiam a
    suspect,   puisque pour   la perte   même du

latere ipsius pecunia sollicitaret hostis (quippe Darius
côté   par l'argent   sollicitait   l'ennemi   car   Darius

mille talenta interfectori Alexandri daturum se pro-
  talents   au meurtrier   d'Alexandre   être

nunciari jusserat) ; itaque, ne ausurum quidem quem-
publié   avait ordonné ; c'est pourquoi, pas devant oser   même   quel-

quam arbitrabantur experiri remedium quod propter
qu'un   ils pensaient   éprouver   à cause de

novitatem posset esse suspectum.
la nouveauté

Erat inter nobiles medicos e Macedonia regem secu-
parmi distingués les médecins ayant

tus Philippus, natione Acarnan, fidus admodum regi :
suivi Philippe, de nation Acarnanien, fidèle extrêmement

puero comes et custos salutis datus, non ut regem
à (lui) enfant compagnon gardien de salut non comme roi

modo, sed etiam ut alumnum, eximia caritate
seulement, mais encore comme élève, rare par une tendresse

diligebat.
chérissait.

TRADUCTION FRANÇAISE.

Une témérité si inconsidérée avait jeté une grande inquiétude dans tous les esprits. Chacun de son côté se mit donc à le supplier de ne pas augmenter le péril par la précipitation, mais de se mettre à la disposition des médecins. Ce n'était pas à tort, ajoutaient-ils, que les remèdes dont on n'avait pas fait l'essai étaient tenus pour suspects, puisque l'ennemi poussait à sa perte, à prix d'argent, auprès de ses serviteurs (car Darius avait fait publier qu'il donnerait mille talents au meurtrier d'Alexandre); aussi pensaient-ils que personne n'oserait faire l'essai d'un remède qui, par sa nouveauté, pût paraître suspect.

Parmi ses médecins distingués se trouvait l'Acarnanien Philippe, qui l'avait suivi de la Macédoine, et lui était extrêmement fidèle. Attaché au roi encore enfant comme compagnon et comme gardien de sa santé, il avait pour lui une tendresse remarquable, non-seulement parce qu'il était son roi, mais encore parce qu'il l'avait élevé.

TRADUCTION ALTERNATIVE.

Temeritas ejus tam præceps. . . .	Une témérité de lui si précipitée
incusserat omnibus	avait inspiré à tous
ingentem curam.	un grand souci.
Ergo quisque cœpere.	Donc chacun commença
precari pro se, ...	à prier de son côté,
ne augeret periculum.	pour qu'il n'augmentât pas le péril
festinatione, ...	par la hâte,
sed esset. . . . . ,	mais qu'il fût
in potestate medentium : . . .	au pouvoir des médecins :

CHAP. VIII. — CONVERSATION. 141

remedia inexperta	des remèdes non éprouvés
esse suspecta ipsis	être suspects à eux
haud injuria, ...	non à tort,
quum hostis sollicitaret	puisque l'ennemi poussait
etiam a latere ipsius	même (des gens) de ses côtés
pecunia	par l'argent
ad perniciem ejus, ...	à sa perte,
quippe Darius jusserat	car Darius avait ordonné
pronunciari se daturum	être annoncé lui devoir donner
mille talenta interfectori Alexandri;	mille talents au meurtrier d'Alexandre;
itaque arbitrabantur.	c'est pourquoi ils pensaient
ne quidem quemquam ausurum. .	pas même quelqu'un devant oser
experiri remedium quod posset. .	essayer d'un remède qui pût
esse suspectum propter novitatem.	être suspect à cause de la nouveauté.
Erat inter nobiles medicos . . .	Était entre les médecins habiles
Philippus secutus regem. . . .	Philippe ayant suivi le roi
e Macedonia, ...	de la Macédoine,
Acarnan natione, ...	Acarnanien de naissance,
fidus admodum regi :	extrêmement attaché au roi :
datus comes et custos salutis. . .	donné comme compagnon et gardien du salut
puero, ...	à lui enfant,
diligebat eximia caritate	il le chérissait par une tendresse rare
non modo ut regem, ...	non-seulement comme roi,
sed etiam ut alumnum.	mais encore comme élève.

CONVERSATION.

QUESTIONS.	RÉPONSES.
Qu'avait produit la témérité du roi ?	Ingentem omnibus incusserat curam.
Qu'est-ce qui avait causé une grande inquiétude ?	Tam præceps temeritas ejus.
Que firent-ils chacun de son côté ?	Precari cœpere.
Par quoi craignaient-ils qu'il n'augmentât le péril ?	Festinatione.
Où voulaient-ils qu'il restât?	In potestate medentium,
Qu'est-ce qui doit être justement suspect ?	Inexperta remedia.

Que sont les remèdes non essayés ?	Non injuria suspecta.
A quoi poussait l'ennemi ?	Ad perniciem ejus.
Comment ?	Pecunia sollicitabat.
Qu'avait promis Darius ?	Mille talenta interfectori Alexandri daturum se.
Personne n'oserait donc faire essai d'un remède nouveau ?	Ne ausurum quidem quemquam arbitrabantur.
Pourquoi ce remède serait-il suspect ?	Propter novitatem.
D'où Philippe avait-il suivi le roi ?	E Macedonia.
Qu'était-ce que Philippe ?	Nobilis medicus natione Acarnan.
Comment était-il à l'égard du roi ?	Admodum fidus.
Comment lui avait-il été donné ?	Comes et custos salutis.
Comment le chérissait-il ?	Eximia caritate.

PHRASÉOLOGIE.

A TRADUIRE EN FRANÇAIS.	A TRADUIRE EN LATIN.
Ingentem nobis incussit curam temeritas tua.	Ta témérité nous a causé une grande inquiétude.
Pro se quisque precantur ne inexpertis remediis periculum augeat.	Ils le prient tous, chacun de leur côté, de ne pas augmenter le danger par des remèdes nouveaux.
Bellum in potestate medentium erat.	La guerre était au pouvoir des médecins.
Darius interfectori mille talenta dari jusserat ; proinde remedium propter novitatem suspectum a latere regis experiri non ausi sunt.	Darius avait ordonné qu'on donnât mille talents au meurtrier ; c'est pourquoi ceux qui entouraient le roi n'osèrent pas faire l'essai d'un remède suspect par sa nouveauté.
A latere Alexandri pecunia ab hoste sollicitabantur.	Les serviteurs d'Alexandre étaient excités à prix d'argent par l'ennemi.
Nobiles medici e Macedonia regem secuti erant.	Des médecins célèbres étaient venus de la Macédoine avec le roi.
Ministri fidi admodum regi erant.	Ses serviteurs étaient très-fidèles au roi.
A commilitonibus eximia caritate diligebatur.	Ses compagnons d'armes avaient pour lui la plus vive affection.
Philippus filio suo comitem et custodem salutis medicum dederat.	Philippe avait donné à son fils un médecin pour compagnon et pour veiller sur sa santé.

II. Analyse et Théorie.

Composés de *Quis* et de *Qui*.

Ecquis, ecqua, ecquid et *ecquod*, qui ? Y a-t-il quelqu'un qui ?
Ecquis Alexandrum debellare potuit? Qui a été capable de triompher d'Alexandre ?

Quidam, quædam, quiddam et *quoddam*, g. *cujusdam*, un, certain. *Quemdam ex amicis agnovit*, il reconnut un de ses amis.

Quisquam, quæquam, quidquam et *quodquam*, quelqu'un, s'emploie quand il y a négation ou interrogation, ou simplement comme synonyme d'*aliquis*. *Est-ne quisquam hostium quem insequi velimus?* Est-il quelqu'un d'entre les ennemis que nous voulions poursuivre ?

Quispiam, quæpiam, quidpiam et *quodpiam*, quelqu'un, est synonyme d'*aliquis*, et comme *quisquam*, il s'emploie de préférence à *aliquis* après une négation, une interrogation, un comparatif, la conjonction *si* et la préposition *sine* : *Cuipiam agmen sequenti mille talenta dari jussit*. Il fit donner mille talents à quelqu'un qui suivait l'armée.

Aliquis, aliqua, aliquid et *aliquod*, quelqu'un, quelque, s'emploie dans un sens plus déterminé que *quidam : Ut primum amicos vidit, aliquos admitti jussit*. Dès qu'il aperçut ses amis, il ordonna qu'on en introduisît quelques-uns.

Quisque, quæque, quidque ou *quicque* et *quodque*; chacun, chaque. *Decimo quoque die*, tous les dix jours. Il s'emploie bien à la place de *omnes : Quisque cœpere*, au lieu de *omnes cœpere;* et avec un superlatif : *Regi fidissimus quisque*, au lieu de *omnes regi fidissimi*.

Quisquis, quidquid ou *quicquid* (Ch. X), qui que ce soit, tout ce qui, est usité aux cas suivants : Dat; s. *cuicui*; abl. *quoquo, quaqua;* acc. plur. *quosquos, quasquas, quæquæ*. On trouve encore *quiqui, quibusquibus*, etc. *Quaqua de re dicere*, parler sur un sujet quelconque, indifférent;—*quisquis ille est*, quel qu'il soit.

Quivis, quævis, quidvis et *quodvis; quilibet, quælibet, quidlibet* et *quodlibet*, qui l'on voudra, quiconque, quelconque.

Quicunque, quæcunque, quodcunque, quiconque, quel…que; —*quicunque ille est*, quel qu'il soit. Il a pour synonymes les trois composés précédents.

Unusquisque, unaquæque, unumquidque et *unumquodque*, chacun, chaque; *unumquodque*, chaque chose ; — *unusquisque cœpere*, chacun commença (tous commencèrent) ; — *de re unaquaque dicere*, parler de chaque chose (de tout).

LEXIOLOGIE.

Incutio, is, ussi, ussum, ere, act., 3ᵉ c., exciter, inspirer. R. R. *in,* dans; — *quatio,* secouer, agiter. — *A* disparaît dans les composés de *quatio.*

Cura, æ, f., 1ʳᵉ décl. M. R. soin, souci, inquiétude; —*curare,* avoir soin.

Præceps, ipitis, adj., 2ᵉ cl., qui se précipite, précipité. R. R. *præ,* en avant; *caput,* tête;—*præcipuus,* adj., principal; — *præcipue,* adv., principalement;—*præcipitare,* précipiter;—*præcipitium,* n., précipice.

Temeritas, atis, f., 3ᵉ décl., irréflexion, témérité. R. *temere,* au hasard, témérairement; — *temerarius,* adj., téméraire; — *temerarie,* —*temeriter,* adv., témérairement, légèrement.

Quisque, quæque, quodque, et *quidque,* chacun. R. *qui,* qui, lequel; *pro se quisque,* chacun suivant ses moyens, ses forces.

Precor, aris, atus sum, ari, dép., 1ʳᵉ c. M. R. prier, supplier; — *preces, um,* f. pl., prières (son sing. *prex* n'a d'usité que les cas suivants: *preci, precem, prece*);—*precatio,* f., prière;—*precarius,* adj., précaire.

Festinatio, onis, f., 3ᵉ décl., hâte, précipitation. R. *festino,* se hâter; *confestim,* adv., aussitôt.

Periculum, i, n., 2ᵉ décl., péril, danger. R. *perior* (arch.), essayer, tenter;—*periculosus,* adj., dangereux;—*periclitari,* essayer, péricliter.

Augeo, es, xi, ctum, ēre, act., 2ᵉ c. M. R. augmenter.

Auctor, m., f., auteur; — *auctoritas,* f., autorité; — *auctio,* f., augmentation,

Potestas, atis, f., 3ᵉ décl., pouvoir. R. *pos* (arch.), qui peut.

Medens, entis, plur., *entes, entium,* médecin, part. prés. de *medeor, eris, eri.* M. R. soigner. On dit aussi *medicans,* médecin, part. prés. de *medico* ou *medicor,* même sens que *medeor* (ch. VII).

Inexpertus, a, um, adj., 1ʳᵉ c., non essayé. R. R. *in,* priv.; *experior,* essayer. R. *perior,* inus., essayer.

Haud, adv. nég. M. R. non pas, point.

Injuria, æ, f., 1ʳᵉ decl., injustice, tort. R. R. *in,* priv.; *jus,* droit, justice;—*injuriosus,* adj., injuste, injurieux;—*injuriari,* faire du tort.

Suspectus, a, um, suspect, part. p. de *suspicio,* suspecter. R. R. *sus,* abrév. de *sursum,* en haut; *specio* (arch.), regarder;—*suspicari* et *suspicere,* soupçonner;—*suspiciosus,* adj., soupçonneux.

Pernicies, ei, f., 5ᵉ décl., perte. R. R. *per,* au travers; *nex,* mort; —*perniciosus,* adj., pernicieux.

Pecunia, æ, f., 1ʳᵉ décl., argent, monnaie. R. *pecu,* n., bétail (la monnaie portait la figure d'un bœuf);—*pecuniarius,* adj., pécuniaire;—*pecuniosus,* adj., riche, pécunieux.

Sollicito, as, avi, atum, are, act., 1re c., inquiéter, exciter. R. *sollicitus,* agité, inquiet;—*sollicitudo,* f., inquiétude, sollicitude; — *sollicitatio,* f., sollicitation, proposition.

Talentum, i, n., 2e décl. M. R. lingot d'or ou d'argent; talent.

Interfector, oris, m., 3e décl., meurtrier. R. *interficio,* tuer. R. R. *inter; facio,* agir.

Pronuncio, as, avi, atum, are, annoncer à haute voix, proclamer. R. R. *pro,* en avant; *nuncio,* annoncer. R. *nuncius,* qui annonce (Ch. VI);
Pronunciatio, f., déclaration, prononciation.

Jubeo, es, ssi, ssum, ere, act., 2e c. M. R. ordonner;—*jussum, i,* n., ordre (s'emploie peu au sing.); — *jussus, us,* m., ordre (ne s'emploie qu'à l'ablatif).

Ne quidem, pas même. On sépare ordinairement les deux mots. R. R. *ne,* ne pas; *quidem,* à la vérité. R. *qui. Quidem* se met après un mot.

Arbitror, aris, atus sum, ari, dép., 1re c., croire, penser. R. *arbiter,* arbitre, juge. On trouve aussi *arbitro,* forme active. Il existe un certain nombre de verbes qui, avec le même sens, ont une forme active et une forme déponente. La forme active est, pour la plupart d'entre eux, la forme archaïque, comme cela existe pour *arbitro.* — *Arbitrarius,* adj., arbitraire; — *arbitrium,* n., *arbitratus, us,* m., décision, volonté.

Experior, iris, ertus sum, iri, dép., 4e c., essayer. R. R. *ex,* et le mot grec *peiraô,* essayer, d'où s'est formé *perior* et *perio,* inusité;—*peritus,* adj., habile; — *imperitus,* adj., inexpérimenté; — *experientia,* f., *experimentum,* n., essai, expérience.

Propter, prép. acc. M. R. à cause de.

Novitas, atis, f., 3e décl., nouveauté. R. *novus,* nouveau.

Nobilis, e, adj., 2e c., connu, distingué. R. *nosco,* connaître;—*nobilitas,* f., noblesse; — *ignobilis,* adj., inconnu; — *ignobilitas,* f., basse naissance.

Sequor, eris, cutus sum, qui, dép., 3e c. R. suivre;— *sequax,* adj., qui suit volontiers;—*sequela,* f., conséquence, suite.

Natio, onis, f., 3e décl., nation. R. *nascor,* naître.

Acarnan, anis, pl., *anes, anum,* Acarnanien.

Fidus, a, um, sûr, fidèle. R. *fido,* se fier; comp. *fidior,* sup. *fidissimus.*—*Fidus* signifie sûr, à qui l'on peut se fier;—*fidelis,* fidèle dans ses affections et ses engagements. Ces deux mots d'ailleurs sont souvent synonymes. *Fidelis* a pour racine *fides,* foi, fidélité.

Admodum, adv., beaucoup, extrêmement. R. R. *ad; modus,* terme, limite.

Comes, itis, m., 3e décl. M. R. compagnon; d'où *comito,* et mieux *comitor,* j'accompagne.

Custos, odis, m., 3ᵉ décl. M. R. gardien ; d'où *custodire*, garder, et *custodia*, f., garde.

Salus, utis, f., 3ᵉ décl. M. R. salut ;—*saluber* et *salubris*, adj., salubre ; — *salutaris*, adj., salutaire ; — *salutare*, saluer ; — *salutatio*, f., salutation.

Modo, adv., seulement. R. *modus*, manière.

130. Quelques adverbes de manière sont formés par des ablatifs. *Ut*, conj. M. R. comme.

Eximius, a, um, choisi, rare, de *eximo*, tirer de, R. R. *ex* ; *emo*, acheter ;—*eximie*, adv., excellemment.

Caritas, atis, f., amour, tendresse. R. *carus*, chéri.

Diligo, is, lexi, lectum, ere, act. 3ᵉ décl., aimer. R. R. *dis*, çà et là ; *lego*, choisir. Il ne faut pas confondre avec *diligere*, aimer, chérir, le verbe *deligo, is, egi, ectum, ere*, choisir ; — *dilectio*, f., choix, amour ; — *diligens*, adj., qui est attaché à, diligent ; — *diligentia*, f., attachement, diligence ;—*diligenter*, adv., avec soin.

DISPOSITION ET CHOIX DES MOTS.

Ingentem curam. — Præceps temeritas. — Inexperta remedia. — Nobiles medicos.

Les adjectifs d'une certaine étendue sont placés avant leurs substantifs (Ch. 1).

Ingens dit plus que *magnus* ; il signifie très-grand, immense, inexprimable. On se servirait donc de *magnus* s'il s'agissait simplement de rendre un grand souci, une grande inquiétude : *Magna cura me liberabis*, Cic. Tu me délivreras d'une grande inquiétude.

Præceps, précipité, inconsidéré, ajoute peu à l'idée de *temeritas*, car pour ajouter à l'énergie de ce mot, il faudrait lui donner un adjectif tel que *demens*, insensé ; *cæca*, aveugle, etc. : *Plenus dementissimæ temeritatis*, Cic. Rempli de la témérité la plus insensée.

Expertus, inexpertus ont un sens actif et signifient *qui a éprouvé, qui n'a pas éprouvé, qui a de l'expérience, qui n'a pas d'expérience* ; mais à l'exemple de quelques autres verbes déponents, qui ont ou ont eu un primitif actif, ces deux participes ont également le sens passif et signifient *essayé, non essayé*.

Pro se quisque est une expression suivie du singulier ou du pluriel qui signifie *chacun pour sa part, chacun selon ce dont il est capable*. *Pro sua quisque parte, pro sua quisque facultate*.

Cœpere pour *cœperunt*. La terminaison *re* pour *runt*, au parfait indicatif actif, et pour *ris*, au présent, à l'imparfait et au futur de l'indicatif passif, ainsi qu'au présent du subjonctif de la même voix, est généralement préférable.

Festinatione periculum augeret. Le verbe à la fin de ses compléments (Ch. III), et le complément indirect avant le complément direct, parce qu'il est l'objet du reproche. Il est évident que l'ordre syntaxique de notre traduction « de ne pas augmenter le péril par la précipitation, » ne vaut pas l'ordre syntaxique du texte qui est en tout conforme à l'ordre des idées.

A latere ipsius. A latere suo laisserait à douter si l'on veut parler de gens au service de l'ennemi ou de ceux qui entouraient Alexandre. Avec *ipsius*, l'équivoque disparaît, car il s'applique à celui-là même dont on est préoccupé.

Esse suspecta ipsis. Sibi aurait signifié *à eux* ou *à lui*. Pour plus de précision on a mis *ipsis*.

On voit par ces deux exemples que *ipse* remplace *sui, sibi, se*, pour désigner la personne qui a la priorité dans l'esprit.

Haud injuria, synonyme de *non sine causa, non immerito, jure.* — *Haud* s'emploie au lieu de *non* avant les mots sur lesquels la négation tombe directement. En voici des exemples : *Haud mirum*, il n'est pas étonnant ; — *haud dispar*, non différent ; — *haud amplius*, pas davantage. On peut dire également *non injuria, nec injuria*.

Haudquaquam donne plus de force à la négation : *Haudquaquam mediocre condimentum amicitiæ*, Cic. Merveilleux assaisonnement de l'amitié.

Non ut regem modo, sed etiam. On doit chercher autant que possible à séparer les diverses parties de cette expression *non modo, sed etiam*, et de ses analogues *non solum, non tantum, verum etiam, verum quoque, sed quoque : Non culpa tantum vacat, sed dignus quoque laude admiratione que est*, Aul. Gel. Non-seulement on n'a pas de faute à lui reprocher, mais encore il est digne d'éloge et d'admiration.

Ne ausurum quidem. Il convient de séparer *ne* de *quidem*.

Ne quidem remplace bien, dans certains cas, les expressions dont nous venons de parler. Ainsi, au lieu de *non modo non diligebat alios, sed nec etiam regem*, on dira avec plus de concision : *Ne regem quidem diligebat*.

Pecunia signifie argent monnayé, tandis que *argentum* s'emploie pour désigner le métal. *Aurum*, au contraire, désigne aussi bien l'or métallique que la monnaie d'or, les richesses.

Philippus natione Acarnan. La qualité attachée à un substantif se place après lui, à moins qu'elle ne doive attirer particulièrement l'attention.

Fidus admodum. On donne à un adjectif ou à un adverbe la force d'un superlatif en y joignant un de ces mots : *admodum, valde, quam, perquam, imprimis, omnino, sane, sane quam, apprime, oppido, valde quam, admodum quam*, que l'on emploie aussi quelquefois devant le superlatif.

Catulus admodum adolescens, Cic. Catulus était très-jeune encore.

Multum admodum fortunæ, Cic. On accorde beaucoup à la fortune.

Valde vulgaris, très-vulgaire ; — *valde iniquus*, très-injuste ; — *valde vehementer*, avec beaucoup de véhémence ; — *valde parvus*, très-petit ; — *valde* va très-bien avec un verbe, il est synonyme de *vehementer, mirum in modum, etiam atque etiam*.

Quod mihi valde arriserat, nunc vehementer displicet, Cic. Ce qui m'avait beaucoup souri, me déplaît beaucoup maintenant.

Quam absurdum, Cic. Très-absurde. — *Valde quam paucos habet*, Cic. Il n'en a qu'un très-petit nombre.

SYNTAXE.

131.   *Quisque cœpere.* — Chacun commença.

Le verbe se met au pluriel avec un sujet au singulier, quand le sujet est un nom collectif, comme un de ces mots : *cohors, legio, populus, turba, civitas, concio, gens, pars, multitudo, collegium*, et qu'on a plutôt dans l'idée les personnes ou les choses qui composent la collection que la collection elle-même. Cette syllepse est très-commune chez les poëtes. Elle est aussi assez fréquente chez les historiens, surtout quand le verbe est séparé de son sujet, car alors l'esprit perd en quelque sorte le mot de vue pour ne s'attacher qu'à l'idée. C'est ainsi que des noms de ville, de contrée sont bien suivis du pluriel quand la pensée exprimée se rapporte directement aux habitants. On trouve même cette syllepse étendue à des noms que l'on considère en vue d'une société, d'une famille, d'une espèce dont ils font partie. Ainsi on voit quelquefois *miles, eques* avec le pluriel ; mais il faut mettre le singulier avec *quisque*, quand il signifie chacun de son côté : *Medicis nunciatur ut quisque potionem diluat*, on fait savoir aux médecins de préparer une potion, chacun de son côté.

On emploie encore le pluriel après un substantif singulier joint à un autre par la préposition *cum*, qui signifie alors *de compagnie avec* : *Philippus ipse cum clarissimis medicis regem sequuntur*, Philippe lui-même suit le roi avec les médecins les plus illustres. Mais si l'action ne se fait pas de concert, le verbe suit la loi ordinaire.

Uterque, neuter, alius et *alter*, surtout employés réciproquement, *quisquam, nemo, nullus, quisque*, avec un superlatif (*optimus quisque*), avec l'adjectif possessif et le pronom possessif, sont souvent accompagnés du pluriel : *Optimus quisque paruere*, Tac. Les meilleurs obéirent. — *Alius alio more viventes*. Sall. Vivant les uns d'une façon, les autres d'une autre.— *Dux uterque cecidere*. L'un et l'autre des généraux succombèrent.

132.   *Precari cœpere ne periculum augeret.*
Ils commencèrent à le prier de ne pas augmenter le danger.

Ne est pour *ut non*. Il s'emploie toutes les fois que la subordonnée exigerait *ut* avec le subjonctif s'il n'y avait pas négation. « Ils commencèrent à le prier d'augmenter le danger, » se traduirait donc ainsi : *Precari cœpere ut periculum augeret*. Ce cas du subjonctif sera développé dans le chapitre suivant.

133.   *Pronunciari jusserat.* — Il avait ordonné qu'on annonçât.

Après *jubeo* on peut tourner la subordonnée par *ut* avec le subjonctif : *Jusserat ut pronunciarent*, il avait ordonné qu'ils annonçassent ; mais il est préférable d'employer comme ici la tournure passive toutes les fois que le sujet du verbe subordonné est indéfini.

Le passif de notre verbe *ordonner* ne peut avoir pour sujet qu'une chose inanimée ; mais, en latin, *jubeor* peut avoir pour sujet un nom de personne. On m'a ordonné de sortir (j'ai été ordonné de sortir), *jussus sum exire*. Il en est de même de *vetare*, défendre : *Discedere vetantur*, on leur défend de s'éloigner ; et de *permittere*, permettre : *Permittor id agere*, on me permet de le faire.

134.   *Experiri remedium quod posset esse suspectum.*
Essayer un remède qui pût être suspect.

Quand, en tête d'une subordonnée, *qui, quæ, quod* peut être traduit par *qui puisse, qui pourrait, que l'on puisse, que l'on pourrait, qui consente, qui soit disposé à*, etc., on le fait suivre du subjonctif. Il en est de même avec *quisquis*, signifiant *qui que ce soit qui puisse*, avec *quicunque, quæcunque, quodcunque*, quiconque, quelque chose que, et avec les adverbes de lieu *ubi, quo, qua, unde*, qui signifient alors *où, par où, d'où l'on puisse*.

Augusto prompta ac profluens, quæ deceret principem, eloquentia fuit. Tac. Auguste avait cette éloquence facile et abondante qui convient à un prince (qui convînt, qui pût convenir).

Di tibi dent, quæcumque optes, Plaut. Que les dieux t'accordent tout ce que tu désires (quelque chose que tu puisses désirer).

Nous trouvons des applications dans nos textes :

Easdem terras quas peragrassent, les mêmes terres qu'*ils avaient pu* parcourir (Ch. IV).

Classem qua transeant, quem præparaturum ? Qui préparerait une flotte *au moyen de laquelle ils pussent* passer ? (Ch. V).

135.   *Natione Acarnan.*—Acarnanien de nation.

Natione est à l'ablatif parce qu'il indique le rapport sous lequel une qualité est donnée (Ch. V).

On peut rapprocher de cette règle les expressions analogues aux suivantes :

Natura tu illi pater es, consiliis ego, Tér. Tu es son père par la nature, et moi par l'éducation.

Sunt quidem homines non re, sed nomine, Cic. Il y en a qui ne sont hommes que de nom.

136.   *Ad perniciem sollicitare.*—Pousser à la perte.

Le complément indirect d'un verbe qui signifie *exciter, pousser, exhorter à,* se met à l'accusatif avec *ad.* Si ce complément est un verbe, on le met au gérondif accusatif avec *ad.*

Aliquem ad studium incitare, Cic. Exciter quelqu'un à l'étude.

Philippum hortatus est ad legendum epistolam, et mieux *ad legendam epistolam.* Dans la première tournure on remarque que le gérondif gouverne le même cas que le verbe auquel il appartient ; dans la seconde, on se sert du participe futur passif que l'on fait accorder avec le substantif ; mot à mot : *Pour la lettre devant être lue.*

Si le complément indirect est formé par une proposition, on emploie, comme on voit, le gérondif ou le participe futur passif, mais on emploie également le subjonctif avec *ut. Græci milites sollicitabantur ut regem interficerent.* Curt. On engageait les soldats grecs à tuer le roi.

C'est par une extension de cette règle qu'on dira *mittere,* envoyer ; *ferre,* porter, *scribere,* écrire, *epistolam ad aliquem ;* verbes après lesquels on met aussi, mais moins bien, le datif de but, de destination. (Ch. VI). C'est encore par ce principe de tendance qu'on emploie *ad* avec *pertinere,* appartenir ; *spectare, attinere,* regarder, s'adresser à.

Scaptius de me aliquid ad Brutum scripsit, Cic. Scaptius a écrit quelque chose à Brutus à mon sujet.

Exstant epistolæ Philippi ad Alexandrum, Cic. Il existe des lettres de Philippe à Alexandre ; sous-entendu *scriptæ,* écrites, ou un mot analogue.

Ex litteris quas mihi misisti, Cic. D'après les lettres que tu m'as envoyées.

Hunc vero librum ad te misimus, Cic. Nous vous avons adressé ce livre.

Quòd ad plurimos pertinet, Cic. Cela s'adresse au plus grand nombre.
Si ad perniciem patriæ res spectabit, patriæ salutem anteponet saluti patris, Cic. Si la chose peut entraîner (s'adresse à) la ruine de la patrie, il préférera le salut de la patrie à celui de son père.

APPLICATION DES RÈGLES DÉJA CONNUES AU TEXTE DU CHAPITRE HUITIÈME.

Temeritas incusserat—(Ille) augeret—Hostis sollicitaret— Darius jusserat—(Illi) arbitrabantur — Philippus secutus erat— Ille diligebat—Quisque cepere.
Les sujets de tous ces verbes sont au nominatif (Ch. I).—Si les verbes n'ont pas de sujet exprimé, l'esprit doit y suppléer par un pronom ou par le substantif lui-même.

137. Les pronoms personnels employés comme sujets ne s'expriment en latin que pour donner de la force à l'affirmation ou marquer un contraste : *Nos judices esse volumus* (Ch. II). Il peut arriver cependant que leur présence soit indispensable : *Nec ego solus* (Ch. III), le verbe étant sous-entendu : *Ego et tu valemus*, le verbe n'ayant pas autrement un sens complet.

Les verbes sont au singulier ou au pluriel, selon le nombre auquel se trouvent leurs sujets. Nous avons une exception pour *quisque*.

Curam ingentem — Præceps temeritas — Inexperta remedia— Remedia esse suspecta — Se daturum — Quemquam ausurum — Quod posset esse suspectum — Nobiles medicos — Secutus Philippus, Acarnan datus. — L'adjectif et le participe qualificatifs ou attributifs ont le genre, le nombre et le cas des substantifs ou pronoms auxquels ils se rapportent.

Philippus datus comes et custos.
Les substantifs liés directement ou par un verbe qui marque l'existence ou l'état, se mettent au même cas (Ch. I).

Temeritas ejus— Potestate medentium—Latere ipsius—Interfectori Alexandri.
Les noms ou pronoms qui servent de déterminatifs à un substantif qu'ils tiennent sous leur dépendance, se mettent au génitif (Ch. I).

Omnibus incusserat curam—Periculum augeret—Talenta interfectori daturum—Experiri remedium—Regem secutus—Regem... alumnum diligebat—Puero datus.
Le complément direct des verbes actifs *incusserat, augeret, daturum, diligebat*, et des verbes déponents *experiri, secutus*, est à l'accusatif Ch. V). Les compléments indirects de *incusserat, daturum* et *datus*, marquant le but, la destination, ils se trouvent au datif (Ch. VI).

Mille talenta. Le nom de nombre est employé ici adjectivement et n'influe en rien sur le cas de *talenta* (Ch. IV).

Festinatione augeret — Pecunia sollicitaret — Eximia caritate diligebat.

Le complément indirect d'un verbe se met à l'ablatif quand il marque le moyen, la manière dont a lieu l'action exprimée par le verbe (Ch. VI).

Ipsis suspecta — Fidus regi. — Les deux adjectifs veulent le complément au datif, parce qu'on a dans l'idée un rapprochement, une attribution (Ch. V).

Arbitrabantur remedia esse suspecta. Ils pensaient les remèdes être suspects.

Arbitrabantur exprimant une opération de l'âme et ayant pour complément une proposition, le verbe de cette proposition doit se mettre à l'infinitif, *esse*, et son sujet *remedia* est à l'accusatif (Ch. VI).

Jusserat (id) pronunciari. Avait ordonné cela être annoncé.

Pronunciari se daturum. Être annoncé lui devant donner.

Ne ausurum quidem quemquam arbitrabantur. Ils pensaient quelqu'un ne devant pas même oser (Ch. VI).

Remedium quod. Le pronom relatif au neutre singulier, parce que *remedium*, son antécédent, est au neutre singulier (Ch. III).

E Macedonia secutus. La Macédoine indiquant le point de départ de l'action exprimée par le verbe, on s'est servi de l'ablatif avec *e* (Ch. VI).

Precari ne augeret... (ut) esset. Les subordonnées *augeret... esset...* indiquent pour quel motif a lieu l'affirmation contenue dans *precari*, les verbes de ces subordonnées se mettent au subjonctif avec *ut* (Ch. VII). Nous remarquerons que *ne* tient la place de *ut non*, et que *ut* est sous-entendu dans la seconde subordonnée.

Haud injuria esse suspecta, quum hostis sollicitaret, que ce n'était pas à tort qu'ils étaient suspects, *puisque* l'ennemi poussait. La subordonnée indiquant un motif, *quum* est suivi du subjonctif (Ch. VII).

Injuria, à tort, *haud injuria,* non à tort. *Injuria* à l'ablatif de manière qui, comme nous aurons occasion de le voir, n'est pas seulement le complément indirect d'un verbe (Ch. VI), mais encore d'un adjectif, d'un substantif et d'une proposition tout entière.

A latere ipsius (viros), les hommes de ses côtés, ceux qui l'entouraient. *A*, dans ce cas, marque proximité et même dépendance : *Aliquis a nobis,* Tér. Quelqu'un de chez nous ; quelqu'un de nos gens.

QUANTITÉ.

Consonnes finales.

3e *exc.* — *Es* final est bref au nom. sing. des noms qui ont le crément du gén. sing. bref : *Comĕs, ĭtis.* Cependant *ariēs,* bélier ;—*pariēs,* muraille ;—*abiēs,* sapin ;— *Cerēs ;—pēs,* pied, et ses composés suivent la règle générale.

Crémenls des Parfaits et des Supins.

Les parfaits et les supins de deux syllabes et les temps qui en sont formés ont la première longue : *Vēnit, vēneram, vīdi, vīci, vīsum, vīsus, mōtum, mōturus.*

La première syllabe est brève dans *dĕdi (do), bĭbi (bibo), scĭdi (scindo), tŭli (fero), sŭi (suo)* ; et les deux syllabes sont brèves dans les parfaits à redoublement : *Dĭdĭci, dĭdĭceram (disco),* excepté dans *cĕcīdi* de *cædo,* qui fait la deuxième longue.

La première syllabe est brève dans les supins *dătum, ĭtum, lĭtum (lino), rătum (reor), quĭtum (queo), sătum (sero), sĭtum (sino), rŭtum (ruo), cĭtum (cieo), stătum (sto)* ; mais *stāturus* a la première longue.

Les súpins de plus de deux syllabes ont la pénultième longue : *Audītum, audītus, imbūtum, imbūtus.* Si le supin en *itum* n'a pas *ivi* au parfait, il fait *i* bref : *monui, monĭtum, monĭtus.*

Les composés de *eo* font également *i* bref, quoique le parfait soit *ivi* : *inĭtum.* Les composés de *ruo* ont la pénultième brève : *obrŭtum.*

III. Exercices.

EXERCICE PRÉPARATOIRE.

1 — Marquer la quantité des syllabes soulignées : Pernicies—Perniciei—Vidimus—Incusseram — Temeritas, atis— Sollicitavit — Sollicitamur—Interfecit—Ausurum—Experiri—Dilexit—Datus— Salutis— Puero—Dedit—Secutus— Quæsitus—Expetitus—Traditum—Reditum.

2 — Il fit donner dix talents à tout le monde (à tous)—Chacun de son côté augmentait donc le péril—Il avait été poussé à chérir l'Acarnanien Philippe—Tous pensaient que la nouveauté du remède était suspecte—Les circonstances réclamaient un ami qui eût pour le roi une tendresse remarquable—Je te prie de ne pas essayer le remède.

COMPOSITION.

1 — Cette précipitation téméraire (cette témérité très-précipitée) engagea les médecins à chercher des remèdes non (encore) essayés.

2 — Tous éprouvaient une profonde inquiétude de voir augmenter le péril par la nouveauté du remède.

3 — On pensait que quelqu'un de ceux qui entouraient le roi avait été poussé à le perdre.

4 — Mais Philippe s'oubliant lui-même, et poussé par son extrême amour pour le roi, avait suivi l'armée en Cilicie.

5 — Sur ces entrefaites Darius fit déclarer Philippe comme suspect, tandis qu'il cherchait un meurtrier d'Alexandre.

6 — Il y avait parmi eux un médecin Acarnanien à qui ce roi disait avoir donné de l'argent.

CHAPITRE NEUVIÈME.

I. Pratique.

Is non præceps se, sed strenuum remedium afferre, tantamque vim morbi potione medicata levaturum esse promisit. Nulli promissum ejus placebat, præter ipsum cujus periculo pollicebatur. Omnia quippe facilius quam moram perpeti poterat : arma et acies in oculis erant, et victoriam in eo positam esse arbitrabatur, si tantum ante signa stare potuisset; id ipsum quod post diem tertium medicamentum sumpturus esset, ita enim medicus prædixerat, ægre ferens. Inter hæc a Parmenione, fidissimo purpuratorum, litteras accepit, quibus ei denunciabat ne salutem suam Philippo committeret; mille talentis a Dario, et spe nuptiarum sororis ejus, esse corruptum. Ingentem animo sollicitudinem litteræ incusserant; et quidquid in utramque partem aut metus aut spes subjecerat secreta æstimatione pensabat.

PHRASES DÉTACHÉES :

Non deterret sapientem mors, quæ nunquam longe potest abesse, quominus reipublicæ suisque consulat. (*Cic.*)

Timebam ne evenirent ea quæ acciderunt. (*Cic.*)

Me pœnitet, quod te offenderim. (*Cic.*)

Quod vereor tibi ipsi ut probem. (*Cic.*)

Quōcircā mœrēre hoc ejus ēventu, vereor, ne invĭdi măgis, quam amici sit. (*Cic.*)

Quum ĭgĭtur præcĭpĭtur, ut nobismetipsis imperemus, hoc præcĭpĭtur, ut rătio coerceat temeritatem. (*Cic.*)

Quis ignōrat, quin tria Græcorum gĕnĕra sint? (*Cic.*)

Illud addŭbĭtat, ŭtrum Tiribazo sciente an imprūdente sit factum. (*Nep.*)

TRADUCTION LITTÉRALE.

Is non præceps se, sed strenuum remedium afferre,
apporter,

tantamque vim morbi potione medicata levaturum esse
par une potion médicinale devant enlever

promisit. Nulli promissum ejus placebat, præter ipsum
promit. A aucun la promesse plaisait, excepté

cujus periculo pollicebatur. Omnia quippe facilius
il promettait. car plus facilement

quam moram perpeti poterat : arma et acies in oculis
le retard supporter

erant, et victoriam in eo positam esse arbitrabatur, si
placée

tantum ante signa stare potuisset ; id ipsum quod
seulement devant les drapeaux se tenir de ce que

CHAP. IX. — TRADUCTION.   157

post diem tertium medicamentum sumpturus esset,
après   le médicament   devait prendre

ita enim medicus prædixerat,   ægre ferens. Inter
ainsi car   avait désigné d'avance, avec peine supportant.

hæc a Parmenione, fidissimo purpuratorum, litteras
                                des vêtus de pourpre,

accepit, quibus ei denunciabat ne salutem suam Phi-
il reçut,   il dénonçait

lippo committeret; mille talentis a Dario, et spe
      il confiât;   par l'espoir

nuptiarum sororis ejus, esse corruptum. Ingentem
des noces de la sœur   corrompu.

animo sollicitudinem litteræ incusserant; et quidquid
                                              tout ce que

in utramque partem aut metus aut spes subjecerat
dans l'une et l'autre part   la crainte   avait suggéré,

   secreta æstimatione pensabat.
par une secrète évaluation il pesait.

PHRASES DÉTACHÉES :

Non deterret sapientem mors, quæ nunquam longe
       détourne   le sage   jamais   loin

potest abesse, quominus reipublicæ suisque consulat.
     être éloigné, que... ne à la république   il veille.

Timebam ne evenirent ea quæ acciderunt.
Je craignais que n'arrivassent ces choses qui sont arrivées.

Me pœnitet, quod te offenderim.
Je me repens, de ce que j'ai offensé.

Quod vereor tibi ipsi ut probem.
Cela je crains à toi-même que je (ne) prouve (pas).

Quocirca mœrere hoc ejus eventu, vereor, ne invidi
C'est pourquoi s'affliger   du sort,   d'un envieux

magis, quam amici sit.
plus,

Quum agitur præcipitur, ut nobismetipsis imperemus,
  il est prescrit,   à nous-mêmes nous commandions,
hoc præcipitur, ut ratio coerceat temeritatem.
                    la raison contienne

Quis ignorat, quin tria Græcorum genera sint?
  ignore,   que   genres

Illud addubitat, utrum Tiribazo sciente an imprudente
  il doute,   si   Tiribaze sachant ou   ignorant
sit factum.
  fait.

TRADUCTION FRANÇAISE.

Celui-ci promit d'apporter un remède non hasardé, mais prompt, et de dissiper avec une potion médicinale la violence excessive de cette maladie. Sa promesse ne souriait à personne, excepté à celui au péril de qui elle était faite; car il pouvait supporter tout plus facilement que le retard : les armes et son armée se présentaient à ses regards, et il pensait que la victoire lui serait acquise s'il pouvait seulement paraître devant ses drapeaux. Il avait peine à attendre le troisième jour que le médecin lui avait fixé pour prendre sa potion. C'est alors qu'il reçut de Parménion, le plus fidèle des grands de sa cour, une lettre qui l'avertissait de ne pas confier son salut à Philippe, attendu que Darius l'avait corrompu par un don de mille talents et la promesse de lui donner sa sœur pour épouse. Cette lettre avait causé au roi une extrême inquiétude, et il pesait en lui-même tout ce que la crainte ou l'espérance lui avait suggéré pour l'une ou l'autre supposition.

PHRASES DÉTACHÉES :

La mort, qui ne peut jamais être très-éloignée, n'empêche pas le sage de songer aux intérêts de la république et des siens.

Je craignais que ce qui est arrivé n'arrivât.

Je me repens de vous avoir offensé.

Je crains de ne pas avoir en cela votre approbation.

C'est pourquoi je crains qu'il ne soit d'un envieux plutôt que d'un ami de m'affliger de son sort.

En nous prescrivant de nous commander à nous-mêmes, on nous prescrit de faire en sorte que la raison réprime l'irréflexion.

Qui ignore qu'il y a trois espèces de Grecs ?

Il doute si cela fut fait à la connaissance ou à l'insu de Tiribaze.

TRADUCTION ALTERNATIVE.

Is promisit se afferre remedium.	Celui-ci promit lui apporter un remède
non præceps, sed strenuum,	non précipité, mais prompt,
que levaturum esse tantam vim morbi.	et devant enlever une si grande violence de maladie
potione medicata.	par une potion médicinale.
Promissum ejus placebat nulli.	Sa promesse ne plaisait à aucun,
præter ipsum	excepté à celui-là même
periculo cujus pollicebatur;	au péril duquel il le promettait ;
quippe poterat perpeti omnia	car il pouvait supporter toutes choses
facilius quam moram :	plus facilement que le retard :
arma et acies in oculis erant,	les armes et l'armée étaient devant ses yeux,
et arbitrabatur victoriam	et il pensait la victoire
positam esse in eo,	être placée en cela,
si tantum potuisset.	s'il pouvait seulement
stare ante signa ;	se tenir devant les drapeaux ;
ægre ferens id ipsum	supportant avec peine cela même
quod post tertium diem	que après le troisième jour
sumpturus esset medicamentum,	il était devant prendre le médicament,
enim medicus prædixerat ita.	car le médecin l'avait prescrit ainsi.
Inter hæc accepit litteras	Sur ces entrefaites, il reçut une lettre
a Parmenione, fidissimo purpuratorum,	de Parménion, le plus fidèle des grands,
quibus denunciabat	par laquelle il dénonçait
ne committeret	de peur qu'il ne confiât
salutem suam Philippo ;	son salut à Philippe;
esse corruptum a Dario.	qu'il était suborné par Darius
mille talentis et spe	par mille talents et l'espoir
nuptiarum sororis ejus.	des noces de sa sœur.
Litteræ incusserant	La lettre avait jeté
ingentem sollicitudinem	une grande inquiétude
animo,	dans son esprit,
et pensabat secreta æstimatione	et il pesait par une évaluation secrète
quidquid aut metus aut spes	tout ce que la crainte ou l'espérance

subjecerat in utramque partem.	avait suggéré pour ou contre.
Mors, quæ potest nunquam	La mort, qui ne peut jamais
longe abesse,	être bien éloignée,
non deterret sapientem	ne détourne pas le sage
quominus consulat.	de s'intéresser
reipublicæ suisque.	à sa patrie et aux siens.
Timebam ne ea quæ acciderunt,	Je craignais que ce qui est arrivé,
evenirent.	n'arrivât.
Me pœnitet.	Je me repens
quod te offenderim.	de ce que je t'*aie* offensé.
Vereor ut probem.	Je crains de ne pas prouver
quod tibi ipsi.	cela à toi-même.
Quocirca vereor ne	C'est pourquoi je crains que
mœrere hoc eventu ejus.	s'affliger de ce sort de lui
sit magis invidi quam amici.	soit plus d'un envieux que d'un ami.
Igitur, quum præcipitur	Donc, quand il est prescrit
ut imperemus nobismetipsis,	que nous nous commandions à nous-mêmes,
hoc præcipitur ut ratio	cela est prescrit que la raison
coercerat temeritatem.	soit maîtresse de l'irréflexion.
Addubitat illud utrum sit factum	Il doute cela si ce fût fait
Tiribazo sciente an imprudente?	Tiribaze le sachant ou l'ignorant?
Quis ignorat quin	Qui ignore que
tria genera Græcorum sint?	trois genres de Grecs soient?

CONVERSATION.

QUESTIONS.	RÉPONSES.
Quel remède Philippe promit-il d'apporter?	Non præceps sed strenuum remedium.
Avec quoi voulait-il enlever la force de la maladie?	Potione medicata.
A qui plaisait cette promesse?	Ipsi cujus periculo pollicebatur.
Que ne pouvait supporter le roi?	Moram.
Pouvait-il supporter tout?	Facilius.
Qu'est-ce qui s'offrait à sa vue?	Arma et acies.
En quoi voyait-il la victoire?	In eo, si tantum ante signa stare potuisset.
Quand devait-il prendre sa potion?	Post diem tertium.
Comment attendait-il ce délai?	Ægre ferens.

CHAP. IX. — CONVERSATION. — PHRASÉOLOGIE.   161

Pourquoi était-ce le troisième jour ?	Ita enim medicus prædixerat.
Qu'était-ce que Parménion ?	Fidissimus purpuratorum.
Que disait Parménion ?	Ne salutem suam Philippo committeret.
Comment Darius avait-il suborné Philippe ?	Mille talentis et spe nuptiarum sororis ipsius.
Qu'avait inspiré la lettre de Parménion ?	Ingentem sollicitudinem.
Que pesait-il en lui-même ?	Quidquid in utramque partem aut metus aut spes subjecerat.
A quoi le sage veille-t-il ?	Reipublicæ suisque.
Qu'est-ce qui ne le détourne pas ?	Mors.
Que dit-on de la mort ?	Nunquam longe potest abesse.
Qui ne peut-elle pas empêcher de veiller sur la patrie et les siens ?	Sapientem.
Quels événements craignais-je ?	Ea quæ acciderunt.
Que craignais-je de ces événements ?	Ne evenirent.
De quoi suis-je porté à me repentir ?	Quod te offenderim.
Qu'est-ce qui appartient plus à un envieux qu'à un ami ?	Mœrere hoc ejus eventu.
Que nous est-il prescrit ?	Ut nobismetipsis imperemus.
Que nous prescrit-on en cela ?	Ut ratio coerceat temeritatem.
Combien y a-t-il d'espèces de Grecs ?	Tria sunt genera.
Comment rendez-vous cette expression « Qui ignore ? »	Quis ignorat ?
Cela s'est-il fait à la connaissance de Tribaze ?	Illud addubitat.
De quoi doute-t-il ?	Utrum Tiribazo sciente an imprudente sit factum.

PHRASÉOLOGIE.

A TRADUIRE EN FRANÇAIS.	A TRADUIRE EN LATIN.
Is inexpertum remedium afferre non ausus est.	Il n'osa pas apporter un remède nouveau.
Potione medicata vis morbi levanda est.	Il faut enlever la force de la maladie avec une potion médicinale.

Itaque Philippo salus regis committitur.	C'est pourquoi le salut du roi est confié à Philippe.
Medicorum promissa non omnibus placent.	Les promesses des médecins ne plaisent pas à tout le monde.
Salutem in eo positam esse arbitrabatur, si tantum potionem sumere potuisset.	Il pensait que son salut serait assuré s'il pouvait seulement prendre une potion.
Inter hæc se omnibus ingentem sollicitudinem incussurum esse prædixit.	Dans cette circonstance, il annonça qu'il causerait à tout le monde une vive inquiétude.
Post diem nonum in potestate medentium fuit, omniaque secreta æstimatione pensavit.	Neuf jours après il fut au pouvoir des médecins, et pesa tout en lui-même.
Purpuratorum fidissimus litteras acceperat, quibus ei denunciabatur medicum mille talentis esse corruptum.	Le plus fidèle des seigneurs avait reçu une lettre qui lui faisait savoir que le médecin avait été suborné avec une somme de mille talents.
Quidquid metus subjecerat periculo suo pollicebatur.	Il promettait à ses risques et périls tout ce que la crainte lui suggérait.
Omnia quæ acciderunt, prædixerat.	Il avait prédit tout ce qui est arrivé.
Non deterret sapientem mors, quominus sibi imperet.	La mort n'empêche pas le sage de se commander à lui-même.
Me pœnitet quod id ignoraverim.	Je me repens d'avoir ignoré cela.
Reipublicæ nostrisque consulamus.	Prenons intérêt à notre patrie et aux nôtres.
Timebam ne te offenderem.	Je craignais de t'offenser.
Mors nunquam longe abest.	La mort n'est jamais fort éloignée.
Is invidus magis quam amicus est, qui mœret regis eventu.	Celui qui s'afflige du sort du roi est plutôt un envieux qu'un ami.
Quocirca præcipitur, ut nihil imprudentes faciamus.	C'est pourquoi il nous est prescrit de ne rien faire sans connaissance de cause.
Quis ignorat, quin Græci reipublicæ consulerent?	Qui ignore que les Grecs veillaient aux intérêts de leur patrie?
Illud addubito, utrum medico sciente an imprudente sit mortuus.	Je doute s'il est mort à la connaissance ou à l'insu du médecin.
Tria erant genera Græcorum.	Il y avait trois espèces de Grecs.

CHAPITRE IX.—VERBES IMPERSONNELS.—VERBES DÉFECTIFS. 163

II. Analyse et Théorie.

VERBES IMPERSONNELS.

On appelle de ce nom les verbes qui ne sont employés qu'à la troisième personne du singulier. Tous les verbes actifs et neutres peuvent être pris impersonnellement au passif : *Bibitur*, on boit ; *nunciabatur*, on annonçait ; *videtur*, il paraît ; *reditum est*, on revint ; *nunciandum est*, il faut annoncer. Le verbe substantif et quelques verbes neutres sont aussi impersonnels dans certains cas : *melius est, satius est*, il vaut mieux ; *est regis*, il est d'un roi ; *evenit, accidit*, il arrive.

Les verbes essentiellement impersonnels, tels que *oportet*, il faut ; *licet*, il est permis, etc., sont tous plus ou moins défectifs. Quelques-uns, tels que *pœnitere*, se repentir, *tœdere*, s'ennuyer, offrent la particularité de se conjuguer en prenant pour régime direct ce qui fait le sujet du verbe équivalent en français : *me pœnitet*, je me repens ; *me tœdet*, je m'ennuie ; *me pudet*, j'ai honte ; *me piget*, je suis fâché, je suis peiné de ; *me miseret, miserescit, miseretur*, j'ai compassion ; *me veritum est*, j'ai craint.

VERBES DÉFECTIFS.

Queo, je puis.—*Nequeo*, je ne puis pas.

Indicatif. — Présent : *Queo*, je puis ; *quis, quit, quimus, quitis, queunt* ; imparf. : *quibam* ; parf. : *quivi* ; plus-q.-parf. : *quiveram* ; futur : *quibo* ; fut. pas. : *quivero*. Subjonctif.—Prés. : *queam* ; imparf. : *quirem* ; parf. : *quiverim* ; plus-q.-parf. : *quivissem*. Infinitif. — Prés. : *quire* ; parf. : *quivisse*.

Nequeo se conjugue de même, et est plus employé que *queo*. Ces verbes indiquent plus particulièrement la possibilité, le pouvoir éventuel, tandis que *possum* marque le pouvoir, la faculté, provenant de notre nature ou de notre position.

Aio, je dis.

Nous en donnons ce qui est réellement usité.—Indicatif.—Présent : *Aio*, je dis, *ais, ait.... aiunt* ; imparf. : *aiebam*, etc. ; subj. prés. : *aias, aiat.... aiant* ; part. prés. : *aiens, aientis*.

Ce verbe a le sens de *affirmo*, j'affirme. Il fait opposition à *nego*, je nie, tandis que *inquam* répond à notre expression *dis-je, dit-il*, dont nous nous servons dans le dialogue et la narration.

Obrepere aiunt senectutem citius quam putassent, Cic. On dit que la vieillesse arrive plus vite qu'on ne l'aurait pensé.

Negat quis? nego; ait? aio, Tér. On nie, je dis non ; on affirme, je dis oui.

Parva, inquis, res est ; at magna culpa, Cic. La chose est peu importante, dites-vous, mais la faute est grande.

Fari, dire, parler.

Indicatif.—Présent : *Fatur*, il dit ; parf. : *fatus sum*, etc. ; plus-q.-parf. : *fatus eram*, etc. ; futur, *fabor, fabitur*. Impératif : *fare*, dis. Infinitif. Prés. : *fari*, dire ; part. prés. : *fans, fantis* ; passé : *fatus* ; gérondif : *fandi, fando* ; supin : *fatu*.

Fari est l'expression relevée, emphatique pour signifier *dire, parler*; aussi est-elle plus usitée en poésie qu'en prose.

Memini.—Je me souviens.

Comme certains verbes grecs d'une formation analogue, *memini* n'a que les temps passés, que nous traduisons par des temps présents. Il se conjugue comme *cœpi* ; mais il a un impératif : *memento*, souviens-toi ; *memento*, qu'il se souvienne ; *mementote*, souvenez-vous.

LEXIOLOGIE.

Affero, affers, attuli, allatum, afferre, act., 3ᵉ conj., apporter. R. R. *ad*, vers ; *fero*, porter.

Potio, onis, f., 3ᵉ décl., breuvage, potion ; R. *poto*, boire ;—*potor* et *potator*, m., buveur ; *potilis* et *potabilis*, adj., potable.

Medicatus, a, um, part. passé pass. de *medico*, act., soigner, préparer avec des ingrédients ; R. *medeor*, remédier, soigner. On dit aussi avec le même sens *medicor*, dép. (Ch. VII).

Levo, as, avi, atum, are, act., 1ʳᵉ conj., soulever, soulager ; R. *levis*, léger ;—*allevare*, soulager ;—*levamen* et *levamentum*, soulagement ;— *levatio*, f., action de soulever.

Promitto, is, isi, issum, ere, act., 3ᵉ c., promettre ; R. R. *pro*, en avant ; *mitto*, envoyer ; — *promissor*, m., prometteur ; — *promissivus*, adj., qui promet ;—*promissum, i*, n., 2ᵉ décl., promesse ; formé de *promitto* ; — *promissio*, f., promesse ; — *promissus, us*, m. (à l'abl. sing. seulement), promesse.

Placeo, es, cui et *citus sum, cere*, n., 2ᵉ c., M. R. plaire ; — *complacere*, plaire en même temps ; — *perplacere*, plaire beaucoup ; — *displicere*, déplaire.

Præter, prép. qui régit l'acc. ; M. R. auprès, excepté ;—*præterea*, adv., en outre ;—*præterquam*, conj., excepté que, outre que.

Polliceor, eris, citus sum, eri, dép., 2ᵉ c., promettre ; R. R. *polleo*, avoir le pouvoir de ;—*licere*, être permis ;—*pollicitatio*, f., *pollicitum*, n., promesse ;—*pollicitator, trix*, celui, celle qui promet.

Facilius, comparatif adv., plus facilement ; *facilis*, facile, *facilior*, plus facile, *facillimus*, très-facile; *facile*, facilement, *facilius*, plus facilement, *facillime*, très-facilement ; R. *facio*, faire ; — *faciliter*, adv., facilement ; — *facilitas*, f., facilité.

Mora, æ, f., 1ʳᵉ décl., M. R. retard ; — *morari*, tarder ; — *commorari*, s'arrêter, demeurer ; —*demorari*, demeurer ; retarder.

Perpetior, eris, essus, sum, eti, dép. 3ᵉ c., endurer jusqu'au bout ; R. R. *per*, tout à fait ; *patior*, souffrir (Ch. X). *A* du radical se change en *e* dans son composé *perpeti*. — *Perpessio*, f., action de supporter, d'endurer.

Pono, is, sui, situm, ere, act. 3ᵉ c., M. R. mettre, placer ; — *positura*, f., arrangement ; —*positio*, f., action de placer, position ; —*positivus gradus* (t. de gram.), le positif.

Ante, prép. qui régit l'acc., M. R. avant, devant (Ch. I).

Signum, i, n. 2ᵉ décl., M. R. signe, étendard ; signal (Ch. X) ; — *sigillum*, n., figurine, sceau, cachet ; —*signare*, indiquer par un signe, sceller ; —*significare* ou *ari*, indiquer, signifier ; —*assignare*, assigner ; —*consignare*, consigner ; — *designare*, dessiner, désigner ; — *insignis*, adj., qui a un signe remarquable ; — *resignare*, enlever le sceau de ; résigner.

Sto, stas, steti, statum, are, n., 1ʳᵉ c. M. R. se tenir debout ; —*stabilis*, adj., stable ; — *stabilitas*, f., stabilité ; — *stabilire*, affermir ; — *stabulum*, n., étable ; — *statim*, adv., de pied ferme, aussitôt ; —*statio*, f., repos, station ; — *Stator*, m., épithète donnée à Jupiter, qui arrête (les fuyards) ; —*statua*, f., statue ; —*status*, m., repos, état ; — *statura*, f., stature ; —*adstare*, se tenir près de, auprès.

Medicamentum, i, n., 2ᵉ décl., médicament, remède ; R. *medeor*, soigner (Ch. VII).

Sumo, is, psi, ptum, ere, act. 3ᵉ c., M. R. prendre ; — *sumptio*, f., prise ; —*sumptus, us*, m., dépense ; — *sumptuosus*, adj., somptueux ; — *sumptuositas*, f., somptuosité ; —*sumptuarius*, adj., somptuaire ; — *absumere*, dissiper, dévorer ; —*assumere*, prendre ; — *consumere*, consumer ; —*consumptio*, f., consomption ; —*præsumere*, prendre auparavant, présumer ; — *resumere*, reprendre.

Ita, adv., M. R. ainsi.

Enim, conj., M. R. car. —Se met après un mot.

Prædico, is, xi, ctum, ere, act. 3ᵉ c., dire d'avance ; assigner. R. R. *præ*, d'avance ; *dico*, dire ; —*prædictio*, f., prédiction.

Ægre, adv., avec peine. R. *æger*, malade (Ch. VI).

Purpuratus, a, um, adj., 1ʳᵉ c., revêtu de la pourpre. R. *purpura*, pourpre ; — *purpurare*, être brillant de pourpre ; —*purpurascere*, devenir pourpre ; —*purpurarius*, adj., qui concerne la pourpre.

Accipio, is, cepi, ceptum, ere, act., 3ᵉ c., recevoir. R. R. *ad; capio*, prendre.

Committo, is, isi, issum, ere, act. 3ᵉ c., confier. R. R. *cum; mitto*, envoyer; — *commissio*, f., union, représentation; — *commissum*, n., faute commise;—*commissura*, f., assemblage, commissure.

Spes, ei, f., 5ᵉ décl., espoir. R. *spero*, espérer.

Nuptiæ, arum, f., 1ʳᵉ décl., noces, mariage. R. *nubo*, se marier; — *nuptialis*, adj., nuptial;—*nuptiarius*, adj., de noces;—*nuptus, us*, m., noce, mariage.

Soror, oris, f., 3ᵉ décl. M. R. sœur.

Corrumpo, is, upi, uptum, ere, act., 3ᵉ c., corrompre. R. R. *cum; rumpo*, rompre;— *corruptor, trix*, celui, celle qui corrompt; — *corruptio*, f., altération, corruption ;—*corruptibilis, corruptivus, corruptorius*, adj., corruptible.

Metus, us, m., 4ᵉ décl. M. R. crainte; — *metuere*, craindre; — *meticulosus*, adj., craintif, méticuleux;—*præmetuere*, craindre d'avance.

Subjicio, is, eci, ectum, ere, act., 3ᵉ c., mettre sous, suggérer. R. R. *sub*, sous; *jacio*, jeter;—*subjector*, m., celui qui suppose; — *subjectio*, f., action de mettre sous;—*subjectum*, proposition, sujet.

Secretus, a, um, secret, part. passé passif de *secerno*, séparer, isoler. R. R. *se* (particule inséparable) à part ; *cerno*, séparer ;—*secrete, secretim, secreto*, adv., en secret ;— *secretarium*, n., lieu retiré.

Æstimatio, onis, f., 3ᵉ décl., estimation, jugement. R. *æstimo*, estimer ; — *existimare*, estimer, penser ;—*existimatio*, f., sentiment, estime.

Penso, as, avi, atum, are, act. 1ʳᵉ c., fréquentatif de *pendo*. M. R. peser, estimer ; — *pensum*, n., tâche ; — *pensio*, f., action de peser ;— *appendix*, f., addition à quelque chose ;—*compendium*, n., gain; abrégé; —*perpendere*, examiner ;—*expensum*, n., dépense.

Deterreo, es, ui, itum, ere, act., 2ᵉ c., détourner par la crainte, empêcher. R. R. *de*, de; *terreo*, j'effraie;—*terror*, m., terreur;—*terrificus*, adj., effrayant ;—*terribilis*, adj., terrible; — *absterrere*, détourner par la crainte;—*exterrere, perterrere*, épouvanter; — *interritus*, adj., intrépide.

Sapiens, tis, adj., sage. R. *sapere*, avoir du goût; être sage;—*sapientia*, f., saveur; sagesse;—*sapienter*, adv., sagement;—*sapor*, m., goût, saveur.

Longe, adv., loin. R. *longus*, long, éloigné;—*longinquus*, adj., éloigné; — *longinque*, adv., loin ; — *longanimitas*, f., longanimité;— *longum*, adv., longtemps, pour longtemps; — *prolongare*, prolonger; — *longinquare*, éloigner;—*oblongus*, adj., oblong.

Respublica, gén. et dat., *reipublicæ*, acc., *rempublicam*, abl., *re-*

publica, subt. composé, la chose publique, la république, la patrie. R. R. *res*, chose ; *publicus*, adj., public.

138. Quand un adjectif est joint à un substantif pour former un substantif composé, ils se déclinent l'un et l'autre.

On peut les écrire en deux mots distincts, et quelquefois même on les trouve séparés. *Rei totius publicæ otium*, Cic. Le repos de la république tout entière. Dans le sens de *la chose publique*, Cicéron emploie quelquefois *communis res*. Le pluriel *res publicæ*, répond à notre expression *les affaires publiques*.

Consulo, is, ui, ultum, ere, n., M. R. délibérer, veiller à (Ch. VI); —*consul*, m., consul; — *consulatus*, m., consulat; — *consularis*, adj., consulaire; — *consultum*, n., décret; — *consilium*, n., délibération, conseil; —*consiliarius* ou *consiliator*, m., conseiller.

Timeo, es, ui, ere, act. 2ᵉ c., M. R., craindre; — *timor*, m., crainte; —*timidus*, adj., timide; —*timide*, adv., timidement; — *timiditas*, f., timidité; — *extimescere*, être épouvanté.

Evenio, is, veni, ventum, venire, n. 4ᵉ c., arriver, survenir. R. *e* de; *venire*, venir; —*eventus, us*, m., événement; — *eventa, orum*, n. plur. de *eventum* ; peu usité au singulier.

Accido, is, idi, ere, n., tomber, arriver, survenir. R. R. *ad*, vers; *cadere*, tomber; — *accidens*, m., *accidentia*, f., accident, ce qui arrive, malheur.

Pœnitet, uit, ere, n., 2ᵉ c. se repentir. R. *pœna*, peine, châtiment; —*pœnitentia*, f., repentir; —*pœnitudo*, f., même sens.

Offendo, is, di, sum, ere, act. 3ᵉ c., heurter, rencontrer, offenser. R. R. *ob*, en face; *fendere* (inus.), exciter; — *offensio, offensa*, f., action de heurter, offense; —*offensare*, fréq., heurter souvent.

Vereor, eris, itus sum, eri, dép. 2ᵉ c., M. R. craindre, avoir une crainte mêlée de respect; —*verecundus*, adj., réservé, modeste; —*verecundia*, f., réserve, pudeur; — *verendus, reverendus*, adj., vénérable; *revereri*, respecter; —*reverentia*, f., respect.

Probo, as, avi, atum, are, act. 1ʳᵉ c. M. R. éprouver; prouver; — *probatio*, f., épreuve, preuve; — *probabilis*, adj., probable; — *probabiliter*, adv., probablement; — *approbare*, approuver; — *comprobare*, agréer; —*improbare*, désapprouver.

Quocirca, adv., synonyme de *itaque, quamobrem, quare, quapropter*, c'est pourquoi. R. R. *qui* ; *circa*, autour.

Mœreo, es (pas de parf.), *ere,* n., 2ᵉ c. M. R. être triste, s'affliger; — *mœror*, m., tristesse ; — *mœstus*, adj., triste ; — *mœstitia*, f. et *mœstitudo*, f., tristesse.

Invidus, a, um, adj. 1ʳᵉ cl., jaloux, envieux. R. R. *in*, sur; *vi-*

dere, voir, regarder ;—*invidere*, envier ;—*invidentia, invidia*, f., envie ; — *invidiosus*, adj., envieux ;—*invidiose*, adv., avec envie.

Præcipio, is, cepi, ceptum, ere, act. 3° c., prendre le premier ;— prescrire, ordonner. R. R. *præ*, avant ; *capere*, prendre ;—*præceptum*, n., précepte ;—*præceptor, trix*, qui enseigne ;—*præceptio*, f., opinion conçue d'avance ; précepte ; —*præceptivus*, adj., qui commande, qui enseigne.

139. *Nobismet.* Pour donner plus d'expression aux pronoms personnels, on ajoute la particule *met*, que l'on fait quelquefois suivre de *ipse, ipsa, ipsum*, Tous les cas des pronoms personnels peuvent prendre cette particule, excepté *nostrum, nostri, vestrum, vestri* et le nominatif *tu*. On augmente la détermination de ce dernier en le faisant suivre de la particule *te* : *tute;* et de même à son accusatif : *tete*.

C'est par l'effet du même redoublement qu'on forme, dans le même sens, *meme, tete.*

Met se trouve aussi quelquefois après *meus, tuus, suus* : *suosmet*. L'ablatif singulier de ces adjectifs est préférablement suivi de la particule *pte* : *suopte, suapte*.

Impero, as, avi, atum, are, n. et act. 1re c., ordonner, commander. R. R. *in*, pour ; *parare*, préparer ; — *imperativus*, adj. impératif ;— *imperator*, m., qui commande, empereur ;—*imperatum*, n., ce qui est commandé ; — *imperium*, n., empire ; — *imperialis*, adj., impérial ;— *imperiosus*, adj., impérieux.

Ignoro, as, avi, atum, are, act. 1re c., ignorer, ne pas savoir ; R. R. *in* priv. ; *gnarus*, de *narus* (arch.), qui sait.

140. *In*, en composition, se change en *im* devant *m, b, p*, en *il* devant *l*, en *ir* devant *r*, en *g* quelquefois devant *n*.

Ignarus, adj., qui ne sait pas ;—*ignoratio, ignorantia*, f., ignorance.

Quin, conj., que, ne. R. R. *qui*, ancienne forme de *quo; ne*.

Græci, orum, m., pl., M. R., les Grecs ; — *Græcia*, f., la Grèce ;— *græcus et graius*, adj., grec ;—*græce*, adv. en grec ; *græcitas*, f., langue, littérature grecque ;—*græcari*, vivre à la grecque ;—*græculus*, adj. dim., employé souvent comme terme de dérision.

Ratio, onis, f., 3e décl., manière, moyen, calcul ; raison, intelligence. R. *reor*, croire, penser ;—*rationalis*, adj., raisonnable ;—*ratiocinari*, compter, raisonner ; — *ratiocinatio, ratiocinium*, raisonnement.

Coerceo, es, ui, itum, ere, act. 2e c., contenir, réprimer. R. R. *cum*, avec ; *arcere*, contenir ;—*coercitio*, f., reproche, punition, contrainte.

Addubito, as, avi, atum, are, act. et n. 1re c., être porté à douter, avoir quelque doute. R. R. *ad*, vers ; *dubitare*, douter (R. *dubius*, douteux) ; — *dubitatio, addubitatio*, f., doute ; — *dubium*, n., doute ;—

dubiosus, dubitabilis, adj., douteux ; — *dubie*, ad., d'une manière douteuse ;—*indubitabilis*, adj., indubitable.

Utrum, adv. et conj., est-ce que ? si. R. *uter*, lequel des deux ;—*utervis, uterlibet*, adj., qui vous voudrez ;—*uterque*, adj., l'un et l'autre; — *utercumque*, adj., qui que ce soit ; — *utrinque, utrinsecus*, adv., de part et d'autre ; — *utroque*, adv., des deux côtés ; — *neuter*, adj., ni l'un ni l'autre.

Sciente, abl. sing. masc. de *sciens, entis*, part. prés. de *scio, is, ivi-ii, itum, ire*, act. 4ᵉ c., M. R. savoir ; — *inscius*, adj., qui ne sait pas ;— *scite*, adv., avec art ;—*scitari, sciscitare, sciscitari*, questionner, interroger ;—*sciscere*, apprendre, s'informer ;—*inscitia, inscientia*, f., ignorance ;—*præscire*, savoir d'avance ;—*præscientia*, f., prescience.

Imprudens, tis, adj., qui ne sait pas, imprudent. R. R. *in*, priv. ; *prudens*, sync. de *providens*, prévoyant, sage;—*imprudentia*, f., ignorance, imprudence ;—*imprudenter*, adv., par ignorance, imprudemment.

An, adv. et conj., M. R. est-ce que ? si.

Facio, is, feci, factum, ere, act. 3ᵉ c., M. R. faire. Les temps composés du passif de ce verbe existent seuls ; les autres temps de cette voix sont empruntés à un verbe dérivé du grec, au verbe *fio*, qui signifie *je suis fait* et *je deviens*.—Indicatif.—Prés. : *Fīo, fīs, fīt, fīmus, fītis, fīunt* ; imparf. : *fiebam* ; parf. : *factus sum* ; plus-q.-parf. : *factus eram* ; fut. : *fiam, fies* ; fut. pas. : *factus ero*. Impératif : *fī* ou *fīto, fīto, fīte* ou *fītote, fīunto*. Subjonctif.—Prés : *fīam, fīas* ; imparf. : *fĭĕrem* ; parf. : *factus sim* ; plusq.-parf. : *factus essem*. Infinitif.—Prés. : *fĭĕri* ; parf. : *factum esse* ; fut. : *factum iri* ; part. pass. : *factus, a, um* ; part. fut. : *faciendus, a, um* ; supin, *factu*.—Dans ce verbe *fī* est long dans les mots où *r* n'entre pas ; il est bref dans le cas contraire.

CHOIX ET DISPOSITION DES MOTS.

Strenuum remedium, un remède actif, prompt.—*Strenuus* vient d'un mot grec dont le sens propre est *qui se dépouille du joug*; d'où, *vif, indomptable*. Le mot latin a conservé le même sens et, en beaucoup de cas, le même emploi ; il signifie *actif, vif, prompt, diligent, intrépide, brave*, selon le mot qu'il qualifie.

141. *Nulli placebat*.—On pourrait dire *nemini placebat*, attendu que *nemo* est synonyme de *nullus*, quand il s'agit de personnes. *Nemo* remplace même *nullus* adjectif : *nemo hostis*, Cic. Aucun ennemi. On dirait également bien *nemo hostium*, au lieu de *nullus hostis*. On dirait encore *nec quisquam ex hostibus*.

Quand ces mots sont accompagnés de *et*, il est élégant de les remplacer par *nec ullus* ou *nec quisquam*, comme on dit *nec unquam* pour *et nunquam*. (Ch. VI.)

On emploie souvent en latin deux négations pour produire une affirmation ; mais il est bon d'observer que *nemo*, *nullus* ont un sens différent suivant la place occupée par *non*. Ainsi *non nemo* signifie quelqu'un ; *nemo non* signifie chacun.

142. Au lieu de *aio non, dico non*, on emploie *nego* : *Negat Parmenionem esse fidum;* il dit que Parménion n'est pas fidèle. De même au lieu de *jubere non*, on emploie *vetare*.

143. *Inquam*, dis-je, est souvent sous-entendu, surtout dans le dialogue. Si on l'exprime, il vaut mieux le placer après un ou deux mots qu'au commencement du discours.

Aio est moins employé que *inquam* dans le sens de *dis-je*.

144. *Non queo* est préférable à *nequeo*, mais *nescio* ou *haud scio* est préférable à *non scio*.

Esse levaturum, devant enlever.— Le verbe français *devoir*, employé pour exprimer simplement le futur ne se rend pas en latin par *debere* ; on se sert d'un futur soit de l'indicatif, soit de l'infinitif, soit du participe.

145. *Longe abesse*, être bien éloigné. — L'adverbe *longe*, longuement, loin, longtemps, forme régulièrement son comparatif *longius* et son superlatif *longissime*. Il a le sens de *procul, longinquo, multum, valde*. On le joint bien aux verbes, aux adjectifs et aux adverbes. *Longissime abesse a vero*, Cic. Être fort éloigné de la vérité. *Longe lateque peregrinari.* Cic. Voyager au loin (en long et en large). *Longe aliter*, Cic. Bien autrement. *Vir longe post natos homines improbissimus*, Cic. De beaucoup le plus méchant des hommes qui ont existé.

SYNTAXE.

146. DIVERSES MANIÈRES D'EXPRIMER LE COMPLÉMENT D'UN SUPERLATIF.

Fidissimus purpuratorum exprime l'idée superlative simple.

Fidissimus e purpuratis exprime le superlatif en ajoutant une idée d'origine : *Le plus fidèle tiré de l'ordre des grands;* comme on dirait : *Medicus e Macedonia*, un médecin de Macédoine.

Fidissimus de purpuratis, ajoute au superlatif une idée d'appartenance : *Le plus fidèle des grands de sa cour.* C'est une raison analogue à celle qui fait employer *de* dans les phrases du genre de celles-ci : *Mitte ad nos de tuis aliquem tabellarium*. Cic. Envoyez-nous un de vos messagers.—*Hominemque certum misi de comitibus meis*, Cic. Et j'ai envoyé un homme sûr d'entre mes compagnons.

Fidissimus in purpuratis signifie *le plus fidèle dans le nombre des grands, parmi ceux qui font partie des grands.*

Fidissimus inter purpuratos, ajouterait une idée d'excellence, de distinction.

Quand on veut marquer une supériorité, une excellence relative, on peut prendre une tournure analogue à celle-ci : *Romulus fuit longe ante alios acceptissimus*, Liv. Romulus fut avant tous les autres le mieux agréé.

147. *Præcipitur, ut imperemus.*
Il nous est prescrit de commander.

Après *volo, nolo, malo, jubeo, præcipio, impero*, on emploie la proposition infinitive; mais on peut se servir de la proposition personnelle avec *ut* et le subjonctif, surtout quand ces verbes sont, comme dans cet exemple, pris impersonnellement.

Darius Artabazum acciri jubet, Curt. Darius fait appeler Artabaze.
Volo ut mihi respondeas, Cic. Je veux que vous me répondiez.
Ego vero me minus diu senem esse mallem, quam... Cic. J'aimerais mieux être vieux moins longtemps, que...

Si le verbe principal est au présent ou au futur, le verbe subordonné se met au présent du subjonctif : *Præcipitur, ut ratio coerceat.*

Si le verbe principal est un temps passé, il est suivi de l'imparfait du subjonctif : *Tibi præcepi ut imperares.* On emploie aussi quelquefois le parfait du subjonctif pour donner plus d'expression au désir, à la volonté : *Tibi præcepi ut veneris.* Je t'ai recommandé de venir (tu aurais dû venir, en quelque sorte, avant que je te l'eusse recommandé).

Mais si l'idée de la subordonnée est indépendante de toute condition de temps, cette subordonnée reste au présent, quel que soit le temps du verbe principal. C'est ainsi que nous disons : J'ai toujours cru que Dieu *existe*, et non *existait*.

Après les verbes de souhait, de désir, de conseil, d'ordre, on peut le plus souvent sans inconvénient et souvent même avec élégance, supprimer la conjonction : *Volo prius habeat orator rem, de qua dicat*, Cic. *Jube maneat*, Tér. Ordonne-lui de rester.

Ut se change en *ne* si la subordonnée est négative (Ch. VIII). *Præcipi potest, ne intemperata quædam benevolentia impediat magnas utilitates amicorum*, Cic. On peut recommander de ne pas entraver...

On dit *facere, agere, curare, dare operam, videre, studere ut*, faire en sorte, veiller à ce que. On supprime bien la conjonction : *Data est opera ut sciretur*, Cic. On eut soin de faire savoir. *Fac valeas*, Cic. Fais en sorte de te bien porter.

Avec *curare*, avoir soin, *suscipere*, entreprendre, *censere*, être d'avis, etc. on emploie également la tournure suivante : *Litteras ad me perferendas curavit.* Il eut soin de me faire porter la lettre.

Cupere, optare, désirer, *statuere,* décider, *mandare,* mander de faire quelque chose, *cogere,* forcer, *impellere,* pousser à, *hortari,* exhorter à, *merere,* mériter de, *meminisse,* se souvenir, *referre, interesse,* importer, se trouvent souvent avec *ut ;* mais ils sont aussi suivis de la proposition infinitive.

Claudius statuit vexare rempublicam, Cic. Clodius résolut de tourmenter la république.

Statuunt ut tentent, Ov. Ils prennent la résolution de tenter.

Quæ causa te impulit, ut ita faceres ? Cic. Quel motif t'a poussé à agir ainsi ? Après *impellere* et les analogues, on emploie aussi *ad* et le gérondif ou le participe futur. (Ch. VIII.)

Impelli ad aliquid faciendum, Cir. Être poussé à faire quelque chose.

Ego vos hortari tantum possum, ut amicitiam omnibus rebus humanis anteponatis, Cic. Je puis seulement vous exhorter à préférer l'amitié à toutes les choses humaines.

Vi cœpi cogere ut rediret, Tér. Je me mis à le forcer de revenir.

Quin etiam necesse erit cupere et optare, ut quam sæpissime peccet amicus quo.., Cic. Bien plus, il faudra désirer et souhaiter que notre ami commette très-fréquemment des fautes, afin que...

Respondit se meruisse, ut maximis honoribus decoraretur, Cic. Il répondit qu'il avait mérité d'être comblé des plus grands honneurs. Au lieu de *merere,* on emploie plus souvent *dignus, indignus esse, ut,* ou mieux *qui,* avec le subjonctif. On trouve quelquefois *cur* au lieu de *ut,* après *merere.* Ce verbe est aussi usité avec la forme déponente.

Mea magni interest, te ut videam, Cic. Il m'importe beaucoup de te voir. *Permagni nostra interest te esse Romæ,* Cic. Il nous importe extrêmement que tu sois à Rome.

On met la proposition personnelle après *precari, rogare,* prier, *suadere,* conseiller, *petere,* demander, *sinere, permittere,* permettre, *non committere,* ne pas commettre la faute de, *quæso,* je prie instamment, *obsecro,* je supplie, etc. On supprime bien la conjonction avec *precor,* et *peto.*

Quæso et *obsecro* s'emploient mieux entre deux virgules, comme *spero,* j'espère, *fateor,* j'avoue, *opinor, arbitror,* je pense, *credo,* je crois.

Petebat, uti filiam suam nuptiis Alexander sibi adjungeret, Curt. Il demandait qu'Alexandre épousât sa fille.

Iste petit a rege et eum pluribus verbis rogat ut id ad se mittat, Cic. Celui-ci demande au roi de le lui envoyer, et il l'en supplie par force paroles.

Ad te postulo ut mihi concedas, Cic. Je vous demande de m'accorder.

Obsecro vos ut animadvortatis (pour *animadvertatis*), Sall. Je vous supplie de remarquer. *Id uti permittatis, quæsumus*, Liv. Nous vous supplions de le permettre.

Non committam, ut me accusare possis, Cic. Je me garderai bien de vous donner sujet de m'accuser.

Quis Antonio permisit, ut et partes faceret ? Cic. Qui a permis à Antoine de faire les parts ?

Sini animum ut expleret suum, Tér. Je l'ai laissé se contenter.

Id ou *in id studere*, ou simplement *studere ut*, a le sens de *in hoc incumbere, in hoc operam ponere ut* ; s'étudier à, s'attacher à.

Id student, in hoc operam ponunt, in hoc incumbunt ut noceant. Ils s'attachent, ils s'occupent à nuire.

Id studebat ne, Liv. Il cherchait à empêcher que.

Monere prend la proposition infinitive quand il signifie *faire savoir* : *Mone illum me advenisse*, avertissez-le (faites-lui savoir) que je suis arrivé. Il prend aussi la proposition infinitive, mais mieux la proposition personnelle, quand il signifie *recommander* : *Monet igitur ut caveat, ne prœlium ineat*, Cic. Il l'avertit, il lui recommande de se garder d'engager le combat.

148.   *Denunciabat ne committeret.*
Il lui annonçait de ne pas confier.

Quand le verbe principal exprime un effort, un désir d'empêcher, il est suivi de *ne*, avec le subjonctif.

Denunciabat marque ici *le désir d'empêcher* par rapport à *committeret*, tandis qu'il est simplement énonciatif par rapport à *corruptum esse*; de là, la différence des modes dans ces deux verbes subordonnés.

Cet exemple montre d'une manière bien palpable que ce n'est pas, à proprement dire, après tel ou tel verbe, après tel ou tel membre de phrase, mais bien après telle ou telle acception que le subjonctif doit être employé, et qu'il doit être accompagné de l'une ou de l'autre des conjonctions qui servent à le lier. Il est toutefois des verbes et des membres de phrase qui, comme nous l'avons déjà vu et comme nous le verrons encore, sont les précurseurs naturels du subjonctif parce qu'ils en réveillent par eux-mêmes la condition.

149.   *Timebam ne evenirent ea.*
Je craignais que ces choses n'arrivassent.

Les verbes *timere, vereri*, craindre, *vetare, impedire, officere, intercedere*, empêcher, mettre obstacle, *cavere*, prendre garde, *repugnare, obstare*, s'opposer à, *recusare*, refuser, et leurs analogues, sont suivis de *ne* avec le subjonctif. Ceux qui marquent empêchement se construisent aussi avec *quominus*.

Sententiam ne diceret, recusavit Regulus, Cic. Régulus refusa de dire son avis.

Cavendum autem est, ne extra modum prodeas, Cic. Mais il faut vous garder d'aller au delà des bornes.

Regem deterrere voluit, quominus medicamentum biberet, Curt. Il voulut détourner le roi de prendre la potion.

Orator, metuo, ne languescat senectute, Cic. Je crains que l'orateur ne faiblisse pas l'âge.

Vetare est plus ordinairement suivi de la proposition infinitive. *Il défendit de retrancher le camp* se traduira par *vetuit ne quis castra vallo muniret*, ou par *castra vallo munire vetuit;* et mieux par l'infinitive passive, comme après *jubeo* (Ch. VIII), *castra vallo muniri vetuit.*

150. *Vereor ut probem.* — Je crains de ne pas prouver.

Quand on craint qu'une chose n'arrive pas, le verbe qui exprime la crainte, *vereri, timere, metuere*, etc., prend la force d'un verbe de désir, et est dès lors suivi de *ut*. Cette particularité est toute naturelle, mais il est important de la remarquer.

Videris vereri ut epistolas tuas acceperim, Cic. Vous paraissez craindre que je n'aie pas reçu vos lettres (vous désirez que je les aie reçues).

151. *Non deterret sapientem mors, quominus consulat.*
La mort n'empêche pas le sage de veiller.

Quand la principale marquant obstacle ou refus est négative ou interrogative, la subordonnée prend *quin* ou *quominus* avec le subjonctif.

Epaminondas non recusavit, quominus legis pœnam subiret, Nep. Epaminondas ne se refusa pas à subir la peine marquée par la loi.

Per me non stat, il ne dépend pas de moi, se construit avec *quin*, mais mieux avec *quominus*.

152. *Quis ignorat, quin tria sint...*
Qui ignore qu'il y a trois...

La subordonnée se construit avec *quin* après les expressions suivantes et leurs analogues : *non possum*, je ne puis ; *facere non possum*, je ne puis faire ; *fieri non potest*, il ne peut arriver ; *nihil causæ est, nulla causa est*, il n'y a pas de motif ; *quid causæ est ?* quel motif y a-t-il ? *quis est ?* quel est celui qui ? *nihil est*, il n'y a rien qui ; *non multum* (ou *procul*) *abest*, il ne s'en faut pas beaucoup ; *vix resisto, ægre abstineo*, j'ai peine à m'empêcher ; *mihi non tempero*, je ne puis m'empêcher ; *deesse mihi nolo*, je ne veux pas manquer de ; *non dubito*, je ne doute pas ; *non dubium est,* il n'est pas douteux ; *quis dubitat ?* qui doute ? *non me fallit,* je n'ignore pas ; *quis ignorat ?* qui ignore ?

Quum igitur hic locus nihil habebat dubitationis, quin homines plurimum hominibus et prosint et obsint, Cic. Puisqu'il est hors de doute que ce sont les hommes qui sont le plus utiles et le plus nuisibles à leurs semblables.

Quis est, quin cernat...? Cic. Quel est celui qui ne voit pas... ?

Nil tam difficile est, quin quærendo investigari possit, Tér. Il n'est rien de si difficile qu'on ne puisse découvrir en cherchant.

Deesse mihi nolui, quin te admonerem, Cic. Je n'ai pas voulu manquer de vous avertir.

Dubium est, quin fundos et insulas amicis anteponamus ? Cic. Qui doute que nous ne préférions nos maisons et nos domaines à nos amis ?

Quin provient de *qui ne,* que ne, de *qui,* ancien ablatif pour *quo, qua,* et signifiant *pourquoi, par quoi.* La subordonnée précédée de *quin* contient pour cette raison un sens négatif plus ou moins prononcé.

153. *Illud addubitat, utrum Tiribazo sciente an imprudente sit factum.*—Il doute si cela fut fait au su ou à l'insu de Tiribaze.

Après une expression de doute, d'incertitude, la subordonnée se construit avec *an, num* ou quelquefois *ne* enclitique. Si le doute ou l'incertitude porte sur plusieurs membres subordonnés à une même principale, le premier membre se construit avec *utrum* et les autres avec *an, ne* ou *anne.*

Les verbes *refert, interest,* il importe, sont soumis à la même règle.

Permultum interest, utrum perturbatione aliqua animi, an consulto fiat injuria, Cic. Il importe beaucoup de savoir si une injustice a été commise par quelque mouvement déréglé de l'âme ou de propos délibéré.

Haud scio, an ulla beatior esse possit, Cic. Je ne sais s'il peut en exister une plus heureuse.

Quærendumque utrum una species sit earum, anne plures, Cic., Et il faut examiner s'il y en a de plusieurs espèces ou d'une seule.

154. *Me pœnitet quod te offenderim.*
Je me repens de vous avoir offensé.

Gaudeo, lætor, je me réjouis ; *me pudet,* j'ai honte ; *me pœnitet,* je me repens ; *miror, admiror,* je suis surpris ; *laudo,* je loue ; *accuso,* j'accuse ; *queror,* je me plains ; *doleo,* je m'afflige, etc., se joignent à une subordonnée par la conjonction *quod,* de ce que, après laquelle on met le subjonctif : 1° si le motif de joie, de peine, de repentir, n'est pas présenté d'une manière entièrement affirmative ; 2° si la principale est elle-même la subordonnée d'une autre principale exprimée ou sous-entendue; 3° si l'on rapporte la pensée d'un autre.

Gaudeo quod tibi profuerim, je me réjouis de vous avoir été utile (de ce que j'ai pu vous être utile en quelque chose ; il ne m'appartient pas de présenter comme formel le service que j'ai rendu).

Dolebant milites, quod rex æger erat, les soldats étaient affligés de la maladie du roi (le roi était certainement malade).

Quærebatur quod omnibus in rebus homines diligentiores essent, Cic. Il se plaignait de ce que les hommes étaient trop soigneux pour toutes leurs affaires (Cicéron rapporte la pensée d'un autre).

Ces verbes peuvent être aussi suivis de la proposition infinitive.

On met encore *quod* après *irasci*, se mettre en colère, *reprehendere*, blâmer, *vitio dare* ou *vertere*, reprocher, *gratulari*, féliciter, *misereri*, avoir pitié, *consolari*, consoler. Il en est de même des substantifs ou de toute autre expression d'un sens analogue à celui de ces verbes.

Me una consolatio sustentat, quod.... Une consolation me soutient, c'est que...

Quod peut se trouver à la tête d'une incise, avec le sens de *autant que, tant que*. Il est alors suivi de l'indicatif quand l'affirmation porte sur un fait réel et bien déterminé ; il est suivi du subjonctif quand il signifie *autant, en tant que puisse, que pourrait*.

Alexander, quod apud Curtium invenitur, in Asia mortuus est. Alexandre, d'après Quinte-Curce, mourut en Asie (il est certain que Q. Curce le dit).

Aristides unus post hominum memoriam, quod quidem nos audierimus cognomine justus appellatus est, Nep. Aristide, en tant que nous puissions l'avoir appris, fut le seul, de mémoire d'homme, qui reçut le surnom de Juste.

Quod sciam, que je sache (autant que je puisse savoir).

Quod signifie quelquefois *que, depuis le temps que;* alors il est suivi de l'indicatif.

Tertius dies est, quod Philippus medicamentum diluit. Il y a trois jours que Philippe a préparé le médicament.

III. Exercices.

EXERCICE PRÉPARATOIRE.

1 — Marquer la quantité des syllabes soulignées : Stre*nu*um—Reme*di*um—Po*ti*one—Leva*tu*rum—Pro*mi*sit—Polli*ce*batur—A*r*ma—Po*si*tam—Sta*re*—Sump*tu*rus—Qu*i*bus—Ne (de peur que)—Commi*tt*eret—Me*tus*

CHAP. IX. — EXERCICE PRÉPARATOIRE — COMPOSITION.   177

(nom. sing.) — Corrupit — Abesse — Reipublicæ — Suisque — Timebam — Evenirent — Eaquæ — Pœnitet — Offenderim — Tibi — Ipsi.

2 — On vint (*venire*) — On arriva (*pervenire*) — On court à la mort (*currere*) — Il faut demander que (*orare*) — On doit désirer que (*optare*) — On annoncera — Il valait mieux — Il vaudra mieux — On combattit (*pugnare*).

3 — Nous nous repentons — Elles se repentent — Tu te repens — Ils se repentaient — Vous vous repentiez — Je me suis repenti — Vous vous êtes repentis — Nous nous étions repentis — Tu t'étais repenti — Tu te repentiras — Nous nous serons repentis — Il se sera repenti — Qu'elle se repente — Que je me repente — Que vous vous repentissiez — Que nous nous soyons repentis — Que vous vous fussiez repenti.

4 — Tu as honte — Nous avons honte — Il eut honte — Elle eut honte — Vous aviez honte — Nous avions honte — J'avais eu honte — Nous aurons honte — Elle aura honte — Que tu aies honte — Que nous ayons eu honte — Que vous eussiez eu honte — Avoir honte.

5 — Tu pouvais (*queo*) — Tu pourras — Tu as pu — Tu avais pu — Tu auras pu — Qu'il puisse — Que nous puissions — Que tu pusses — Qu'ils eussent pu — Tu ne peux pas — Ils ne peuvent pas — Nous ne pouvions pas — Je ne pourrai pas — Tu ne pourras pas — Je n'ai pas pu — Je n'avais pas pu — Je n'aurai pas pu — Que je n'aie pas pu — Que je n'eusse pas pu.

6 — Ils disaient (*aio*) — Nous disions — Il a dit (*fari*) — Elle a dit — Il avait dit — Ils avaient dit — Quelqu'un dira ceci — Ils s'étaient souvenus — Ils se souvinrent — S'être souvenu — Tu t'es souvenu — Nous devenions — Nous devînmes — Nous étions devenues — Nous deviendrons — Qu'ils devinssent — Qu'elle soit devenue — Qu'il devienne.

7 — Le plus prompt des remèdes — Il commande (*imperare*) aux médecins d'apporter un remède — Il commande aux médecins de ne pas apporter de remède — Il eut soin que cela fût fait — Ayez soin de prendre le médicament — Nous promettons de faire disparaître la maladie — Cela me plaît — Il a été permis au roi de se présenter (*stare*) devant les drapeaux — Ils s'étudient à tout souffrir — Prends garde de lui confier ton salut — Je crains qu'il ne se rétablisse pas — Je crains qu'il ne meure — Quel est celui qui ne l'a pas vu ? — Je me réjouis de ce qu'il a reçu ma lettre — Ordonnez-lui de fuir.

COMPOSITION.

1 — Il faut que la force de la maladie disparaisse (soit enlevée) devant les yeux de tous.

2 — Ils ne peuvent pas apporter de remède.

3 — Philippe dit oui, Alexandre dit non.
4 — Je dis que tu as pris la potion.
5 — A peine avait-il dit ces (choses).
6 — Souviens-toi que tu es ma sœur.
7 — Qui ne voit quel remède est apporté par la potion médicinale?
8 — Quelle chose s'oppose à ce que l'on fasse disparaître une maladie si violente?
9 — Aucune chose ne plaisait à Alexandre, si ce n'est cela même que Philippe avait promis.
10 — Je ne sais pas ce qu'il avait promis; mais je pense que le plus fidèle des médecins n'avait pu être corrompu par Darius pour deux cents talents.
11 — Ayant peine à supporter la lettre par laquelle on lui annonçait de ne confier son salut à personne, il pesa en lui-même (par une estimation secrète) la promesse du médecin.
12 — Les médecins disaient donc que le roi n'avait pas pris le médicament avant le cinquantième jour.
13 — Je ne doute pas qu'il n'eût souffert plus facilement le retard, s'il avait pu seulement avoir sous les yeux et l'armée et les armes.
14 — Je ne parle pas de moi, mais de Philippe, médecin d'Alexandre.
15 — Car Alexandre, par sa force d'âme, pouvait supporter la mort plus facilement que le retard.
16 — Tu sais bien (si toutefois tu t'en souviens) que je te l'ai dit.

REPOS DE L'ÉTUDE.

CANIS NATANS.

Amittit merito proprium, qui alienum appetit.
Canis per flumen carnem dum ferret natans,
Lympharum in speculo vidit simulacrum suum;
Aliamque prædam ab alio deferri putans,
Eripere voluit: verum decepta aviditas,
Et quem tenebat ore, dimisit cibum;
Nec quem petebat, potuit adeo attingere. (PHÈDRE.)

Natare, nare, nager; — *amittere,* perdre; — *proprium, ii,* n., son propre bien; — *petere, appetere, optare, peroptare,* désirer, rechercher, convoiter.; — *caro, carnis,* f., chair, viande; — *lympha, æ,* f., aqua; — *simulacrum, imago, effigies, forma;* — *decipere,* tromper; — *os, oris,* n., gueule, bouche; — *dimittere,* lâcher; — *cibus, esca,* nourriture, proie; — *adeo,* bien plus, même; — *attingere,* atteindre.

CHAPITRE DIXIÈME.

1. Pratique.

« Bĭbere persēvērem, ut, si vēnēnum datum fuerit, ne immĕrĭtō quĭdem quidquid accĭderit evenisse vĭdeatur? Damnem medici fĭdem? In tabernaculo ergŏ me opprĭmi pătiar? At sătius est ălĭēno me mŏri scĕlere quam metu meo. » Dĭū animo in dīversa versato, nulli quid scriptum esset ēnunciat; ĕpistŏlamque, sĭgillo annŭli sui impressam, pulvīno cui incumbebat, subjecit.

Inter has cogĭtātiones bĭduo absumpto, illuxit a medico destĭnatus dies, et ille cum pōcŭlo in quo mĕdĭcāmentum dīluerat, intravit. Quo viso, Alexander, levato corpore in cŭbĭtum, epistolam a Parmenione missam sĭnistra manu tenens, accepit poculum et hausit interritus.

TRADUCTION LITTÉRALE.

« Bibere perseverem, ut, si venenum datum fuerit,
A boire   persisterai-je,   le poison

ne immerito quidem quidquid acciderit evenisse videa-
pas sans raison   même

tur? Damnem medici fidem? In tabernaculo ergo me
     Condamnerai-je   la fidélité?

opprimi patiar? At satius est alieno me mori
être accablé souffrirai-je? Mais mieux il est étranger   mourir

scelere quam metu meo. » Diu animo in diversa
d'un crime   Longtemps (son) esprit en divers (côtés)

versato, nulli quid scriptum esset enunciat;
ayant été tourné,   il fait savoir;

epistolamque, sigillo annuli sui impressam, pulvino cui
la lettre et du sceau de l'anneau empreinte, à l'oreiller

incumbebat, subjecit.
il était couché il mit sous.

Inter has cogitationes biduo absumpto, illuxit a
Entre   pensées   deux jours ayant été pris, luit

medico destinatus dies, et ille cum poculo in quo
       destiné   avec une coupe

medicamentum diluerat, intravit. Quo viso, Alexander,
le médicament il avait délayé, entra. Cela ayant été vu, Alexandre,

levato corpore in cubitum, epistolam a Parmenione
soulevé son corps sur le coude,

missam sinistra manu tenens, accepit poculum et
envoyée gauche de la main tenant, reçut

hausit interritus.
avala   non effrayé.

TRADUCTION FRANÇAISE.

« Persisterai-je à boire cette potion, de sorte que, si elle est empoisonnée, ce qui en résultera ne paraîtra pas être arrivé sans raison ? Condamnerai-je la fidélité de mon médecin ? Me laisserai-je accabler dans ma tente ? Mais je préfère mourir victime du crime d'un autre que de mes craintes. » Son esprit ayant ainsi balancé entre des partis divers, il ne fait connaître à personne ce qu'on lui a écrit; et après avoir mis sur la lettre l'empreinte de son anneau, il la plaça sous l'oreiller sur lequel il reposait.

Deux jours s'étant écoulés au milieu de ces réflexions, le jour fixé par le médecin arriva, et celui-ci entra avec la coupe dans laquelle il avait préparé le médicament. Alexandre, à cette vue, se souleva sur son coude, et tenant de la main gauche la lettre de Parménion, il prit la coupe et l'avala hardiment.

TRADUCTION ALTERNATIVE.

« Perseverem bibere,	Persisterai-je à boire,
ut, si venenum datum fuerit,	de sorte que, si du poison a été donné
quidquid acciderit	tout ce qui sera arrivé
videatur evenisse	paraisse être arrivé
ne quidem immerito ?	pas même sans raison?
Damnem fidem medici ?	Condamnerai-je la fidélité du médecin ?
Ergo patiar	Je souffrirai donc
me opprimi in tabernaculo ?	moi être accablé dans ma tente?
At satius est	Mais il vaut mieux
me mori scelere alieno	moi mourir par un crime étranger
quam metu meo. »	que par ma crainte.
Animo versato diu	Son esprit ayant été tourné longtemps
in diversa,	en divers côtés,
enunciat nulli	il ne fait connaître à personne
quid scriptum esset ;	ce qui avait été écrit;
que subjecit epistolam	et il plaça la lettre
impressam sigillo	empreinte du sceau
annuli sui.	de son anneau
pulvino cui incumbebat.	sous l'oreiller sur lequel il était couché.
Biduo assumpto :	Un espace de deux jours étant pris,

dies destinatus a medico	le jour fixé par le médecin
illuxit, et ille	luit, et celui-là
intravit cum poculo	entra avec une coupe
in quo diluerat medicamentum. .	dans laquelle il avait délayé le médicament.
Quo viso, Alexander.	Cela ayant été vu, Alexandre
tenens manu sinistra	tenant de la main gauche
epistolam missam a Parmenione .	la lettre envoyée par Parménion,
corpore levato in cubitum, . . .	le corps étant soulevé sur le coude,
accepit poculum,	il reçut la coupe
et hausit interritus.	et l'avala non effrayé.

CONVERSATION.

QUESTIONS.	RÉPONSES.
En dépit de quoi persistera-t-il à boire le remède ?	Etiamsi venenum datum fuerit.
Qu'est-ce qui ne paraîtra pas être arrivé sans raison ?	Quidquid acciderit.
Que condamnera-t-il ?	Medici fidem.
Que souffrira-t-il dans sa tente ?	Opprimi.
Que vaut-il mieux pour lui ?	Alieno mori scelere quam metu suo.
Comment flottait son esprit ?	In diversa.
Qu'est-ce qu'il ne fait connaître à personne ?	Quid scriptum esset.
Où mit-il la lettre ?	Pulvino cui incumbebat.
Comment passa-t-il ces deux jours ?	Inter has cogitationes.
Qu'est-ce qui succéda à ces deux jours ?	A medico destinatus dies.
Qu'était-ce que la coupe apportée par Philippe ?	Poculum in quo medicamentum diluerat.
Comment se plaça Alexandre en le voyant ?	Corpus in cubitum levavit.
Comment tenait-il la lettre ?	Sinistra manu.
Que fit-il de la coupe ?	Hausit.
Comment but-il le breuvage ?	Interritus.

PHRASÉOLOGIE.

A TRADUIRE EN FRANÇAIS.	A TRADUIRE EN LATIN.
Haud immerito quidquid accidit evenisse videtur.	Tout ce qui est arrivé ne paraît pas être arrivé sans raison.
Medici mei fidem damnare perseverem ?	Persisterai-je à me défier de la fidélité de mon médecin ?
At satius est me in tabernaculo opprimi quam spe nuptiarum sororis ejus corrumpi.	Mais il vaut mieux que je périsse dans ma tente que de me laisser corrompre par l'espoir d'épouser sa sœur.
Quid scriptum sit enunciem ?	Ferai-je connaître ce qui a été écrit ?
Veneno me opprimi patiar ?	Souffrirai-je qu'on m'anéantisse par le poison ?
Venenum accipere quam dare satius est.	Il vaut mieux recevoir que donner le poison.
In poculo diluta fuerunt medicamenta.	Les médicaments furent préparés dans la coupe.
Nulli quid scribas enunciabo.	Je ne dirai à personne ce que vous écrivez.
Epistola quam scribis nulli enunciabitur.	Personne ne connaîtra la lettre que vous écrivez.
Pulvinus cui rex incumbebat Parmenionis sigillo impressus est.	Le coussin sur lequel reposait le roi reçut l'empreinte du cachet de Parménion.
Animo in diversa versato, medicamentum diluit et, poculo accepto, in tabernaculum intravit.	Après avoir flotté entre diverses pensées, il prépara le médicament et, prenant la coupe, il entra dans la tente.
Inter has cogitationes a Parmenione missa est epistola.	Au milieu de ces réflexions une lettre fut envoyée par Parménion.
Levato corpore in cubitum, epistolam accepit interritus.	S'étant soulevé sur son coude, il prit la lettre sans crainte.
Sigillum manu tenebat.	Il tenait un cachet à la main.
Post biduum in tabernaculum intravit.	Deux jours après il entra dans la tente.

II. Analyse et Théorie.

DES CONJONCTIONS.

Les conjonctions sont des mots simples ou composés; elles peuvent en outre être formées par plusieurs mots et prennent alors le nom de *locutions conjonctives*. Il n'est pas exact de dire que certaines conjonctions gouvernent le subjonctif, comme il n'est pas exact non plus de dire que les prépositions gouvernent tel ou tel cas, attendu que c'est réellement le sens et non le mot qui amène le subjonctif ou les cas; mais on se sert communément de ce langage pour fixer plus facilement les idées.

Et, que, ac, atque, et.
Vel, aut, ve, ou.
Neque, nec, ni.
Si, si.
Sin, sin autem, mais si.
Si modo, si toutefois.
Sive, seu, soit que.
Sive, seu, (répétés), soit... soit.
Etsi, etiamsi, tametsi, quoique.
Si minus, sin minus, sin aliter, sinon.
Nisi, ni, à moins que.
Sed, at, verum, vero, autem, mais.
Nam, enim, namque, quippe, car.
An, num, utrum, ne (enclit.), si.
Ut, afin que, dès que, comme.

Ne, de peur que.
Dum, dummodo, modo, pourvu que.
Quum, lorsque, puisque.
Imo, de plus, bien plus.
Ideo, idcirco, itaque, quare, c'est pourquoi.
Igitur, ergo, donc.
Præterea, outre cela, en outre.
Antequam, priusquam, avant que.
Postquam, après que.
Quasi, perinde ac si, comme si.
Sicut, velut, tanquam, comme.
Tamen, attamen, cependant.
Atqui, porro, or.
Quia, quoniam, quod, parce que.

LEXIOLOGIE.

Bibo*, is, bibi, bibitum, ere,* act. 3ᵉ c. ; M. R. boire ;—*bibo, onis,* m., ivrogne ;—*bibax, bibosus,* adj., buveur ;—*combibere,* boire ensemble ;—*combibo,* m., camarade d'ivrognerie.

Persevero*, as, avi, atum, are.* n. 1ʳᵉ c., persévérer, s'opiniâtrer. R. R. *per ; severus,* rigoureux, opiniâtre ;—*perseverans,* adj., persévérant ; — *perseveranter,* adv., avec persévérance ;—*perseverantia,* f., persévérance.

Venenum*, i,* n. 2ᵉ décl., M. R. venin, poison ; — *venenosus,* adj., vénéneux ;—*veneficus,* adj., venimeux ; subst., empoisonneur ;—*veneni-*

fer, adj., venimeux ;—*venenare*, empoisonner ;—*veneficium*, n., empoisonnement.

Immerito, adv., à tort ; R. R. *in*, priv., *merere*, mériter ;—*immerenter*, adv., à tort ;—*immeritus*, adj., qui ne mérite pas ;—*immeritum*, n., innocence.

Damno, as, avi, atum, are, act. 1ʳᵉ c., condamner ; R. *damnum*, perte, dommage ;—*damnabilis*, adj., condamnable ;—*damnabiliter*, adv., d'une manière condamnable ;—*damnatio*, f., condamnation.

Fides, ei, f., 5ᵉ décl., foi, fidélité ; R. *fidere*, se fier, avoir confiance.

Opprimo, is, essi, essum, ere, act. 3ᵉ décl., presser, accabler ; R. R. *ob*, contre ; *premere*, presser ;—*oppressor*, m., oppresseur ;—*oppressio*, f., oppression.

Pātior, eris, passus sum, pati, M. R. souffrir ;—*patiens*, adj., patient ;—*impatiens*, adj., impatient ;—*patientia*, f., patience ;—*impatientia*, f., impatience ;—*patienter*, adv., patiemment ;—*impatienter*, adv., impatiemment ;—*patibilis*, adj., supportable ;—*passio*, f., passion, souffrance ;—*passibilis*, adj., passible ;—*passivus*, adj., passif.

Satius, n., de l'inusité *satior*, préférable. R. *satis*, assez (Ch. II) ;—*satius est*, suivi de l'inf., il vaut mieux.

Alienus, a, um, adj., 1ʳᵉ c., d'autrui. R. *alius*, autre (Ch. III) ;—*alienare*, aliéner ;—*alienatio*, f., aliénation ;—*alienum*, n., le bien d'autrui.

Scelus, eris, n. 3ᵉ décl., M. R. crime, forfait ;—*scelerare*, souiller ;—*scelestus*, adj., scélérat ;—*sceleste, scelerate*, adv., criminellement ;—*scelerosus*, adj., criminel.

Diu, adv., long-temps. R. *dies*, jour (Ch. II).

Diversus, a, um, part. passé de *diverto*, se séparer de, d'où *diversus*, écarté, différent. R. R. *dis ; vertere*, tourner ;—*diverso, diverse*, adv., diversement ;—*diversitas*, f., diversité ;—*diversorium, deversorium*, n., auberge ;—*verso, as, avi, atum, are*, act. 1ʳᵉ c., tourner et retourner, fréq. de *vertere*, tourner.

Nuncio, annoncer dans le sens général ;—*denuncio*, annoncer par une déclaration, d'où dénoncer ;—*enunciare*, énoncer, dire. (Ch. VI.)

Sigillum, i, n. 2ᵉ décl., petite marque, sceau, cachet ; diminutif de *signum*.

155. Les diminutifs se forment dans les substantifs au moyen des terminaisons *ellus, illus, ulus, olus, culus* : *amicus*, ami, *amiculus*, petit ami ;—*classis*, flotte, *classicula*, flottille.

Sigillare, cacheter ;—*sigillatim* et *singillatim*, séparément ;—*signate, signanter*, adv., distinctement ;—*signaculum*, n., marque distinctive ;—*significare*, signifier ;—*significatio*, f., indication, signification. (Ch. IX.)

Annulus, i, m. 2ᵉ décl., anneau, bague. R. *annus,* année ; — *annularis, annularius,* adj., annulaire ; — *annulatus,* adj., qui porte un anneau.

Imprimo, is. essi, essum, imere, act. 3ᵉ c., presser par-dessus, imprimer, empreindre. R. R. *in,* sur ; *premere,* presser ; — *impressio,* f., application, pression ; — *impresse,* adv., en appuyant soigneusement, profondément.

Pulvinus, i, m. 2ᵉ décl., M. R. coussin, oreiller ; — *pulvinar,* n., *pulvinarium,* n. coussin ; — *pulvillus,* m., petit coussin.

Incumbo, is, cubui, cubitum, ere, n., 3ᵉ c., se coucher sur. R. R. *in,* sur ; *cubo,* se coucher ; — *incubare,* se coucher sur, couver.

Cogitatio, onis, f., 3ᵉ décl., penser. R. R. *cum,* avec ; *agitare,* agiter, R. *agere,* conduire ; — *cogitabundus,* adv., rêveur ; — *cogitate, cogitato,* avec réflexion ; — *excogitare,* imaginer.

Biduum. i, n., 2ᵉ décl., espace de deux jours. On sous-entend *tempus,* temps. R. R. *bis,* deux fois ; *dies,* jour.

156. Les noms de nombre se combinent avec quelques substantifs : *biduum, triduum, quatriduum,* espace de deux, trois, quatre jours ; *biennium, triennium, quadriennium, quinquennium,* espace de deux, trois, quatre, cinq ans.

Absumo, is, mpsi, mptum, ere, act., 3ᵉ c., consommer, employer. R. R. *ab,* de ; *sumo,* prendre ; — *absumptio,* f., consommation.

Illuceo, es, xi, cere, n., 2ᵉ c., luire. R. R. *in,* sur ; *luceo,* luire, R. *lux,* lumière. Ce verbe n'est guère usité qu'au parfait et emprunte les temps de son inchoatif *illucesco,* qui de son côté emprunte le parfait de son primitif.

Destino, as, avi, atum, are, act., 1ʳʳ c., assigner, fixer. R. R. *de, stano* (arch.).

Destinatio, f., détermination ; — *prædestinare,* prédestiner ; — *prædestinatio,* f., prédestination.

Poculum, i, n., 2ᵉ décl., coupe. R. *poto,* boire ; — *poculentus,* adj., qui concerne les coupes, potable ; — *pocillum,* petite coupe.

Diluo, is. lui, lutum, ere, act., 3ᵉ c., délayer, préparer. R. R. *dis ;* — *luo,* laver ; — *diluvium, i,* n., *diluvies,* f., déluge ; — *dilutum,* n., dissolution ; — *diluviare,* inonder.

Intro, as, avi, atum, are, n. et act., 1ʳᵉ c., entrer dans. R. *inter,* entre ; — *intra,* prép. acc., dans, dans l'espace de ; — *intro, intus,* au dedans ; — *intrinsecus,* adv., intérieurement.

Cubitus et *cubitum, i.* M. R. coude.

Teneo, es, ui, ntum, ere, act., 2ᵉ c. M. R. tenir ; — *tenax,* adj., tenace ; — *tenaciter,* adv., fortement ; — *tenacitas,* f., tenacité.

Haurio, is, si, stum et *sum, ire*, act., 4ᵉ c. M. R. puiser, avaler ; — *haustus, us*, m., action de puiser, gorgée.

Interritus, a, um, non effrayé. R. R. *in* priv.; *terreo*, effrayer ; — *interrite*, adv., avec intrépidité.

CHOIX ET DISPOSITION DES MOTS.

Ne immerito quidem. Ne séparé de *quidem*. (Ch. VIII.)

Perseverare signifie persévérer, persister. *Perseverare in sententia, in vitiis, in errore, in incepto*, Cic. Persévérer dans son sentiment, dans ses travers, dans son erreur, dans son entreprise. Cicéron met également dans les mêmes cas *perstare, persistere* et *permanere*. *Perseverare* s'emploie bien comme verbe proclitique (Ch. VI) : *Perseverare dicere*, Cic. Persister à parler. Il en est presque de même de *perstare* et de *persistere*.

Accidit, evenit, il arrive. *Accidit* signifie plus particulièrement ce qui arrive de mal : *Quidquid acciderit evenisse videatur*, que tout ce qui *arrivera de mal* paraisse être arrivé. *Evenit* s'emploie indifféremment. *Contingit*, synonyme des deux verbes précédents, marque ordinairement un événement favorable. (Ch. XXV.)

Igitur, ergo, donc, se met en tête d'une conclusion. *Igitur* occupe la première ou la seconde place ; *ergo* se trouve plus fréquemment à la première, mais il se met aussi bien à la seconde pour éviter de donner à la phrase une apparence syllogistique.

At, mais, comme *sed* (Ch. III et IV.), se place en tête de la phrase. On n'en trouve guère d'exception qu'en poésie : *Alter at e vobis*, Ovide. Les poëtes mettent *ast* pour *at* devant une voyelle, afin d'avoir une longue.

Le sens propre d'*opprimere* est presser autour, serrer ; d'où un de ses sens figurés, accabler, anéantir : *Opprimere hostes*, Cic. Anéantir les ennemis. *Quem improviso morbus oppressit*, Cic. La maladie le fit mourir à l'improviste.

157. *Alieno scelere*. Il vaut mieux se servir de l'adjectif *alienus* que du génitif *aliorum*, pour rendre l'expression d'*autrui*.

Quo viso pour *hoc viso. Qui* s'emploie également pour *hic* au commencement des phrases ; il lie mieux le récit.

Hausit interritus, il avala intrépidement.

158. L'adverbe de manière joint à un verbe, s'exprime également par un adjectif ou un participe, surtout quand il marque une disposition de l'âme.

In diversum ou au pluriel *in diversa*, en sens contraire. On pourrait sous-entendre *iter*, route, *latus*, côté, ou quelque mot semblable ; mais nous pensons que, dans ce cas comme dans bien d'autres, il est plus simple de considérer l'adjectif comme pris substantivement. Il est évident que la plupart des mots que nous suppléons ainsi, n'existaient pas d'une manière déterminée dans la pensée des Latins.

Inter has cogitationes, au milieu de ces pensées. Les diverses acceptions de *inter* peuvent se rapporter à deux acceptions fondamentales. On peut avoir dans l'esprit l'idée de *séparation*, de *division*, ou simplement l'idée de *milieu*, de *position intermédiaire*. Le sens primitif de *inter* est celui de *in terminis*, dans les limites, dont il paraît être l'abréviation. Il ne s'altère en composition que dans le mot *intelligere*, comprendre, et ses dérivés. Nous retrouverons l'idée de *séparation* dans la phrase suivante : *Mons Jura altissimus, qui est inter Sequanos et Helvetios*, Cæs., le Jura, montagne très-élevée qui sépare les Séquaniens des Helvétiens ; et celle de *milieu* dans celles-ci : *Isque ubi se Turni media inter millia vidit*, Virg. Lorsqu'il se vit au milieu des bataillons nombreux de Turnus; *Caput inter nubila condit*, Virg. Il cache sa tête dans les nues.

Inter exprime, comme corollaire du second sens, la *simultanéité* et la *réciprocité* : *Illi inter sese magna vi brachia tollunt*, Virg. Ils lèvent à l'envi leurs bras vigoureux ; *Illi inter sese duri certamina belli contulerant*, Virg. Ils s'étaient livrés les uns contre les autres à une lutte acharnée. *Dii inter sese diligunt*, Cic. Les Dieux se chérissent entre eux.

Pour ne plus laisser d'incertitude sur l'emploi de cette préposition, nous donnons quelques exemples de choix.

Quod inter homines ambigitur, Cic. Ce qui est mis en question parmi les hommes ; *Inter omnes unus excellit*, Cic. Un seul l'emporte sur tous les autres ; *Ea caritas quæ est inter natos et parentes*, Cic. Cette tendresse qui existe entre les enfants et leurs parents ; *Qui inter tot annos unus inventus est, quem...*, Cic. Qui fut le seul dans tant d'années, qui...; *Amor inter nos*, Cic. L'amour entre nous ; *Inter hos ipsos exsistunt graves controversiæ*, Cic. Il existe entre eux-mêmes de graves dissidences ; *Inter cœnam*, Cic. Pendant le repas ; *Atque ita inter bibendum oculos in vultum legentis intendit*, Justin. Et ainsi, pendant qu'il buvait, il porta ses yeux avec attention sur le visage de Philippe qui lisait la lettre.

Levato corpore in cubitum, le corps soulevé sur son coude.

La préposition *in* est suivie de l'ablatif ou de l'accusatif, suivant la manière dont notre esprit en conçoit l'emploi. Quand on veut exprimer la position d'une manière absolue, quand même on veut exprimer le mouvement sur une surface ou dans un milieu quelconque, abstraction faite de ce qui est extérieur, le latin réclame l'emploi de l'ablatif. Ce principe est général et s'applique, en certains cas, sans l'aide d'aucune préposition ; mais *in* est son signe le plus ordinaire. Quand au contraire, on vent exprimer une position relative, une tendance, un but, un changement, un mouvement vers l'extérieur, on doit se servir de l'accusatif.

Hi summo in fluctu pendent, Virg. Les uns sont suspendus sur la surface des flots.

Ambulare in sole, Cic. Se promener au soleil (dans l'espace inondé par le soleil). La traduction grecque de cette phrase voudrait le datif qui, en cette circonstance, correspondrait à l'ablatif latin.

Quæ quanquam ita sint in promptu, ut..., Cic. Quoique ces choses soient tellement évidentes, que... (soient tellement en notre disposition, en notre vue).

In aliqua arte illustris, Cic. Distingué dans un art.

In pompa quum magna vis auri ferretur, Cic. Comme une grande masse d'or était portée avec pompe (en pompe).

Erat mihi in animo proficisci, Cic. J'avais le dessein (dans l'esprit) de partir.

In remedio esse, Plin. Tenir lieu de remède ; *In armis esse*, Cic. Être dans les armes.

Coronam habebat in capite, Cic. Il avait une couronne sur la tête.

Esse in spe, in metu, in periculo, in morbo, in servitute, in dubio, Cic. Être dans l'espoir, dans la crainte, dans le péril, dans la maladie, dans la servitude, dans le doute.

Oves bis mulgere in hora, Virg. Traire deux fois les brebis dans une heure.

Belgæ spectant in orientem solem, Cæs. Les Belges regardent l'orient (regardent, sont tournés du côté de l'orient).

Ea sentit, quæ non sane probantur in vulgus, Cic. Il a des opinions qui certes ne sont pas goûtées parmi le vulgaire.

Duæ epistolæ in eamdem rationem scriptæ, Cic. Deux lettres écrites dans le même sens.

Hostilem in modum, Cic. D'une manière hostile. — *Incredibilem, mirum in modum*, Cic. D'une manière incroyable, étonnante.

In perpetuum modum, ou *in perpetuum*, Cic. Pour toujours.

Quod apud Platonem est in philosophos dictum, Cic. Ce qui est dit dans Platon contre les philosophes (c'est-à-dire *contra philosophos*).

Quidquid in utramque partem spes subjecerat. (Ch. IX.)

Magistratibus in annum creatis, Liv. Magistrats créés pour l'espace d'un an.

In diem vivere, Cic. Vivre au jour le jour.

Vitium in dies crescit, Cic. Le vice s'accroît de jour en jour.

Quum in diem malum cresceret, Cic. Comme le mal s'accroissait de jour en jour.

Verum in occulto latet, Cic. La vérité est ensevelie dans l'obscurité.

In custodiam, ou *in custodias aliquem includere*, Cic. Mettre quelqu'un en prison.

Pater habet potestatem in filios, Cic. Le père a le pouvoir sur ses fils (c'est-à-dire, *supra filios*).

Redigere aliquem in potestatem suam, Cic. Réduire quelqu'un en son pouvoir.—*Esse in potestatem alicujus*, Cic. Être réduit au pouvoir de quelqu'un. Cicéron dit aussi *esse in potestate alicujus;* en ce cas, il exprime simplement un état, sans avoir dans l'esprit l'idée de réduction. *In* dans ces exemples a le sens de *sub*.

Negligens in amicos, intolerabilis in omnes, Cic. Négligent envers ses amis, insupportable pour tous.

Sanguis a corde in totum corpus distribuitur, Cic. Le sang se distribue du cœur dans tout le corps (c'est-à-dire, *per totum corpus*).

Amor in patriam, Cic. Amour pour la patrie (c'est-à-dire, *erga patriam*).

Levato corpore in cubitum. Il y a tendance vers le coude, d'où l'accusatif, comme dans ces exemples : *Volvitur in caput*, Virg. Il roule la tête la première (sur la tête) ;— *In faciem cubare*, Juv. Être couché sur le visage ; — *Ingentem nixus in hastam*, Virg. Appuyé sur une énorme lance.

SYNTAXE.

159.   *Bibere perseverem?*— Persisterai-je à boire ?

Le subjonctif se trouve dans la proposition principale (Ch. VII.) :

1° Pour exprimer l'*interrogation* avec le sens de *faut-il? est-il possible? qui pourrait?* que nous traduisons souvent par le futur et le conditionnel.

Solem quis dicere falsum audeat? Virg. Qui oserait dire que le soleil est trompeur?

O quam te memorem, virgo, Virg. Mais de quel nom vous appellerai-je ?

Quid enumerem artium multitudinem, quibus?... Cic. Me faudra-t-il énumérer cette foule d'arts?...

Quis credat? Qui croirait? — *Quis rem ita facilem non intelligat?* Qui ne comprendrait pas une chose si facile ?—L'imparfait du subjonctif *crederet, intelligeret*, serait moins élégant.

La conjonction est quelquefois exprimée : *Egone ut te interpellem*, Cic. Moi, vous interrompre ? (Je vous interromprais ?)

2° Pour exprimer la *condition* :

Vix credas. Vous auriez peine à croire. — *Scire velim*. Je voudrais savoir. — *Velim mihi ignoscas.* Je voudrais que vous me pardonnassiez. — *Ne hoc quidem vellem.* Je ne le voudrais pas assurément. Le présent du subjonctif est plus usité que l'imparfait, surtout après *volo, nolo, malo.*

3° Pour exprimer la *supposition* et la *concession* :

A me petat quispiam. Que quelqu'un me demande (en supposant que quelqu'un...). — *Ut litteras accipiat, poculum tamen hauriet interritus.* Bien qu'il reçoive la lettre, il avalera la coupe sans s'émouvoir.

4° Pour exprimer la *volonté*, le *désir*, le *souhait*, le *conseil* :

Amemus patriam, Cic. Aimons la patrie. — *Amicus populo romano sis*, Liv. Sois l'ami du peuple romain. — *Sed ad rem redeamus*, Cic. Mais revenons à notre sujet. — *Dii bene vertant !* Plaut. Que les dieux soient propices ! — *Utinam suspicionem vitare potuissem !* Cic. Plût aux dieux que j'eusse pu éviter le soupçon ! — *Quam palmam utinam dii immortales tibi reservent !* Cic. Veuillent les dieux immortels te réserver cette palme !

Quand il y a négation, on se sert de *ne* avec le subjonctif : *Ne perseveres.* Ne persiste pas. Mais on peut aussi se servir de l'impératif : *ne persevera,* ou de l'infinitif précédé de *noli* : *noli perseverare.* On peut encore dire *cave perseveres.*

Dans les textes des lois on emploie de préférence l'impératif, que l'on trouve fréquemment aussi dans les poëtes. Hors de là, le subjonctif est préféré à l'impératif, aux troisièmes personnes.

Ad divos adeunto caste, Cic. Qu'on s'approche des dieux avec pureté. — *Virgines vestales in urbe custodiunto ignem foci publici sempiternum,* Cic. Que les vierges vestales gardent dans la ville le feu éternel du foyer public.

Socer arma Latinus habeto, Virg. Que mon beau-père Latinus garde pour lui les armes.

Timor omnis abesto, Virg. Que toute crainte soit bannie.

160. *Is, hic, ille, iste.*

Is est le mot qui répond le mieux à notre pronom de la troisième personne : et c'est lui qui traduit le mieux notre adjectif démonstratif, quand l'idée d'indication est exprimée faiblement ou d'une manière générale.

Hic, pronom ou adjectif, représente plus particulièrement ce qui est présent, ce qui est voisin, ce qui touche en quelque chose à celui qui parle.

Ille s'applique plus spécialement à ce qui est éloigné, soit par la distance, soit par l'excellence.

Iste rappelle l'idée de la seconde personne, c'est-à-dire, l'idée d'interlocution par rapport à celui qui parle. Partant de ce principe, on s'en est servi pour déterminer ce qui est hostile, et, par suite, ce qu'on méprise, ce qu'on déteste.

Quand ces pronoms-adjectifs sont opposés l'un à l'autre, ils conservent réciproquement le caractère de leur définition.

Nous allons voir sur nos exemples que, dans la répétition, ce caractère est souvent négligé, et qu'on les mélange quelquefois, surtout en poésie.

Quamdiu, Catilina, furor iste tuus nos eludet? Cic. Combien de temps encore, Catilina, serons-nous le jouet de ta fureur? (de cette fureur, la tienne).

Nihil hic munitissimus habendi senatus locus, nihil horum ora vultusque moverunt? Cic. Ce lieu dans lequel le sénat s'est assemblé, les regards de ces sénateurs qui se portent sur toi, est-ce que rien de tout cela n'a pu t'émouvoir? (*Hic locus*, ce lieu dans lequel je suis; — *horum ora*, les regards de ceux qui m'entourent).

Senatus hæc intelligit, consul videt : hic tamen vivit. Cic. Le sénat est informé de ces manœuvres, le consul les voit : et cet homme vit encore (est informé de ces manœuvres que j'expose). — *Hic tamen*, cet homme, qui est là, sous mes yeux; *iste* aurait exprimé le mépris.

Nam illa nimis antiqua prætereo, Cic. Car je ne parlerai pas de ces exemples trop éloignés.

Eorum autem imperatorem castrorum in senatu videmus, Cic. Mais nous voyons dans le sénat le général de ce camp (de ce camp, avec l'idée d'indication simple).

Fuisti igitur apud Leccam illa nocte, Cic. Tu as donc été cette nuit-là chez Lecca (dans cette nuit remarquable).

Hoc docenti et discenti debet esse propositum, ut ille prodesse velit, hic proficere, Sén. Tel doit être le but de celui qui enseigne et de celui qui apprend, celui-là doit chercher à être utile et celui-ci à profiter (*ille* s'applique à celui dont on a parlé en premier lieu, et *hic* à celui qui vient après).

Is peut se rapporter dans une même phrase à ce qui précède ou à ce qui suit : *Id se patriæ debere existimabat, ut ei prodesset sine ullo pecuniæ aut honorum præmio.* Nep. Il pensait devoir cela à sa patrie, de la servir sans aucune récompense, soit en argent, soit en dignités.— *Quamquam omnis virtus nos ad se allicit, tamen justitia et liberalitas id maxime efficit*, Cic. Quoique toute vertu ait pour nous de l'attrait, c'est surtout la justice et la bienfaisance qui produit cet effet. — *Id*, dans ces deux phrases, pourrait être remplacé par *hoc*.

Aristides ille justus, interrogatus quid justum esset? — On demandait au célèbre Aristide-le-Juste, en quoi consistait la justice? (*Ille* marque excellence).

Duo sunt genera decertandi, unum per disceptationem, alterum per vim : illud, proprium hominis est; hoc, belluarum, Cic. Il y a deux manières de lutter, l'une par la discussion, l'autre par la force : celle-là est le propre de l'homme et celle-ci ne convient qu'aux bêtes. (*Ille, hic* répond ici à *unus... alter,* ou à *alter* répété.)

Hic candida signa; hic aliquid præclarum Euphranoris ; hic libros dabit; hic modium argenti, Juven. L'un donnera des statues éclatantes de blancheur, l'autre quelque beau travail d'Euphranor, un autre donnera des livres et celui-ci un boisseau d'argent. (*Hic* avec le même emploi que *alius,* répété.)

. . . . . *Ferit hic cubito, ferit assere duro*
Alter; at hic tignum capiti incutit, ille metretam. Juven.

L'un me frappe du coude, un autre de sa solive, un troisième me heurte la tête avec une poutre, et cet autre avec sa cruche. (*Hic, alter, ille,* réunis pour exprimer *alius* répété.)

. . . . *Pulchrior ille*
Hoc, atque ille alio; multum hic robustior illo. Juven.

L'un est plus beau que celui-ci, celui-ci que tel autre ; et tel autre est plus robuste que celui-là.

En français nous appliquons *cela, celui-là, ces choses-là* à ce qui précède dans le discours, et nous nous servons de *ceci, celui-ci, ces choses-ci,* pour indiquer ce que l'on doit énoncer ; *ille* répond au premier cas et *hic* au second.

Lex autem illa, cujus vim explicavi, neque tolli, neque abrogari potest, Cic. Mais cette loi dont je viens de développer la force, ne saurait être supprimée, ni abrogée.

His fere verbis utitur : Terra.... Cic. Il s'exprime à peu près en ces termes : La terre.....—*De sepulcris autem dicit hæc : Vetat...,* Cic. Voici ce qu'il dit au sujet des tombeaux : Il défend....

APPLICATION DES RÈGLES DÉJA CONNUES AU TEXTE
DU CHAPITRE DIXIÈME.

Bibere perseverem.—Evenisse videatur.

Perseverem, videatur sont suivis de l'infinitif, parce qu'ils remplissent ici le rôle de verbes proclitiques (Ch. VI).

Si venenum datum fuerit. Le verbe étant employé à un temps composé, *datum* se rapporte en genre et en nombre avec son sujet *venenum. Si* est suivi du subjonctif, parce que la proposition signifie *s'il arrive que* (Ch. VII). On pourrait de même considérer *datum fuerit* comme un futur passé. Nous remarquerons sur cet exemple et sur ce qui suit (*quidquid acciderit*), qu'il existe fréquemment en latin entre le subjonctif et le futur, une identité de vue qui confond leur emploi.

Ut quidquid acciderit, videatur. Acciderit a le même sens et la même forme que le futur passé, mais par rapport à *videatur* et à la marche subordonnée de la phrase, il faut le considérer comme étant purement au subjonctif (Ch. VIII).

Quand *quidquid* signifie *tout ce qui, tout ce que*, et non *tout ce qui puisse, tout ce que l'on puisse*, il est suivi de l'indicatif.

Animus hominis, quidquid sibi imperat obtinet. L'esprit de l'homme obtient tout ce qu'il se commande.

Quid scriptum esset enunciat. Quid est suivi du subjonctif, parce qu'il y a interrogation indirecte (Ch. VII).

Ut videatur. Le subjonctif avec *ut* (Ch. VII), parce qu'on indique le but : Persisterai-je à boire, *pour qu'on croie*....

Patiar me opprimi ? Souffrirai-je moi être accablé ? La proposition infinitive, parce que le verbe principal exprime une opération de l'âme (Ch. VI). Le sujet de la proposition infinitive à l'accusatif.

Satius est me mori. L'expression impersonnelle *satius est* a un sens absolu : elle doit donc être suivie de la proposition infinitive, et le sujet de cette proposition doit être à l'accusatif (Ch. VII).

Damnem fidem — Epistolam subjecit — Medicamentum diluerat — Tenens epistolam — Accepit poculum. Les compléments directs des verbes actifs sont à l'accusatif (Ch. V).

Nulli ennunciat — Pulvino subjecit. Le complément indirect d'un verbe actif se met au datif quand il indique la destination, l'attribution (Ch. VI).

Pulvinus cui incumbebat. Le complément indirect d'un verbe neutre se met le plus souvent au datif (Ch. V).

Has cogitationes — Venenum datum — Epistolam impressam — Destinatus dies — Alieno scelere — Epistolam missam — Sinistra manu — Annuli sui — Biduo absumpto — Metu meo — Quo viso — Levato corpore. L'adjectif et le participe s'accordent en genre, en nombre, en cas, avec le nom ou pronom auquel ils se rapportent (Ch. I).

Medici fidem — Sigillo annuli sui — Medici, annuli au génitif, parce qu'ils sont déterminatifs d'un substantif (Ch. I).

In tabernaculo — In quo. Le lieu ou l'objet dans lequel une chose a lieu est à l'ablatif avec *in*.

In diversa — In cubitum. Quand il y a tendance, mouvement vers quoi que ce soit, on met à l'accusatif avec *in* le mot qui exprime le but, le terme de ce mouvement.

Alieno scelere mori — Sinistra manu tenens. On met à l'ablatif le complément indiquant le moyen, l'instrument (Ch. VI).

Destinatus a medico — A Parmenione missam — Sigillo impressam. La cause d'une action exprimée par un verbe passif se met à l'ablatif avec

CHAP. X.—EXERCICE PRÉPARATOIRE.—COMPOSITION.   195

a ou *ab*, si elle représente une personne ; la préposition se supprime dans le cas contraire.

Animo versato—Biduo absumpto—Quo viso—Levato corpore. Une proposition subordonnée s'exprime bien par l'ablatif absolu (Ch. V), quand on peut la détacher aisément de la principale.

Pulvinus cui — Poculum in quo.. *Cui* au masculin singulier, *quo* au neutre singulier, à cause des antécédents *pulvinus, poculum* (Ch. III).

III. Exercices.

EXERCICE PRÉPARATOIRE.

1 — Marquer la quantité des syllabes soulignées : Bibere — Datum fuerit—Acciderit—Evenisse — Videatur —Tabernaculo— Sceiere—Metu —Nulli — Annulli— Cui (monosyllabe) — Cui (dissyllabe) — Subjecit— Cogitationes—Destinatus—Diluerat—Parmenione—Manu—Accepit.

2 — Pourquoi *e* crément est-il bref dans *bibere* ? — Dans *fuerit, acciderit, diluerat* ? (Ch. VII.)

3 — Pourquoi est-il long dans *incumbebat* ? — Dans *evenisse, subjecit, accepit* ?

4 — Pourquoi *a* crément est-il long dans *videatur, versato, destinatus, levato, intravit* ?

Pourquoi est-il bref dans *datum* ?

5 — Pourquoi *o* crément est-il long dans *cogitatione* et *Parmenione*, et bref dans *corpore* ?

6 — Entre le fleuve et Tarse.—Entre la crainte et l'espérance—Entre la vie et la mort—Il périt au milieu des ennemis—Il mourut au milieu du combat—Il entra parmi les premiers—Entre autres (choses)—Deux poisons qui se ressemblent — Dans le moment où l'on boit—Ils s'accablent mutuellement — La conversation (*sermo, onis*) qu'ils ont eue ensemble —Choses contraires entre elles.

7 — Il vint en Macédoine—Il arriva dans le camp—Il persévérait dans son sentiment — Et en forme de tente — Il se rétablit davantage de jour en jour.

COMPOSITION.

1 — Qu'exprimerai-je la profonde inquiétude que jetèrent les lettres dans la brave armée?

2 — Tout ce qui a eu lieu ne paraît pas être arrivé sans raison, car les compagnons du roi n'avaient pas condamné la fidélité des médecins inactifs, et avaient souffert qu'il fût frappé dans sa tente même.

3 — Mais il valait mieux peser ce qu'ils avaient suggéré que de se tourner l'esprit de côté et d'autre.

4 — Deux jours après, Alexandre se soulevant sur son coude, prit la coupe des mains de Parménion et l'avala avec intrépidité.

5 — Au milieu de ces réflexions, couché sur son oreiller, il marqua la lettre de son sceau, puis ayant pris le poison, il s'éteignit en présence de tous.

6 — Au jour fixé, tenant dans sa main gauche l'anneau du roi, Philippe fit connaître (*pronunciare*) ses espérances d'épouser la sœur de Darius.

7 — Il y a un espoir de salut, c'est la division (*dissensio*) de ces hommes entre eux.

8 — Alexandre en était venu à espérer (à cet espoir) de pouvoir être guéri par le secours et l'art des médecins.

9 — Lorsqu'on fut arrivé dans la tente, au moment où les médecins l'entouraient, une lettre est envoyée par Parménion.

10 — La vingt-troisième légion était sur le flanc gauche et la trentième sur le flanc (*latus*) droit.

CHAPITRE ONZIÈME.

I. Pratique.

Tum epistolam Philippum legere jubet; nec a vultu legentis movit oculos, ratus aliquas conscientiæ notas in ipso ore posse deprehendere. Ille, epistola perlecta, plus indignationis quam pavoris ostendit, projectisque amiculo et litteris ante lectum : « Rex, inquit, semper quidem spiritus meus ex te pependit; sed nunc vere, arbitror, sacro et venerabili ore trahitur. Crimen parricidii quod mihi objectum est tua salus diluet : servatus a me vitam mihi dederis; oro quæsoque, omisso metu, patere medicamentum concipi venis; laxa paulisper animum, quem intempestiva sollicitudine amici, sane fideles, sed moleste seduli turbant. » Non securum modo hæc vox, sed etiam lætum regem ac plenum bonæ spei fecit.

PHRASES DÉTACHÉES :

Potest enim quidquam esse absurdius, quam quo minus viæ restat, eo plus viatici quærere ? (*Cic.*)

Abundat porco, hædo, agno, gallina, lacte, caseo, melle. (*Cic.*)

Egredere ex urbe, Catilina; libera rempublicam metu : in exsilium proficiscere. Confer te ad Mallium : secerne te a bonis. (*Cic.*)

Criminabatur etiam, quod filium ruri habitare jussisset. Quod quum audivisset adolescens filius, negotium exhiberi patri, accurrisse Romam, et cum prima luce Pomponii domum venisse dicitur. (*Cic.*)

TRADUCTION LITTÉRALE.

Tum epistolam Philippum legere jubet; nec a vultu
                    lire   visage

legentis movit oculos, ratus aliquas conscientiæ notas
      détourna   persuadé quelques de la conscience marques

in ipso ore posse deprehendere. Ille, epistola perlecta,
sur   bouche   saisir.   ayant été lue,

plus indignationis quam pavoris ostendit, projectisque
plus   d'indignation   de crainte montra, ayant été jetés en avant

amiculo et litteris ante lectum : « Rex, inquit, semper
le manteau   le lit :   toujours

quidem spiritus meus ex te pependit; sed nunc vere,
à la vérité le souffle   a dépendu;   maintenant vraiment,

arbitror, sacro et venerabili ore trahitur. Crimen
          sacrée   vénérable bouche   L'accusation

parricidii quod mihi objectum est tua salus diluet :
de parricide   a été intentée   lavera :

servatus a me vitam mihi dederis; oro quæsoque,
conservé   je prie et supplie,

CHAP. XI. — TRADUCTION.

)misso metu, patere medicamentum concipi venis;
omise souffre être reçu dans les veines;

axa paulisper animum, quem intempestiva sollicitudine
'écrée un peu intempestive par une sollicitude

amici, sane fideles, sed moleste seduli turbant. »
certes fidèles, fâcheusement empressés troublent. »

Non securum modo hæc vox, sed etiam lætum regem
rassuré parole, joyeux

ac plenum bonæ spei fecit.
plein fit.

PHRASES DÉTACHÉES :

Potest enim quidquam esse absurdius, quam quo
plus absurde, d'autant

minus viæ restat, eo plus viatici quærere?
moins de route il reste, d'autant plus de viatique chercher?

Abundat porco, hædo, agno, gallina, lacte, caseo,
Il abonde en porc, chevreau, agneau, poule, lait, fromage,

melle.
miel.

Egredere ex urbe, Catilina : libera rempublicam
Sors la ville, délivre

metu : in exsilium proficiscere. Confer te ad Mallium :
exil pars. Transporte Mallius :

secerne te a bonis.
sépare

Criminabatur etiam, quod filium ruri habitare
Il lui faisait crime son fils à la campagne habiter

jussisset : quod quum audivisset adolescens filius,
eut appris adolescent

negotium exhiberi patri, accurrisse Romam, et cum
une affaire être suscitée être accouru à Rome, avec

prima luce Pomponii domum venisse dicitur.
lumière

TRADUCTION FRANÇAISE.

Alors il ordonne à Philippe de lire la lettre, et, pendant cette lecture, a les yeux fixés sur lui, espérant recueillir sur son visage quelques révélations de la conscience. Le médecin montra, après avoir lu la lettre, plus d'indignation que de trouble intérieur, puis jetant devant le lit la lettre et son manteau : « Seigneur, dit-il, mon souffle a toujours dépendu de vous, mais c'est maintenant qu'il est réellement aspiré par votre bouche sacrée et vénérable. Votre rétablissement me lavera de l'accusation de parricide qui est portée contre moi. Conservé par mes soins, vous m'aurez donné la vie. Je vous prie instamment de bannir toute crainte et de permettre au médicament de se répandre dans vos veines. Égayez peu à peu votre esprit, que trouble la sollicitude intempestive d'amis, fidèles sans doute, mais d'un empressement fâcheux. » Ces paroles donnèrent au roi, non-seulement de la sécurité, mais encore de la joie et de l'espérance.

PHRASES DÉTACHÉES :

Car que peut-il y avoir de plus absurde que de faire des provisions de voyage d'autant plus grandes, qu'il reste moins de chemin à faire?

Il a en abondance des porcs, des chevaux, des agneaux, des poules, du lait, du fromage et du miel.

Sors de la ville, Catilina : délivre la république de la crainte que tu lui inspires : pars pour l'exil. Transporte-toi auprès de Mallius : sépare-toi des gens de bien.

Il lui faisait reproche également d'avoir ordonné à son fils de rester à la campagne. On rapporte que ce jeune homme apprenant les embarras qu'on suscitait à son père, était accouru à Rome et s'était présenté dès le point du jour à la maison de Pomponius.

TRADUCTION ALTERNATIVE.

Tum jubet Philippum,	Alors il ordonne à Philippe
legere epistolam;	de lire la lettre;
nec movit oculos	et il ne détourna pas les yeux
a vultu legentis,	du visage du lisant,
ratus posse reprehendere	persuadé de pouvoir saisir
in ipso ore	sur sa figure même
aliquas notas conscientiæ.	quelques marques de la conscience.
Ille, perlecta epistola,	Celui-ci ayant lu la lettre,
ostendit plus indignationis quam pavoris.	montra plus d'indignation que de crainte,

que amiculo et litteris,	et le manteau et la lettre
projectis ante lectum :	ayant été jetés devant le lit
Rex, inquit, quidem	Roi, dit-il, à la vérité
spiritus meus pependit	mon souffle a dépendu
semper ex te;	toujours de toi;
sed nunc vere, arbitror,	mais maintenant vraiment, je pense,
trahitur ore sacro et venerabili.	il est aspiré par une bouche sacrée et vénérable.
Tua salus diluet	Ton salut lavera
crimen parricidii	l'accusation du parricide
quod objectum est mihi :	qui m'est intentée :
servatus a me	sauvé par moi
dederis mihi vitam;	tu m'auras donné la vie;
oro quæsoque,	je te prie et te supplie,
omisso metu	la crainte étant bannie,
patere medicamentum	souffre le médicament
concipi venis;	être reçu par les veines;
laxa paulisper animum,	récrée un peu ton esprit,
quem amici, sane fideles,	que des amis, fidèles sans doute,
sec moleste seduli.	mais fâcheusement empressés
turbant intempestiva sollicitudine.	troublent par une sollicitude intempestive.
Hæc vox fecit regem	Cette parole fit le roi
non modo securum sed etiam	non-seulement rassuré mais encore
lætum ac plenum bonæ spei.	joyeux et plein d'un bon espoir.
Enim quidquam potest	Car quelque chose peut-il
esse absurdius quam	être plus absurde que
quærere eo plus viatici	de chercher d'autant plus de viatique
quo minus viæ restat?	qu'il reste moins de route ?
Abundat porco, hædo, agno,	Il abonde en porc, chevreau, agneau,
gallina, lacte, caseo, melle	en poule, lait, fromage, miel.
Egredere ex urbe, Catilina :	Sors de la ville, Catilina :
libera rempublicam metu :	délivre la république de crainte :
proficiscere in exsilium	pars pour l'exil.
Confer te ad Mallium :	transporte-toi auprès de Mallius :
secerne a bonis	sépare-toi des honnêtes gens.
Criminabatur etiam, quod	Il reprochait aussi que
jussisset filium habitare ruri :	il avait ordonné à son fils d'habiter à la campagne
quum adolescens filius	lorsque le jeune fils

audivisset quod	eut appris cela,
negotium exhiberi patri, . . .	une affaire être suscitée à son père,
dicitur	il est dit
accurrisse Romam, ...	être accouru à Rome,
et cum prima luce.	et avec la première clarté du jour
venisse domum Pomponii. . .	être venu à la demeure de Pomponius.

CONVERSATION.

QUESTIONS.	RÉPONSES.
Qu'ordonne-t-il à Philippe?	Epistolam legere.
D'où ne détourne-t-il pas les yeux?	A vultu legentis.
Qu'est-ce qu'il ne détourna pas?	Oculos.
Que voulait-il surprendre?	Aliquas conscientiæ notas.
Où?	In ipso ore.
Que fit d'abord Philippe?	Epistolam perlegit.
Que montra-t-il?	Plus indignationis quam pavoris.
Que jeta-t-il devant le lit?	Amiculum et litteras.
Qu'est-ce qui dépendait du roi?	Philippi spiritus.
Que produira le salut du roi?	Crimen parricidii diluet.
Qu'est-ce que demande le médecin?	Ut patiatur medicamentum concipi venis.
Que lui demande-t-il encore?	Ut animum laxet paulisper.
Qu'est-ce qui trouble son esprit?	Amici, sane fideles, sed moleste seduli.
Par quoi le troublent-ils?	Intempestiva sollicitudine.
Les paroles de Philippe ne font-elles que rassurer le roi?	Lætum etiam regem ac plenum bonæ spei faciunt.
Qu'est-ce qui est absurde?	Quo minus viæ restat, eo minus viatici quærere.
En quoi abonde-t-il?	Porco, hædo, agno, gallina, lacte, caseos, melle.
D'où Catilina doit-il sortir?	Ex urbe.
De quoi doit-il délivrer la république?	Metu.
Où l'engage-t-on à aller?	In exsilium, ad Mallium.
De qui doit-il se séparer?	A bonis.
De quoi lui faisait-on reproche?	Quod filium ruri habitare jussisset.

Qu'est-ce que le jeune homme avait appris?	Negotium exhiberi patri.
Où accourut-il?	Romam.
Où alla-t-il ensuite?	Pomponii domum.
Quand?	Cum prima luce.

PHRASÉOLOGIE.

A TRADUIRE EN FRANÇAIS.	A TRADUIRE EN LATIN.
Epistolam a Philippo legi jussit.	Il ordonna à Philippe de lire la lettre.
Cujus in ore nullas conscientiæ notas deprehendere potuit.	Il ne put surprendre sur son visage aucune marque de la conscience.
Quo viso, litteras perlegit, ratus vitam regis posse servare.	A cette vue, il lut la lettre, persuadé qu'il pouvait conserver la vie du roi.
Crimen parricidii quod mihi objectum est animum meum paulisper turbavit.	L'accusation de parricide qu'on a portée contre moi a un peu troublé mon esprit.
Oramus quæsumusque ut amicorum sane fidelium intempestivum sollicitudinem omittas.	Nous te prions instamment de ne pas faire attention à la sollicitude intempestive de tes amis tout fidèles qu'ils sont.
Tum regem bonam spem habere jubet, nec ab ejus sacro et venerabili ore movet oculos.	Alors il engage le roi à avoir bon espoir, et il reste les yeux fixés sur son visage sacré et vénérable.
Quo minus spei habent, eo plus pavoris ostendunt.	Ils montrent d'autant plus de crainte qu'ils ont moins d'espoir.
Potest enim quidquam quæri absurdius?	Car peut-on demander rien de plus absurde?
Urbs medicis abundabat.	La ville abondait en médecins.
Egredere e tabernaculo.	Sors de la tente.
Rempublicam pavore liberabit.	Il délivrera la république de ses craintes.
Ad regem se contulit.	Il se rendit auprès du roi.
Catilina in exsilium profectus est, sed mox Romam rediit.	Catilina partit pour l'exil, mais il revint bientôt à Rome.
Secerne te a malis.	Sépare-toi des méchants.
Te ruri habitare jusseram.	Je t'avais ordonné d'habiter à la campagne.

CHAP. XI. — PRÉPOSITIONS.

Eum criminabatur quod ruri habitavisset.	Il lui faisait reproche d'avoir habité à la campagne.
Patri meo negotium exhibent.	Ils suscitent des embarras à mon père.
Quo audito, Pomponii domum venerat.	En apprenant cela, il était venu chez Pomponius.
Id audivisse dicitur.	On dit qu'il a appris cela.
Quisque cum prima luce accurrunt.	Tous accourent au point du jour.

II. Analyse et Théorie.

Prépositions suivies de l'accusatif.

Ad, auprès, vers.
Adversum, *adversus*, contre, en face de.
Ante, avant, devant.
Apud, auprès de, chez.
Circa, autour de, auprès.
Circiter, dans le voisinage de, environ.
Circum, autour de.
Cis, *citra*, en deçà.
Contra, contre, vis-à-vis de.
Erga, envers, à l'égard de.
Extra, hors de.
Infra, au-dessous de.
Inter, entre, parmi.
Intra, au dedans de, dans l'espace de.
Juxta, auprès de, à côté de.

Ob, devant; à cause de.
Prope, auprès de.
Penes, au pouvoir de.
Per, par, pendant.
Pone, derrière, après.
Post, après, depuis.
Præter, le long de, devant; excepté.
Propter, auprès de; à cause de, pour.
Secundum, derrière, le long de; selon.
Secus, le long de (*secus amnes*, le long des fleuves).
Supra, au-dessus de, sur.
Trans, au delà.
Versus, vers, du côté de.
Ultra, au delà.

Prépositions suivies de l'ablatif.

A, *ab*, *abs*, de, par.
Absque, sans; excepté.
Sine, sans.
Clam, à l'insu de.
Cum, avec.
De, de, sur, touchant.

E, *ex*, de, par.
Præ, devant, en comparaison de.
Pro, pour, au lieu de, selon.
Tenus, jusqu'à (veut au génitif un nom pluriel).

*Prépositions suivies de l'accusatif avec mouvement
et de l'ablatif sans mouvement.*

In, à, dans, sur.
Sub, sous, au-dessous de.

Subter, sous, au-dessous de.
Super, sur, au-dessus de, au delà.

La préposition *cum* se place après les pronoms personnels et relatifs et fait corps avec eux : *Tecum, vobiscum, quibuscum.*

Tenus et *versus* se mettent après leur régime : *Cydno tenus*, jusqu'au Cydnus ; *castrorum tenus*, jusqu'au camp ; *Ciliciam versus*, du côté de la Cilicie.

LEXIOLOGIE.

Lego, is, i, ctum, ere, act., 3ᵉ c. M. R. lire, cueillir, choisir ; — *lectio*, f., lecture ; — *lector*, m., lecteur.

Vultus, us, m., 4ᵉ décl. M. R. visage ; d'où *vultuosus*, adj., affecté, refrogné.

Moveo, es, vi, tum, ere, act., 2ᵉ c. M. R. mouvoir, détourner ; — *motio*, f., mouvement, agitation ; — *motus, us*, m., agité.

Conscientia, æ, f., 1ʳᵉ décl., conscience. R. R. *cum ; scio*, savoir.

Nota, æ, f., 1ʳᵉ décl., signe, marque. R. *nosco*, connaître.

Perlego, is, egi, ectum, ere, act., 3ᵉ c., parcourir des yeux ; lire en entier. R. R. *per, lego*, lire.

Plus, adv. de quantité. M. R. *plus*, davantage. Ce mot formait anciennement un substantif, dont le génitif était *pluris* ; son pluriel *plures, a* ou *ia* est adjectif.

Indignatio, onis, f., 3ᵉ décl., indignation. R. R. *in*, priv. ; *dignus*, digne.

Pavor, oris, m., 3ᵉ décl., peur, crainte. R. *paveo*, avoir peur.

Projicio, is, eci, ectum, icere, act., 3ᵉ c., jeter en avant. R. R. *pro*, devant ; *jacio*, jeter ; — *projectio*, f., jet ; mouvement en avant ; — *projectus, us*, m., action de jeter, projection.

Amiculum, i, n., 2ᵉ décl., diminutif de *amictus*, manteau, tout vêtement extérieur. R. *amicio*, couvrir, revêtir ; — *semiamictus*, adj., à demi vêtu ; — *amicimen, inis*, n., comme *amictus*.

Lectus, i, m., 2ᵉ décl. M. R. lit ; — *lectulus*, m., diminutif, M. R. petit lit ; — *lectica*, litière.

Pendeo, es, pependi, pensum, ere, n., 2ᵉ cl. M. R. pendre ; dépendre ; — *pendulus*, adj., ce qui est suspendu.

Vere, adv., vraiment. R. *verus*, vrai.

Sacer, cra, crum, adj., 1ʳᵉ cl. M. R. saint, sacré ; — *sacrum*, n., sacrifice ; — *sacrare*, consacrer ;—*exsecrari*, maudire ; — *sacrificium*, n., sacrifice ;—*sacrilegus*, adj., sacrilège ;—*sacerdos*, m., prêtre.

Venerabilis, e. adj., 2ᵉ cl., vénérable. R. *veneror*, vénérer ;—*venerabiliter*, adv., respectueusement.

Traho, is, xi, ctum, ere, act., 3ᵉ c. M. R. tirer.

Crimen, inis, n., 3ᵉ décl. M. R. accusation, délit, crime ;— *criminalis*, adj., criminel ;—*criminosus*, adj., d'accusation criminelle ;—*criminatio*, f., accusation.

Parricidium, ii, n., 2ᵉ décl., parricide. R. R. *pater*, père ; *cædo*, battre, tuer.

Objicio, is, eci, ectum, icere, act., 3ᵉ c., jeter en avant, reprocher. R. R. *ob; jacio*, jeter ;—*objectio*, f., reproche, objection ;—*objector*, m., celui qui reproche ;—*objectatio*, f., reproche.

Servo, as, avi, atum, are, act., 1ʳᵉ c. M. R. sauver, conserver ;— *servator*, m., *trix*, f., libérateur, trice ; — *servatio*, f., observation d'une règle de conduite.

Vita, æ, f., 1ʳᵉ décl., vie. R. *vivo*, vivre ;—*vitalis*, adj., vital ;—*vitalitas*, f., vitalité ;—*vitaliter*, adv., avec vitalité.

Oro, as, avi, atum, are, act., 1ʳᵉ c., prier, R. *os*, bouche ; — *oratio*, f., langage ;—*orator*, m., orateur ;—*oraculum*, n., oracle.

161. *Quæso*, M. R. je vous prie, *quæsumus*, nous vous prions, sont les deux seules parties usitées de ce verbe. On les rencontre le plus souvent entre deux virgules. La racine est *quæro*, chercher, demander.

Omitto, is, si, ssum, ere, act., 3ᵉ c., mettre de côté, omettre. R. R. *ob; mitto*, envoyer ;—*omissio*, f., omission.

162. *Ob*, en composition, assimile la consonne devant *c, f, p ;* la conserve, l'assimile ou la retranche devant *m ;* la conserve partout ailleurs.

Concipio, is, cepi, ceptum, cipere, act., 3ᵉ c., prendre ensemble ; — R. R. *cum, capio,* prendre ;—*conceptio*, f., action de contenir, conception ;—*conceptus, us,* m., même sens.

Vena, æ, f., 1ʳᵉ décl., M. R. veine ; *-venosus*, adj., veineux.

Paulisper, adv., un peu de temps. R. R. *per*, pendant; *paulo*, un peu.

Intempestivus, a, um, adj., 1ʳᵉ c., intempestif. R. R. *in*, priv. ; *tempus*, temps.

Sane, adv., raisonnablement, certes. R. *sanus*, sain.

Fidelis, e, adj., 2ᵉ c., fidèle. R. *fides*, foi, fidélité (Ch. VIII).

Moleste, adv., avec peine, d'une manière incommode, désagréable. R. *moles*, masse ; —*molestus*, adj., incommode ; — *molestia*, f., ennui, importunité ; *molestare*, chagriner.

Sedulus, a, um, adj., 1ᵉʳ c. M. R. soigneux, empressé ; — *sedulo* et *sedule*, adv., avec soin ;— *sedulitas*, f., soin, attachement.

Turbo, as, avi, atum, are, act., 1ʳᵉ c., troubler. R. *turba*, trouble; —*turbatio*, f., trouble; —*turbator*, m., perturbateur,— *turbate*, adv., avec trouble.

Securus, a, um, adj., 1ʳᵉ c., qui est sans inquiétude. R. R. *se*, hors de; *cura*, inquiétude; d'où *securitas*, tranquillité, sécurité.

Modo, adv., seulement. R. *modus*, manière.

Vox, vocis. f., 3ᵉ décl., parole. R. *voco*, appeler.

Lætus, a, um, adj., 1ʳᵉ c. M. R. joyeux, gai; — *lætari,* se réjouir; — *lætabilis,* adj., qui cause de la joie; — *lætatio, lætitudo, lætitia,* f., joie;—*læte,* adj., joyeusement.

Plenus, a, um, adj., 1ʳᵉ c. M. R. plein; — *plenitudo,* f., plénitude; —*plenitas,* f., abondance.

Absurdus, a, um, adj., *ior, issimus,* absurde, sot. R. R. *ab*, de, qui tient de;—*surdus,* sourd;—*absurde*, adv., absurdement;—*absurditas,* f., absurdité.

Minor, us, adj., moindre, servant de comparatif à *parvus*, petit; superlatif, *minimus* (Ch. II), d'où *minus,* adj., moins.

Via, æ, f. M. R. voie, route, voyage;—*viator,* m., *trix,* f., voyageur, voyageuse;—*viaticum,* n., viatique, provisions de voyage.

Avius, invius, adj., inaccessible.

Resto, as, stiti, atum, are, n., s'arrêter, rester. R. R. *re* ; — *stare,* se tenir debout.

Quæro, is, sivi ou *ii, situm, ere,* act. M. R. chercher, demander;— *quæsitio,* f., recherche;—*quæsitum,* n., demande;—*quæstura,* f., questure; — *quæstor,* m., questeur; — *quæstus, us,* m., gain, négoce; — *quæstuosus,* adj., lucratif;—*quæstio,* f., recherche, demande, torture.

Abundo, as, are, n., regorger, être ou avoir en abondance. R. R. *ab, unda,* onde, flot; — *abunde,* adv., abondamment;—*abundanter,* adv., avec profusion;—*abundantia,* f., abondance.

Porcus, i, m. M. R. porc; *porca,* f., truie; — *porculus,* dim., petit porc;—*porcinus,* adj., de porc;—*porcinarius, i,* m., charcutier;—*porcina, æ,* f. (s. ent. *caro*), chair de porc.

Hædus, i, m. M. R. chevreau, bouc; d'où *hædinus,* adj., de chevreau.

Agnus, i, m. R. M. agneau; — *agna,* f., jeune brebis; — *agnellus,* dim., agnelet; — *agninus,* adj., d'agneau; — *agnina,* (s. ent. *caro*), chair d'agneau.

Gallina, æ, f., poule. R. *gallus,* coq; d'où *gallinaceus,* adj., de poule.

Lac, lactis, n, M. R. lait; — *lactare,* allaiter; — *lactescere,* avoir du lait; — *lactarium,* n., laiterie; — *lactatio,* f., allaitement; — *elactare,* sevrer.

Caseus, m., ou *caseum,* n., fromage. M. R.

Mel, mellis, n. M.R. miel ;—*melleus, mellitus*, adj., de miel ;—*mellarium*, n., ruche ; —*mellifer*, adj., qui produit le miel ; — *mellarius*, m., qui élève les abeilles.

Egredior, eris, essus, sum, edi, n., sortir de. R. R. *e ; gradior*, marcher ;—*egressio*, f., et *egressus, us*, m., départ.

Urbs, bis, f., M. R. ville ; d'où *urbanus*, adj., de ville ; *urbanitas*, civilité.

Catilina, æ, nom propre de la 1ʳᵉ déclinaison.

163. Les noms propres en *a* suivent la première déclinaison, et sont masculins ou féminins, suivant le sexe de la personne désignée.

Libero, as, avi, atum, are, act., délivrer. R. *liber*, libre ;—*liberator*, m., libérateur ;—*liberatio*, f., délivrance.

Exsilium, i, n., exil. R. R. *ex solo* ou *extra solum*, hors du sol ;—*exsul, ulis*, m., exilé ;—*exsulare*, exiler.

Proficiscor, eris, ectus, sum, isci, n., dép., partir. R. R. *pro, facessere*, se mettre à exécuter (R. *facere*, faire) ;—*profectio*, f., départ.

Confero, fers, tuli, collatum, ferre, act., porter ensemble, diriger, transporter. R. R. *cum, ferre*, porter.

Collatio, f., assemblage ; contribution ;—*collator*, m., celui qui contribue ; collation (d'un grade) ;—*collativus*, adj., provenant de collecte ; —*collativum*, n., contribution.

Secerno, is, crevi, cretum, ere, act., mettre à part, séparer. R. R. *se*, à part ; *cernere*, séparer, distinguer ;—*secretus*, adj., séparé, secret ;— *secretum*, n., retraite, secret ;—*secretio*, f., séparation.

Criminor, aris, atus, sum, ari, dép., accuser, faire reproche. R. *crimen*, accusation ; — *criminator, trix*, accusateur ; — *criminatorius*, adj., de blâme, d'accusation.

Filius, ii, m. M. R. fils ;—*filia*, f., fille ;—*filiolus, a*, dim. ;—*filialis*, adj., filial.

Rus, ruris, n., M. R. la campagne, les champs ;—*ruralis*, adj., rural ; — *rusticus*, adj., rustique ; — *rusticari*, demeurer à la campagne ; — *rusticitas*, f., grossièreté.

Habito, as, avi, atum, are, n., act., habiter. R. *habere*, avoir ;— *habitatio*, f., *habitaculum*, n., habitation ;—*habitalis*, adj., habitable ; —*habitator, trix*, habitant, habitante.

Audio, is, ivi ou *ii, itum, ire*, act. M. R. entendre ; — *audientia*, f., attention, audience ; — *auditio*, f., action d'entendre ; — *auditus, us*, m., ouïe ;—*auditorium*, n., auditoire ;—*auditorius*, adj., qui concerne l'ouïe.

Adolescens, tis, m., f., adolescent, adolescente. R. *olere*, répandre une odeur ; d'où *adolere*, croître en odeur ; croître ; d'où enfin *adoles-*

cere, commencer à croître, grandir ;—*adolescentia*, f., adolescence ; — *adolescentulus, a*, jeune garçon, jeune fille.

Negotium, ii, n., occupation, affaire, chose. R. R. *nec; otium*, loisir, repos ;—*negotiosus*, adj., affairé ; — *negotiator, trix*, celui ou celle qui négocie ;—*negotiari*, faire le négoce.

Exhibeo, es, ui, itum, ere, act., montrer, intenter, susciter, R. R. *ex; habere*, avoir ;—*exhibitio*, f., exhibition ;—*exhibitorius*, adj., qui a rapport à l'exhibition.

Accurro, is, curri, arch. *cucurri, cursum, ere*, n., accourir. R. R. *ad; currere*, courir ;—*accursus, us*, m., action d'accourir.

Lux, cis, f., M. R. lumière ;—*lucens, tis, lucidus*, adj., lumineux ;— *lucere*, luire.

DISPOSITION ET CHOIX DES MOTS.

Epistolam Philippum legere jubet. — La proposition infinitive active convient bien en ce cas, parce que le verbe subordonné a un sujet déterminé ; mais *Il ordonna qu'on lût la lettre*, se rendrait par *Epistolam legi jussit*.

Nec a vultu movit oculos. —*Servatus a me.*—*Secerne te a bonis.*— Si nous considérons un objet comme point de départ, un autre objet pourra s'y rapporter par l'idée de proximité, de dépendance, de production ou de distance, et alors le mot qui exprime le point de départ sera accompagné de *a, ab*, avec l'ablatif.

Si prima repetens ab origine pergam, Virg. Si je remonte à l'origine des choses (de ce moment-ci à la première origine—distance) ; — *audivi a principio*, Tér. J'ai écouté depuis le commencement.

Unde est ?—*A vobis*, Tér. D'où est-il ?—De chez vous (dépendance).

Ab Andria est ancilla hæc. Tér. C'est la servante de l'Andrienne. — *Nostris ab ovilibus agnus*, Virg. Un agneau de nos bergeries.

Aliquis a latere. Quelqu'un qui est aux côtés de.

Servus ab epistolis. Esclave chargé de la correspondance.

Secundus a rege, Cæs. Le premier après le roi (proximité).

Hunc minorem Scipionem a Paulo adoptavit, Cic. Il adopta le jeune Scipion, fils de Paul-Émile (production).

Themistoclem non deterruit a republica defendenda Miltiadis calamitas, Cic. Le malheur de Miltiade ne détourna pas Thémistocle de défendre la république (distance).

Vi usus necessario est, ne virtus ab audacia vinceretur, Cic. Il fut obligé d'user de violence, afin que la vertu ne fût pas vaincue par l'audace (la vertu sous la dépendance de l'audace). Nous avons vu (Ch. V.) que le complément indirect d'un verbe passif se met à l'ablatif sans préposition, quand la cause de l'action n'est pas une personne; mais ici *virtus* et *audacia* sont des mots élégamment substitués aux noms de personne : *l'homme vertueux, l'homme audacieux*.

Exterminabit cives Romanos a suis diis penatibus? Cic. Il expulsera les citoyens romains de leurs pénates? (les mettra à distance de leurs pénates.)

Maturat ab urbe proficisci, Cic. Il se hâte de partir de Rome (il se met à distance de Rome).

A Sequanis impetrat, ut, Cæs. Il obtient des Séquanais que.

Navita quos jam inde ut Stygia prospexit ab unda, Virg. Dès que le nocher les aperçut du Styx où il était.

N'ayant pas de cas en français pour marquer les rapports, nous avons recours incessamment à l'emploi des prépositions. Les Latins, au contraire, ne se servaient de ces mots qu'autant que les cas devenaient insuffisants pour rendre exactement leur idée. Ainsi *proficisci ab urbe* et *ex urbe* se traduisent également par *partir de la ville;* mais avec *ab* on ne parle de la ville que comme d'un lieu, d'un point de départ quelconque ; avec *ex urbe*, on fait savoir qu'on occupait la ville et qu'on en sort. Avec *ex* c'est plutôt le lieu d'où l'on sort qui préoccupe que celui où l'on va ; avec *ab*, c'est le contraire.

Spiritus meus ex te pependit—Egredere ex urbe.—Si nous considérons comme point de départ l'intérieur, la substance même d'un objet, cet objet aura pour signe la préposition *e, ex*, toutes les fois qu'il s'agira d'exprimer l'éloignement, la conséquence, l'extraction.

Mon souffle dépend de toi, se tire de toi, a toi pour source; d'où *ex te*. —Sors, éloigne-toi de la ville, —de la ville elle-même, et non de la ville considérée uniquement comme point de départ; autrement on emploierait *a*, comme plus haut on vient de voir *proficisci ab urbe*.

Tumida ex ira tum corda residunt, Virg. Alors son cœur se remet de la colère qui le gonfle (*tum iræ residunt*).

Quum incredibilis in Capitolium multitudo ex tota urbe convenisset, Cic. Lorsqu'une multitude incroyable se fut portée au Capitole, de toutes les parties de la ville. *A tota urbe* ne désignerait la ville que comme une limite de laquelle on est parti.

Jam facinus ex me audias, Tér. Apprenez de moi un fait.

Vectius Vectianus e Marsis, Cic. V. Vectianus du pays des Marses.

Senatus e republica existimat, Cic. Le sénat pense qu'il est de l'intérêt de la république (*ex utilitate reipublicæ*).

Iambus qui est e brevi et longa, Cic. L'iambe qui se compose d'une brève et d'une longue.

Ex renibus laborare. Souffrir des reins.

Quid autem est amare, e quo nomen amicitiæ ductum est, Cic. Mais que signifie aimer, d'où l'on a tiré le mot d'amitié?

On peut établir ce principe général que l'on emploie *a* pour les cas qui contiennent plus ou moins implicitement l'idée de distance relative à un point de départ, et que l'on emploie *e* pour exprimer l'éloignement relatif à l'intérieur, à la substance d'un objet.

Le style figuré et l'extension établissent quelquefois confusion entre les deux règles de ce principe. Aussi trouve-t-on quelques verbes suivis de *ex* ou de *a* presque indifféremment. Il est bon toutefois de préférer *a* devant un nom de personne et *ex* devant un nom de chose.

E Philotimo litteras accepi, Cic. J'ai reçu une lettre de Philotimus (*e* pour *a*).

Audisti ista e, a ou *de majoribus natu,* Cic. Tu as entendu dire cela aux anciens.

Paulisper, pour très-peu de temps (*ad brevissimum tempus*); *parumper,* pour peu de temps (*ad breve tempus*).

Negotium est un mot qui caractérise plus que *res*. Il signifie *chose*, mais le plus souvent avec le sens d'affaire, d'occupation, de travail, d'embarras, de difficulté, tandis que *res* signifie *chose* d'une manière indéterminée.

Negotium facessere, exhibere alicui. Créer une affaire embarrassante pour quelqu'un (lui susciter des embarras).

Cum prima luce—Cum poculo intravit. En même temps que les premiers rayons de lumière—avec un fardeau qui était une coupe.

On emploie la préposition *cum* quand l'ablatif seul ne suffit pas pour marquer l'assemblage, la société, la concordance, la simultanéité, et de là ce qu'on possède, ce dont on est chargé, ce dont on se sert.

Si cum exercitato et docto negotium est. Sén. Si nous avons affaire à un homme habile et exercé.

Tam audacter cum illo loquere, quam tecum, Sén. Parle avec lui aussi hardiment qu'avec toi-même.

Socratem cum Platone, et Zenonem, et Cleanthem non venerabor? Sén. Je n'aurai pas de vénération pour Socrate et pour Platon, pour Zénon et pour Cléanthe?

Quum enim sæpe mecum ageres, ut de amicitia scriberem aliquid, Cic. Car comme tu me priais souvent d'écrire sur l'amitié (tu agissais de concert avec moi).

Secum agere, méditer; de même *reputare cum animo suo,* Cic. Peser dans son esprit, méditer.

Qui cum potestate, qui cum imperio sunt, Cic. Ceux qui ont le pouvoir, le commandement.

Te Romam venisse cum febri, Cic. Que tu étais venu à Rome avec la fièvre (ayant la fièvre).

Immissi cum falcibus multi, Cic. Un grand nombre envoyés avec des faux.

Cum magno fletu, Cic. — *Cum lacrimis*, Cæs. — *Cum gemitu*, Virg. — En gémissant, en versant des larmes.

SYNTAXE.

164. *Nec a vultu legentis movit oculos.*
Il ne retira pas ses yeux du visage de lui lisant.

On met à l'ablatif avec *a*, *ab*, le point de départ d'une action exprimée par des mots tels que *dividere a*, séparer de ; *amovere, movere a*, éloigner, détourner de ; *abesse a*, être éloigné de ; *differre*, différer de ; *principium ducere a*, tirer origine de ; *oriri a*, commencer à, provenir de ; *arcessere a*, mander de ; *accipere a*, recevoir de ; *petere, postulare a*, demander à ; *emere a*, acheter à ou de ; *quærere a*, demander à ; *discere a*, apprendre de.

A villa in senatum arcessebantur et Curius et ceteri senes, Cic. On appelait de leurs campagnes au sénat, Curius et les autres vieillards.

A Zenone fortis esse didicerat, Cic. Il avait appris de Zénon à être courageux.

Ejusdem testamentum ab ipsius sententia judico discrepare, Cic. Je trouve que son testament n'est pas d'accord avec sa propre pensée.

Ab his philosophiam habemus, Cic. C'est d'eux que nous tenons la philosophie.

Et simul non proficiscitur animal illud modo natum a summa voluptate, Cic. Et en même temps, cet animal nouveau-né n'a pas pour point de départ la souveraine volupté.

Nec tamen argumentum hoc Epicurus a parvis petivit, Cic. Et cependant Épicure n'a pas tiré son argument de la condition des enfants (n'a pas demandé des enfants).

On dira encore par analogie : *Defedenre a*, défendre de ou contre ; *munire a*, fortifier contre ; *tueri, tegere, protegere, custodire a*, protéger, mettre en garde contre ; *liberare* ou *liberare a*, délivrer de ; *tutus, securus, quietus esse a*, être en sécurité contre, tranquille du côté de ; *abhorrere a*, avoir de l'horreur pour ; *abstinere* ou *se abstinere a* (ou sans préposition), s'abstenir de ; etc.

Ab hoste otium fuit, Liv. On eut le repos de la part de l'ennemi.

Nulla spes erat a medico. On n'avait rien à espérer de la part du médecin.

Securos vos ab hac parte reddam, Cic. Je vous rendrai tranquilles de ce côté.

Abstinet se ab injuria, Cic. Il s'abstient de mal faire.

Contineo me ab exemplis, Cic. Je m'abstiens de tout exemple.

Après un verbe de mouvement, on met *a* devant le complément s'il ne représente ni le lieu d'où l'on sort, ni la substance d'où l'on tire quelque chose : *Venio a rege*, je viens d'auprès du roi, de chez le roi ; *Venio a prœlio*, je viens du combat.

Si le complément est un verbe, il se met au gérondif en *do*, qui est lui-même susceptible d'avoir un complément : *Redibat a peragrando terras* (ou *a peragrandis terris*, par l'emploi du participe futur passif).

C'est à cette question *de départ* qu'il faut rapporter ce qui suit.

A capite ad calcem, de la tête aux pieds ; *ab illo tempore*, Cic. Depuis ce temps-là ; *a pueritia*, dès l'enfance ; *ab Jove principium*, Virg. Je commence par Jupiter ; *ab urbe condita*, depuis la fondation de Rome. (*Post urbem conditam* s'emploie quand on ne prend pas pour départ l'époque même de la fondation de Rome ; toutefois ces deux expressions sont souvent synonymes.)

165. *Quo minus viæ restat, eo plus viatici quærere.*
Chercher d'autant plus de provisions de voyage, qu'il reste moins de chemin à faire.

Lorsque deux propositions accompagnées de comparatifs sont mises en rapport dans une même phrase, on place *eo, hoc* ou *tanto* devant le comparatif de la principale, et *quo* ou *quanto* devant celui de la subordonnée. La subordonnée se met ordinairement la première.

Quo enim quis versutior et callidior est, hoc invisior et suspectior, Cic. Car un homme est d'autant plus suspect et détesté, qu'il est plus rusé et plus astucieux.

Quand nous traduisons par *plus répété*, nous donnons à la phrase une tournure inverse : Plus un homme est rusé et astucieux et plus il est suspect et détesté.

166. *Minus viæ, plus viatici, plus indignationis.*
Moins de route, plus de viatique, plus d'indignation.

Quand une idée est sous la dépendance d'une autre idée, le mot qui exprime cette seconde idée se met au génitif (Ch. I.), si c'est un nom ou un pronom, et au gérondif en *di*, si c'est un verbe.

Interfector Alexandri, le meurtrier d'Alexandre ; *ejus interfector*, son meurtrier ; *tempus legendi*, le temps de lire. Ce gérondif régit le cas du verbe : *Tempus legendi epistolam*, le temps de lire la lettre (ou *tempus legendæ epistolæ*, par l'emploi du part. fut. passif).

Jam enim tempus est dicendi, quæ sit apta pronunciatio, Quint. Car il est temps de dire quelle prononciation on doit adopter.

Si le déterminatif d'un substantif exprime une qualité, il se met au génitif ou à l'ablatif. On doit éviter de l'employer sans l'aide d'un adjectif, comme nous le faisons dans quelques locutions françaises. Ainsi, *un homme de sens* se traduirait par *vir magni judicii*, ou d'une manière analogue; *un homme d'esprit* se rendrait par *vir egregii summi*, ou *præstantis ingenii*.

On met le génitif après un rapport de dimension, de nombre, de quantité, de durée.

Pedum quindecim fossa. Un fossé de quinze pieds.
Exilium decem annorum. Exil de dix années.
Manus viginti militum. Une troupe de vingt soldats.
Duodecim centuriæ, legiones, cohortes, manipuli equitum. Douze centuries, légions, cohortes, manipules de cavaliers.
Acervus auri. Monceau d'or. — *Talentum pecuniæ.* Un talent d'argent.—*Amphora vini.* Amphore de vin.

Par analogie on mettra le génitif :

1° Après les adverbes de quantité : *Sat, satis, abunde, affatim, parum, partim, nimis, tantum, quantum, aliquantum, aliquantulum, paululum, perpaululum, minus, minimum, plus, plurimum, amplius, nimium.*

Partim eorum venerunt. Une partie d'entre eux vinrent.
Affatim gloriæ, Cic. Assez de gloire.
Nimis insidiarum ad capiendas aures adhibere videtur, Cic. Il paraît employer trop d'artifice pour captiver les oreilles.

2° Après les adverbes de lieu : *Ubi, ubinam, ubicumque, ubivis, ubique, unde, huc, huccine, eo, eodem, quo, quoquo, quovis, aliquo, ibidem, usquam, nunquam, longe*, qui sont suivis des génitifs *gentium, terrarum, loci, locorum*, etc.

Ubinam gentium sumus? Cic. En quel lieu sommes-nous? — *Ubi terrarum esses, ne suspicabar quidem*, Cic. Je ne soupçonnais pas même où vous pouviez être. — *Ubicunque erit gentium, a nobis diligetur*, Cic. En quelque endroit qu'il soit, nous le chérirons.—*Ibidem* ou *eodem loci res est.* L'affaire en est au même point. — *Huc* ou *eo ambitionis pervenerat, ut.* Il en était venu à un tel point d'ambition, que...

3° Après *pridie*, la veille, *postridie*, le lendemain, seulement quand ils sont suivis de *ejus diei;* autrement ces mots appartiennent aux adverbes employés comme prépositions avec l'accusatif tels que : *proxime, propius*, près, très-près de.

Après *tunc* et *tum* suivis de *temporis* pour signifier *à cette époque*, alors.—Dans quelques auteurs anciens surtout, mais non dans Cicéron, on trouve *postea* ou *inde loci*, ensuite, après cela; *interea loci*, alors, en ce moment.

4° On met encore le génitif après un certain nombre de quantitatifs accidentels, tels que *nihil*, et les nominatifs et accusatifs neutres *hoc, id, illud, idem, aliud, quod, quid, quidquid, ecquid, quiddam, quidquam, aliquid, dimidium, reliquum*, etc.

Quid causæ est cur..., Cic. Quelle est la raison pour laquelle?...
Aliquid pristini roboris, Cic. Quelque chose de l'ancienne vigueur.
Tibi idem consilii do, Cic. Je te donne le même conseil.
Humani nihil, rien d'humain. *Nihil novi*, rien de neuf.
Ecquid erit pretii? Cic. Quel en sera le prix?

5° On met quelquefois le génitif pluriel après les partitifs suivants: *Unus, alter, neuter, uterque, alteruter, alius, solus, nullus, nemo, ille, hic, quis, qui* et ses composés, *multi, plurimi, plerique, pauci, quot, quotcunque, quotus, quotusquisque, aliquot, tot, ceteri, reliqui*.

Uterque nostrum, Cic. Chacun de nous.
Multæ istarum arborum, Cic. Un grand nombre de ces arbres.
Ceteri hostium. Tous les autres ennemis.
Nullus ou *nemo hostium*. Personne des ennemis.
Animalium alia, Cic. Les autres animaux.

167. *Spiritus meus ex te pependit.*
Mon souffle a dépendu de toi.

Quand le complément indirect marque la source, le lieu, la substance même d'où quelque chose émane, d'où quelqu'un sort, il se met à l'ablatif avec *e, ex*. (Voir sur l'emploi de *e, ex*, la page 210.)

Ex vita discedo tanquam ex hospitio, Cic. Je sors de la vie comme d'une hôtellerie.
Constamus ex animo et corpore, Cic. Nous sommes composés d'un corps et d'une âme.
Constitutus e marmore, Cic. Fait de marbre.
Collis paululum ex planitie editus, Cæs. Une colline peu élevée au-dessus du sol.
Pellere ex, chasser de; *redimere ex*, racheter de; *audire, cognoscere ex*, apprendre par; *quærere ex*, chercher à savoir d'après; *haurire ex*, puiser à, de.

168. *Question* UNDE. Le lieu d'où l'on sort ou d'où l'on tire quelque chose se met à l'ablatif avec *e, ex*.

E Macedonia regem secutus erat, il avait suivi le roi venant de la Macédoine.

On supprime la préposition devant les noms propres de ville et devant *rus*, campagne; *humus*, terre; *domus*, logis. Les Latins la supprimaient également devant la plupart des îles, surtout les plus petites et les plus connues.

Redeo Lutetia ou *Parisiis — rure —domo*, je reviens de Paris, — de la campagne,—de chez moi ; *tollere humo*, relever de terre.

La préposition se trouve souvent supprimée devant *forum, locus* et *provincia. Movere loco*, Cic. Déranger de place ; *foro cedere*, Sen. Quitter le forum ; *fugit provincia*, il s'enfuit de la province.

Quand un de ces mots est accompagné d'un adjectif, il ne faut pas omettre la préposition : *Ex antiqua Lutetia redeo*, je reviens de l'antique Lutèce.

Les grammairiens réunissent habituellement les règles de lieu sous les noms de questions : *Ubi*, où l'on est ; *quo*, où l'on va; *unde* d'où l'on vient ; *qua*, par où l'on passe. (*V.* les adverbes de lieu, Ch. XII.)

169. *Question* UBI. Le lieu où un fait existe ou se passe se met à l'ablatif avec *in* (Ch. X).

Alexander in Cilicia æger erat, Alexandre était malade en Cilicie ; *In tabernaculo ergo me opprimi patiar?*

On supprime la préposition devant les noms de ville, devant les noms d'îles (comme plus haut), devant *rus, domus, humus* et devant *locus, via* et quelques autres mots accompagnés d'un adjectif, devant les noms de pays accompagnés de *totus*, enfin dans quelques locutions que l'usage a consacrées.

Si le nom devant lequel on supprime la préposition est de la 1re ou 2e déclinaison et du singulier, il se met au génitif :

Lutetiæ natus est, il est né à Paris ; *domi esse*, être au logis; (*bellum* et *militia* joints à *domi* s'assimilent : *domi bellique, domi militiæque*, en paix et en guerre ; *vel belli, vel domi*, Cic. En guerre ou en paix); *humi strati*, étendus par terre. Toutefois *locus, via*, restent à l'ablatif : *Hoc loco*, en ce lieu ; *via Sacra*, dans la voie Sacrée ; et on dira aussi *Cilicia tota*, dans toute la Cilicie.

Si le nom est au pluriel ou de la 3e déclinaison, il se met à l'ablatif.

Natus est Parisiis—Lacedemone. Il est né à Paris—à Lacédémone.— *Rure* (et mieux *ruri*) *vivere*. Vivre à la campagne.

Si le nom de ville est suivi d'une apposition, celle-ci se met à l'ablatif avec et quelquefois sans préposition.

Corinthi, Achaiæ urbe, nuntios accepit, Tac. Il reçut des messagers à Corinthe, ville d'Achaïe.

Neapoli, in celeberrimo oppido, Cic. A Naples, ville très-célèbre.

Si un adjectif ou un appellatif est joint à un nom de ville, on met l'ablatif avec *in* pour l'un et l'autre : *In oppido Citio*, Cic. Dans la ville de Citium ; *In magna Roma*. Dans la grande Rome.

On trouve dans Cicéron : *In oppido Antiochiæ*, au lieu de *Antiochia*, comme on trouve dans Virgile *Eridani amnis*; dans Tacite *Promontorium Miseni;* c'est une infraction à la règle (Ch. I), il ne faut pas l'imiter.

Domi s'emploie avec l'adjectif possessif et avec *alienæ* ; il est même permis avec le génitif du possesseur.—*Domi suæ occisus est*, Cic. Il fut tué chez lui.—*Domi Cæsaris*, Cic. Chez César.—C'est ainsi qu'on trouve *Athenis tuis*, Cic. — Mais il ne faut pas omettre la préposition devant *domus*, signifiant le bâtiment ou la famille, et non le logis.

Le nom de l'objet près duquel un fait existe ou se passe se met à l'accusatif avec *ad*, et mieux avec *apud*, si c'est un nom de personne.

Apud Lycomedem erat educatus, Cic. Il avait été élevé chez Lycomède.

Ad lacum Trasimenum interiit, Cic. Il mourut près du lac Trasimène.

170. Question quo. Le lieu dans lequel on entre se met à l'accusatif avec *in*, que l'on supprime devant les noms de ville, de petites îles, et devant *rus* et *domus* (sing. et plur.). Quand le nom de ville est accompagné d'un adjectif ou d'un appellatif, la préposition ne se supprime pas; quand c'est une apposition, la préposition se met devant elle.

Se contulit in Etruriam. Il se rendit en Etrurie.

Domum, rus rediit. Il retourna à la maison, à la campagne.

Domos suas redierunt. Ils revinrent chez eux.

Se contulit Tarquinios, in urbem Etruriæ florentissimam, Cic. Il se rendit à Tarquinies, ville très-florissante d'Étrurie.

Pervenit in oppidum Lugdunum. Il arriva dans la ville de Lyon.

Quand *rus, domus* n'ont pas le sens de campagne, prise dans un sens indéterminé de logis, dans cette question comme dans les autres, on emploie la préposition.

Si l'action d'entrer dedans n'existe pas, ou si du moins le lieu n'est considéré que comme le but, la limite de mouvement, le nom de lieu se met à l'accusatif avec *ad*.

Ut ad Hellespontum penetrarent. Pour qu'ils se retirassent vers l'Hellespont.

Tres viæ sunt ad Mutinam, Cic. Trois routes conduisent à Modène.

A dextra iter ad Ariobarzanen erat, Curt. Il y avait à droite un chemin qui menait vers Ariobarzane.

Quand un verbe de mouvement est suivi d'un autre verbe, celui-ci se met au supin et est susceptible d'avoir un complément.

It consultum Apollinem. Il va consulter Apollon. Le supin est un nom de la 4e déclinaison, dont l'accusatif est actif et l'ablatif passif. Si le verbe n'a pas de supin, on prend une autre tournure. Ainsi, je suis venu aider, peut se rendre par *veni ad adjuvandum, veni ut adjuvarem, veni adjutor*, au lieu de *veni adjutum*.

171. *Question* QUA. On met le lieu par lequel ou sur lequel on passe à l'ablatif sans préposition (c'est alors un simple ablatif de lieu), ou à l'accusatif avec *per*. Quand le complément est un mot qui ne désigne pas par lui-même le genre de mouvement (une ville, par exemple), il faut se servir de *per*, ou avoir recours à un verbe qui exprime traverser, comme *transire*, après lequel on met l'accusatif sans préposition ; de même que, dans la question *quo*, on met un complément direct après *peto*, aller vers, gagner. Mais une porte, un pont étant destinés à être franchis, l'ablatif peut être employé sans risque d'équivoque. D'ailleurs, dans tous les cas, on peut se servir de *per* avec l'accusatif.

Portis se foras erumpunt, Cæs. Ils s'échappent au dehors par les portes.

Per Antiochiam, — *per Macedoniam,* — *per maria iter fecit*. Il traversa Antioche, — la Macédoine, — les mers.

La préposition ne saurait être supprimée devant *domus* : *Per domum meam iter faciam*. Je passerai par chez moi.

172.   *Intempestiva sollicitudine turbant.*
Ils troublent par un empressement intempestif.

Sollicitudine à l'ablatif, parce qu'il est la cause qui fait le trouble du roi. Nous allons distinguer les divers cas dans lesquels un complément indirect ou circonstantiel doit être à l'ablatif.

Qualité. — L'ablatif de qualité est souvent le complément d'un substantif. *Vir præstanti ingenio* ; *Philippus animo fideli erat in Alexandrum*, Philippe était d'un cœur fidèle envers Alexandre (*erat vir*). Le verbe *esse*, quand il ne marque que l'existence, ne saurait avoir de complément. Son complément apparent est ici dans le fait l'attribut de son sujet, dont on peut toujours le rapprocher par l'élimination du verbe.

Manière. — Cet ablatif indique la manière dont une chose se passe, comme le ferait un adverbe.

Tullus magna gloria regnavit, Liv. Tullus régna avec une grande gloire.

Tiberis tenui fluere aqua mediis caloribus solet, Liv. Le Tibre a coutume de couler avec peu de force au milieu des chaleurs.

Æquis viribus dimicare, Curt. Combattre à forces égales.

Quantité. — Avec des verbes qui marquent la supériorité, *superare*, surpasser ; *præstare*, l'emporter, etc., les adverbes de quantité provenant de substantifs neutres se mettent à l'ablatif, comme avec les comparatifs et devant les adverbes de comparaison *ante, aliter, post* (Ch. I). — *Paulo, tanto, quanto.., superare*, surpasser un peu, autant, combien.

Cause. — Ce dont on affecte quelqu'un, ou ce dont on est affecté se met à l'ablatif de *cause*. Nous en avons vu un exemple après les verbes passifs (Ch. V); mais cet ablatif se présente aussi bien avec les verbes actifs et neutres, et par conséquent avec les déponents.

Frangere dolore, abattre, accabler de douleur ; —*frangi dolore*, être accablé de douleur ; — *corpus labore firmatur*, le corps s'endurcit par la fatigue ; —*febri laborare*, souffrir de la fièvre.

Il est naturel avec les verbes *florere*, être florissant ; —*niti*, s'appuyer, être soutenu ; —*fidere, confidere*, avoir confiance ; —*diffidere*, ne pas se fier (ces trois verbes prennent aussi le datif); — *gaudere, lætari*, se réjouir ; —*gloriari*, se glorifier ; —*dolere*, s'affliger.

Moyen et instrument. On le trouve comme le précédent après des verbes de toute espèce.

Naturam expellas furca, Hor. Chassez le naturel avec une fourche.
Lapide ictus interiit, Nep. Il mourut ayant été frappé d'une pierre.
Lacte et carne vivunt, Cæs. Ils vivent de lait et de viande.
Cornibus minitatur, il menace de ses cornes.
Vescor pane, je me nourris de pain ; *ratione sapiens utitur*, Cic. Le sage se sert de la raison ; *abuti aliqua re*, abuser de quelque chose ; *fungi munere*, s'acquitter d'une charge (d'où *fungi vita*, mourir); *auro potitur*, Virg. Il s'empare de l'or.

Abondance et disette.

Il se trouve avec les verbes qui signifient priver de, être privé de, délivrer de, être délivré de, pourvoir de, être pourvu de, combler de, être comblé de, et autres semblables. Voici les principaux :

Impleo, emplir et ses synonymes ; *satio*, rassasier ; *cumulo*, combler ; *onero*, charger ; *locupleto*, enrichir ; *armo*, armer ; *orno*, orner ; *vestio*, revêtir ; *privo, orbo*, priver ; *spolio, nudo*, dépouiller ; *levo*, soulager ; *libero, solvo*, délivrer, dégager.
Abundo, abonder ; *redundo, affluo*, regorger ; *scateo*, fourmiller ; *careo, egeo, indigeo*, manquer ; *vaco*, être exempt; *opus est*, il est besoin; *vacare culpa*, être exempt de faute ; *regno carere*, être privé du trône ; *metallis Hispania scatet*, Plin. L'Espagne abonde en métaux.

Egeo et *indigeo* sont aussi suivis du génitif.

Valeur.—Il se trouve avec les verbes *constare* (coûter), *emere, vendere, ponderare* (peser), *conducere* (louer).

Libertatem auro vendere. Vendre sa liberté au poids de l'or.
Duodecim talentis emere. Acheter douze talents.
Magno, parvo emere. Acheter cher, à bon marché.
Magna mercede conducere. Prendre à gage, gagner chèrement.

Remarque.—Avec les verbes de prix ou d'estime tels que *æstimare, facere, ducere, pendere, habere*, estimer, apprécier, les adverbes de quantité prennent la forme du génitif : *parvi*, peu ; *magni, permagni, maximi*, beaucoup ; *minoris*, moins ; *minimi*, le moins ; *pluris*, plus ;

plurimi, le plus ; *tanti*, autant ; *quanti*, combien ; *satis magni*, assez ; *nimio pluris*, trop. On dit aussi *parvi, magni, tanti, quanti, satis magni*, avec *refert, interest*, il importe.

Avec *emere, constare, vendere, conducere, venire* (être vendu), on emploie souvent les ablatifs *magno, permagno, plurimo, parvo, nihilo, paululo, nimio, dimidio, vili* (sous-ent. *pretio*), à moitié, à vil prix.

Espace, étendue.—Cet ablatif est moins employé que l'accusatif, surtout quand il est le complément d'un verbe.

Patere quatuor digitos, Cæs. Être large de quatre doigts.

Paribus intervallis, à des distances égales.

Abest ou *distat viginti passus* ou *viginti passibus*, il est éloigné de vingt pas.

Quand on marque à quelle distance une chose a lieu, on se sert de *abhinc* avec le nombre ordinal et l'ablatif. A la place de l'ablatif on peut mettre l'accusatif avec *ad* : *Mortuus est tertio abhinc lapide* ou *ad tertium abhinc lapidem*, il est mort à trois milles d'ici (m.-à-m. à la troisième pierre).

Lieu.—C'est l'ablatif employé pour désigner le lieu dans lequel une chose se passe ; il se rapporte à la question *ubi*.

Temps.—La question de temps peut être envisagée de quatre manières :

1° *Quand? (quando?)* Le mot indiquant le moment où une chose existe ou est faite, se met à l'ablatif.

Eodem tempore, dans le même temps ; *primo die hostes vicit*, le premier jour il vainquit les ennemis ; *Alexandri temporibus*, du temps d'Alexandre ; *solis occasu*, au coucher du soleil ; *medici adventu*, à l'arrivée du médecin ; *Cicerone consule*, sous le consulat de Cicéron ; *natus est anno post Christum millesimo octingentesimo quinquagesimo quinto, die tertia aprilis*, il naquit le trois avril, l'an du Christ 1855 ; *tricesimo ætatis anno mortuus est*, il mourut dans la trentième année de son âge ; *tertio ante anno*, trois ans auparavant.

On emploie quelquefois une préposition.

Cum prima luce venit, il vint au point du jour.

Simul cum luce, au lever du soleil.

L'expression *tous les deux, tous les trois ans* se rend en ajoutant *quisque*, qui s'accorde alors avec le nom de temps. *Quinto quoque anno ludi celebrabantur*, on célébrait des jeux tous les cinq ans.

2° *Pendant combien de temps? (quandiu?)* On emploie l'ablatif et mieux l'accusatif.

Regnavit Ancus annos quatuor et viginti, Liv. Ancus régna vingt-quatre ans.

Quinque horis prælium sustinuit, Cæs. Il soutint le combat pendant cinq heures.

3° *Depuis quand? quamdudum* ou *a quo tempore?* On emploie l'accusatif et le nombre ordinal.

Duodecimum annum regnat. Il y a douze ans qu'il règne.

On trouve aussi l'ablatif : *Sexto et vicesimo anno bellum gerentes,* Nep. Faisant la guerre depuis vingt-six ans.

Avec *abhinc* dont on se sert pour faire sentir que le temps est complétement écoulé, on met l'accusatif ou l'ablatif et le nombre cardinal.

Abhinc quindecim annos ou *annis mortuus est.* Il y a quinze ans qu'il est mort.

4° *En quel espace de temps? Quanto tempore?* On met l'ablatif sans préposition, ou l'accusatif avec *intra* (dans l'espace de), ou le génitif avec *spatio.*

Tribus diebus regem curavit. Il guérit le roi en trois jours.

Intra annos quatuordecim, Cæs. Dans l'espace de quatorze ans.

L'expression *deux fois, trois fois par jour* se rend par *bis, ter, in die,* Cic.

III. Exercices.

EXERCICE PRÉPARATOIRE.

1 — Marquer la quantité des syllabes soulignées : Leg*e*re — Vult*u* — Mov*i*t — Consci*e*ntiæ — Not*a*s — O*r*e — Indignati*o*nis — Pav*o*ris — N*e*c — *A* — T*e* — M*e* — O*r*o — Pat*e*re — Concip*i* — Mol*e*ste — R*e*gem — F*e*cit — Sec*e*rne — Crimin*a*batur — Habit*a*re — Aud*i*visset — Exhib*e*ri — L*u*ce — D*i*citur.

2 — Pourquoi *e* crément est-il bref dans *legere, patere,* et long dans *exhiberi?*

3 — Pourquoi *a* crément est-il long dans *criminabatur?*

4 — Pourquoi *nec* est-il bref dans *nec a?*

5 — Pourquoi la première syllabe est-elle longue dans *movit* et *fecit?*

6 — Pourquoi *u* final est-il long dans *vultu?*

7 — Pourquoi *e* crément est-il long dans *regem?*

8 — Pourquoi *u* crément est-il long dans *luce?*

9 — Assez d'indignation — Vous n'avez pas assez de voix — Trop de lettres — Chacun de vous deux — Le reste des agneaux — Les autres rois.

10 — Nous revenions de Tarse — Nous allons à Rome — Ils se rendirent auprès de Catilina — Nous partîmes pour Rome — Ils sont sortis de la ville — Ils habitent à la campagne — Revenons à la maison — Nous passerons par la Macédoine — D'où venez-vous ? De Rome — Où allez-vous ? A Antioche — Par où passez-vous ? Par l'Italie — Où habite-t-il ? Ici.

11 — Un homme d'un grand cœur (*animus*) — Un homme illustre par

son nom—Dans quel espoir sont-ils venus ici?—Personne ne vit de miel—Notre ville abonde en jeunes gens—Délivre-moi de lui—Il m'a délivré d'une grande inquiétude—Nous avons acheté cette maison cinq talents.

COMPOSITION.

1 — Alors le roi avait (était de) une grande crainte, mais persuadé que sa vie dépendait de Philippe, il montra la plus grande espérance.

2 — Il ne détourna pas les yeux de son visage, et le médicament s'étant répandu dans ses veines, il dit : « Fidèle compagnon, vous avez plus d'indignation que de terreur ; c'est pourquoi sauvé par vous, je dissiperai l'accusation de parricide qui vous trouble. »

3 — Alexandre ayant négligé la lettre de Parménion, s'égaya peu à peu, et déjà il se croyait sauvé, quand il mourut dans sa demeure.

4 — Ajax se jeta (se coucha) sur son épée (*gladius*), et se donna (apporta) la mort, quoiqu'il soit mieux pour un guerrier de périr à la guerre.

5 — Lorsque Philippe le suivait de la Macédoine, il prédisait cela en lui-même, et laissant là ces affaires, il les remplissait tous d'un bon espoir.

6 — Je vois, dit-il, compagnons d'armes, que votre salut à tous dépend de moi ; retenez maintenant soigneusement celles de mes impressions que vous aurez saisies sur mes traits.

7 — Ce que vous m'avez donné me suffit et au delà (j'ai assez et au delà de ce que).

8 — Il arrive trop de bien à celui à qui il n'arrive rien de mal.

9 — Les ouvrages (*opus, eris*, n.) que j'ai lus abondent en exemples, et sont de (apportent) la plus grande utilité.

10 — Il avait acheté sa maison de campagne (*villa*) moitié plus cher (*caro*, adv., cher) que je ne l'avais pensé.

11 — Mon enfant, puisque vous avez de l'esprit pour faire (l'esprit, *ingenium*, de faire) certaines choses (quelque chose) adroitement (*solerter*), il en est de meilleures et de plus grandes que vous pouvez faire avec moi.

12 — Car déjà du vivant d'Homère notre race dégénérait (*decrescere*).

13 — Pendant ce temps, le médicament commençait à être recueilli par les veines.

REPOS DE L'ÉTUDE.

ANTIGONUS ET CYNICUS

Ab Antigono Cynicus petiit talentum. Respondit, plus esse, quam quod Cynicus petere deberet. Repulsus petit denarium, Respondit, minus esse, quam quod regem deceret dare. Turpissima est ejusmodi cavillatio. Invenit quomodo neutrum daret; in denario regem, in talento Cynicum respexit, quum posset et denarium tanquam Cynico dare, et talentum tanquam rex. Ut sit aliquid majus, quam quod Cynicus accipiat, nihil tam exiguum est, quod non honeste regis humanitas tribuat. Sen. *De Beneficiis.*

Cynicus, Antisthenis œmulus, un Cynique ; — *petere,* demander ;— *debere,* devoir ; — *repellere, puli, pulsum,* repousser ; — *denarius, ii,* m., denier ; —*turpis,* honteux ; — *cavillatio,* plaisanterie, subtilité ; — *respicere,* considérer ;—*ut, quamvis, etiamsi sit ;— honeste,* convenablement, honorablement ;—*tribuere, impertire, dare.*

CHAPITRE DOUZIÈME.

I. Pratique.

Itaque : « Si Dii, inquit, Philippe, tibi permisissent quo maxime modo animum velles experiri meum, alio profecto voluisses, sed certiorem, quam expertus es, ne optasses quidem : hac epistola accepta, tamen quod dilueras bibi ; et nunc credo te non minus pro tua fide quam pro mea salute esse sollicitum. » Hæc locutus, dextram Philippo offert.

Cēt̆erum tanta vis mēd̆ic̄aminis fuit, ut quæ secuta sunt crīmīnātionem Parmenionis adjūv̆erint. Interclusus spīr̆itus arcte m̄eabat. Nec Philippus quidquam inexpertum ŏmisit : ille fōmenta corpori admōvit ; ille torpentem, nunc c̆ibi, nunc vīni ŏdore exc̆itavit ; atque ut primum mentis comp̆otem esse sensit, modo matris sŏrorumque, modo tantæ victōriæ appr̆opinquantis admŏnere non dest̆itit.

TRADUCTION LITTÉRALE.

Itaque : « Si Dii, inquit, Philippe, tibi permisissent
        les Dieux,   avaient permis

quo maxime modo animum velles experiri meum,
de laquelle surtout   manière   éprouver

alio profecto voluisses, sed certiorem, quam expertus
    assurément   plus certain,

es, ne optasses quidem. Hac epistola accepta, tamen
    tu aurais désiré   reçue,

quod dilueras bibi, et nunc credo te non minus
  tu avais préparé j'ai bu,   je crois

pro tua fide quam pro mea salute esse sollicitum. »
      fidélité   inquiet.

Hæc locutus, dextram Philippo offert.
      ayant dit,   il offre.

Ceterum, tanta vis medicaminis fuit, ut quæ secuta
 Au reste,   médicament

sunt criminationem Parmenionis adjuverint. Interclusus
    accusation   aidèrent.   Intercepté

spiritus arcte meabat. Nec Philippus quidquam
le souffle à l'étroit circulait.

inexpertum omisit : ille fomenta corpori admovit; ille
non essayé   fomentations   approcha ;

torpentem, nunc cibi, nunc vini odore excitavit ;
engourdi,   tantôt   par l'odeur excita ;

atque ut primum mentis compotem esse sensit, modo
     d'abord de l'esprit maître   il sentit, tantôt

matris sororumque, modo tantæ victoriæ appropinquantis
de la mère des sœurs,   approchant

admonere non destitit.
  avertir   cessa.

TRADUCTION FRANÇAISE.

Il dit alors à Philippe : « Si les Dieux t'avaient permis de sonder mes sentiments pour toi, par le moyen que tu aurais cru le meilleur, tu aurais voulu assurément en choisir un autre ; mais tu n'aurais pu en désirer un plus sûr que celui que tu viens d'éprouver. Après avoir reçu cette lettre, j'ai cependant bu le breuvage que tu avais préparé ; je crois que maintenant tu n'auras pas moins de souci pour ta fidélité que pour ma guérison. » Ayant ainsi parlé, il lui présenta la main.

Au reste, le remède fut si violent, que son effet donna plus de poids à l'accusation de Parménion. La respiration interceptée circulait à l'étroit. Philippe de son côté ne négligea aucun moyen, il lui appliqua des fomentations sur le corps et le stimula alternativement par l'odeur des aliments et du vin ; dès qu'il le sentit reprendre ses sens, il ne cessa de l'entretenir tantôt de sa mère et de ses sœurs, tantôt de ses victoires prochaines.

TRADUCTION ALTERNATIVE.

« Itaque, inquit, Philippe, . . .	« C'est pourquoi, dit-il, ô Philippe,
si Dii permisissent tibi	si les Dieux t'avaient permis
experiri meum animum	d'éprouver mon sentiment

15

modo quo velles maxime,	de la manière dont tu le voudrais le mieux,
voluisses perfecto alio,	tu l'aurais voulu certes d'une autre,
sed nequidem optasses	mais tu n'aurais pas même désiré
certiorem quam expertus es :	une plus certaine que tu n'as éprouvé:
hac epistola accepta,	cette lettre étant reçue,
bibi tamen quod dilueras ;	j'ai bu cependant ce que tu avais préparé ;
et nunc credo	et maintenant je crois
te esse non minus sollicitum.	toi être non moins inquiet
pro tua fide.	pour ta fidélité
quam pro mea salute. »	que pour mon salut. »
Ceterum vis medicaminis.	Au reste la force du médicament
fuit tanta,	fut si grande,
ut quæ secuta sint	que ce qui suivit
adjuverint criminationem Parmenionis.	aida l'accusation de Parménion.
Spiritus interclusus	La respiration interceptée
meabat arcte.	circulait à l'étroit.
Et Philippus non omisit	Et Philippe n'omit pas
quidquam inexpertum :	quelque chose non essayé:
ille admovit.	il appliqua
fomenta corpori ;	des fomentations au corps ;
ille excitavit (regem)	il excita (le roi)
nunc odore cibi,	tantôt par l'odeur de la nourriture,
nunc (odore) vini ;	tantôt (par l'odeur) du vin ;
atque ut primum	et dès que d'abord
sensit esse compotem mentis,	il sentit (lui) être maître de son esprit,
non destitit admonere	il ne cessa de l'avertir
modo matris sororumque,	tantôt de sa mère et de ses sœurs,
modo tantæ victoriæ	tantôt d'une si grande victoire
appropinquantis.	qui approchait.

CONVERSATION.

QUESTIONS.	RÉPONSES.
Quel moyen n'aurait pas désiré Philippe ?	Certiorem modum quam expertus erat.
Qu'est-ce que les Dieux auraient permis ?	Quo maxime modo animum regis vellet experiri.
Qu'avait bu le roi ?	Quod Philippus diluerat.

CHAP. XII. — CONVERSATION. — PHRASÉOLOGIE. 227

Après quoi ?	Epistola accepta.
Pourquoi Philippe devait-il être inquiet ?	Non minus pro sua fide quam pro sua salute.
Que fait le roi après avoir parlé ?	Dextram Philippo offert.
Qu'est-ce qui donna du poids à l'accusation ?	Vis medicaminis.
Que fit la violence du médicament ?	Criminationem Parmenionis adjuvit.
Qu'arriva-t-il pour la respiration ?	Arcte meabat.
Comment Philippe traita-t-il le corps du roi ?	Fomenta admovit.
Avec quoi cherchait-il à stimuler le malade ?	Nunc cibi, nunc vini odore.
Comment était le malade ?	Torpens.
Quand le médecin lui parla-t-il de sa mère ?	Ut primum mentis esse compotem sensit.
Que fit-il à propos de la victoire ?	Regem admonere non destitit.
De quelle victoire l'entretenait-il ?	Tantæ victoriæ appropinquantis.

PHRASÉOLOGIE.

A TRADUIRE EN FRANÇAIS.	A TRADUIRE EN LATIN.
Epistola visa, regis animum experiri noluit.	Ayant vu la lettre, il ne voulut pas éprouver les sentiments du roi.
Credo te certiorem modum quam expertus es optavisse.	Je crois que tu as désiré un moyen plus sûr que celui dont tu as eu l'essai.
Non pro mea salute, sed pro mea fide, sum sollicitus.	Je suis inquiet, non pour mon salut, mais pour ma fidélité.
Hæc locuti, quisque profecto dextram medico offerebant.	Après avoir dit ces choses, tous assurément présentaient la main au médecin.
Tanta fuit Philippi cura, ut nullum medicamen inexpertum omiserit.	Le soin de Philippe fut tel, qu'il essaya de tous les médicaments.
Fomentis torpentes excitantur.	Ceux qui sont engourdis sont stimulés par les fomentations.
Ut primum mentis compos fuit, matrem ac sorores non destitit sequi.	Aussitôt qu'il eut repris connaissance, il ne cessa pas de suivre sa mère et ses sœurs.
Medicamen experiri Dii non permiserunt.	Les Dieux ne permirent pas d'essayer les médicaments.

II. Analyse et Théorie.

DES ADVERBES.

Les adverbes peuvent se grouper d'après les différentes manières sous lesquelles ils présentent la modification.

Le temps :

Aliquandiu, quelque temps.
Aliquando, quelquefois.
Antea, auparavant.
Cras, demain.
Deinde, dein, ensuite.
Dudum, jamdudum, depuis long-temps.
Diu, longtemps.
Heri, hier.
Hodie, aujourd'hui.
Interdum, quelquefois.
Interea, interim, pendant ce temps.
Mane, le matin.
Mox, bientôt.
Noctu, pendant la nuit.
Nondum, pas encore.
Nonnunquam, quelquefois.
Nunc, maintenant.
Nuper, dernièrement.
Olim, autrefois, un jour.
Parumper, paulisper, un peu de temps.

Perendie, après-demain.
Postea, dans la suite.
Posthac, posthæc, désormais.
Postridie, le lendemain.
Pridem, jampridem, depuis long-temps.
Pridie, la veille.
Protinus, aussitôt.
Quandiu? Combien de temps ?
Quando? Quand ?
Quondam, autrefois.
Quotannis, tous les ans.
Quotidie, tous les jours.
Sæpe, souvent,
Semper, toujours.
Simul, en même temps.
Tandem, enfin.
Tandiu, tam diu, si longtemps.
Tunc, tum, alors.
Vesperi, vespere, le soir.

Lieu :

Ubi, où.
Hic, ici (où je suis).
Istic, là (où tu es).
Illic, là (où il est).
Ibi, là.
Alibi, ailleurs.
Alicubi,
Uspiam, } quelque part.
Usquam,
Ubicumque, en quelque endroit que ce soit.
Ibidem, au même endroit.
Foris, dehors.
Intus, dedans.

Quo, où.
Huc, ici (où je suis).
Istuc, là (où tu es).
Illuc, là (où il est).
Eo, là.
Alio, ailleurs.
Aliquo,
Quopiam, } quelque part.
Quocumque, en quelque endroit que ce soit.
Eodem, au même endroit.
Foras, dehors.
Intro, dedans.

Unde, d'où.
Hinc, d'ici (où je suis).
Istinc, de là (où tu es).
Illinc, de là (où il est).
Inde, de là.
Aliunde, d'ailleurs.
Alicunde, de quelque part.
Undecumque, de quelque endroit que ce soit.
Indidem, du même endroit.

Qua, par où.
Hac, par ici (où je suis).
Istac, par là (où tu es).
Illac, par là (où il est).
Ea, par là.
Aliqua, par quelque endroit.
Quacumque, par quelque endroit que ce soit.
Eadem, par le même endroit.

Quantité :

Aliquantum, un peu.
Aliquantulum, quelque peu.
Minus, moins.
Multum, beaucoup.
Nimis, *nimium*, trop.
Parum, peu.

Paulum, un peu (dit moins que *parum*).
Paululum, quelque peu (diminutif de *paulum*).
Plus, plus.
Satis, assez.

Interrogation :

An, anne, num, est-ce que ?
Ne (enclit.), est-ce que ?
Quare, quamobrem, cur, pourquoi ?

Quid, quid ita, pourquoi ?
Quorsum, à quoi bon ?
Les adv. de lieu *ubi, quo, qua, unde* ?

Affirmation :

Etiam, oui, aussi ;
Ita, oui, ainsi ;
Certe, sane, profecto, næ, quidem, equidem, certes, assurément.

Nimirum, nempe, scilicet, videlicet, sans doute, certes, assurément.

Négation :

Non, haud, non, ne pas.
Ne, ne pas.
Minime, point du tout.

Nequaquam
Haudquaquam } nullement.
Neutiquam

Indication :

En, ecce, voici, voilà.

Doute :

Forsan, forsitan, fortasse, peut-être.

Forte, par hasard.

Nous avons parlé précédemment (pages 67 et 106) des adverbes de nombre et des adverbes de manière.

DES INTERJECTIONS.

Pour marquer la joie : *O ! evax ! evoe ! io ! ha ! he !* ha ! bravo ! ,
    la douleur : *Hei ! heu ! eheu ! pro !* ah ! hélas !
    l'indignation : *Proh ! pro ! heu ! ô !* ah !
    l'admiration, la surprise : *O ! papæ ! hui ! hem ! ehem ! ô !* oh !
    l'encouragement : *Eia ! euge ! age !* allons ! courage !
    la menace : *Væ ! hei !* malheur à.
    l'aversion : *Apage ! phui !* fi !

Pour appeler : *Heus! ohe! o! ehodum! eho!* holà! hé!

Les interjections se confondent souvent pour exprimer des sentiments divers : chose commune à toutes les langues.

On emploie en outre une foule d'expressions de formes très-différentes : *Malum!* malheur! *Infandum!* chose inouïe! *Cedo!* voyons! *Me Hercule!* (*me, Hercule, juves!*), par Hercule! *Hercle*, par Hercule, certes!

LEXIOLOGIE.

Deus, dei, m., 2ᵉ décl. (Ch. XIII). M. R. dieu; *dea,* déesse.

Permitto, is, misi, missum, ere, act., 3ᵉ c., lancer à travers, en avant, permettre. R. R. *per,* à travers; *mitto,* envoyer; — *permissio,* f., *permissum,* n., permission.

Maxime, adv., le plus, extrêmement. R. *magnus,* grand (Ch. II).

Experior, iris, ertus, sum, eriri, dép. R. essayer.

Profecto, adv., assurément. R. R. *pro,* devant; *facio,* faire.

Certus, a, um, adj. 1ʳᵉ c. M. R. certain, sûr; — *certe* et *certo,* adv., certainement;—*certitudo,* f., certitude;—*incertus,* adj., incertain.

Opto, as, avi, atum, are, act., 1ʳᵉ c. M. R. choisir, désirer; — *optimus,* adj., très-bon;—*optio,* f., choix;—*optativus,* adj., optatif.

Credo, is, didi, ditum, ere, act. et n. M. R. croire; — *credibilis,* adj., croyable; — *credulus,* adj., crédule; — *creditor, trix,* créancier, créancière.

Minus, adv., moins. R. *minor,* moindre (Ch. II).

Sollicitus, a, um, adj., 1ʳᵉ c. M. R. agité, inquiet; — *sollicite,* adv., avec soin;—*sollicitudo,* f., inquiétude;—*sollicitare,* exciter, solliciter; —*sollicitatio,* f., sollicitation.

Loquor, eris, cutus sum, qui, dép., sens act., et n. M. R. parler, dire;—*loquax,* bavard;—*locutio,* f., parole;—*eloquium,* n., entretien.

Dextra, sync. de *dextera* (sous-ent. *manus,* main), main droite. R. *dexter, era, erum* ou *xtra, xtrum,* droit.

Offero, offers, obtuli, oblatum, erre, act., offrir. R. R. *ob,* devant; *fero,* porter.

Ceterum, adv., du reste. R. *ceteri, æ, a,* les autres, le reste.

Medicamen, inis, n. 3ᵉ d., syn. de *medicamentum,* médicament. R. *medeor,* soigner.

Criminatio, onis, n., 3ᵉ d., syn. de *crimen,* accusation.

Adjuvo, as, juvi, jutum, are, act. 1ʳᵉ c., aider. R. R. *ad,* à; *juvo,* aider; — *adjutor, trix,* qui aide; — *adjutorium,* n., *adjumentum,* n., *adjutus, us,* m., aide, secours.

Intercludo, is, si, sum, dere, act. 3ᵉ c., enfermer. R. R. *inter*, entre; *claudo*, fermer.

A du radical se supprime en composition, comme dans *quatio*.

Arcte, adv., à l'étroit. R. *arctus*, étroit.

Nec, abréviation de *neque*, conj. pour *et non*.

Fomenta, orum, n. 2ᵉ d., sync. de *fovimenta* (inusité), ce qui sert à échauffer; topique, fomentation. R. *foveo*, échauffer.

Admoveo, es, vi, otum, ere, act. 2ᵉ c., approcher, appliquer. R. R. *ad*, vers; *moveo*, mouvoir.

Torpeo, es, ui, ere, n. 2ᵉ c. M. R. être engourdi; — *torpor*, m., *toredo, inis*, f., torpeur, engourdissement.

Nunc, répété, conj. M. R. tantôt; seul, il est adverbe et signifie maintenant.

Cibus, i, m., 2ᵉ décl. M. R. aliments, mets; — *ciborium*, n., coupe, ciboire; — *cibarium*, n., aliment.

Vinum, i, n., 2ᵉ décl. M. R. vin; — *vinosus*, adj., adonné au vin, qui a le goût du vin; — *vineus*, adj., de vin; — *vinifer*, adj., qui porte du vin; — *vinetum*, n., vignoble; — *vindemia*, f., vendange.

Odor ou *odos, oris*, m. 3ᵉ décl. M. R. odeur; — *odoramen, odoramentum*, n., parfum; — *odorus*, adj., parfumé; — *odorare*, parfumer.

Excito, as, avi, atum, are, act. 1ʳᵉ c., exciter, stimuler; — fréquentatif de *excieo, excio*. R. R. *ex*, de; *cieo*, appeler, exciter.

Primum ou *o*, adv., premièrement, d'abord, formé de *primus*, premier. R. *prior*, premier (en parlant de deux). On emploie ainsi l'accusatif et l'ablatif neutre des nombres ordinaux pour former des adverbes d'ordre, de rang. L'accusatif est la forme la plus usitée.

Sentio, is, si, sum, ire, act. 4ᵉ c. M. R. sentir.

Modo, répété, conj., tantôt. R. *modus*, manière.

Mater, tris, f. 3ᵉ décl. M. R. mère; — *maternus*, adj., maternel; — *matrona*, f., dame de distinction; — *matrimonium*, n., mariage.

Soror, oris, f. 3ᵉ décl. M. R. sœur; — *sororius*, adj., de sœur; — *consobrinus, a*, cousin, cousine; — *sororcula*, f., petite sœur.

Appropinquo, as, avi, atum, are, n. 1ʳᵉ c., approcher. R. R. *ad*, vers; *propinquo*, approcher. R. *prope*, près de.

Admoneo, es, ui, itum, ere, act. 2ᵉ c., avertir, faire souvenir. R. R. *ad*; *moneo*, avertir; — *admonitio*, f., *admonitus, us*, m., *admonitum*, n., avertissement, avis.

Desisto, is, stiti, stitum, sistere, n., 3° c., cesser. R. R. *de*, hors de; *sto*, se tenir.

CHOIX ET DISPOSITION DES MOTS.

Victoriæ appropinquantis, de la victoire *qui approchait*.

167. Il faut éviter en latin les périphrases qui n'ajoutent rien à l'idée. L'emploi des participes est bien préférable, surtout quand deux parfaits se suivent, comme dans cette phrase : Il lut la lettre et la donna au roi, *perlectam epistolam regi dedit*.

168. On trouve quelquefois en latin des phrases de la tournure suivante : *Quam potionem diluisti, hausta fuit*, la potion que vous avez préparée a été bue.

En rétablissant *potio* en tête de la phrase, on ne trouve plus rien de singulier à cette construction : *Potio quam potionem...* rétablissement auquel on est autorisé par les exemples assez communs où cette répétition d'un même substantif à des cas différents existe. *Bellum tantum, quo bello omnes gentes premebantur, Pompeius confecit*, Cic. Pompée a terminé cette guerre si grande, par laquelle guerre toutes les nations étaient accablées.

La phrase si connue de Virgile : *Urbem quam statuo vestra est*, la ville que je bâtis est la vôtre, devra donc s'interpréter ainsi : *Urbs, quam urbem*, etc.

Pro salute sollicitus.—*Pro* est une abréviation de *porro*, loin, et il est facile de déduire ses divers sens. Le grec a fourni les deux mots.

Porro signifie proprement *loin en avant*, ce qui donne à *pro* le sens de *devant, avant*. Ce qui est devant couvre, protége, remplace. L'emploi de cette proposition se rattache toujours plus ou moins à ces idées primitives.

Dimicare pro legibus, Cic. Combattre pour les lois (à la place de).

Pro nihilo ducere ou *putare*, Cic. Compter pour rien (mettre une chose à la place de rien, n'en faire aucun cas).

Pro testimonio dicere, déclarer en témoignage (tenir lieu de témoin).

Pro tabernaculo stabat agmen, l'armée se tenait devant la tente.

Illa præsidia quæ pro templis omnibus cernitis, Cic. Ces gardes que vous voyez devant tous les temples (*ante templa*).

Videndum est, ut pro dignitate cuique tribuatur, Cic. Il faut avoir soin de donner à chacun selon son mérite (*juxta dignitatem, pro ratione dignitatis*).

Sententia, pro qua dicere non audent, Cic. Un sentiment en faveur duquel ils n'osent pas élever la voix.

Tibi pro tuis summis beneficiis gratias ago, Cic. Je vous rends grâce de vos bienfaits (*propter tua beneficia*).

De adventu Cæsaris pro certo habebamus, Cic. Nous tenions pour certaine l'arrivée de César.

Aliquid pro certo habere ou *putare*, Cic. Tenir quelque chose pour certain.

Crimen et *criminatio* sont synonymes dans le sens d'*accusation*.

Ne criminibus aut inferendis delectetur amicus, aut credat oblatis, Cic. Qu'un ami ne se plaise pas à porter des accusations, ou qu'il se garde d'ajouter foi à celles qu'on porte contre son ami.

Ab aliquo allatas criminationes repellat, Cic. Qu'il repousse les accusations portées par les autres.

Toutefois *criminatio* signifie plutôt l'*action d'accuser* que l'*accusation elle-même*. *Crimen* signifie plus souvent *ce dont on est accusé*; et, par une extension toute naturelle, il prend quelquefois le sens de *crime*, de *tort*, de *criminel*.

SYNTAXE.

169. *Tanta vis medicaminis fuit ut quæ secuta sunt... adjuverint.*
La violence du médicament fut si grande, que ce qui suivit aida...

Quand la principale est démonstrative, c'est-à-dire qu'elle renferme une de ces expressions, *ita, sic, tam, talis, tantus, tantopere, tot, adeo, hactenus, is, hic, ille, eo*, etc., ayant la subordonnée pour relative, celle-ci se met au subjonctif avec *ut*. Si le sujet ou le régime de la subordonnée se rapporte à un antécédent exprimé dans la principale, on emploie le plus souvent *qui*, répondant alors à *ut ego, tu, ille*, etc. Si la subordonnée a pour antécédent un comparatif, on met *quam ut* ou simplement *quam*.

In eo erat, ut dextram Philippo offerret. Il était sur le point de présenter la main à Philippe.

Tanta erat sollicitudo, ut omnes illum videre vellent. Telle était l'inquiétude que tous voulaient le voir.

Illud non verum est, ut semper a medicis vita nostra servetur. Il n'est pas vrai que nous soyons toujours sauvés par les médecins.

Majore morbo afficiebatur Alexander, quam ut (ou *quam* ou *quam qui*) *posset ante signa stare.* Alexandre avait une maladie trop grave pour qu'il pût se présenter devant ses drapeaux.

170. *Ut primum sensit.* — Aussitôt qu'il sentit.

Ut, ut primum, dès que, aussitôt que, sont accompagnés de l'indicatif.
Ut ab urbe discessi, Cic. Dès que je me fus éloigné de la ville.
Ut primum e provincia rediit, Cic. Aussitôt qu'il revint de la province.
On emploie aussi dans ce sens *ut semel, simul ut, statim ut*.
Statim ut rediit, Cic. Aussitôt qu'il fut revenu; — *ut semel exiit*, Cic. Dès qu'une fois il fut sorti; — *simul ut me viderunt*, Cic. Dès qu'ils m'aperçurent. Il signifie aussi *comme* : *Ut aiunt*, comme on dit; — *ut*

arbitror, selon moi ; — *ut mihi quidem videtur*, Cic. A ce qu'il me semble ; — *ut fieri solet*. Comme cela arrive ordinairement.

Joint à *ita* ou à *sic*, il s'emploie pour former une comparaison : *Ut furiæ, sic tuæ tibi occurrunt injuriæ*, Cic. Vos injustices se présentent à vous comme des furies ; — *ut nihil boni est in morte, sic certe nihil mali*. La mort n'est ni un bien ni un mal.

171. *Victoriæ admonere.* — Avertir de la victoire.

Il existe plusieurs séries de verbes qui gouvernent le génitif :

1° *Monere, admonere*, avertir ; *commonere*, prévenir ; *commonefacere*, faire souvenir ; *certiorem facere*, rendre plus certain, instruire, qui sont aussi suivis de l'ablatif avec *de*.

Cum ipse te veteris amicitiæ commonefaceret, commotus es? Cic. Lorsqu'il te faisait souvenir de votre ancienne amitié, as-tu été ému ?

Epistola in qua de hortis me admones, Cic. La lettre dans laquelle tu me fais souvenir des jardins.

Avec les compléments *res, hoc, id, illud*, on emploie aussi l'accusatif. *Illud te admonitum esse volo*, Cic. Je veux que tu sois averti de cela.

2° *Meminisse*, se souvenir ; *reminisci* (*retro, meminisse*), se ressouvenir ; *recordari* (*retro cordi dare*), se rappeler ; *oblivisci*, oublier ; qui prennent aussi l'accusatif.

Somno animus meminit præteritorum. Cic. L'esprit se souvient du passé pendant le sommeil.

Flagitiorum suorum recordabitur, Cic. Il se rappellera ses crimes.

Ut reminisceretur pristinæ virtutis Helvetiorum. Afin qu'il se ressouvînt de l'ancienne valeur des Helvétiens.

Officia meminisse debet is, in quem collata sunt, Cic. Celui à qui l'on a rendu des services, doit s'en souvenir.

Vivorum memini, nec tamen Epicuri licet oblivisci, Cic. Je me souviens des vivants, et cependant il n'est pas permis d'oublier Épicure.

Obliviscere Graios, Virg. Oubliez les Grecs.

Ea potius reminiscere, Cic. Ressouviens-toi plutôt de ces choses.

3° *Misereor, miseresco*. Avoir pitié. — *Eorum misereor*. J'ai pitié d'eux.

Arcadii, quæso, miserescite regis, Virg. Ayez pitié, je vous prie, du roi des Arcadiens.

Miseror, commiseror signifient plaindre, déplorer, et veulent l'accusatif. Les poëtes cependant les confondent quelquefois avec *misereor*.

Fortunam patriæ commiserabatur. Il déplorait le sort de sa patrie.

4° *Arguere, insimulare, accusare, incusare*, accuser ; *increpare*, réprimander ; *captare*, prendre en faute ; *damnare*, condamner ; *solvere*, dégager ; *absolvere*, absoudre ; *liberare*, délivrer ; *convincere*, convaincre, etc., veulent en général leur complément indirect au génitif.

Quelques-uns admettent aussi l'ablatif. D'autres ne s'emploient qu'avec l'ablatif, comme *multare—pecunia—vinculis—morte*, condamner à une amende—aux fers—à la mort.

Capitis ou *capite damnatus, absolutus*, condamné à la peine capitale, absous de la peine capitale.

Cicero Verrem avaritiæ nimiæ coarguit, Cic. Cicéron accuse Verrès d'une avarice excessive.

Tu, si me impudicitiæ captas, Plaut. Si tu me prends en faute d'impudicité.

Tot vitiis flagitiisque convictus, Cic. Convaincu de tant de vices et de turpitudes. — *Convictus cædis*, Suet. Convaincu de meurtre.

Le génitif a été employé à cause d'un mot sous-entendu, et par suite par analogie; car le régime indirect d'un verbe de cette sorte est un nom de manière, et, comme tel, il doit être à l'ablatif. Le mot sous-entendu est *crimine*, accusation; *ignominia*, honte; *scelere*, crime; *lege*, loi; *judicio*, jugement, etc. Ce mot est même assez souvent exprimé. *Alcibiades postulabat ne, absens invidiæ crimine accusaretur*, Nep. Alcibiade demandait qu'on ne l'accusât pas d'envie pendant son absence. *Legibus ambitus interrogati pœnas dederunt*, Sall. Accusés de brigue, ils furent punis.

On trouve encore le datif : *Morti damnatus*, Lucret., et l'accusatif avec *ad*, pour indiquer le genre de châtiment : *Ad bestias condemnare*, Suet. Condamner à être exposé aux bêtes; ou l'accusatif avec *in* : *Condemnare in antliam*, Suet. Condamner à puiser de l'eau. Enfin on emploie encore, dans certains cas, l'ablatif avec *de* : *Condemnare de ambitu*, Suet. Condamner pour cause de brigue.

5° *Refert, interest*, il importe. La personne à qui il importe se met au génitif, la chose se met à l'accusatif avec *ad*.

Magni interest Ciceronis, Cic. Il importe beaucoup à Cicéron.

Magni ad honorem nostrum interest, Cic. Il importe beaucoup à notre honneur. On emploie également le génitif quand la chose est une sorte de personnification : *Interest Reipublicæ.... rei familiaris tuæ*, Cic. Il importe à la république... à votre fortune privée.

On dit aussi *utriusque nostrum, vestrum interest*, il nous importe, il vous importe à tous deux. Mais on dira avec l'ablatif féminin (sous-entendu *causa*), *mea, tua, nostra interest*, il m'importe, il t'importe, il nous importe : *Quid autem nostra refert, victum esse Antonium?* Cic. Mais que nous importe que Antoine ait été vaincu?

Si le pronom est accompagné d'un adjectif ou d'un nom, ceux-ci se mettent au génitif, ou plutôt on donne à la phrase une autre tournure. Ainsi, *mea unius interest Cæsarem advenire* (il importe à moi seul que César arrive) peut se tourner par *mihi prodest uni Cæsaris adventus*.

6° *Est*, il appartient à, il est de (sous-ent. *officium, negotium*, etc.).

Cujusvis est hominis errare, Cic. C'est le fait de tout homme de se tromper.

Est adolescentis majores natu vereri, Cic. Il est d'un jeune homme de respecter les personnes plus âgées.

C'est à moi, c'est à toi de, etc., se rend par *meum est, tuum est...*

On emploie le datif après *esse* dans les phrases comme celle-ci : *Est mihi liber*, j'ai un livre. On met deux datifs dans des tournures de ce genre : *Hoc erit tibi dolori*, cela vous causera de la douleur; comme on le fait dans celle-ci : *Aliquid alicui vitio vertere* (tourner quelque chose à vice à quelqu'un), blâmer quelqu'un de quelque chose.

7° Les impersonnels *pœnitet*, se repentir ; *piget*, avoir de la répugnance ; *tædet*, s'ennuyer ; *miseret, miseretur, miseritum est, miserescit*, avoir pitié ; *pudet*, avoir honte ; *veritum est*, craindre, veulent à l'accusatif le nom de la personne qui éprouve le sentiment, et au génitif le nom de l'objet qui l'inspire.

Memet mei pœnitet, Cic. Je me repens de moi-même. — *Te miserescat mei*, Ter. Aie pitié de moi. — *Me ejus miseritum est*, Plaut. J'ai eu pitié de lui. — *Fratrem pudet culpæ tuæ*, votre frère a honte de votre faute.

Les verbes proclitiques qui peuvent avoir pour sujet un nom de chose, *incipio, possum, soleo*, etc., deviennent impersonnels devant ces verbes, qui alors se mettent à l'infinitif.

Debet te vitæ tuæ pœnitere, tu dois te repentir de ta vie ; mais on dira *malo me pœnitere*, j'aime mieux me repentir.

8° Les verbes de prix ou d'estime *æstimare, facere*, etc., veulent au génitif les adjectifs et substantifs de quantité et de valeur.

Virtus pluris æstimanda est, Cic. La vertu doit être plus estimée.

Rempublicam flocci non facere, Cic. (Ne pas faire de la république le cas d'un flocon de laine). Ne pas faire cas de la république.

On emploie ainsi au génitif quelques substantifs de dépréciation: *Non assis facere*, ne pas faire le cas que l'on fait d'un as ; — *nauci*, d'un brou de noix ; — *nihili facere*, ne faire aucun cas.

Remarque. — On trouve aussi le génitif au lieu de l'ablatif communément employé, après *impleo, abundo, indigeo, scateo, saturo, abstineo*,

Abstineto irarum, Hor. Abstenez-vous de la colère ;

Multitudinem quoque religionis justæ implevit, Liv. Il remplit aussi la multitude d'une juste piété ;

Abundare et *indigere rerum*, être abondamment pourvu et être dépourvu de...

Et dans quelques autres que l'usage apprendra : *Satagere rerum suarum*, avoir ce dont on a besoin (le verbe tire son génitif de *sat*, assez).

III. Exercices.

EXERCICE PRÉPARATOIRE.

1 — Marquer la quantité des syllabes soulignées : T*i*b*i* — Exper*iri*— Hac epistol*a* — B*i*b*i* — Credo — Fide —Salute—Loc*u*tus—Interc*l*usus— Arc*te*—O*mi*sit—Corpor*i*—Od*ore*—Excitavit—m*o*do, adv.—m*o*do subst. —Admon*e*re.

2—Pourquoi *i* crément est-il long dans *experiri* ?

3—Pourquoi le premier *i* de *omisit* est-il long, et pourquoi est-il bref dans *bibi* ?

4—Pourquoi *e* final est-il long dans *fide*, *arcte*, et bref dans *salute*, *odore* et *admonere* ?

5—Pourquoi *a* est-il long dans *hac epistola* ?

6—Pourquoi *o* final a-t-il une quantité différente dans *modo* substantif et *modo* adverbe ?

7 — Il était sur le point de boire — L'odeur du vin est telle qu'elle stimule le corps—Philippe dit tantôt ceci, tantôt cela—Dès qu'il m'aperçut, il me présenta la main — Je les avertis de cela—Il oublie sa victoire — Il avait pitié du roi — Il était maître de lui-même — Je t'avertirai de l'approche de Parménion—Appliquer des topiques à la tête.

8—Il importait beaucoup à ses sœurs—C'est le devoir (il est) d'un fils de chérir sa mère — Cela causera votre salut — Le vin a une odeur agréable — Faire honneur à quelqu'un de quelque chose — Parménion avait honte de son accusation—Il commence à se repentir de la lettre.

COMPOSITION.

1 — Si les Dieux, Parménion, me permettent de tenter ce qu'il me plaira, je ne négligerai assurément aucun médicament et je boirai ce que tu auras préparé.

2—Au reste la témérité à cela (de particulier) qu'elle met toujours les esprits en mouvement, et que souvent elle arrive à (elle apporte) une victoire plus sûre.

3—Il y a en eux une si grande force d'âme, que poussant l'armée à la destruction des ennemis, ils osent retourner dans la vaste Cilicie.

4—Les lettres que j'ai reçues ont été lues par Darius qui, après avoir essayé de tous les moyens, commença à être inquiet pour son salut.

5 — Dès qu'il eut stimulé le corps par des fomentations, il augmenta les forces tant à l'aide du vin que de la nourriture.

6 — Ayant son manteau dans la main gauche et la coupe dans la main droite, il invita le roi à reprendre ses sens (à être maître de son esprit) et à se ressouvenir de sa mère et de ses sœurs.

7 — Ils combattirent pour leur roi au point d'être percés de coups.

8 — Il n'y eut personne qui ne m'aidât selon ses forces dans un si grand péril.

9 — On faisait un crime à Philippe d'avoir reçu quinze talents de Darius.

CHAPITRE TREIZIÈME.

I. Pratique.

Ut vero medicamentum se diffudit in venas, et sensim toto corpore salubritas percipi potuit, primo animus vigorem suum, deinde corpus quoque expectatione maturius recuperavit; quippe post tertium diem quam in hoc statu fuerat, in conspectum militum venit. Nec avidius ipsum regem quam Philippum intuebatur exercitus; pro se quisque, dextram ejus amplexi, grates habebant velut præsenti deo: namque haud facile dictu est, præter ingenitam illi genti erga reges suos venerationem, quan-

CHAP. XIII. — TRADUCTION.   239

tum hujus quoque regis vel admirationi dediti
fuerint, vel caritate flagraverint.

TRADUCTION LITTÉRALE.

Ut vero medicamentum se diffudit in venas, et
_{mais   le médicament   se   répandit dans les veines, et}

sensim toto corpore salubritas percipi potuit, primo
_{peu à peu   l'influence salutaire être reçue put, d'abord}

animus vigorem suum, deinde corpus quoque exspec-
_{la vigueur   ensuite   aussi   (que) l'at-}

tatione maturius recuperavit ; quippe post tertium
_{tente   plus tôt   recouvra ;   car   après}

diem quam in hoc statu fuerat, in conspectum
_{que   état}

militum venit. Nec avidius ipsum regem quam
_{des soldats il vint.   plus avidement   que}

Philippum intuebatur exercitus ; pro se quisque,
_{regardait   l'armée ;   pour soi chacun,}

dextram ejus amplexi, grates habebant velut
_{ayant embrassé, des actions de grâces avaient comme}

præsenti deo : namque haud facile dictu est,
_{présent à un dieu : car pas facile à dire il est,}

præter ingenitam illi genti erga reges suos venera-
_{outre   innée   nation envers les rois   la vénéra-}

tionem, quantum hujus quoque regis vel admirationi
_{tion,   combien   ou   à l'admiration}

dediti fuerint, vel caritate flagraverint.
_{ils avaient été livrés, ou d'amour ils avaient brûlé.}

TRADUCTION FRANÇAISE.

Mais quand le remède se fut répandu dans les veines, et que peu à peu
le corps tout entier eut pu subir son heureuse influence, l'esprit recou-

vra d'abord sa vigueur et bientôt le corps se rétablit plus promptement qu'on ne s'y attendait; car trois jours après, il vint en la présence des soldats. L'armée n'était pas plus empressée à contempler le roi lui-même que Philippe. Tous lui serraient la main et lui rendaient grâce comme à une divinité tutélaire; car outre la vénération, pour ainsi dire innée de cette nation pour ses rois, il est difficile d'exprimer combien elle était pénétrée d'admiration et d'amour pour Alexandre.

TRADUCTION ALTERNATIVE.

Ut vero medicamentum	Mais dès que le médicament
se diffudit in venas,	se fut répandu dans les veines,
et sensim salubritas	et que peu à peu l'état de santé
potuit percipi toto corpore,	eut pu être reçu dans tout le corps,
primo animus recuperavit	d'abord l'esprit recouvra
vigorem suum, deinde corpus	sa vigueur, ensuite le corps
quoque maturius exspectatione;	aussi plus tôt que l'attente;
quippe post tertium diem	car après le troisième jour
quam fuerat in hoc statu,	qu'il avait été dans cet état,
venit in conspectum militum.	il vint en présence des soldats.
Nec exercitus intuebatur	Et l'armée ne regardait pas
avidius ipsum regem quam Philippum;	plus avidement le roi même que Philippe;
pro se quisque amplexi	chacun de son côté ayant embrassé
dextram ejus, habebant grates	sa main, rendaient grâces
velut deo præsenti:	comme à un dieu présent :
namque est haud facile dictu,	car il n'est pas facile à dire,
præter venerationem ingenitam,	outre la vénération innée
illi genti erga suos reges,	à cette nation envers ses rois,
quantum vel dediti fuerint	combien ou ils furent portés
admirationi,	à l'admiration,
vel flagraverint caritate	ou brûlèrent d'amour
hujus regis quoque	pour ce roi aussi.

CONVERSATION.

QUESTIONS.	RÉPONSES.
Que fit le médicament?	Se diffudit in venas.
Où le bien-être se fit-il sentir?	Toto corpore.
Qu'est-ce que l'esprit recouvra?	Vigorem suum.

Comment le corps se rétablit-il ?	Exspectatione maturius.
Que fit-il trois jours après ?	In conspectum militum venit.
Comment l'armée regardait-elle le roi ?	Non avidius quam Philippum.
Comment accueillait-elle Philippe ?	Dextram ejus amplectebantur, atque grates habebant velut præsenti deo.
Comment était la vénération pour les rois ?	Ingenita.
Envers qui cette nation avait-elle de la vénération ?	Erga reges suos.
De quoi brûlait l'armée ?	Caritate.
A quoi était-elle livrée ?	Admirationi.
Pour qui ?	Hujus regis.

PHRASÉOLOGIE.

A TRADUIRE EN FRANÇAIS.	A TRADUIRE EN LATIN.
Ut vero potio medicata se diffudit in venas, exspectatione maturius vires corpus recuperavit.	Mais dès que la potion médicinale se fut répandue dans les veines, le corps recouvra ses forces plus tôt qu'on ne s'y attendait.
Toto corpore salubritate percepta, in conspectum militum venit.	La guérison ayant gagné tout le corps, il vint en présence des soldats.
Post quintum diem quam hauserat medicamentum, medenti grates habebat.	Cinq jours après avoir avalé le remède, il rendait grâce à son médecin.
Nec avidius regis quam Philippi dextram amplectebantur.	Ils ne serraient pas la main du roi plus avidement que celle de Philippe.
Facile dictu est quantum exercitus caritate ejus flagraret.	Il est facile de dire combien l'armée avait d'amour pour lui.
Erat illi genti ingenita erga reges suos admiratio.	Cette nation avait une admiration naturelle pour ses rois.
Philippum habebant velut præsentem deum.	Ils considéraient Philippe comme un dieu tutélaire.
Hic quoque rex omnibus admirationi erat.	Ce roi faisait aussi l'admiration de tous.
Haud vero facile dictu est, quanta regem caritate diligerent.	Mais il n'est pas facile de dire de quel amour ils chérissaient le roi.
Sudor quoque se diffudit in corpus Alexandri.	La sueur se répandit aussi sur le corps d'Alexandre.

16

II. Analyse et Théorie.

SUPPLÉMENT AUX DÉCLINAISONS.

Première déclinaison.

On trouve dans les auteurs des noms dont la déclinaison est calquée sur la déclinaison grecque. Il y en a donc de féminins en *e* et de masculins en *es* et *as* : *grammatice*, *es*, grammaire; *Anchises*, *æ*, Anchise; *Æneas*, *æ*, Enée.

Sing.				
N.	f. ē	m. ēs		m. ās
V.	ĕ	ĕ		ā
G.	ēs	æ		æ
D.	æ	æ		æ
Acc.	ēn	ēn, ăm		ān, ăm
Abl.	ē	ē, ā		ā

Les terminaisons du pluriel sont les mêmes pour ces mots tirés du grec, comme cela existe en effet pour cette langue, et sont en outre les mêmes que celles des noms en *a*. Cette forme grecque est peu commune dans Cicéron, mais elle est fort usitée par Quintilien.

Le génitif grec *as* s'est conservé dans le mot *pater familias*, *patris familias*.

Les Latins se servaient quelquefois de la terminaison *abus* pour le datif et l'ablatif pluriel de la 1re déclinaison, pour distinguer quelques noms féminins de leurs correspondants masculins : *Filiabus*, de *filia*, fille, pour distinguer de *filiis*, de *filius*, fils; *deabus*, de *dea*, déesse, pour distinguer de *diis*, de *deus*, dieu.

On rencontre dans les poëtes anciens, dans Lucrèce par exemple, *aï* (en deux syllabes) au lieu de *æ*, terminaison du génitif singulier féminin. D'un autre côté les poëtes contractent le génitif pluriel *arum* en *um*. Ce génitif *aï* a la pénultième longue.

Deuxième déclinaison.

Quelques noms en *ius* font *i* au vocatif singulier au lieu de *ie* : *Virgilius*, vocatif *Virgili*; *filius*, vocatif *fili*.

Deus, *agnus* (agneau) et *chorus* (chœur), ont le vocatif singulier semblable au nominatif. Le plur. de *deus* est ainsi : Nom., voc., *dii*; gén. *deorum*; dat., abl. *diis*; acc. *deos*.

Les noms grecs en *os*, *on*, gardent quelquefois ces terminaisons

CHAP. XIII. — SUPPLÉMENT AUX DÉCLINAISONS. — LEXIOLOGIE. 243

au lieu de les transformer en *us*, *um*, et font *on* à l'acc. sing. au lieu de *um* : *Tarsos* (Tarse) ; acc. *Tarson; Ilion* pour *Ilium* (Ilion).

Les noms grecs en *eus*, gén. *eos*, se déclinent ainsi : Nom. *Orpheus* (Orphée); voc. *Orpheu;* gén. *Orphei* ou *eos;* dat. et abl. *Orpheo;* acc. *Orpheum* ou *ea*. Le gén. plur. fait quelquefois *um* au lieu de *orum*, surtout dans les vers.

Troisième déclinaison.

Quelques noms tirés du grec font *eos* ou *os* au gén. sing.; *in* ou *a* à l'acc. sing.; *as* à l'acc. plur. : *Hereseos; Æneidos; heresin; Æneida; heroas*. Les noms neutres en *ma* ont des dat. et abl. plur. doubles en *is* et *ibus* : *Dogmatis* et *dogmatibus*.

Jupiter, gén. *Jovis*, etc., présente entre le nominatif et ses autres cas une irrégularité analogue à celle qui existe en grec. Le *p* du nominatif se double au besoin dans les vers : *Juppiter*.

Bos, bovis, bœuf, fait au gén. plur. *boum*, et au dat. *bobus* (on trouve aussi, mais rarement, *bubus*).

Quatrième déclinaison.

Jesus fait à l'accusatif *Jesum*, et fait *Jesu* aux autres cas.

On a vu les deux formes de *domus* dans la lexiologie du chapitre III.

LEXIOLOGIE.

Vero, conj., mais. R. *verus*, vrai; se met après un mot; *verum*, mais, se met en tête de la proposition.

Diffundo, is, udi, usum, ere, act., 3e c., répandre. R. R. *dis*, çà et là; *fundo*, fondre, verser ;—*diffusio*, f., action de répandre.

Sensim, adv., insensiblement. R. *sentio*, sentir.

Salubritas, atis, f., 3e décl., salubrité, bon état, de *saluber*, salubre. R. *salus*, salut, santé.

Percipio, is, cepi, ceptum, ere, act., 3e c., saisir entièrement, recevoir. R. R. *per*, augmentatif; *capio*, prendre.

Vigor, oris, m., 3e décl., vigueur, force. R. *vigeo*, être dans la force.

Exspectatio, onis, f., 3e décl., attente. R. R. *ex; specio* (inus.), voir, d'où s'est formé *exspectare*, attendre.

Maturius, comparatif adv., plus promptement. R. *maturus*, mûr; prompt.

Recupero, as, avi, atum, are, act., 1re c., récupérer, recouvrer. R. R. *re ; paro*, apprêter; acquérir.

Status, us, m., 4e décl., état. R. *sto*, demeurer.

Miles, itis, m., 3e décl. M. R. soldat; — *militia*, f., opération militaire, guerre ;—*militaris*, adj., militaire ;—*militare*, être soldat.

Avidius, plus avidement, comparatif adverbe de *avidus*, avide. R. *aveo*, désirer ardemment ;—*aviditas*, f., avidité.

Intueor, eris, itus, sum, eri, dép., 2ᵉ c., regarder attentivement. R. R. *in*, vers ; *tueor*, voir ;—*intuitus, us*, regard, vue.

Exercitus, us, m., 4ᵉ décl., armée, formé de, *exerceo*, poursuivre, exercer. R. R. *ex*, de ; *arceo*, chasser.

Amplector, eris, xus, sum, cti, dép., 3ᵉ c., embrasser, serrer. R. R. *amb*, ensemble, autour ; *plecto*, frapper ; (arch.), enlacer.

172. La particule inséparable *am*, ancienne préposition signifiant *autour*, fait *amb* devant les voyelles et *an* devant *c, f, h, q*.

Grates, pl. f., pas de gén. ; dat. et abl. *gratibus* (rare) ; ne doit être employé qu'au nom. et à l'acc. ; actions de grâces. R. *gratus*, reconnaissant.

Habeo, es, ui, itum, ere, act., 2ᵉ c. M. R. avoir.

Velut, veluti, conj., comme. R. R. *vel*, même ; *ut, uti*, comme.

Præsens, tis. adj., 2ᵉ c., présent ; favorable, propice, de *præsum*, être à la tête. R. R. *præ*, avant ;—*sum*, être.

Nam, namque, conj. M. R. car, en effet.

Præter, prép. acc. ; M. R. auprès, outre.

Ingenitus, a, um, inné, part. passé de l'inus. *ingeno*, inculquer dès la naissance. R. R. *in*, dans ; *gigno*, engendrer.

Gens, gentis, f., 3ᵉ décl. M. R. famille, nation ;—*gentilis*, adj., d'une même famille ;—*gentiliter*, adv., à la manière du pays.

Erga, prép. acc. M. R. envers.

Veneratio, onis, f., 3ᵉ décl., vénération. R. *veneror*, révérer.

Quantum, adv. de qualité, combien. R. *quantus*, combien grand !

Admiratio, onis, f., 3ᵉ décl., admiration, de *admirari*. R. R. *ad*; *mirus*, surprenant.

Caritas, atis, f., 3ᵉ décl., amour, affection. R. *carus*, cher, précieux, bien aimé.

Flagro, as, avi, atum, are, n., 1ʳᵉ c., M. R. brûler ;—*flagrantia*, f., vive chaleur ;—*flagranter*, adv., ardemment.

CHOIX ET DISPOSITION DES MOTS.

Primo... deinde, d'abord, ensuite.

173. Quand on fait une énumération, on se sert moins bien, dans le discours, des adverbes d'ordre, *secundo, tertio...* que de ces expressions : *deinde, tum, denique, postremo* ou *ad extremum*.

Au lieu de *primus, secundus*, on se sert préférablement de *unus, alter*. Quelquefois on répète un des mots *deinde, exinde, tum*.

Præter venerationem, outre la vénération. — *Præter*, c'est-à-dire, *præ terminis*, devant les bornes, signifie, d'après cette étymologie, *le long* et *au delà* ; d'où, par extension, il marquera *opposition* et *exception*.

Quod præter opinionem omnium factum est, Cic. Ce qui arriva contre l'attente de tous.

Servi præter oculos Lollii hæc omnia ferebant, Cic. Les esclaves apportaient toutes ces choses devant les yeux de Lollius.

Præter modum exterreri, Cic. Être épouvanté outre mesure.

In eo genere præter ceteros excellunt, Cic. Ils l'emportent sur les autres en ce genre (*supra ceteros*).

Præter flumen ibant. Ils marchaient le long du fleuve.

Omnibus sententiis præter unam condemnari, Cic. Être condamné par tous les suffrages, excepté un.

Grates habebant. Rendaient grâces.—*Grates* est synonyme de *gratias*, dans cette expression *grates* ou *gratias habeo* ou *ago*. On trouve souvent *habeo* et *ago* réunis pour donner plus de force à la pensée.

Grates tibi ago, summe sol, Cic. Grâces te soient rendues, divin soleil.

Maximas tibi gratias et habere et agere debemus, Cic. Nous devons vous rendre les plus grandes grâces.

Erga reges, pour, envers les rois (*V.* la syntaxe).—*Erga* gouverne l'accusatif et signifie *par rapport à*, *envers*, et rarement *contre* (*Odium erga regem*, Nep.), car il s'emploie d'ordinaire en bonne part. *Contra*, qui marque également *direction vers un objet*, s'emploie en mauvaise part. *Adversus* signifie tantôt *envers*, tantôt *contre*. Ces deux prépositions sont aussi suivies de l'accusatif.

Habere benevolentiam erga aliquem, Cic. Avoir de la bienveillance pour quelqu'un.

Defendere causam alicujus contra alium, Cic. Défendre la cause de quelqu'un contre un autre.

Contra naturam, Cic. Contre la nature, qui n'est pas conforme à la nature (*non secundum naturam*).

Adversus quos aciem struis? Cic. Contre qui cette armée ?

Reverentia adversus homines, Cic. Respect envers les hommes.

Pietas adversus deos, Cic. Piété envers les dieux.

SYNTAXE.

174. *Medicamentum se diffudit in venas.*
Le médicament se répandit dans les veines.

Le pronom personnel qui se rapporte au sujet de la phrase se rend par *sui, sibi, se,* que l'on met au cas demandé par le verbe dont il est le régime. Il forme ainsi des verbes pronominaux.

Sibi ignoscit, Curt. Il se pardonne.

Pasitigris fluvius Persico mari se insinuat, Curt. Le fleuve Pasitigris (s'insinue) se jette dans le golfe Persique.

Il faut se garder de se servir de cet exemple pour traduire en latin nos verbes essentiellement pronominaux comme *je m'abstiens, je me tais, je m'enquiers,* etc., et ceux qui ont un sens passif, *cela se fait* (tourn. est fait), *cela se trouve* (tourn. est trouvé).

175. *Post tertium diem quam fuerat.*
Trois jours après avoir été (après qu'il avait été).

Cette expression équivaut à *tertio die postquam.* — *Fuerat* à l'indicatif (Ch. VII).

176. *Haud facile dictu.* — Non facile à dire.

Dictu au supin en *u* après *facilis* (Ch. V). — On est obligé de prendre une autre tournure quand ce supin n'existe pas.

Hoc difficile est ad loquendum, Cic. Ceci est difficile à dire.
Difficile dictu, factu, Cic. Difficile à dire, à faire.

177. *Philippe !* — O Philippe !

Le vocatif est le cas de l'exclamation et de l'interpellation. Il est précédé ou non de l'interjection *Ō*.

On trouve aussi :

1° Le *vocatif* après *heu ! Heu miserande puer !* Virg. ; après *proh !* ou *pro ! Proh dii immortales !* — *Pro sancte Jupiter !* Cic. O vénérable Jupiter.

2° Le *génitif* après *o !* et *proh ! Proh deum immortalium !* En ce cas on sous-entend *fidem obsecro* ou *dico*, j'invoque l'aide.

3° Le *datif : Væ mihi.* Malheur à moi ! — *Hei mihi !* Malheureux que je suis !

4° L'*accusatif : O faciem pulchram !* Tér. O le beau visage ! — *Heu me infelicem !* Malheureux que je suis !

On emploie aussi l'accusatif seul : *Me miserum ! me perditum !* ou après *proh : Proh deos immortales !* ou après *væ ! Væ me !* Malheur à moi ! *Proh deum hominumque fidem !* Cic. (sous-entendu *dico*), grands Dieux !

178.   *Erga reges suos venerationem.*
De la vénération pour leurs rois.

Un substantif peut être mis en rapport avec un autre substantif au moyen d'une préposition :
Beneficium in aliquem, Cæs. — *Tua erga me merita*, Cic. — *Fides adversus Romanos*, Liv. — *Oratio contra Gracchum*, Cic. — *Oratio de sociis*, Cic. — *De philosophia liber*, Cic. — *A rege beneficia*.

Quelquefois le déterminatif prend sans préposition le cas réclamé par l'idée exprimée dans le premier substantif :
Domum itio, reditio, reditus, concursus (action d'aller, de revenir, d'accourir à la maison).

Justitia est obtemperatio scriptis legibus, Cic. (*obtemperare legibus*, obéir aux lois).

Exprobratio alicui. Reproche fait à quelqu'un (*Exprobrare*, reprocher).

179. *Maturius exspectatione.* — Plus tôt qu'on ne s'y attendait.

Il existe en latin un certain nombre de locutions semblables dont l'usage est généralement élégant : *Spe, opinione maturius*, plus tôt qu'on ne l'espérait, qu'on ne le pensait.

Id opinione tua mihi gratius est, Cic. Cela m'est plus agréable que tu ne le penses.

DE L'INTERROGATION.

180. Nous avons vu (Chap. III et VIII) le *qui* interrogatif et ses composés. Nous savons en outre que, placé entre deux verbes, il forme comme les autres mots interrogatifs une interrogation indirecte qui veut le verbe de la subordonnée au subjonctif.

Le *qui* interrogatif se rend par *quis, quæ, quid*, s'il est employé comme pronom, et par *quis, quæ, quod*, s'il est employé comme adjectif. Il est, comme tout autre mot, au cas demandé par son rôle dans la phrase. Au lieu de *quod* suivi d'un substantif avec lequel il s'accorde, on met bien *quid* suivi du génitif : *Quid temporis?* pour *quod tempus?* (Ch. XI).

Quotus marque le quantième : *Hora quota est?* Hor. Quelle heure est-il ?

Quotus quisque signifie *combien peu? Quotus quisque corporis salubritatem recuperavit?* Combien peu d'hommes ont recouvré la santé ? — On sépare souvent *quotus* de *quisque*. *Uter* remplace *quis* quand on parle de deux et il est lui-même son correspondant : *Uter utrum intuebatur?* Lequel des deux regardait l'autre ? Quand le verbe n'a aucun de ces mots ou de leurs analogues pour sujet, on met *num, an* ou *anne* en tête de la phrase ou *ne* après le premier mot. Quelquefois on supprime ces particules, et c'est l'intonation, le sens ou la ponctuation qui marque l'interrogation. Quand il y a négation, on se sert de *non* ou *nonne*. Quand il y a alternative, on joint les deux termes par *an*: *Clarus an obscurus?* et non *clarus aut obscurus?* ou l'on met *utrum* devant le premier terme et *an* devant le second; ou enfin on remplace *utrum* par *ne* que l'on met après le premier mot de la phrase.

La réponse s'exprime en latin par la répétition du terme sur lequel porte la question : *Estne tertius dies? Tertius. Potesne? Possum.* Autrement on se sert, mais moins bien, d'expressions affirmatives ou négatives telles que : *Sic est, ita est, ita sane, ita plane, ita enimvero, vero, certe, profecto, non, non vero, minime, minime vero.*

An virum bonum dices, qui... Cic. Appellerez-vous homme de bien celui qui...

Utrum igitur has corporis, an Pythagoræ tibi malis vires ingenii dari? Cic. Est-ce que vous préféreriez la force de Milon à l'esprit de Pythagore?

Videtisne, ut apud Homerum sæpissime Nestor de virtutibus suis prædicet? Cic. Voyez-vous comme, dans Homère, Nestor exalte ses propres vertus à tout instant?

III. Exercices.

EXERCICE PRÉPARATOIRE.

1—Pourquoi *u* est-il long dans *diffudit* et dans *salubritas?*
2—Quand la première syllabe de *quoque* est-elle brève?
3—Pourquoi *a* est-il long dans *exspectatio, veneratio, admiratio?*
4—Pourquoi la première syllabe est-elle brève dans *potuit, habebant.*
5—Pourquoi *dediti* a-t-il la première syllabe longue et la seconde brève?
6—La connaissance de la grammaire—Ils s'adonnèrent à la rhétorique. —J'ai lu l'abrégé de sa vie — Un si grand désir de la vie (arch.) — Énée était fils d'Anchise — Pieux Énée, regarde tes compagnons d'armes — Virgile, ô mon fils !— Le fleuve répétait (disait) Eurydice — O Orphée! tu n'as pas pu recouvrer ta (chère) Eurydice.
7—O guerre impie ! — O homme avide ! — La bonté du roi envers l'armée — As-tu recouvré ta vigueur?—Est-il venu ici ou là?—Viens-tu avec moi ? — D'où est ce médecin ? — Est-ce à toi que je parle ou non ? — Que veux-tu ? — Que dit-il maintenant ? — Qu'est-ce que c'est ?—Ce que c'est ?

CHAP. XIII. — COMPOSITION. — REPOS DE L'ÉTUDE.   249

8 — Lequel de nous deux est le plus fidèle? est-ce toi ou moi? — Lequel des deux a embrassé l'autre? — Combien peu d'hommes sont illustrés?

COMPOSITION.

1—L'armée rejeta, non à tort, l'accusation de parricide sur tous les ministres, mais aucun d'entre eux ne fut condamné à la peine capitale.

2—Les armes les plus propres à la vieillesse sont les arts et la pratique (*exercitatio*) des vertus, qui, cultivés (*cultus, a, um*) dans tout le cours de la vie, produisent après de longs jours (lorsque vous aurez vécu longtemps) des fruits admirables (*mirificus*), non-seulement parce qu'ils ne vous abandonnent jamais, pas même dans la dernière période (temps) de l'âge, mais encore parce que la conscience d'une vie bien remplie (*actus, a, um*) et le souvenir (*recordatio*) de beaucoup de bonnes actions sont très-agréables (*jucundus*).

3—Il recouvra promptement sa vigueur d'esprit et de corps, car, neuf jours après être entré dans sa tente, il montra peu à peu plus d'espérance que de crainte, et put ensuite paraître (se tenir) devant l'armée.

4—Alexandre avait un trop grand amour pour sa mère et ses sœurs pour les oublier.

5—Quoi de plus doux, comme dit Cicéron, que d'avoir quelqu'un avec qui vous osiez parler comme avec vous-même?

6— Dans le même temps, la nation des Macédoniens portait ses regards sur Alexandre avec cette vénération innée pour ses rois : car il était admirable à voir combien il avait excité d'admiration par sa témérité.

7—La fortune aide le courage (les courageux).

8—Je ne dis pas cela parce que tu es présent.

9—Je n'ai jamais vu de roi plus cher à ses soldats qu'Alexandre.

10—Aristote (nous) apprend que le poëte Orphée n'a jamais existé (avoir jamais été).

11—Si je pensais que la meilleure chose à faire fût de le condamner à mort, j'ordonnerais que cela eût lieu (cela être fait) immédiatement, en présence de l'armée.

REPOS DE L'ÉTUDE.

Alexander quum jam in India vagaretur, et gentes, ne finitimis quidem satis notas, bello vastaret, in obsidione cujusdam urbis, dum circumit muros et imbecillissima mœnium quærit, sagitta ictus, diu persedere et incœpta agere perseveravit. Deinde quum, represso sanguine, sicci vulneris dolor cresceret, et crus suspensum equo paulatim obtorpuisset, coactus absistere : « Omnes, inquit, jurant esse me Jovis filium ; sed vulnus hoc hominem esse me clamat. » Sénèque, *Épit*. LIX.

India, regio ; — *vagari, errare* ; —*gens, natio* ; —*finitimus, vicinus, propinquus* ; — *vastare, depopulari*, ravager ; — *obsidio*, siége, action d'assiéger ; quand l'idée est passive, on se sert de *obsessio* ; —*imbecillus* ou *imbecillis*, faible ; — *mœnia, um* (n'a pas de singulier), murailles, remparts ; *murus, i,* désigne plus particulièrement mur, clôture ; — *sagitta,* flèche, *jaculum quod arcu mittitur* ; —*persedere equo* ou simplement *persedere,* rester à cheval ; — *siccus, a, um,* sec ; — *crus, cruris,* n., jambe ; —*jurant, affirmant* ; — *clamare,* crier.

CHAPITRE QUATORZIÈME.

1. Pratique.

Quum subit illīus tristissima noctis ĭmagō,
 Quæ mihi sūprēmum tempus in urbe fuit;
Quum rĕpĕto noctem, qua tot mihi cară rĕlīqui;
 Labitur ex oculis nunc quŏquĕ gutta meis.
Jam prŏpĕ lux aderat qua me discēdere Cæsar
 Fīnibus extrēmæ jusserat Ausŏniæ.
Nec mens, nec spătium fuerant sătĭs apta părantī :
 Torpuerant longā pectora nostrā morā.
Non mihi servorum, cŏmitis non cūra lĕgendi :
 Non aptæ prŏfŭgo vestis ŏpisvĕ fuit.
Non ălĭter stupui quam qui Jŏvis ignibus ictus,
 Vivit, et est vītæ nescius ipse suæ.
Ut tămĕn hanc animo nūbem dŏlor ipse rĕmōvit,
 Et tandem sensus convaluēre mei;
Adlŏquor extremum mœstos abiturus amicos,
 Qui mŏdŏ de multis unus et alter erant.
Uxor ămans flentem flens ācrius ipsa tĕnebat,
 Imbre per indignas usque cădente gĕnas.

Nāta prŏcul Lĭbўcis aberat dīversa sub ōris,
  Nec poterat fāti certior esse mei.
Quōcumque adspĭceres, luctus gĕmĭtusque sŏnabant :
  Formaque non tăcĭti fūneris intus erat.
Fēmĭna, virque, meo pueri quŏque funere mœrent ;
  Inque dŏmo lăcrўmas angŭlus omnis habet.
Si lĭcet exemplis in parvo grandibus ūti,
  Hæc făcies Trōjæ, quum caperetur, erat.
Jamque quiescebant voces hŏminumque cănumque,
  Lunaque nocturnos altā rĕgebat ĕquos :
Hanc ego suspĭciens, et ab hac Căpĭtōlia cernens,
  Quæ nostro frustra juncta fuere lari ;
Nūmĭna vīcīnis hăbĭtantia sēdĭbus, inquam,
  Jamque oculis nunquam templa videnda meis ;
Dique rĕlinquendi, quos urbs habet alta Quĭrīni ;
  Este sălūtati tempus in omne mihi.

TRADUCTION LITTÉRALE.

Quum subit illius tristissima noctis imago,

Quæ mihi supremum tempus in urbe fuit ;

Quum repeto noctem, qua tot mihi cara reliqui ;
  je retrace   chères j'ai quitté ;
Labitur ex oculis nunc quoque gutta meis.
  Tombe   larme
Jam prope lux aderat, qua me discedere Cæsar
        lumière   s'éloigner
  Finibus extremæ jusserat Ausoniæ.
                          Ausonie.
Nec mens, nec spatium fuerant satis apta paranti :
    esprit   propre

Torpuerant   longa pectora nostra mora.
S'étaient engourdis   retard.

Non mihi servorum, comitis non cura legendi :
                              compagnon   choisir :

Non aptæ profugo vestis opisve fuit.
              fugitif

Non aliter stupui quam qui Jovis ignibus ictus,
         je fus interdit   frappé,

Vivit, et est vitæ nescius ipse suæ.
                            ignorant

Ut tamen hanc animo nubem dolor ipse removit,
                       nuage   éloigna,

Et tandem sensus convaluere mei ;
                  se rétablirent

Adloquor extremum mœstos abiturus amicos,
                  pour la dernière fois

Qui modo de multis unus et alter erant.

Uxor amans flentem flens acrius ipsá tenebat,

Imbre per indignas usque cadente genas.
La pluie   joue.

Nata procul Libycis aberat diversa sub oris,
       de Libye   sous les rives

Nec poterat fati certior esse mei.

Quocumque adspiceres, luctus gemitusque sonabant :
           regarder¹,   deuil gémissement retentissaient :

Formaque non taciti funeris intus erat.
                    funérailles au dedans

---

¹ Nous nous contenterons désormais de donner l'infinitif des verbes, toutes les fois que nous supposerons cette indication suffisante ; de même, nous donnerons souvent les adjectifs, les adverbes et les substantifs, privés de toute inflexion.

Femina, virque, meo pueri quoque funere mœrent;
Femme,   funérailles s'affligent;

Inque domo lacrymas angulus omnis habet.
                            coin

Si licet exemplis in parvo grandibus uti,
                                 se servir,

Hæc facies Trojæ, quum caperetur, erat.
           aspect   Troie

Jamque quiescebant voces hominumque canumque,
         se reposaient

Lunaque nocturnos alta regebat equos :
     Lune   dirigeait

Hanc ego suspiciens, et ab hac Capitolia cernens,
           regardant,   le Capitole   apercevant,

Quæ nostro frustra juncta fuere lari ;
                    joints   lare ;

Numina vicinis habitantia sedibus, inquam,
divinités   demeures,

Jamque oculis nunquam templa videnda meis ;

Dique relinquendi, quos urbs habet alta Quirini ;
                                     de Quirinus ;

Este salutati tempus in omne mihi.
Soyez   salués

Ovid. *Trist.* I, Eleg. iii.

TRADUCTION FRANÇAISE.

Lorsque revient à mon esprit la triste image de cette nuit qui fut pour moi la dernière dans Rome, lorsque je me retrace cette nuit où j'ai quitté tant d'objets qui m'étaient chers ; maintenant même, une larme s'échappe de mes yeux. Déjà le jour était proche où je devais, par l'ordre de César, m'éloigner de l'Ausonie ; je n'avais eu pour préparer mon départ ni assez de temps ni assez de calme : j'avais longuement tardé à sortir de mon engourdissement. Je n'avais pas eu le soin de choisir des esclaves pour m'accompagner, je n'avais pas eu le soin de me pourvoir des vêtements et des provisions nécessaires à un proscrit. Je restais interdit comme celui que Jupiter a frappé de sa foudre ; il vit, mais il n'a pas le sentiment de son existence.

Dès que cependant la douleur elle-même eut chassé ce nuage de mon esprit et qu'enfin mes sens se furent rétablis, j'adressai un dernier adieu à mes amis affligés, les deux seuls qui me restaient d'un si grand nombre. Ma tendre épouse me tenait enlacé, mêlant à mes larmes des larmes plus amères qui n'auraient jamais dû inonder son visage. Ma fille, éloignée de moi, était alors en Lybie et ne pouvait connaître mon malheur. De quelque côté qu'on se tournât, on n'entendait que sanglots et gémissements ; tout présentait l'aspect de funérailles qui retentissent par des éclats de douleur. Hommes, femmes, enfants, tous pleuraient ma mort, et il n'y avait pas un coin dans ma demeure qui ne fût arrosé de larmes.

S'il est permis de rapprocher les grands événements des petits, tel dut être l'aspect qu'offrit la prise de Troie. Déjà les hommes et les chiens ne faisaient plus entendre leurs voix, et la lune élevée sur l'horizon conduisait ses chevaux nocturnes. Élevant vers elle mes regards, puis les reportant sur le Capitole que ma demeure touchait en vain, je m'écriai : Divinités voisines de mes pénates, temples que mes yeux ne doivent plus revoir, Dieux de la superbe ville de Quirinus, Dieux qu'il me faut quitter, recevez mes adieux éternels !...

TRADUCTION ALTERNATIVE.

Quum imago tristissima	Lorsque l'image très-triste
illius noctis quæ fuit mihi. . . .	de cette nuit qui fut pour moi
supremum tempus in urbe . . .	le dernier temps (passé) dans la ville
subit ;	se présente (à mon esprit) ;
quum repeto noctem, qua . . .	quand je reviens à la nuit dans laquelle
reliqui tot cara mihi ;	j'ai laissé tant de choses chères à moi ;
nunc quoque gutta.	maintenant même une larme
labitur ex oculis meis	tombe de mes yeux.
Jam lux aderat prope, ...	Déjà la lumière (le jour) était présent,
qua Cæsar jusserat.	dans laquelle César avait ordonné
me discedere finibus	moi m'éloigner des bornes

extremæ Ausoniæ	de l'extrémité de l'Ausonie.
Nec mens, nec spatium fuerant. .	Ni l'esprit, ni l'espace de temps n'avaient été
satis apta (mihi) paranti : . . .	assez convenables à moi faisant mes préparatifs :
nostra pectora torpuerant . . .	nos cœurs (mon cœur) avaient été engourdis
longa mora.	dans un long retard.
Non cura fuit mihi (legendo) servorum.	Je n'eus pas le soin de choisir des esclaves,
non cura legendi comitis, . . .	ni le soin de choisir un compagnon,
non vestis opisve	ni d'un vêtement ou de provisions nécessaires à un proscrit.
aptæ profugo	
Stupui non aliter quam . . .	Je fus stupéfait non autrement que
qui ictus ignibus Jovis, . . .	celui qui frappé par les feux de Jupiter,
vivit, et est ipse nescius . . .	vit, et est lui-même sans conscience de sa propre vie.
suæ vitæ.	
Ut tamen dolor ipse	Dès que cependant la douleur même eut retiré ce nuage de mon esprit,
removit hanc nubem animo, . .	
et tandem sensus mei convaluere, .	et qu'enfin mes sens eurent repris de la force,
abiturus adloquor extremum . .	devant partir je m'adresse pour la dernière fois
mœstos amicos qui erant. . . .	à mes tristes amis qui étaient
modo unus et alter de multis . .	seulement deux d'un si grand nombre.
Uxor amans ipsa flens acrius . .	Ma tendre épouse elle-même pleurant plus amèrement
tenebat (me) flentem	tenait (moi) pleurant
imbre cadente usque	une pluie tombant sans cesse
per genas indignas.	sur ses joues qui ne le méritaient pas.
Nata aberat procul diversa . . .	Ma fille était absente, éloignée au loin
sub oris Libycis, ...	sous les rives Libyennes,
nec poterat esse certior mei fati .	et ne pouvait être instruite de mon sort.
Quocumque adspiceres, ...	De quelque côté que tu regardasses,
luctus gemitusque sonabant : . .	le deuil et le gémissement retentissaient :

que forma funeris non taciti,	et l'apparence de funérailles bruyantes
intus erat	était au dedans.
Femina, virque, pueri	Femme, homme, enfants,
mœrent quoque meo funere;	s'affligent ensemble de mes funérailles;
que in domo omnis angulus	et dans la maison tout coin
habet lacrymas.	a des larmes.
Si licet uti	S'il est permis de se servir
grandibus exemplis	de grands exemples
in parvo,	dans une petite chose,
hæc erat facies Trojæ.	tel était l'aspect de Troie,
quum caperetur	lorsqu'elle était prise.
Jamque voces hominumque	Et déjà les voix et des hommes
canumque quiescebant,	et des chiens se reposaient,
que luna alta regebat	et la lune élevée conduisait
equos nocturnos;	ses chevaux nocturnes;
ego suspiciens hanc,	moi, levant les yeux vers elle,
et ab hac cernens Capitolia,	et d'elle regardant le Capitole,
quæ fuere juncta frustra	qui fut en vain joint
nostro lari;	à nos (mes) pénates;
numina habitantia	ô divinités habitant
sedibus vicinis, inquam	dans des demeures voisines, dis-je,
jamque templa (sunt)	déjà (désormais) vos temples (sont)
nunquam videnda	jamais devant être vus
meis oculis;	par mes yeux;
dique relinquendi,	et vous dieux devant être abandonnés,
quos urbs alta Quirini habet;	vous que possède la ville élevée de Quirinus;
este salutati	soyez salués
in omne tempus mihi	pour toujours pour moi.

CONVERSATION.

QUESTIONS.	RÉPONSES.
Quid Ovidii subiit animo?	Imago noctis quæ illi suprema fuit in urbe.
Quæ reliquerat?	Tot sibi cara.
Unde nunc labitur gutta?	Ex oculis ejus.
Quodnam erat Cæsaris jussum?	Ovidium Ausoniæ finibus excedere.

Quosnam legere omiserat?	Servos comites.
Cui sane similis erat?	Viro Jovis ignibus icto.
Quando sensus convaluerunt ejus?	Ut primum animo dolor ipse nubem illam removit.
Quos adloquitur?	Amicos.
Quot amici supererant?	Unus et alter.
Quænam flens flentem tenebat?	Uxor.
Dic mihi ubi nata esset?	Sub oris Libycis.
Num patris fati certior esse poterat?	Minime vero.
Quo sonabat domus?	Luctu gemituque.
Qua tanquam causa mœrebant omnes?	Tanquam Ovidii funere.
Quo tempore erat hæc facies Trojæ?	Quum caperetur.
Nonne canum voces quiescebant?	Quiescebant.
Quod igitur equorum genus luna regebat?	Nocturnos equos.
Utrum suspiciebat, an cernebat lunam	Suspiciebat.
Cuinam rei aiebat ille juncta fuisse Capitolia?	Lari suo.
Numinane adloquitur?	Ita sane.
Quæ numina?	Vicinis sedibus habitantia.
Quid non videbit amplius?	Templa.
Quos deos est relicturus?	Deos, quos urbs Quirini habet.
Quibus verbis valedicit?	Este salutati.

PHRASÉOLOGIE.

A TRADUIRE EN FRANÇAIS.	A TRADUIRE EN LATIN.
Jam supremam in urbe noctem repetebat.	Déjà il se retraçait sa dernière nuit dans Rome.
Ovidio tot cara relicta subibant.	Tant d'objets si chers qu'Ovide avait quittés, s'offraient à son esprit.
Jam aderat dies, quo jussus erat Ausonia discedere.	Déjà le jour était arrivé où il avait reçu l'ordre de s'éloigner de l'Ausonie.
Discedere parantis pectora torpebant.	Au moment où il se préparait à s'éloigner, ses sens s'étaient engourdis.

Non aliter stupebat, quam profugus vitæ suæ nescius.	Il était stupéfait comme un proscrit qui ignore même s'il vit.
Ceterum, dolor dolorem removerat, ac sensus convaluerant.	Au reste la douleur avait chassé la douleur et les sens s'étaient rétablis.
Amicos porro abiturus parabat adloqui, sed, heu miserum ! unus tantum et alter erant.	Or, au moment de son départ, il se disposait à entretenir ses amis, mais, le malheureux ! il ne lui en restait plus que deux.
Flens abibat, flentemque acrius tenens uxorem.	Il s'en allait en pleurant et en serrant son épouse qui pleurait plus amèrement encore.
Nata procul aberat, nec feminis aliis comitibus mœrere poterat.	Sa fille était au loin et ne pouvait s'affliger en compagnie des autres femmes.
Erat angulus in domo nullus, qui lacrymas non haberet.	Il n'y avait pas un coin dans la maison qui ne fût mouillé de larmes.
Si magnis licet exemplis uti, haud minori luctu Troja capta fuit.	S'il est permis de se servir des grands exemples, le deuil n'était pas moindre quand Troie fut prise.
Quiescete, voces hominum, deos vicinis sedibus habitantes ego sum adlocuturus.	Arrêtez-vous, voix des hommes, je vais parler aux dieux qui habitent les temples voisins.
Templa mihi sunt relinquenda ad quæ luna nocturnos regit equos.	Il me faut abandonner les temples vers lesquels la lune dirige ses chevaux nocturnes.

II. Analyse et Théorie.

LEXIOLOGIE.

Subeo, is, ivi et *ii, itum, ire,* n. et act., aller sous, se présenter à R. R. *sub,* sous; *eo,* aller.

Tristis, or, ssimus. M. R. triste, funeste ;— *tristitia,* f., tristesse ;— *tristities, tristitudo, tristitas,* f., tristesse (moins bien que *tristitia*); — on dit encore *tristimonia,* f. et *tristimonium,* tristesse.

Nox, noctis, f. M. R. nuit ;— d'où *nocturnus,* adj., nocturne.

Imago, inis, f. M. R. image ;— d'où *imaginari,* s'imaginer.

Supremus, a, um, dernier. R. *super,* sur ; au-dessus de.

Urbs, is, f. M. R. ville ; Rome ;— d'où *urbanus,* adj., de ville, civil;— *urbanitas,* civilité, urbanité.

Repeto, is, ivi et *ii, itum, ere,* act., regagner. R. R. *re; peto,* aller vers;—*repetitio,* f., répétition;—*repetitor,* m., celui qui réclame.

Labor, eris, lapsus sum, labi, dép. M. R. tomber.

Gutta, æ, f. M. R. goutte d'un liquide quelconque.

Lux, lucis, f. M. R. lumière; jour;—*lucere,* luire;—*lucerna,* f., lanterne;—*lucifer,* adj., brillant;—*lucidus,* adj., lumineux.

Discedo, is, cessi, cessum, ere, n., s'éloigner. R. R. *dis; cedo,* se retirer. *Discedere* signifie se retirer pour aller ailleurs;—*decedere* signifie se déranger de place;—*excedere,* sortir d'un lieu.

Finis, is, m. ou f. M. R. fin, frontière; — *finire,* finir; — *finitimus, confinis,* adj., voisin;—*affinis,* adj., allié.

Extremus, a, um, dernier, extrême (extrémité de). R. *extra,* hors;—*extremitas,* f., extrémité;—*extremo, extremum,* adv., à la fin.

Spatium, ii, n. M. R. espace d'étendue ou de temps; — *spatiosus,* adj., spacieux;—*spatiari,* s'étendre;—*spatiose,* adv., au loin.

Aptus, a, um. M. R. ajusté; propre;—*aptare,* adapter;—*apte,* adv., convenablement;—*ineptus,* adj., inepte;—*ineptiæ,* f., sottises.

Pectus, oris, n. M. R. poitrine; cœur; esprit;—*pectoralis,* adj., pectoral;—*pectorale,* n., cuirasse; — *pectorosus,* adj., qui a une large poitrine.

Longus, a, um. M. R. long.

Servus, i. M. R. esclave, serviteur;—*serva,* f., esclave, servante;—*servulus, a,* dim.

Stupeo, es, ui, ere, n. M. R. être engourdi, stupéfait; — *stupor,* m., stupeur;—*stupidus,* adj., engourdi, stupide.

Ignis, is, m. M. R. feu;—d'où *igneus,* adj., de feu; —*ignifer,* adj., qui porte le feu.

Ico, is, i, ctum, ere, act. M. R. frapper;—d'où *ictus, us,* m., coup.

Nubes, is, f., M. R. nuage; — *nubila,* n., nues; — *nubilosus,* adj., nubileux;—*nubere,* se voiler, se marier;—*nubilis,* adj., nubile.

Sensus, us, m., sens. R. *sentio,* sentir.

Removeo, es, vi, tum, ere, act., éloigner, dissiper. R. R. *re; moveo,* mouvoir.

Convalesco, is, lui, escere, n., se rétablir. R. R. *cum; valeo,* être fort.

Uxor, oris, f. M. R. épouse. (*Conjux, ugis* se dit de l'homme et de la femme);—*uxorius,* adj., d'épouse.

Fleo, es, evi, etum, ere, n. et act. M. R. pleurer, déplorer; — *fletus, us,* m., pleurs;—*flebilis,* adj., triste;—*flebiliter,* adj., tristement.

Acriter, adv., *acrius, acerrime,* fortement. R. *acer, acris, acre,* aigre, vif, violent.

Imber, bris, m., M. R. pluie.

Usque, adv. M. R. toujours, longtemps.

Gena, æ, f. M. R. joue.
Cado, is, cecidi, casum, ere, n. M. R. tomber ; —*caducus,* adj. caduc ; —*casus, us,* m., chute ; —*casualis,* adj., casuel.
Nata et *gnata, æ,* f., fille. R. *nascor,* naître.
Procul, adv. M. R. loin.
Gemitus, us, m., gémissement. R. *gemo,* gémir.
Sono, as, ui, itum, are, n., résonner, retentir. R. *sonus,* son ; —*sonor,* m., *sonitus, us,* m., bruit, son ; —*sonorus,* adj., sonore ; —*sonans,* adj., retentissant.
Forma, æ, f., M. R. forme ; — *formare,* former ; — *formosus,* adj., beau ; —*formula,* f., forme, formule.
Tacitus, a, um, silencieux. R. *taceo,* se taire.
Funus, eris, n. M. R. funérailles, trépas ; — *funerarius, funereus,* adj., funéraire ; —*funebris,* adj., funèbre ; —*funestus,* adj., funèbre.
Puer, eri, m. M. R. enfant ; —*puella,* f., jeune fille ; — *pueritia, puerities,* f., enfance ; —*puerilis,* adj., puéril.
Mœreo, es (ni parf. ni sup.), *ere,* n. M. R. être triste, s'affliger.
Languor, oris, langueur. R. *langueo,* languir.
Lacryma ou *lacrima,* f., M. R. larmes ; — *lacrimare* et *lacrimari.* pleurer ; — *lacrimatio,* f., larmoiement ; —*lacrimabundus,* adj., tout éploré.
Angulus, i, m. M. R. angle, coin ; —*angularis,* adj., angulaire ; —*angulosus,* adj., anguleux.
Exemplum, i, n. M. R. exemple ; —*exemplar,* n., modèle, patron.
Grandis, e. M. R. grand.
Facies, ei, f. M. R. face, visage.
Canis, is, m., f. M. R. chien ; — *caninus,* adj., de chien ; —*canicula,* f., canicule, c'est-à-dire petite chienne.
Luna, æ, f. M. R. lune, mois ; —*lunaris,* adj., lunaire ; —*lunaticus,* adj., lunatique ; —*sublunaris,* adj., sublunaire.
Frustra, adv. M. R. en vain.
Jungo, is, nxi, ctum, ere, act. M. R. joindre.
Lar, laris, gén. pl. *ium* et *um.* M. R. lare, dieu domestique.
Numen, inis, n., divinité. R. *nuo* (arch.), faire signe de la tête.
Vicinus, a, um, voisin. R. *vicus,* quartier d'une ville, bourg.
Habito, as, avi, atum, are, n. et act., habiter. R. *habeo,* avoir.
Sedes, is, f., demeure. R. *sedeo,* être assis.
Templum, i, n. M. R. temple.
Altus, a, um. M. R. haut, élevé ; — *altar, altare, altarium,* m., autel ; —*altitudo,* f., hauteur ; —*exaltare,* élever.
Quirinus, i, m., nom d'un dieu sabin que l'on identifiait avec Romulus.

CHOIX ET DISPOSITION DES MOTS.

Gutta labitur une goutte tombe.—*Gutta* est employé par les poëtes dans le sens de larme, mais il signifie proprement une goutte de liquide : *Guttæ imbrium*, Cic. Des gouttes de pluie ; *vini gutta*, Plaut. Une goutte de vin.

Mens, exprime la partie intelligente de nous-mêmes, l'esprit, l'âme.

Animus, exprime la partie vivante de nous-mêmes, la vie et par suite l'âme.

Pectus, dont le sens propre est *poitrine*, est employé ici dans l'acception d'*esprit*, d'*intelligence*. Il est au pluriel par licence poétique.

Servorum, comitis cura legendi, c'est-à-dire, *cura legendi servos et comitem*, ou *servorum et comitis legendorum*. — *Comitis, servorum cura legendi* serait mauvais (Ch. VII).

Imbre cadente per genas.—*Imber*, pluie, larmes abondantes.

Per (régit l'accusatif), *à travers*, avec ou sans mouvement ; *par le moyen de ; le long de ; à cause de ; pendant*.

Quotiescumque me petisti, per me tibi obstiti, Cic. Toutes les fois que tu m'as attaqué, je t'ai résisté par mes propres forces.

Nullum jam tot annos facinus exstitit, nisi per te, Cic. Aucun forfait n'a eu lieu depuis tant d'années, qui ne vienne de toi (par toi, toi en étant cause).

Agere aliquid per vim, Cic. Faire quelque chose par le moyen de la violence ; *per dolum*, par la ruse ; *per insidias*, par trahison.

Agere gratias alicui per litteras, Cic. Rendre grâce à quelqu'un par lettre.

Per sese facere aliquid, Cic. Faire quelque chose par soi-même.

Hoc neque per naturam fas est, neque per leges licet, Cic. Cela n'est autorisé ni par la nature, ni par les lois.

Per deos immortales jurare, Cic. Jurer par les Dieux immortels.

Per tuam nobilitatem, per vestram familiam, per tuas statuas, Cic. Par ta noblesse, par votre famille, par tes statues.

Quod honestum est per se nobis placet, Cic. Ce qui est honnête nous plaît en soi.

Animus per somnium curis vacuus, Cic. L'esprit pendant le sommeil est exempt de soucis.

Euphrates mediam Babylonem permeans, Plin. L'Euphrate qui coule au milieu de Babylone (à travers le milieu).

Incedens per socios, Virg. Marchant au milieu de ses compagnons.

De multis, d'entre un grand nombre.—*De* marque comme *a* le point de départ, mais ce point de départ est un lieu supérieur d'où quelque chose commence, vient, se détache. Son emploi se confond dans certains cas avec *ex* et *ab* ; et quelquefois la nuance dans l'idée est si délicate, que l'usage doit être le guide le plus sûr.

De spe conatuque depulsus, Cic. Désespéré et désarmé (chassé de ses espérances et de ses efforts).

Sed cur tamdiu de uno hoste loquimur? Cic. Mais pourquoi parler si longtemps d'un seul ennemi ? (*de,* touchant, à propos de).

De ejus delectu, Cic. Des hommes de son choix.

In nostris de Republica libris, Cic. Dans nos livres de la République.

Virginius, unus de multis, Cic. Virginius, un homme du peuple (d'entre le grand nombre).

De nocte vigilare, Cic. Veiller pendant la nuit (*per noctem*).

Non est facturus quicquam nisi de meo consilio, Cic. Il ne fera rien sans mon avis (d'après mon avis).

De ipsis rebus nihil mutatur, Cic. Il n'est rien changé aux choses.

De hominis summo bono quæritur, Cic. Il est question du souverain bien de l'homme. — De même : *Agitur de*, il s'agit de ; *dubitare de*, douter de ; *exquirere de*, s'enquérir de, examiner ; *bene judicare de*, juger favorablement de ; *gloriari de*, se glorifier de.

De equo cadere, Plaut. Tomber de cheval.

Sub oris Libycis, aux rives Libyennes. — *Sub*, sous, marque une position inférieure ou simplement dépendante, avec ou sans proximité, avec ou sans mouvement ni tendance. Cette préposition est suivie de l'accusatif quand il y a mouvement ou tendance, et de l'ablatif partout ailleurs.

Neque vident, sub hac voce honestatis, quæ sit subjicienda sententia, Cic. Ils ne voient pas quel sens est compris sous le mot d'honnêteté.

Excesserunt urbe sub adventu Romanorum, Liv. Ils quittèrent la ville à l'arrivée des Romains.

Sub nomine pacis bellum latet, Cic. La guerre est cachée sous le nom de paix (*in nomine*).

Sub intelligentiam cadens, Cic. Tombant sous le sens ; *sub oculis positus*, Cic. Placé sous les yeux.

Sub noctem, vers la nuit, au moment qui tend à arriver à la nuit ; *sub nocte*, pendant la nuit ; *sub Augusto*, Quint. Sous Auguste (*Augusto regnante*).

Homines sub terra habitantes, Cic. Des hommes qui habitent sous la terre.

Subter, que l'on trouve plus souvent avec l'accusatif qu'avec l'ablatif, a, comme *sub*, la signification de *sous*, *dessous ;* mais il a quelques acceptions particulières. Il est beaucoup moins usité que *sub*, mais il entre bien en composition.

Ejus doctor Plato iram in pectore, cupiditatem subter præcordia locavit, Cic. Platon, son maître, plaça la colère dans la poitrine et le désir dans les entrailles (sous, dans l'intérieur des entrailles).

Virtus omnia, quæ cadere in hominem possunt, subter se habet, Cic. La vertu tient au-dessous d'elle tout ce qui peut toucher à l'homme.

Occultas egisse vias subter mare, Virg. S'être frayé sous la mer des routes cachées.

Ulysses simulatione insaniæ militiam subterfugere voluit, Cic. Ulysse voulut par une démence simulée échapper aux dangers de la guerre.

Discedere finibus ou *discedere e finibus*, sortir des frontières, franchir les frontières, s'éloigner des frontières. — On doit exprimer ou sous-entendre, *e*, *ex*, parce qu'on sort des frontières. *Discedere a* signifierait s'en éloigner, sans y joindre l'idée qu'on est dedans, mais en prenant les frontières comme point de départ ; *discedere de*, signifierait simplement s'en éloigner, sans penser au point de départ ou au moins en le déterminant d'une manière plus vague qu'avec *a*.

Il ne faut pas oublier qu'on peut être dans un lieu, et employer les trois prépositions suivant l'idée prédominante que l'on a dans l'esprit.

Verebar ne, antequam tu in provinciam venisses, ego de provincia discederem, Cic. Je craignais de sortir ou de m'éloigner de la province avant que tu n'y fusses arrivé (celui qui parle était dans la province, il pouvait donc dire *e provincia*, mais, dans son esprit, l'idée d'éloignement était l'idée principale).

Non modo ille e Gallia non discessit, sed ne Mutina quidem recessit, Cic. Non-seulement il ne s'éloigna pas de la Gaule, mais il ne quitta pas même Modène.

Discedere et *decedere* sont souvent pris indifféremment, c'est pourquoi les textes latins les confondent dans une foule de passages.

Capitolia cernens. — *Capitolia* au pluriel pour *Capitolium*, qui ne pourrait entrer dans un distique que par élision avec le mot suivant. On emploie dans les vers le génitif *Capitoli* pour *Capitolii*. Les cas terminés par une voyelle ou par *m*, peuvent être employés devant une voyelle brève. On en comprendra la raison par ce qui suit.

VERSIFICATION.

DU VERS HEXAMÈTRE.

179. Le vers *hexamètre* est formé de six pieds dont les quatre premiers sont dactyles ou spondées, le cinquième dactyle et le sixième spondée.

Le *dactyle* est composé d'une longue et de deux brèves : *ĭgnĭbŭs* ; le *spondée* se compose de deux longues : *mœstōs*.

Scander un vers, c'est en marquer les différents pieds.

Quūm sŭbĭt | illī | ūs trĭs | tīssĭmă | mōrtĭs ĭ | māgo.

La dernière syllabe d'un mot forme une *césure* quand elle appartient au pied suivant : *us* de *illius* forme césure dans le vers cité.

Un vers est d'autant plus élégant qu'il contient plus de césures. L'hexamètre doit avoir au moins une césure après le second pied, comme dans le vers ci-dessus ; ou alors il en aura une après le premier et une autre après le troisième, comme dans le vers suivant :

Nātă prŏ | cūl Lĭbў | cīs ăbĕ | rāt dī | vērsă sŭb | ōrīs.

Cul, cis, rat sont des césures.

Quand un monosyllabe est lié intimement par le sens au mot précédent, il peut tenir lieu de césure.

Toute césure au cinquième ou au sixième pied doit être considérée comme défectueuse, malgré les exemples qu'on rencontre même dans les poètes du premier ordre.

Dans un même vers, toute syllabe finale formée par une voyelle ou terminée par *m*, s'élide devant un mot commençant par *h* ou une voyelle.

Quōcŭm | q' ăspĭcĕ | rēs, lūc | tūs gĕmĭ | tūsquĕ sŏ | nābănt.

Les voyelles de la dernière syllabe de *quocumque* disparaissent et la consonne *q* s'articule avec le mot qui suit.

Les interjections *o, heu, hei*, etc., ne s'élident pas avec la voyelle d'un mot suivant. Il faut en outre éviter d'élider les monosyllabes, sauf le pronom personnel *se*.

DU VERS PENTAMÈTRE.

280. Le vers *pentamètre* se compose de cinq pieds, dont les deux premiers sont spondées ou dactyles, le troisième est spondée et les deux derniers sont anapestes. L'anapeste est un dactyle renversé ; il se compose de deux brèves et d'une longue : *ŏcŭlīs*.

Lābĭtŭr | ēx ŏcŭ | līs nūnc | quōquĕ gūt | tă mĕīs.

On peut encore considérer le pentamètre comme composé de deux dactyles ou spondées, une césure longue, deux dactyles, puis une seconde césure longue ou brève.

Lābĭtŭr | ēx ŏcŭ | līs | nūnc quŏquĕ | gūttă mĕ | is.

La dernière syllabe de tout vers est libre; toutefois, dans le vers pentamètre, il est préférable qu'elle soit longue.

Le vers pentamètre n'est jamais employé seul, il est toujours précédé d'un hexamètre avec lequel il forme un *distique*. Chaque distique doit être séparé par un repos plus ou moins marqué, et on ne doit jamais faire enjamber un vers pentamètre sur l'hexamètre du distique suivant.

La césure après le second pied est de rigueur.

Le rhythme du distique est particulièrement propre à l'élégie et à tout ce qui respire le sentiment; il convient bien aussi à l'épigramme.

III. Exercices.

COMPOSITION.

1 — Faites, ami, que la triste image de cette dernière nuit soit écartée de mon esprit.

2 — Suivant les auteurs qui connaissent bien leur langue (le latin), il y a douleur (douleur est mise en cela), quand notre cœur est tellement affecté (*conficere*) que nos sens sont engourdis par la maladie.

3 — Pendant qu'il faisait choix d'esclaves pour l'accompagner et qu'il préparait des vêtements et des provisions, sa maison retentissait de gémissements et de deuil : de quelque côté qu'il regardât, il voyait des hommes tristes et baignés de larmes (pleurant).

4 — S'il m'est permis de me servir d'esclaves fidèles, j'adresserai mes adieux à César et je quitterai bravement mon épouse, ma fille, tant d'objets qui me sont chers.

5 — Je m'éloignerai de ces frontières : car, autant que je le pourrai, je supporterai les ordres des divinités qui habitent les temples voisins.

6 — Des larmes amères tombent des yeux quand on entend de telles choses; car, on ne saurait trop le répéter, qui ignore le destin d'Ovide?

7 — Le sang se répand dans tout le corps au moyen des veines.

8 — C'est à toi que nous adressons maintenant la parole, Ovide, lève les yeux vers les nuages et tu verras celui qui t'a frappé (*percutere*) de ses feux.

9 — Le laurier, dit Pline, n'est pas atteint par la foudre (*fulmen*).

CHAPITRE QUINZIÈME.

I. Pratique.

Sed Cæsari futura cædes evidentibus prodigiis denunciata est. Paucos ante menses, quum in colonia Capua deducti lege Julia coloni ad extruendas villas sepulcra vetustissima disjicerent, idque eo studiosius facerent, quod aliquantum vasculorum operis antiqui scrutantes reperiebant; tabula ænea in monumento, in quo dicebatur Capys, conditor Capuæ, sepultus, inventa est, conscripta litteris verbisque græcis, hac sententia : « Quandoque ossa Capys detecta essent, fore ut Iulo prognatus manu consanguineorum necaretur, magnisque mox Italiæ cladibus vindicaretur. » Cujus rei, ne quis fabulosam aut commenticiam putet, auctor est Cornelius Balbus, familiarissimus Cæsaris. Proximis diebus, equorum greges, quos in trajiciendo Rubicone flumine consecrarat, ac vagos et sine custode dimiserat, comperit pertinacissime pabulo abstinere, ubertimque flere. Et immolantem haruspex Spurinna monuit, caveret periculo, quod non ultra martias idus proferretur.

Suétone, Vit. Cæs.

TRADUCTION LITTÉRALE.

Sed Cæsari futura cædes evidentibus prodigiis de-
               meurtre   prodige
nunciata est. Paucos ante menses quum in colonia

Capua deducti lege Julia coloni ad exstruendas villas
Capoue emmener loi Julia   bâtir
sepulcra vetustissima disjiscerent, idque eo studiosius
sépulture   ancien   disperser,   avec empressement
facerent, quod aliquantum vasculorum operis antiqui
                        petit vase   travail
scrutantes reperiebant; tabula ænea in monumento, in
fouiller   table   d'airain
quo dicebatur Capys, conditor Capuæ, sepultus, inventa
                    fondateur   ensevelir,

est, conscripta litteris verbisque græcis, hac sententia:
　empreinte   phrase:

« Quandoque ossa Capys   detecta   essent, fore ut Iulo
                        mettre à découvert

prognatus manu consanguineorum necaretur, magnisque
  issu   né du même sang

mox Italiæ cladibus vindicaretur. » Cujus rei, ne quis
         désastre   venger,

fabulosam aut commenticiam putet, auctor est Cornelius
              inventé à plaisir   auteur

Balbus, familiarissimus Cæsaris. Proximis diebus equo-
            intime

rum greges, quos in trajiciendo Rubicone flumine
    troupeau,   traverser

consecrarat, ac vagos et sine custode dimiserat, comperit
 consacrer,   errant   gardien   lâcher,   découvrir

pertinacissime pabulo abstinere, ubertimque flere. Et
 obstinément   pâture s'abstenir, abondamment

immolantem haruspex Spurinna monuit, caveret peri-
            aruspice   avertir, se garder de

culum, quod non ultra martias idus proferretur.
                 au delà de mars ides   différer.

TRADUCTION FRANÇAISE.

Des prodiges évidents annoncèrent à César le coup qui devait le frapper. Peu de mois auparavant, des colons emmenés à Capoue en vertu de la loi Julia détruisaient des tombeaux très-anciens pour construire des maisons de campagne ; opération à laquelle ils se livraient avec d'autant plus d'ardeur que dans leurs fouilles ils trouvaient une certaine quantité de petits vases d'un travail fort ancien. Ces colons exhumèrent une table d'airain d'un monument qui avait servi, disait-on, de sépulture à Capys, le fondateur de Capoue. Sur cette table on lisait en langue et en caractères grecs les mots suivants : « Quand on exhumera les ossements de Capys, un descendant d'Iule sera tué de la main de ses proches, et bientôt il sera vengé par d'affreux désastres qui affligeront l'Italie. » Pour qu'on ne suppose pas que ceci soit fabuleux et mensonger, je dirai qu'il a été rapporté par Cornelius Balbus, ami intime de César. Quelques jours auparavant, il apprit que les chevaux qu'il avait voués aux dieux en passant le Rubicon et qu'il avait laissés errer en liberté, et sans gardiens, s'abstenaient opiniâtrément de toute nourriture, et versaient des larmes abondantes. L'aruspice Spurinna avertit César, au moment où il faisait un sacrifice, de se mettre en garde contre un danger qui ne passerait pas les ides de Mars.

TRADUCTION ALTERNATIVE.

Sed futura cædes	Mais le meurtre qui devait avoir lieu
denunciata est Cæsari	fut annoncé à César
evidentibus prodigiis	par des prodiges évidents.
Ante paucos menses,	Peu de mois auparavant,
quum in colonia Capua	lorsque dans la colonie de Capoue
coloni deducti	des hommes emmenés comme colons
disjicerent sepulcra vetustissima	dispersaient des tombeaux très-anciens
ad villas extruendas,	pour construire des maisons de campagne,
idque facerent	et faisaient cela
eo studiosius,	avec d'autant plus d'empressement,
quod scrutantes reperiebant.	que cherchant ils trouvaient
aliquantum vasculorum	une certaine quantité de petits vases
antiqui operis	d'un travail ancien ;
tabula ænea.	une table d'airain
inventa est	fut trouvée
in monumento in quo.	dans le monument dans lequel
Capys, Capuæ conditor,	Capys, fondateur de Capoue,
dicebatur sepultus,	était dit enseveli,
hæc sententia conscripta.	cette phrase étant inscrite
litteris verbisque græcis :	en lettres et paroles grecques :
« Quandoque ossa Capys	« Quand les ossements de Capys
detecta essent	auraient été mis à découvert,
fore, ut prognatus Iulo	devoir arriver qu'un descendant d'Iule
necaretur manu	serait tué de la main
consanguineorum,	de ses proches.
que mox vindicaretur.	et que bientôt il serait vengé
magnis cladibus Italiæ »	par de grands désastres de l'Italie. »

Ne quis putet	Pour que personne ne pense
(rem) fabulosam aut commenticiam,	(la chose) fabuleuse ou supposée,
Cornelius Balbus	Cornelius Balbus,
familiarissimus Cæsaris, . . .	très-lié à César,
auctor est cujus rei.	est auteur de cette chose.
Proximis diebus	Dans les jours voisins (précédents)
comperit greges equorum . . .	il découvrit les troupeaux de chevaux
quos consecrarat	qu'il avait consacrés
in trajiciendo Rubicone flumine, .	au passage du fleuve du Rubicon,
ac dimiserat vagos.	et qu'il avait lâchés errants
et sine custode, ...	et sans garde,
abstinere pertinacissime pabulo, .	s'abstenir très-opiniâtrément de nourriture,
que flere ubertim	et pleurer en abondance.
Et Haruspex Spurinna	Et l'aruspice Spurinna
monuit immolantem, ...	avertit lui sacrifiant
caveret periculum, ...	d'avoir garde du péril,
quod non proferretur.	qui ne serait pas différé
ultra martias idus.	au delà des ides de mars.

CONVERSATION.

QUESTIONS.	RÉPONSES.
Quid Cæsari futuram cædem denunciavit?	Evidentia prodigia denunciavere.
Qua lege deducti erant coloni in colonia Capua?	Lege Julia.
Quæ sepulcra disjiciebantur?	Vetustissima.
Quo animo?	Ad exstruendas villas.
Quid scrutantes reperiebant?	Aliquantum vasculorum operis antiqui.
Quomodo id faciebant?	Studiose.
Quid inventum est?	Tabula ænea.
Quid monumenti agitur?	Monumentum agitur, in quo sepultus Capys dicebatur.
Quisnam erat Capys?	Conditor Capuæ.
Græcene an latine conscripta erat sententia?	Litteris verbisque græcis.
Quis erat necandus?	Iulo prognatus.
Cujus manu?	Consanguineorum.

CHAP. XV. — PHRASÉOLOGIE. 271

Quando? — Quando ossa Capys detecta essent.

Qua ratione vindicandus erat? — Magnis Italiæ cladibus.
Quando? — Mox.
Cur de C. Balbo loquitur Suetonius? — Ne quis rem fabulosam aut commenticiam putet.
Cujus familiarissimus erat Balbus? — Cæsaris.
Quid consecrarat Cæsar? — Equorum greges.
Quo tempore? — In trajiciendo Rubicone flumine.
Quomodo dimissi erant equi? — Vagi et sine custode.
Quo abstinebant? — Pabulo.
Quomodo? — Pertinacissime.
Quid præterea comperit Cæsar? — Equos ubertim flere.
Quid agebat Cæsar, quum Spurinna monuit? — Immolabat.
Quæ munera obibat Spurinna? — Haruspicis.
Quid monuit? — Caveret periculum.
Quod ultra tempus periculum non erat proferendum? — Non ultra martias idus.

PHRASÉOLOGIE.

A TRADUIRE EN FRANÇAIS. — A TRADUIRE EN LATIN.

Omnia Cæsari futura prodigiis evidentibus denunciata sunt. — Tout ce qui devait arriver fut annoncé à César par des prodiges évidents.

In colonia Capua deducti cædem coloni denunciaverunt. — Des colons de la colonie de Capoue annoncèrent le meurtre.

Sepulcra vetera disjecta, villæque exstructæ fuerant. — Les anciens tombeaux avaient été démolis, et des maisons de campagne avaient été construites.

Eo studiosius scrutabantur coloni, quod paucos post dies multa vascula operis antiqui repererant. — Les colons fouillaient avec d'autant plus d'ardeur, que peu de jours auparavant ils avaient trouvé beaucoup de petits vases d'un travail antique.

Tabula ænea simul cum fundatore Capuæ sepulta erat. — Une table d'airain avait été ensevelie avec le fondateur de Capoue.

Hæc est sententia, quæ in monumento litteris verbisque græcis conscripta erat. — Telle est l'inscription qui avait été gravée en langue et en lettres grecques sur le monument.

Quando Capys ossa detecta erunt, Iulo prognatus necabitur.	Quand on aura découvert les ossements de Capys, un descendant d'Iule sera tué.
Sed vindicabitur, namque mox Italia cladibus dabitur maximis.	Mais il sera vengé, car bientôt l'Italie sera en proie aux plus grandes calamités.
Quæ res auctore Cornelio Balbo, fabulosa nec commenticia putanda est.	Sur l'autorité de C. Balbus, ce récit ne doit pas être traité de fabuleux et de mensonger.
Balbus vero Cæsaris familiarissimus erat.	Or, Balbus était intimement lié avec César.
Proxima nocte, equorum greges apud Rubiconem flumen consecrati, pertinacissime pabulo abstinuerunt.	La nuit précédente, les troupeaux de chevaux qui avaient été consacrés sur les bords du fleuve le Rubicon se refusèrent obstinément à prendre aucune nourriture.
Tum equos vagos et sine custode dimissos compertum est.	Alors on découvrit que les chevaux avaient été lâchés errants et sans gardien.
Immolanti ergo, cave, inquit haruspex, periculum, quod non ultra martias idus proferetur.	L'aruspice lui dit au moment où il faisait un sacrifice : mets-toi en garde contre un danger qui ne passera pas les ides de mars.

II. Analyse et Théorie.

LEXIOLOGIE.

Cædes, is, f., carnage, meurtre. R. *cædere,* couper, tuer.

Cæsar, aris, de *cædere,* couper ;—surnom donné à *Caius Julius,* parce qu'il était venu au monde à l'aide d'une opération à laquelle il a donné son nom, opération *césarienne.* Ce surnom (*agnomen*) est devenu un nom de branche (*cognomen*) dans la famille de *Julius* (*gens Julia*), puis un titre que conservèrent les empereurs et les princes romains ;— *Cæsarea,* f., Césarée, ville ; — *cæsareus, cæsarianus,* adj., de César, impérial.

Evidens, tis, adj., évident. R. *videre,* voir ; — *evidenter,* adv., évidemment ; — *evidentia,* f., évidence.

Prodigium, ii, n. M. R. prodige, miracle ;—*prodigialis, prodigiosus,* adj., prodigieux, qui tient du prodige.

Paucus, a, um, adj., peu nombreux, plus employé au pluriel *pauci, æ, a;* comp., *pauciores, a,* sup., *paucissimi, æ, a* ou *perpauci, æ, a; — pauculi, æ, a,* adj., qui sont en très-petit nombre ; — *paucitas, atis,* f., petit nombre.

Mensis, is, m. M. R. mois ; — *menstruus* et *menstrualis*, adj., mensuel ; — *bimestris,* adj., de deux mois ; — *semestris,* adj., de six mois ; — *trimestris,* adj., de trois mois.

Colonia, æ, f., colonie. R. *colonus,* colon. R. *colere,* cultiver.

Capua, æ, f., Capoue, ville de Campanie.

Deduco, is, xi, ctum, cere, act., emmener. R. R. *de; ducere,* conduire.

Lex, legis, f. M. R. loi ; — *legislator,* m., et *legumlator,* législateur ; — *legitimus,* adj., légitime, conforme aux lois ; — *legalis,* adj., relatif aux lois, légal.

Exstruo, is, xi, ctum, ere, act., 3ᵉ c., élever, construire. R. R. *ex, de; struere,* construire.

Villa, æ, f. M. R. maison de campagne, métairie ; — *villanus,* m., villageois, paysan ; — *villicus,* m., fermier.

Sepulcrum, i, (arch., *sepulchrum*) n., sépulture, tombeau. R. *sepelire,* ensevelir ; — *sepultura,* f., sépulture, inhumation ; — *sepulcretum,* n., lieu de sépulture ; — *sepulcralis,* adj., sépulcral.

Vetus, eris, adj., comp., *veterior* (peu usité), sup., *veterrimus.* M. R. vieux, ancien ; — *vetulus,* adj. dim., vieillot ; — *vetustus,* adj. vieux ; — *vetustas,* f., vieillesse ; — *vetuste,* adv., à l'antique ; — *veterani,* m., vétérans.

Disjicio, is, jeci, jectum, cere, act., 3ᵉ cl., disperser. R. R. *dis; jacere,* jeter.

Studiose, adv., comp., *ius,* sup., *issime,* avec empressement. R. *studiosus,* appliqué. R. *studium,* soin, étude ; — *perstudiose,* adv., avec beaucoup de soin, d'application.

Aliquantum, adv., une assez grande quantité ; on peut également le considérer comme substantif *aliquantum, i,* n.

Vasculum, i, n., petit vase. R. *vas,* vase ; — *vascularius,* m., qui fait des vases.

Opus, eris, n. M. R. ouvrage, travail ; — *opusculum, i,* n., petit ouvrage, opuscule ; — *opifex,* m., artisan ; — *opificium,* n., ouvrage, travail ; — *operari,* travailler ; — *operator,* m., travailleur, opérateur ; — *operatio,* f., travail, opération.

Scrutor, aris, atus, sum, ari, dép. M. R. sonder, scruter ; — *scrutator,* m., qui recherche ; — *scrutatio,* f., recherche ; — *scruta,* pl., n. vieilles hardes.

18

Reperio, *is*, *peri*, *pertum*, *perire*, act., retrouver, trouver. R. R. *re*; *pario*, produire.

Tabula, *æ*, f. M. R. planche, tableau;—*tabularium*, *ii*, n., archives, étude de notaire; *taberna*, *æ*, f., boutique, taverne; — *tabernaculum*, n., tente.

Æneus, *a*, *um*, adj., ou *œnus*, *a*, *um* (*aheneus*, *ahenus*), d'airain. R. *æs*, *æris*, airain;—*ahenum*, n., vase d'airain.

Monumentum, *i*, n., monument. R. *monere*, avertir. On dit aussi *monimentum*; — *monumentalis* et *monumentarius*, adj., monumental, de monument.

Capys, *yos* ou *yis*, ou indéclinable, un des Troyens qui abordèrent avec Énée en Italie.

Conditor, *oris*, m., fondateur. R. R. *cum*, avec; *dare*, donner; — *conditrix*, f., fondatrice.

Sepelio, *is*, *ivi*, ou *ii*, *pultum*, *ire*, act. M. R. ensevelir.

Invenio, *is*, *i*, *entum*, *ire*, act., trouver. R. R. *in*; *venire*, venir; — *inventio*, f., *inventus*, *us*, m. (abl., seulement); *inventum*, *i*, n., invention, découverte; — *inventor*, *trix*, celui, celle qui invente, qui découvre.

Conscribo, *is*, *psi*, *ptum*, *ere*, act., écrire, inscrire. R. R. *cum*; *scribere*, écrire.

Sententia, *æ*, f., pensée, phrase. R. *sentire*, sentir, penser.

Quando, conj., quand.

Os, *ossis*, n. M. R. ossement; — *ossarium*, n., *ossuaria*, f., et *ossuarium*, n., urne sépulcrale, ossuaire.

Detego, *is*, *xi*, *ctum*, *ere*, act., découvrir. R. R. *de*; *tegere*, couvrir; —*detectio*, f., découverte;—*detector*, m., celui qui découvre.

Julus, *i*, Ascagne, fils d'Énée et de Créuse, d'où descendrait la famille *Julia*, famille des plus anciennes de Rome; descendance privée d'authenticité, établie plutôt par la flatterie et accréditée par l'amour du vulgaire pour le merveilleux.

Prognatus, adj., descendant. R. R. *pro*; *nasci*, naître.

Consanguineus, adj., de même sang, consanguin. R. R. *cum*; *sanguis*, sang; — *consanguis*, adj., de même sang; — *consanguinitas*, f., parenté.

Neco, *as*, *avi*, *atum*, *are*, act., tuer (on dit aussi au parf., *necui* et sup., *nectum*). R. R. *nex*, mort violente.

Clades, *is*, f. M. R. désastre.

Vindico, *as*, *avi*, *atum*, *are*, act. M. R. venger. défendre;—*vindex*, m., vengeur; — *vindicatio*, f., vengeance; — *vindicta*, f., vengeance, vindicte.

Fabulosus, *a*, *um*, adj., fabuleux. R. *fabula*, fable. R. *fari*, parler.

Commenticius ou *commentitius*, adj., imaginé, mensonger. R. R. *cum*; *mentiri*, mentir.

Puto, as, avi, atum, are, act., et n. M. R. nettoyer, penser.

Auctor, is et *autor*, m., celui qui produit, auteur. R. *augere*, augmenter; —*auctoritas*, f., autorité, garantie.

Familiaris, or, ssimus, adj., de la famille, ami. R. *familia*, famille. R. *famulus*, serviteur; — *familiaritas*, f., amitié, familiarité; — *familiariter*, adv., en ami.

Equus, i, m. M. R. cheval; —*equa*, f., jument, dont le datif et l'ablatif pluriel sont *equabus*.

Grex, gregis, m. M. R. troupeau.

Trajicio, is, jeci, jectum, jicere, act., jeter au delà, traverser. R. R. *trans*, au delà; *jacere*, jeter (on dit également *transjicio*); —*trajectus, us*, m., traversée; —*trajectio*, f., action de traverser.

Rubico ou *Rubicon, onis*, m., petit fleuve qui séparait la Gaule Cisalpine et l'Italie, et que les généraux romains ne devaient pas passer sans un décret du sénat.

Consecro, as, avi, atum, are, act., consacrer. R. R. *cum*; *sacrare*, consacrer, dédier. R. *sacer*, sacré, consacré; — *consecratio*, f., consécration, dédicace.

Vagus, a, um, adj. M. R. errant, vagabond; — *vagari*, errer; — *vagatio*, f., vie errante.

Custos, odis, m., f. M. R. gardien, gardienne; —*custodia*, f., garde; —*custodire*, garder, conserver.

Dimitto, is, isi, issum, ere, act., envoyer çà et là, congédier. R. R. *dis*; *mittere*, envoyer; —*dimissio*, f., renvoi, congé.

Comperio, is, eri, ertum, ire, act., découvrir. R. R. *cum*; *pario*, produire.

Pertinaciter, us, ssime, adv., opiniâtrement. R. *pertinax*, opiniâtre. R. R. *per* (augm.); *tenax*, tenace, qui a pour racine *tenere*, tenir; — *pertinacia*, f., opiniâtreté.

Pabulum, i, n., pâture, pâturage. R. *pascere*, faire paître; — *pabulari*, paître; — *pabulatio*, f., action de paître.

Abstineo, es, ui, entum, inere, act., et n., tenir éloigné; s'abstenir. R. R. *abs*; *tenere*, tenir; —*abstinentia, æ*, f., abstinence; —*abstinenter*, adv., modérément.

Ubertim, adv., abondamment. R. *uber, eris*, fertile, abondant; — *ubertas, atis*, f., fertilité, abondance; — *uberius*, plus abondamment; *uberrime*, très-abondamment.

Immolo, as, avi, atum, are, act., et n., immoler, faire un sacrifice. R. R. *in*, sur; *mola*, meule; farine sacrée; —*immolatio*, f., sacrifice; —*immolator*, sacrificateur.

Haruspex, icis, ou *aruspex,* m., devin. R. R. *hara,* étable; *specio,* regarder.

Martius, a, um, adj., de mars. R. *Mars, tis,* Mars; *martius mensis* ou simplement *martius,* mois de mars.

Idus, uum, f., ides, époque du mois romain. R. *iduare* (arch.), diviser.

Profero, fers, tuli, latum, ferre, act., porter en avant, prolonger. R. R. *pro,* en avant; *ferre,* porter.

CHOIX ET DISPOSITION DES MOTS.

Nous répétons ici qu'on peut s'abstenir, dans le principe, de s'arrêter à tous les exemples et à tous les développements que nous donnons; mais nous engageons beaucoup les étudiants à y revenir plus tard.

Paucos ante menses. — *Ante* est ici préposition.
Ante régit l'accusatif et signifie proprement *avant, devant,* et par extension *en présence de, antérieurement à, au-dessus de.*
Clodius ante suum fundum Miloni insidias collocavit, Cic. Clodius a dressé devant son propre domaine des embûches à Milon.
Ille multo ante lucem surrexit, Cic. Il se leva bien avant le jour.
Eum ante me diligo, Cic. Je l'aime mieux que moi-même.
Queis ante ora patrum contigit oppetere, Virg. Ceux qui ont eu le bonheur de succomber sous les yeux de leurs pères.
Ad villas exstruendas.—*Ad* régit à l'accusatif le terme, le but vers lequel on tend, on s'approche, on se place.
Litteras a P. Lentulo ad suam gentem datas esse dixerunt, Cic. Ils dirent que P. Lentulus leur avait donné des lettres pour leur nation.
Mihi valeat ad gloriam, Cic. Qu'elle profite à ma gloire.
Ad sodalem tuum, M. Marcellum demigrasti, Cic. Tu es allé de là chez ton ami M. Marcellus.
Ad illa venio, quæ ad omnium nostrum vitam salutemque pertinent, Cic. J'arrive à ce qui intéresse notre salut à tous.
Designat oculis ad cædem unumquemque nostrum, Cic. Il marque de l'œil ceux d'entre nous qu'il destine à la mort (il marque pour la mort).
Habes hortos ad Tiberim, Cic. Tu as des jardins auprès du Tibre (*juxta Tiberim*).
Ab hora octava ad vesperum, Cic. Depuis la huitième heure jusqu'au soir.
Conclusum est enim contra Cyrenaicos satis acute, nihil ad Epicurum, Cic. Car on conclut d'une manière assez incisive contre les Cyré-

néens, et nullement contre Épicure (*ad* a le sens de *en ce qui concerne*, et incidemment le sens de *contre*).

Ad hæc Cæsar, quæ visum est, respondit, Cæs. César répondit à cela ce qu'il lui parut à propos de répondre.

Sepulcrum, monumentum, tumulus. — Ces trois mots, qui sont quelquefois synonymes, présentent les différences suivantes :

Monumentum indique, matériellement ou non, tout ce qui sert à retracer un souvenir : *Exegi monumentum ære perennius*. Hor. J'ai élevé un monument plus durable que l'airain ; — *clarissimum monumentum clementiæ suæ*, Cic. Le monument le plus éclatant de sa clémence ; — *monumentum gloriæ*, Cic. Monument de gloire ; — *aditus templorum et monumentorum*, Cic. L'entrée des temples et des édifices.

Sepulcrum est le lieu où l'on ensevelit, où l'on recueille les ossements d'un mort : *sépulcre, sépulture, tombeau*.

Quid ipsa sepulcrorum monumenta significant, nisi nos etiam futura cogitare? Cic. Que signifient des monuments de sépulture, si ce n'est que nous pensons à l'avenir ?

Tumulus signifie *élévation de terre, tertre*, et par suite *tombeau*.

Quum Alexander ad Achillis tumulum constitisset, Cic. Alexandre s'étant arrêté près du tombeau d'Achille.

Bustum est aussi usité dans le sens de tombeau, mais il indique dans sa signification primitive, le lieu où le mort a été brûlé.

Conveniant ad busta Nini, Ovid. Ils doivent se réunir vers le tombeau de Ninus.

Tabula ænea, une table, une tablette d'airain ; *tabella ænea*, une tablette d'airain. *Tabula*, qui est le mot racine, a le sens général de planche, ais, tableau ; d'une surface quelconque destinée à servir d'écran ou à recevoir une empreinte, une inscription, et enfin l'écriture ordinaire. *Tabella* son diminutif est plus usité que lui dans l'acception de tablette à écrire. *Tabula* est quelquefois synonyme de *pictura*, parce que l'on peignait beaucoup sur le bois.

Si tabulam de naufragio stultus arripuerit, Cic. Si un insensé se saisit d'une planche dans un naufrage.

Epicuri imaginem non modo in tabulis sed etiam in poculis et in annulis habent, Cic. Ils ont le portrait d'Épicure non-seulement sur leurs tableaux, mais encore sur leurs coupes et leurs anneaux.

Prognatus pour *pronatus*, né à la place, qui tient la place de ses pères, qui en est le représentant.

Sine custode, sans gardien. — *Sine* régit l'ablatif et signifie *sans*, par privation ou absence.

Introduxi Vulturcium sine Gallis, Cic. J'ai fait introduire Vulturcius sans les Gaulois (non accompagné des Gaulois).

Sine cujusquam suspicione, Cic. Sans que personne s'en doute.

Non hæc sine numine divum eveniunt, Virg. Ces choses n'arrivent pas sans la volonté des dieux.

Ultra Martias idus. Au delà des ides de mars.

Trans, préposition qui régit l'accusatif, signifie au delà, à travers un lieu ; — *Ultra*, adverbe ou préposition suivie de l'accusatif, signifie au delà, au propre comme au figuré.

Julius Cæsar laboris ultra fidem patiens erat, Suet. J. César supportait la fatigue au delà de toute croyance.

REVUE SYNTAXIQUE.

Denunciata est Cæsari prodigiis. — La cause *prodigiis* exprimée par l'ablatif sans préposition puisque c'est un objet inanimé (Ch. V). Le complément indirect d'un verbe actif ou passif se met au datif *Cæsari*, quand il marque la destination de l'acte exprimé par le verbe (Ch. VI).

Paucos ante menses. — On dirait également bien *paucis ante mensibus* : *ante* devenant adverbe, et le mot qui exprime le temps où une chose a lieu, se mettant à l'ablatif (Ch. II). Cette réflexion est aussi applicable à *post*; on dirait : *Paucos post menses*, après peu de mois, ou *paucis post mensibus*, peu de mois après.

Deductis lege Julia. — Ablatif de motif, de cause.

Conscripta litteris. — Ablatif de manière. *Necaretur manu ; cladibus vindicaretur.* — Ablatif d'instrument et de moyen (Ch. II).

Prognatus Iulo. — Les adjectifs verbaux provenant de verbes neutres ou passifs qui expriment l'origine, la source, l'extraction, sont suivis de l'ablatif sans préposition.

Orpheus et Rhesus matre musa nati, Cic. Orphée et Rhésus, fils d'une muse (nés d'une muse).

181. *Eo studiosius, quod.* — Nous avons vu (n° 165) que les expressions démonstratives *eo*, *hoc*, *tanto*, devant le comparatif d'une principale, ont pour corrélatif, dans la subordonnée, *quo* ou *quanto*, si cette subordonnée contient elle-même un comparatif. Si au contraire la subordonnée ne contient pas de comparatif, on la fait précéder de *quod*.

Ad exstruendas villas, comme *ad exstruendum villas*.

182. *Monuit, caveret (monuit, ut caveret).* — Quand *monere* signifie donner le conseil de, il est suivi du subjonctif avec ou sans *ut* ; il est suivi de *ne*, si la subordonnée est négative.

Quum disjicerent. — Le subjonctif après *quum*, parce que la subordonnée est inséparable de la principale (Ch. VII).

183. *Quando ossa detecta essent.* — *Quando*, ayant le sens de *quum*, suit la même règle par rapport au subjonctif.

Ne quis putet (ne pour *ut non). — Ut* avec le subjonctif dans une subordonnée qui indique le motif pour lequel la principale a lieu. *Auctor est Cornelius : (hoc dico) ne quis putet.* La principale de *ne quis putet* est donc sous-entendue dans cette phrase.

Proximis diebus. — Ablatif de temps (Ch. XI).

Periculum quod non proferretur, un danger qui ne se ferait pas attendre au delà..... — *Proferretur* au subjonctif, parce qu'il est subordonné d'un verbe déjà subordonné et qu'il est précédé de *qui* relatif.

Greges equorum, quos consecrarat. — *Consecrarat* à l'indicatif, quoique précédé de *quos*, parce qu'il forme une incidente simplement déterminative, sans aucune idée de condition et d'incertitude.

Comperit greges equorum pabulo abstinere, il découvrit les troupeaux de chevaux s'abstenir de nourriture. — Le verbe de la proposition principale exprimant une opération de l'âme, la proposition complétive se met à l'infinitif, et son sujet *greges* est à l'accusatif. L'action marquée par le second verbe *abstinere* a lieu en même temps que celle marquée par le premier *comperit* : aussi *abstinere* est-il à l'infinitif présent.

Pabulo abstinere. — Le verbe *abstinere*, tenir écarté de, *se abstinere* ou *abstinere*, neutre, se tenir écarté de, s'abstenir, veulent le complément indirect à l'ablatif avec *a* ou sans préposition (Ch. XI).

Cavere periculum, se mettre en garde contre le péril. — *Cavere* est aussi suivi de l'ablatif avec ce même sens : *cavere insidias* ou *cavere ab insidiis*, expressions qui signifient aussi par extension échapper aux embûches.

III. Exercices.

COMPOSITION.

1 — Des prodiges évidents annonçaient à César sa mort prochaine ; mais celui-ci, contre l'attente de tous, avait du mépris pour les pratiques religieuses (pour la religion).

2 — Les colons au contraire fouillaient la terre avec la plus grande piété, parce que les sépultures deviennent plus sainte par l'antiquité.

3 — Cependant on trouva très-peu de petits vases ; et quand ils eurent retiré de la terre une table d'airain, ils trouvèrent cette phrase écrite en grec par le fondateur de Capoue.

4 — « Dans bon nombre de siècles, un homme digne de mémoire, issu de Jupiter, périra de la main de ses proches. »

5 — Dans ce temps, César, après avoir fait passer le Rubicon à son armée, consacra tous les chevaux et les lâcha sans cavalier.

6 — A peine les colons de Capoue eurent-ils été emmenés au delà des frontières de l'Ausonie, que ce qui avait été dit des maisons de campagne à construire, fut trouvé faux et mensonger.

7 — Vous me paraissez savoir combien ce désastre est grand.

8 — Comme il ne prenait pas (il s'abstenait) de nourriture, et qu'il pleurait abondamment, les gardiens l'avertirent de se mettre en garde contre ses proches; mais celui-ci répondit à cela ce qu'il voulut.

9 — La loi est une raison suprême imprimée dans la nature, qui prescrit tout ce qui doit être fait (les choses qui sont devant être faites), et défend ce qui ne doit pas l'être.

10 — L'aruspice Spurinna s'arrêta auprès du tombeau de Capys, dit sans hésiter (sans hésitation) ce qu'il pensait et déclara à tous le meurtre qui devait se consommer (devant être).

11 — Bien avant le jour fixé, il traversa l'Italie avec les amis les plus intimes de César, et vengea sa mort par les plus grands désastres.

REPOS DE L'ÉTUDE.
CALIGULA.

Statura fuit eminenti, colore expallido, corpore enormi, gracilitate maxima cervicis et crurum, oculis et temporibus concavis, fronte lata et torva, capillo raro ac circa verticem nullo, hirsutus cetera. Quare, transeunte eo, prospicere ex superiore parte, aut omnino quacumque de causa *capram* nominare, criminosum et exitiale habebatur. Vultum vero natura horridum ac tetrum etiam ex industria efferebat, componens ad speculum in omnem terrorem ac formidinem. Valetudo ei neque corporis neque animi constitit.

Suétone.

Expallidus, idem quod pallidissimus (ex, augmentatif); —*gracilis, e,* maigre, grêle; — *cervix, colli pars posterior, collum;* — *tempus,* et plus souvent au pluriel *tempora, pars capitis ad utrumque latus;* — *frons, tis, pars capitis ab oculis ad capillos;* — *vertex, icis, summa pars capitis;*—*hirsutus,* velu; — *capra,* chèvre; — *criminosus,* criminel, blâmable; — *exitialis, funestus, lethalis;* — *teter, ra, rum,* laid, hideux; — *ex industria, de industria, ob industriam, industria,* à dessein;—*efferare,* donner un air farouche.

CHAPITRE SEIZIÈME.

I. Pratique.

Prĭdīē autem easdem īdus ăvem rēgălĭŏ-lŭm, cŭm laureo rāmŭlo Pompēiānæ curiæ se ĭnfĕrentem, vŏlŭcrĕs vării gĕneris ex proxĭmo nĕmŏre persĕcūtæ ĭbīdem discerpserunt. Ea vero nocte, cui illuxit dies cædis, et ipse sibi visus est per quietem interdum sŭprā nŭbes vŏlĭtare, ălĭās cum Jŏve dextram jungere; et Calpurnia uxor, ĭmāgĭnata est, collābi fastīgium dŏmus, mărītumque in gremio suo confŏdi : ac subito cŭbīcŭli fŏres sponte patuerunt. Ob hæc sĭmul et ob infirmam vălētŭdĭnem diu cunctatus, an se contĭneret, et, quæ apud sĕnātum propŏsuerat, ăgere differret, tandem Dĕcĭmŏ Brūto ădhortante, ne frequentes ac jam dudum opperientes destitueret, quinta fere hora progressus est: libellumque insidiarum indicem, ab obvio quodam porrectum, libellis ceteris, quos sinistra manu tenebat, quasi mox lecturus, commiscuit. Dein pluribus hostiis cæsis, quum litare non posset, introiit curiam, spreta religione, Spurinnamque irridens, et ut falsum arguens, quod sine ulla sua noxa idus martiæ adessent; quanquam is, venisse quidem eas, diceret, sed non præterisse.

TRADUCTION LITTÉRALE.

Pridie autem easdem idus avem regaliolum, cum
                                     oiseau   roitelet,

laureo ramulo Pompeianæ curiæ se inferentem, volucres
de laurier rameau   de Pompée   sénat   s'introduire,   oiseau

varii generis ex proximo nemore persecutæ ibidem
                           bois   poursuivre

discerpserunt. Ea vero nocte, cui illuxit dies cædis,
dépecer.

et ipse sibi visus est per quietem interdum supra
                           repos   quelquefois au dessus

nubes volitare, alias cum Jove dextram jungere; et
<small>voltiger, une autre fois joindre;</small>

Calpurnia uxor, imaginata est, collabi fastigium domus,
<small>s'imaginer crouler faîte</small>

maritumque in gremio suo confodi : ac subito cubiculi
<small>époux sein percer chambre</small>

fores sponte patuerunt. Ob hæc simul et ob infirmam
<small>porte de soi s'ouvrir. faible</small>

valetudinem diu cunctatus, an se contineret, et, quæ
<small>santé hésiter, retenir,</small>

apud senatum proposuerat, agere differret, tandem
<small>proposer. différer,</small>

Decimo Bruto adhortante, ne frequentes ac jam dudum
<small>exhorter, nombreux depuis longtemps</small>

opperientes destitueret, quinta fere hora progressus est:
<small>attendre délaisser, s'avancer</small>

libellumque insidiarum indicem, ab obvio quodam
<small>écrit embûches indice, passant</small>

porrectum libellis ceteris, quos sinistra manu tenebat,
<small>présenter</small>

quasi mox lecturus, commiscuit. Dein pluribus hostiis
<small>mêler avec. victime</small>

cæsis, quum litare non posset, introiit curiam,
<small>tuer, avoir bon présage entrer</small>

spreta religione, Spurinnamque irridens, et ut falsum
<small>mépriser se moquer,</small>

arguens, quod sine ulla sua noxa idus martiæ adessent;
<small>accuser, mal</small>

quanquam is, venisse quidem eas, diceret, sed non

præterisse.
<small>passer.</small>

TRADUCTION FRANÇAISE.

La veille de ces mêmes ides, un roitelet ayant pénétré avec un petit rameau de laurier dans la salle du sénat appelée salle de Pompée, des oiseaux de diverses espèces s'élancèrent d'un bois voisin, le poursuivirent et le mirent en pièces. La nuit même qui précéda le meurtre, il lui sembla pendant son sommeil tantôt qu'il s'envolait au delà des nuages, tantôt qu'il prenait la main de Jupiter. Calpurnie sa femme rêva que le pinacle de sa maison tombait, que son mari était percé de coups dans ses bras et que les portes de sa chambre s'ouvraient subitement d'elles-mêmes. Tant pour ces motifs qu'à cause de la faiblesse de sa santé, il hésita longtemps s'il ne se tiendrait pas chez lui et ne remettrait pas ce qu'il s'était proposé de faire au sénat ; enfin entraîné par les exhortations de Decimus Brutus qui l'engageait à ne pas tromper l'espoir des sénateurs nombreux qui l'attendaient depuis longtemps, il se mit en marche vers la cinquième heure. Une personne lui ayant présenté sur son passage un petit écrit qui faisait connaître la conspiration, il le mêla, comme pour le lire prochainement, aux autres qu'il tenait déjà dans sa main gauche. Ensuite il immola plusieurs victimes desquelles il ne put tirer aucun bon présage ; puis il entra dans le sénat, en méprisant les pronostics religieux et se moquant des paroles de Spurinna qu'il traitait de fausses, puisqu'il était arrivé jusqu'aux ides de mars sans la moindre offense ; et cependant l'aruspice lui avait répondu que les ides étaient venues en effet, mais qu'elles n'étaient pas passées.

TRADUCTION ALTERNATIVE.

Autem pridie easdem idus . . .	Mais la veille de ces mêmes ides
volucres varii generis.	des oiseaux de diverses sortes
persecutæ ex proximo nemore . .	ayant poursuivi d'un bois voisin
discerpserunt ibidem.	dépecèrent là même
avem regaliolum, ...	un oiseau roitelet,
se inferentem curiæ Pompeianæ	s'introduisant dans la salle sénatoriale de Pompée,
cum ramulo laureo	avec un rameau de laurier.
Vero ea nocte cui.	Mais dans cette nuit, dans laquelle
dies cædis illuxit, ...	le jour du meurtre luit,
et ipse visus est sibi, ...	et lui-même se sembla
volitare interdum	voltiger quelquefois
per quietem supra nubes, . . .	pendant le sommeil au-dessus des nues,
alias jungere dextram	une autre fois joindre la main

CHAP. XVI. — TRADUCTION.   285

um Jove ;	avec Jupiter ;
t Calpurnia uxor.	et Calpurnie (son) épouse
maginata est.	s'imagina
astigium domus collabi.	le faîte de la maison crouler,
que maritum confodi.	et son mari être percé
n gremio suo :	dans son sein :
c subito fores cubiculi.	et tout à coup les portes de la chambre
ponte patuerunt	s'ouvrirent spontanément ;
Ob hæc simul et	A cause de cela en même temps et
ob infirmam valetudinem.	à cause de sa faible santé
diu cunctatus, an se contineret,	ayant longtemps balancé s'il s'abstiendrait,
et differret agere quæ	et s'il différerait de faire ce que
proposuerat apud senatum	il s'était proposé de faire au sénat,
tandem Decimo Bruto adhortante,	enfin Decimus Brutus l'exhortant,
ne destitueret frequentes,	à ne pas délaisser (les sénateurs) nombreux
ac jamdudum opperientes,	et déjà attendant depuis longtemps,
progressus est.	il se mit en marche
fere quinta hora	presque à la cinquième heure :
que commiscuit libellum.	et il mêla un écrit
indicem insidiarum	indice des embûches,
porrectum ab obvio quodam,	présenté par quelqu'un au-devant,
libellis ceteris,	aux autres écrits,
quos tenebat sinistra manu,	qu'il tenait de la main gauche,
quasi mox lecturus,	comme devant le lire bientôt.
Dein pluribus hostiis cæsis	Ensuite plusieurs victimes ayant été immolées,
quum non posset litare,	comme il ne pouvait pas tirer de bon présage,
spreta religione,	la religion étant méprisée,
Spurinnamque irridens.	et se moquant de Spurinna,
et arguens ut falsum,	et le traitant de faux,
quod idus martiæ	de ce que les ides de mars
adessent sine ulla noxa ;	étaient présentes sans aucun mal ;
quanquam is diceret	quoique celui-ci dît
eas venisse quidem,	elles être venues à la vérité,
sed non præterisse	mais n'être pas passées.

CONVERSATION.

QUESTIONS.	RÉPONSES.
Quænam avis curiæ se intulit ?	Avis regaliolus.
Quid ore tenebat ?	Laureum ramulum.
Quando se intulit ?	Pridie easdem idus.
Unde exibant volucres quæ eum discerpserunt ?	Ex proximo nemore.
Cujus generis erant volucres istæ ?	Varii.
Ubi discerptus est regaliolus ?	Ibidem.
Quid agere Cæsar sibi visus est ?	Interdum supra nubes volitare, alias cum Jove dextram jungere
Qua nocte ?	Ea vero nocte, cui illuxit dies cædis.
Per quietem ?	Per quietem.
Quænam erat Calpurnia ?	Cæsaris uxor.
Nonne res malas imaginata est ?	Imaginata est.
Quid collabi visum est ?	Fastigium domus.
Quid de marito ?	Eum in gremio suo confodi imaginata est.
Quæ fores patuerant ?	Cubiculi fores.
Cujus ope ?	Nullius; sponte patuerunt.
Quam ob causam cunctabatur ?	Ob hæc simul et ob infirmam valetudinem.
Quid cunctabatur ?	An se contineret, et quæ apud senatum proposuerat agere differret.
Quo adhortante progressus est ?	Decimo Bruto.
Quota hora ?	Quinta fere.
Quos ne destitueret ?	Frequentes et jam dudum opperientes.
A quo libellus porrectus est ?	Ab obvio quodam.
Qualis erat libellus ?	Insidiarum index.
Quibus libellum commiscuit ?	Ceteris, quos sinistra manu tenebat.
Qua mente ?	Quasi mox lecturus.
Quot hostiæ cæsæ erant ?	Plures.
Quid facere non potuit ?	Litare.
Quo introiit tamen ?	Curiam.
Quid sprevit ?	Religionem.
Quem irrisit ?	Spurinnam.

Quo verbo arguebat eum?	Falsum.
Quomodo idus aderant martiæ?	Sine ulla Cæsaris noxa.
Quid dicebat Spurinna?	Venerunt quidem idus sed non præterierunt.

PHRASÉOLOGIE.

A TRADUIRE EN FRANÇAIS.	A TRADUIRE EN LATIN.
Pridie tamen eamdem diem laureos ramulos regalioli varii generis curiæ intulerunt.	Cependant la veille de ce même jour des roitelets de diverses espèces apportèrent dans le sénat des petits rameaux de laurier.
Quos autem volucres ex proximo nemore venientes subito persecutæ sunt.	Mais des oiseaux venant d'un bois voisin se mirent tout à coup à leur poursuite.
At illuxit dies prodigiis denunciata.	Mais on vit luire le jour annoncé par les prodiges.
Ea vero nocte in gremio uxoris confodi sibi visus est.	Mais dans cette nuit il rêva qu'on l'assassinait dans les bras de son épouse.
Calpurnia collabi fastigium domus, ac fores cubiculi patere imaginata est.	Calpurnia rêva que le pinacle de la maison tombait, et que les portes de sa chambre s'ouvraient.
Diu cunctatus ex domo ad senatum sponte progressus est.	Après avoir longtemps hésité, il partit spontanément de sa maison pour aller au sénat.
Domi se continebat, quum Brutus eum adhortatus est, ne jam dudum opperientes destitueret.	Il se tenait à la maison, lorsque Brutus l'exhorta à ne pas délaisser les sénateurs qui l'attendaient depuis longtemps.
Id ipsum quod apud senatum propositurus erat, ob infirmam valetudinem fuit dilatum.	Cela même qu'il devait proposer devant le sénat fut différé à cause de sa mauvaise santé.
Ipse sibi visus est per quietem interdum varias aves discerpere, alias cum Bruto dextram jungere.	Il lui sembla pendant son sommeil que tantôt il mettait en pièces différents oiseaux, tantôt il donnait la main à Brutus.
Libellos ab obviis quibusdam porrectos, dextra manu tenebat.	Il tenait dans sa main droite des billets qui lui avaient été présentés par des personnes qui se trouvaient sur son passage.

Libellos insidiarum indices legere noluit.	Il ne voulut pas lire les lettres qui dévoilaient le complot.
Plures hostias cædebat et litare non poterat.	Il immolait beaucoup de victimes et ne pouvait obtenir de bons présages.
Spurinnam irridebat, quod idus martiæ adessent.	Il se moquait de Spurinna de ce que les ides de mars étaient arrivées.
Quem ut falsum arguens, sprevit religionem et introiit senatum.	Le traitant en quelque sorte de menteur, il ne fit aucun cas des manifestations religieuses et entra dans le sénat.
In senatum jam frequentem sine ulla noxa venit.	Il vint sans le moindre accident dans le sénat qui déjà était nombreux.
Venerunt idus, inquit, sed non sine periculo præteribunt.	Les ides sont venues, dit-il, mais elles ne passeront pas sans péril.

II. Analyse et Théorie.

LEXIOLOGIE.

Avis, *is*, gén. pl. *ium*, f. M. R. oiseau.

Regaliolus ou *regaviolus*, *i*, m. roitelet. R. R. *rex*, roi ; *avis*, oiseau.

Laureus, a, um, adj. et quelquefois *laurinus*, de laurier. R. *laurus*, laurier ; — *laureatus*, adj., ceint d'un laurier ; — *lauretum*, n., bois de lauriers.

Ramulus, i, m, ou *ramusculus*, petite branche, diminutifs de *ramus*, rameau.

Pompeianus, adj., de Pompée. R. *Pompeius*, Pompée ; —*pompeiani* les partisans de Pompée.

Curia, æ, f., curie, salle du sénat. R. *cura*, soin.

Infero, fers, tuli, illatum, inferre, act., porter dans. R. R. *in* ; *ferre*, porter.

Volucris, f., oiseau. R. *volucer, cris, cre*, adj., ailé. R. *volare*, voler ; —*volitare*, fréq., voltiger.

Varius, a, um, adj. M. R. varié ; — *varie*, adv., diversement ; — *variare*, diversifier, varier ; — *varietas*, f., variété.

Genus, eris, n. M. R. extraction, genre ; — *generare*, engendrer ; —

generalitas, f., généralité ; — *generalis*, adj., général ; — *generaliter*, adv., généralement.

Nemus, *oris*, n. M. R. bois ;—*nemorosus*, adj., boisé ;—*nemorensis*, adj., de bois.

Persequor, *eris*, *cutus sum*, *qui*, dép., poursuivre. R. R. *per*, à travers ; *sequi*, suivre ; — *persecutio*, f., poursuite ;—*persecutor*, *trix*, celui, celle qui poursuit ;—*persequax*, adj., qui est porté à poursuivre.

Ibidem, adverbe de lieu, là même (sans mouvement). R. *ibi*, là.

Discerpo, *is*, *psi*, *ptum*, *ere*, act., mettre en pièces. R. R. *dis* ; *carpere*, arracher.

Quies, *etis*, f. M. R. repos, sommeil ;—*quiescere*, se reposer ; — *requies*, *ei* (plus souvent *etis*), repos ;—*quietare*, pacifier.

Interdum, adv., quelquefois, composé de *inter*, marquant le temps, et de la particule *dum* que l'on retrouve ainsi après quelques mots. Cette particule ajoute une certaine idée de continuité.

Supra, prép. acc., au-dessus. R. *super*, sur.

Alias, adv., une autre fois. R. *alius*, autre.

Jupiter, *Jovis*, Jupiter, le dieu souverain du paganisme.

Jungo, *is*, *nxi*, *nctum*, *ere*, act. M. R. joindre ; — *junctio*, f., jonction ;—*junctura*, f., jointure.

Imaginor, *aris*, *atus sum*, *ari*, dép., s'imaginer. R. *imago*, image.

Collabor, *eris*, *psus sum*, *bi*, dép., tomber, s'écrouler. R. R. *cum* ; *labi*, tomber.

Fastigium, *ii*, n., faîte, comble. R. *fastus*, faste.

Gremium, *ii*, n. M. R. giron, sein.

Confodio, *is*, *odi*, *ossum*, *ere*, act., creuser, percer. R. R. *cum* ; *fodere*, fouir.

Subito, adv., tout à coup. R. *subitus*, subit. R. *subire*, se présenter. R. R. *sub* ; *ire*, aller.

Cubiculum, *i*, n., chambre à coucher. R. *cubare*, se coucher.

Foris, *is*, f. et mieux au pluriel *fores*, *ium*. M. R. porte.

Sponte, abl. de l'inusité *spons*, *tis*. M. R. volonté.

Pateo, *es*, *ui*, *ere*, n., être ouvert, s'ouvrir. M. R. *patet*, il est évident, il est clair.

Infirmus, *a*, *um*, adj., qui n'est pas solide. R. R. *in* ; *firmus*, ferme, robuste ; — *infirmitas*, f., infirmité, faiblesse ; — *infirmare*, affaiblir, infirmer.

Valetudo, *inis*, f., santé. R. *valere*, se porter bien.

Cunctor, *aris*, *atus sum*, *ari*, dép. M. R. temporiser, hésiter ; — *cunctatio*, f., lenteur ;—*cunctator*, m., temporiseur ;—*cunctanter*, adv., lentement ;—*cunctabundus*, adj., qui hésite.

Contineo, es, ui, entum, ere, act., maintenir, retenir, conserver. R. R. *cum ; tenere*, tenir ; — *continentia*, f., retenue, continence.

Propono, is, sui, situm, ere, act., mettre en avant, se proposer. R.R. *pro; ponere*, placer ; — *propositio*, f., proposition ; — *propositum*, n., résolution, but.

Frequens, tis, adj. M. R. fréquent, nombreux ; — *frequenter*, adv., fréquemment ; — *frequentatio*, f., abondance ; — *frequentia*, f., affluence ; — *frequentare*, fréquenter.

Jamdudum ou *jam dudum*, adv., depuis longtemps. R. R. *jam*, déjà ; *diu*, longtemps, et la particule *dum*.

Opperior, riris, pertus sum (arch. *peritus sum*), *iri*, dép., attendre, racine douteuse.

Destituo, is, ui, utum, ere, act., abandonner. R. R. *de ; statuere*, établir ; — *destitutio*, f., abandon, destitution.

Libellus, i, m., petit écrit. R. *liber*, livre.

Insidiæ, arum, f., embûches. R. R. *in ; sedere*, être assis.

Index, icis, m. M. R. qui indique ; — *indicium*, n., indication ; — *indicatio*, f., action d'indiquer ; — *indicare*, indiquer.

Obvius, a, um, adj., qui se présente. R. R. *ob*, au-devant ; *via*, route ; — *obviam*, prép. dat., au-devant.

Porrigo, is, rexi, rectum, ere, act., étendre, présenter. — R. R. *porro*, loin, en avant ; *regere*, conduire.

Commisceo, es, cui, xtum ou *stum, scere*, act., mêler avec. R. R. *cum ; miscere*, mêler ; — *commixtio*, f., mélange ; — *commixtim*, adv., pêle-mêle.

Hostia, æ, f., victime. R. *hostis*, ennemi.

Lito, as, avi, atum, are, n., M. R. sacrifier avec d'heureux présages ; — *litatio*, f., sacrifice agréable aux dieux.

Introeo, is, ivi ou *ii, itum, ire*, n., entrer dans. R. R. *intro*, au dedans ; *ire*, aller ; — *introitus, us*, m., entrée.

Sperno, is, sprevi, spretum, spernere, act., M. R. séparer, éloigner, mépriser ; — *spernax*, m., dédaigneux ; — *spretio*, f., mépris ; — *spretor*, m., qui méprise.

Religio, onis, f., religion, culte, racine douteuse ; — *religiosus*, adj., religieux ; — *irreligiosus*, adj., irréligieux.

Irrideo, es, si, sum, ere, act. et n., se moquer. R. R. *in ; ridere*, rire ; — *irrisus, us*, m., *irrisio*, f., moquerie.

Falsus, a, um, adj., faux. R. *fallere*, tromper ; — *falsitas, falsum, falsimonium*, fausseté ; — *fallax*, adj., trompeur ; — *fallacia*, f., tromperie.

Arguo, is, ui, utum, ere, act. M. R. démontrer, convaincre, accuser ;

— *argumentum*, n., argument; — *argumentatio*, f., argumentation; — *argumentari*, argumenter.

Noxa, æ, f., dommage. R. *nocere*, nuire.

Adsum, es, fui, esse, n., être présent. R. R. *ad*, auprès; *esse*, être.

Quanquam, conj., quoique. R. *qui*.

Prætereo, is, ivi ou *ii, ire*, n. et act., passer outre. R. R. *præter*, outre; *ire*, aller.

DISPOSITION ET CHOIX DES MOTS.

Se inferentem curiæ. — *Se inferre* ou *inferri*, se transporter, s'introduire dans, sont suivis du datif ou de l'accusatif avec *in* : *se inferre, inferri, inferre pedem in*.

Quùm in templum Castoris te intulisti, Cic. Lorsque tu es venu dans le temple de Castor.

Pompeiana curia. La salle du sénat où était la statue de Pompée.

Avis signifie proprement oiseau; — *volucris*, ailé, qui vole, n'a pris le sens d'oiseau que par la suppression du mot *avis*, ou du mot *bestia*, sous-entendu.

Nemus, bois d'ornement, bois sacré, bois avec acception poétique; *silva*, un bois, une forêt en général.

Supra nubes.— *Super* et *supra* sont adverbes ou prépositions. *Super*, adv., par-dessus, en outre, trop; — *supra*, adv., en dessus, plus haut, auparavant. *Super*, prép. avec acc. et quelquefois l'ablatif surtout en poésie, sur, au-dessus (préférence), sur (touchant), outre; *supra*, prép. avec acc., au-dessus, au delà de, plus de, outré, sur.

Nec tamen exissent unquam supra terram, Cic. Et que cependant ils ne fussent jamais sortis (de leur demeure souterraine) pour venir sur la terre.

Supra lunam sunt æterna omnia, Cic. Tout est éternel au dessus de la lune.

Cæsa supra millia viginti, Liv. Plus de vingt mille hommes tués.

Supra modum, Virg. Outre mesure.

Syene oppidum, quod est supra Alexandriam quinque millibus stadiorum, Plin. La ville de Syène qui est à cinq mille stades au-dessus d'Alexandrie.

Paulo supra hanc memoriam servi una cremabantur, Cæs. Un peu avant cette époque on brûlait en même temps les esclaves.

Pisonis amor in omnes tantus est, ut nihil supra possit esse, Cic. L'amour que Pison porte à tout le monde est si grand, qu'il ne peut rien exister au delà de cet amour.

Ut supra dixi. Comme je l'ai dit plus haut.

Hac super re scribam ad te. Cic. Je vous écrirai à ce sujet.

Satis superque, plus quam satis est, Cic. Plus qu'il ne faut, abondamment, trop. *Satis superque prudentes sunt, qui*, etc. Ils sont assez et trop prudents ceux qui (plus que prudents).

Super aspidem assidere, Cic. S'asseoir sur un aspic.

Nereides supra delphinos sedentes, Plin. Les Néréides assises sur des dauphins.

Satis superque habebo, quod mihi dederis, Cic. Ce que vous m'aurez donné me suffira et au delà.

Ensis cui super cervice pendet, Hor. Qui a une épée suspendue au dessus de la tête.

Alias, adv. Quelquefois, autrement, ailleurs.

Mutari etiam mores hominum sæpe dicebat, alias adversis rebus, alias ætate ingravescente, Cic. Il disait souvent que les sentiments des hommes changent quelquefois par l'adversité, quelquefois par l'âge.

Haud alias tam alacrem viderant regem, Curt. Jamais ils n'avaient vu le roi si gai.

Quanta sit (virtus), alias (dicam), Cic. Je dirai ailleurs jusqu'où peut aller la force de la vertu.

Quos, alias bellare inter se solitos, tunc periculi societas junxerat, Curt. Peuples habitués en tout autre temps à se faire la guerre, et que le danger avait réunis.

Fastigium, la partie la plus élevée des édifices publics. Ce *fastigium* était une marque distinctive et n'était pas applicable au comble des maisons des particuliers, quand toutefois elles avaient un comble.

Maritus, le mari. *Conjux* a le plus souvent la même signification par opposition à *uxor*, épouse, mais il signifie aussi épouse en raison de son étymologie *cum*, *jungere*, unir avec.

Sinus et *gremium* sont souvent synonymes; mais *sinus* désigne la partie du corps qui s'étend depuis le cou jusqu'au bas de la poitrine;— *gremium* exprime le giron, c'est-à-dire la partie comprise entre la poitrine et les genoux quand on est assis.

Ob hæc, à cause de ces choses.—*Ob*, prép. avec acc., assimile sa consonne en composition avec les mots commençant par *c*, *f* et *p*; elle signifie proprement *devant*, *en face de*. De l'expression *en présence de*, on a passé à celle de *à cause de*, *en échange de*.

Ob ejusque mulieris memoriam primo anno et vir, et pater ejus consul est factus, Cic. A cause de la mémoire de cette femme (Lucrèce), son mari et son père furent consuls dès la première année.

Ob eamque rem æternum sit necesse est, Cic. Et pour ce motif même il doit être éternel (*propter eam rem*).

Ob eamque causam, Cic. Pour cette raison ;—*ob eam enim ipsam causam ;—quam ob causam ;— quam ob rem.*

Mors ob oculos mihi sæpe versata est, Cic. La mort s'est souvent présentée devant mes yeux (*ante oculos*).

Hoc fecit ob eam rem, quod veritus est, ne... Cic. Il a agi ainsi parce qu'il a craint que...

Quinta fere hora. Presque à la cinquième heure, c'est-à-dire, vers onze heures, en supposant que le jour soit compté à partir de six heures du matin.

Les Latins divisaient le jour en douze parties, depuis le lever du soleil jusqu'à son coucher. Ces douze parties ou heures étaient donc plus ou moins longues suivant l'époque de l'année. Il est très-important de remarquer, pour l'intelligence des auteurs, que l'on comptait souvent les heures de trois en trois, de manière à n'établir que quatre subdivisions dans le jour. Ainsi la troisième heure désignait l'espace de temps compris entre la troisième et la sixième; la sixième heure désignait l'espace compris entre la sixième et la neuvième; la neuvième heure s'étendait depuis la neuvième subdivision jusqu'au coucher du soleil. Quand on voulait préciser, on se servait du premier mode en énonçant les heures depuis la première jusqu'à la douzième.

La nuit qui s'étendait du coucher du soleil à son lever se divisait en quatre veilles. Minuit était à la fin de la seconde veille. Chaque veille comprenait ainsi une durée de trois heures, en supposant la nuit de douze heures.

CALENDRIER ROMAIN.

Le mot *calendrier* vient d'un verbe grec qui signifie *convoquer*, parce que le premier jour de chaque mois, c'est-à-dire le jour des calendes, les pontifes convoquaient le peuple pour lui faire connaître les cérémonies, les occupations et les devoirs publics pour toute la durée du mois.

Les mois de mars, mai, juillet et octobre avaient 31 jours et se subdivisaient de la manière suivante :

Le septième jour s'appelait les *Nones* (*Nonæ*); le quinzième, les *Ides* (*Idus*). Les nones devaient leur nom à ce qu'elles formaient le neuvième jour en rétrogradant depuis les ides; celles-ci venaient du vieux mot étrusque *iduo*, diviser, parce qu'elles partageaient à peu près le mois en deux parties égales.

Dans ces mois, le premier jour était, comme pour tous les autres, le jour des calendes (*calendis*); le second s'appelait le sixième jour avant les nones, *sexto die ante nonas*, ou simplement *sexto nonas*; le troisième, *quinto nonas*; le quatrième, *quarto nonas*; le cinquième, *tertio nonas*; le sixième, *pridie nonas*; le septième, *nonis*; le huitième, *octavo idus* ou *postridie nonas*; le neuvième, *septimo idus*; le dixième, *sexto idus*; le onzième, *quinto idus*; le douzième, *quarto idus*; le treizième, *tertio idus*; le quatorzième, *pridie idus*; le quinzième, *idibus*; le seizième, *septimo decimo calendas*, ou *postridie idus*, et ainsi de suite jusqu'au dernier jour du mois, qui était la veille des calendes, *pridie calendas*, du mois suivant. Les autres mois se comptaient de la même manière, en observant toutefois que les nones étaient le cinq et les ides le treize.

Sous les premiers rois de Rome, l'année était lunaire et commençait au mois de mars; elle était de 304 jours et dix mois, *martius, aprilis, maius, junius, quintilis, sextilis, september, october, november, december*. Numa ajouta les mois *januarius* et *februarius* et fit l'année de 355 jours, année qui devint ensuite de 377 ou 378 jours par l'intercalation du mois *mercedonius*. Dans la quarante-sixième année avant J.-C., Jules César remplaça l'année lunaire par l'année solaire, fixa à 365 le nombre des jours de l'année, et ordonna de compter deux fois le sixième jour d'avant les calendes de mars, *bis sexto calendas*, tous les quatre ans, c'est-à-dire dans les années bissextiles, qui ont pris leur nom de ce jour intercalaire. Le calendrier Julien ne diffère donc du nôtre que par la correction grégorienne. Le nom de *Quintilis* fut changé en celui de *Julius* du vivant même de César; c'était le mois de sa naissance. Puis, pour honorer Auguste, on changea le nom de *sextilis* en celui d'*augustus*, d'où nous avons formé *août*.

Le calendrier Julien, qui fut en usage en France jusqu'à Henri III, faisait l'année civile de 365 jours 6 heures, tandis que l'année solaire n'est que de 365 jours 5 heures 48' 45''. Cette différence produisait 1 jour d'erreur dans 129 ans environ; le pape Grégoire XIII la rectifia en 1582, en comptant 15 octobre le 5 du même mois, et ordonna qu'à l'avenir on considérât comme bissextiles les années multiples de 4 (par ex. 1852-1856), excepté les années séculaires non multiples de 400 (par ex. 1800-1900).

Par ordonnance de Henri III, le calendrier Grégorien fut substitué au vieux style en décembre 1852. Les diverses nations chrétiennes de l'Europe, à commencer par les catholiques, l'ont ensuite adopté successivement. Il faut excepter toutefois les Russes et les Grecs, chez lesquels le quantième du mois est en ce moment de douze jours en arrière sur le nôtre, puisqu'ils n'ont pas fait la correction grégorienne et qu'ils ont compté bissextiles les années 1700 et 1800.

III. Exercices.

COMPOSITION.

1 — Les Romains n'étaient ni cruels ni orgueilleux dans la guerre; mais les Gaulois immolent les prisonniers ennemis qu'ils ont vaincus.

2 — A l'arrivée de Brutus, non-seulement César, mais encore tous ceux qui l'entouraient bannirent toute crainte.

3 — Dès lors n'hésitant plus en rien et méprisant toute crainte de la mort, il se rendit au sénat vers la sixième heure.

4 — Dans ces mêmes jours, se moquant de l'aruspice Spurinna, qui l'avait averti du danger, il voulut faire un sacrifice à la manière des anciens Romains.

5 — Le lendemain le cadavre de César est porté dans sa demeure, la plupart ignorant ce qui était arrivé et par quelle circonstance (*casus, us*) il était mort (il avait été éteint).

6 — César ayant soigné sa blessure pendant quelques jours, et apprenant que le bruit (*fama*) de sa mort s'était accrédité (*convalescere*) auprès des soldats, ordonna qu'on dressât une tente au milieu du forum, au moyen de planches jointes ensemble, d'où il pût se montrer (d'où il se montrât) à ceux qui croyaient qu'il était mort [1].

7 — C'est pourquoi l'espérance générale (de tous) fut telle, qu'on se serrait la main avec empressement, persuadé que la mort de César serait pour la ville une cause de grands désastres.

8 — Il y a quatorze ans que (la quatorzième année est depuis laquelle) je suis lié (*admovere*) à vos espérances; vous avez accumulé (*cumulare*) sur moi tant d'honneurs et de richesses, que rien ne manque à mon bonheur.

9 — Je déclare que j'ai été l'intime ami de César, et que je n'ai rien négligé pour le devenir.

CHAPITRE DIX-SEPTIÈME.

I. Pratique.

Assidentem conspirati specie officii circumsteterunt : illicoque Cimber Tullius, qui primas partes susceperat, quasi aliquid rogaturus, propius accessit; renuentique et gestu in

---

[1] On a pu remarquer déjà que, dans les phrases de la composition, nous ne cherchons pas à être fidèle à l'histoire, mais à créer les applications des règles ou des expressions qui ont été vues.

aliud tempus differenti ab utroque humero togam apprehendit : deinde clamantem, « ista quidem vis est, » alter e Cascis aversum vulnerat, paulum infra jugulum. Cæsar Cascæ brachium arreptum graphio trajecit; conatusque prosilire, alio vulnere tardatus est. Utque animadvertit, undique se strictis pugionibus peti, toga caput obvolvit; simul sinistra manu sinum ad ima crura deduxit, quo honestius caderet, etiam inferiore corporis parte velata.

Atque ita tribus et viginti plagis confossus est, uno modo ad primum ictum gemitu sine voce edito ; etsi tradiderunt quidam, M. Bruto irruenti dixisse, Et tu, fili? Exanimis, diffugientibus cunctis, aliquandiu jacuit, donec lecticæ impositum, dependente brachio, tres servuli domum retulerunt. Nec in tot vulneribus, ut Antistius medicus existimabat, letale ullum repertum est, nisi quod secundo loco in pectore acceperat. Fuerat animus conjuratis, corpus occisi in Tiberim trahere, bona publicare, acta rescindere : sed metu M. Antonii consulis, et magistri equitum Lepidi, destiterunt.

TRADUCTION LITTÉRALE.

Assidentem conspirati specie officii circumstete-
   assis   conjurés   apparence devoir

runt : illicoque Cimber Tullius, qui primas partes
      aussitôt

susceperat, quasi aliquid rogaturus, propius accessit
prendre sur soi, comme   demander,   plus près s'approcher

renuentique et gestu in aliud tempus differenti ab
 refuser   geste

utroque humero togam apprehendit : deinde clamantem,
    épaule   toge   saisir :   crier,

« ista quidem vis est, » alter e Cascis aversum vulnerat,
                              tourner   blesser,

paulum infra jugulum. Cæsar Cascæ brachium arreptum
       gorge.   Casca   bras   saisir

graphio trajecit ; conatusque prosilire, alio vulnere
poinçon traverser ; s'efforcer s'élancer en avant, blessure

tardatus est. Utque animadvertit, undique se strictis
 retarder.   remarquer, de toutes parts tiré

pugionibus peti, toga caput obvolvit; simul si-
_{poignard   attaquer,   envelopper;}

nistra manu sinum ad ima crura deduxit, quo ho-
_{pli   jambes   rabattre,}

nestius caderet, etiam inferiore corporis parte velata.
_{décemment tomber,   voiler.}

Atque ita tribus et viginti plagis confossus est, uno
_{coup   percer}

modo ad primum ictum gemitu sine voce edito;
_{seulement   coup   gémissement   poussé;}

etsi tradiderunt quidam, M. Bruto irruenti dixisse,
_{rapporter   se précipitant}

Et tu, fili? Exanimis, diffugientibus cunctis, aliquandiu
_{Inanimé, fui de tous côtés   tous,   quelque temps}

jacuit, donec lecticæ impositum, dependente brachio,
_{être étendu, jusqu'à ce que litière   mis sur,   pendre   bras,}

tres servuli domum retulerunt. Nec in tot vulneribus, ut
_{esclave   rapporter.}

Antistius medicus existimabat, letale ullum repertum
_{mortel}

est, nisi quod secundo loco in pectore acceperat. Fuerat
_{poitrine}

animus conjuratis, corpus occisi in Tiberim trahere,
_{conjurés,   tué   traîner,}

bona publicare, acta rescindere : sed metu M. Antonii
_{confisquer,   casser :}

consulis, et magistri equitum Lepidi, destiterunt.
_{maître   s'abstenir.}

TRADUCTION FRANÇAISE.

Quand César fut assis, les conjurés l'entourèrent sous prétexte de lui rendre leurs devoirs. Aussitôt Cimber Tullius, qui s'était chargé de la première attaque, s'approcha tout près de lui comme pour présenter une requête. César refusant de l'écouter et le remettant du geste à un autre moment, Tullius saisit sa toge par les deux épaules. « C'est de la violence, » s'écrie César ; et l'un des Casca auquel il tournait le dos le blesse un peu au-dessous de la gorge. César saisit le bras de Casca et le traverse de son poinçon, puis s'efforçant de s'élancer de son siége il est retardé par une autre blessure. Quand il vit de tous côtés les poignards levés sur lui, il s'enveloppa la tête dans sa toge et, de sa main gauche, il l'abaissa jusques sur ses pieds, en couvrant même la partie inférieure de son corps afin de tomber plus décemment. Il reçut ainsi vingt-trois blessures sans faire entendre autre chose qu'un gémissement inarticulé dès que le premier coup l'atteignit.

Quelques-uns ont cependant rapporté qu'en voyant Brutus se jeter sur lui, il s'écria : Καὶ σύ, τέκνον; (Et toi aussi, mon fils ?). Tout le monde ne pensant qu'à fuir, il resta quelque temps étendu par terre, jusqu'au moment où trois esclaves le transportèrent chez lui sur une litière d'où pendait un de ses bras. De tant de blessures il n'y avait de mortelle, selon l'avis du médecin Antistius, que la seconde, qu'il avait reçue dans la poitrine. Les conjurés avaient eu le dessein de traîner son cadavre dans le Tibre, de confisquer ses biens et de casser ses actes : mais ils s'en abstinrent par crainte du consul Marc-Antoine et du maître de cavalerie Lépide.

TRADUCTION ALTERNATIVE.

Conspirati circumsteterunt assidentem	Les conspirateurs entourèrent lui assis
specie officii :	avec l'apparence du devoir :
illicoque Cimber Tullius, . . .	et aussitôt Cimber Tullius,
qui susceperat primas partes, . .	qui avait entrepris la première part (à l'action)
accessit propius, ...	s'approcha plus près,
quasi rogaturus aliquid ;	comme devant demander quelque chose ;
que apprehendit togam	et saisit la robe
ab utroque humero	de l'une et l'autre épaule
renuenti et differenti gestu . . .	à (lui) refusant et remettant par le geste
in aliud tempus :	à un autre temps :
deinde alter e Cascis	ensuite un des Casca
vulnerat aversum, clamantem . .	blesse (lui) détourné, criant
« quidem ista vis est, »	« certes c'est une violence, »
paulum infra jugulum.	un peu au-dessous de la gorge.

Cæsar trajecit graphio	César traversa de son poinçon
brachium arreptum Cascæ;	le bras saisi de Casca ;
que conatus prosilire.	et s'étant efforcé de se porter en avant
tardatus est alio vulnere.	il fut arrêté par une autre blessure.
Utque animadvertit	Et dès qu'il eut remarqué
se peti pugionibus.	lui être attaqué par des poignards
undique strictis,	tirés de toutes parts,
obvolvit caput toga :	il enveloppa sa tête de sa toge :
simul sinistra manu	en même temps de la main gauche
deduxit sinum ad ima crura,	il fit tomber le pli au bas de ses jambes,
quo caderet honestius,	afin de tomber plus décemment,
parte inferiore corporis	la partie inférieure du corps
etiam velata.	étant même couverte.
Atque ita confossus est	Et ainsi il fut percé
tribus et viginti plagis,	de vingt-trois coups,
uno gemitu modo edito	un seul gémissement étant seulement poussé
ad primum ictum	au premier coup
sine voce ;	sans une parole ;
etsi quidam tradiderunt	quoique quelques-uns aient rapporté
dixisse M. Bruto irruenti,	lui avoir dit à Marcus Brutus se précipitant,
Et tu, fili?	Et toi aussi, mon fils ?
Cunctis diffugientibus,	Chacun s'enfuyant,
jacuit aliquandiu exanimis,	il resta quelque temps étendu mort,
donec tres servuli.	jusqu'au moment où trois esclaves
retulerunt domum.	le rapportèrent au logis
impositum lecticæ.	placé sur une litière,
dependente brachio	un bras pendant.
Nec ullum in tot vulneribus	Et aucune dans tant de blessures
repertum est letale,	ne fut trouvée mortelle,
ut Antistius medicus existimabat,	comme le pensait le médecin Antistius,
nisi quod acceperat secundo loco	si ce n'est celle qu'il avait reçue en second lieu
in pectore	dans la poitrine.
Animus fuerat conjuratis trahere corpus occisi in Tiberim,	L'intention avait été aux conjurés de traîner le corps de lui tué dans le Tibre,

bona publicare, acta rescindere : .	de confisquer ses biens, de casser ses actes :
sed destiterunt metu M. Antonii, consulis, ...	mais ils s'abstinrent par crainte de Marc Antoine, consul,
et Lepidi magistri equitum . . .	et de Lépide, maître de la cavalerie.

CONVERSATION.

QUESTIONS.	RÉPONSES.
Quinam viri assidentem circumsteterunt ?	Conspirati.
Qua specie ?	Officii.
Quas partes susceperat Cimber?	Primas.
Quando accessit ?	Illico.
Quatenus ?	Propius.
Qua specie ?	Quasi aliquid rogaturus.
Quomodo togam apprehendit ?	Ab utroque humero.
Quid facienti Cæsari ?	Renuenti et gestu in aliud tempus differenti.
Quid clamavit Cæsar ?	Ista quidem vis est.
Quis aversum vulnerat?	Alter e Cascis.
Ubi loci ?	Paulum infra jugulum.
Quid arripuit Cæsar ?	Cascæ brachium.
Quo instrumento brachium trajecit?	Graphio.
Quid conatus est ?	Prosilire.
Quo vulnere tardatus est ?	Alio.
Quid animadvertit ?	Undique se strictis pugionibus peti.
Quid toga obvolvit ?	Caput.
Quid reduxit ad ima crura ?	Togæ sinum.
Qua manu ?	Sinistra.
Qua mente ?	Quo honestius caderet.
Quæ pars corporis etiam velabatur ?	Inferior.
Quot plagis confossus est ?	Tribus et viginti.
Gemitusne edidit ?	Unum modo.
Ad quem ictum ?	Primum.
Vocemne edidit ?	Nullam.
Quid tradiderunt quidam ?	Bruto irruenti Cæsarem dixisse : Et tu, fili ?

Exanimisne jacebat?	Exanimis.
Quid fecerunt cuncti?	Diffugerunt.
Diune jacuit?	Aliquandiu.
Cui rei impositus est?	Lecticæ.
Quid dependebat?	Brachium.
Quo relatus fuit?	Domum.
A quibus?	A tribus servulis.
Num tot vulnera letalia erant?	Nullum, nisi quod secundo loco in pectore acceperat.
Quis ita existimabat?	Antistius medicus.
Quid in Tiberim conjurati trahere cupiebant?	Corpus occisi.
Quid de bonis fuerat animus?	Ea publicare.
Quid de actis?	Rescindere.
Quorum metu destiterunt?	M. Antonii et Lepidi.
Quod erat Lepidi munus?	Magistri equitum.

PHRASÉOLOGIE.

A TRADUIRE EN FRANÇAIS.	A TRADUIRE EN LATIN.
Assidentem vero Cimber Tullius aliique conspirati circumsteterunt.	Mais Cimber Tullius et les autres conjurés l'entourèrent, dès qu'il fut assis.
Specie officii propius accesserant.	Ils s'étaient approchés plus près comme pour lui rendre leurs devoirs.
Qui primas partes susceperant, quasi aliquid rogaturi, simul aderant.	Ceux qui s'étaient chargés de l'attaquer les premiers, étaient ensemble auprès de lui comme pour demander quelque chose.
Renuebat autem Cæsar et gestu in aliud tempus differebat.	Mais César refusait et remettait du geste cette affaire à un autre moment.
Vim sentiens sibi illatam, clamavit : « Quid agis, sceleste Casca? »	Sentant qu'on lui faisait violence, il s'écria : Que fais-tu, scélérat de Casca ?
Qui enim, ab utroque humero toga apprehensa, aversi jugulum vulneraverat.	Car celui-ci, ayant saisi la toge aux deux épaules, avait blessé à la gorge César qui lui tournait le dos.
Cascæ manu graphio trajecta, Cæsar progredi conatus erat.	César ayant traversé de son poinçon la main de Casca, s'était efforcé de se porter en avant.

Arreptus a conjuratis, vulneribus aliis tardatus est.	Saisi par les conjurés, il fut arrêté par d'autres blessures.
Utque strictos vidit pugiones, illico toga obvolvit sese.	Et dès qu'il vit les poignards tirés contre lui, il s'enveloppa aussitôt de sa toge.
Simul sinum togæ ad ima crura deduxit, ut honeste corporis pars inferior velaretur.	En même temps il fit descendre le pli de sa robe jusqu'au bas de ses jambes, afin de couvrir avec décence la partie inférieure de son corps.
Neque omnes letales erant plagæ, quibus confossus est.	Et les coups dont il fut percé, n'étaient pas tous mortels.
Tres et viginti ictus sine ulla voce accepit.	Il reçut vingt-trois coups sans proférer le moindre mot.
Unum modo gemitum edidit.	Il ne fit entendre qu'un seul gémissement.
Quidam tamen tradunt M. Bruto irruenti dixisse verbis græcis : « Et tu fili ? »	Cependant quelques-uns rapportent qu'il dit : « Et toi aussi, mon fils? »
Aliquandiu jacuit, donec lecticæ tres servuli imposuerunt.	Il resta quelque temps étendu jusqu'au moment où trois esclaves du dernier rang le mirent sur une litière.
Sicque lecticæ impositus, dependentibus brachiis, domum refertur.	Placé ainsi sur la litière, il est rapporté chez lui, les bras pendants.
Nec tot vulnera letalia reperta sunt, nisi secundum quod in pectore acceperat.	Toutes ces blessures ne furent pas réputées mortelles, si ce n'est la seconde qu'il avait reçue dans la poitrine.
Ita enim Antistius medicus existimabat.	Car telle était la pensée du médecin Antistius.
Occisum in Tiberim conspirati trahere in animo habebant.	Les conjurés avaient l'intention de traîner son cadavre dans le Tibre.
Quibus etiam animus erat, bona publicare; sed non ausi sunt.	Ils avaient aussi l'intention de confisquer ses biens au profit de la république, mais ils n'osèrent pas le faire.
Atque metu M. Antonii consulis, et magistri equitum Lepidi, acta rescindere destiterunt.	Et par crainte pour le consul Marc Antoine et le maître de la cavalerie Lépide, ils s'abstinrent d'abroger ses actes.

II. Analyse et Théorie.

LEXIOLOGIE.

Adsideo ou *assideo, es, edi, essum, idere*, n. et act., être assis auprès. R. R. *ad*; *sedere*, être assis; — *assido, is, assedi, assidere*, n. et act., s'asseoir auprès.

Conspiratus, a, qui conspire, part. pass. de *conspirare*, souffler ensemble, conspirer. R. R. *cum*; *spirare*, souffler; — *conspirate*, adv., unanimement; —*conspiratus, us*, m., accord;—*conspiratio*, f., accord, conspiration.

Species, ei, f., forme. R. *specio*, regarder; — *speciatim*, adv., spécialement;—*specialis*, adj., spécial.

Officium, ii, n., devoir. R. R. *ob*; *facere*, faire; — *officiosus*, adj., officieux.

Illico, adv., dans le même lieu, sur-le-champ. R. R. *in*; *locus*, lieu.

Suscipio, is, cepi, ceptum, ere, act., recevoir, prendre sur soi. R. R. *sus* (*susum, sursum*), en haut; *capere*, prendre (prendre ce qui vient d'en haut.)

Rogo, as, avi, atum, are, act., M. R. demander; — *rogitare*, fréq., demander avec instance;—*rogatio*, f., prière, comme *rogatus, us*, m.

Renuo, is, i, ere, n., refuser. R. R. *re*, marquant le contraire; *nuere*, faire un signe de tête; — *abnuere*, refuser; — *annuere* (*ad, nuere*), consentir.

Gestus, us, m., action, geste. R. *gerere*, porter, faire; —*gestuosus*, adj., gesticulateur;—*gesticulator*, m., baladin;—*gesticulari*, gesticuler.

Humerus, i, m. M. R. épaule.

Toga, æ, f., toge. R. *tegere*, couvrir.

Apprehendo ou *adprehendo, is, endi, ensum, ere*, act., saisir, se saisir de. R. R. *ad*; *prehendere*, prendre.

Clamo, as, avi, atum, are, n., M. R. crier; — *clamor*, m., cri, clameur; — *clamitare*, fréq., criailler.

Averto, is, ti, sum, tere, act., tourner d'un autre côté. R. R. *a*; *vertere*, retourner; — *aversio*, f., action de détourner, conversion.

Vulnero, as, avi, atum, are, act., blesser. R. *vulnus*, blessure; — *vulnerarius*, adj., qui concerne les plaies, vulnéraire.

Infra, prép., acc. M. R. sous, au-dessous; — *inferus*, comp., *ior*, sup., *infimus*, adj., qui est au-dessous; — *inferi*, pl., m., les enfers; — *inferiæ*, sacrifices faits aux mânes;—*infernus*, adj., inférieur.

Jugulum, i, n., et *jugulus, i*, m., gorge, gosier. R. *jugum*, joug;—

jugulare, égorger, — *jugularis*, adj., jugulaire: — *jugulatio*, action d'égorger.

Brachium, ii, n. M. R. bras; d'où *brachialis*, adj., du bras.

Arripio, ou *adripio, is, ui, eptum, ere*, saisir. R. R. *ad ; rapere*, prendre.

Graphium, ii, n. (mot tiré du grec), poinçon pour écrire sur la cire.

Conor, aris, atus, sum, ari, dép. M. R. s'efforcer ; — *conatus, us*, m., effort.

Prosilio, is, ui, ivi, ou *ii, ire*, n., sauter en avant, s'élancer, R. *pro; salire*, sauter.

Animadverto, is, ti, sum, ere, act., remarquer. R. R. *animus*, esprit ; *ad*, vers; *vertere*, tourner;—*animadversio*, f., remarque, attention.

Undique, adv., de toutes parts. R. R. *unde*, d'où ; *que*, et.

Stringo, is, xi, ctum, ere, act. M. R. serrer, dégaîner.

Pugio, onis, m., poignard. R. *pungere*, percer.

Obvolvo, is, olvi, olutum, ere, act., envelopper. R. R. *ob*, autour; *volvere*, rouler.

Simul, adv., ensemble. R. *similis*, semblable.

Sinus, us, m. M. R. sein, repli ;—*sinuare*, faire des plis ;—*sinuamen*, n., *sinuatio*, f., courbure ;—*sinuosus*, adj., sinueux.

Imus, a, um, adj., qui est au bas. Racine douteuse.

Crus, cruris, n. M. R. jambe; d'où *cruralis*, adj., de jambe, crural.

Velo, as, avi, atum, are, act., voiler, couvrir. R. *velum*, voile.

Plaga, æ, f. (mot tiré du grec), coup, blessure.

Edo, is, edidi, editum, edere, act., produire. R. R. *e*. de; *dare*, donner.

Irruo, is, i, ere, n., se jeter sur. R. R. *in; ruere*, se précipiter.

Diffugio, is, i, itum, ere, n., fuir çà et là. R. R. *dis ; fugere*, fuir.

Jaceo, es, ui, ere, n. M. R. être étendu.

Lectica, æ, f., litière. R. *lectus*, lit.

Impono, is, osui, ositum, ere, act., mettre sur. R. R. *in ; ponere*, placer.

Impositio, f., action de mettre sur, imposition.

Dependeo, es, ere, n., être suspendu, pendre de. R. R. *de ; pendere*, être pendu.

Servulus, i ou *serviculus*, petit esclave, esclave de bas étage. R. *servus*, esclave.

Conjurati, orum, qui ont juré ensemble, conjurés, part. pass. de *conjurare*. R. R. *cum*, avec ; *jurare*, jurer.

Occido, is, i, sum, dere, act., frapper rudement, tuer. R. R. *ob*, en face; *cœdere*, battre.

Tiberis, is, f., Tibre, fleuve qui baigne Rome. Il a, comme quelques autres noms de fleuve, l'accusatif en *im*.

Publico, as, avi, atum, are, act., rendre public, adjuger au trésor public. R. *publicus,* public; — *publice, publicitus,* adv., par autorité publique; — *publicator, trix,* celui, celle qui publie; — *publicanus,* m., fermier public.

Acta, orum, n., faits, actes civils. R. *agere,* faire.

Rescindo, is, scidi, scissum, scindere, act., séparer, détruire, abolir. R. *re; scindere,* fendre; —*rescissio,* f., action d'annuler.

Magister, tri, m. M. R. maître; — *magisterium,* n., maîtrise; — *magistratus, us,* m., magistrat, magistrature.

Desisto, is, stiti, stitum, ere, n., cesser, s'abstenir. R. R. *de; stare,* se tenir debout.

CHOIX ET DISPOSITION DES MOTS.

Assidentem, assis auprès, *prope sedentem*. Ce verbe veut le datif; on le trouve cependant quelquefois avec l'accusatif : *Nobis assidet*, Cic. Il est assis auprès de nous. Il en est de même d'*assido*, qui marque l'action.

Conspirati, conjurati, conspirateurs, conjurés; — *conspiratio (consensus),* conformité de sentiments, accord, signifie moins souvent conspiration en mauvaise part que *conjuratio.*

Nec ulla vis tantam conspirationem bonorum omnium perfringere poterit, Cic. Aucune force ne pourra rompre une ligue si puissante de tous les gens de bien.

Sed tam exitiosam haberi conjurationem a civibus, nunquam putavi, Cic. Mais je n'ai jamais pensé que des citoyens pussent former une conjuration si désastreuse.

Specie ou *sub specie*, sous prétexte.

Primas partes suscipere, se charger d'agir le premier, et aussi se charger du premier rôle.

Quasi, tanquam, comme, et aussi, comme si.

Toga. — La toge était un vêtement de laine ordinairement blanche que les Romains portaient en public. Elle était plus ou moins riche, mais elle était d'un usage général; aussi les Romains étaient-ils appelés *togati*, comme les Grecs étaient désignés par le nom de *palliati*. La toge fut longtemps aussi le vêtement principal des femmes.

La *prétexte* ou toge prétexte (*toga prætexta*) était bordée d'une bande de pourpre (*prætextus*, bordé), et était portée par les jeunes gens et les jeunes filles. Les magistrats avaient aussi la prétexte, mais la bande différait en grandeur.

Pueri togam sumentes, prætextam deponebant, Cic. Les jeunes gens, en prenant la toge, quittaient la prétexte.

Infra, sous, au-dessous, plus loin, est adverbe ou préposition avec accusatif. Il s'emploie pour le temps comme pour le lieu.

Omnia quæ homini accidant, infra se esse judicat (sapientia). Cic. La sagesse regarde comme au-dessous d'elle tout ce qui peut arriver à l'homme.

Uri sunt magnitudine paulo infra elephantos, Cæs. Les taureaux sauvages sont un peu plus petits que les éléphants.

Infra scripsi, Cic. J'ai écrit ci-dessous (on verra plus bas).

Sinus, les plis que faisait la toge quand on la relevait du côté gauche.

Tribus et viginti. — Le plus petit nombre placé le premier, entre vingt et cent (Ch. IV). On trouve quelquefois un ordre contraire par raison d'euphonie : *Triginta et duo armatorum ordines*, Curt.

Cunctis diffugientibus. — *Cunctis*, tous, c'est-à-dire tous ceux qui étaient présents. *Cunctus* signifie tout ce qui est réuni ; *omnis* signifie tout en général. *Cunctus exercitus* se dirait d'une armée entière ou partielle qui se trouverait assemblée ; — *omnis exercitus*, désignerait toute l'armée présente ou non ; — *totus exercitus* s'emploierait si l'on voulait exprimer que c'est bien l'armée entière, l'armée formant un tout. On conçoit par cette explication même qu'il est des cas où l'on peut indifféremment se servir de l'un ou de l'autre de ces adjectifs.

Tria flumina tota India præter Gangem maxima. Curt. Les trois fleuves les plus considérables après le Gange dans toute l'Inde.

Eget ille (Catilina) senatu, equitibus Romanis, populo, urbe, cuncta Italia, Cic. Il est privé de l'assistance du sénat, des chevaliers romains, du peuple, de Rome, de toute l'Italie.

Exanimis ou *exanimus*, mort, qui a perdu la vie. *Inanimus*, inanimé, brut.

Inanimum enim est omne quod pulsu agitatur externo : quod autem est animatum, id pulsu cietur interiore, Cic. On appelle corps inanimé tout ce qui n'a le mouvement que par un agent extérieur ; mais ce qui est animé est mu par une force intérieure.

Letalis ou *lethalis*, qui cause la mort.

Magister equitum, maître de la cavalerie. — On ne pourrait pas dire *equitum magister*. Il existe ainsi en latin des expressions de toutes pièces dont il faudrait bien se garder de changer la disposition, telles que : *Tribuni militum*, les tribuns militaires ; *pontifex maximus*, le souverain pontife ; *populus romanus*, le peuple romain ; *civis romanus*, citoyen romain ; *dii deæque*, les dieux et déesses ; *dii hominesque*, les dieux et les hommes ; *terra marique*, sur terre et sur mer ; *ultro citroque*, de part et d'autre (mutuellement) ; *domi bellique*, — *domi militiæque,* dans la paix et dans la guerre ; *die ac nocte,* — *die noctuque,* — *interdiu noctuque,* — *dies et noctes,* — *noctes atque dies,* — *dies noctesque,* nuit et jour.

REVUE SYNTAXIQUE.

Graphio trajecit brachium Cascæ arreptum.

Brachium, à l'accusatif comme complément direct d'un verbe actif (Ch. V) ; *graphio,* à l'ablatif comme complément indirect désignant l'instrument (Ch. VI) ; *arreptum,* à l'accusatif neutre singulier comme se rapportant à *brachium* (Ch. I) ; *Cascæ,* au génitif comme tenant sous sa dépendance le substantif *brachium.*

Ab utroque humero togam apprehendit. Il saisit la toge par les deux épaules (en prenant pour point de départ l'une et l'autre épaule). On se sert de *ab* avec l'ablatif comme dans les expressions *a tergo* par derrière ; *a fronte,* par devant, etc. (*V.* Ch. XI, choix des mots et syntaxe.)

Conatus prosilire. — *Conari* employé ici comme verbe proclitique est suivi de l'infinitif (Ch. VI).

184. *Deduxit sinum, quo honestius caderet.* — Quand la subordonnée indique le motif pour lequel a lieu l'action marquée dans la principale, elle est précédée de *ut* avec le subjonctif (Ch. VII), et cet *ut* se change en *quo* (*ut eo*) devant un comparatif.

Etsi tradiderunt quidam. Quoique quelques-uns aient rapporté, — en latin ont rapporté, parce qu'ici il n'y a ni doute, ni supposition (Ch. VII).

185. *Donec retulerunt.* Jusqu'au moment où ils rapportèrent.

Dum, donec, quoad, signifiant *jusqu'à ce que, aussi longtemps que,* précèdent un fait qui peut arriver ou ne pas arriver. Il est donc naturel qu'ils soient suivis du subjonctif. Mais si, comme dans notre exemple, ils signifient *jusqu'au moment où,* ils sont suivis du parfait de l'indicatif.

In Tiberim trahere, traîner dans le Tibre.—Le nom du lieu vers lequel on porte quelque chose, à l'accusatif avec *in,* sauf les cas désignés précédemment. (*V.* question *quo,* Ch. XI.)

Secundo loco, en second lieu, exprime plutôt ici le temps que le lieu. *Secundo loco,* à la seconde place, exprimerait le lieu, et, dans ce cas, on supprime le plus souvent *in* devant *locus,* comme nous l'avons dit. (Question *ubi,* Ch. XI).

186. *Fuerat animus conjuratis trahere* et non *trahendi.* — Ici l'expression *fuerat animus,* etc., a la force d'un verbe proclitique ; elle

CHAP. XVII. — COMPOSITION.   309

équivaut à *conjurati cogitaverant trahere*. On aurait pu dire également *fuerat conjuratis in animo*.

Domum retulerunt. — *Domum* à l'accusatif sans préposition parce qu'il signifie logis et qu'il est complément d'un verbe de mouvement.

Metu consulis. Par crainte pour le consul. — *Metu* à l'ablatif, comme indiquant le motif par lequel ils se sont abstenus.

Ad ima crura deduxit. — *Ad*, *usque ad* précédant le but vers lequel tend l'action. (*V.* choix des mots, Ch. XV, et question *quo*, Ch. XI.)

Diffugientibus cunctis, tous fuyant, tous ayant fui. — Le verbe mis au participe, et en outre à l'ablatif ainsi que son sujet, parce qu'ils expriment ensemble un fait circonstanciel qui peut être détaché de la phrase.

Utque animadvertit se peti. — *Se* au lieu de *eum*, puisqu'il se rapporte au sujet du verbe principal ; il est à l'accusatif parce qu'il sert de sujet à la proposition infinitive.

Inferiore corporis parte velata. — *Dependente brachio* ; autres exemples d'ablatif absolu.

Lecticæ impositum. Placé sur une litière. — Le datif après *imponere* est beaucoup plus fréquent que l'accusatif avec *in*, comme dans cet exemple : *Metellum in rogum imposuerunt*, Cic. Ils mirent Métellus sur un bûcher.

III. Exercices.

COMPOSITION.

1 — Dans la nuit qui suivit, on apprenait que Lépide déjà s'était éloigné de l'Italie.

2 — Après avoir reçu environ vingt-cinq litières et y avoir placé plusieurs victimes, ils sortent de cette maison pour se rendre au Capitole.

3 — Pendant ce temps-là il était étendu couvert de blessures, jusqu'au moment où, en présence des deux conjurés, l'un des Casca dit « que c'était avec raison que César avait été tué, et que par le meurtre d'un seul le peuple Romain avait été sauvé. »

4 — Alors Brutus répondit : « Il s'agit maintenant d'autre chose ; que ses biens soient confisqués, que ses actes soient cassés, et que son corps inanimé soit traîné dans le Tibre. »

5 — Mais il y en avait qui pensaient qu'il ne fallait plus espérer de terme à des maux si grands et si multipliés (aucun terme devant être espéré à tant et de si grands maux) ; tous fuyant donc à travers les rues élevaient César jusqu'au ciel, et se plaignaient de voir un homme si illustre subir une mort indigne de lui.

6 — Car à la troisième veille, informés de ce qui s'était passé (de ce qui avait été fait) dans le sénat, ils avaient commencé à se demander (*requirere*) quel était le projet des conjurés.

7 — Que peut-on dire de plus triste ? Ils s'approchèrent plus près, afin de l'attaquer plus facilement avec leurs poignards.

8 — Dès que ceci fut connu de Marc Antoine, il fait appeler auprès de lui Spurinna et les autres aruspices, qui ayant quitté sans retard leur demeure, adressèrent des prières (*supplicare* avec dat.) aux dieux au moyen de victimes.

REPOS DE L'ÉTUDE.

Sophocles ad summam senectutem tragœdias fecit : quod propter studium, quum rem familiarem negligere videretur, a filiis in judicium vocatus est ; ut, quemadmodum nostro more male rem gerentibus patribus bonis interdici solet ; sic illum, quasi desipientem a re familiari removerent judices. Tum senex dicitur eam fabulam, quam in manibus habebat, et proxime scripserat, Œdipum Coloneum recitasse judicibus, quæsisseque, num illud carmen desipientis videretur : quo recitato, sententiis judicum est liberatus.   Cicero, *De Senectute*.

Res familiaris, domestica, negotia familiaria, copiæ familiares, affaires domestiques, fortune ; — *rem gerere, administrare* ; — *desipiens, demens, sanæ mentis inops* ; — *removere*, éloigner, dépouiller de la gestion ; — *fabula, res commenticia*, fiction telle que comédie, tragédie, apologue ; — *Œdipus Coloneus*, Œdipe à Colone ; — *recitare*, lire à haute voix.

CHAPITRE DIX-HUITIÈME.

I. Pratique.

Quod in ea virtute qua Regulus præstantior fuit, multo magis emineant Christiani.

Nolunt autem isti contra quos agimus, ut sanctum virum Job, qui tam horrenda mala in sua carne perpeti maluit, quam illata sibi morte omnibus carere cruciatibus; vel alios sanctos ex nostris litteris summa auctoritate celsissimis, fideque dignissimis, qui captivitatem dominationemque hostium ferre, quam sibi necem inferre maluerunt, Catoni præferamus; sed ex litteris eorum, eidem illi Marco Catoni Marcum Regulum præferamus.

Cato enim nunquam Cæsarem vicerat, cui victus dedignatus est subjici, et ne subjiceretur, a seipso elegit occidi; Regulus autem Pœnos jam vicerat, imperioque romano romanus imperator non ex civibus dolendam, sed ex hostibus laudandam victoriam reportaverat : ab eis tamen postea victus, maluit eos ferre serviendo, quam eis se auferre moriendo.

Proinde servavit et sub Carthaginiensium dominatione patientiam, et in Romanorum dilectione constantiam : nec victum corpus auferens ab hostibus, nec invictum animum a civibus. Nec quod se occidere noluit, vitæ hujus amore fecit; hoc probavit, quum causa promissi jurisque jurandi ad eosdem hostes, quos gravius in senatu verbis, quam in bello armis offenderat, sine ulla dubitatione remeavit. Tantus itaque vitæ hujus contemptor, quum, sævientibus hostibus, per quaslibet pœnas eam finire, quam se ipse perimere maluit, magnum scelus esse, si homo se interimat, procul dubio indicavit.

Inter omnes suos laudabiles, et virtutum insignibus illustres viros non proferunt Romani meliorem, quem neque felicitas corruperit, nam in tanta victoria pauperrimus permansit, nec infelicitas fregerit, nam ad tanta exitia revertit intrepidus.

Porro si fortissimi viri terrenæ patriæ defensores, deorumque licet falsorum, non tamen fallaces cultores, sed veracissimi etiam juratores, qui hostes victos more ac jure belli ferire potuerunt, hi ab hostibus victi seipsos ferire noluerunt; et quum mortem minime formidarent, victores tamen dominos ferre, quam eam sibi inferre maluerunt: quanto magis christiani verum Deum colentes et supernæ patriæ suspirantes, ab hoc facinore temperabunt, si eos divina dispositio vel probandos, vel emendandos ad tempus hostibus subjugaverit, quos in illa humilitate non deserit, qui propter eos tam humiliter venit altissimus, præsertim quos nullius militaris potestatis vel talis militiæ jura constringunt ipsum hostem ferire superatum?

Aug., *De Civitate Dei*, lib. **XXII**.

TRADUCTION LITTÉRALE.

Quod in ea virtute, qua Regulus præstantior fuit, multo
                                       distingué
magis emineant Christiani.
      exceller

Nolunt autem isti contra quos agimus, ut sanctum
                               discuter,
virum Job, qui tam horrenda mala in sua carne perpeti
             horrible   chair   souffrir
maluit, quam illata sibi morte omnibus carere crucia-
      portée   manquer souf-
tibus; vel alios sanctos ex nostris litteris summa auc-
france
toritate celsissimis, fideque dignissimis, qui captivitatem
   élevé,   foi
dominationemque hostium ferre, quam sibi necem inferre
                                   mort   porter
maluerunt, Catoni præferamus ; sed ex litteris eorum,
         Caton
eidem illi Marco Catoni Marcum Regulum præferamus.

Cato enim nunquam Cæsarem vicerat, cui victus de-
                         vaincre,   dé-

dignatus est subjici, et ne subjiceretur, a se ipso elegit
<small>daigner　　　soumettre,　　　　　　　　　　　choisir</small>

occidi; Regulus autem Pœnos jam vicerat, imperioque
<small>tuer:　　　Carthaginois</small>

romano romanus imperator non ex civibus dolendam,
<small>　　　général　　　　　　　　　regretter,</small>

sed ex hostibus laudandam victoriam reportaverat : ab
<small>　　　　louer　　　　　　　remporter:</small>

eis tamen postea victus, maluit eos ferre serviendo,
<small>　　　　　　　　　　　　　　être esclave,</small>

quam eis se auferre moriendo.
<small>　　　soustraire</small>

Proinde servavit et sub Carthaginiensium dominatione
<small>Ainsi</small>

patientiam, et in Romanorum dilectione constantiam : nec
<small>　　　　amour</small>

victum corpus auferens ab hostibus, nec invictum animum

a civibus. Nec quod se occidere noluit, vitæ hujus amore fe-

cit ; hoc probavit, quum causa promissi jurisque jurandi
<small>prouver,　　　à cause de　promesse　foi jurée</small>

ad eosdem hostes, quos gravius in senatu verbis,
<small>　　　　　　　plus gravement</small>

quam in bello armis offenderat, sine ulla dubitatione
<small>　　　offenser,　　　　　　hésitation</small>

remeavit. Tantus itaque vitæ hujus contemptor, quum
<small>retourner.　　　　　　　　contempteur,</small>

sævientibus hostibus, per quaslibet pœnas eam finire,
<small>sévir</small>

quam se ipse perimere maluit, magnum scelus esse,
<small>　　　détruire　　　　　　crime</small>

si homo se interimat, procul dubio indicavit.
<small>　　détruire,　loin de　douteux　montrer.</small>

Inter omnes suos laudabiles, et virtutum insignibus
_{insignes}
illustres viros non proferunt Romani meliorem, quem
_{mettre en avant}
neque felicitas corruperit, nam in tanta victoria pau-
_{bonheur   corrompre,   très-}
perrimus permansit, nec infelicitas fregerit, nam ad
_{pauvre   rester,   abattre,}
tanta exitia revertit intrepidus.
_{tourments}

Porro si fortissimi viri terrenæ patriæ defensores, deorum-
_{or   terrestre}
que licet falsorum non tamen fallaces cultores, sed veracis-
_{que quoique faux   trompeur adorateur,   véridi-}
simi etiam juratores, qui hostes victos more ac jure belli
_{qui fait serment,}
ferire potuerunt, hi ab hostibus victi seipsos ferire nolue-
_{frapper}
runt; et quum mortem minime formidarent, victores ta-
_{nullement   redouter,}
men dominos ferre, quam eam sibi inferre maluerunt :
_{maître   frapper}
quanto magis christiani verum Deum colentes et

supernæ patriæ suspirantes, ab hoc facinore tempe-
_{d'en haut   aspirer à   action mauvaise   s'ab-}
rabunt, si eos divina dispositio vel probandos, vel
_{stenir,   éprouver,}
emendandos ad tempus hostibus subjugaverit, quos in
_{corriger   pour un temps   soumettre,}
illa humilitate non deserit, qui propter eos tam
_{abandonner,}

humiliter venit altissimus, præsertim quos nullius mi-
humblement   très-haut,   surtout

litaris potestatis vel talis militiæ jura constringunt ipsum
                        guerre   lier

hostem ferire superatum?
vaincre?

TRADUCTION FRANÇAISE.

Que les chrétiens excellent de beaucoup en cette vertu qui distingue Régulus.

Ceux que nous combattons ne veulent pas que nous préférions à Caton le saint homme Job, qui aima mieux souffrir en son corps des maux si horribles que de se délivrer de toutes les souffrances en se donnant la mort; ou ces autres saints dont parlent nos Écritures très-dignes de foi et appuyées sur l'autorité la plus auguste, ces autres saints qui ont mieux aimé souffrir la captivité et la domination de leurs ennemis que de mettre fin à leurs jours; mais, en nous servant de leurs propres livres, nous devons préférer Marcus Régulus à ce même Marcus Caton.

Caton n'avait jamais vaincu César, à qui il dédaigna de se soumettre après avoir été vaincu; et, pour ne pas se soumettre, il préféra avoir recours au suicide. Mais Régulus avait déjà vaincu les Carthaginois, et, général romain, il avait gagné à l'empire romain non une victoire déplorable remportée sur des concitoyens, mais une victoire glorieuse remportée sur des ennemis. Cependant vaincu par eux dans la suite, il aima mieux supporter leur domination que de s'y soustraire par la mort.

Ainsi il conserva la patience entre les mains des Carthaginois et la constance dans son amour pour les Romains. Il ne déroba pas aux ennemis un corps qu'ils avaient vaincu et ne priva pas ses concitoyens de son âme invincible. Et ce n'est pas par amour pour la vie qu'il ne voulut pas se tuer; il l'a prouvé quand, pour être fidèle à sa promesse et à son serment, il est retourné sans hésiter vers ces mêmes ennemis qu'il avait offensés plus gravement dans le sénat par ses paroles que dans la guerre par ses armes. C'est pourquoi cet homme qui avait tant de mépris pour la vie, cet homme qui préféra en trouver le terme dans les cruelles rigueurs des ennemis plutôt que dans son propre bras, cet homme nous a montré indubitablement qu'on ne saurait se donner la mort sans commettre un grand crime.

Parmi leurs héros les plus dignes et les plus illustres par leurs vertus, les Romains n'en peuvent citer un meilleur que celui qui ne s'est pas laissé corrompre par les faveurs de la fortune, puisque, au milieu d'une victoire aussi éclatante, il demeura dans une extrême pauvreté, que celui qui ne s'est pas laissé abattre par le malheur, puisqu'il est retourné intrépidement à des supplices inouïs.

Or, si des hommes très-courageux et très-illustres défenseurs de leurs patrie, adorateurs des faux dieux, mais adorateurs et observateurs sincères, qui auraient pu immoler leurs ennemis vaincus d'après les usages et les droits de la guerre, n'ont pas voulu se frapper eux-mêmes; si ne craignant en rien la mort, ils ont supporté l'esclavage imposé par leurs vainqueurs plutôt que de mettre fin à leurs jours, combien à plus forte raison s'abstiendront de ce crime ceux qui honorent le vrai Dieu et qui aspirent à la céleste patrie! Si la volonté divine, pour les éprouver ou les châtier, les a mis momentanément au pouvoir des ennemis, elle ne les abandonne pas dans cette humiliation, cette Providence qui est venue si humblement pour les racheter. Combien surtout devront s'abstenir ceux qu'aucune loi de la guerre, qu'aucune puissance militaire ne contraint à frapper même un ennemi vaincu!...

TRADUCTION ALTERNATIVE.

Quod christiani emineant multo magis	Que les chrétiens excellent beaucoup plus
in ea virtute, qua	dans cette vertu dans laquelle
Regulus fuit præstantior	Régulus fut plus distingué.
Autem isti contra quos agimus . .	Mais ceux contre qui nous discutons
nolunt ut præferamus Catoni. . .	ne veulent pas que nous préférions à Caton
sanctum virum Job, qui	le saint homme Job, qui
maluit perpeti in sua carne . .	aima mieux souffrir en sa chair
tam horrenda mala, quam . . .	de si horribles maux, que
carere omnibus cruciatibus, . .	de manquer de toutes les souffrances
morte sibi illata;	la mort étant portée sur lui-même;
vel alios sanctos.	ou les autres saints
ex nostris litteris	d'après nos écritures
celsissimis summa auctoritate . .	élevées sur la plus haute autorité,
que dignissimis fide, ...	et très-dignes de foi,
qui maluerunt ferre	qui aimèrent mieux supporter
captivitatem dominationemque hostium, ...	la captivité et la domination des ennemis
quam inferre sibi necem : . . .	que de se donner la mort ;

sed præferamus ex litteris eorum.	mais que nous préférions d'après leurs livres
Marcum Regulum	Marcus Régulus
eidem illi Marco Catoni	à ce même Marcus Caton.
Enim Cato nunquam vicerat . .	Car Caton n'avait jamais vaincu
Cæsarem, cui victus	César auquel vaincu
dedignatus est subjici, ...	il dédaigna de se soumettre,
et elegit a seipso occidi	et choisit de se tuer
ne subjiceretur;	de peur qu'il ne fût soumis;
Autem Regulus jam vicerat Pœnos.	mais Régulus avait déjà vaincu les Carthaginois,
que romanus imperator	et général romain
reportaverat imperio romano . .	il avait remporté pour le peuple romain
non victoriam dolendam ex civibus,	non une victoire déplorable sur des concitoyens,
sed victoriam laudandam ex hostibus :	mais une victoire glorieuse sur des ennemis :
postea tamen victus ab eis . . .	ensuite cependant vaincu par eux
maluit ferre eos serviendo, . .	il aima mieux les supporter dans l'esclavage,
quam se auferre eis moriendo . .	que de se soustraire à eux en mourant.
Proinde servavit et patientiam . .	Donc il conserva et la patience
sub dominatione Carthaginiensium,	sous la domination des Carthaginois,
et constantiam in dilectione Romanorum :	et la constance dans l'attachement aux Romains :
nec auferens ab hostibus . . .	et n'enlevant pas aux ennemis
corpus victum, ...	un corps vaincu,
nec animum invictum a civibus.	ni une âme inébranlable à ses concitoyens.
Nec fecit amore hujus vitæ . .	Et il n'a pas fait par amour pour cette vie
quod noluit se occidere ; . . .	de ce qu'il ne voulut pas se tuer;
probavit hoc, quum remeavit . .	il le prouva quand il revint
sine ulla dubitatione	sans aucune hésitation
causa promissi jurisque jurandi, .	à cause de sa promesse et de son serment,
ad eosdem hostes quos offenderat	vers ces mêmes ennemis qu'il avait offensés
gravius verbis in senatu, . . .	plus gravement par ses paroles dans le sénat,

quam armis in bello.	que par ses armes dans la guerre.
Itaque tantus contemptor hujus vitæ,	C'est pourquoi un si grand contempteur de cette vie,
quum, sævientibus hostibus,	lorsque, les ennemis sévissant,
maluit finire eam	il aima mieux la terminer
per quaslibet pœnas,	par des peines quelconques,
quam ipse se perimere,	que de se détruire lui-même,
indicavit procul dubio	montra sans aucun doute
magnum esse scelus,	cela être un grand crime,
si homo se interimat.	si un homme se donne la mort.
Inter omnes suos viros laudabiles,	Parmi tous les leurs dignes d'éloge,
et illustres insignibus virtutum,	et illustres par les insignes des vertus,
Romani non proferunt meliorem,	les Romains n'en offrent pas un meilleur,
quem neque felicitas corruperit,	que ni le bonheur ait corrompu,
nam permansit pauperrimus	car il resta très-pauvre
in tanta victoria,	dans une si grande victoire,
nec infelicitas fregerit ;	et que ni le malheur ait abattu,
nam revertit intrepidus	car il retourna intrépide
ad tanta exitia.	à de si grands supplices.
Porro si fortissimi viri	Or si ces hommes très-courageux
defensores patriæ terrenæ,	défenseurs du sol de la patrie,
licet cultores non tamen fallaces	quoique adorateurs non toutefois faux
sed etiam veracissimi juratores.	mais très-sincères observateurs
deorum falsorum,	de divinités fausses,
qui potuerunt ferire	qui ont pu frapper
more ac jure belli.	par l'usage et le droit de la guerre
hostes victos	les ennemis vaincus,
hi victi ab hostibus.	ceux-là vaincus par les ennemis
noluerunt seipsos ferire ;	n'ont pas voulu se frapper eux-mêmes ;
et quum formidarent minime mortem,	et lorsqu'ils ne redoutaient en rien la mort,
maluerunt tamen ferre	ont préféré cependant souffrir
victores dominos,	des vainqueurs maîtres,
quam eam sibi inferre :	que de se la donner :
quanto magis christiani	combien plus des chrétiens
colentes verum Deum.	honorant le vrai Dieu
et suspirantes patriæ supernæ,	et aspirant à la patrie d'en haut,
temperabunt ab hoc facinore,	s'abstiendront de ce crime,

si divina dispositio	si la volonté divine
subjugaverit hostibus.	les a soumis aux ennemis
ad tempus.	pour un temps
vel emendandos vel probandos, .	ou pour être châtiés ou pour être éprouvés,
quos non deserit in illa humilitate,.	eux que n'abandonne pas dans cet abaissement
qui Altissimus venit	le Très-Haut qui est venu
tam humiliter propter eos, . . .	si humblement pour eux,
præsertim quos jura	surtout ceux que les lois
nullius potestatis militaris . . .	d'aucune autorité militaire,
vel talis militiæ.	ou d'un tel état de guerre
constringunt ferire	n'astreignent à frapper
ipsum hostem superatum. . . .	même un ennemi vaincu.

CONVERSATION.

QUESTIONS.	RÉPONSES.
Quos contra agit Augustinus?	Contra eos qui viro Job M. Catonem præferunt.
Quid Job perpeti maluit?	Horrenda mala quam inferre sibi mortem perpeti maluit.
Quo nomine litteræ nostræ sunt appellandæ?	Summa auctoritate celsissimæ, fideque dignissimæ.
Quid sancti viri agere maluerunt?	Captivitatem dominationemque hostium ferre, quam sibi necem inferre.
Sed quem M. Catoni præferemus?	Marcum Regulum.
A quo victus erat Cato?	A Cæsare.
Cui subjici dedignatus est?	Cæsari.
Quid elegit?	A seipso occidi.
A quo Pœni victi fuerant?	A Regulo.
Ex quibus victoriam reportaverat?	Ex hostibus.
Quid maluit postea victus?	Hostibus servire, quam se auferre moriendo.
Quam servavit virtutem in romanorum dilectione?	Constantiam.
Quavis causa movebatur?	Victum nolebat auferre corpus ab hostibus, nec invictum animum a civibus.

Idne fecit vitæ hujus amore ?
Quid inde egit ?

Minime vero.
Ad eosdem hostes, quos gravius in senatu verbis, quam in bello armis offenderat, sine ulla dubitatione remeavit.

Quid magnum est scelus ?
Qui autem in tanta victoria permanserat ?
Nonne ad tanta exitia revertit intrepidus ?
Unde præsertim virorum illorum admirationi deditus erat Augustinus ?
Cur ait, quanto magis christiani ab hoc facinore temperabunt ?
Cur eos hostibus divina dispositio subjugavit ?

Sese interimere.
Pauperrimus.

Isthæc res est.

Quod, qui hostes victos more ac jure belli ferire poterant, hi ab hostibus victi seipsos ferire nolebant.

Quia christiani verum Deum colunt, et supernæ patriæ suspirant.
Ad eos probandos vel emendandos.

PHRASÉOLOGIE.

A TRADUIRE EN FRANÇAIS.

Vir Job cruciatus omnes perpeti maluit, quam sibi mortem inferre.

Sanctos viros captivitatem dominationemque hostium ferre, quam sese perimere maluisse, nostris ex litteris accepimus.

M. Catoni M. Regulum præferamus : hic jam Pœnos vicerat quum victus est ipse ; ille autem nunquam Cæsarem cui subjici dedignabatur, in acie vincere potuerat.

Imperio romano romanus imperator magna constantia servavit invictum animum.

Tantus itaque malorum horrendorum contemptor, qui post præclaram victoriam pauperrimus per-

A TRADUIRE EN LATIN.

Le saint homme Job aima mieux souffrir tous les tourments que de se donner la mort.

L'Écriture nous apprend que de saints hommes ont mieux aimé subir la captivité et la domination des ennemis que de se suicider.

Préférons M. Régulus à M. Caton: Régulus avait déjà vaincu les Carthaginois quand il fut vaincu lui-même, tandis que l'autre n'avait jamais pu vaincre au combat César, auquel il dédaignait d'être soumis.

Général romain, il conserva fermement à l'empire romain son âme invincible.

C'est pourquoi cet homme, qui avait tant de mépris pour les tourments horribles, cet homme qui, manserat, ad sævientes hostes remeare non dubitavit.

Vir fortissimus, deorum licet falsorum cultor, mortem minime formidans, victores dominos ferre non dedignatus est.

Ad tempus hostibus subjugatum non deserit, qui propter nos tam humiliter venit Altissimus.

Quot imperatores omnino laudabiles, ab hoste superati, invicto animo permanserunt, suaque manu ferire noluerunt !

après une brillante victoire, était resté très-pauvre, n'hésita pas à retourner vers ses ennemis furieux.

Cet homme très-courageux, quoique adorateur des faux dieux, ne redoutant nullement la mort, ne se crut pas déshonoré en supportant la domination de ses vainqueurs.

Le Très-Haut, qui est venu si humblement à cause de nous, n'abandonne pas celui qu'il a mis pour un temps sous le joug des ennemis.

Combien de généraux extrêmement recommandables, terrassés par les ennemis, ont conservé une âme invincible et n'ont pas voulu se frapper de leur propre main !

II. Analyse et Théorie.

LEXIOLOGIE.

Emineo, es, ui, ere, n., s'élever au-dessus. R. R. *e; mineo*, être dessus; d'où *eminentia*, f., excellence, éminence.

Ago, is, egi, actum, agere, act. et n. M. R. conduire, agir.

Horrendus, adj., horrible, part. fut. pas. de *horreo*. M. R. être hideux.

Celsus, adj. M. R. élevé ; — *celsitas* et *celsitudo*, hauteur ; — *excelsus*, adj., haut.

Sanctus, a, um, saint. R. *sancio*, consacrer; — *sanctitas*, f., *sanctitudo*, f., sainteté ; — *sanctuarium*, n., lieu sacré, sanctuaire.

Caro, carnis, f. M. R. chair, le corps opposé à l'âme ; — *carnalis*, adj., de chair, charnel; — *carnarius*, m., boucher; — *carnarium*, m., boucherie ; — *carnifex*, bourreau ; — *carnatio*, f., obésité.

Cruciatus, us, m., tourment. R. *crux*, croix; —*cruciamen, crucium, cruciamentum*, n., tourment, torture ; —*cruciator*, m., bourreau.

Auctoritas, de *auctor*, auteur. R. *augeo*, augmenter.

Dignus, a, um. M. R. digne ; —d'où *dignitas*, f., dignité ; — *dignari*, daigner ; —*dedignor, aris, atus sum, ari*, dép., dédaigner.

Finio, is, ivi ou *ii, itum, ire*, act., finir. R. *finis*, fin.

Christianus, m., chrétien. R. *Christus* (tiré du grec), Christ ; — *christianismus, christianitas*, christianisme, chrétienté.

Captivitas, de *captivus*, captif. R. *capio*, prendre [1].

Dominatio, de *dominus*. M. R. maître, seigneur.

Nex, necis, f. M. R. mort violente, d'où *necare, enecare*, tuer.

Imperium, ii, n., empire. R. R. *in; paro*, préparer.

Laus, laudis, f. M. R. louange; — *laudatio*, f., louange; —*laudator, trix*, celui, celle qui loue; — *laudare, elaudare*, louer; — *laudabilis*, adj., louable.

Servio, is, ivi ou *ii, itum, ire;* n., être esclave. R. *servus*, esclave; —*servitium* et *servitus*, servitude.

Aufero, fers, abstuli, ablatum, auferre, act., emporter, soustraire. R. R, *ab; ferre*, porter.

Doleo, es, ui, itum, ere, n. et act. M. R. éprouver de la douleur; —*dolor*, m., douleur; —*indolentia*, f., insensibilité.

Dilectio, onis, f., amour. R. *diligere*, aimer. (Ch. VIII.)

Constantia, æ, f., constance. R. R. *cum; stare*, se tenir droit; — *constans*, ad., constant; —*constanter*, adv., avec constance.

Scelus, eris, n., M. R. crime, d'où *scelestus* et *scelerosus*, scélérat, criminel.

Formido, as, avi, atum, are, act., redouter. R. *formido, inis*, crainte.

Tempero, as, avi, atum, are, act. et n., tempérer, s'abstenir. R. *tempus*, temps; — *temperantia*, f., tempérance.

Constringo, is, xi, ctum, ere, act., lier, contraindre. R. *cum; stringere*, serrer.

Reporto. R. R. *re; porto*, porter, remporter.

Probo. M. R. prouver; d'où *probatio*, f., preuve; —*probabilis*, adj., probable.

Offendo, is, i, sum, ere, n. et act., heurter contre, choquer. R. R. *ob; fendo*, heurter; d'où *offensio*, f.; *offensus, us*, m., *offensa*, f., offense.

Dubitatio, onis, f., doute. R. *dubius*, douteux.

Sævio, is, ii, itum, ire, n., être furieux. R. *sævus*, irrité, cruel; —*sævitio*, f., fureur; — *sævitas*, f., cruauté; — *sævities*, f., fureur, violence; —*sæviter*, adv., cruellement.

Pœna, æ, f. M. R. peine, châtiment; d'où *penalis*, pénal.

Perimo, is, emi, mptum, ere, act., détruire. R. R. *per; emo*, acheter; — *interimo* a le même sens.

Indico, indiquer. R. *index*, indice, signe.

Illustris, e, illustre. R. R. *in; lux*, lumière.

---

[1] Les grammairiens et les lexicographes mettent le plus souvent l'infinitif comme traduction de la première personne du présent de l'indicatif.

Corrumpo, is, rupi, ruptum, ere, act., corrompre. R. R. *cum; rumpo,* rompre ; d'où *corruptor,* n., corrupteur ;— *corruptio,* f., corruption.

Pauper, erior, errimus, M. R. pauvre ; —*pauperies* et *paupertas,* f., pauvreté.

Permaneo, es, si, sum, ere, n., rester. R. R. *per; maneo,* rester.

Felicitas, atis, f., bonheur. R. *felix,* heureux.

Exitium, ii, ruine, n., R. R. *ex; eo,* aller ;— *exitiosus, exitiabilis, exitialis,* funeste, pernicieux.

Fallo, is, fefelli, falsum, ere, act. M. R. tromper.

Cultor, oris, m., qui cultive, qui adore. R. *colo,* cultiver, adorer.

Ferio, is (sans parf. ni sup.), *ire,* act. M. R. frapper.

Emendo, as, avi, atum, are, act., corriger. R. *menda,* défaut du corps ; faute ; d'où *emendatio,* f., correction.

Humilitas, de *humilis,* humble. R. *humus,* terre.

Desero, is, ui, rtum, ere, act., abandonner. R. R. *de; sero,* tresser, joindre, approcher ; d'où *desertor,* celui qui abandonne, déserteur ; *desertio,* f., désertion.

Propter, prép., acc. M. R. à cause de.

Præsertim, adv., surtout. R. R. *præ; sero,* tresser, joindre, approcher.

CHOIX ET DISPOSITION DES MOTS.

Contra quos, contre lesquels.—*Contra,* adverbe ou préposition, marque *opposition.* On le rencontre rarement dans les mots composés. Comme préposition, il gouverne l'accusatif ; on le trouve cependant dans Plaute avec l'ablatif ; d'ailleurs le cas qui le suit est dû à une préposition que l'usage a supprimée.

Qui contra urbis salutem relicti sunt, Cic. Ceux qui ont été laissés comme ennemis du salut public (contre le salut de la ville) — (*adversus, in hostili modo contra,* avec une intention hostile contre).

Contra quos disputant, Cic. Contre lesquels ils discutent.

Non licitatorem venditor, nec qui contra asse liceatur, emptor apponet, Cic. Le vendeur n'apostera pas d'enchérisseurs ; et l'acheteur n'apostera pas de son côté un individu chargé de mettre des enchères d'un as (de son côté, d'autre part, *ex alia parte, e contrario*).

Contraque faciunt quam pollicentur, Cic. Ils agissent autrement qu'ils ne promettent (*aliter*).

Contra littora Calabriæ, Tac. En face des côtes de la Calabre.

Propter eos venit, est venu pour eux : — *Propter* est quelquefois adverbe, mais le plus souvent préposition. Il dérive de *prope* et en tire son sens primitif *auprès, près de, le long de,* d'où est venu naturellement la signification *à cause de, eu égard à,* que l'on rencontre communément.

Fluvius Eurotas qui propter Lacedæmonem fluit, Cic. Le fleuve Eurotas qui coule près de Lacédémone (*prope Lacedæmonem*).

Sed quam multos fuisse putatis, qui propter stultitiam non putarent? quam multos, qui propter improbitatem faverent? Cic. Mais combien pensez-vous qu'il y avait de gens qui, par sottise, ne croyaient pas à la conjuration? combien, qui, par scélératesse, la favorisaient?

Propter est spelunca quædam, Cic. Près de là est une grotte.

Propter metum legibus parere, Cic. Obéir aux lois par crainte.

Procul dubio ou *dubio procul*, loin de tout doute, assurément. — *Procul*, adverbe ou préposition, *loin*, *loin de*. Quelquefois *procul* signifie qui *n'est pas ici mais là*, et par conséquent qui est *plus ou moins près*. Il forme avec *ab* une locution prépositive, puis, par l'ellipse de ce monosyllabe, il joue le rôle d'une vraie préposition comme dans notre exemple, et conserve l'ablatif après lui. Cicéron ne l'emploie qu'accompagné de *ab*. Les poëtes d'abord, et ensuite les prosateurs ont supprimé la préposition, surtout devant les compléments qui ne sont pas des noms de lieu.

Beatus ille qui procul negotiis, Hor. Heureux celui qui loin des affaires.

Procul ab omni metu, Cic. Dégagé de toute crainte.

Insula Delos, tam procul a nobis! Cic. L'île de Délos, si éloignée de nous!

Sequere et procul audi quid ferat... uterque, Hor. Suis et écoute à une courte distance (*paulum remotus*) ce que dit chacun d'eux.

Sibi necem ou *mortem inferre*. — *A se ipso occidi...* — *Se ipsum ferire, interimere, perimere*.

187. *Ipse* s'accorde avec le sujet ou le complément suivant le sens, ou s'accorde avec l'un ou l'autre indifféremment.

Lucretia se ipsam interemit, Cic. Lucrèce s'est donné la mort.

Junius necem sibi ipse conscivit, Cic. (*consciscere*).

Morte voluntaria se a severitate judicum vindicavit, Cic. Il se vengea de la sévérité des juges par une mort volontaire.

Victoriam reportare, consequi, Cic.; *adipisci*, Cæs.; *referre*, Liv. Remporter la victoire.

Ex nostris litteris, d'après nos écritures (d'après la substance même de nos écritures; *ex* et non *ab*. Voir l'emploi de *ex* (Ch. XI).

Ad tempus, pour un temps, pour quelque temps. — Cette expression se trouve dans Cicéron, qui emploie aussi *in tempus* dans le même sens. *Ad tempus* signifie encore en temps utile, au temps prescrit, selon la circonstance.

188. *Causa jurisjurandi*. — *Causa*, à l'ablatif, fait fonction de préposition. Il se place ordinairement après son complément comme *gratia*, son synonyme; et ce complément, qui se met au génitif, peut être un nom ou un gérondif. Il signifie *pour*, *dans l'intérêt de*, *à cause de*. On trouve *mei, tui causa, gratia ;* mais il est préférable de dire *mea, tua causa, gratia*, pour moi, pour toi.—*Ergo, pour, à cause de*, est aussi suivi du génitif, et se place toujours après le substantif; il ne se joint pas au gérondif.

Gratia et *causa* se joignent bien à un adjectif, comme dans cet exemple : *Bonum publicum privata gratia devictum est*, Sall. Le bien public a été sacrifié à l'intérêt particulier.

Ne mulieres lessum funeris ergo habento, Cic. Que les femmes ne s'abandonnent pas aux lamentations dans les funérailles (à cause des funérailles).

Idque ejus rei causa antiquitus institutum videtur, ne quis... Cæs. Et cela paraît avoir été établi anciennement pour que personne... (à cause de cette chose).

Rei suæ ergo ne quis legatus esto, Cic. Que personne ne se fasse députer pour ses propres affaires.

Nihil est turpius quam quemquam legari nisi reipublicæ causa, Cic. Rien n'est plus honteux que de se faire députer pour d'autres motifs que pour le service de la république.

Qui diligentius eam rem cognoscere volunt, plerumque illo (in Galliam), discendi causa, proficiscuntur, Cæs. Ceux qui veulent s'en instruire avec plus de soin, y vont souvent pour leur instruction.

Jovis summi causa clare plaudite, Plaut. Par amour pour Jupiter, applaudissez vigoureusement.

REVUE SYNTAXIQUE.

Qua præstantior, dans laquelle il fut plus distingué.—*Qua* à l'ablatif non comme complément d'un comparatif, mais comme complément d'un mot qui marque la qualité, la distinction, l'excellence (Ch. XI).

Majores nostri prudentia ceteris gentibus præstiterunt, Cic. Nos ancêtres l'ont emporté en sagesse sur les autres nations.

Multo magis, quanto magis. — *Multo, quanto* et non *multum, quantum* devant le comparatif *magis* (Ch. XI).

Carere cruciatibus. — Les verbes qui marquent abondance ou disette sont suivis de l'ablatif (Ch. XI) : *Vitio carere*, Cic. Être sans défaut.

Catoni præferamus. — *Præferre, anteponere*, porter avant, placer avant, préférer, veulent le complément indirect au datif.

Præferre salutem reipublicæ suis commodis, Cic. Préférer le salut de la république à son propre avantage.

Lentulus quem mihi ipse antepono, Cic. Lentulus que je préfère à moi-même.

Temperabunt ab hoc facinore, s'abstiendront de cet acte.

Temperare sibi in aliqua re, Cic. ; *sibi temperare a mendacio*, Cic. Se garder de mentir ; *temperare a maleficio*, Cic. S'abstenir de commettre des méfaits. (*V.* la syntaxe, Ch. XI.)

Supernæ patriæ suspirantes, qui aspirent à la céleste patrie. — Le datif est ici employé comme après le verbe *studere*, rechercher, s'adonner à, mais il est préférable de se servir de l'accusatif avec *ad*.

III. Exercices.

COMPOSITION.

1 — Souvent je pris la résolution subite de mettre fin à mes jours, mais j'ai été retenu par le grand âge de mon père, qui avait pour moi la plus grande bonté. Dès lors je m'ordonnai de vivre, et c'est quelquefois faire acte de courage que de supporter la vie. Je vous dirai ce qui fit ma consolation (*solatium*), après vous avoir dit auparavant que les choses mêmes auxquelles je me complaisais (*acquiescebam*) produisirent l'effet (eurent la force) d'une médecine. Les consolations honnêtes (*honestas*) dérivent (*cedere*) en remède, et tout ce qui a élevé (*erigo*) l'âme, sert même au corps. Nos études me sauvèrent (furent à salut à moi); Je tiens compte (*acceptum* ou *in accepto fero*, datif) à la philosophie de ce que je me suis rétabli, je lui suis redevable (je lui dois) de la vie, et je ne lui dois rien moins.

2 — Je te donne cette prescription qui est le remède, non de cette maladie seulement, mais de toute la vie : Méprise (*contemnere*) la mort! rien n'est triste pour nous, si nous cessons de la craindre.

3 — Tu mourras, non parce que tu es malade (*ægrotare*), mais parce tu vis ; c'est une chose qui t'attend quand tu seras guéri. Lorsque tu seras rétabli, tu échapperas, non (*effugere aliquem*) à la mort, mais à la maladie.

4 — La maladie a de grandes souffrances, mais personne ne peut souffrir beaucoup et longtemps.

5 — Cessons (*desinere*) d'avoir la mort en horreur. Nous cesserons en effet si nous connaissons (*cognoscere*) les vrais biens et les vrais maux ; de cette manière la vie ne nous causera pas d'ennui, et la mort ne nous inspirera aucune crainte. Car (*enim*) la satiété de soi-même ne peut atteindre (*occupare*) une vie livrée à la contemplation de (*percensere*) tant de choses variées, importantes, divines : c'est l'oisiveté (*otium*) et l'inertie qui a coutume de l'amener à la haine (*odium*) d'elle-même.

6 — Régulus resta deux jours à Rome.

7 — Le premier jour il se rendit au sénat, montrant sur son visage (toute) la fermeté de (son) âme et dit : Nous avons traversé la mer avec une armée peu nombreuse mais vaillante, car nos soldats étaient bien disposés pour la reprise des hostilités (de la guerre).

8 — Après un combat engagé avec les Carthaginois, j'avais résolu de rassembler (*colligere*) l'armée qui était divisée en deux parties ; et déjà j'avais répandu une grande terreur, quand abandonné momentanément par bon nombre (des miens), arrêté par une blessure grave et perdant mes forces (*deficere*, défaillir), je fus livré aux ennemis mêmes contre qui je combattais.

9 — Les Carthaginois se sont rendus maîtres de mon corps, mais non de mon âme.

10 — Je vais retourner au supplice, car je ne vous conseille pas de préférer à la guerre une paix désastreuse (*exitiosus*) ; mais au contraire (et voyez ma confiance dans nos légions!), je vous conseille de remporter une victoire glorieuse, et de mettre sous le joug les ennemis que vous aurez vaincus.

11 — Vous avez de braves soldats pour venger ma mort, et si vous perdez un général et un citoyen romain, vous n'aurez pas du moins tenté en vain la fortune des armes.

12 — Pour ces motifs le sénat décréta, et le peuple ordonna, qu'on célébrât (*constituere*) des actions de grâces (*supplicatio*) pendant cinquante jours.

13 — Cet homme illustre avait bien mérité de la république en combattant et au péril de ses jours.

CHAPITRE DIX-NEUVIÈME.

I. Pratique.

Beātus ille, qui prŏcul nĕgōtiis,
    Ut prisca gens mortālium,
Păterna rūra bōbus exercet suis,
    Sŏlūtus omni fœnore ;
Neque excĭtatur classĭco mīles trŭci,
    Neque horret īrātum mărĕ ;
Fŏrumque vītat, et sŭperba cīvium
    Pŏtentiorum līmĭna.

Ergo aut ădultā vītium prŏpāgĭnĕ
    Altas mărītat pōpŭlos ;
Aut, in rĕductā valle, mūgientium
    Prospectat errantes grĕges ;
Inūtĭlesque falce rāmos ampŭtans,
    Fēlīciores insĕrit :
Aut pressa pūris mella condit amphŏris ;
    Aut tondet infirmas ŏves.
Vel, quum dĕcōrum mītibus pōmis căput
    Autumnus arvis extŭlit,
Ut gaudet insĭtīva dēcerpens pўra,
    Certantem et ūvam purpŭræ,
Quā mūnĕretur te, Priăpe, et te, pater
    Sylvāne, tūtor fīnium !
Lĭbet jăcere mŏdŏ sub antīqua īlĭce,
    Mŏdŏ in tĕnāci grāmĭne.
Lābuntur altis intĕrim rīpis ăquæ ;
    Quĕruntur in silvis ăves ;
Fontesque lymphis obstrĕpunt mānantibus :
    Somnos quod invītet lĕves.
Aut, quum tŏnantis annus hŷbernus Jŏvis
    Imbres, nĭvesque compărat ;
Aut trūdit acres hinc et hinc multā căne
    Apros in obstantes plăgas :
Aut āmĭtĕ lĕvi rārā tendit rētia,
    Turdis ĕdācibus dŏlos,
Păvĭdumque lĕpŏrem, et advĕnam lăqueo grŭem
    Jūcunda captat præmia.
Quis non mălarum, quas ămor cūras habet,
    Hæc inter oblīviscitur ?

HORACE, *Epod.* Od. II.

TRADUCTION LITTÉRALE.

Beatus ille, qui procul negotiis,
Heureux   loin

    Ut prisca gens mortalium,
    ancienne race

Paterna rura bobus exercet suis,
        bœuf   travailler

    Solutus omni fœnore;
    Dégagé   usure;

Neque excitatur classico miles truci,
    éveiller trompette farouche,

  Neque horret iratum mare;
    avoir en horreur

Forumque vitat, et superba civium

    Potentiorum limina.
        seuil

Ergo aut adulta vitium propagine
        vigne rejeton

    Altas maritat populos;
      marier peuplier;

Aut, in reducta valle, mugientium
    retiré vallée, mugir

    Prospectat errantes greges;
    Regarder   troupeau;

Inutilesque falce ramos amputans,
    serpe   couper,

    Feliciores inserit:
    Plus fécond greffer:

Aut pressa puris mella condit amphoris;
  pressé   miel recueillir

    Aut tondet infirmas oves.
     tondre faible brebis.

Vel, quum decorum mitibus pomis caput
           beau   doux   fruit

   Autumnus arvis extulit,
           élever,

Ut gaudet insitiva decerpens pyra,
        greffé   poire,

   Certantem et uvam purpuræ,
    Lutter   raisin   pourpre,

Qua muneretur te, Priape, et te, pater
   gratifier

    Sylvane, tutor finium!
        gardien limite.

Libet jacere modo sub antiqua ilice,
Il plaît   tantôt   yeuse,

   Modo in tenaci gramine.
             gazon

Labuntur altis interim ripis aquæ;
Couler   rive

   Queruntur in silvis aves;
   Se plaindre

Fontesque lymphis obstrepunt manantibus :
Fontaine   eau   faire du bruit   couler:

   Somnos quod invitet leves.
   Sommeil   provoquer léger.

Aut, quum tonantis annus hybernus Jovis

   Imbres, nivesque comparat;
   Pluie,   neige   rassembler;

Aut trudit acres hinc et hinc multa cane
   chasser farouche

   Apros in   obstantes   plagas:
        dressé sur le passage piéges:

Aut amite levi rara tendit retia,
    perche   filet,

  Turdis edacibus dolos,
     Grive   gourmand   ruse,

Pavidumque leporem, et advenam laqueo gruem
  Craintif   lièvre,   étranger   lacet   grue

  Jucunda captat præmia.
                   récompense.

Quis non malarum, quas amor curas habet,
                               souci

  Hæc inter obliviscitur ?

TRADUCTION FRANÇAISE.

Heureux celui qui, loin des affaires et dégagé de toute pratique de l'usure, cultive comme nos ancêtres avec l'attelage de ses bœufs le patrimoine que lui ont légué ses pères ! Il n'est pas, comme le soldat, éveillé par le son de la trompette, et il n'a pas à redouter une mer en courroux ; il évite le forum et le seuil superbe des grands. Il marie au peuplier élevé les rameaux déjà vigoureux de la vigne, il porte la serpe sur les branches stériles et les remplace par une greffe plus féconde ; ou dans le fond d'une vallée il surveille les troupeaux qui errent en mugissant, Il serre dans des vases purs le miel qu'il a pressé et enlève aux brebis une toison incommode.

Quand l'automne élève au milieu des champs sa tête chargée de fruits mûrs, il se plaît à détacher de l'arbre la poire qu'il a greffée, le raisin qui rivalise avec la pourpre, et c'est pour vous en faire une offrande, dieu Priape, et à vous, dieu Sylvain, qui présidez aux bornes de nos champs ! Tantôt il lui plaît de s'étendre sous un vieux chêne, tantôt sur un gazon épais. Alors les sources glissent entre leurs rives escarpées ; les oiseaux font entendre leurs murmures dans les bois, et les fontaines coulent avec un frémissement qui invite à un doux sommeil. Mais quand la saison de l'hiver accumule les pluies et les neiges de Jupiter tonnant, à l'aide d'une meute nombreuse il chasse le sanglier farouche dans les piéges qu'il a tendus, ou il dresse pour la grive gourmande des filets serrés soutenus sur des perches légères, ou il prend au lacet le lièvre timide et la grue voyageuse, et recueille avec joie le fruit de son adresse. Et comment ne pas oublier les tristes soucis qu'engendre la passion ?

TRADUCTION ALTERNATIVE.

Beatus ille, qui procul negotiis,	Heureux celui qui loin des affaires
solutus omni fœnore,	dégagé de toute usure,
exercet bobus suis rura paterna,	travaille avec ses bœufs les champs de ses pères
ut prisca gens mortalium;	comme l'ancienne race des mortels;
miles nec excitatur	et soldat il n'est pas éveillé
classico truci,	par la trompette horrible
neque horret mare iratum;	et ne redoute pas la mer irritée;
forumque vitat,	et il évite le forum
et limina superba	et le seuil superbe
civium potentiorum	des citoyens les plus puissants.
Ergo aut maritat populos altas	Donc ou il marie les peupliers élevés
propagine adulta vitium;	au sarment adulte des vignes;
aut, in reducta valle,	ou, dans une vallée retirée,
prospectat greges errantes mugientium;	il regarde des troupeaux errants de bêtes qui mugissent;
que amputans falce	et coupant de sa serpe
ramos inutiles,	les rameaux inutiles,
feliciores inserit;	il en greffe de plus féconds :
aut condit puris amphoris	ou il serre dans de vases purs
mella pressa;	les miels qu'ils a pressés;
aut tondet oves infirmas	ou il tond les brebis gênées.
Vel, quum autumnus	Ou, quand l'automne
extulit arvis caput.	a élevé des champs sa tête
decorum pomis mitibus,	ornée de doux fruits,
ut gaudet decerpens	comme il se plaît à cueillir
pyra initiva,	les poires greffées,
et uvam certantem purpuræ,	et le raisin luttant avec la pourpre;
qua muneretur te, Priape,	dont il puisse te faire présent, Priape,
et te, pater Sylvane, tutor finium!	et à toi, vénérable Sylvain, protecteur des limites!
Modo libet jacere	Tantôt il lui plaît de s'étendre
sub antiqua ilice,	sous un vieux chêne,
modo in tenaci gramine	tantôt sur le gazon tenace.
Interim aquæ labuntur	Pendant ce temps les eaux coulent
altis ripis	dans leurs rives élevées;
aves queruntur in silvis;	les oiseaux se plaignent dans les forêts;
fontesque obstrepunt	et les fontaines font du bruit

CHAP. XIX. — CONVERSATION. 335

lymphis manantibus :	par leurs eaux qui coulent :
quod invitet leves somnos. . . .	chose capable de provoquer les doux sommeils.
At, quum annus hybernus . . .	Mais, quand la saison de l'hiver
comparat imbres nivesque . . .	rassemble les pluies et les neiges
Jovis tonantis;	de Jupiter tonnant;
aut trudit hinc et hinc	ou il chasse d'ici et de là
multa cane	avec une nombreuse meute
apros acres	les sangliers farouches
in obstantes plagas :	dans les piéges tendus :
aut amite levi	ou avec une perche légère
tendit rara retia.	il tend des filets serrés
dolos turdis edacibus , ...	ruses aux grives gourmandes,
que captat laqueo pavidum leporem	et il prend le lièvre timide avec un lacet
et advenam gruem.	et la grue étrangère
jucunda præmia	douces récompenses.
Quis inter hæc	Qui au milieu de ces choses
non obliviscitur	n'oublie pas
malarum (curarum);	les soucis cuisants,
quas curas	lesquels soucis
amor habet ?	l'amour possède ?

CONVERSATION.

QUESTIONS.	RÉPONSES.
Ubinam est beatus ille ?	Procul negotiis.
Cujus more ?	Priscæ gentis mortalium.
Quid exercet bobus suis ?	Paterna rura.
Qua re solutus ?	Omni fœnore.
Quæ res non eum excitat ?	Trux classicum.
Quid non horret ?	Iratum mare.
Quæ loca vitat ?	Forum, et superba civium potentiorum limina.
Quales populos maritat propagine vitium ?	Altas.
Quid falce amputat ?	Inutiles ramos.
Quosnam ramos inserit ?	Feliciores.
Quid prospectat in valle ?	Mugientium errantes greges.
Quid vallis est ?	Reducta.
Quibus amphoris mella condit ?	Puris.

Quæ animalia tondet?	Infirmas oves.
Quomodo decorum est caput automni?	Mitibus pomis.
Unde caput extulit?	Ex arvis.
Quod genus pyrorum decerpere gaudet?	Insitiva.
Quid decerpit præterea?	Uvam purpuræ certantem.
Quos hisce uvis muneratur?	Priapum et Sylvanum.
Quo cognomine Sylvanus appellatur?	Tutor finium.
Qua sub arbore libet jacere?	Sub antiqua ilice.
Ubi etiam?	In tenaci gramine.
Quibus ripis aquæ labuntur?	Altis.
Quid faciunt aves in sylvis?	Queruntur.
Qua ratione fontes obstrepunt?	Lymphis manantibus.
Quid invitant fontes?	Somnos leves.
Quo tempore Jupiter tonans imbres comparat et nives?	Hiberno anno.
Quæ trudit animalia?	Acres apros.
Qua ratione?	Multa cane.
Unde?	Hinc et hinc.
Quo?	In obstantes plagas.
Qualia tendit retia?	Rara.
Qua ope?	Amite levi.
Quid avium sunt turdi?	Edaces.
Quomodo leporem gruemque captat?	Laqueo.
Qualis est lepus?	Pavidus.
Qualis est grus?	Advena.
Quas curas habet amor?	Malas.
Quando istarum obliviscitur?	Inter hæc.

PHRASÉOLOGIE.

A TRADUIRE EN FRANÇAIS.	A TRADUIRE EN LATIN.
Beati illi, qui procul civibus potentioribus, fœnoris non excitantur curis.	Heureux ceux qui loin des puissants ne sont pas réveillés par les soucis de l'usure.
Prisca gens hominum rura bobus exercebat.	Les hommes d'autrefois travaillaient les champs avec des bœufs.

CHAP. XIX. — PHRASÉOLOGIE.

Omni cura solutus miles iratum mare non horret.	Libre de tous soucis, le soldat ne redoute pas la mer irritée.
Ab illo forum et superba limina vitantur.	Il évite le forum et les demeures superbes.
Populos maritat vitium suarum propagine.	Il marie aux peupliers le provin de ses vignes.
Mugientes errabant greges in reducta valle.	Les troupeaux erraient en mugissant dans une vallée retirée.
Mitia poma arvis efferentes ramos prospectabat.	Il portait ses regards sur les rameaux qui élevaient leurs doux fruits au-dessus des campagnes.
Uva purpuræ certans conditur amphoris.	Un raisin qui rivalise avec la pourpre est recueilli dans des amphores.
Feliciores ergo ramos inutilibus inserebat.	Il greffait sur des rameaux stériles des rameaux plus féconds.
Inutilibusque falce ramis amputatis, mella premit et tondet oves.	Après avoir coupé avec sa serpe les branches inutiles, il presse le miel et tond ses brebis.
Ut gaudet uvas decerpens, jacere sub adulta propagine!	Combien il aime, en cueillant le raisin, s'étendre sous le provin déjà vigoureux!
Patrem Sylvanum, tutorem finium insitivis meis pyris munerabor.	Je ferai au dieu Sylvain, gardien de nos limites, une offrande de poires, produit de mes greffes.
Tenax est gramen quia terræ radicibus adhæret.	Le gazon est tenace, parce qu'il tient à la terre par ses racines.
Vallem obstrepentes interfluunt aquæ.	Les eaux traversent la vallée en frémissant.
Fontium manantes lymphæ somnum invitant levem.	Les eaux vagabondes des fontaines invitent à un doux sommeil.
Anno hyberno Jupiter tonans imbres cum multa nive comparat.	Dans la saison de l'hiver, Jupiter tonnant accumule les pluies avec une grande quantité de neige.
Hinc et hinc apri canibus in plagas truduntur.	De toutes parts les chiens poussent les sangliers dans les piéges.
Retia turdi sibi tendi queruntur.	Les grives se plaignent de ce qu'on leur tend des filets.
Sylvarum aves laqueo et amite levi captabo.	Je prendrai à l'aide d'un lacet et d'une baguette légère les oiseaux des forêts.

Pavidi sunt lepores, edaces autem grues.	Les lièvres sont timides, mais les grues sont gourmandes.
Curarum vellent oblivisci, sed obstat amor fœnoris.	Ils voudraient oublier les soucis, mais l'amour de l'usure s'y oppose.
Jucundis in vallibus aves advenæ comparantur.	Les oiseaux de passage se rassemblent dans d'agréables vallées.

II. Analyse et Théorie.

LEXIOLOGIE.

Beatus, a, um, adj., heureux, R. *beare*, rendre heureux ;—*beatitas, beatitudo*, f., bonheur ;—*beate*, adv., heureusement.

Procul, adv. et prép. M. R. loin, loin de.

Priscus, a, um, adj. M. R. ancien ;—*prisce*, adv., à l'antique ;—*pristinus*, adj., ancien, d'autrefois.

Mortales, ium, m., les mortels, les hommes. R. *mors*, mort ;—*mortalitas*, f., mortalité ;—*mortalis*, adj., mortel.

Bos, bovis, gén. plur., *boum*, dat. et abl., *bobus* et *bubus*, **m. f.** M. R. bœuf, vache ;—*bovile*, n., étable à bœufs ;—*bovinus, bovillus, boarius*, adj., de bœuf.

Exerceo, es, cui, citum, cere, act., poursuivre, travailler, cultiver. R. R. *ex ; arcere*, repousser ; — *exercitare*, fréq., exercer souvent ;—*exercitatio*, f., *exercitium*, n., exercice.

Fœnus et *fenus, oris*, n. M. R. rapport, produit, intérêt d'une somme, usure ; d'où *fenerator, trix*, qui prête à usure ; — *fœneratio*, f., prêt à usure.

Classicum, i, n., son de la trompette. R. *classis*, classe ;—*classicus*, m., celui qui convoque par classes.

Trux, trucis, adj., M. R. affreux, farouche ;— *trucidare*, massacrer ;—*truculentus*, adj., farouche, cruel ;—*truculentia*, f., cruauté.

Iratus, a, um, irrité, part. de *irascor*, se fâcher, s'irriter. R. *ira*, colère.

Mare, is, n. M. R. mer ;—d'où *marinus*, marin ;—*maritimus*, maritime.

Vito, as, avi, atum, are, act. R. R. éviter ; *vitabundus*, qui évite ; — *vitabilis*, évitable.

Superbus, a, um, adj. R. R. superbe, orgueilleux ; — d'où *superbia*, f., orgueil ; *superbire*, s'enorgueillir.

Limen, inis, n. M. R. seuil d'une porte.

CHAP. XIX. — LEXIOLOGIE, N° 188. 339

Adultus, a, um, qui a grandi, part. pass., de *adolesco*, croître, grandir. R. R. *ad; olere*, (arch.), croître.

Vitis, is, f. M. R. vigne ; — d'où *viteus*, adj., de vigne.

Propago, inis, f., bouture, provin. R. R. *pro; pangere*, qui a pour primitif *pagere*, ficher, enfoncer (origine grecque) ; — *propagare*, provigner, propager ; — *propagator*, m., propagateur ; — *propagatio*, f., propagation.

Marito, as, avi, atum, are, act., marier. R. *maritus*, mari.

Populus, f. M. R. peuplier ; — d'où *populeus, populinus, populneus, populnus*, adj., de peuplier ; — *populetum*, n., bois de peupliers.

Reduco, is, xi, ctum, ere, act., ramener, retirer, isoler. R. R. *re; ducere*, conduire ; — *reductio*, f., action de ramener ; — *reductor*, m., celui qui ramène.

Vallis, is, f. M. R. vallée ; — de même *valles, is*, f.

Mugio, is, ivi ou *ii, ire*, n. M. R. mugir ; — d'où *mugitus, us*, m., mugissement.

Prospecto, as, avi, atum, are, act., regarder de loin. R. R. *pro*, en avant ; *spectare*, regarder. R. *specio*, voir, regarder.

Erro, as, avi, atum, are, n. M. R. errer ; — *error*, m., *erratio*, f., *erratum*, n., erreur ; — *errabundus*, adj., errant.

Grex, gregis, f. M. R. troupeau.

Inutilis, e, adj., inutile. R. R. — *in; utilis*, utile. R. *uti*, se servir ; — *inutilitas*, f., inutilité ; — *inutiliter*, adv., inutilement.

Falx, cis, f. M. R. faux, serpe ; — d'où *falcare*, faucher.

Amputo, as, avi, atum, are, act., couper, élaguer. R. *am, amb*, tout autour ; *putare*, émonder ; — d'où *amputatio*, f., retranchement.

Felix, cior, cissimus, adj. M. R. heureux, fécond ; — d'où *felicitas*, f., bonheur ; — *feliciter*, adv., heureusement.

Insero, is, sevi (ou *serui*), *situm* (ou *sertum*), *ere*, act., semer, greffer. R. R. *in; serere*, semer, planter ; — d'où *insertio*, f., greffe et *insitivus*, adj., greffé.

Premo, is, ssi, ssum, ere, act. M. R. presser ; — d'où *pressio*, f., action de presser, pression.

Purus, a, um, adj. M. R. pur ; — d'où *puritia* ou *puritas*, f., pureté.

Condo, is, didi, ditum, ere, act., fonder ; cacher. R. R. *cum; dare*, donner.

Amphora, æ, f. M. R. amphore, vase à deux anses.

Tondeo, es, totondi, tonsum, ere, act. M. R. tondre ; — *tonsor*, m., qui tond, barbier ; — *tonsura*, f., *tonsus, us*, m., tonte.

Ovis, is, f. M. R. brebis ; — d'où *ovile*, n., bergerie.

Decorus, a, um, adj., beau, agréable. R. *decere*, convenir ; — *deco-*

rare, embellir ; — *decorum* , n., honneur, bienséance ; — *decoramen*, n., ornement.

Mitis, e, adj. M. R. mûr, doux ; — d'où *mitescere*, s'adoucir.

Pomum, i , n., fruit. R. *pomus*, f., arbre fruitier ; — *Pomona*, f., Pomone ; — *pomarium*, n., verger, fruiterie.

Autumnus, i, m. M. R. automne ; — d'où *autumnalis, autumnus,* adj., d'automne.

Arvum, i, n., terre labourée, champs. R. *arare*, labourer.

Effero, fers, extuli, elatum, efferre, act., porter hors, élever. R. R. *ex ; ferre*, porter.

Gaudeo, es, gavisus sum, ere, n., se réjouir. R. *gaudium*, joie.

Decerpo, is, psi, ptum, ere, act., cueillir, R. R. *de ; carpere*, cueillir ; — *decerptio*, f., action de cueillir.

Pirum, i, n., poire. R. *pirus*, poirier.

Certo, as, avi, atum, are, act., et n. M. R. combattre, lutter, rivaliser ; — d'où *certamen*, n., débat, combat ; — *certatim*, adv., à l'envi.

Uva, æ, f. M. R. raisin ; — *uvifer*, adj., qui porte du raisin.

Purpura, æ, f. M. R. pourpre ; — *purpurascere*, devenir pourpre.

Munero ou *muneror, aris, atus sum, ari*, dép., donner en présent, gratifier. R. *munus*, don, présent.

Priapus, i, m., Priape, dieu des jardins ; mot tiré du grec.

Silvanus, i, m., Silvain, dieu des forêts. R. *silva*, forêt.

Tutor, is, m., protecteur, tuteur. R. *tueri*, protéger ; — *tutrix*, f., tutrice ; — *tutorius*, adj., tuteur.

Libet et *lubet* (arch.), *buit* ou *bitum est, ere*, v. imp. M. R. il plaît ; — *libido* et *lubido*, f., passion ; — *libidinari*, s'adonner aux plaisirs ; — *libidinosus*, adj., incontinent, libidineux.

Ilex, icis, f., M. R. yeuse, chêne-vert ; — d'où *ilicetum*, n., bois d'yeuse.

Gramen, inis, n. M. R. gazon ; — d'où *gramineus*, adj., de gazon ; — *graminosus*, adj., plein de gazon.

Ripa, æ, f. M. R. bord, rivage.

Fons, fontis, m. M. R. source, fontaine ; — d'où *fontanus, fontaneus, fontinalis, fontanalis*, adj., de source.

Obstrepo, is, ui, itum, ere, n., faire du bruit. R. R. *ob ; strepere*, faire du bruit.

Strepitus, us, m., bruit ; — *strepitare*, fréq., faire du bruit.

Somnus, i, m. M. R. sommeil.

Invito, as, avi, atum, are, act. M. R. inviter ; — d'où *invitatio*, f., et *invitamentum*, n., invitation.

Hibernus ou *hybernus, a, um*, adj. d'hiver. R. *hiems*, hiver ; — *hibernalis*, adj., d'hiver ; — *hibernare*, hiverner.

Imber, bris, m. M. R. pluie ; — de même *imbris, is ; — imbrex, icis*, m., tuile, faîtière, gouttière ; — *imbricatus*, part. p. de *imbrico*, imbriqué ; — *imbricatim*, adv., en forme de gouttière.

Comparo, as, avi, atum, are, act., préparer, assembler. R. R. *cum* ; *parare*, apprêter ; — d'où *comparatio*, f., acquisition, comparaison.

Trudo, is, usi, sum, dere, M. R. pousser avec violence ; — *detrudere*, chasser.

Canis, is, m. f. M. R. chien, chienne.

Aper, pri, m. f. M. R. sanglier, laie ; — *aprinus*, adj., de sanglier.

Obsto, as, stiti, statum, stare, n., se présenter devant, s'opposer. R. R. *ob ; stare*, se tenir.

Plagæ, arum, f., filets. R. *plaga*, plaie, blessure.

Ames, itis, m. M. R. bâton, perche d'oiseleur.

Tendo, is, tetendi, tensum ou *tentum, dere*, act., tendre, étendre.

Rete, is, n. M. R. rets, filets ; — d'où *reticulum*, n., *reticulus*, m., réseau.

Turdus, d, m. f. M. R. grive ; — *turdarium*, n., lieu où l'on engraisse les grives.

Edax, acis, adj., glouton, gourmand. R. *edere* ou *esse*, manger ; — *edacitas*, f., voracité.

Dolus, i, m. R. M. ruse, piége ; — *dolosus, subdolus*, adj., fourbe.

Lepus, oris, m. M. R. lièvre ; — *leporinus*, adj., de lièvre ; — *leporarium*, garenne.

Advena, æ, subst. et adj., étranger. R. R. *ad ; venire*, venir.

Laqueus, i, m., nœud coulant, lacet. R. *lax*, fourberie ; — *laqueare*, étrangler ; — *illaqueare*, prendre au lacet.

Grus, is, f. M. R. grue ; — *gruire*, crier comme une grue ; — *congruere*, s'accorder ; — *congruus*, adj., convenable ; — *congruitas, congruentia*, f., convenance.

Jucundus, a, um, adj. M. R. agréable ; — *jucunditas*, f., agrément ; — *jucunde*, adv., agréablement.

Capto, as, avi, atum, are, act., s'efforcer de prendre. R. *capere*, prendre ; — *captatio*, f., effort pour prendre, captation.

Præmium, ii, n. M. R. prix, récompense ; — *præmiari*, faire un profit.

Obliviscor, eris, litus sum, sci, dép., oublier ; — *oblivio*, f., action d'oublier, oubli ; — *obliviosus*, adj., oublieux ; — *oblivium*, n., oubli.

CHOIX ET DISPOSITION DES MOTS.

Ut prisca gens mortalium. — *Ut, uti, velut, veluti, sicut, sicuti*, comme, de la même manière que, se placent devant une expression citée comme exemple, comme comparaison.

Prisca gens mortalium, id est primi homines, majores. — *Gens* est d'un sens plus étendu, plus général que *natio*, qui signifie un peuple en particulier ; *natio* ne conviendrait donc pas à cette phrase.

Exercet rura, cultive les champs. — *Exercere*, poursuivre, tourmenter, travailler, a le sens propre et le sens figuré de cultiver ; ainsi l'on dira *exercere memoriam*, Cic. Exercer, cultiver sa mémoire ; *exercere medicinam*, Cic. Pratiquer la médecine ; *exercere campos*, Plin. J. Cultiver les champs. On dira encore *exercere iracundiam in superatos*, Cic. Exercer sa fureur sur les vaincus.

Trux, trucis, farouche, adjectif de 2ᵉ classe, n'est pas employé aux trois cas semblables du pluriel, ni aux degrés de comparaison ; son ablatif singulier est plutôt *truci* que *truce*.

Mugientium greges, troupeaux de bêtes qui mugissent, troupeaux de bœufs. — Figure très-usitée chez les poëtes, et qui consiste à désigner un être, un objet par une de ses qualités ou propriétés.

Vitis, is, vigne, génitif pluriel *vitium*, comme la plupart des noms parisyllabiques, au singulier, de la troisième déclinaison.

Multa cane, par une nombreuse meute. — *Multus*, au singulier, fréquent, nombreux, se joint aux substantifs collectifs et à ceux qui ne se comptent pas. Partout ailleurs on l'emploie au pluriel. On le trouve cependant quelquefois chez les poëtes devant un nom qui se compte ; mais alors le nom peut être considéré comme nom de genre ou d'espèce, et par conséquent comme collectif.

Multo labore quæsita, Cic. Choses acquises par beaucoup de peine.

Malarum quas curas amor habet, obliviscitur. — Tournure peu commune et dont nous avons déjà parlé (Ch. XII). *Curas* est, par *antiptose*, à l'accusatif, et prend le cas de *habet* au lieu de le prendre de *obliviscitur* ; ce qui équivaut à ceci : *Obliviscitur malarum curarum, quas curas amor habet.*

Antiptose est un mot employé pour la première fois par les grammairiens grecs et qui signifie changement de cas, de désinence.

Solutus fœnore. — Le verbe *solvere*, dégager, délivrer, veut son complément indirect à l'ablatif (synt. Ch. XI). Il est quelquefois accompagné de *a* avec l'ablatif ; on le trouve même, mais rarement, suivi du génitif.

Ego statim solutus sum somno, Cic. Je fus aussitôt tiré du sommeil.

Consul solutus a cupiditatibus, liber a delictis, Cic. Le consul exempt de passions et libre de toute faute.

Neque horret mare. Et il ne redoute pas la mer. — *Horrere*, neutre, signifie *être hérissé, être effrayant, frissonner*; actif, il signifie *avoir horreur de, craindre*, et est suivi de l'accusatif. *Abhorrere*, dans ces derniers sens, est suivi de l'ablatif avec ou sans *a*, et quelquefois de l'accusatif.

Horrere et reformidare dolorem, Cic. Avoir horreur de la douleur et la redouter.

Conveniet autem a litibus, quantum liceat, et nescio an paulo plus etiam, quam liceat, abhorrentem, Cic. Il faudra abhorrer les procès autant et même plus que possible.

Omnes illum aspernabantur atque abhorrebant, Cic. Tous le fuyaient et le redoutaient.

L'ablatif sans préposition après *abhorrere* est très-peu usité, surtout par Cicéron.

Qua muneretur. Pour t'en faire présent.—*Qua*, à l'ablatif, parce que *munerari*, gratifier, est un verbe d'*abondance* (Ch. XI.); —*muneretur*, au subjonctif, à cause de *qua* qui précède et qui peut se tourner par *dont il puisse* (Synt. Ch. VIII).

Quod invitet somnos. Chose qui provoque le sommeil (chose capable de provoquer le sommeil).—Emploi du subjonctif après *qui*. (Synt., Ch. VIII.)

VERSIFICATION.

VERS IAMBIQUE.

189. Horace emploie, dans notre exemple, des vers iambiques croisés de six et de quatre pieds. Les vers iambiques de six pieds sont appelés *trimètres* (*senarii* ou *trimetri*), et ceux de quatre pieds *dimètres* (*dimetri*).

L'ïambique est pur quand il ne se compose que d'ïambes:

Bĕā | tŭs ĭl | lĕ quī | prŏcūl | nĕgō | tĭīs.

Est encore considéré comme pur tout vers dont la dernière syllabe est brève.

Mais Horace emploie souvent le spondée aux pieds impairs;

Fōntēs | quĕ lȳm | phīs ōb | strĕpūnt | mānān | tĭbŭs :
Sōmnōs | quŏd ĭn | vītēt | lĕvēs.

Il remplace ce spondée des pieds impairs par un anapeste ou un dactyle qui ont la même valeur ; et enfin il met le tribraque (trois brèves) à tous les pieds, excepté au sixième qui garde toujours l'iambe ou le pyrrique (deux brèves).

Lĭbēt | jăcē | rĕ mŏdŏ | sŭb ān | tīqua ī | lĭcĕ.
Aūt ā | mītĕ lĕ | vī rā | ră tēn | dīt rĕ | tĭă.
Păvĭdūm | quĕ lĕpŏ | rem ĕt ād | vēnām | lăquĕŏ | grŭĕm.

L'iambique trimètre a le plus souvent une césure brève ou longue après le second pied :

Bĕă | tŭs īl | lĕ...
Pătēr | nă tū | ra...
Nĕque ēx | cĭtă | tūr...

Un monosyllabe peut tenir lieu de césure quand le sens le lie au mot précédent :

ĭnū | tĭlēs | quĕ...

Archiloque, poëte grec du VIIe siècle avant Jésus-Christ, est l'auteur le plus ancien où l'on trouve l'emploi de la mesure iambique. Il l'avait appliquée à la satire ; mais bientôt elle fut adoptée par la fable et la poésie dramatique, et se relâcha de son exigence primitive pour la quantité.

Nous parlerons plus loin de l'iambique libre, dans l'examen des morceaux tirés de Plaute et de Térence.

III. Exercices.

COMPOSITION.

1 — Il est des hommes qui se plaisent à tirer de l'argent des autres par l'usure la plus inique ; jamais vous ne leur persuaderiez d'abandonner, exempts de toute crainte, la demeure des citoyens puissants.

2 — Heureux celui qui, exempt de la cruelle soif (faim, *fames*) de l'or, tantôt étendu sous un agréable peuplier, consacré à Bacchus, regarde de loin ses brebis déjà grandies ; tantôt cueillant des fruits qui rivalisent avec le miel, dépose cette juste récompense de ses fatigues près de la rive d'une fontaine qui résonne d'un doux murmure.

3 — Quand bien même (si) les pluies de Jupiter irrité et les neiges de l'hiver seraient amoncelées, il tombera avec une âme tranquille dans un sommeil léger, et bientôt, libre de soucis, il oubliera la noirceur (*nequitia*) des hommes.

4 — Il est des hommes qui se plaisent à entasser au delà du nécessaire

(plus qu'il n'est assez); il en est d'autres au contraire qui fuient le forum et qui savent user de peu.

5 — Si nous voulons attendre que les sangliers viennent se jeter (se précipitent) dans les piéges que nous aurons dressés, nous n'avons pas à les (y) pousser (il n'est pas que nous les poussions) par une meute nombreuse.

6 — Celui qui cherche (*studere*) à oublier les anciens services qu'il a reçus est certainement indigne d'en obtenir de nouveaux.

7 — Mais le soldat qui ne craint pas de mourir pour sa patrie ne redoute pas les dangers de la mer, quand dès le matin il est éveillé par le son de la trompette.

8 — N'allez pas croire (ne croyez pas) qu'on nuit à la vigne en l'émondant de ses branches inutiles; car c'est précisément de cette manière que les arbres deviennent vigoureux (*adolescere*) et donnent des fruits plus doux à l'amateur de la campagne.

9 — Il en est qui travaillent la terre avec des bœufs attelés, d'autres le font avec des chevaux.

10 — Les plaisirs des laboureurs me charment. Je garderai jusqu'à l'âge le plus avancé ma passion pour les travaux des champs, dont le dégoût ne me reviendra qu'avec le dégoût de la vie.

REPOS DE L'ÉTUDE.

Xenophontem in angiportu obvium habuit Socrates. Quumque videret adolescentem vultu specioso admodum et verecundo, porrecto baculo, vetuit ne præteriret. Ut constitit, interrogavit eum Socrates, ubinam venderentur quæ essent necessaria variis usibus civium? Ad quæ quum expedite respondisset Xenophon, percontatus est, ubinam homines fierent boni probique? Id vero nescire se, respondente adolescente : Me igitur sequere, inquit Socrates. Ex eo tempore Xenophon cœpit esse Socratis auditor.

Angiportus et angiportum, via angusta; — aliquem obvium habere, aliquem offendere, alicui occurrere; — speciosus, formosus, decorus; — verecundus, modestus; — porrigere, extendere; — baculus et baculum, virga qua innitimur ambulantes; — expedite, plane, nihil cunctatus; — percontari, rogitare; — probus, frugi, bene moratus; — auditor, discipulus.

CHAPITRE VINGTIÈME.

I. Pratique.

Quod si vituperandi, qui reticuerunt : quid de iis existimandum est, qui orationis vanitatem adhibuerunt? C. Canius, eques romanus, nec infacetus, et satis litteratus, quum se Syracusas otiandi (ut ipse dicere solebat) non negotiandi causa contulisset, dictitabat, se hortulos aliquos velle emere, quo invitare amicos, et ubi se oblectare sine interpellatoribus posset. Quod quum percrebuisset, Pythius ei quidam, qui argentariam faceret Syracusis, venales quidem se hortos non habere, sed licere uti Canio, si vellet, ut suis; et simul ad cœnam hominem in hortos invitavit in posterum diem. Quum ille promisisset, tum **Pythius**, qui esset, ut argentarius, apud omnes ordines gratiosus, piscatores ad se convocavit, et ab his petivit, ut ante suos hortulos postridie piscarentur; dixitque, quid eos facere vellet.

TRADUCTION LITTÉRALE.

Quod si vituperandi, qui reticuerunt : quid de iis
    blâmer,   se taire :

existimandum est, qui orationis vanitatem adhibuerunt?
                employer?

C. Canius, eques romanus, nec infacetus, et satis
    chevalier   sans esprit,

litteratus, quum se Syracusas otiandi (ut ipse dicere
 lettré,   se livrer au loisir

solebat) non negotiandi causa contulisset, dictitabat,
avoir coutume faire des affaires   dire souvent,

se hortulos aliquos velle emere, quo invitare amicos,
        acheter,

et ubi se oblectare sine interpellatoribus posset. Quod
   distraire   importun

quum percrebuisset, Pythius ei quidam, qui argentariam
 se répandre,   banque

faceret Syracusis, venales quidem se hortos non ha-
      à vendre

bere, sed licere uti Canio, si vellet, ut suis; et simul
   être permis

ad cœnam hominem in hortos invitavit in posterum
 souper   suivant

diem. Quum ille promisisset, tum Pythius, qui esset,

ut argentarius, apud omnes ordines gratiosus, piscatores
<u>banquier,</u> <u>ordre</u> <u>accueilli,</u> <u>pêcheur</u>

ad se convocavit, et ab his petivit, ut ante suos hor-
<u>convoquer,</u>

tulos postridie piscarentur ; dixitque, quid eos facere
<u>pêcher ;</u>

vellet.

Cicero, *de Off.*, lib. III.

TRADUCTION FRANÇAISE.

Si l'on doit blâmer les réticences, que doit-on penser de ceux qui donnent le change dans leurs discours? C. Canius, chevalier romain, spirituel et assez lettré, s'était rendu à Syracuse, non pour affaire, mais, comme il le disait lui-même, pour ne rien faire. Il répétait souvent qu'il voulait faire l'acquisition de quelques jardins où il pût inviter ses amis et se récréer à l'abri des importuns. Ceci s'étant répandu, un certain Pythius, qui faisait la banque à Syracuse, fit savoir à Canius que ses jardins n'étaient pas à vendre, mais qu'il lui permettait d'en user comme des siens propres ; et en même temps il l'invita à venir y souper le jour suivant. L'offre étant acceptée, Pythius qui, comme banquier, était bien accueilli auprès de gens de toutes les classes, fit appeler des pêcheurs qu'il pria de pêcher le lendemain devant les jardins, et il ne manqua pas de leur donner ses instructions.

TRADUCTION ALTERNATIVE.

Quod si qui reticuerunt . . . . vituperandi sunt :	Que si ceux qui ont gardé le silence sont blâmables :
quid existimandum est de iis. . . qui adhibuerunt vanitatem orationis ?	que faut-il penser de ceux qui ont employé une fausse apparence de langage ?
C. Canius, eques romanus, . . . nec infacetus, et satis litteratus, .	C. Canius, chevalier romain, non dépourvu d'esprit et assez lettré,
quum se contulisset Syracusas, . otiandi, non negotiandi causa, . .	comme il s'était rendu à Syracuse, pour ne rien faire, et non pour affaire.

CHAP. XX. — TRADUCTION. — CONVERSATION.

ut ipse solebat dicere,	comme il avait coutume de le dire,
dictitabat se velle emere.	répétait lui vouloir acheter
aliquos hortulos, quo posset	quelques petits jardins où il pût
invitare amicos,	inviter des amis,
et ubi posset se oblectare	et où il pût se divertir
sine interpellatoribus.	sans importuns.
Quum quod percrebuisset,	Quand cela se fut répandu,
Pythius quidam, qui	un certain Pythius qui
faceret argentariam Syracusis,	faisait la banque à Syracuse,
(dixit) ei se non habere hortos venales	lui dit lui n'avoir pas de jardins à vendre
quidem, sed licere Canio uti;	à la vérité, mais être permis à Canius de s'en servir,
ut suis, si vellet;	comme des siens, s'il voulait;
et simul invitavit hominem	et en même temps il invita notre homme
ad cœnam in hortos	à souper dans les jardins
in posterum diem.	pour le jour suivant.
Quum ille promisisset,	Lorsque celui-ci eut promis,
tum Pythius qui esset, ut argentarius,	alors Pythius qui était, comme banquier,
gratiosus apud omnes ordines,	bien venu auprès de toutes les classes,
convocavit ad se piscatores,	appela auprès de lui des pêcheurs
et ab his petivit,	et leur demanda
ut piscarentur postridie	qu'ils pêchassent le lendemain
ante suos hortulos;	devant ses jardins;
dixitque	et il leur dit
quid vellet eos facere.	ce qu'il voulait qu'ils fissent.

CONVERSATION.

QUESTIONS.	RÉPONSES.
Quosnam vituperare debemus?	Qui reticuerunt.
Quos vero multo magis?	Qui orationis vanitatem adhibuerunt.
Qualis erat Canius?	Eques romanus, nec infacetus, et satis litteratus.
Quo se contulit?	Syracusas.
Qua causa?	Otiandi, non negotiandi causa.
Quis solebat ita dicere?	Ipse.

Quid emere volebat?	Hortulos aliquos.
Cujus modi hortos?	Quo invitare amicos, et ubi se oblectare sine interpellatoribus posset.
Quid percrebuit?	Canium hortulos aliquos velle emere.
Quid faciebat Pythius Syracusis?	Argentariam.
Venalesne hortos habebat?	Nullos habere se aiebat.
Dic mihi quid Canio liceret?	Pythii hortis uti, si vellet, ut suis.
Quo invitatus est?	In hortos.
Ad quid?	Ad cœnam.
Quando istud futurum erat?	In posterum diem.
Nonne promisit Canius?	Promisit.
Nonne gratiosus erat Pythius?	Apud omnes ordines erat.
Quid est quod gratiosus esset?	Ut argentarius.
Quo piscatores convocavit?	Ad se.
A quo sunt convocati piscatores?	A Pythio.
Ubi piscaturi erant?	Ante hortulos Pythii.
Quando?	Postridie.
Cur ita faciebant?	Ab illis petiverat Pythius.
Quid dixit postea?	Dixit, quid eos facere vellet.

PHRASÉOLOGIE.

À TRADUIRE EN FRANÇAIS.	À TRADUIRE EN LATIN.
Qui reticent, illi sunt sæpe vituperandi.	On est souvent blâmable de garder le silence.
Quid existimas de Pythio isto cujus hortos emit Canius?	Que pensez-vous de ce Pythius dont Canius acheta les jardins?
Equites romani Syracusas otiandi causa se conferre solebant.	Les chevaliers romains avaient coutume de se rendre à Syracuse pour se livrer au repos.
Pythius autem negotiandi causa Syracusis erat.	Mais Pythius était à Syracuse pour y faire des affaires.
Cum amicis sineque interpellatoribus oblectaturum sese dictitabat.	Il répétait qu'il s'amuserait avec ses amis et à l'abri des importuns.
Hoc percrebrescit Pythium argentarium esse.	On dit généralement que Pythius est banquier.
Vanitate orationis adhibita, Canio permisit, ut hortulis ipsius uteretur.	Il employa un langage artificieux et permit à Canius de se servir de ses jardins.

Omnia ibi venalia erant, homines atque res.	Tout y était vénal, hommes et choses.
Postridie venit et amicos in posterum diem invitavit.	Il vint le lendemain et invita ses amis pour le jour suivant.
Pythii hortos Canium emisse percrebuit.	Le bruit se répandit que Canius avait acheté les jardins de Pythius.
Apud omnes ordines argentarii sunt, fuerunt et erunt gratiosi.	Les banquiers sont, ont été et seront accueillis auprès de tous les ordres.
Piscatores ergo in hortos convocabo, et ad cœnam invitabo.	Je ferai donc venir les pêcheurs dans les jardins, et je les inviterai à souper.
Abs te peto ut ante meos hortos pisceris.	Je demande que tu pêches devant mes jardins.
Quid vis eos facere ?	Que veux-tu qu'ils fassent ?

II. Analyse et Théorie.

LEXIOLOGIE.

Vitupero, as, avi, atum, are, act. M. R. blâmer ; — *vituperatio,* f., blâme.

Reticeo, es, ui, ere, n., garder le silence avec persistance. R. R. *re; tacere,* se taire ; — *reticentia,* f., silence prolongé ; réticence.

Vanitas, atis, f., vanité, apparence trompeuse. R. *vanus,* vide, vain.

Adhibeo, es, ui, itum, ere, act., appliquer, employer. R. R. *ad, habere,* avoir ; — d'où *adhibitio,* f., emploi.

Infacetus ou *inficetus, a, um,* adj., grossier, sans esprit. R. R. *in; facetus,* spirituel, fin, plaisant. R. *facere,* faire.

Litteratus, a, um, adj., lettré, instruit. R. *littera,* lettre ; — *litterator,* m., un homme lettré ; — *litteratura,* f., écriture, littérature.

Syracusæ, arum, f. pl., Syracuse, ville de Sicile fondée par les Corinthiens ; son nom vient du grec, où il est pluriel également.

Otior, aris, atus sum, ari, n., dép., avoir du loisir, se reposer. R. *otium,* loisir ; — *otiabundus,* adj., qui a du loisir, qui se livre au repos.

Soleo, es, itus sum, ere, n. M. R. avoir coutume ; — *insolitus,* adj., inusité, insolite ; — *insolens,* adj., qui n'est pas accoutumé, insolent ; — *insolentia,* f., manque d'habitude, insolence.

Negotior, aris, atus sum, ari, dép., ne pas rester dans l'inaction, faire des affaires. R. R. *nec; otium,* repos ; — d'où *negotium,* occupation.

Hortulus, i, m. dim. de *hortus,* jardin. M. R.

Emo, is, emi, emptum, emere, act. M. R. acheter ; — *emptor, trix*, acheteur, acheteuse ; — *emptio*, f., achat.

Oblecto, as, avi, atum, are, act., charmer, réjouir, distraire. R. R. *ob*; *lactare*, bercer d'illusion. R. *lacire*, induire en erreur ; — *oblectatio*, f., action de divertir ; — *oblectamen* et *oblectamentum*, n., divertissement.

Interpello, as, avi, atum, are, act., couper la parole, interrompre. R. R. *inter*; *pellare* (arch.), parler ; — *interpellator, trix*, celui, celle qui interrompt ; — *interpellatio*, f., interruption.

Percrebresco, is, bui ou *brui, brescere*, n., se répandre dans le public. R. R. *per*; *crebrescere*, s'augmenter. R. *creber*, fréquent.

Argentaria, æ, f., banque ; — adj. employé substantivement par l'ellipse de *taberna*, boutique. R. *argentum*, n., argent.

Venalis, e, adj., exposé en vente, vénal. R., *venum* ou *venus, us*, vente ; — *venalitas*, f., vénalité ; — *venaliter*, adv., d'une manière vénale. A cette racine *venum* se rattache le verbe *veneo, is, ii* ou *ivi, itum, ire*, n., provenant de *venum ire*, aller à la vente, d'où son sens ordinaire : être vendu, se vendre.

Cœna, æ, f. M. R. repas du soir, souper ; d'où *cœnare*, souper. On trouve aussi *cena, cenare*, etc.

Posterus (inus.), *a, um*, adj., suivant, qui vient après. R. *post*, après ; — *posterior, us* (comp.), qui est en second lieu ; — *posteritas*, f., avenir, postérité ; — *posteri, orum*, m. pl., descendants.

Gratiosus, a, um, adj., bien venu, considéré. R. *gratia*, faveur.

Piscator, oris, m., pêcheur. R. *piscari*, pêcher. R. *piscis*, poisson ; — *piscatus, us*, m., pêche ; — *piscatio*, f., action de pêcher.

Convoco, as, avi, atum, are, act., convoquer, faire venir. R. R. *cum*; *vocare*, appeler, R. *vox*, voix ; — *convocatio*, f., convocation, appel.

Postridie, adv. et prép., le lendemain. R. R. *posterus*, suivant ; — *dies*, jour.

CHOIX ET DISPOSITION DES MOTS.

Dictitabat, disait souvent, répétait: — *Dictitare* est le fréquentatif de *dicere*, dire ; — *dictare* a le même sens primitif.

190. La terminaison *itare, ito* s'ajoute au radical de certains verbes, quelquefois au supin, pour exprimer une action répétée, prolongée.

Venire, ventum, venir, — *ventitare*, venir souvent ; — *dormire*, dormir ; — *dormitare*, avoir envie de dormir, sommeiller ; — *quærere*, chercher, — *quæritare*, chercher constamment ; — *minari*, menacer, — *minitari*, menacer souvent ; — *mittere, missum*, envoyer ; — *missitare*, envoyer souvent ; — *noscere*, connaître, — *noscitare*, chercher à connaître ;

— *vendere*, vendre, — *venditare*, chercher à vendre; — *visere*, voir avec soin; —*visitare*, voir souvent, visiter.

On range encore communément dans cette classe des verbes en *are*, *ere*, dont le sens se rapproche plus ou moins du sens fréquentatif :

Quatere, *quassum*, secouer, —*quassare*, secouer fortement, agiter, brandir; — *nuere*, *nutum* (inus.), faire signe de la tête, — *nutare*, faire signe de la tête, vaciller; —*nare*, *natum* (inus.), nager, —*natare*, nager de longue haleine; —*videre*, *visum*, voir, — *visere*, voir avec soin, examiner; —*vertere*, *versum*, tourner, —*versare*, tourner souvent, retourner; — *calefacere*, *calefactum*, chauffer, — *calefactare*, chauffer fortement, souvent; —*ostendere*, *ostentum*, montrer, — *ostentare*, montrer avec insistance; —*prehendere*, *prehensum*, saisir, — *prehensare*, saisir avec force; — *rapere*, *raptum*, prendre, — *raptare*, prendre avec violence, entraîner.

191. On appelle verbes *inchoatifs* ceux qui, terminés en *sco*, dérivent d'un autre verbe, d'un substantif ou d'un adjectif et marquent un progrès, un commencement d'action ou d'état.

Dives, riche, —*ditescere*, s'enrichir; — *ardere*, brûler, — *ardescere*, s'enflammer; —*pinguis*, gras, —*pinguescere*, devenir gras; —*nitere*, luire, —*nitescere*, devenir luisant; — *senere*, être vieux, — *senescere*, vieillir; —*vesper*, soir, — *vesperat*, le soir est venu, — *vesperascit*, le soir, la nuit approche; —*creber*, fréquent, — *crebrescere*, devenir fréquent, se répandre.

Tantôt l'adjectif forme directement l'inchoatif : *mitis*, mou, doux, — *mitescere*, s'amollir, s'adoucir; tantôt il forme un verbe qui forme à son tour l'inchoatif : *Hebes*, émoussé, — *hebere*, être émoussé, —*hebescere*, s'émousser.

On rapporte aux inchoatifs quelques verbes en *icare*.

Claudus, boiteux, — *claudicare*, boiter; — *fodere*, creuser, — *fodicare*, percer; — *albere*, être blanc, — *albescere* ou *albicare*, devenir blanc; — *vellere*, tirer, — *vellicare*, tirailler.

192. On donne habituellement le nom de verbes *désidératifs* ou *méditatifs* à certains verbes dérivés en *urire*, qui expriment l'envie ou le prélude d'une action.

Ils se forment du supin : *Canere*, *cantum*, chanter, —*canturire*, fredonner; — *edere*, *esum*, manger, — *esurire*, avoir envie de manger; — *mori*, mourir, — *moriturire*, désirer mourir; — *cœnare*, souper, dîner, — *cœnaturire*, avoir désir de souper, de dîner.

193. En intercalant *ill* devant *are*, on forme les diminutifs de quelques verbes.

Cantare, chanter, — *cantillare*, fredonner.

Quod quum percrebuisset. — *Fama crebrescit, percrebrescit* ou simplement *crebrescit, percrebrescit*, le bruit se répand (suivi de la proposition infinitive) ; — *hoc percrebuit*, il se répandit que.

Res percrebuit, in ore atque sermone omnium cœpit esse, Cic. La chose s'accrédita et commença à être dans toutes les bouches.

Otiandi non negotiandi causa, jeu de mots : *otiari*, s'adonner au loisir ; — *negotiari*, ne pas s'adonner au loisir, s'occuper, faire des affaires.

Gratiosus, considéré, qui est en faveur, *qui apud alios plurimum gratia potest*.

Quod si, que si : *Quod* explétif, tournure que nous avons imitée (Ch. VII).

Pythius ei quidam, sous-entendu *dixit*. Pour plus de rapidité dans le discours, on sous-entend souvent ces mots : *dixit, ait, inquit, respondit*, etc.

Quid de iis existimandum est, qui adhibuerunt ? — *Adhibuerunt* à l'indicatif après *qui* placé entre deux verbes, parce qu'on présente comme certain qu'ils *ont employé*. Il n'y a là ni éventualité ni interrogation indirecte.

Quum se Syracusas contulisset. — Il répétait après s'être transporté. Les deux idées, répéter, se transporter, sont inséparables ; c'est pourquoi l'on emploie le subjonctif après *quum*; ce qui d'ailleurs arrive presque toujours avec l'imparfait et le plus-que-parfait (*Synt.*, Ch. VII). Le raisonnement est le même au sujet de : *Quum percrebuisset, promisisset*.

Dictitabat se velle emere. Il répétait lui vouloir... — *Velle*, au présent de l'infinitif, parce qu'il voulait dans le moment même où il parlait. Il répétait qu'il achèterait se rendrait par *dictitabat se empturum*, il répétait lui devoir acheter ; le second verbe au futur de l'infinitif, parce qu'il exprime une action à venir par rapport à celle énoncée par le premier.

Quo et ubi posset. — Les adverbes de lieu qui précèdent une subordonnée veulent être suivis du subjonctif (*Synt.*, Ch. VII et VIII).

194. *Pythius, qui argentariam faceret*.—Cicéron rapporte le fait comme quelque chose qu'on ne garantit pas. Le subjonctif qu'il emploie présente l'affirmation comme le résultat d'un bruit public (Pythius qui, à ce qu'il paraît, faisait la banque). On se rendra compte, d'une manière analogue, de l'emploi du subjonctif dans *Pythius qui esset*, Pythius qui était, qui probablement était, qui devait être. Les grammairiens tranchent ordinairement les questions de ce genre, en disant que le subjonctif doit être appliqué quand la subordonnée dépend déjà d'une subordonnée, soit exprimée, soit sous-entendue.

Si vellet, s'il voulait, s'il arrivait qu'il voulût (emploi du subjonctif après *si*, *Synt.*, Ch. VII).

Petivit ab his. — Après *petere, postulare, rogare, precari*, etc., le complément indirect se met à l'ablatif avec *a, ab* (*Synt.*, Chap. XI).

Petivit, ut piscarentur. — Après *petere, rogare*, etc., on emploie la proposition personnelle avec *ut* suivi du subjonctif (*Synt.*, Ch. IX).

Dixit quid vellet. — *Vellet* au subjonctif après *quid* interrogatif indirect (que voulait-il ? il le dit).

Quid vellet eos facere. — *Eos facere*, proposition infinitive. On pourrait dire, sans pécher contre les règles de la grammaire (*Synt.*, Ch. IX), *quid vellet ut facerent*. L'élégance rend ici la proposition infinitive préférable.

Uti ut suis. — L'ablatif après *uti*, comme après tous les verbes qui ont pour complément naturel un nom de moyen et d'instrument (*Synt.*, Ch. XI).

Ad cœnam invitavit, — ad se convocavit. — Exemples de l'emploi de *ad*, quand il y a idée de provocation, d'excitation, d'exhortation, de mission vers quelqu'un ou quelque chose (*Ch. et Disp.*, Ch. XV).

III. Exercices.

COMPOSITION.

1 — Il est honteux, quand nous avons quelque chose à dire, de parler inconsidérément et témérairement; mais nous devons avoir soin de ne rien taire à dessein et en vue de notre propre avantage. Car alors on ne saurait penser autrement de nous que de ces gens qui emploient un langage fallacieux.

2 — S'il en est ainsi, qui ne voit que ce Pythius dont parle Cicéron, est un homme perfide, méchant et vil ?

3 — Je n'oserais pas, dit-il, t'inviter à souper pour demain, si je ne craignais que tu ne pensasses que quelqu'un pût t'aimer plus que moi.

4 — D'après cela, tu peux juger combien je t'aime.

5 — Le Pythius dont nous parlons, riche en argent placé à intérêt et habitué à faire des affaires et non à ne rien faire, avait grande envie (*gestire*) de vendre ses petits jardins le plus cher possible.

6 — Mais écoutez ce qu'on a rapporté de Canius, le chevalier romain.

7 — Lorsque le bruit se fut répandu qu'un certain Canius, noble d'origine, était venu à Syracuse pour s'y distraire, bon nombre de banquiers accoururent en toute hâte pour le saluer.

8 — Les uns disaient à satiété qu'ils avaient des jardins à vendre; les autres, des chevaux : ce qui est bien différent, car autre chose est monter à cheval, autre chose se promener à pied dans un petit jardin.

9 — Or, on trompe très-souvent ceux qui s'adonnent tout entiers aux plaisirs et qui s'enflamment pour la première chose venue.

CHAPITRE VINGT-ET-UNIÈME.

I. Pratique.

Ad cœnam tempore venit Canius : opipare a Pythio apparatum convivium : cymbarum ante oculos multitudo : pro se quisque quod ceperat, afferebat : ante pedes Pythii pisces abjiciebantur.

Tum Canius : Quæso, inquit, quid est hoc, Pythi? tantumne piscium? tantumne cymbarum? Et ille : Quid mirum? inquit : hoc loco est, Syracusis quidquid est piscium : hæc aquatio : hac villa isti carere non possunt.

Incensus Canius cupiditate, contendit a Pythio, ut venderet. Gravate ille primo. Quid multa ? impetrat ; emit homo cupidus et locuples, tanti, quanti Pythius voluit, et emit instructos : nomina facit : negotium conficit.

Invitat Canius postridie familiares suos : venit ipse mature : scalmum nullum videt : quærit ex proximo vicino, num feriæ quædam piscatorum essent, quod eos nullos videret. Nullæ (quod sciam) inquit ille : sed hic piscari nulli solent ; itaque heri mirabar quid accidisset.

TRADUCTION LITTÉRALE.

Ad cœnam tempore venit Canius : opipare a Pythio
   à temps   somptueusement
apparatum convivium : cymbarum ante oculos multi-
 préparé festin   barque
tudo : pro se quisque quod ceperat, afferebat : ante
         prendre, apporter :
pedes Pythii pisces abjiciebantur.
    poisson déposer.

CHAP. XXI. — TRADUCTION.

Tum Canius : Quæso, inquit, quid est hoc, Pythi?

tantumne piscium? tantumne cymbarum? Et ille :

Quid mirum? inquit : hoc loco est, Syracusis quidquid
   étonnant?

est piscium : hæc aquatio : hac villa isti carere
              provision d'eau :   maison de campagne se passer de

non possum. Incensus Canius cupiditate, contendit
             enflammé   désir,   demander instamment

a Pythio, ut venderet. Gravate ille primo. Quid multa?
                       difficilement

impetrat; emit homo cupidus et locuples, tanti, quanti
obtenir : acheter   désireux   riche,

Pythius voluit, et emit instructos : nomina facit :
                                     garni :

negotium conficit.
         terminer.

Invitat Canius postridie familiares suos : venit ipse
               le lendemain familier

mature   : scalmum nullum videt : quærit ex proximo
de bonne heure :   aviron   le plus proche

vicino, num feriæ quædam piscatorum essent, quod
voisin,   fêtes

eos nullos videret. Nullæ (quod sciam) inquit ille : sed

hic piscari nulli solent; itaque heri mirabar quid
                                              être étonné

accidisset.
arriver.

TRADUCTION FRANÇAISE.

Canius arrive au moment désigné, le repas était somptueusement préparé; il voyait sous ses yeux une multitude de barques, chacun de son côté apportait ce qu'il avait pris, et les poissons étaient déposés aux pieds de Pythius.

Que signifie tout ceci, je vous prie, Pythius, s'écria Canius? D'où vient tant de poisson? tant de barques? — Qu'y a-t-il d'étonnant? répond Pythius : tout ce qu'il y a de poisson à Syracuse est dans cet endroit : c'est ici qu'on trouve de l'eau ; ces hommes ne peuvent se passer de cette habitation. Canius, transporté de désir, demande instamment qu'on la lui vende. On fait d'abord des difficultés. Bref, cet homme riche et passionné obtient ce qu'il convoite. Il achète, pour le prix qui lui est fait, les jardins et tout ce qu'ils contiennent ; enfin le contrat est passé et l'affaire terminée.

Le lendemain, Canius invite ses amis. Il arrive lui-même de bonne heure, mais il n'aperçoit pas la moindre barque : il demande à son voisin si les pêcheurs sont en fête, de ce qu'il ne les voit pas. Il n'en est rien que je sache, répond celui-ci ; ils n'ont pas l'habitude de venir pêcher ici, aussi étais-je hier fort étonné de ce qui s'est passé.

TRADUCTION ALTERNATIVE.

Canius venit tempore ad cœnam :	Canius vint à temps au souper :
convivium opipare	un festin somptueusement
apparatum a Pythio :	préparé par Pythius :
multitudo cymbarum	une multitude de barques
(erat) ante oculos ;	était devant les yeux ;
quisque pro se afferebat	chacun de son côté apportait
quod ceperat :	ce qu'il avait pris :
pisces abjiciebantur	les poissons étaient déposés
ante pedes Pythii	devant les pieds de Pythius.
Tum Canius, quæso, inquit,	Alors Canius, je vous prie, dit-il,
quid est hoc, Pythi?	qu'est-ce que cela, Pythius?
tantumne piscium?	tant de poissons?
tantumne cymbarum ?	tant de barques ?
Et ille inquit, quid mirum ?	Et celui-là répond : quoi d'étonnant ?
quidquid piscium est Syracusis.	tout ce qui est de poissons à Syracuse
est hoc loco :	est en ce lieu :
hæc aquatio :	ici est la provision d'eau :
isti non possunt carere hac villa	ces hommes ne peuvent se passer de cette maison de campagne.
Canius incensus cupiditate,	Canius enflammé de désir,

contendit a Pythio, ut venderet .	demanda instamment à Pythius de vendre.
Ille primo (accipit) gravate . . .	Celui-ci (accueille) d'abord avec difficulté.
Quid multa (dicam)? impetrat ;	Pourquoi tant dire? il obtient ;
homo cupidus et locuples . . .	l'homme riche et désireux
emit tanti, quanti Pythius voluit. .	acheta aussi cher que le voulut Pythius,
et emit instructos :	et acheta (les jardins) tout garnis :
nomina facit : negotium conficit. .	il passe signature : il termine l'affaire.
Canius invitat postridie	Canius invite le lendemain
familiares suos :	ses amis :
venit ipse mature :	il vient lui-même de bonne heure :
videt nullum scalmum :	il ne voit aucun aviron :
quærit ex proximo vicino, . . .	il demande au voisin le plus proche,
num quædam feriæ piscatorum essent, ...	s'il y avait quelque fête de pêcheurs,
quod eos nullos videret	de ce qu'il n'en voyait aucun.
Nullæ, quod sciam, inquit ille : .	Aucune que je sache, dit celui-ci :
sed nulli solent piscari hic ; . .	mais aucun n'a coutume de pêcher ici ;
itaque mirabar heri, ...	c'est pourquoi j'étais étonné hier,
quid accidisset.	de ce qui était arrivé.

CONVERSATION.

QUESTIONS.	RÉPONSES.
Quo venit Canius ?	Ad cœnam.
Quando?	Tempore.
Qualis erat cœna ?	Opipare apparatum convivium.
Quidnam ante oculos erat ?	Multitudo cymbarum.
Quid afferebat quisque?	Quod ceperat.
Cujus ante pedes abjiciebantur pisces ?	Pythii.
Quid ait Canius?	Quid est hoc ? tantumne piscium ? tantumne cymbarum ?
Quo loco erant pisces et aquatio?	Ante hortos Pythii.
Quanam re pisces carere non possunt ?	Pythii villa.
Quo modo ista audivit Canius ?	Incensus cupiditate.

CHAP. XXI. — PHRASÉOLOGIE. 361

Quid contendit a Pythio? | Ut hortos venderet.
Qua mente (id est quomodo) primo accepit ille? | Gravate.
Nonne tandem impetravit? | Impetravit.
Quanti emit? | Tanti, quanti Pythius voluit.
Quid postea? | Nomina fecit, atque negotium confecit.

Quos invitavit Canius? | Familiares suos.
Venitne ipse? | Mature.
Videtne scalmos? | Nullum.
Quid ex proximo vicino quærit? | Num feriæ quædam piscatorum essent, quod eos nullos videret.
Ille vero? | Nullæ, quod sciam, inquit.
Quinam hic piscari solebant? | Nulli.
Quid mirabatur vicinus? | Quid accidisset.

PHRASÉOLOGIE.

A TRADUIRE EN FRANÇAIS.

Familiares nostri tempore ad cœnam venient.

Opipare apparatum convivium allatum est.

Multitudo piscium et cymbarum ante oculos erant.

Pro se quisque, quid accidisset, ... abatur.

Ante oculos omnium pisces abjiciebantur.

Quidquid habebat familiarium Syracusis, in hortos ad se convocat.

Empta fuit villa tanti, quanti Pythius voluit.

Abs te contendo, ut nomina faciamus et negotium conficiamus.

Quid multa? venit homo locuples, et venit mature.

A TRADUIRE EN LATIN.

Nos amis viendront au souper à l'heure dite.

On apporta un repas préparé somptueusement,

On avait sous les yeux une multitude de poissons et de barques.

Chacun de son côté était étonné de ce qui s'était passé.

Les poissons étaient déposés sous les yeux de tous.

Il fait venir auprès de lui dans les jardins tout ce qu'il avait d'amis à Syracuse.

La maison de campagne fut achetée aussi cher que le voulut Pythius.

Je te demande instamment que nous dressions le contrat et que nous terminions complétement cette affaire.

Que dire de plus? notre richard arrive, et arrive de bonne heure.

Nec scalmos, nec piscatores videt.	Il ne voit ni barques, ni pêcheurs.
Quærit ex amicis, num feriæ quædam essent, quod piscantes nullos videret.	Il demande à ses amis s'il y avait quelques fêtes, de ce qu'il ne voyait personne pêcher.
Nihil, quod sciam, impetrabis.	Vous n'obtiendrez rien, je pense.

II. Analyse et Théorie.

LEXIOLOGIE.

Opipare, adv., abondamment, somptueusement. R. *opiparis* ou *opiparus*, abondant. R. R. *ops*, ressource ; *parare*, préparer.

Apparo ou *adparo, as, avi, atum, are*, act., préparer, apprêter. R. R. *ad* ; *parare*, préparer ; — *apparatio*, f., *apparatus, us*, m., action de préparer, apprêt.

Convivium, ii, n., repas, festin. R. R. *cum*, avec ; *vivere*, vivre ; — *convivalis* et *convivialis*, adj., qui concerne le repas.

Cymba, æ, f. M. R. barque, nacelle ; — *cymbalum*, n., cymbale.

Multitudo, inis, f., multitude, grand nombre. R. *multus*, nombreux.

Aquatio, onis, f., provision d'eau. R. *aquari*, faire provision d'eau. R. *aqua*, eau.

Careo, es, ui, itum, ere, n. M. R. manquer de ; — *careor* (arch.), même signification. — *Cassus*, privé de, est considéré par certains grammairiens comme part. passif de *careo*.

Incendo, is, i, sum, ere, act., enflammer. R. R. *in* ; *candere*, être embrasé ; — *incensor*, m., celui qui met le feu ; — *incensio*, f., *incendium*, n. incendie.

Cupiditas, atis, f., désir. R. *cupidus*, qui désire. R. *cupere*, désirer ; — *cupido, inis*, f., exprime un désir effréné, la passion.

Contendo, is, di, tum, dere, act. et n., tendre fortement ; demander avec instance. R. R. *cum* ; *tendere*, tendre.

Vendo, is, didi, ditum, dere, act. M. R. vendre.

Gravate ou *gravatim*, adv., avec peine, à contre-cœur. R. *gravis*, pesant.

Locuples, etis, adj., riche en domaines. R. R. *locus*, lieu ; — *pletus*, rempli (de l'inus. *plere*, emplir).

Instruo, is, xi, ctum, ere, act., garnir, équiper. R. R. *in* ; *struere*, bâtir.

Instructor, m., qui met en ordre ; — *instructio*, f., disposition, instruction.

Conficio, *is*, *eci*, *ectum*, *icere*, act., faire ensemble, achever. R. R. *cum* ; *facere*, faire.

Mature, adv., mûrement, de bonne heure. R. *maturus*, mûr.

Scalmus, *i*, m. (mot tiré du grec), cheville qui sert à accrocher la rame ; rame ; barque.

Feriæ, *arum*, f. pl. M. R. jour de fête ; — *feriari*, fêter.

Heri et (arch.) *here*, adv., hier ; — *hesternus*, adj., d'hier.

Miror, *aris*, *atus sum*, *ari*, n. et act. M. R, être surpris, admirer.

CHOIX ET DISPOSITION DES MOTS.

Tempore venit, vint à temps ; *mature venit*, vint ponctuellement, à l'heure dite, vint de bonne heure. — *In tempore* ou *ad tempus*, à temps, en temps convenable ; *de tempore*, de bonne heure (synonyme de *mature*) ; *ex tempore*, immédiatement.

Capere consilium ex tempore, Cic. Prendre une résolution sur-le-champ (*subito*).

Capere consilium ad tempus, Cic. Prendre une résolution à propos, en temps opportun (*opportune*).

Postridie, postero die, le lendemain ; — *postridie mane, postero die mane*, le lendemain matin.

Postridie, pridie, formant locution conjonctive de temps, sont suivis de *quam*.

Pridie quam hæc scriberem, Cic. La veille du jour où j'écrivais ces choses. — *Postridie quam tu es profectus*, Cic. Le lendemain de ton départ.

REVUE SYNTAXIQUE.

Pro se quisque afferebat. Chacun de son côté apportait, tous apportaient à l'envi. — Nous avons vu précédemment le pluriel après *quisque* employé dans le même sens. (*Synt.*, Ch. VIII.).

Tantumne piscium ? — *Ne* dans l'interrogation se place ordinairement après le premier mot. En tout cas, il ne doit jamais être en tête de la phrase.

Carere hac villa. Se passer de cette habitation. — L'ablatif après un verbe de privation. (*Synt.*, Ch. XI.)

Incensus cupiditate.— Le complément à l'ablatif, parce qu'il marque la cause. (Ch. XI.)

Contendit a Pythio ut venderet. — *Contendere, efflagitare*. Deman-

der avec instance, veulent leur complément indirect à l'ablatif avec *a,
ab,* et la subordonnée au subjonctif avec *ut.*

Emit tanti, quanti voluit. — *Tanti, quanti* au génitif après un verbe
de prix ou d'estime (*Synt.*, Ch. XI et XII.) — On emploie aussi l'ablatif
avec *emere.*

Emit domum prope dimidio carius quam existimat, Cic. Il achète
la maison presque moitié plus qu'il ne pense.

Quærit ex vicino. — Après *quærere* et ses analogues le complément
indirect, indiquant la source, l'origine, se met à l'ablatif avec *e, ex.*
(*Synt.*, Ch. XI.)

Quærit num. — Les verbes de doute, de demande sont suivis de *num*
ou *an* devant une subordonnée. (Ch. IX.)

Quærit num essent. — La subordonnée au subjonctif, à cause de l'interrogation indirecte.

Quod eos nullos videret. De ce qu'il n'en voyait aucun, puisqu'il n'en
voyait aucun. — *Quod* ayant le sens de *puisque, puisqu'il arrive que,*
doit être suivi du subjonctif.

Quod sciam. Que je sache, autant que je puisse savoir. — *Quod*
ayant le sens de *autant que l'on puisse,* veut le verbe qui le suit au
subjonctif.

Mirabar quid accidisset. — Le subjonctif, parce qu'il y a interrogation indirecte.

Quidquid piscium est Syracusis. — Le génitif, après le quantitatif
quidquid (*Synt.*, Ch. XI.), comme après *quid, quod, nihil,* etc.
Syracusis, à l'ablatif pluriel, comme nom de ville de la première déclinaison n'ayant pas de singulier. (*Quest. ubi,* Ch. XI.)

Venit ad cœnam. Vint au souper. — Lorsque l'objet vers lequel on se
dirige n'est pas un nom de lieu, il se met à l'accusatif avec *ad.* (*Synt.*,
Ch. XI. — *Choix et Disp.,* Ch. XV.)

III. Exercices.

COMPOSITION.

1 — Rien, à mon avis, n'est plus blâmable que de feindre une chose
et d'en faire une autre, et rien n'est plus louable que de cultiver ouvertement la vérité.

2 — Mais d'autre part il arrive que ceux qui le plus souvent passent
pour des sages, manquent à leur qualité (sont trouvés n'être pas sages);
car il survient foule de cas qui enflamment d'un désir excessif même
l'homme prudent et prévoyant.

3 — Or Pythius avait demandé aux pêcheurs qu'il avait fait venir, de pêcher sous ses yeux mêmes.

4 — Suivant l'opinion de Canius, il n'y avait pas assez de barques pour contenir tant de poissons de cette espèce ; il ne pouvait s'empêcher de (*non posse quin*) s'écrier qu'il n'avait jamais vu ailleurs autant de poissons.

5 — Combien, je vous prie, dit-il, vendrez-vous les jardins avec le cours d'eau ? Je ne puis me passer de cette maison de plaisance ; je ne suis nullement étonné que vous la préfériez de beaucoup à la ville.

6 — Je vous supplie de terminer cette affaire sans plus d'hésitation ni de retard ; j'achèterai aussi cher que vous voudrez.

7 — Et celui-ci (de répondre) : Qu'importe que nous passions signature aujourd'hui ou demain ? Vous pouvez, si vous voulez, user de ces jardins comme des vôtres.

8 — Pendant que ces choses se passent entre eux, les voisins les plus proches se rassemblent de bonne heure, et s'empressent de demander à Canius s'il pensait que tous ces poissons avaient été pris devant la maison de campagne.

9 — Pourrait-on hésiter, en apprenant ceci, à appeler Pythius le plus infâme de tous les voleurs ?

10 — Ces petits jardins qui sont à deux pas (qui sont proches) ne me retracent pas seulement le souvenir de Platon, ils semblent le remettre lui-même sous mes yeux.

11 — Cicéron avait construit à la campagne, dans Tusculanum, une villa où il pût trouver à la fois la récréation de l'esprit et le repos contre les soucis.

REPOS DE L'ÉTUDE.

Socrates, quum esset ex eo quæsitum, Archelaum, Perdiccæ filium, qui tum fortunatissimus haberetur, nonne beatum putaret ? — Haud scio, inquit : nunquam enim cum eo collocutus sum. — Ain' tu ? an tu aliter id scire non potes ? — Nullo modo. — Tu igitur ne de Persarum quidem rege magno potes dicere, beatusne sit ? — An ego possum, quum ignorem, quam sit doctus, quam vir bonus ? — Quid ? Tu in eo sitam vitam beatam putas ? — Ita prorsus existimo, bonos, beatos : improbos, miseros. — Miser ergo Archelaus ? — Certe, si injustus.

CICERO, *Tuscul.*, V.

Fortunatus, is cui fortuna est secunda; — beatus, cui bene est; — colloqui, sermonem habere; — ain', syncopa pro aisne; — doctus, eruditus, optimarum artium studiis excultus; — vir bonus, integer frugi, justus; — situs, positus, locatus; — prorsus, plane, omnino; — improbus, nequam, sceleratus.

CHAPITRE VINGT-DEUXIÈME.

1. Pratique.

Scribendum ergŏ quam dīlĭgentissime, et quam plurĭmum. Nam, ut terra altius effossa genĕrandis ălendisque sēminibus fēcundior est; sic profectus non a summo pĕtītus, stŭdiorum fructus effundit ubĕrius, et fĭdēlius contĭnet.

Nam sine hac quidem conscientia, ipsa illa ex tempore dīcendi făcultas ĭnānem mŏdŏ lŏquācĭtatem dăbit, et verba in lābris nascentia. Illic rādĭces, illic fundāmenta sunt: illic ŏpes velut sanctiore quodam ærārio recondĭtæ, undĕ ad sŭbĭtos quŏquĕ casus, quum res exĭget, prŏferantur.

Vires faciamus ante omnia, quæ sufficiant labori certaminum, et usu non exhauriantur. Nihil enim rerum ipsa natura voluit magnum effici cito, præposuitque pulcherrimo cuique operi difficultatem; quæ nascendi quoque hanc fecerit legem, ut majora animalia diutius visceribus parentum continerentur.

Sit primo vel tardus, dum diligens, stylus : quæramus optima, nec protinus se offerentibus gaudeamus : adhibeatur judicium inventis, dispositio probatis. Delectus enim rerum verborumque habendus est, et pondera singulorum examinanda. Postea subeat ratio collocandi, versenturque omni modo numeri : non, ut quodque se proferet verbum, occupet locum.

Quintilien, Inst. orat., lib. X.

TRADUCTION LITTÉRALE.

Scribendum ergo quam diligentissime, et quam
 Écrire   très-soigneusement,

plurimum. Nam, ut terra altius effossa generandis
         c euser produire

alendisque seminibus fecundior est, sic profectus
mourrir semence fécond   profit

non a summo petitus, studiorum fructus effundit

uberius, et fidelius continet. Nam, sine hac quidem
plus abondamment, retenir.

conscientia, ipsa illa ex tempore dicendi facultas inanem
conscience,   sur-le-champ

modo loquacitatem dabit, et verba in labris nascentia.
               lèvre

Illic radices, illic fundamenta sunt : illic opes velut
  racine,   fondement

sanctiore quodam ærario reconditæ, unde ad subitos
      trésor public enfermer,

quoque casus, quum res exiget, proferantur.

Vires faciamus ante omnia, quæ sufficiant labori
Forces   suffire

certaminum, et usu non exhauriantur. Nihil enim
lutte,   épuiser.

rerum ipsa natura voluit magnum effici cito, præpo-
            faire vite,

suitque pulcherrimo cuique operi difficultatem; quæ
   beau

nascendi quoque hanc fecerit legem, ut majora ani-

malia diutius visceribus parentum continerentur.
      entrailles

CHAP. XXII. — TRADUCTION. 369

Sit primo vel tardus, dum diligens, stylus : quæ-
<small>lent, soigné,</small>

ramus optima, nec protinus se offerentibus gaudeamus:
<small>aussitôt se contenter :</small>

adhibeatur judicium inventis, dispositio probatis.
<small>employer jugement</small>

Delectus enim rerum verborumque habendus est, et
<small>Choix</small>

pondera singulorum examinanda. Postea subeat ratio
<small>poids manière</small>

collocandi, versenturque omni modo numeri : non, ut
<small>placer, retourner nombre :</small>

quodque se proferet verbum, occupet locum.
<small>se présenter mot,</small>

TRADUCTION FRANÇAISE.

Il faut donc écrire avec le plus grand soin et le plus possible; car, de même que la terre profondément retournée est plus propre à la production et à l'entretien des plantes ; de même, le perfectionnement que l'on ne recherche pas superficiellement produit plus abondamment et retient plus fidèlement le fruit des études. Sans cette conscience dans les efforts, cette faculté même d'improviser n'aboutira qu'à une vaine loquacité et fournira des paroles qui ne viendront que des lèvres. C'est là qu'est la racine, c'est là qu'est la base : c'est là que sont renfermées les ressources, comme dans la cassette la plus sainte d'où elles s'échappent soudain, quand le sujet le réclame.

Donnons-nous avant tout des forces capables de répondre à la lutte et inépuisables à l'usage. Car la nature elle-même n'a pas voulu que rien de grand se fît à la hâte, et elle a soumis les belles œuvres à la difficulté ; elle qui a aussi établi cette loi, que les animaux les plus forts restassent plus longtemps dans le ventre de leur mère.

Il faut d'abord que la composition soit lente, mais soignée ; il faut que nous cherchions ce qu'il y a de meilleur et que nous ne nous contentions pas de nos premières idées. Sachons juger ce que nous avons trouvé et mettre en ordre ce que nous avons approuvé. Il faut faire un choix des choses et des mots, et rien de tout cela ne doit échapper à notre examen.

Il nous reste alors à disposer nos expressions et à combiner l'harmonie de toutes les manières. Les mots ne doivent pas prendre place suivant l'ordre dans lequel ils se présentent à notre esprit.

TRADUCTION ALTERNATIVE.

Ergo scribendum est quam plurimum	Il faut donc écrire le plus possible
et quam diligentissime	et le plus soigneusement possible.
Nam ut terra altius effossa . . .	Car, comme une terre retournée plus profondément
fecundior est seminibus	est plus fertile pour les semences
generandis alendisque ;	devant être produites et nourries ;
sic profectus non petitus a summo .	de même, le perfectionnement non recherché de la superficie,
effundit fructus studiorum . . .	produit des fruits d'études
uberius et continet fidelius. . .	plus abondamment et les retient plus fidèlement ;
Nam, sine hac quidem conscientia, .	car, certes sans cette conscience,
ipsa facultas illa dicendi ex tempore	cette faculté même de parler sur-le-champ
dabit modo inanem loquacitatem, .	donnera seulement une vaine loquacité,
et verba nascentia in labris . . .	et des mots naissant sur les lèvres.
Illic radices, illic fundamenta sunt :	Là sont les racines, là sont les fondements :
illic opes velut reconditæ . . .	là les ressources comme serrées
quodam ærario sanctiore, . . .	dans un trésor plus saint,
unde quoque proferantur . . .	d'où elles s'échappent aussi
quum res exiget, ...	quand la chose l'exigera,
ad subitos casus.	pour les événements subits.
Vires faciamus ante omnia, . .	Créons-nous avant tous des forces,
quæ sufficiant labori certaminum .	qui suffisent à l'exercice des luttes,
et non exhauriantur usu	et qui ne soient pas épuisées par l'usage.
Enim natura ipsa voluit	Car la nature même a voulu
nihil rerum magnum effici cito, .	rien de grand des choses être fait vite,
præposuitque difficultatem . . .	et a préposé une difficulté
cuique operi pulcherrimo ; . . .	à chaque œuvre très-belle ;
quæ fecerit quoque hanc legem nascendi	qui a fait aussi cette loi de la naissance,

ut majora animalia continerentur	que les plus grands animaux fussent contenus
diutius visceribus parentum. . .	plus longtemps dans les entrailles des mères.
Stylus sit primo vel tardus, . . .	Que d'abord le style soit même lent,
dum diligens ;	pourvu qu'il soit travaillé avec soin :
quæramus optima	cherchons ce qu'il y a de mieux,
nec gaudeamus protinus se offerentibus :.	et ne nous contentons pas de ce qui s'offre aussitôt :
judicium adhibeatur inventis, . .	que le discernement soit employé pour ce qui est trouvé,
dispositio probatis.	l'arrangement pour ce qui est jugé bien.
Enim delectus habendus est. . .	Car un choix doit être fait
rerum verborumque	des choses et des mots,
et pondera singulorum examinanda.	et le poids de chaque chose examiné.
Postea ratio collocandi subeat, .	Qu'ensuite vienne la manière de disposer,
numerique versentur omni modo :	et que les nombres soient retournés de toutes manières :
quodque verbum non occupet locum, ...	et que chaque mot n'occupe pas la place,
ut se proferet	comme il se présentera.

CONVERSATION.

QUESTIONS.	RÉPONSES.
Quonam pacto scribendum est ?	Quam diligentissime et quam plurimum.
Quibus fecundior evadit terra altius effossa?	Generandis alendisque seminibus.
Quibus rationibus petendus est profectus?	Non a summo.
Quid effundit profectus hoc modo petitus?	Studiorum fructus.
Quid, sine hac conscientia, dabit illo ex tempore dicendi facultas.	Inanem modo loquacitatem et verba in labris nascentia.
Qua de facultate agitur?	De facultate ex tempore dicendi.
Ubi radices et fundamenta invenies?	Illic.

372   CHAP. XXII. — PHRASÉOLOGIE.

Quali ærario opes sunt reconditæ ?	Sanctiore.
Quando proferentur opes illæ ?	Cum res exiget.
Quos ad casus ?	Subitos.
Quid nobis ante omnia faciendum est ?	Vires facere.
Cuinam labori sufficere vires debent ?	Labori certaminum.
Quid usu fiet ?	Non exhaurientur vires.
Quid voluit natura ?	Nihil magnum effici cito.
Quid pulcherrimo cuique operi præposuit ?	Difficultatem.
Quænam est nascendi lex animalium ?	Majora animalia diutius visceribus parentum continentur.
Qualis erit primo stylus ?	Vel tardus, dum diligens.
Quæ sunt quærenda ?	Optima.
Quibus gaudere non debemus ?	Protinus se offerentibus.
Quid inventis adhibendum ?	Judicium.
Quid probatis ?	Dispositio.
Quis delectus est habendus ?	Rerum verborumque.
Quæ deinde examinanda ?	Pondera singulorum.
Quid subit postea ?	Ratio collocandi.
Quid omni modo versabimus ?	Numeros.
Num, ut quodque se proferet verbum, occupabit locum ?	Nequaquam.

PHRASÉOLOGIE.

A TRADUIRE EN FRANÇAIS.	A TRADUIRE EN LATIN.
Quisnam ergo scribit quam diligentissime ?	Qui donc écrit avec tout le soin possible ?
Terra, ut semina generet et alat, quam plurimum et altius effodienda est.	La terre, pour faire lever les semences et les nourrir, doit être creusée profondément et le plus possible.
Studiorum profectus non a summo petendus est.	Le progrès dans les études ne doit pas être recherché superficiellement.
Terra fecunda fructus effundit uberius, et fidelius semina continet.	Une terre fertile donne des fruits plus abondamment, et conserve plus fidèlement les semences.

Cum hac conscientia, illa ex tempore discendi facultas haud inanem loquacitatem dabit.

Illa non erunt verba in labris modo nascentia.

Illic radices, illic fundamenta studiorum habemus.

Illinc opes, cum res verbaque exigent, proferentur.

Vires faciamus ad subitos casus.

Quæ, velut sanctiore quodam ærario reconditæ, certaminum labori sufficient.

Nihil enim rerum magnum cito efficies.

Pulcherrimo cuique operi natura difficultas præponitur.

Hæc est lex naturæ, ut majora animalia tardius nascantur.

Labor, si quæramus optima, fructus effundit uberius.

Bona rerum verborumque dispositio habenda est.

Adhibeamus judicium se offerentibus, et pondera verborum examinemus.

Postea subeat dispositio, adhibeanturque numeri.

Diligens enim delectus habendus est in stylo.

Verba omni modo versata non, ut se proferent, occupent locum.

Avec cette conscience, cette faculté d'improviser ne produira pas une vaine loquacité.

Ce ne seront pas là des mots qui ne naissent que sur les lèvres.

C'est là que nous trouvons les racines, les fondements des études.

C'est de là que se tireront les ressources, lorsque les choses et les mots l'exigeront.

Sachons nous créer des forces pour les cas inopinés.

Celles-ci, comme gardées dans un dépôt sacré, suffiront aux épreuves de la lutte.

Car vous ne ferez rien de grand avec rapidité.

La nature impose de la difficulté à tous les ouvrages excellents.

Telle est la loi de la nature, que les animaux les plus gros mettent plus de temps à naître.

Le travail, si nous cherchons ce qu'il y a de meilleur, donne des fruits plus abondants.

Il faut établir une bonne disposition des choses et des mots.

Appliquons notre jugement aux choses qui se présentent à notre esprit, et pesons la valeur des mots.

Occupons-nous ensuite de la disposition, et faisons usage du nombre.

Car il faut, dans la composition, faire un choix rigoureux.

Que les mots, retournés de toutes manières, ne restent pas placés comme ils nous viennent.

II. Analyse et Théorie.

LEXIOLOGIE.

Diligenter, ius, issime, adv., soigneusement. R. *diligens,* soigneux. R. R *di*; *legere,* faire choix.

Plurimum, adv., très-grandement, le plus, sup. de *plus,* plus. M. R.; — *plurimus, a, um,* adj., en très-grand nombre; il sert de superlatif à *multus.*

Effodio, is, odi, ossum, odere, act., creuser. R. R. *ex*; *fodire,* fouir; — *effossio,* f., fouille.

Genero, as, avi, atum, are, act., engendrer. R. *genus,* extraction; — *generator, trix,* celui, celle qui engendre; — *generatio,* f., génération.

Alo, is, lui, alitum et *altum, ere,* act. M. R. nourrir;—*alimentum,* n., *alitus, us,* m., aliment; — *alimentarius,* adj., alimentaire.

Semen, inis, n., semence. R. *serere,* semer; — *seminare,* ensemencer; — *sementatio,* f., semailles; — *sementis,* f., ensemencement; — *seminatio,* f., action de semer; — *seminalis,* adj., propre à être semer; — *seminarium,* n., pépinière.

Profectus, us, m., progrès, perfectionnement. R. *proficere,* profiter, faire des progrès. R. R. *pro,* en avant; *facere,* faire.

Effundo, is, udi, usum, ere, act., répandre. R. R. *ex*; *fundere,* verser; — d'où *effusio,* f., écoulement, effusion.

Fecundus, a, um, adj. M. R. fécond; — *fecunditas,* f., fécondité.

Uberiter (inus.) *uberius, uberrime,* adv., abondamment, plus, très-abondamment; — *ubertim,* adv., abondamment. R. *uber,* fertile, abondant;— *uber, eris,* n., mamelle; — *uberare,* fertiliser; — *ubertas,* f. fertilité; — *inuber,* adj., stérile.

Conscientia, æ, f., connaissance, conscience. R. *consciens,* qui a la connaissance, la conscience de. R. R. *cum*; *scire,* savoir.

Inanis, e, adj., M. R. vide, vain; — *inanitas,* f., inanité.

Loquacitas atis, f., babil, loquacité. R. *loquax,* bavard. R. *loqui,* parler.

Labrum et *labium, ii,* n. M. R, lèvre.

Nascor, eris, natus sum, sci, dép. M. R. naître.

Radix, icis, f. M. R. racine; — *radicari,* prendre racine; — *radicitus,* adv., jusqu'à la racine; — *radicula,* f., radicule; — *radicaliter,* adv., radicalement.

Fundamentum, i, n., fondement, base. R. *fundus,* fond.

Ærarium, ii, n., trésor public, lieu de ressource. R. *œs,* airain.

Exigo, is, egi, actum, ere, act., conduire hors, exiger. R. R. *ex; agere,* conduire; — *exactio,* f., action d'exiger; — *exactor,* m., celui qui exige.

Profero, fers, tuli, latum, ferre, act., porter en avant, tirer. R. R. *pro; ferre,* porter.

Exhaurio, is, ausi, austum, aurire, act., épuiser. R. R. *ex,* de; *haurire,* puiser.

Præpono, is, posui, positum, ere, act., mettre en avant, imposer. R. R. *præ,* en avant; *ponere,* placer; — *præpositio,* f., action de préposer; préposition.

Pulcher, chra, chrum, adj. M. R. beau; comp. *pulchrior,* sup. *pulcherrimus;* — *pulchre,* adv., bien; — *pulchritudo,* f., beauté; — *perpulcher,* adj., très-beau.

Difficultas, atis, f., difficulté. R. R. *dis,* priv.; *facilis,* facile.

Viscus, eris, n, M. R. entrailles; employé principalement au pluriel.

Parens, tis, m. f., parent, père, mère. R. *pario,* enfanter.

Tardus, a, um, adj. M. R. lent.

Stylus, i, m, M. R. poinçon, style, manière d'écrire.

Judicium, ii, n., jugement. R. *judex,* juge. R. R. *jus,* justice; *dicere,* dire; — *judicialis, judiciarius,* adj., judiciaire.

Probo, as, avi, atum, are, act. M. R. approuver.

Dispositio, onis, f., disposition, arrangement. R. *disponere,* disposer. R. R. *dis,* de côté et d'autre; *ponere,* placer.

Delectus, us, m., choix, différence. R. R. *de; legere,* choisir.

Pondus, eris, n. M. R. poids, valeur; — *ponderare,* peser, examiner; — *ponderatio,* f., action de peser.

Examino, as, avi, atum, are, act., essaimer; examiner, évaluer. R. *examen,* essaim, examen. — La jeune abeille en essaimant se sépare de la vieille mouche. — *Examen* signifie donc primitivement séparation, et, par extension, analyse, examen.

Postea, conj. adv. et quelquefois prép. ensuite. R. R. *post,* après; *ea,* ces (choses).

Colloco, as, avi, atum, are, act., placer. R. R. *cum; locare,* placer. R. *locus,* lieu.

Verso, as, avi, atum, are, act., retourner, fréq. de *vertere,* tourner. M. R.; — *versatilis,* adj., versatile; — *versabilis,* adj., variable; — *versabundus,* adj., qui pirouette.

Numerus, i, m. M. R. nombre; rhythme, harmonie.

Occupo, as, avi, atum, are, act., occuper. R. R. *ob,* contre; *capere,* prendre; — *occupatio,* f., action d'occuper.

DISPOSITION ET CHOIX DES MOTS.

Scribendum (est). On doit écrire. — Cette forme impersonnelle est fort usitée dans le style didactique. Nous avons vu que les verbes neutres eux-mêmes, quoique privés de la voix passive, se construisent très-souvent avec cette forme (Ch. IX). Le participe futur passif, au neutre, remplace bien les expressions *posse, solere, debere* suivis de l'infinitif. C'est le goût, c'est la construction de la phrase et quelquefois la nécessité d'un sens précis qui décide.

Ad ea (magna) rectis studiis (juvenes) debent contendere; quod eo firmiore animo facient, quia non modo non invidetur illi ætati, verum etiam favetur, Cic. Les jeunes gens doivent viser avec droiture à ce qui est grand; et ils le feront avec d'autant plus d'assurance, que non-seulement on ne porte pas envie à cet âge, mais même on le favorise.

195. *Quam diligentissime*. — *Quam* devant un superlatif en augmente la force dans le sens de *le plus* ou *le moins possible*; aussi *possum* est-il exprimé fort souvent. *Le plus possible* se rend naturellement par le superlatif de l'adjectif ou de l'adverbe de la phrase, ou par le positif précédé de *quam maxime*; mais *le moins possible* ne se rend que par *quam minime* suivi du positif.

Convivium, quam maxime possumus, vario sermone producimus, Cic. Par une conversation variée, nous prolongeons notre repas le plus possible.

Necesse erit cupere et optare, ut quam sæpissime peccet amicus, Cic. Il faudra désirer que notre ami commette le plus de fautes possible.

On trouve quelquefois *ut* à la place de *quam*.

Tum appellat hominem ut blandissime potest, Cic. Alors il appelle cet homme des noms les plus doux.

On prend enfin une tournure équivalente pour le sens.

Et dicam brevius quam tanta res dici possit, Cic. Je m'exprimerai avec le plus de brièveté possible.

Quam minime indiligenter potero. Avec le moins de négligence possible.

Profectus, progrès, perfectionnement, est un mot qu'on ne trouve qu'après Auguste dans Quintilien, Sénèque, Pline le Jeune, etc. Il dérive de *proficere*, avancer, faire des progrès, profiter, qui appartient à l'âge d'or de la latinité. Toutefois les poëtes du temps d'Auguste l'avaient quelquefois employé dans le sens général de *profit*.

A summo petitus, demandé à la superficie, cherché superficiellement. — *Summum*, adj., pris substantivement, signifie ce qui est le plus grand, le plus élevé (*quo nihil sit superius*), et par conséquent la superficie.

Effundit fructus. — *Effundere*, répandre, verser ; produire abondamment.

Segetes fecundæ herbas effundunt inimicissimas frugibus, Cic. Les terrains fertiles produisent en abondance des herbes très-funestes aux moissons.

Sine hac conscientia, sans la conviction, sans la conscience d'avoir agi ainsi, sans ce témoignage intérieur.

Alius est dominus exortus ex conscientia peccatorum, timor, Cic. Il est un autre tyran engendré par la conscience de vos fautes, c'est la crainte.

Hæc ad te scripsi fretus conscientia officii mei, Cic. Je t'ai écrit ces choses, m'appuyant sur la conscience d'un devoir rempli.

Ex tempore, sur-le-champ, spontanément : *Ex tempore dicere*, Cic. Parler sur-le-champ.

Ex tempore, suivant la circonstance : *Ex tempore consilium capere*, Cic. Prendre un parti suivant la circonstance.

Condere, mettre ensemble, serrer ; *recondere*, serrer avec soin.

Ærarium, trésor public ; lieu où l'on dépose les deniers publics.

Primum mihi litteras, quas in ærario sanctiore conditas habebant, proferunt, Cic. D'abord ils me produisent les lettres qu'ils tenaient enfermées dans l'endroit le plus sacré de leur trésor.

Quum (ou *prout*) *res exiget* (*petet*, *postulabit*).

Nihil rerum, *nihil omnium rerum*, locution plus expressive que *nihil*, seul.

Nihil omnium rerum melius, quam omnis mundus administratur, Cic. Rien n'est mieux administré que le monde entier.

Nous avons vu précédemment (Ch. XI) les expressions quantitatives après lesquelles on emploie ainsi le génitif.

Numerus, le nombre, l'harmonie, l'observation de la mesure dans le discours. Cicéron en a tracé les règles dans son *Orateur*.

REVUE. SYNTAXIQUE.

196. *Ut terra... sic profectus...* Comme la terre... de même le progrès... — L'expression d'une comparaison entre deux membres de phrase est plus souvent formulée en latin et en grec qu'en français, où l'on se contente de joindre les deux idées par une conjonction ou par une tournure quelconque. Le style soutenu toutefois et le style poétique surtout conservent ordinairement en ce cas l'agencement latin.

Le latin met habituellement *quemadmodum* ou *ut* au premier membre, et *sic* ou *ita* au second. Quelquefois la conjonction est supprimée au premier ou au second membre ; mais nous devons dire que l'emploi des deux conjonctions, c'est-à-dire la formule complète de la comparaison, n'a pas, même dans le style familier, l'apparence emphatique que nous cherchons à éviter dans notre langue.

Ut magistratibus leges, ita populo præsunt magistratus, Cic. Les magistrats sont au-dessus du peuple, comme les lois sont au-dessus des magistrats.

Atticum sic amo ut fratrem, Cic. J'aime Atticus comme un frère.

Quemadmodum sunt in se ipsos animati, eodem modo (ou *ita*) *sint erga amicos*, Cic. Qu'ils soient animés des mêmes sentiments envers leurs amis qu'envers eux-mêmes.

Vires quæ sufficiant. — Le subjonctif après *qui* signifiant capable de.

Natura quæ fecerit hanc legem, la nature qui a fait, qui, semble-t-il, a fait. — On conçoit encore ici l'emploi du subjonctif.

Fecerit hanc legem ut animalia continerentur, a fait cette loi que les animaux seraient retenus. — La proposition relativement principale *fecerit hanc legem* est du genre de celles que nous avons appelées démonstratives ; d'où l'emploi du subjonctif avec *ut*.

Sit stylus, — quæramus, — adhibeatur. — Emploi du subjonctif au commencement d'une phrase.

Delectus habendus est. — Emploi du participe futur passif avec un sens analogue à celui que donnerait l'emploi du subjonctif ou de l'impératif : *Delectus habendus est* ou *delectum habeamus* ; *pondera singulorum examinanda* ou *pondera singulorum examinemus*.

Ærarium, unde opes proferantur. — *Unde* signifiant d'où puissent est suivi du subjonctif (Ch. VIII).

EXPRESSIONS TIRÉES DE CICÉRON ET DE QUINTILIEN

propres à aider pour la traduction des orateurs et rhéteurs latins.

Orator bonus, magnus, maximus, bon, grand, très-grand orateur. — *Consummatus*, consommé. — *Perfectus, perfectus in dicendo*, parfait. — *Summus*, accompli. — *Elegans in dicendo*, élégant. — *Amplus, grandis*, qui a de la grandeur, de l'élévation, un haut mérite. — *Varius, vehemens, copiosus, gravis*, dont la diction a de la variété, de la véhémence, de l'abondance, de la force. — *Eminentissimus*, très-éminent.

Rabula, mauvais avocat. — *Declamator*, déclamateur. — *Causidicus*, avocat, défenseur (quelquefois synonyme de *rabula*). — *Patronus*, défenseur (*qui defendit alterum in judicio, patronus dicitur, si orator est*). — *Grandiloquus*, grand orateur, le plus souvent beau parleur, c'est-à-dire en mauvaise part. — *Infantes*, orateurs sans talent, médiocres. — *Rhetor*, qui enseigne les préceptes d'amplification ; pris tantôt en bonne, tantôt en mauvaise part; orateur, quand on veut opposer son genre à celui de philosophe. — *Præceptor eloquentiæ*, professeur d'éloquence. — *Dicendi peritus*, habile dans l'art de parler.

Eloquentia forensis, éloquence du barreau.

Oratio ornata, discours orné ; — *concinna*, fait avec art ; — *acris*, énergique ; — *umbratilis*, philosophique, qui ne cherche pas à briller ; — *aspera*, âpre ; — *horrida*, rude ; — *contorta*, impétueux ; — *vehemens*, véhément ; — *tristis*, austère ; — *lævis*, poli ; — *terminata, conclusa*, arrondi, harmonieux, périodique ; — *instructa*, châtié, bien travaillé ; — *pressa*, serré, concis ; — *subtilis*, simple, précis, fin ; — *pellucens*, clair.

Similiter cadens, figure qui consiste à terminer les membres de la période par des cas semblables : *Ut ad audendum projectus, sic ad audiendium paratus.*

Similiter desinens, figure qui consiste à terminer les membres de la phrase par les mêmes consonnances : *Dux fuit tam egregius ut ejus semper voluntatibus non modo cives assenserint, socii obtemperarint, hostes obedierint...* Cic., *Or.* (Ch. VI).

Argumentorum et *rationum loci*, lieux ou sources des arguments et des preuves : *communes loci*, lieux communs ; — *loci*, lieux communs.

Tria videnda sunt oratori, quid dicat (invenire), et *quo quidque loco (collocare)*, et *quo modo (dicere, eloqui)* : l'invention, la disposition, l'élocution. Cicéron rattache à l'élocution une quatrième partie, l'action (*actio, agere*). Cic., *Or.*

Orare, discourir ; — *ars orandi*, l'art de parler, la rhétorique.

Omnis autem orandi ratio quinque partibus constat, inventione, dispositione, elocutione, memoria, pronunciatione sive actione, Quint.

Tria genera causarum : epidicticum dicendi genus, epidicticum genus, genus demonstrativum sive laudativum, genre démonstratif ; *suasorium sive deliberativum genus*, genre délibératif ; *judiciale genus*, genre judiciaire.

Tria genera dicendi : subtile, summissum, humile, tenue in probando ; modicum, mediocre, medium in delectando ; vehemens, grave in flectendo : il y a trois genres de style : le style simple pour prouver, le tempéré pour plaire, le véhément ou sublime pour émouvoir. Cic. *Or.*

Quinque partes orationis : Proœmium vel exordium, narratio, probatio, refutatio, peroratio. His adjecerunt quidam partitionem, propositionem, excessum (vel egressionem, vel digressionem), Quint. Les cinq parties du discours sont : l'exorde, la narration, la preuve ou confirmation, la réfutation, la péroraison. Quelques-uns y ont ajouté la division, la proposition, la digression.

Vox contenta, intonation élevée; — *summissa vel submissa,* basse; — *inclinata,* modérée ; — *inflexa,* attendrissante ; — *dulcis,* douce; — *clara,* claire.

Loqui vel dicere plane, dilucide, parler clairement ; —*recte, correcte, emendate,* correctement, parler bien sa langue.

Dicendi virtutes, qualités du discours ; —*artificium,* l'art de parler.

Sermo purus et latinus, discours pur et correct, bon latin.

Sermo latinus, græcus; lingua latina, græca, langue latine, langue grecque.

Filum tenue, style simple ; — *filum* signifie au propre fil, d'où tissu, contexture, composition, Cic. Or.

Stylus exercitatus, style exercé.

Verborum junctura, liaison des mots ; —*collocatio,* arrangement des mots ; —*concinnitas,* arrangement habile et harmonieux.

Verba juncta, mots composés. Cic. Or.

Actio publica, fonction publique.

Adspiratio, aspiration, emploi de *h.*

Poetæ hiabant, les poëtes faisaient des hiatus.

Tropus est verbi vel sermonis, a propria significatione in aliam cum virtute mutatio. Quint. Le trope est le changement par lequel on transporte, avec avantage, un mot ou une expression, de sa signification propre à une autre.

Metonymia est nominis pro nomine positio. Quint. La métonymie consiste à changer un nom en un autre.

Translatio (vel tralatio), quæ metaphora græce vocatur; transfert nomen aut verbum ex eo loco in quo proprium est, in eum in quo aut proprium deest, aut translatum proprio melius est, Quint. La métaphore consiste à faire passer un nom ou un mot de son sens propre à celui qui ne l'est pas, soit pour remplacer un sens propre qui manque, soit pour le remplacer avantageusement.

III. Exercices.

COMPOSITION.

1 — Certes il faut étudier toutes les fois qu'on le pourra (il sera permis), et le plus possible et partout.

2 — Ceux-là seuls peuvent acquérir la faculté d'improviser, qui,

comme je l'ai dit plus haut, ont consumé dans les fatigues de l'étude (des études) la plus grande partie de leur vie.

3 — Si un professeur doit parler de l'élocution, il s'occupera des choses encore plus spécialement que des mots. Car, comme nous donnons de la grâce (*lepor*) par des mots placés à propos, de même, nous donnons de la force à l'éloquence par des choses choisies avec discernement (*ratione et modo*).

4 — Mais, avant tout, il faut savoir quelle place on doit assigner aux mots, et de quelle manière la disposition produit les meilleurs effets.

5 — Que s'il faut regarder comme grand ce sur quoi nous avons tant de fois exprimé notre sentiment, nous avons nécessairement à chercher non-seulement ce qui est utile (*conferre, expedire* ou *prodesse*) à la cause, mais encore ce qui convient.

6 — Que si quelqu'un blâme ces bases les plus solides de l'éloquence, il est dans une très-grande erreur; car il ne deviendra pas un orateur parfait, s'il n'est homme de bien, et s'il ne s'est appliqué de tout son pouvoir à parler avec sincérité et honnêteté.

7 — Nous lisons dans Cicéron : On considérera donc comme éloquent celui qui, au barreau et dans les causes civiles, parlera de manière à prouver, à plaire et à émouvoir. Il est indispensable de prouver, il faut être gracieux pour plaire, et il faut émouvoir pour remporter la victoire.

8 — Le plus souvent nous péchons contre la bienséance. Pour se mettre en garde contre ce défaut, il faut examiner jusqu'où l'on peut aller.

9 — Au reste, ces conseils que je donne ne tendent pas à augmenter la difficulté et la peine d'écrire, mais on ne peut concevoir combien en ceci Cicéron fut soigneux et attentif.

10 — Il n'y a que l'habitude et l'exercice de la parole qui rendent capable de soutenir les luttes du barreau.

11 — Il faut employer du discernement et faire un choix scrupuleux. Comme les récoltes fécondes et abondantes donnent non-seulement des fruits, mais encore des herbes très-funestes aux moissons, de même, les esprits cultivés (*disciplinis, studiis, doctrina excultus*) produisent quelquefois des choses vaines ou étrangères (*alienus*) aux causes.

CHAPITRE VINGT-TROISIÈME.

I. Pratique.

DE TRĬBŬS DĪCENDI GĔNERIBUS.

Tria sunt omnīno gĕnera dicendi, quibus in singulis quīdam flŏruerunt ; peræque autem, id quod vŏlumus, perpauci in omnibus. Nam et grandĭlŏqui, ut ita dīcam, fuerunt cum ampla et sententiarum grăvĭtate, et mājestate verborum, vĕhĕmentes, vării, cōpiosi, grăves, ad permŏvendos et convertendos animos instructi et părati : quod ipsum alii aspĕra, tristi, horrĭda ōratione, nĕquĕ perfecta, neque conclūsa ; alii lævi, et instructa et termĭnata.

Et contra tĕnues, ăcūti, omnia dŏcentes, et dĭlūcĭdiora, non ampliora facientes, subtīli quadam et pressa oratione limati : in eodemque genere alii callidi, sed impoliti, et consulto rudium similes et imperitorum; alii in eadem jejunitate concinniores, id est, faceti, florentes etiam, et leviter ornati.

Est autem quidam interjectus, inter hos medius, et quasi temperatus, nec acumine posteriorum, nec fulmine utens superiorum, ut cinnus amborum, in neutro excellens, utriusque particeps, vel utriusque, si verum quærimus, potius expers. Isque uno tenore, ut aiunt, in dicendo fluit, nihil afferens præter facilitatem et æquabilitatem ; aut addit aliquos, ut in corona, toros, omnemque orationem ornamentis modicis verborum sententiarumque distinguit.

Cicero, *Or.*, Cap. III.

TRADUCTION LITTÉRALE.

DE TRIBUS DICENDI GENERIBUS.
genre.

Tria sunt omnino genera dicendi, quibus in singulis quidam floruerunt ; peræque autem, id quod
   se distinguer ; également
volumus, perpauci in omnibus. Nam et grandiloqui,
             grand orateur,
ut ita dicam, fuerunt cum ampla et sententiarum
                pensée
gravitate, et majestate verborum, vehementes, varii,
force,
copiosi, graves, ad permovendos et convertendos
abondant, profond, émouvoir tourner vers soi,
animos instructi et parati : quod ipsum alii aspera,
  façonné préparé :   dur,
tristi, horrida oratione, neque perfecta, neque con-
désagréable, hérissé discours, achevé, bien
clusa ; alii lævi, et instructa et terminata.
tourné ; poli,   arrondi.
Et contra tenues, acuti, omnia docentes, et dilucidiora,
   délié, fin,   clair,
non ampliora facientes, subtili quadam et pressa ora-
      simple   serré
tione limati : in eodemque genere alii callidi, sed
châtié :   rusé,
impoliti, et consulto rudium similes et imperitorum ;
mal poli, à dessein grossier
alii in eadem jejunitate concinniores, id est, faceti,
    pauvreté élégant, spirituel,
florentes etiam, et leviter ornati.
fleuri   légèrement

Est autem quidam interjectus, inter hos medius, et
　　　　　　　　　　　　　　　interposé,

quasi temperatus, nec acumine posteriorum, nec
　　　　　　　　　　　　finesse

fulmine utens superiorum, ut cinnus amborum, in
véhémence　　　　　　　　　　　mélange

neutro excellens, utriusque particeps, vel utriusque,

si verum quærimus, potius expers. Isque uno tenore, ut
　　　　　　　　　manquant.　　　　　　　ton,

aiunt, in dicendo fluit, nihil afferens præter facilitatem
　　　　　　couler,　　　　　　　　excepté

et æquabilitatem; aut addit aliquos, ut in corona,
　égalité:　　　　　　　　　　　　　　couronne,

toros, omnemque orationem ornamentis modicis
moulure,　　　　　　　　　　　　　modéré, faible

verborum sententiarumque distinguit.

TRADUCTION FRANÇAISE.

DES TROIS SORTES DE STYLE.

Il y a trois sortes de style. Quelques orateurs ont pu exceller dans l'une ou l'autre, mais il en est bien peu qui aient eu dans toutes les trois un succès tel que nous le comprenons. Les grands orateurs ont joint la magnificence de l'expression à la grandeur et à la noblesse des pensées ; ils se sont montrés tour à tour véhéments, variés, abondants, élevés, et habiles à émouvoir et à entraîner les esprits. Les uns ont produit ces effets avec une diction dure, désagréable, hérissée, inachevée, sans harmonie ; les autres au contraire se sont distingués par un style poli, façonné et arrondi.

Ceux qui ont employé le style simple se sont interdit les ornements, et ont cherché à instruire, à faire un exposé lucide mais dépourvu de toute amplification ; leur parole était travaillée, mais empreinte de simplicité et de concision. Parmi eux, les uns se sont montrés ingénieux à affecter des airs de rudesse et d'ignorance ; les autres ont été plus élégants dans cette même simplicité ; ils ont été agréables, fleuris même et légèrement ornés.

Il existe un troisième genre qui tient le milieu entre ceux dont nous venons de parler. C'est comme un genre tempéré qui n'a ni la finesse du dernier, ni l'impétuosité du premier. C'est un mélange de l'un et de l'autre, mais il n'excelle ni dans l'un ni dans l'autre ; il participe de tous les deux, ou, pour dire vrai, il n'en possède aucun. Il coule, pour ainsi dire, d'un seul trait et offre pour tout avantage une expression égale et facile. S'il ajoute quelques grâces, ce sont celles des moulures peu saillantes d'une couronne, et il n'admet qu'une modeste recherche dans l'ornement des mots et de la pensée.

TRADUCTION ALTERNATIVE.

Genera dicendi sunt	Les genres de parler sont
tria omnino, quibus in singulis.	trois en tout, dans chacun desquels
quidam floruerunt ;	quelques-uns se distinguèrent ;
autem perpauci peræque.	mais très-peu également
in omnibus, id quod volumus	dans tous, tel que nous le voulons.
Nam et grandiloqui,	Car les grands orateurs,
ut ita dicam, fuerunt.	pour ainsi dire, ont été
cum et gravitate ampla sententiarum,	et avec une grande profondeur dans les pensées,
et ampla majestate verborum,	et une grande magnificence dans les paroles,
vehementes, varii, copiosi,	véhéments, variés, abondants,
graves, instructi et parati	profonds, exercés et préparés
ad permovendos et convertendos animos :	à émouvoir et à tourner les esprits :
quod ipsum alii (agunt)	ce que même les uns (font)
oratione aspera, tristi, horrida,	par un langage dur, désagréable, hérissé,
neque perfecta, neque conclusa ;	ni achevé, ni bien tourné ;
alii oratione lævi,	d'autres avec un langage poli,
et instructa et terminata.	et travaillé et arrondi.
Et contra tenues (sunt) et acuti.	Et au contraire il en est de déliés et fins,
omnia docentes,	enseignant toutes choses,
et facientes dilucidiora,	et rendant tout plus clair,
non ampliora,	non amplifié,
limati quadam oratione	châtiés par une certaine diction

subtili et pressa;	simple et serrée;
aliique in eodem genere	et les uns dans le même genre
callidi, sed impoliti,	habiles, mais non façonnés,
et similes consulto.	et semblables à dessein
rudium et imperitorum;	aux grossiers et aux ignorants;
alii concinniores in eadem jejunitate,	les autres plus élégants dans cette même simplicité,
id est, faceti, florentes etiam,	c'est-à-dire agréables, fleuris même,
et leviter ornati.	et légèrement ornés.
Autem est quidam interjectus,	Mais il en est un placé entre,
medius inter hos,	moyen entre ceux-là,
et quasi temperatus,	et comme tempéré,
nec utens fulmine superiorum,	n'usant pas de la fougue des premiers,
nec acumine posteriorum,	ni de la finesse des derniers,
ut cinnus amborum,	comme un mélange des deux,
excellens in neutro,	n'excellant dans aucun des deux,
particeps utriusque,	participant de l'un et de l'autre,
vel potius expers utriusque,	ou plutôt manquant de l'un et de l'autre
si verum quærimus.	si nous recherchons le vrai.
Isque fluit uno tenore,	Et il coule sur le même ton,
ut aiunt, nihil afferens	comme on dit, n'apportant rien
præter facilitatem et æquabilitatem;	que la facilité et l'égalité;
aut addit aliquos toros,	ou il ajoute quelques moulures,
ut in corona,	comme dans une couronne,
que distinguit omnem orationem	et il distingue tout le discours
ornamentis modicis	par des ornements modérés
verborum sententiarumque	de mots et de pensées.

CONVERSATION.

QUESTIONS.	RÉPONSES.
Qua in re perpauci floruerunt?	In tribus generibus dicendi.
Quot genera dicendi videnda sunt oratori?	Tria.
Quosnam grandiloquos dicit Tullius?	Eo nomine dicit oratores vehementes, varios, copiosos, graves, cum ampla et sententiarum gravitate, et majestate verborum.

CHAP. XXIII. — PHRASÉOLOGIE.

Quam ad rem instructi et parati erant?	Ad permovendos et convertendos animos.
Num grandiloqui omnes eadem utuntur oratione?	Nullo modo; alii quippe aspera et horrida, alii vero lævi et instructa oratione utuntur.
Quo genere orationis tenues et acuti utuntur?	Subtili quadam et pressa oratione.
Rudesne alii sunt et imperiti?	Consulto sunt rudium similes et imperitorum.
Quodnam tertium est dicendi genus?	Temperatum.
Utri generum supra dictorum simile est?	Utrique simile est; vel potius utriusque, si verum quærimus, expers intelligitur.
Quomodo fluit in dicendo?	Uno tenore, nihil afferens præter facilitatem et æquabilitatem.
Quo nomine appellat Tullius ornamenta hoc in genere dicendi addita?	Aliquos, ut in corona, toros.
Qua ratione distinguitur?	Ornamentis modicis verborum sententiarumque.

PHRASÉOLOGIE.

A TRADUIRE EN FRANÇAIS.	A TRADUIRE EN LATIN.
Genera dicendi omnio tria.	Les genres d'éloquence se réduisent à trois.
Quidam in singulis sed non in omnibus floruerunt oratores.	Quelques orateurs se sont distingués dans l'un ou l'autre de ces genres, mais non dans tous.
Apta quidem est majestas verborum ad permovendos animos.	La magnificence des expressions est certes propre à remuer les esprits.
Grandiloqui fuerunt vehementes, copiosique et graves.	Les grands orateurs ont été véhéments, abondants et nobles.
Sunt perpauci aspera, tristi, horrida oratione; multi autem instructa et terminata.	Il y en a beaucoup d'une diction rude, négligée et grossière; mais un grand nombre sont châtiés et harmonieux.
Tenues et acuti appellantur ora-	On appelle orateurs simples ceux

tores omnia docentes, et dilucidiora, non ampliora facientes.

Subtili quadam et pressa oratione utuntur; sed alii impoliti, alii leviter ornati reperiuntur.

At temperatus orator nec grandiloqui fulmine nec tenuis acumine utitur oratoris.

Ut cinnus amborum est, vel utriusque potius expers.

Facilitate distinguitur et æquabilitate, ac nihil nisi modica ornamenta affert.

qui s'attachent à instruire sur toutes les choses, et à les exposer clairement plutôt qu'à les amplifier.

Ils ont un style simple et précis; mais il est inculte chez les uns et légèrement orné chez les autres.

Mais l'orateur tempéré ne se sert ni du ton foudroyant de l'orateur sublime, ni de la finesse de l'orateur simple.

Il est comme un mélange des deux, ou plutôt il n'a les qualités ni de l'un ni de l'autre.

Il se distingue par son allure facile et mesurée, et ne déploie que des ornements sans recherche.

II. Analyse et Théorie.

LEXIOLOGIE.

Genus, eris, n., genre. R. *gigno*, engendrer.
Singuli, æ, a. M. R. chacun en particulier.
Amplus, a, um, M. R. large, considérable, noble, élevé; — *ample, ampliter*, adv., magnifiquement; — *amplitudo*, f., grandeur; — *amplius*, adv., davantage; — *amplifiatio*, f., agrandissement, amplification.
Gravis, e. M. R. pesant, grave, imposant; d'où *gravitas, atis,* f., noblesse.
Verbum, i, n., m. M. R. mot, parole.
Vehemens, tis, véhément. R. R. *ve*, priv.; *mens*, esprit.
Varius, a, um. M. R. de diverses couleurs; varié.
Copiosus, a, um, abondant. R. *copia*, abondance.
Instructus, a, um, part. passé d'*instruo*, bien préparé. R. R. *in*, pour; *struo*, disposer.
Asper, era, erum. M. R. âpre, rude; — *asperitas*, f., rudesse.
Lævis ou *levis.* M. R. uni, poli; — *levitas*, f., le poli.
Terminatus, a, um, p. p. de *termino*, arrondi. R. *terminus*, borne.
Tenuis, e. M. R. mince, subtil, léger, simple; — *tenuitas*, f., finesse, délicatesse; — *tenuiter*, adv., finement, subtilement.

Acutus, a, um, aigu, délié. — R. *acuo,* aiguiser.

Docco, es, ui, ctum, ere, act. M. R. enseigner.

Subtilis, e. M. R. délié, mince, fin ; simple ; — *subtilitas,* f., subtilité, finesse ; simplicité ; — *subtiliter,* adv., subtilement, finement ; avec simplicité.

Limatus, a, um, p. p., de *limo,* travaillé. R. *lima,* lime.

Callidus, a, um, adroit. R. *callum* et *callus,* durillon ; *cui usu animus concalluit,* Cic. ; — *callide,* adv., adroitement ; — *calliditas,* f., adresse.

Impolitus, a, um, non poli. R. R. *in ; polio,* polir ; — *impolite,* adv., sans élégance.

Rudis, e. M. R. brut ; ignorant.

Imperitus, a, um, inhabile. — R. R. *in ; peritus,* habile. R. *perior,* essayer ; — *imperitia,* f., inhabileté ; — *imperite,* adv., d'une manière inhabile.

Jejunitas, atis, grande faim ; sécheresse (style). R. *jejunus,* à jeun.

Concinnus, a, um, proportionné. R. R. *cum ; cinnus,* mélange ; — *concinne,* adv., artistement ; — *concinnitas,* f., symétrie, élégance.

Facetus, a, um. M. R. enjoué, délicat, plaisant.

Orno, as, avi, atum, are, act. M. R. orner.

Tempero, as, avi, atum, are, act. M. R. allier ; modérer.

Fulmen, inis, n., foudre. R. *fulgeo,* briller.

Excello, is, ui, ere, n., exceller, surpasser. R. R. *ex ; cello,* mouvoir.

Expers, tis, qui manque. R. R. *ex ; pars,* partie.

Fluo, is, xi, xum, ere. M. R. couler.

Corona, æ. M. R. couronne ; — *coronare,* couronner ; — *corollarium,* n., corollaire ; — *corolla,* f., petite couronne.

Torus, i, m. M. R. petite corde ; moulure.

Modicus, a, um, médiocre, modeste. R. *modus,* mesure ; — *modice,* adv., modérément ; — *immodice,* adv., immodérément.

Flores, es, ui, ere, n., fleurir, être florissant, illustre. R. *flos,* fleur.

Grandiloquus, a, um, adj., qui a le style élevé. R. R. *grandis,* grand ; *loqui,* parler.

Dilucidus, a, um, adj., clair, lumineux. R. R. *dis,* augm. ; *lucidus,* lumineux. R. *lux,* lumière.

Consulto, consulte, adv., à dessein. R. *consulere,* délibérer.

Interjicio et *interjacio, is, jeci, jectum, ere,* act., placer entre. R. R. *inter ; jacere,* jeter ; — *interjectio,* f., insertion, interjection.

Acumen, inis, n., point, finesse. R. *acus,* aiguille ; — *acuminare,* rendre pointu, aiguiser ; — *acuminarius,* adj., qui sert à aiguiser.

Tenor, oris, m., cours continu, régulier. R. *tenere,* tenir.

Æquabilitas, atis, f., uniformité, égalité. R. *æquare,* rendre uni, égal. R. *æquus,* uni, égal.

Distinguo, is, nxi, ctum, ere, act., distinguer. R. R. *dis; tingere,* teindre de deux couleurs.

CHOIX ET DISPOSITION DES MOTS.

Omnino, entièrement, en tout, seulement.

Vir omnino omnis eruditionis expers, Cic. Homme entièrement dépourvu de tout savoir.

Omni ex parte, omnino, entièrement ;—*magna ex parte,* en grande partie ;—*nulla parte,* nullement.

Singuli (Ch. VI) signifie *un à un, l'un après l'autre, chacun desquels, chacun de, l'un ou l'autre desquels.* Dans notre exemple *quibus in singulis,* il a ce dernier sens. Il a le sens de *chacun de* dans la phrase suivante :

His igitur singulis versibus quasi nodi apparent continuationis, Cic. Or. On emploie entre chacun de ces vers des sortes de liaisons.

On observera encore la phrase suivante, où Cicéron parle de l'incise :

Sæpe enim singulis (pedibus) utendum est, plerumque binis, non fere ternis amplius, Cic. Or. Car on emploie souvent un pied pour chacune, plus souvent deux pieds, et tout au plus trois.

Dum singuli pugnant, Tac. Comme ils combattent un à un, l'un après l'autre.

Singuli singulorum (deorum) sacerdotes, Cic. Chacun des prêtres attachés particulièrement à chacune des divinités.

Florere, être en fleur, fleurir ; employé au figuré avec l'acception de *être florissant : vigere, enitere, eminere.*

Ad permovendos et convertendos animos, et non *ad permovendos et ad convertendos animos.*

On ne doit pas répéter les prépositions dans les appositions et les énumérations, excepté quand on veut faire sentir des différences et des oppositions, ou encore quand on veut donner plus de force à chacune des parties différentes. Ainsi on dira sans répéter la proposition :

Sæpissime inter me et Scipionem de amicitia disserebatur, Cic. Nous discourions très-souvent, Scipion et moi, sur l'amitié.

Mais on dira pour marquer l'opposition :

Nunc ades ad imperandum, vel ad parendum potius, Cic. Tu es là maintenant pour commander, ou plutôt pour obéir.

On dira pour donner plus de force aux affirmations et attirer mieux l'attention :

Ut ad cursum equus, ad arandum bos, ad indagandum canis : sic homo ad duas res, ut ait Aristoteles, ad intelligendum et ad agendum natus est, Cic. Comme le cheval est né pour la course, le bœuf pour le labourage, le chien pour la chasse; de même l'homme, suivant Aristote, est né pour comprendre et pour agir.

Ce principe concernant la répétition est applicable aux autres parties du discours.

Cicéron, dans son *Orateur*, Ch. XVI, répète *ut* trente-six fois dans l'énumération des devoirs qu'il trace à l'orateur.

Sic igitur dicet ille quem expetimus, ut...; ut... etc. L'orateur que nous demandons s'exprimera donc de manière à..., à... etc.

Plus loin il répète *sæpe* :

Sæpe etiam rem dicendo subjiciet oculis ; sæpe supra feret quam fieri possit : significatio sæpe erit major quam oratio ; sæpe hilaritas; sæpe vitæ naturarumque imitatio. Souvent vous croirez voir ce dont il parle; souvent il fera un tableau exagéré; souvent la portée de son expression dira plus que l'expression elle-même; souvent sa parole respirera la gaieté; souvent il peindra la vie et les différents caractères des hommes.

Id quod volumus. On emploie souvent par modestie (*ad evitandam jactantiam*) le pluriel pour le singulier. Quelquefois même on trouve dans une même phrase le singulier et le pluriel.

SYNTAXE.

Nos omnia docentes.

197. Certains verbes veulent deux accusatifs, celui de la personne comme complément direct d'un verbe actif, et celui de la chose comme complément d'une préposition sous-entendue (Ch. XII). Ces verbes sont *celare*, cacher; *docere, edocere, dedocere*, enseigner; *orare*, prier; *rogare, poscere*, demander; *flagitare, reposcere, efflagitare*, demander instamment; *interrogare, exquirere, percontari*, interroger; *consulere*, consulter, etc.

Nunquam divitias Deos rogavi, Mart. Je n'ai jamais demandé de richesses aux Dieux.

Annibal interrogatus sententiam, Liv. Annibal interrogé sur son sentiment.

Consulam hanc rem amicos, Plaut. Je consulterai en cela mes amis.

Avec *celare* et *docere*, on met aussi le nom de la chose à l'ablatif avec *de*, surtout au passif.

Non est de Clodii sceleribus celatus. Il n'ignore pas les crimes de Clodius.

Ovidius omnes luctum celat, Ovide cache à tous son deuil.

De his rebus Sylla docetur, Cic. Sylla est instruit de ces choses.

Avec *doctus,* on trouve l'ablatif sans préposition.

Homo et græcis doctus litteris et latinis, Cic. Instruit dans les lettres grecques et latines.

Les autres verbes ne prennent guère l'accusatif (comme *admonere, Synt.,* Ch. XII) qu'avec *id, illud, quod, hoc,* etc. Quand le nom de la chose est un substantif, il est mieux de se servir de l'ablatif avec *de.*

Hoc te rogo; illud te oro; te hoc obsecro. Je te le demande; je t'en prie.

Non te id consulo, Cic. Je ne te consulte pas sur ce point.

Les verbes qui signifient demander avec instance, *reposcere, efflagitare, contendere,* etc., prennent encore le nom de la chose à l'accusatif et celui de la personne à l'ablatif avec *ab.*

Quid artes a te flagitent, tu videbis, Cic. Tu verras ce que les arts réclament de toi.

Exigere prend *ab* ou *ex: Exigerem ex te, ut responderes,* Cic. J'exigerais de toi une réponse; — *a poeta, ut a teste veritatem exigunt,* Cic. Ils exigent d'un poète la vérité comme d'un témoin.

Avec *interrogare* et *consulere* on emploie mieux *de* pour le nom de la chose.'

Ego te eisdem de rebus interrogabo, Cic. Je t'interrogerai sur les mêmes choses.

Me de Antonio consulis, Cic. Tu me consultes au sujet d'Antoine.

III. Exercices.

COMPOSITION.

1 — Il reste à rechercher le caractère (*nota*) et la définition (*formula*) de chaque genre.

2 — L'orateur attique est simple, modeste (*humilis*), imitant le discours familier (l'habitude, *consuetudo*), et différant plus qu'on ne pense de celui qui n'est pas éloquent (*indisertus*) : car la simplicité de ce style paraît être facile à imiter à quiconque l'examine (*existimanti*), mais rien n'est moins facile à imiter pour quiconque en fait l'essai. Quoiqu'il n'ait pas beaucoup de sang (*sanguis*), il faut cependant qu'il ait un certain suc (*succus*), de sorte que, s'il n'a pas une force extrême, il ait, pour ainsi dire, une parfaite constitution (*valetudo*).

3 — On trouve dans ce même genre d'éloquence (je parle de l'élo-

quence moyenne, tempérée), toutes les figures brillantes (*lumina*) de mots et de pensées. Il développe (*explicare*) les discussions (*disputatio*) importantes et savantes, et les lieux communs sans prétention (*contentio*) y trouvent bien leur place (*inducuntur*). C'est encore un certain genre orné, fleuri, coloré (*pictus*), poli, où toutes les grâces (*lepores*) des mots et des pensées se réunissent.

4 — Le troisième genre est grand, abondant, noble, orné et plein de véhémence : il appartient à cette éloquence de manier (*tractare*) les esprits et de les remuer de toutes manières. Tantôt elle brise, tantôt elle s'insinue dans nos sens ; elle y implante (*inserere*) de nouvelles opinions, et arrache celles qui y sont implantées. Il y a beaucoup de différence entre ce genre d'éloquence et les précédents.

5 — Cicéron florissait déjà depuis longtemps quand Hortensius, qui avant lui avait le premier rang parmi les orateurs, cessa de paraître (*carere*) au barreau (*forense certamen*).

6 — Marc Antoine disait qu'il avait vu beaucoup d'orateurs habiles (*disertus*), mais qu'il n'avait jamais vu personne qui fût tout à fait éloquent. Telle était la vraie éloquence que cherchait Cicéron.

7 — Cependant nos ancêtres, si dignes de tout éloge, ont donné le plus grand soin à l'éloquence ; car il n'est pas de moyen d'émouvoir ou d'entraîner (*convertere*) les esprits qui n'ait été tenté par les grands orateurs.

8 — Il peut arriver souvent que l'on sente bien, et que l'on soit plus capable d'écrire que d'exprimer ce que l'on sent.

REPOS DE L'ÉTUDE.

Omnibus ignotæ mortis timor; omnibus hostem,
Præsidiumque datum sentire, et noscere teli
Vimque modumque sui : sic et scarus arte sub undis
Incidit, assumptamque dolo tandem pavet escam.
Non audet radiis obnixa occurrere fronte,
Aversus crebro vimen sed verbere caudæ
Laxans subsequitur, tutumque evadit in æquor.
Quin etiam si forte aliquis, dum pone nataret,
Mitis luctantem scarus hunc in vimine vidit,
Aversi caudam morsu tenet....
Sepia tarda fugæ, tenui quum forte sub unda.

Deprensa est, jamjamque manus timet illa rapaces,
Inficiens æquor nigrum vomit ore cruorem,
Avertitque vias, oculos frustrata sequentes.
OVIDE, Halieutiques.

Præsidium, auxilium;—modum, usum;—scarus, scare, poisson de mer; — *incidit in insidias piscatoris arte paratas;* — *dolo piscatoris;* —*obnixus, obsistens, repugnans;* — *radiis retium, retibus;*—*crebro, frequenter;*— *vimen,* osier, branche flexible dont la nasse est faite; — *cauda,* queue; — *mitis, benignus, beneficus, blandus; morsu,* id est, *dentibus;*—*sepia,* sèche, un de ces mollusques céphalopodes qui portent en avant du cou une issue pour les excrétions; cette issue sert également à l'émission d'un liquide plus ou moins foncé avec lequel on fabrique l'encre de Chine et la *sépia;* — *tardus fugæ, tardus fugere,* in fugiendo;— *inficere, tingere, vitiare;*—*frustrari et frustrare,* decipere, fallere.

CHAPITRE VINGT-QUATRIÈME.

I. Pratique.

THEUROPIDES, *pater Philolachis;* — TRANIO, *servus.*

Tranio. Quid tibi vīsum 'st hoc mercĭmōnī? *Theur.* Tōtus
[gaudeo.
Tr. Num nĭmio emtæ vĭdēntur? *Th.* Nunquam, ēdĕpol, me scio
Vīdisse usquam abjectas ædeis, nĭsi modo hasce. *Tr.* Ecquid
[plăcent?
Th. Ecquid plăceant, me rŏgas? imo, herclē, vĕrō perplăcent.
Tr. Quōjusmŏdi gynæceum? quid porticum? *Th.* Insānum
[bŏnam.
Non ĕquĭdem ullam in publico esse mājorem hoc existŭmo.
Tr. Quin ego ipse et Philolaches in publico omneis portĭcus
Sumus commensi. *Th.* Quĭd igitur? *Tr.* Longe omnium lon-
[gissŭma 'st.

Th. Di immortaleis ! mercimoni lepidi ! si hercle, nunc fĕrat
Sex tălenta magna argenti pro istis præsentaria,
Nunquam adcipiam. *Tr.* Si, here, te adcipere cŭpies, ego
[nunquam sĭnam.
Th. Bĕnĕ res nostra conlocata 'st istoc mercimonio.
Tr. Me suāsore atque impulsore id factum audacter dīcĭto;
Qui subegi, fœnore argentum ab Danista ut sumĕret,
Quod isti dedimus arrhăboni. *Th.* Servavisti omnem rătem.
Nempe octoginta dēbentur huic mĭnæ? *Tr.* Haud nūmo am--
[plius.
Th. Hodie adcipiat. *Tr.* Ita enim vērō. Ne quă causă subsiet,
Vel mihi dēnŭmĕrato; ego īlli dorro denumeravero.
Th. At enim, ne quid captioni mihi sit, si dederim tibi...
Tr. Egonĕ te jŏcŭlo modo ausim, dicto aut facto fallere?
Th. Egon' abs te ausim non căvēre, ne quid committam tibi ?
Tr. Quia tibi unquam quidquam, postquam tuus sum, ver-
[borum dĕdi ?
Th. Ego enim cāvi recte : eam mihi dēbeo gratiam atque
[ănĭmo meo.
Sat sapio si abs te modo uno caveo. *Tr.* Tecum sentio.
Th. Nunc abi, i rus, dic me advenisse filio. *Tr.* Faciam ut
[voles.
Th. Curriculo abi, jube in urbem veniat jam simul tecum.
[*Tr.* Licet.
Nunc ego me illa per posticum ad congerrones conferam.
Dicam ut heic res sint quietæ, atque ut hunc hinc amoverim.

PLAUT. *Mostellaria*, Act. III, Sc. III.

TRADUCTION LITTÉRALE.

Tranio : Quid tibi visum' st hoc mercimoni ?—*Theu-*
Tranion :   marché ?   Theu-

ropides : Totus gaudeo. — *Tran.* — Num nimio emtæ
ropide :   se réjouir.   acheter

tibi videntur? — *Theur.* —Nunquam, edepol, me scio
par Pollux,

vidisse usquam abjectas ædeis, nisi modo hasce.—
à bas prix   maison,

Tran.— Ecquid placent? — *Theur.* — Ecquid placeant,
plaire,

me rogas? imo, hercle, vero perplacent.—*Tran.*—Quo-

jusmodi gynæceum? quid porticum?— *Theur.*—Insanum
gynécée?   portique?   follement

bonam. Non equidem ullam in publico esse majorem

hac existumo. — *Tran.*—Quin ego ipse et Philolaches

in publico omneis porticus sumus commensi. — *Theur.*
mesurer.

—Quid igitur?—*Tran.*—Longe omnium longissuma 'st.

Theur.—Di immortaleis! mercimoni lepidi! Si hercle,
agréable!   par Hercule,

nunc ferat sex talenta magna argenti pro istis præsen-
comp-

taria, nunquam adcipiam. — *Tran.*—Si, here, te adci-
tant,

pere cupies, ego nunquam sinam.—*Theur.*—Bene res
permettre.

nostra conlocata 'st istoc mercimonio. — *Tran.* — Me
placé

suasore atque impulsore id factum audacter dicito;
conseilleur   instigateur   audacieusement

qui subegi, fœnore argentum ab Danista ut sumeret,
forcer,   usurier ou Danista

quod isti dedimus arrhaboni. — *Theur.* — Servavisti
_{arrhes.}

omnem ratem. Nempe octoginta debentur huic minæ?—
_{barque.}

Tran.— Haud numo amplius.—*Theur.*— Hodie ac-
_{pièce de monnaie}

cipiat.— *Tran.* —Ita enim vero. Ne qua causa subsiet
_{être dessous}

vel mihi denumerato ; ego illi porro denumeravero.—
_{compter ;}

Theur. — At enim, ne quid captioni mihi sit, si de-
_{tromperie}

derim tibi....

Tran.—Egone te joculo modo ausim, dicto aut facto
_{plaisanterie} _{action}

fallere?—*Theur.*—Egon 'abs te ausim non cavere, ne
_{tromper ?} _{prendre garde,}

quid committam tibi?—*Tran.*—Quia tibi unquam quid-
_{confier}

quam, postquam tuus sum, verborum dedi ?—*Theur.*—
_{depuis que} _{parole}

Ego enim cavi recte : eam mihi debeo gratiam atque

animo meo. Sat sapio, si abs te modo caveo. —*Tran.*
_{être sage,}

Tecum sentio.

Theur.—Nunc abi, i rus, dic me advenisse filio.—

Tran.—Faciam ut voles.—*Theur.*—Curriculo abi, jube
_{En toute hâte ;}

in urbem veniat jam simul tecum. — *Tran.* — Licet.

Nunc ego me illa per posticum ad congerrones con-
                     porte de derrière   compagnon

feram. Dicam ut heic res sint quietæ, atque ut hunc
                           tranquille,

hinc amoverim.
      éloigner.

TRADUCTION FRANÇAISE.

Tranion. — Que vous semble de ce marché ?

Theuropide. — J'en suis tout réjoui.

Tran. — Vous semble-t-elle achetée trop cher ?

Theur. — Jamais, par Pollux, je n'ai vu une maison à si bas prix que celle-ci.

Tran. — Vous plaît-elle ?

Theur. — Tu me demandes si elle me plaît ? Mieux que cela, par Hercule, elle me plaît infiniment.

Tran. — Quel gynécée ! Que pensez-vous du portique ?

Theur. — Il est beau à en devenir fou. Je ne crois pas qu'il en existe un plus grand dans le domaine public.

Tran. — Bien plus, Philolaches et moi, nous avons mesuré tous les portiques publics.

Theur. — Eh bien, quoi ?

Tran. — Il est de beaucoup le plus long de tous.

Theur. — Par les Dieux immortels, quelle charmante acquisition ! Certes, s'il m'en apportait maintenant six talents comptant, je ne les recevrais jamais.

Tran. — Ah ! maître, voudriez-vous les accepter, que je ne le permettrais jamais.

Tran. — Nos fonds ont été bien placés dans ce marché.

Theur. — Dites en toute assurance que c'est par mes conseils et mon impulsion que ceci s'est fait ; c'est moi qui l'ai forcé (votre fils) à emprunter à l'usurier de l'argent que nous avons donné à titre d'arrhes.

Theur. — Tu as sauvé notre barque. On lui doit donc quatre-vingts mines ?

Tran. — Pas un sou de plus.

Theur. — Il les aura aujourd'hui.

Tran. — C'est cela. Pour qu'il n'y ait pas de difficulté, donnez-les moi ; je me chargerai moi-même de les lui compter.

Theur. — Mais, pour que je ne sois pas l'objet d'aucune fourberie, si je te les donne...

Tranion. — Oserais-je dire ou faire quoi que ce fût pour vous tromper, même en plaisantant?

Theuropide. — (*Le contrefaisant.*) Oserais-je ne pas avoir garde de te rien confier?

Tran. — Est-ce que je vous aurais jamais trompé, depuis que je suis à votre service?

Theur. — C'est parce que je me suis bien tenu sur mes gardes : et c'est à moi, c'est à mon bon sens que je dois cet avantage. Je m'estime assez sensé si seulement je me mets à l'abri de tes atteintes.

Tran. — Je suis de votre avis.

Theur. — Va-t'en, va maintenant à la campagne dire à mon fils que je suis arrivé.

Tran. — J'agirai selon vos désirs.

Theur. — Pars en toute hâte, qu'il vienne immédiatement à la ville avec toi.

Tran. — Cela se peut. (*A part.*) Maintenant je vais me rendre par la porte de derrière auprès de nos compagnons de plaisir. Je dirai comment tout est tranquille de ce côté et de quelle manière je l'ai éloigné (le bonhomme). — (*Il sort.*)

TRADUCTION ALTERNATIVE.

Quid visum est tibi hoc mercimoni?	Que vous a semblé de ce marché?
— Totus gaudeo.	— Je me réjouis tout entier.
— Non videntur tibi nimio emtæ?	— Vous paraissent-elles achetées trop cher?
— Edepol, scio me nunquam vidisse usquam ædeis abjectas, nisi modo hasce.	— Par Pollux, je sais que je n'ai jamais vu quelque part des maisons à bas prix si ce n'est toutefois celles-ci.
— Ecquid placent?	— Est-ce qu'elles vous plaisent?
— Me rogas ecquid placeant?	— Tu me demandes si elles me plaisent?
imo, hercule, vero perplacent.	bien plus, elles me plaisent même beaucoup.
— Quojusmodi gynæceum?	— De quelle sorte (pensez-vous) le gynécée (être)?
Quid porticum?	Que (pensez-vous) le portique (être)?
— Insanum bonam.	— Bon à rendre fou.
Non equidem existumo ullam esse majorem in publico.	Je ne pense certes pas qu'il en existe un plus grand dans (le domaine) public.

CHAP. XXIV. — TRADUCTION. 401

— Quin ego ipse et Philolaches commensi sumus omneis porticus in publico. — Quid igitur ?	— Bien plus, Philolaches et moi nous avons mesuré tous les portiques en public. — Quoi donc ?
— Longe longissuma est omnium.	— Il est beaucoup plus long que tous.
— Di immortaleis ! mercimoni lepidi ! Si, hercle, nunc ferat sex magna talenta.	— Dieux immortels ! marché délicieux ! Si certes il apporte maintenant six grands talents
argenti præsentaria pro istis, nunquam adcipiam.	d'argent comptant pour celles-ci, je n'accepterai jamais.
— Si, here, cupies te adcipere,	— Si, maître, vous désirerez accepter,
ego nunquam sinam.	je ne le permettrai jamais.
— Res nostra bene conlocata est	— Notre affaire (argent) a été bien placée
istoc mercimonio.	dans ce marché.
— Dicito audacter id factum	— Dites hardiment cela avoir été fait
me suasore atque impulsore, qui subegi ut sumeret argentum	moi conseillant et excitant, moi qui l'ai forcé à prendre de l'argent
fœnore ab danista,	à usure de l'usurier,
quod dedimus isti arrhaboni.	que nous avons donné à arrhes à celui-ci.
— Servavisti omnem ratem. Nempe octoginta minæ debentur huic ?	— Tu as sauvé toute la barque. Car on lui doit quatre-vingts mines ?
— Haud numo amplius.	— Pas un sou de plus.
— Hodie adcipiat. — Ita enim vero.	— Qu'il les reçoive aujourd'hui. — C'est cela.
Ne qua causa subsiet, vel mihi denumerato ; ego illi porro denumeravero.	Pour que quelque chose n'entrave, même comptez-les moi ; or je les lui compterai moi-même.
— At enim, ne quid sit captioni mihi, si dederim tibi.	— Mais pour que rien ne soit à tromperie à moi, si je te les donne.
— Egone ausim te fallere. modo jaculo, dicto aut facto ?	— Oserais-je vous tromper même en plaisantant, par parole ou par action ?
— Egone ausim non cavere abs te ;	— Et moi oserais-je ne pas me garder de toi,

ne quid committam tibi? . . .	de peur que je ne te confie quelque chose?
— Quia unquam dedi tibi . . .	— Est-ce que je vous ai jamais donné
quidquam verborum, ...	quelque chose de paroles ;
postquam sum tuus?	depuis que je suis à vous ?
— Ego enim cavi recte : . . .	— Car je me suis bien mis sur mes gardes :
debeo mihi atque animo meo . .	je dois à moi et à mon esprit
eam gratiam, sat sapio, ...	cette grâce, je suis assez sensé,
si modo caveo abs te uno. . . .	si seulement je me garde de toi seul.
— Tecum sentio. — Nunc abi, . .	— Je pense comme vous. — Maintenant, pars,
i rus, dic filio me advenisse. . .	va à la campagne, dis à mon fils que je suis arrivé.
— Faciam ut voles.	— Je ferai comme vous voudrez.
— Curriculo abi, jube veniat . .	— Va-t'en en courant, fais-le venir
jam simul tecum in urbem. . . .	déjà en même temps que toi à la ville.
— Licet. Nunc ego me conferam illa, ...	— Il est permis. Maintenant j'irai par là,
per posticum ad congerrones. . .	par la porte dérobée vers nos compagnons.
Dicam ut res sint quietæ heic, . .	Je dirai comment les choses sont calmes ici,
atque ut amoverim hunc hinc. . .	et comme je l'ai éloigné d'ici.

CONVERSATION.

QUESTIONS.	RÉPONSES.
Quid Theuropidi videbatur de mercimonio ?	Totus gaudebat.
Num ædeis nimio emtas existumabat?	Nunquam se sciebat vidisse usquam abjectas ædeis, nisi modo hasce.
Ecquid ei placebant ?	Imo, hercle, vero perplacebant.
Videratne unquam porticu quidquam melius?	Non equidem viderat.
Quid Tranio et Philolaches erant commensi?	Omnes in publico porticus.

Quomodo visa est emtarum ædium porticus ?	Longe omnium longissuma.
Quomodo mercimonium dicebat Theuropides?	Lepidum.
Quid adcipere nolebat?	Sex talenta magna argenti præsentaria.
Pro qua re ?	Pro istis ædibus.
Si vero Theuropides sex talenta argenti adcipere cupiet, quid faciet Tranio ?	Nunquam sinet.
Qua re Theuropides aiebat bene rem suam conlocatam esse ?	Istoc mercimonio.
Quo suasore atque impulsore factum erat mercimonium ?	Tranione.
Quis subegit ?	Tranio.
Quidnam ut faceret ?	Ut fœnore argentum ab Danista sumeret.
Cui rei datum est argentum ?	Arrhaboni.
Quot minæ debebantur ?	Octoginta.
Quid hisce de minis cupiebat Tranio ?	Eas ipse denumerare cupiebat.
Quid joculo modo non ausit Tranio ?	Theuropidem dicto aut facto fallere.
Cuinam cavet ne quid committat herus?	Tranioni.
Verbane dedit ista ?	Nunquam.
Quid ita ?	Quia Theuropides abs Tranione cavebat.
Quid filio dicet ?	Patrem advenisse.
Qua se ad congerrones conferet ?	Per posticum.
Quid autem dicturus ?	Ut res sint quietæ, atque ut herum amoverit.

PHRASÉOLOGIE.

A TRADUIRE EN FRANÇAIS.	A TRADUIRE EN LATIN.
Ecquid tibi placet mercimonium ?	Est-ce que le marché ne vous plaît pas ?
Imo, Edepol, vero perplacet.	Qui plus est, par Pollux, il me plaît infiniment.

Vidisti-ne usquam tam abjectas ædes?	Avez-vous vu quelque part des appartements à si bas prix?
Porticum equidem haud nimio emtam existumo.	Certes, je pense que le portique n'a pas été acheté trop cher.
Insanum bona est, nec majores sunt in publico porticus.	Il est excellent et les portiques publics ne sont pas plus grands.
Omnes urbis porticus commensus est.	Il a mesuré tous les portiques de la ville.
Quid amplius facere poterat?	Que pouvait-il faire de plus?
Di immortaleis! gynæcei lepidi! nunquam pro illo decem talenta præsentaria adciperem.	Dieux immortels! charmant gynécée! je n'accepterais jamais en échange dix talents comptant.
Tranione suasore, rem nostram bene conlocavi omnemque ratem servavi.	Par les conseils de Tranion, j'ai bien placé nos fonds, et j'ai mis les affaires en bon état.
Me subegit, ut fœnore minas octoginta sumerem.	Il m'a forcé à emprunter quatre-vingts mines à usure.
Adcipe quod tibi debeo; at enim haud numo amplius.	Reçois ce que je te dois, mais pas un sol de plus.
Dato mihi nummos, ego illi denumerabo.	Donnez-moi l'argent, je le lui compterai.
Ne quid captioni sit, ab omnibus danistis cavere cupit.	Pour ne pas s'exposer à être trompé, il désire se mettre en garde contre tous les usuriers.
Egon' ausim herum jaculo modo fallere?	Oserais-je tromper mon maître, même en plaisantant?
Nunquam mihi, postquam meus est, verba dedit.	Depuis qu'il est à mon service, il ne m'a jamais trompé.
Sat sapit, qui tecum sentit.	C'est être assez sage que d'être de votre avis.
Dictum est me rus ivisse.	On a dit que j'étais allé à la campagne.
Curriculo in urbem se contulit.	Il se rendit à la ville en toute hâte.
Nostras in ædeis per posticum venies, atque congerrones tui facient ut volam.	Tu viendras dans nos appartements par la porte dérobée, et tes compagnons de plaisir feront comme je voudrai.
Hinc eum amove, omnia hodie sunt quieta.	Éloignez-le d'ici, tout est tranquille aujourd'hui.

II. Analyse et Théorie.

LEXIOLOGIE.

Mercimonium, ii, n., marchandise, acquisition, marché. R. *merx,* marchandise. *Mercimoni* pour *mercimonii.* Cette syncope du génitif de noms en *ius, ium* se rencontre également dans Virgile et dans Horace.

Edepol, adv., par Pollux. R. R. *ede,* syn. de *age,* fais, allons ; *Pol,* abréviation de *Pollux.* Les deux expressions *Pol, Edepol,* qui ont le même sens, se trouvent principalement dans Ennius, Térence et Plaute.

Usquam, adv., quelque part ; avec la négation on forme *nusquam,* nulle part. R. *usque,* jusque.

Abjectus, a, um, bas, part. pass. pass. de *abjicio, is, jeci, abjectum, cere,* act., abaisser. R. R. *ab,* de ; *jacere,* jeter.

Ædeis pour *œdes, ium,* f. pl,, maison. R. *œdes* ou *œdis,* temple.

Placeo, es, cui ou *citus sum, cere,* n. M. R. plaire ; — *perplacere,* plaire beaucoup.

Hercle, adv., par Hercule ; certes. R. *Hercules,* Hercule. On trouve avec le même sens *Hercule, mehercule.*

Quojusmodi, arch. pour *cujusmodi,* de quelle sorte. R. R. *qui ; modus,* manière.

Gynæceum, i, n. (mot tiré du grec), gynécée, appartement des femmes.

Porticus, us, f., portique. R. *porta,* porte.

Insanum, adv., follement, extrêmement, formé de *insanus,* insensé. R. R. *in,* priv. ; *sanus,* sain.

Equidem, conj., certes. R. R. *e,* augm.; *quidem,* certes. R. *qui.*

Existumo, arch. pour *existimo.* U se trouve ainsi à la place de *i* dans les superlatifs (*optumus, maxumus,* pour *optimus, maximus*). On le trouve aussi pour *y* (*lacrumæ* pour *lacrymæ*).

Commetior, iris, mensus sum, metiri, dép., mesurer. R. R. *cum ; metiri,* mesurer (mesurer ensemble).

Præsentarius, a, um, adj., qu'on puisse présenter sur-le-champ. R. *præsens,* présent. R. *præ,* en avant ; *esse,* être.

Adcipio (arch.), *accipio, is, cepi, ceptum, ipere,* act., recevoir. R. R. *ad,* marquant rapprochement ; — *capere,* prendre ; — *acceptare,* accueillir, accepter ; — *acceptio,* f., action de recevoir, acception ; — *acceptor, trix,* celui, celle qui reçoit.

Herus, i, m. M. R. maître de la maison ; — *herilis,* adj., du maître.

Sino, is, sivi, situm, ere, act. M. R. permettre.

Conloco, arch. pour *colloco*.

198. *Istoc*, abl. n. de *istic, istæc, istoc* ou *istuc*, pronom formé de *iste, hic* et ayant le même sens que *iste*.

Illic, illæc, illoc ou *illuc* se forme de même de *ille, hic*, et a le sens de *ille*. Ces pronoms ont vieilli et ne se trouvent guère qu'au nominatif, à l'accusatif et à l'ablatif du singulier.

Suasor, oris, m., celui qui conseille. R. *suadere*, conseiller; — *suasorius*, adj., persuasif; — *suasorie*, adv., d'une manière persuasive.

Impulsor, oris, m., instigateur. R. *impellere*, pousser à. R. R. *in*; *pellere*, pousser.

Audacter (quelquefois *audaciter*), adv., audacieusement, comp. *audacius*, sup. *audacissime*. R. *audax*, audacieux. R. *audere*, oser.

Subigo, is, egi, actum, ere, act., mettre sous, forcer à. R. R. *sub*; *agere*, conduire.

Danista, æ, m. (mot tiré du grec), prêteur d'argent; pris en mauvaise part, usurier.

Arrabo ou, à cause de l'esprit rude du grec dont il est tiré, *arrhabo, onis*, m., arrhes, gage. On dit aussi dans le même sens *arrha, æ*.

Rates, is et *ratis, is*, f. M. R. radeau, navire; — *ratariæ*, f., radeau en forme de train de bois.

Nempe, conj., M. R. ainsi, donc, c'est-à-dire.

Mina, æ, f., M. R. mine, monnaie.

Nummus, i, m., M. R. pièce de monnaie; aussi *numus*.

Subsiet pour *subsit*, subj. prés. de *subsum, es* (pas de parf.), *subesse*, être sous, être caché sous. R. R. *sub*, sous; *esse*, être. On trouvera de même *siem, sies, siet*, etc., pour *sim, sis, sit*.

Dinumero ou *denumero, as, avi, atum, are*, act., compter. R. R. *de*; *numerare*, compter. R. *numerus*, nombre; — *dinumeratio*, f., dénombrement, énonciation.

Captio, onis, f., fraude. R. *capere*, prendre.

Ausi (arch.) pour *ausus sum*, d'où *auserim* pour *ausus sim*, parf. subj. de *audeo*.

Joculus, i, m., plaisanterie, dim. de *jocus*, jeu, plaisanterie. M. R. — *joculari* et *jocari*, badiner, plaisanter.

Conmitto, arch. de *committo, is, isi, issum, ere*, act., confier. R. R. *cum*; *mittere*, envoyer.

Dictum, i, n., parole. R. *dicere*, parler.

Factum, i, n., action. R. *facere*, faire.

Fallo, is, fefelli, falsum, ere, act. M. R. tromper; — *fallax*, adj., trompeur; — *fallacia*, f., tromperie.

Postquam, conj., après que, depuis que. R. R. *post*; *qui*.

Recta et *recte*, adv., en droite ligne, bien. R. *rectus*, droit. R. *regere*, régir.

Advenio, is, eni, entum, ire, n., arriver. R. R. *ad; venire*, venir; — *adventus, us*, m., arrivée; — *adventitius*, adj., qui vient d'ailleurs, qui survient, adventice.

Curriculum, i, n., course; employé adverbialement à l'ablatif, *curriculo*, au pas de course, en toute hâte. R. *currere*, courir.

Posticum, i, n., le derrière d'un édifice quelconque, porte de derrière, porte dérobée. R. *post,* après; — *posticus*, adj., de derrière.

Congerro, onis, m., compagnon, collègue. R. R. *cum*; *gerere,* gérer, faire.

Heic pour *hic*, adv., ici. R. *hic*, celui-ci.

Illa, adv., par là (comme *illac*), employé par Térence, Plaute et quelques autres.

Quietus, a, um, adj., qui est en repos. R. *quiescere*, être en repos ; R. *quies*, repos; — *quietudo*, f., repos, quiétude.

Hinc, adv., d'ici. R. *hic*, celui-ci.

CHOIX ET DISPOSITION DES MOTS.

Visum 'st — longissuma 'st — conlocata 'st; — *'st* pour *est*. Nous trouverons cette même forme d'élision dans Térence.

Totus gaudeo, id est, valde, magnopere, vehementer gaudeo.

199. *Hasce.* — *Ce* ajouté à *hic, hæc, hoc*, pour en rendre le sens plus formellement démonstratif, forme *hicce, hæcce, hocce*, qui n'est guère usité qu'aux cas où *ce* est précédé de *s*. On forme ainsi le pronom interrogatif *hiccine, hæccine, hoccine*, en ajoutant *cine* à *hic, hæc, hoc.*

Ecquid placent? Vous plaisent-elles? — *Ec* devant *quis* et ses dérivés a le sens de *num*, est-ce que? *Vel an*, ou est-ce que? et lui donne la signification de *est-ce qu'il y a quelqu'un, quelque chose qui?* N'y a-t-il pas quelqu'un, quelque chose qui?

Illud dubium, ad id, ecquænam fieri possit accessio, Cic. Il est douteux qu'on ne puisse rien y ajouter (s'il n'y a pas quelque augmentation qui puisse être faite à cela).

Videntur emtæ ou *emptæ*, part. passé passif de *emo*, acheter, que nous avons vu précédemment.

Servare ratem. Sauver la barque, c'est-à-dire tirer d'embarras.

Verba dare alicui. Donner des paroles à quelqu'un, le tromper.

Di pour *dii*, crase ou synérèse (mots tirés du grec qui signifient réunion), réunion de deux syllabes en une seule. Virgile commence un vers par ces mots : *Di patrii, indigetes...* (*Georg.*, Liv. I.)

Mercimoni lepidi! Charmante acquisition ! — Le génitif dans une interjection, on en trouve quelques exemples dans les poëtes.

Longe longissuma. De beaucoup le plus long ; *longe* devant un superlatif (Ch. IX).

Vir longe post natos homines improbissimus, Cic. L'homme le plus méchant qui ait jamais existé.

Ausim, syncope pour *auserim,* ancien parfait du subjonctif de *audeo* (Ch. V). Cette expression se trouve principalement chez les poëtes ; on peut s'en servir. Cicéron toutefois se sert de *audeam* en pareil cas.

Ita enim vero, certainement, assurément, formule de réponse affirmative (Ch. XIII).

SYNTAXE.

Hoc mercimoni, ce marché. — *Mercimoni* au génitif après un quantitatif (Ch. XI). De même pour *quidquam verborum.*

Num nimio videntur emtæ? — *Num* dans l'interrogation directe (Ch. XIII). — *Nimio,* ablatif de quantité employé avec les verbes *emere, vendere,* etc., comme avec les verbes d'excellence (Ch. XI).

Si nunc ferat sex talenta, quand bien même il apporterait six talents. — *Si* suivi du subjonctif parce qu'il y a supposition (Ch. VII).

Si cupies, ego nunquam sinam, quand bien même tu le désirerais, je ne le souffrirais jamais. Le futur après *si,* au lieu du subjonctif (Ch. VII).

Me suasore atque impulsore, ablatif latin que l'on peut rapporter à l'ablatif de temps (Ch. XI) ou à l'ablatif absolu (Ch. V).

200. *Postquam tuus sum.* — *Postquam* avec le sens de *depuis que.* L'indicatif parce que le fait n'est pas présenté d'après un autre, et qu'il est présenté sans aucune restriction (Ch. VII).

Dicam ut res sint quietæ (dicam quomodo). Je dirai comment tout est tranquille. Le subjonctif parce que la phrase rentre dans le cas de l'interrogation indirecte (Ch. VII).

201. *Ne quid captioni mihi sit,* de peur que quelque chose ne soit à déception à moi.

Cet emploi de *esse* suivi de deux datifs, est commun en latin. Au lieu de dire : « Causer de la joie à quelqu'un, faire l'honneur de son pays, sauver ses concitoyens, etc., » on tournera en latin « être à joie à quelqu'un, être à honneur à son pays, être à salut à ses concitoyens. »

Ego qui multis civibus saluti existimor fuisse, Cic. Moi qui passe pour avoir sauvé un grand nombre de mes concitoyens (*civibus salutatem attulisse*).

Honori multis fuit, Cic. Il fit la gloire d'un grand nombre.

VERSIFICATION.

Nous avons vu qu'Horace, dans ses vers iambiques, emploie le tribraque à tous les pieds excepté au sixième, puis le spondée, le dactyle et l'anapeste aux pieds impairs seulement. Sénèque fait de même. Toutefois il bannit du cinquième pied le dactyle et l'iambe.

Phèdre se sert du spondée, du dactyle et de l'anapeste même aux pieds pairs, excepté au sixième, qui reste un iambe. On le reconnaîtra dans la fable suivante :

Vacca, Capella, Ovis et Leo.

Nūnquam ēst | fĭdē | līs cūm | pŏtēn | tĕ sŏcĭ | ĕtās ;
Tēstā | tŭr hāec | fābēl | lă prō | pŏsĭtūm | mĕūm.
Vācca ĕt | căpēl | la ĕt pătĭ | ēns ŏvĭs | īnjū | rĭāe,
Sŏcĭī | fŭĕ | rē cūm | lĕō | ne īn sāl | tĭbŭs.
Hī quūm | cēpīs | sēnt cēr | vūm vās | tī cōr | pŏrĭs,
Sīc ēst | lŏcū | tūs, pār | tĭbŭs | fāctīs | lĕŏ :
« Ĕgŏ prī | mām tōl | lŏ nō | mĭnōr | quŏnĭām | lĕo ;
Sĕcūn | dām quĭă | sūm fōr | tīs, trĭbŭ | ētīs | mĭhi ;
Tūm, quĭă | plūs vălĕ | ŏ, mē | sĕquē | tūr tēr | tĭă ;
Mălo ăf | fĭcĭē | tŭr sī | quīs quār | tām tĕtĭ | gĕrĭt. »
Sīc tō | tām prāe | dām sō | la īmprŏbĭ | tās ābs | tŭlĭt.

Cette liberté métrique de Phèdre est de beaucoup dépassée par Plaute et Térence, qu'il nous est souvent impossible de scander.

TRADUCTION FRANÇAISE.

La Génisse, la Chèvre, la Brebis et le Lion.

Il n'est jamais bon de faire société avec les grands ; cette fable va le prouver.

La génisse, la chèvre et la timide brebis se mirent, au milieu des forêts, de compagnie avec le lion et prirent un cerf d'une taille remarquable. Le lion, après avoir fait les parts, s'exprima en ces termes : « Je prends la première parce que je m'appelle lion, vous m'accorderez la seconde parce que je suis vaillant, la troisième me reviendra parce que je suis le plus fort, et si quelqu'un touche à la quatrième, il lui arrivera malheur. » C'est ainsi que le pervers prit seul tout le butin.

III. Exercices.

COMPOSITION.

1 — Suivez-moi par ici, afin que vous puissez voir ma maison.
2 — Quelle maison ?
3 — Celle-ci même, que j'ai achetée beaucoup plus cher que je ne pensais.
4 — Êtes-vous fou ?
5 — Pourquoi cela ?
6 — Vous avez donné, que je sache, quatre-vingts mines d'arrhes.
7 — Précisément.
8 — Qu'est-ce qui vous chagrine ? Donnez dix-huit mines et l'affaire sera terminée.
9 — Il faut voir d'abord s'il acceptera ou non.
10 — Je vous y aiderai et vous donnerai mes soins. Je vous apprendrai à le tromper et par parole et par action.
11 — Voilà qui est agir en ami ; mais vous n'avez jamais vu personne de plus fourbe ni de plus malicieux que cet usurier qui nous a prêté de l'argent (duquel nous avons pris de l'argent à usure).
12 — Je le sais assurément. Il faut avoir bonne sagesse pour se mettre seulement en garde contre cet homme.
13 — Il répète que crédit est mort.
14 — Il craindrait de prêter ?
15 — Même à son père, qu'il volerait plutôt. Alexandre le Grand a fait des choses très-grandes, mais celui-ci en a fait de très-profitables. Quelle audace ! quelle ruine pour les jeunes gens ! Que les dieux m'anéantissent, si je ne dis pas vrai ! Il n'est personne de plus misérable, de plus fourbe, de plus scélérat. Il fait plus audacieusement en arrière ce qu'il n'a pas osé faire en face. Si vous suspectez sa bonne foi : Quoi donc ? s'écrie-t-il ; chacun moissonne pour soi à la campagne ; je fais tous mes efforts pour me mettre en garde contre les gens astucieux, mais je suis honnête homme.
16 — O Dieux immortels ! cet usurier était nouveau pour moi. Continuez, je vous écoute volontiers.
17 — Un homme de bien est tellement confondu par ses paroles, qu'il croit avoir affaire à Socrate, et le crédule se laisse duper. Alors, le coquin s'en retourne chez lui en toute hâte, emportant tout l'argent qu'il a escroqué. Mais, taisez-vous, la porte s'ouvre ; le voici qui se dirige vers nous.
18 — Par Pollux ! il nous arrive à propos. J'ai une démangeaison incroyable de mettre en mille morceaux notre pendard.

CHAPITRE VINGT-CINQUIÈME.

I. Pratique.

PAMPHILUS, filius Simonis, adolescens, omnium amicus.
DAVUS, servus Simonis.
CHARINUS, adolescens, gratiosus.

Dav. Pamphilus ŭbĭnam hic est? *Pam.* Dave! *Dav.* Quis
            [hŏmo' st? *Pam.* Ego sum. *Dav.* O Pamphile!
Pam. Nescis quid mihi obtĭgĕrit. *Dav.* Certe: sed quid mihi
            [obtigerit scio.
Pam. Et quĭdem ego. *Dav.* More hŏminum evenit, ut quod
            [sim ego nactus măli
Prius rescisceres tu, quam ego tibi quod ēvēnit bŏni.
Pam. Mea Glycerium suos părentes repperit. *Dav.* O factum
            [bene! *Charinus.* Hem!
Pam. Păter ămīcus summus nobis. *Dav.* Quis? *Pam.* Chremes.
            Dav. Narras probe.
Pam. Nec mŏră ulla est, quin jam uxorem dūcam. *Char.* Num
            [ille somniat
Ea, quæ vĭgĭlans vŏluit? *Pam.* Tum de pŭĕro, Dave? *Dav.*
            [Ah, dēsĭnĕ:
Sōlus est quem dīlĭgunt dī. *Char.* Salvus sum, si hæc vēra sunt.
Conlŏquar. *Pam.* Quis homo'st? Charine, in tempore ipso mī
            [advĕnis.
Char. Bĕnĕ factum. *Pam.* Audisti? *Char.* Omnia. Agĕ, me
            [in tuis sĕcundis respice.
Tuus est nunc Chremes: facturum quæ voles scio esse omnia.
Pam. Mĕmĭni: atque adeo longum 'st nos illum exspectare
            [dum exeat.

Sequere hac me intus ad Glycerium nunc. Tu, Dave, abi
[dŏmum;
Prŏpĕrē arcesse, hinc qui aufĕrant eam. Quid stas? Quid
[cessas? *Dav.* Eo.
Ne exspectetis dum exeant huc : intus desponde bitur :
Intus transĭgetur. Si quid est quod restet : plaudite.

     Térence, *Andr.*, Act. V, Sc. vi.

TRADUCTION LITTÉRALE.

Davus : Pamphilus ubinam hic est ? — *Pamphilus :*
 Dave : Pamphile

Dave ! — *Dav.* — Quis homo 'st ? — *Pam.* — Ego sum. —

Dav. — O Pamphile ! — *Pam.* — Nescis quid mihi obtigerit.
            arriver.

— *Dav.* — Certe : sed quid mihi obtigerit scio. — *Pam.*

Et quidem ego. — *Dav.* — More hominum evenit, ut
        coutume   arriver,

quod sim ego nactus mali prius rescisceres tu, quam ego
   trouver   venir à savoir

tibi quod evenit boni. — *Pam.* — Mea Glycerium suos
             Glycérie

parentes repperit. — *Dav.* — O factum bene ! — *Charinus.*
 retrouver.   Charinus.

Hem !
Ha !

— *Pam.* — Pater amicus summus nobis. — *Dav.* —
        très-grand

Quis ? — *Pam.* — Chremes. — *Dav.* — Narras probe. — *Pam.*
          raconter bien.

— Nec mora ulla est, quin jam uxorem ducam. — *Char.*
 retard   épouse conduire.

—Num ille somniat ea quæ vigilans voluit? — *Pam.*
   voir en songe.   veiller

Tum de puero, Dave? — *Dav.* — Ah, desine : solus est
                                      cesser :

quem diligunt di. — *Char.* — Salvus sum, si hæc vera
       chérir   sauvé

sunt. Conloquar. — *Pam.* — Quis homo 'st? Charine, in
     s'entretenir.

tempore ipso mi advenis. — *Char.* — Bene factum. —

Pam. — Audisti? — *Char.* — Omnia. Age, me in tuis
         entendre?

secundis respice. Tuus est nunc Chremes : factu-
heureux regarder favorablement.

rum quæ voles scio esse omnia.

— *Pam.* — Memini : atque adeo longum'st nos illum

exspectare dum exeat. Sequere hac me intus ad Gly-
  attendre   suivre

cerium nunc. Tu, Dave, abi domum; propere arcesse,
                                    à la hâte faire venir,

hinc qui auferant eam. Quid stas? Quid cessas? —
          emporter

Dav. — Eo. Ne exspectetis dum exeant huc : intus
                                   sortir

despondebitur : Intus transigetur. Si quid est quod res-
  fiancer :   conclure.

tet : plaudite.
     applaudir.

TRADUCTION FRANÇAISE.

Dave : Ce Pamphile, où est-il ?
Pamphile : Dave !
Dav. — Qui est là ?
Pam. — C'est moi.
Dav. — Ah ! Pamphile !
Pam. — Tu ne sais pas ce qui m'est arrivé.
Dav. — Sans doute, mais je sais ce qui m'est arrivé, à moi.
Pam. — Et moi aussi.
Dav. — Il est arrivé, comme d'ordinaire, que vous avez appris le mal que j'ai éprouvé, plus tôt que je n'ai connu le bien qui vous est survenu.
Pam. — Ma Glycérie a trouvé ses parents.
Dav. — Voilà qui est bien !
Charinus : — Ha !
Pam. — Son père est un de nos meilleurs amis.
Dav. — Qui ?
Pam. — Chremes.
Dav. — Ce que vous dites est à merveille.
Pam. — Rien ne m'empêche maintenant de l'épouser.
Char. — Est-ce qu'il voit en songe ce qu'il a désiré, étant éveillé ?
Pam. — Et l'enfant, Dave ?
Dav. — Ah ! n'en parlez pas. Il est le seul que chérissent les dieux.
Char. — Je suis sauvé si cela est vrai. Je vais leur parler.
Pam. — Qui est là ? Charinus, vous me venez fort à propos.
Char. — Parfaitement.
Pam. — Avez-vous entendu ?
Char. — Tout. Allons, pensez à moi dans votre bonheur. Chremes vous est maintenant dévoué : je sais qu'il fera tout ce que vous voudrez.
Pam. — Mes souvenirs me le disent, mais il est trop long pour nous d'attendre qu'il sorte. Venez maintenant avec nous chez Glycérie. Toi, Dave, va-t'en à la maison. Envoie promptement du monde pour la transporter. Pourquoi restes-tu là ? Que tardes-tu ?
Dav. — Je pars.
(*Au public.*) N'attendez pas qu'ils sortent pour venir ici : fiançailles et contrat, tout se passera au dedans. S'il reste une chose à faire, c'est que vous applaudissiez.

TRADUCTION ALTERNATIVE.

Ubinam est hic Pamphilus ?	Où est ce Pamphile ?
Dave ! — Quis homo est ?	— Dave ! — Quel homme est-ce ?

CHAP. XXV. — TRADUCTION.   415

—Ego sum—o Pamphile!	—C'est moi—ah! Pamphile!
—Nescis quid mihi obtigerit	—Tu ne sais ce qui m'est arrivé.
—Certe : sed quid mihi obtigerit scio	—Sans doute; mais je sais ce qui m'est arrivé, à moi.
—Et quidem ego.	—Et moi aussi.
—Evenit more hominum,	—Il est arrivé selon l'habitude des hommes,
ut rescisceres tu quod mali ego sim nactus prius quam ego quod boni evenit tibi.	que tu savais ce que de mal j'ai trouvé avant que moi (je susse) ce qui de bien est arrivé à toi.
—Mea Glycerium repperit suos parentes	—Ma Glycérie a trouvé ses parents.
—O factum bene!—Hem?	—Que c'est bien fait!—Hein?
—Pater (est) summus amicus nobis.	—Le père est un grand ami à nous.
—Quis?—Chremes	—Qui?—Chremes.
—Narras probe.	—Vous parlez à merveille.
—Nec ulla mora est, quin jam ducam uxorem.	—Et il n'est plus de retard, que je ne la prenne pour femme.
—Num ille somniat ea, quæ vigilans voluit?	—Est-ce qu'il voit en songe cela qu'il a voulu, étant éveillé?
—Tum de puero, Dave?	—Alors au sujet de l'enfant, Dave?
—Ah, desine, solus est, quem di diligunt	—Ah, cessez, il est le seul que les dieux chérissent.
—Salvus sum, si hæc vera sunt	—Je suis sauvé si ces choses sont vraies.
Conloquar—quis homo est?	Je leur parlerai—quel homme est là?
Charine, advenis mi, in tempore ipso	Charinus, vous m'arrivez dans le temps même.
—Bene factum—audisti?	—Bien fait—avez-vous entendu?
—Omnia, age, me respice in tuis secundis	—Tout, faites (allons), regardez-moi (ayez égard à moi) dans vos affaires heureuses (votre bonheur)
Tuus est nunc Chremes : scio (eum) esse facturum omnia quæ voles	Chremes est maintenant le vôtre : je sais qu'il fera tout ce que vous voudrez.
—Memini : atque est adeo longum nos exspectare illum. dum exeat	—Je m'en souviens : et il est si long nous attendre lui jusqu'à ce qu'il sorte.
Sequere me hac nunc intus ad Glycerium	Suivez-moi maintenant par ici dedans chez Glycérie.
Tu, Dave, abi domum;	Toi, Dave, va-t'en à la maison;

arcesse propere, ...	Fais venir promptement
qui auferant eam hinc	des gens qui l'emportent d'ici.
Quid stas? Quid cessas? . . .	Pourquoi restes-tu? Pourquoi tardes-tu?
—Eo. Ne exspectetis	—J'y vais. N'attendez pas
dum exeant huc :	jusqu'à ce qu'ils sortent ici :
intus despondebitur :	on fera les accords au dedans,
intus transigetur, ...	on passera l'acte au dedans,
si quid est quod restet	s'il est quelque chose qui reste.
Plaudite. . . . . , .	Applaudissez.

CONVERSATION.

QUESTIONS.	RÉPONSES.
Quid ait Davus?	Pamphilus ubinam hic est?
Quid scit Davus?	Quid sibi, sed non quid Pamphilo obtigerit.
Quod resciscit Pamphilus?	Quod sit Davus nactus mali.
	Priusquam Davus quod ipsi evenit boni.
Quos repperit Glycerium?	Parentes suos.
Quis erat Chremes?	Amicus summus Pamphilo.
Quomodo narrat Davus?	Probe.
Uxoremne jam est ducturus?	Nec mora ulla est.
Quid somniat Pamphilus?	Quæ vigilans voluit.
Quem solum diligunt di?	Puerum.
Qua conditione salvus erit Charinus?	Si hæc vera sunt,
Quid aget?	Colloquetur.
Quid ait Pamphilus Charinum audiens?	Quis homo 'st?
Quo tempore adveniebat Charinus?	In tempore ipso.
Quid audierat?	Omnia.
Quibus verbis Pamphilum precatur?	Me in tuis secundis respice.
Cujus erat Chremes?	Pamphili.
Quid faciet?	Omnia quæ volet Pamphilus.
Quid longum est?	Pamphilum exspectare dum exeat Chremes.

CHAP. XXV. — PHRASÉOLOGIE. 417

Quo Charinus Pamphilum sequetur?	Intus ad Glycerium.
Quo Davus abit?	Domum.
Quos arcesset?	Qui Glycerium auferant.
Quis cessabat?	Davus.
Quid rei non est exspectandum?	Dum exeant huc.
Ubinam despondebitur?	Intus.
Quid etiam intus agetur?	Transigetur.
Quid restabat?	Ut cives plauderent.

PHRASÉOLOGIE.

A TRADUIRE EN FRANÇAIS.	A TRADUIRE EN LATIN.
Intus erat Pamphilus.	Pamphile était dans l'intérieur.
Quid Davo obtigit? Nescio.	Qu'est-il arrivé à Dave? Je ne sais pas.
More hominum evenit, ut somniaverim ea, quæ vigilans volueram.	Il arriva comme d'ordinaire que je rêvai aux choses que j'avais désirées tout éveillé.
Salva erit Glycerium, si parentes suos repererit.	Glycère sera sauvée si elle retrouve ses parents.
Quod mali sim nactus, at non quod boni, resciscis.	Tu sais ce qui m'est arrivé de mal, mais non ce qui m'est arrivé de bien.
Pater meus uxorem ducit.	Mon père se marie.
Puerum vidisti, quid narravit?	Tu as vu mon enfant, qu'a-t-il dit?
Summus mihi amicus es.	Tu m'es très-attaché.
In tempore ipso fecit, quæ volui.	Il a fait à temps ce que j'ai voulu.
Nos in suis secundis respexit, et probe fecit.	Il a jeté les regards sur nous dans sa prospérité, et s'est conduit en galant homme.
Quis homo 'st?—Amicus.—Bene factum; colloquemur.—Faciam ut voles.—Uxorem duxi Glycerium.—Audivi. Diligis eam?—Certe, atque adeo longum est me eam exspectare dum veniat.—Age, jam nunc advenit.	Qui est là?—Un ami.—Fort bien; nous causerons. — Je ferai ce que vous voudrez. — J'ai épousé Glycère.—Je l'ai appris. Vous l'aimiez?—Sans aucun doute; et il me paraît long d'attendre jusqu'à ce qu'elle vienne. — Allons, la voici qui arrive.
Memini hac nos secutam esse Glycerium.	Je me rappelle que Glycère nous a suivis par ici.

Quid stetit? Quid cessavit?	Pourquoi s'est-elle arrêtée? Pourquoi est-elle restée immobile?
Exspectabat dum auferretur.	Elle attendait qu'on la transportât.
Intus transactum est. Plaudite, cives.	L'affaire a été conclue là-dedans. Applaudissez, citoyens.
Pamphilus Glycerio despondetur.	Pamphyle est fiancé à Glycère.

II. Analyse et Théorie.

REMARQUES SUR LE PARFAIT ET LE SUPIN.

Première conjugaison.

§ 1. Forme régulière : Parfait *avi*, supin *atum*

Amo, amavi, amatum, aimer ; — *creo, creavi, creatum,* créer ; — *invito, invitavi, invitatum,* inviter.

§ 2. Parfait *ui*, supin *itum.*

Accubo, accubui, accubitum, être couché près ; — *crepo, crepui, crepitum,* craquer ; — *domo, domui, domitum,* dompter ; — *tono, tonui, tonitum,* tonner ; *veto, vetui, vetitum,* défendre.

§ 3. Parfait *avi* et *ui*, supin *atum* et *itum.*

Applico, applicavi et *applicui, applicatum* et *applicitum,* mettre contre, appliquer ; — *explico, avi* et *ui, atum* et *itum,* déployer, expliquer ; *plico, plicavi* et *plicui, plicatum* et *plicitum,* plier.

Complico, plier ensemble, enrouler, et *implico,* envelopper, ont également une double forme ; les autres composés de *plico* n'ont que la forme régulière.

§ 4. Parfait *ui*, supin *tum.*

Frico, fricui, frictum, frotter ; — *deseco, desecui, desectum,* couper avec une idée de continuité ; — *seco, secui, sectum,* couper.

Neco, tuer, est ordinairement régulier ; mais il fait aussi *necui, nectum,* surtout dans ses composés.

§ 5. Parfait *i* avec redoublement, supin régulier.

Do, dedi, datum, donner ; — *sto, steti, statum,* se tenir debout.

Les composés de ces deux verbes prennent *i* au lieu de *e* à la pénultième du parfait, si le mot qui entre dans la composition est un monosyllabe ; et alors les composés de *dare* appartiennent à la troisième conjugaison et font *itum* au supin : *addo, addidi, additum,* ajouter ; —

CHAP. XXV. — REMARQUES SUR LE PARFAIT ET LE SUPIN.

circumdo, circumdedi, circumdatum, entourer, mettre autour ;—*adsto, adstiti, adstatum,* se tenir après ;—*circumsto, circumsteti, circumstatum* (inusité), se tenir autour, entourer.

Remarque. — Le verbe *juvo*, aider, fait au parfait *juvi* et au supin *jutum* (peu usité). Ce supin est usité dans le composé *adjuvo, adjuvi, adjutum,* aider, qui est aussi quelquefois régulier.

Deuxième conjugaison.

§ 1. Forme régulière : parfait *ui*, supin *itum*.

Debeo, debui, debitum, devoir ; — *habeo, habui, habitum,* avoir ; — *moneo, monui, monitum,* avertir ; — *terreo, terrui, territum,* effrayer.

§ 2. Parfait *ui*, supin inusité.

Presque tous sont des verbes neutres.

Arceo, arcui, écarter ; — *emineo, eminui,* être en saillie ; —*horreo, horrui,* frissonner ; — *lateo, latui,* être caché ; — *oleo, olui,* répandre une odeur ; — *palleo, pallui,* pâlir ; — *pateo, patui,* être ouvert ; — *sileo, silui,* se taire ; — *stupeo, stupui,* rester interdit ; — *timeo, timui,* craindre.

§ 3. Parfait *ui*, supin *tum*.

Doceo, docui, doctum, instruire ; — *teneo, tenui, tentum,* tenir.

§ 4. Parfait *ui*, supin *tum* (avec altération du radical).

Misceo, miscui, mixtum et *mistum* (plus rare), mêler ; — *sorbeo, sorbui* (rarement *sorpsi*), *sorptum* (peu usité, excepté dans les composés), avaler ; — *torreo, torrui, tostum,* rôtir.

§ 5. Parfait *ui*, supin *sum*.

Le verbe *censeo, censui, censum,* être d'avis. Ses composés sont : *Accenseo, accensui, accensitum,* adjoindre ; — *percenseo, percensu* (pas de supin), faire le dénombrement, compter ; — *recenseo, recensu recensum* et *recensitum,* recenser.

§ 6. Parfait *i*, supin *tum* (altération du radical).

Quelques verbes en *veo* : *caveo, cavi, cautum,* prendre garde ; — *faveo, favi, fautum,* favoriser ; — *foveo, fovi, fotum,* échauffer ; — *moveo, movi, motum,* mouvoir ; — *voveo, vovi, votum,* vouer, faire un vœu.

§ 7. Parfait *i*, supin *sum* (altération du radical).

Parfait sans redoublement : *Prandeo, prandi, pransum,* dîner ; — *video, vidi, visum,* voir ; — *sedeo, sedi, sessum,* être assis.

420   CHAP. XXV. — REMARQUES SUR LE PARFAIT ET LE SUPIN.

Parfait avec redoublement : *Mordeo, momordi, morsum,* mordre ; — *spondeo, spopondi, sponsum,* promettre. Les composés de *spondeo* n'ont pas de redoublement : *Respondeo, respondi, responsum,* répondre.

§ 8.   Parfait *i,* pas de supin.

Langueo, langui, être languissant ; — *oleo, olui,* avoir une odeur, sentir.

§ 9. Parfait *si,* supin *tum* (altération du radical pour les deux temps).

Indulgeo, indulsi, indultum, être indulgent ; — *torqueo, torsi, tortum,* tourner, tordre.

§. 10. Parfait *si,* supin *sum* (en général altération du radical pour les deux temps).

Ardeo, arsi, arsum, brûler ; — *hæreo, hæsi, hæsum,* être joint ; — *jubeo, jussi, jussum,* ordonner ; — *maneo, mansi, mansum,* demeurer ; — *rideo, risi, risum,* rire ; — *suadeo, suasi, suasum,* conseiller ; *tergeo, tersi, tersum,* essuyer.

§ 11.   Parfait *si,* pas de supin.

Algeo, alsi.

§ 12. Parfait *xi,* supin *ctum* ou pas de supin (altération du radical pour les deux temps).

Les verbes en *geo* qui ont une voyelle avant cette terminaison : *Augeo, auxi, auctum,* augmenter ; *luceo, luxi,* pas de supin, luire ; — *lugeo, luxi, luctum,* pleurer. Par exception, *mulgeo* fait *mulxi* et *mulsi, mulctum* et *mulsum*, traire.

§ 13.   Parfait *evi,* supin *etum.*

Deleo, delevi, deletum, effacer ; — *exoleo, exolevi, exoletum,* cesser de croître ; — *impleo, implevi, impletum,* emplir ; — *neo, nevi, netum,* filer, etc.

Troisième conjugaison.

§ 1.   Forme régulière : Parfait *i,* supin *tum.*

Abluo, ablui, ablutum, laver (le primitif *luo* a pour supin *luitum* qui est peu usité) ; — *ico, ici, ictum,* frapper ; — *imbuo, imbui, imbutum,* imprégner ; — *minuo, minui, minutum,* amoindrir ; — *statuo, statui, statutum,* établir.

§ 2. Parfait *i,* supin *ctum, ptum, sum, ssum, utum* (altération du radical pour le supin seulement).

Accendo, accendi, accensum, allumer ; — *edo, edi, esum,* manger ; —

CHAP. XXV. — REMARQUES SUR LE PARFAIT ET LE SUPIN.

emo, emi, emptum ou *emtum*, acheter; — *fodio, fodi, fossum*, creuser; — *lego, legi, lectum*, lire; — *prehendo, prehendi, prehensum*, saisir; — *verto, verti, versum*, tourner; — *volvo, volvi, volutum*, rouler.

§ 3. Parfait *i* (altération du radical), supin *tum*.

Capio, cepi, captum, prendre;— *facio, feci, factum*, faire; — *jacio, jeci, jactum*, jeter.

§ 4. Parfait *i*, supin *ctum, sum* (altération du radical pour l'un et l'autre).

Fundo, fudi, fusum, répandre; — *frango, fregi, fractum*, briser;— *vinco, vici, victum*, vaincre.

§ 5. Parfait *i* avec redoublement, supin *sum, tum, ctum, itum*.

Cado, cecidi, casum, tomber; — *cædo, cecidi, cæsum*, couper; — *cano, cecini, cantum*, chanter; — *credo, credidi, creditum*, croire; — *curro, cucurri, cursum*, courir; — *fallo, fefelli, falsum*, tromper; — *pango, pepigi, pactum*, ficher; — *pello, pepuli, pulsum*, pousser; — *pendo, pependi, pensum*, peser;—*perdo, perdidi, perditum*, perdre; — *tango, tetigi, tactum*, toucher;—*tendo, tetendi, tentum* (aussi *tensum*), tendre;—*tundo, tutudi* (rarement *tunsi*), *tunsum* ou *tusum*, battre (les composés font *tusum*).

§. 6. Parfait *ui*, supin *tum*.

Consulo, consului, consultum, consulter; — *occulo, occului, occultum*, cacher; — *rapio, rapui, raptum*, ravir; — *sero, serui, sertum*, entrelacer;—*texto, texui, textum*, tisser.

§ 7. Parfait *ui*, supin *tum* (altération du radical pour le supin).

Colo, colui, cultum, cultiver;—*pinso, pinsui, pistum*, piler.

§ 8. Parfait *ui*, supin *itum*.

Alo, alui, alitum, nourrir; — *fremo, fremui, fremitum*, frémir; — *gemo, gemui gemitum*, gémir; — *molo, molui, molitum*, moudre; — *vomo, vomui, vomitum*, vomir,

§ 9. Parfait *ui*, supin *itum* (altération du radical pour l'un et l'autre).

Accumbo, accubui, accubitum, se mettre à table;—*gigno, genui, genitum*, engendrer;—*pono, posui, positum*, placer.

§ **10.** Parfait *avi*, supin *atum*, *stum* (altération du radical pour l'un et l'autre).

Consterno, constravi, constratum, abattre ; — *depasco, depavi, depastum*, faire paître, paître, dévorer ; — *sterno, stravi, stratum*, étendre.

§ **11.** Parfait *evi*, supin *etum*, *itum* (altération du radical pour l'un et l'autre).

Decerno, decrevi, decretum, décider, résoudre ; — *lino, levi* (aussi *livi*), *litum*, enduire ; — *quiesco, quievi, quietum*, se reposer ; — *sperno, sprevi, spretum*, mépriser.

§. **12.** Parfait *ivi*, supin *itum*.

Arcesso, arcessivi, arcessitum, faire venir ; — *cupio, cupivi, cupitum*, désirer ; — *lacesso, lacessivi, lacessitum*, provoquer ; — *peto, petivi, petitum*, demander.

§ **13.** Parfait *ivi*, supin *itum* (altération du radical pour l'un et l'autre).

Concupisco, concupivi, concupitum, convoiter ; — *quæro, quæsivi, quæsitum*, chercher ; — *scisco, scivi, scitum*, apprendre ; — *sino, sivi, situm*, permettre ; — *tero, trivi, tritum*, broyer.

§ **14.** Parfait *ovi*, supin *otum*, *itum* (altération du radical pour l'un et l'autre.)

Nosco, novi, notum, connaître ; — ses composés.

§ **15.** Parfait *si*, supin *tum* (altération du radical pour l'un et l'autre).

Como, compsi, comptum, coiffer ; — *gero, gessi, gestum*, porter ; — *nubo, nupsi, nuptum*, se marier ; — *promo, prompsi, promptum*, tirer hors ; — *scribo, scripsi, scriptum*, écrire ; — *repo, repsi, reptum*, ramper ; — *scalpo, scalpsi, scalptum*, gratter ; — *sculpo, sculpsi, sculptum*, sculpter ; — *sumo, sumpsi, sumptum*, prendre ; — *uro, ussi, ustum*, brûler.

§ **16.** Parfait *si*, supin *sum* (altération du radical pour l'un et l'autre).

Les verbes en *do* précédé d'une voyelle ; excepté les deux verbes *edo* et quelques autres : *Cedo, cessi, cessum*, se retirer ; — *claudo, clausi, clausum*, fermer ; — *divido, divisi, divisum*, diviser ; — *lædo, læsi, læsum*, blesser ; — *ludo, lusi, lusum*, jouer ; — *plaudo, plausi, plausum*, applaudir ; — *rado, rasi, rasum*, raser ; — *rodo, rosi, rosum*, ronger ; — *trudo, trusi, trusum*, pousser.

CHAP. XXV. — REMARQUES SUR LE PARFAIT ET LE SUPIN. 423

§ 17. Parfait *xi*, supin *ctum* (altération du radical pour l'un et l'autre).

Affligo, afflixi, afflictum, abattre; — *allicio, allexi, allectum*, attirer; — *aspicio, aspexi, aspectum*, regarder; — *cingo, cinxi, cinctum*, ceindre; — *coquo, coxi, coctum*, cuire; — *distinguo, distinxi, distinctum*, distinguer; — *emungo, emunxi, emunctum*, moucher; — *fingo, finxi, fictum*, façonner; — *pingo, pinxi, pictum*, peindre; — *plango, planxi, planctum*, frapper; — *stringo, strinxi, strictum*, serrer, presser, tirer; — *traho, traxi, tractum*, traîner; — *veho, vexi, vectum*, porter; — *vivo, vixi, victum*, vivre.
Dico, dixi, dictum, dire, n'altère le radical qu'au parfait.

§ 18. Parfait *xi*, supin *xum* (avec ou sans altération du radical).

Figo, fixi, fixum, ficher; — *flecto, flexi, flexum*, plier; — *fluo, fluxi, fluxum*, couler.

Quatrième conjugaison.

§ 1. Forme régulière : Parfait *ivi*, supin *itum*).

Audio, audivi, auditum, entendre; — *condio, condivi, conditum*, assaisonner; — *eo, ivi, itum*, aller; — *finio, finivi, finitum*, finir; — *munio, munivi, munitum*, fortifier; — *scio, scivi, scitum*, savoir.

§ 2. Parfait *ivi*, supin *ultum* (altération du radical pour le supin).

Sepelio, sepelivi, sepultum, ensevelir; — *singultio, singultivi, singultum*, sangloter.

§ 3. Parfait *ivi*, pas de supin.

Gestio, gestivi, désirer ardemment; — *cæcutio, cæcutivi*, être aveugle; — *ineptio, ineptivi*, badiner; *parturio, parturivi* (peu usité), être près d'accoucher.

§ 4. Parfait *i*, supin *tum*.

Reperio, reperi, repertum, trouver; — *venio, veni, ventum*, venir.

§ 5. Parfait *ui*, supin *tum*.

Aperio, aperui, apertum, ouvrir; — *operio, operui, opertum*, couvrir; — *salio, salui* (et *salii*), *saltum*, sauter.

§ 6. Parfait *si*, supin *tum, stum*.

Farcio, farsi, fartum, remplir; — *fulcio, fulsi, fultum*, appuyer;

— *haurio, hausi, haustum*, puiser ; — *sarcio, sarsi, sartum*, coudre ; — *sepio, sepsi, septum*, entourer d'une haie.

§ 7.   Parfait *si*, supin *sum*.

Raucio, rausi, rausum, s'enrouer, être enroué ; — *sentio, sensi, sensum*, sentir.

§ 8.   Parfait *xi*, supin *ctum*.

Sancio, sanxi (arch. *sancivi, sancii*), *sanctum* et mieux *sancitum*, ordonner, établir ; — *vincio, vinxi, vinctum*, lier.

REMARQUES GÉNÉRALES.

Quelques verbes ayant la même terminaison à l'indicatif, appartiennent ordinairement à une conjugaison différente et ont un sens différent : *Fundo, as*, fonder, établir. R. *fundus*, fond ; — *fundo, is*, fondre, verser, disperser. M. R. ;— *appello, as*, appeler. R. R. *ad* ; *pellare* (arch.), dire, appeler ; — *appello, is*, diriger vers, s'approcher. R. R. *ad* ; *pellere*, pousser ; — *sero, as*, fermer à clef. R. *sera*, verrou, serrure ; — *sero, is, sevi*. M. R. semer ; — *sero, is, serui*. M. R. entrelacer, tresser.

Quelques verbes ont le même sens, quoique appartenant à des conjugaisons différentes ; ils proviennent alors des mêmes racines : *Cieo, cies* ou *cio, cis*. M. R. mettre en mouvement, animer, exciter ; le premier est plus usité que le second ; — *lavo, as* ou *lavo, is*. M. R. laver, nettoyer ; on emploie de préférence le second dans le sens figuré.

Les verbes composés se conjuguent ordinairement comme leurs simples ; toutefois ils perdent en général le redoublement.

LEXIOLOGIE.

Ubinam, adv., où, en quel lieu ? R. R. *ubi*, où ; *nam*, en effet, car.

Obtingit, tigit, tingere, n., impersonnel, échoir, arriver. R. R. *ob* ; *tangere*, toucher, être contigu.

Mos, moris, m., coutume, manière ; l'ablatif employé adverbialement, *more*, à la manière ; suivant l'habitude ; — *moralis*, adj., moral ; — *morosus*, adj., bizarre, morose ;— *moralitas*, f., moralité ;— *morositas*, f., bizarrerie, humeur chagrine.

Nanciscor, eris, nactus sum, sci, dépon., act. M. R. rencontrer, trouver.

Rescisco, is, ere, inchoatif de *rescio, is, ivi* ou *ii, itum, ire*, même sens, venir à savoir, apprendre ce à quoi on ne s'attendait pas. R. R. *re* ; *scire*, savoir.

Glycerium, ii, Glycère ou Glycérie, nom de femme ayant une terminaison neutre, mais conservant le genre féminin.

Hem! ha ! interjection marquant la surprise.

Narro, as, avi, atum, are, act. M. R. raconter, parler ; — *narrator,* m., conteur ; *narratio,* f., *narratus, us,* m., récit, narration.

Somnio, as, avi, atum, are, n. et act., rêver. R. *somnus,* sommeil.
Somniari, dép., même sens que *somnio.*

Vigilo, as, avi, atum, are, n., veiller. R. *vigil,* qui veille ; — *vigilatio,* f., veillée ; — *vigilium,* n. ; — *vigilia,* f., veille.

Desino, is, sivi ou *sii, situm, ere,* n. et act., cesser. R. R. *de; sinere,* permettre, laisser faire.

Salvus, a, um, adj., sain et sauf, sauvé. R. *salus,* salut.

Mi, poét. pour *mihi.*

Exeo, is, ivi ou *ii, itum, ire,* n., sortir. R. R. *ex,* de ; *ire,* aller.

Arcesso et *accerso, is, ivi, itum, ere,* act. M. R. mander, faire venir.

Aufero, fers, abstuli, ablatum, auferre, act., emporter. R. R. *ab,* de ; *ferre,* porter.

Despondeo, es, di, sum, dere, act., promettre, fiancer. R.R. *de,* augm.; *spondere,* promettre, fiancer, d'où *sponsus,* fiancé ; — *desponsio,* f., fiançailles.

Transigo, is, egi, actum, ere, act. et n., pousser à travers, conduire à terme, conclure. R. R. *trans,* à travers ; *agere,* conduire ; — *transactor,* m., celui qui conclut, qui transige.

Resto, as, iti, itum, are, n., être de reste. R. R. *re,* en arrière ; *stare,* se tenir.

Plaudo, is, ausi, sum, dere, n. M. R. battre des mains, applaudir ; — *plausus, us,* m., applaudissement ; — *plausibilis,* adj., plausible ; — *plausor,* m., qui applaudit ; — *plausibiliter,* adv., avec applaudissement.

CHOIX ET DISPOSITION DES MOTS.

202. *More hominum,* à la manière des hommes, suivant la coutume des hommes. — *Ritu* a la même signification que *more.* Ils sont le plus souvent placés après leur complément.

Ritu volucrum, Colum.; — *pecudum ritu* — *latronum ritu,* Cic. — *More bestiarum vagari,* Cic. Errer à la manière des bêtes ; — *gigantium more bellare,* Cic. Combattre comme les géants.

Quid mihi obtigerit. — *Obtingit,* il arrive, s'emploie quand une chose survient par l'effet du sort.

More hominum evenit. — *Evenit* s'emploie pour désigner le terme général *il arrive,* de quelque manière, de quelque part que ce soit. L'auteur aurait pu dire *quid mihi evenerit ;* mais il n'aurait pas dit *more hominum obtingit,* car il parle d'une chose ordinaire, habituelle, du moins on est en droit de le supposer d'après le cours naturel de sa pensée (*V*. Ch. X).

Quis homo 'st? Qui est là ? — On trouve encore dans les comiques *quis homo meis oculis objicitur ?* Qui se présente à mes regards ?

Quid stas? — *Quid* ayant le sens de *pourquoi?* Nous disons en français d'une manière analogue : Que ne vient-il? — *Quin venit?* — *Quid est causæ, quin veniat ?*

Spondere, despondere, promettre avec assurance, promettre officiellement, promettre en mariage, fiancer. *Despondere* est plus usité dans ce dernier sens que *spondere.*

Plaudite, applaudissez. — Térence termine toutes ses pièces par ce mot ou par *Valete et plaudite.*—Plaute termine par *Plaudite; Plausum date, Plaudite, valete; Vos valere volumus et clare adplaudere; Vos æquum 'st clare plaudere,* etc.

VERSIFICATION.

Nous terminerons par quelques réflexions générales, qui achèveront de remplir le but que nous proposons dans ce Cours.

On trouve dans les écrivains latins d'autres vers que ceux dont nous avons parlé. La plupart des éditions d'Horace sont accompagnées d'éclaircissements sur les diverses mesures qu'il a employées ; pour Sénèque, Catulle, etc., on devra se reporter aux traités spéciaux de versification latine.

La poésie ne saurait, le plus souvent, s'accommoder du style, même le plus élégant, de la prose. Elle a des tours, des images qui lui sont propres, et qu'on peut signaler, mais non enseigner. Elle a dans chaque langue ses assujétissements et ses libertés, ses lois et ses licences, dont il faut se pénétrer par une étude attentive et par l'excellent exercice de l'imitation.

C'est surtout dans la poésie que l'on use de la ressource des *équivalents,* c'est-à-dire des *synonymes,* qui sont des mots de même espèce et d'un sens plus ou moins rapproché ; des *périphrases* qui représentent le plus souvent une qualité, une faculté saillante ; des *expressions figurées;* des *changements* de *nombre,* de *cas,* de *temps* autorisés par l'exemple et le bon goût.

Les *épithètes* sont non-seulement une ressource de versification, mais encore un commentaire utile à la noblesse, à l'harmonie ou à la justesse de l'expression.

L'*apposition* est une épithète incidente formée par un ou plusieurs substantifs.

Cherchons quelques applications dans le texte du dix-neuvième chapitre.

Prisca gens mortalium. — Périphrase pour *primi homines.*

Limina civium. — *Limina*, le seuil pour la demeure, la partie pour le tout, par une figure appelée *métonymie*.

Limina superba; altas populos; classico truci, etc.; adjectifs ajoutés comme épithètes aux substantifs. Une épithète doit être considérée comme vicieuse quand elle n'ajoute rien à l'image et au sens.

Prisca gens. — Si nous écrivions *antiqua gens*, nous mettrions un synonyme à la place de *prisca*; c'est-à-dire que nous emploierions un autre mot de la même espèce (adjectif comme lui), et d'un sens équivalent.

Multa cane, pour *multis canibus.* — Le singulier pour le pluriel, changement de nombre.

Uvam certantem purpuræ. — On ne trouve guère qu'en poésie le datif après *certare*, *contendere*. On dirait en prose *certantem cum purpura*.

III. Exercices.

COMPOSITION.

1 — Je vous suis reconnaissant.

2 — Pour quelle raison?

3 — J'avais peine à supporter, comme vous le savez, qu'on me donnât une femme. Grâce à vos conseils, Charinus m'est survenu à temps; et vous comprenez, je pense, ce qui est arrivé.

4 — Vous me le demandez? Je comprends à merveille.

5 — Charinus est allé trouver mes parents : Le caractère de votre fils, a-t-il dit, demande une tout autre existence. Vous n'ignorez pas en outre combien Glycérie est rusée. Elle chérit Pamphile à condition que, si elle épouse le fils, elle aura les écus du père. Je parle sans détours. Mais cette femmelette est pleine de ruse et d'audace; ayez soin, je vous supplie, qu'elle ne sache rien de tout ceci.

6 — Soyez tranquille; personne ne l'apprendra de moi; mais dites-moi, je vous prie, mon excellent ami, de qui est donc cette Glycérie?

7 — Elle est la fille de Chrémès.

8 — Il arrive, comme d'ordinaire, que ceux qui ont le moins donnent toujours quelque chose à plus riche qu'eux.

9 — Pensez-vous que Glycérie soit femme à ne pas songer à nous dans sa prospérité?

10 — Que les Dieux me haïssent si elle ne nous aime pas plus que ses propres yeux.

11 — Attendez mon retour, et vous ne tarderez pas à vous féliciter de m'avoir été utile.

12 — Chrémès est à nous.

13 — C'est un homme de bien, mais il a le défaut, et à un suprême degré, de voir en songe ce qu'il a voulu étant éveillé.

14 — Mais je crains qu'on ne fasse les accords sans moi.

15 — Il n'y a pas de danger. J'ai ordonné qu'on nous appelât, au moment où l'on passera le contrat, surtout si l'on a besoin de notre assistance en quelque chose.

16 — Est-il croyable que Chrémès fasse tout ce que je voudrai?

17 — Tout. Entrons donc; il ne reste plus au public qu'à applaudir.

REPOS DE L'ÉTUDE.

EXEMPLUM.

Maxima debetur puero reverentia. Si quid
Turpe paras, ne tu pueri contempseris annos;
Sed peccaturo obstet tibi filius infans.
Nam si quid dignum censoris fecerit ira
Quandoque, et similem tibi se non corpore tantum,
Nec vultu dederit, morum quoque filius, et qui
Omnia deterius tua per vestigia peccet,
Corripies nimirum et castigabis acerbo
Clamore, ac post hæc tabulas mutare parabis.
Unde tibi frontem libertatemque parentis,
Quum facias pejora senex, vacuumque cerebro
Jampridem caput hoc ventosa cucurbita quærat?

JUVÉNAL, *Sat.*, XIV.

Debetur... adhibenda est adversus pueros; — paras, moliris; — contemnere, despicere, pro nihilo putare; — quandoque (uno verbo), aliquando; — morum filius, id est vitiorum heres; — corripere, reprehendere; — tabulas, id est testamentum; — unde tibi frontem (subaudi sumes); — caput hoc, tuum; — ventosa cucurbita, vas cucurbitæ simile, quo sanguis exprimitur.

ÉPILOGUE.

L'élève qui aura étudié, compris et retenu les principes développés dans cet ouvrage, et qui en aura suivi les exercices avec une attention soutenue, possédera, je l'espère, le mécanisme et la majeure partie du matériel de la langue latine ; il sera capable d'en reproduire l'esprit et la marche dans une composition. Toutefois, j'ai pensé qu'il ne serait pas inutile de terminer par quelques conseils généraux sur le moyen d'arriver à cette assurance, à cette rapidité de conception qui constituent la connaissance exacte d'un idiome étranger.

Dans les explications que contient ce traité, j'ai supposé, en général, que l'étudiant était familiarisé avec les termes usités par la grammaire. Tout en admettant l'opportunité d'un cours plus élémentaire que celui-ci, je me range résolument du côté des adversaires d'un enseignement trop prématuré des langues anciennes.

Il est éminemment utile et souvent indispensable d'avoir cultivé minutieusement l'histoire et la géographie anciennes, pour comprendre, dans toute leur étendue, les ouvrages des Grecs et des Latins. J'engagerai donc les jeunes gens à se fortifier préalablement sur cette partie, d'ailleurs nécessaire, de toute bonne éducation. Ils devront donner le même soin à la mythologie, ce fruit de la superstition, des aspirations mystiques et de la poésie. Comment, en effet, saisir avec justesse le style figuré des poëtes lyriques surtout, si l'on ne s'est pas habitué de bonne heure à leur penchant pour la personnification ?

On a dit souvent que les écrivains sont le meilleur monument archéologique de leur époque. On a eu raison, car les écrivains sont l'image animée des actualités passées. Par une lecture intelligente, on trouve dans le poëte, le philosophe et l'orateur une histoire intime, délicate et spéciale qu'on chercherait vainement dans l'historien lui-même. Il ne suffit donc pas, pour bien entendre les anciens, de connaître l'histoire faite par les historiens et la géographie faite par les géographes, il faut encore aller puiser dans les penseurs de tout genre, ce facies, cette originalité qui était pour chacun d'eux la monnaie courante de son temps. Je recommanderai, en conséquence, la lecture des traductions estimées des auteurs les plus accrédités pour la finesse des aperçus, la richesse des détails et la réalité du savoir. Cette lecture jettera une lumière vive sur l'ensemble des productions, et ménagera à l'avance un demi-jour sur l'interprétation des pensées secondaires.

Voulant restreindre dans cette publication la multiplicité de mes remarques, j'ai dû rester incomplet en bien des points, ou plutôt j'ai dû pécher dans les proportions et l'économie de mes développements ; mais j'ai la conviction d'avoir enseigné à l'étudiant à travailler d'une manière à la fois logique et profitable : il doit maintenant viser à la maturité, au moyen d'exercices analogues à ceux qu'il a vu pratiquer.

Je lui dirai :

Choisissez de nouveaux textes, traduisez-les avec scrupule ; recherchez l'application des règles que vous avez apprises ; prenez note des locutions et des liaisons qui vous sont étrangères, et exercez-vous à construire des récits différents à l'aide des mots et des calques de période que vous aurez retenus ; imposez-vous l'obligation de bâtir avec des matériaux qui sont à vous. En vertu de la loi des permutations, le mathématicien obtient des résultats dans lesquels l'imagination, contre son ordinaire, est dépassée par le raisonnement. Faites comme le mathématicien. Combinez deux à deux, trois à trois, quatre à quatre ; combinez les groupes entre eux, et vous vous étonnerez bientôt d'avoir acquis une force que vous ne pouviez prévoir. Si vous avez bien interprété vos modèles, si vous avez bien saisi leur physionomie, le latin que vous composerez sera incontestablement plus vrai, plus prime-sautier que cette langue en quelque sorte de convention et de tradition que l'on appelle latin moderne.

TABLE DES MATIÈRES.

A

A, ab (acceptions de), page 110, 209, 212.
Ab, en composition, 69.
Ablatif absolu, 98.
— de cause, de manière, etc., 97, 110, 150, 218.
— de départ, d'origine avec *e, ex, a, ab*, 110, 212, 215, 263.
— de lieu avec ou sans *in*, 110, 216.
Accidit, evenit, contingit, 187, 425.
Accord de l'apposition, 16.
— de l'adjectif, 16, 98, 133, 134.
— de l'attribut, 35.
— du pronom relatif, 53.
— du superlatif, 72.
— du verbe, 7, 132, 148.
Accusatif après les verbes actifs, 98.
— de tendance, 97, 150, 217.
Ad (acceptions de), 97, 150, 276, 326.
— en composition, 87.
Adjectifs (déclinaison des), 11, 26.
— en *bilis*, 32.
— en *anus*, 70.

Adjectifs numéraux, 43, 64.
— distributifs, 105.
— relatifs, 46.
— possessifs, 47; leur suppression, 51.
— employés substantivement, 133.
— démonstratifs, 45.
Admodum, valde, etc., joints à l'adjectif et à l'adverbe, 147.
Adverbes (tableau des), 228.
— (formation des), 106, 107, 146, 187.
— de nombre, 67.
— joints à l'adjectif, 95.
Adversus (sens de), 245.
Aio (conjugué), 163.
Alienus pour *aliorum*, 187.
Am, en composition, 244.
An, num, utrum, 175.
Animus, mens, 261.
Antécédent de *qui* (sa suppression), 53.
Antiptose (cas par), 232, 342.

B

Biduum, triduum, etc., 186.

C

Calendrier romain, 293.
Causa, gratia (emploi de), 326.
Cavere insidias ou *ab insidiis,* 279.
Changement de *a* en *i* en composition, 90.
Chapitre I, 1 ; II, 18 ; III, 38 ; IV, 56 ;
— V, 74 ; VI, 101 ; VII, 114 ;
— VIII, 138 ; IX, 154 ; X, 179 ;
— XI, 196 ; XII, 223 ; XIII, 238 ;
— XIV, 250 ; XV, 266 ; XVI, 281 ;
— XVII, 295 ; XVIII, 310 ; XIX,
— 329 ; XX, 346 ; XXI, 356 ;
— XXII, 366 ; XXIII, 382 ; XXIV,
— 395 ; XXV, 411.
Cœpi (conjugué), 88.
Comparaison unie par *quam,* etc, 131.
Comparatif, 14, 123, 126.
Complément du comparatif, 72.
— des adjectifs, 72, 95, 96, 97.
— du substantif, 16, 247.
— du superlatif, 71, 170.
— du verbe, 98, 110, 135 ; 150, 217.
Conjonction (tableau des), 184.
Conspiratio, conjuratio, 306.
Contra (acceptions de), 245, 325.
Créments dans les noms, 99, 112.
— verbes, 136, 153.
Crimen, criminatio. 233.

D

Datif d'attribution, 96, 110.
Datif après *probor,* etc., 135.
— après les verbes neutres, 98, 135.
— double après *sum,* 408.
De (acceptions de), 261.
Déclinaisons, 9, 23.
— (supplément aux), 242.
Démonstrative (proposition), 233.
Diminutifs des substantifs, 185.
— des verbes, 353.
Dis, en composition, 94.
Discedere de, a, e, 263.
Disposition des mots, 52.
— de l'adjectif, 15, 146.
— du génitif, 15.
— du comparatif et du superlatif, 15.
— de l'adjectif déterminatif, 71, 126.
— de l'ablatif absolu, 94.
— de *non,* 15.
— du pronom personnel, 109, 126, 132.
— d'un monosyllabe, 109.
— d'une subordonnée, 126.
— des verbes, 109.
Dum, donec, quoad, suivi de l'indicatif, 308.

E

E, ex (acceptions de), 110, 210, 215, 263, 326, 377.
Ego (décliné), 45.
Eo (conjugué), 92.
Eo... quod, 278.
Épilogue, 429.
Erga (acceptions de), 245.
Ergo, suivi du génitif, 327.
Exclamation (cas de l'), 246.

Exercere (emploi de), 342.
Expressions tirées de Cicéron et Quintilien, 378.

F

Fari (conjugué), 164.
Fero (conjugué), 89.
Fio (conjugué), 169.
Florere, au propre et au figuré, 391.

G

Génitif de dépendance, 16, 53, 71, 72, 95.
— après *hoc, id, illud*, etc., 127.
— après les adverbes de quantité et de lieu, 214.
— après les verbes, 234.
Genre des noms de ville et de fleuve, 13.
Grates habere, 245.
Gremium, sinus, 292.

H

Haud, non, 147.
Heure romaine, 293.
Hexamètre (vers), 263.
Hic joint aux adjectifs possessifs, 71.
Hicce, hiccine, 407.
Hoc te rogo, 393.

I

Iambique (vers), 343.
In, en composition, 88, 168.
— (acceptions de), 188, 217.

Inanimus, exanimus, 307.
Inferre (se), 391.
Infinitif après un verbe proclitique, 110.
— après un autre verbe, 111.
— après *jubeo*, 149, 209.
— après une forme impersonnelle, 126.
Inter (acceptions de), 188.
Interest, refert, 235.
Interjections (tableau des), 229.
— (cas après les), 246.
Interrogation directe, 247.
— indirecte, 134.
Ipse (emploi de), 326.
Is, hic, ille, iste (différence de), 191.
Istic et *illic*, adjectifs, 406.

L

Latin (alphabet), 7.
— (prononciation du), 8, 19, 39, 57.
Latine (de la langue), 5.
Le bas, le haut de, 12.
Locutions particulières, 307.

M

Magnus, ingens, 146.
Malo (conjugué), 91.
Maritus, conjux, uxor, 259, 292.
Maturius exspectatione, 247.
Met, te, en composition, 168.
Monere suivi du génitif, 234.
Monumentum, sepulcrum, 277.
More, ritu, 425.
Multus (emploi de), 342.

N

Ne, conjonction, 149.
Nec ullus, pour *et nullus*, 109.
Négation (double), 109.
Nego, pour *aio non*, 170.
Nemo, nullus, nec quisquam, 169.
Ne quidem, 147.
Nolo (conjugué), 91.
Noms propres, 11, 208.
— en *ia*, 13, 93.
Noms en *tas*, 23.
— en *or*, 28.
— en *itudo*, 67.
Nostrum, nostri, 132.

O

Ob, en composition, 206; acceptions, 292.

P

Parfait (remarques sur le), 418.
Parte (*magna ex, omni ex*), 391.
Participe passé (déclinaison du), 30.
— (emploi élégant du), 232.
Pentamètre (vers), 264.
Per (acceptions de), 261.
Perseverare, permanere, 187.
Pluriel pour le singulier, à la première personne des verbes, 392.
Possum (conjugué), 92.
Præter (acceptions de), 244.
Prépositions (tableau des), 204.
— (répétition des), 391.
Prétexte romaine, 306.
Pridie quam, 363.
Primo... deinde, 244.

Pro (acceptions de), 232.
Procul (acceptions de), 326.
Pronoms personnels, 34, 44, 151.
— démonstratifs, 45.
— relatifs, 46.
— possessifs, 47.
Propter (acceptions de), 325.

Q

Qua (question), 218.
Quærere ex, num, 264.
Quæso (emploi de), 206.
Quam, devant un superlatif, 376.
Quantité d'une voyelle suivie de deux consonnes, 16, 36.
— d'une voyelle suivie d'une autre voyelle, 17, 36, 53.
— d'une syllabe contractée, 72.
— des prépositions ou particules des mots composés, 72.
— de *a* final, 36, 73, 98, 112.
— *e* — 36, 53, 98, 135.
— *i* — 37, 53.
— *o* — 37, 112.
— *u* — 37.
— *b* — 73.
— *c* — 54.
— *d* — 54.
— *l* — 54.
— *m* — 54.
— *n* — 54.
— *r* — 54, 112.
— *s* — 54, 73, 99, 153.
— *t* — 54.
— *x* — 54.
Queo (conjugué), 163.
Qui relatif (cas de), 111.
Quis et *qui* (composés de), 143.

Quis, quando, pour *aliquis, aliquando,* après *si,* 127.
Quisque (pro' se), 146, 363.
Quo... eo, 213.
Quo, devant un comparatif, 308.
Quo (question), 217.
Quod, quia, après *ideo,* etc., 109.
Quotus, quotus quisque, 247.

R

Re, pour *runt, ris,* 146.
Repos de l'étude, 101, 137, 178, 222, 249, 280, 310, 345, 365, 394, 428.
Respublica, 167.

S

Sine (acceptions de), 277.
Sub (en composition), 88.
— (acceptions de), 262.
Subjonctif (emploi du), 127, 128, 129, 130, 134, 149, 171, 173, 174, 175, 190, 253, 278, 279, 354.
Subter (acceptions de), 263.
Sui, sibi, se (emploi de), 111, 246.
Sujet (cas du), 16.
Sum (conjugué), 62.
Summus, imus, etc., 12.
Superlatif (formation du), 14, 123, 126.
Supin en *u* (emploi du), 98, 246.
— (remarques sur le), 418.
Supra et *super* (acceptions de), 291.

T

Tanti quanti, 364.

Tempore (in, de, ex), 363, 377.
Tempus (in, ad), 326.
Temps (question de), 220.
Toge, 306.
Tournure passive préférable à la tournure active, 94.
Trans, en composition, 108.

U

Ubi (question), 216.
Ubus (datifs et ablatifs en), 48.
Unde (question), 215.
Ut suivi de l'indicatif, 233.
Ut ou *quemadmodum....sic* ou *ita,* 377.

V

Veille romaine, 293.
Verba dare alicui, 407.
Verbes (conjugués), 61, 62, 78.
— employés dans un sens indéfini, 127.
Verbes impersonnels, 163.
— fréquentatifs, 352.
— inchoatifs, 353.
— méditatifs ou désidératifs, 353.
— diminutifs, 353.
— à redoublement, 88, 418, 420, 421.
Verbes suivis du génitif, 234.
— — de deux accusatifs, 392.
— — de deux datifs, 408.
Versification, 263, 343, 409.
Vestrum, vestri, 132.
Volo, nolo, malo (conjugués), 91.

FIN DE LA TABLE.

PARIS—IMPRIMÉ CHEZ BONAVENTURE ET DUCESSOIS.

CLEF
DES EXERCICES.

CLEF
DES EXERCICES.

CHAPITRE PREMIER.

EXERCICE PRÉPARATOIRE.

SINGULIER.

1.— Nom. Tarsus,   Cydnus,   Cilicia,
    Voc. Tarse,   Cydne,   Cilicia,
    Gén. Tarsi,   Cydni,   Ciliciæ,
    Dat. Tarso,   Cydno,   Ciliciæ,
    Acc. Tarsum,   Cydnum,   Ciliciam,
    Abl. Tarso.   Cydno.   Cilicia.

SINGULIER.   **PLURIEL.**

Nom. Ora,   Liber, Seculum,   Oræ,   Libri,   Secula,
Voc. ora,   liber, seculum,   oræ,   libri,   secula,
Gén. oræ,   libri, seculi,   orarum, librorum, seculorum,
Dat. oræ,   libro, seculo,   oris,   libris,   seculis,
Acc. oram, librum, seculum,   oras,   libros,   secula,
Abl. ora.   libro. seculo.   oris.   libris.   seculis.

2.— **SINGULIER.**   **PLURIEL.**

   m.   *f.*   *n.*   *m.*   *f.*   *n.*
N. Fervidus, fervida, fervidum,   Fervidi,   fervidæ,   fervida,
V. fervide, fervida, fervidum,   fervidi,   fervidæ,   fervida,
G. fervidi, fervidæ, fervidi,   fervidorum, fervidarum, fervidorum,
D. fervido, fervidæ, fervido,   fervidis,   fervidis,   fervidis,
A. fervidum, fervidam,fervidum,   fervidos,   fervidas,   fervida,
A. fervido, fervida, fervido.   fervidis,   fervidis,   fervidis.

SINGULIER.   **PLURIEL.**

   m.   *f.*   *n.*   *m.*   *f.*   *n.*
N. Asper,   aspera, asperum,   Asperi,   asperæ,   aspera,
V. asper,   aspera, asperum,   asperi,   asperæ,   aspera,
G. asperi, asperæ, asperi,   asperorum, asperarum, asperorum.
D. aspero, asperæ, aspero,   asperis,   asperis,   asperis,
A. asperum, asperam, asperum,   asperos,   asperas,   aspera,
A. aspero, aspera, aspero.   asperis,   asperis,   asperis.

SINGULIER.	PLURIEL.
3. — *Nom.* Nostrum bellum,	Nostra bella,
Voc. nostrum bellum,	nostra bella,
Gen. nostri belli,	nostrorum bellorum,
Dat. nostro bello,	nostris bellis,
Acc. nostrum bellum,	nostra bella,
Abl. nostro bello,	nostris bellis.

4 — Tarsus est fervida, fervidissima — Cydnus est fervidus, fervidissimus — Magnus Alexander — Alexander magnus — Cydnus amnis — Seculum est asperum.

5 — Cilicia, ora Asiæ — Amnis Babyloniæ — Asperrima bella — Nostra exempla — Liber quintus.

6 — Paulo post — Paulo aliter — Magis quam tunc — Magis quam ante.

7 — Aonia et Hyrcania — Cydni orarum calor — Imus Cydnus — Extrema Macedonia — Reliquus liber — Quinti Curtii liber quintus.

8 — Tarsus nostra — Alexandri exempla — Liber noster — Medium seculum.

COMPOSITION.

1 — Media Mauritania erat fervidissima.
2 — Genusus, amnis Macedoniæ, Tarsum non interfluit.
3 — Reliquum tempus erat fervidissimum.
4 — Tempus non aliam magis quam Bythiniæ oram accendit.
5 — Extrema æstas non cœperat.
6 — Ima Cilicia non erat ora Bithyniæ.
7 — Calor oram Cydni vapore solis non accendit.
8 — Summus Cydnus mediam Tarsum non interfluit.
9 — Tunc æstas erat, et calor non cœperat.
10 — Extrema Ionia non erat ante fervida.
11 — Amnis, de quo ante dictum est, oram aliam non accendit.
12 — Aspera secula non mitescent.
13 — Vapore solis mitescent.
14 — Positis bellis, liber tertius noster cœperat.

CHAPITRE DEUXIÈME.

EXERCICE PRÉPARATOIRE.

1 — Sing. Nom. voc. Cult us parabil is ; gén. — us — is ; dat. — ui — i ; acc — um — em ; abl. — u — i.

Plur. Nom. voc. acc. Cult us parabil es; gén.—uum—ium; dat. abl. —ibus—ibus.

Sing. Nom. voc. acc. Corp us lev e; gén,—oris—is; dat.—ori—i; abl. ore—i.

Plur. Nom. voc. acc. Corp ora lev ia; gén.—orum—ium; dat. abl. —oribus—ibus.

Sing. Nom. voc. acc. Bell um acr e; gén.—i—is; dat. abl. o—i.

Plur. Nom. voc. acc. Bell a acr ia; gén.—orum—ium; dat. abl.— is—ibus.

Sing. Nom. voc. Jud ex diligen s; gén.—ĭcis—tis; dat. ici—ti; acc. icem—tem; abl. ice—ti ou te.

Plur. Nom. voc. acc. Jud ices diligen tes; gén.—icum—tium; dat. abl. icibus—tibus.

2 — Accèndit — Pŭlvĕrĕ — Agmen — Cōrpŏră — vĕstigĭum—Levĭum— Sŭus—Acrem.

3 — Medium corpus — Media flumina—Sudor regis—Cultus parabilis Alexandri—Sol erat fervidus—Liquor fluminis erat levis—Calor dierum cœperat—Agmina regum parabilia erant—Levis est vestis—Aures judicum — Musicorum genua — Judex erat musicus — Magna bella — Regis nostri seculi—Nostra terra—Nostræ fides.

4 — Penuria—Modestia—Allegoria—Ignominia—Infamia—Imperitia —Barbaria—Prophetia—Insomnia—Melancholia—Inertia.

5 — Magnanimitas — Hilaritas — Velocitas — Æquitas — Sagacitas— Bonitas—Calamitas—Impietas—Diversitas—Tranquillitas—Facultas— Voluptas—Felicitas—Gravitas—Vanitas—Dexteritas.

6 — Honor ou honos — Error — Color—Languor—Pudor—Tumor— Candor—Favor—Terror—Rigor—Splendor—Fervor.

COMPOSITION.

1 — Veste deposita rex contentus calidum adhuc descendit in flumen

2 — Rex inexorabilis erat.

3 — Penuria liquoris regem non invitavit, ut in conspectu suorum corpus ablueret; itaque non descendit.

4 — Corporis cultus levis erat et parabilis.

5 — Color vestium agminis cœperat esse imitabilis.

6 — Decorum ratus futurum, si ostendisset se esse contentum, rex in imam Messeniam descendit.

7 — Cydni liquor non erat habitabilis, et calor solis fervidissimus cœperat esse.

442   CLEF DES EXERCICES.

8 — Ut musici vel minima sentiunt, sic nos, si diligentes esse volumus, maxima intelligemus ex parvis.

9 — Marcus Antonius judex ipse erat, quum contente diceret.

10 — Genibus suis Marcum Antonium vidi terram Italiæ tangere.

CHAPITRE TROISIÈME.

EXERCICE PRÉPARATOIRE.

1 —   SINGULIER.

Nom. m. quilibet, *f.* quælibet, *n.* quodlibet et quidlibet,
Gén.   cujuslibet,   } de tout genre,
Dat.   cuilibet,
Acc. m. quemlibet, *f.* quamlibet, *n.* quodlibet et quidlibet,
Abl.   quolibet,   qualibet,   quolibet.

PLURIEL.

Nom. m. quilibet,   *f.* quælibet,   *n.* quælibet,
Gén.   quorumlibet, quarumlibet, quorumlibet,
Dat. abl. quibuslibet, de tout genre,
Acc. m. quoslibet, *f.* quaslibet, *n.* quælibet.

SINGULIER.			PLURIEL.		
Nom. m. solus,	*f.* sola,	*n.* solum,	*m.* soli,	*f.* solæ,	*n.* sola,
Voc. sole,	sola,	solum,	soli,	solæ,	sola,
Gén. solius,	} de tout genre,		solorum,	solarum,	solorum,
Dat. soli,			solis, de tout genre,		
Acc. m. solum,	*f.* solam,	*n.* solum,	*m.* solos,	*f.* solas,	*n.* sola,
Abl. solo,	sola,	solo.	solis, de tout genre.		

SINGULIER.			PLURIEL.		
Nom. m. totus,	*f.* tota,	*n.* totum,	*m.* toti,	*f.* totæ,	*n.* tota,
Voc. tote,	tota,	totum,	toti,	totæ,	tota,
Gen. totius,	} de tout genre,		*m.* totorum,	*f.* totarum,	*n.* totorum,
Dat. toti,			totis, de tout genre,		
Acc. m. totum,	*f.* totam,	*n.* totum,	*m.* totos,	*f.* totas,	*n.* tota,
Abl. toto,	tota,	toto.	totis, de tout genre.		

SINGULIER.			PLURIEL.		
Nom. m. meus,	*f.* mea,	*n.* meum,	*m.* mei,	*f.* meæ,	*n.* mea,
Voc. mi,	mea,	meum,	mei,	meæ,	mea,
Gén. mei,	meæ,	mei,	meorum,	mearum,	meorum,
Dat. meo,	meæ,	meo,	meis, de tout genre,		
Acc. meum,	meam,	meum,	*m.* meos,	*f.* meas,	*n.* mea,
Abl. meo,	mea,	meo.	meis, de tout genre.		

CLEF DES EXERCICES.

SINGULIER.	PLURIEL.
Nom. m. idem. f. eadem, n. idem,	m. iidem, f. eædem, n. eadem,
Gén. ejusdem, } de tout genre,	eorumdem, earumdem, eorumdem.
Dat. eidem,	iisdem et eisdem, de tout genre,
Acc. m. eumdem, f. eamdem, n. idem,	m. eosdem, f. easdem, n. eadem.
Abl. eodem, eadem, eodem,	iisdem et eisdem, de tout genre.

SINGULIER.	PLURIEL.
Nom. m. quis? f. quæ? n. quid? quod?	m. qui? f. quæ? n. quæ?
Gén. cujus? } de tout genre.	quorum? quarum? quorum?
Dat. cui?	quibus? de tout genre,
Ac. m. quem? f. quam? n. quid? quod?	m. quos? f. quas? n. quæ?
Abl. quo? qua? quo?	quibus? de tout genre.

SINGULIER.	PLURIEL.
Nom. m. ipse, f. ipsa, n. ipsum,	m. ipsi, f. ipsæ, n. ipsa,
Gén. ipsius, } de tout genre.	ipsorum, ipsarum, ipsorum,
Dat. ipsi,	ipsis, de tout genre,
Acc. m. ipsum, f. ipsam, n. ipsum,	m. ipsos, f. ipsas, n. ipsa,
Abl. ipso, ipsa, ipso.	ipsis, de tout genre.

2 — Subĭtŭs — Subĭtis — Subĭtĕ — Horrorēs — Artŭum — Pallorῐs — Corporă — Sŭās — Majestās — Parcimonῐa — Mĕi — Mē — Nullōs — Sĕd.

3 — Hi artus — Illi artus — Pallor horum artuum, illorum artuum — Idem horror — Iidem calores — Vestes regis ipsius — Manus ministrorum — Medium tabernaculum erat calidum — Rexque non erat satis compos mentis — Calor de quo dictum est — Vestis de qua dictum est — Æstas est tempus fervidum — Tabernacula excipiunt — Sudor, pulvis ac liquor — Suorum conspectus — Rex exspiranti similis — Ministri regi similes — Vix cœperunt — Primi calores.

COMPOSITION.

1 — Æstas, cujus calores cœperunt, oras Sarmatiæ non reliquit.

2 — Pallor deinde ministri corpus non reliquit.

3 — Subito propemodum horrore artus nostri rigere cœperunt.

4 — Regem exspirantem ministri similes manu deferunt.

5 — Pulvere perfusus rex ministrum suum invitavit, ut puerorum corpus ablueret.

6 — Regum tabernacula ministros eorum excipiunt.

7 — Rex vester non est satis compos mentis.

8 — Exspirantibus similes propemodum judices manus eædem excipiunt.

9 — Vixque in flumen ingressi regis corpus totum vitalis calor reliquit.

10 — Itaque sudore perfusum regem in conspectu agminis deferunt.
11 — Nihil amplius contigit, quum pro se diceret.
12 — Qui rex est, nihil amplius optet.
13 — Alexandri beneficium nulli gratum erat.
14 — Musicorum aures quælibet vel minima sentiunt.

CHAPITRE QUATRIÈME.

EXERCICE PRÉPARATOIRE.

1 — Sollicitudŏ — Penĕ— Luctŭs (nom. voc. sing.) — Luctūs (gén. sing.) —Luctūs (nom. voc. acc. plur.)— Erăt—Querebantŭr—Impetū—Ætās—Ætatĭs—Ætatibŭs—Āc— Nōn ăb hōstĕ— Āblŭentem —Aquă — Aquā — Corpŭs —Terrās— Es—Sumŭs— Estĭs—Erās—Fuerās—Essēs—Forĕ—Abĕs—Adĕs—Trigintă duŏ.

2 — Tres et viginti eramus — Undeviginti fuerant — Quartus fui — Quinquaginta quatuor erant—Centesimus ero—Aderat centesimus vicesimus—Rex ter descendit —Triginta septem equites aberant—Trecenta millia hostium aderunt— Darius fuit rex anno trecentesimo tricesimo sexto — Calidissima aquarum — Clarissimum fluminum — Ceteri milites irrupere — Bella breviora fuerunt quam gratiora — Duo millia armatorum.

3 — Nonus rex fuerat post primum Darium— Ter quaterque victores erunt—Scythia calida non fuit semel—Decies septem fiunt septuaginta— Millies victrix fuit cohors.

4 — Beatitudo — Mansuetudo—Plenitudo — Solitudo—Inquietudo—Similitudo.

COMPOSITION.

1 — Cœperat impetus hostium, sed tota illa ætas clarorum aberat regum.

2 — Illa temeritas quæ inest in ministro ipso non deest in rege.

3 — Hostes erant Darius et Alexander; hic in Asiam descendit, ille deinde non fuit contentus.

4 — Hæc mea patria omnis ætatis clarissima erit.

5 — Ille dies fuit clarissimus, quum Darius ab hoste suo dejectus est.

6 — Regem suum expirantem flentes ministri manu (ou manibus) excipiunt.

7 — Alexandrum, in tempore diei fervidissimo, abluentem aqua corpus exstinctum esse querebantur.

CLEF DES EXERCICES.   445

8 — Ingens fuerat rerum impetus, antequam clarum vidisset hostem.
9 — Agminis sinistrum latus quarta et vicesimani clausere.
10 — Vigesima octava legio terga firmavit.
11 — Via illa nostra, quæ per Ciciliam est, tibi etiam fuit gratissima.
12 — Cohors auxiliaria, post ceteri sociorum via brevissima irrupere.
13 — Itaque, mediis equitibus, quinta decimani dextrum latus clausere.

CHAPITRE CINQUIÈME.

EXERCICE PRÉPARATOIRE.

1 — Pallōrem—Hostĭbus—Omnĭum—Nemĭnem—Signōrum—Expirantĭbus — Classĭum —Sudōrĭbus—Flōrum—Memŏrĭbus—Vastārum—Pulvĕrem—Rēgĭbus—Corpŏra—Compŏtĕ.

2 — Populatur — Populabatur — Populabuntur — Popularentur — Populamini—Populantes—Populatus.

3 — Audete—Audento— Ausus essem—Ausi sumus—Reges audentes—Audebis—Audebant.—Ausus erit.

4 — Volebam—Nolebas—Malebat—Nolimus—Malim—Maluisse.

5 — Poteram — Potueram—Potero—Possimus—Possetis— Possent—Potuisse—Potes.

6 — Eamus — Ite—Eunto — Ibam — Ivisti—Iverat—Ibimus—Iretis—Eant.

7 — Incipiebam — Cœperam — Incipiemus—Cœperimus—Incipiam—Cœpero.

8 — Ferimus—Fertis—Ferunt—Feremus—Ferretis—Tulisse—Ferens—Fer—Ferte.

9 — Darium invitavit—Regis pallorem vidimus—Agminis videbimus misericordiam—Sarmatiæ oras populabuntur—Ipsum in regem versa est misericordia—Hostes insequi nolumus.

10 — Lætus ætate sua—Regis *ou* regi amicus—Compos terris—Sui compos—Querenti similis.

COMPOSITION.

1 — Agmen aut Alexander fugæ signum nolebant dare, sed jam hostes instabant, ac misericordiæ sollicitudo succedere cœperat.

2 — Aut Alexander aut Darius victor erit, et classem qua transeamus Hellespontum præparabimus.

3 — Signo dato, per vastas solitudinum ibimus, etiamsi nemo nos insequi velit.

4 — Commilitones illius floris juventæ pene omnes fame atque inopia debellati sunt, et nemo regi omnis ætatis clarissimo succedere ausus est.

5 — Nec deerat vis animi commilitonibus, qui, terris hostium peragratis, rursus ad Hellespontum fuga penetrarunt.

6 — Ciliciæ terras peragrare audendo, Alexander hostes debellare potuit.

7 — Hujus belli posteritas immemor erit.

8 — Nec, in foro melior fuit M. Antonio quisquam, nec clarior.

9 — Omnes ad justitiam nati sumus.

REPOS DE L'ÉTUDE.
VANNES.

Cette ville est de beaucoup la plus considérable dans ces pays qui forment tout le littoral de la mer, parce que c'est elle qui a le plus grand nombre de vaisseaux, qui lui permettent d'entretenir un commerce continuel avec l'Angleterre, et qu'elle l'emporte sur les autres par sa science et sa pratique dans la navigation. Elle possède le petit nombre de ports qui sont établis sur cette côte orageuse, et rend ainsi tributaires presque tous ceux qui viennent y aborder.

CHAPITRE SIXIÈME.
EXERCICE PRÉPARATOIRE.

1 — Spirĭtŭi — Spiritū — Oculōrum — Vī — Vīres — Vīrĭum — Magnitudĭnĕ — Corpŏră — Corpŏrĭbŭs — Dĭēbus — Ignobilĭum — Mortĕ.

2 — Hora diei decima fere, effugit.—Hora fere nona, rediit—Primo die, amicos agnovit.

3 — Victoria quam eripuisti mihi e manibus—Reges quos vinxerat—Musici quibus succedam.

4 — Contente pro se eum dixisse querebantur — Queror te victricem rediisse.

5 — Non autem dico quod sentio—Unum illud dicam.

6 — Dico te audere—Amicos nostros ausuros esse—Judices eum circumstetisse nunciatum est.

7 — Allevemus oculos—Vim morbi viderunt—In tabernaculo vinciuntur—Fortibus verbis circumstantes feriebat.

CLEF DES EXERCICES. 447

COMPOSITION.

1 — Singulos suos amicos agnovit — Una castra Dario erant — Bina castra fame debellari poterant—Denos hostes vidimus.

2 — Eos ideo agnoscit quia (quod ou quoniam) tabernaculum circumstant — Victoriam quarto die amicis nostris nunciavimus — Regis a commilitonibus e morte eripimur — Vis autem mali in corpus meare cœpit—Morti se tradi sentiebat, quippe classis quam præparaverat ab agmine paulatim relinquebatur.

3 — Itaque spiritus paulatim meare cœpit, atque rex allevans oculos commilitones agnovit.

4 — Illi autem circumstantes magnitudinem mali sentire videbantur.

5 — Redibat animus paulatim, jamque Alexander e morte ereptus amicos non adesse querebatur.

6 — Ob hoc solum luctu atque ægritudine urgebatur, quia Darium instare nunciabant.

7 — Vinctus ergo exspiranti similis obscuris hostibus tradi se sentiebat.

8 — Inter hæc Darius ausurum se regi succedere nunciabat, ac tertio die terras viri clarissimi cœpit populari.

9 — Ob hoc solum contentus esse videbatur, quia omnium rerum mors est extremum.

10 — Quum ego me e conspectu vestro eripuissem, magnitudinem mali effugere non potui.

11 — Amicus est tanquam alter idem.

12 — Illud bellum Darii morte exstinctum est.

CHAPITRE SEPTIÈME.

EXERCICE PRÉPARATOIRE.

1 — Admittĭmus— Admittēbant— Admittĕrĕ — Exaudīmus— Exaudĭēbam — Exaudĭam —Nunciābant —Vidēmus —Habētis— Habērĕ—Curābam—Curātĕ—Curārĕ—Exaudīrĕ—Dăbit— Curāvĕram—Quæsīvit— Sĭtis— Fŏret— Scriptūrus— Futūrum—Fŏrĕ.

2 — Bellum inferre quam provocari melius est—Medicis licet quærere remedia — Vis morbi lentam opem non expetit—Ciliciæ bellum intulimus— Epistolas scribere mihi videor—Bellum intulit, quasi fortunam provocare vellet — Morbo urgear, si redeam!—Quid sentiam, medicus ipse non cernit — Strepitum hostilium armorum exaudiri nunciabatur.

3 — Animus et corpus sunt dissimilia natura — Ego et tu remedium quæremus—Tu et Cicero quid animus sit, videtis.

COMPOSITION.

1 — Rege exstincto, ministri (commodum quippe futurum rati, si fortunam hostium in consilio habuissent) ultro bellum intulerunt.

2 — Darius autem, strepitum hostilium armorum exaudiens, victoriam sibi e manibus sensit eripi.

3 — Quibus in rebus, ait: Persarum regem ne deprehenderint, videtis; agnitisque amicis: Victoriam nobis isti volunt eripere; sed nequidquam, si mihi fortunam meam insequi licet.

4 — Pene jam inopia debellatos hostes cernere mihi videor : proinde, si quid animi in agmine est, strenuum belli remedium quæram.

5 — Id si expeterent tempora, armis insequendo ad Hellespontum penetrarem; sed eos obscura ignobilique morte exstingui melius est.

6 — Scriptas ergo epistolas dedit commilitonibus pariter atque medicis Alexandri.

7 — Sed redeo ad illud; si, ut dicitur, medicos admittemus, nunquam valebimus.

8 — Quid est ergo, Patres conscripti, quod oculos vestros possit effugere ?

9 — Si quis vestrum far ac farinam obtulisset, aras impii sanguine non cruentavissent.

10 — Omnes in Ciceronem ora atque oculos converterant.

11 — Si tempora expetierint, bellum habueris.

REPOS DE L'ÉTUDE.

MORT DE CYRUS.

Tomyris, reine des Scythes, dressa des embûches dans les montagnes et massacra deux cent mille Perses, y compris le roi. Cette victoire a encore ceci de mémorable, qu'il ne resta pas même un soldat pour porter la nouvelle d'une si grande défaite. La reine fit couper la tête de Cyrus et la fit plonger dans une outre remplie de sang humain, en lui reprochant sa cruauté en ces termes : Abreuve-toi de ce sang dont tu as toujours été altéré.

CHAPITRE HUITIÈME.

EXERCICE PRÉPARATOIRE.

1 — Pernĭcĭēs—Pernĭcĭēī—Vīdĭmŭs—Incussĕram—Temerĭtās, ātis—Sollicĭtāvit—Sollicĭtāmur—Interfēcit—Ausūrum—Experīri—Dīlēxit—Dătus—Salūtis—Pŭĕrō—Dĕdit—Secūtus—Quæsītus—Expetītus—Tradĭtum—Redĭtum.

2 — Talenta decem omnibus dari jussit—Ergo pro se quisque periculum augebant—Ad Philippum, natione Acarnanem, diligendum sollicitatus erat—Quisque remedii novitatem esse suspectam arbitrabantur—Expetebat tempus amicum, qui regem eximia caritate diligeret — Te precor ne remedium experiaris.

COMPOSITION.

1 — Perquam præceps illa temeritas invitavit medicos, ut inexperta quærerent remedia.

2 — Ingens omnibus incutiebatur cura, ne remedii novitate periculum augeretur.

3 — Aliquem etiam a latere regis ad perniciem ipsius sollicitatum esse arbitrabantur.

4 — Philippus autem immemor sui, et eximia in regem caritate incitatus, agmen in Ciliciam secutus fuerat.

5 — Inter hæc Darius, cum interfectorem Alexandri quæreret, Philippum jussit suspectum pronunciari.

6 — Erat inter eos medicus, natione Acarnan, cui rex iste se pecuniam dedisse nunciabat.

CHAPITRE NEUVIÈME.

EXERCICE PRÉPARATOIRE.

1 — Strĕnŭum—Remedĭum—Polĭŏnĕ—Levātūrŭm—Promīsit—Pollicēbātur—Armă— Posĭtam— Stārĕ— Sumptūrŭs—Quĭbus—Nĕ—Committĕret—Metŭs—Corrŭpit—Abĕssĕ—Rēīpublicæ—Sŭīsquĕ—Timēbam—Evenīrent— Ĕă quæ — Pœnitet—Offendĕrim—Tĭbĭ—Ipsī.

2 — Ventum est—Perventum est—Curritur ad mortem — Orandum est, ut—Optandum est, ut—Nunciabitur— Satius ou melius erat—Satius ou melius erit—Pugnatum est.

3 — Nos pœnitet —Illas pœnitet —Te pœnitet—Illos pœnitebat—Vos pœnitebat—Me pœnituit—Vos pœnituit—Nos pœnituerat—Te pœnituerat—Te pœnitebit—Nos pœnituerit— Illum pœnituerit — Illam pœniteat — Me pœniteat—Vos pœniteret—Nos pœnituerit—Vos pœnituisset.

4 — Te pudet—Nos pudet—Illum puduit—Illam puduit—Vos pudebat—Nos pudebat—Me puduerat—Nos pudebit—Illam pudebit—Te pudeat—Nos puduerit—Vos puduisset—Pudere.

5 — Quibas—Quibis—Quivisti—Quiveras— Quiveris— Queat—Que-

amus— Quires — Quivissent — Nequis— Nequeunt —Nequibamus—Nequibo—Nequibis—Nequivi—Nequiveram — Nequivero — Nequiverim — Nequivissem.

6 — Aiebant — Aiebamus — Fatus est — Fata est— Fatus erat—Fati erant—Fabitur hoc aliquis—Meminerant—Meminerunt — Meminisses—Meministi—Fiebamus—Facti sumus—Factæ eramus— Fiemus— Fierent —Facta sit—Fiat.

7 — Strenuissimum remediorum—Imperat medicis ut remedium afferant— Imperat medicis ne remedium afferant — Id faciendum curavit — Cura ut medicamentum sumas — Nos morbum levaturos esse promittimus —Id mihi placet—Regi permissum fuit, ut ante signa staret—Student ut omnia perpetiantur—Cave ne salutem tuam ei committas—Timeo ut convalescat—Timeo ne moriatur—Quis est, quin eum viderit?—Lætor quod litteras meas accepit—Jube fugiat.

COMPOSITION;

1 — Oportet ante oculos omnium vim morbi levari.
2 — Remedium afferre nequeunt.
3 — Philippus ait, Alexander negat.
4 — Aio te potionem sumpsisse.
5 — Vix ea fatus erat (Virg.)
6 — Memento te sororem meam esse.
7 — Quis est, quin cernat quod remedium potione medicata afferatur?
8 — Quid obstat, quominus tanta vis morbi levetur?
9— Alexandro res nulla placebat, præter id ipsum quod Philippus pollicitus erat.
10 — Haud scio quid pollicitus esset, sed fidissimus medentium, arbitror, ducentis talentis a Dario corrumpi non potuisset.
11 — Litteras ægre ferens, quibus ei denunciabatur ne cuiquam salutem suam committeret, medici promissum secreta æstimatione pensavit.
12 — Medentes ergo regem negabant ante diem quinquagesimum sumpsisse medicamentum.
13 — Non dubito quin facilius moram perpessus esset, si tantum et arma et aciem in oculis habere potuisset.
14 — Non de memet ipso sed de Philippo dico, Alexandri medico.
15 — Alexander quippe suapte vi animi mortem facilius quam moram perpeti poterat.
16 — Tute suis (si modo meministi) id me tibi dixisse. Cic.

REPOS DE L'ÉTUDE.

Celui qui désire le bien d'autrui, perd avec raison le sien.

Un chien nageait dans un fleuve en portant un morceau de viande. Apercevant son image dans le miroir des eaux, il crut voir un autre chien qui portait une autre proie. Il voulut la lui ravir, mais son avidité fut déçue ; il lâcha la nourriture qu'il tenait dans sa gueule, sans pouvoir atteindre celle qu'il convoitait.

CHAPITRE DIXIÈME.

EXERCICE PRÉPARATOIRE.

1 — Bibĕrĕ—Dătum fŭĕrit—Accidĕrit— Evēnissĕ—Vidĕātur —Tabernaculō — Scelĕrĕ —Metū — Nullī—Annulī— Cuī—Cŭī— Subjēcit—Cogitatiōnes —Destinātus — Diluĕrat —Parmeniōnĕ— Manū—Accēpit.

2 — *E* crément est bref à l'infinitif de la troisième conjugaison. — Il est bref également dans les temps en *eram*, *erim*, *ero* (Ch. VII).

3 — *E* crément est long à l'imparfait de la seconde, de la troisième et de la quatrième conjugaison. — Il est long en outre dans les parfaits de deux syllabes et les temps qui en sont formés (Ch. VIII) : *evenisse* a pour primitif *veni*, parfait de *venio* ; *subjecit* a pour primitif *jeci*, parfait de *jacio* ; *accepit* a pour primitif *cepi*, parfait de *capio*.

4 — *A* crément des verbes est long, excepté dans *dare* et ses composés ; c'est pourquoi il est long dans *videatur*, *versato*, etc., et bref dans *datum*.

5 — *O* crément des noms de la troisième déclinaison est long, mais il est bref dans les noms neutres *us*, *oris*, etc.

6 — Inter flumen et Tarsum — Inter spem metumque—Inter vitam et mortem—Inter hostes oppressus est—Inter prælium mortuus est — Ipse inter primos intravit—Inter alia—Duo venena inter se paria — Inter bibendum, inter pocula—Inter se opprimunt—Sermo quem inter se habuerunt—Negotia inter se contraria.

7 — In Macedoniam venit—In castra pervenit —Ille in sua sententia perseverabat—Tabernaculique in modum— Magis in dies convalescit.

COMPOSITION.

1 — Quid enunciem curam ingentem strenuo agmini litteris incussam ?

2 — Quidquid accedit haud immerito videtur evenisse, quippe regis comites, fide segnium medicorum non damnata, ipso in tabernaculo eum opprimi passi fuerant.

3 — At satius erat quid subjecissent pensare, quam animum in diversa versare.

4 — Post biduum, Alexander, levato corpore in cubitum, acceptum e manibus Parmenionis poculum hausit interritus.

5 — Inter has cogitationes pulvino incumbens, epistolam sigillo impressit; ac postea quum venenum bibisset, in conspectu omnium exstinctus est.

6 — Die destinato, Philippus annulum regis sinistra tenens, spem nuptiarum sororis Darii pronunciavit.

7 — Una spes salutis est, istorum inter istos dissensio.

8 — Alexander autem in eam spem venerat, se medicorum ope atque arte curari posse.

9 — Quum in tabernaculum ventum esset, medicis circumstantibus, litteræ mittuntur a Parmenione.

10 — Vicesima tertia legio in sinistro latere erat, tricesima in dextro.

CHAPITRE ONZIÈME.

EXERCICE PRÉPARATOIRE.

1 — Lĕgĕrĕ—Vultū—Môvit—Conscĭentĭæ—Notās—Orĕ—Indignatiōnis—Pavōris—Nĕc—Ā—Tĕ—Mĕ—Orŏ—Patĕrĕ—Concipī—Molestē—Rēgem—Fēcit—Secernĕ—Criminābātur—Habitārĕ—Audīvisset—Exhibērī—Lūcĕ—Dicĭtur.

2 — Parce que e crément est bref devant r dans la 3ᵉ conjugaison, et long dans la seconde (Ch. VII).

3 — Par la règle générale sur a crément dans les verbes.

4 — Par une exception à la règle sur c final (Ch. III).

5 — Parce que les parfaits de deux syllabes ont la première longue (Ch. VIII).

6 — Par la règle générale sur u final.

7 — Par exception à la règle générale sur e crément des noms de la troisième déclinaison (Ch. V).

8 — Par exception à la règle sur u crément de la troisième déclinaison (Ch. VI).

9 — Satis indignationis *ou* satis magna indignatio — Satis vocis non habes—Nimis epistolarum *ou* nimis multæ epistolæ—Uterque vestrum—Reliqui agnorum *ou* reliqui agni—Alii regum *ou* alii reges.

10 — Tarso redibamus—Imus Romam—Ad Catilinam se contulerunt—Profecti sumus Romam—Ex urbe egressi sunt—Ruri habitant—Domum redeamus — Per Macedoniam iter faciemus — Unde venis? Roma — Quo pergis? Antiochiam—Qua transis? per Italiam—Ubi habitat? Hic.

11 — Vir magno animo—Homo nomine illustris—Qua spe huc venerunt?—Nemo melle vivit—Urbs nostra adolescentibus abundat —Ab eo libera me — Magna me sollicitudine liberavit—Hanc domum quinque talentis emimus.

COMPOSITION.

1 — Tum rex magno metu erat, sed ratus vitam suam e Philippo pendere, spem maximam ostendit.

2 — Cujus a vultu non movit oculos, conceptoque venis medicamento : « Fide comes, inquit, plus indignationis quam pavoris habes; itaque servatus a te crimen parricidii quo turbaris, diluam. »

3 — Alexander, omissa Parmenionis epistola, laxavit paulisper animum, et jam sese servatum arbitrabatur, quum domi suæ mortuus est.

4 — Ajax gladio incubuit, et sibi ipse attulit mortem, etsi bello sane virum opprimi melius est.

5 — Quem Philippus quum e Macedonia sequebatur, hoc prædicebat animo ; atque, omissis his rebus, omnes bonæ spei plenos faciebat.

6 — Video, inquit, commilitones, omnium vestrum ex me pendere salutem; tenete nunc seduli conscientiæ notas in ore meo deprehensas.

7 — Satis superque habeo quod mihi dederis.

8 — Nimium boni accidit cui nihil accidit mali.

9 — Opera quæ legi exemplis abundant, ac maximam afferunt utilitatem.

10 — Villam suam dimidio carius emerat quam existimaveram.

11 — Mi adolescens, quum ingenium solerter aliquid agendi habeas, sunt majora melioraque quæ facere mecum possis.

12 — Nam genus hoc vivo jam decrescebat Homero. Juv.

13 — Per id temporis medicamentum concipi venis incipiebat.

REPOS DE L'ÉTUDE.
ANTIGONE ET LE CYNIQUE.

Un cynique demanda un talent à Antigone, qui lui répondit qu'un cynique ne devait pas demander une aussi forte somme. Celui-ci repoussé demanda un denier, mais on lui répondit que c'était trop peu pour qu'un roi pût le donner. Cette subtilité est honteuse ; il trouva moyen de ne donner ni l'un ni l'autre. Dans le denier, il ne considéra que la grandeur d'un roi, et dans le talent, il ne considéra que la basse condition du cynique, tandis qu'il pouvait donner le denier à un cynique et, comme roi, donner le talent. S'il est vrai qu'il est des présents trop grands pour qu'un cynique puisse les accepter, il n'est rien de si petite valeur que l'humanité d'un roi ne puisse convenablement accorder.

CHAPITRE DOUZIÈME.

EXERCICE PRÉPARATOIRE.

1 — Tĭbĭ — Experīrī — Hāc epistolā — Bĭbī — Credŏ — Fidē — Salutĕ — Locūtus — Interclūsus — Arctē — Omīsit — Corpŏrī — Odōrĕ — Excitāvit — Modŏ — Modō — Admonērĕ.

2 — Parce que *i* est long au premier crément des verbes de la 4ᵉ conjugaison (Chap. VII).

3 — *Omisit* est formé de *misit* dont la première syllabe est longue par la règle concernant les parfaits de deux syllabes. *Bibi*, avec *dedi*, *tuli*, etc., a la première syllabe brève par exception à cette même règle (Ch. VIII).

4 — *E* final est bref dans *salute*, *odore*, *admonere* par la règle générale, et long, par exception à cette règle, dans l'adverbe de la 2ᵉ déclinaison *arcte* et dans l'ablatif de la 5ᵉ déclinaison *fide* (Ch. II).

5 — *A* est long dans *hac*, parce que *c* final est long, excepté dans *hic* où il est ad libitum (Ch. III) ; il est long à l'ablatif de la 1ʳᵉ déclinaison (Chap. II).

6 — *O* final est ad libitum ; mais il est long dans les ablatifs de la 2ᵉ déclinaison et bref dans *modo* et ses composés (Ch. II-VI).

7 — In eo erat, ut biberet — Talis est odor vini, ut corpus excitet — Philippus modo ait hoc, modo illud — Ut primum me vidit, dextram obtulit — Eos hoc moneo — Victoriam *ou* victoriæ obliviscitur — Regis miserebatur — Mentis compos erat — Parmenionis appropinquantis te admonebo — Capiti fomenta admovere.

8 — Ejus sororum magni intererat — Est filii matrem diligere — Hoc erit tibi saluti — Est vino gratus odor — Aliquid alicui honori vertere — Parmenionem pudebat criminationis suæ — Incipit illum epistolæ pœnitere.

COMPOSITION.

1 — Si dii, Parmenio, mihi permiserint quidlibet experiri, nullum profecto medicamen omittam, et quod dilueris bibam.

2 — Ceterum habet hoc temeritas, ut semper moveat animos, et sæpe certiorem victoriam afferat.

3 — Tanta vis animi inest in illis, ut agmen ad perniciem hostium sollicitantes vastam in Ciliciam redire audeant.

4 — Quas litteras accepi perlectæ fuerunt a Dario, qui, nullis rebus inexpertis, pro sua salute cœpit esse sollicitus.

5 — Ut primum fomentis corpus excitavit, nunc vino, nunc cibo vires auctæ fuerunt.

6 — Amiculum sinistra, poculumque dextra tenens regem invitavit, ut compos mentis esset, ac matris sororisque reminisceretur.

7 — Pro suo rege ita dimicaverunt (*ou* propugnaverunt), ut ictibus confossi fuerint.

8 — Nemo fuit, qui non me pro suis viribus in tanto periculo adjuverit.

9 — Philippo crimini dabatur, quindecim talenta a Dario accepisse.

CHAPITRE TREIZIÈME.

EXERCICE PRÉPARATOIRE.

1 — *U* est long dans *diffudit*, parce qu'il est long dans *fudit*, qui est un parfait de deux syllabes ; il est long dans *salubritas*, parce qu'il est long de sa nature dans *saluber*.

2 — La première syllabe est brève dans *quoque*, conjonction ; elle est longue partout ailleurs, où elle est purement l'ablatif de *qui*.

3 — *A* crément des verbes étant long, cette quantité se maintient dans les dérivés : *exspectare, exspectatio, venerari, veneratio, admirari, admiratio*.

4 — *B* et *t* veulent la syllabe précédente brève quand ils terminent un mot, ou que, dans le même mot, ils sont suivis d'une voyelle ou de *h* (Ch. III et IV).

5 — La première syllabe de *dediti* est longue parce que la particule *de* est longue dans les composés (Ch. IV) ; la deuxième syllabe est brève parce que le parfait de *dedo* n'est pas en *ivi* (Ch. VIII).

6 — Cognitio grammatices *ou* grammaticæ—Se dediderunt rhetoricæ—Ejus vitæ perlegi epitomen — Vitaï tanta Cupido (Lucr.) — Æneas erat filius Anchisæ — Pie Ænea, commilitones intuere — Virgili, o fili ! — Flumen dicebat Eurydicen—O Orpheu, Eurydicen tuam recuperare non potuisti.

7 — O bellum impium ! — O hominem avidum ! — Bonitas regis erga exercitum—An vigorem tuum recuperasti ?— Utrum venit huc an illuc ?— Venisne mecum ?—Medicus hic unde est ? — Tibi ego dico ? an non ? Quid vis ?—Quidnam ait nunc ?— Quid est ? — Quid sit ?

8 — Uter nostrum fidelior est ? tune ? an ego ?—Uter utrum amplexus est ?—Quotus enim quisque clarus est ?

COMPOSITION.

1 — Omnes in ministros crimen parricidii haud injuria diffudit exercitus, sed nemo eorum capite damnatus est.

2 — Aptissima omnino sunt arma senectutis, artes, exercitationesque virtutum, quæ in omni ætate cultæ, quum diu multumque vixeris, mirificos efferunt fructus, non solum quia nunquam deserunt, ne in extremo quidem tempore ætatis (quamquam id maximum est) verum etiam quia conscientia bene actæ vitæ, multorumque bene factorum recordatio jucundissima est.

3 — Animi vigorem mature corporisque salubritatem recuperavit; quippe post diem nonum quam tabernaculum intraverat, plus spei quam metus paulatim ostendit; ac deinde stare potuit ante exercitum.

4 — Alexander matris sororumque majore flagrabat caritate, quam ut earum oblivisceretur.

5 — Quid dulcius, ut ait Tullius, quam habere quicum audeas sic loqui, ut tecum?

6 — Eodem tempore, gens Macedonica Alexandrum ingenita in reges suos veneratione intuebatur : namque mirabile visu erat, quantum admirationis excitavisset temeritate.

7 — Fortes fortuna adjuvat. Ter.

8 — Non, quia ades præsens, dico. Ter.

9 — Ego regem militibus cariorem vidi neminem, quam Alexandrum.

10 — Orpheum poetam docet Aristoteles nunquam fuisse.

11 — Si hoc optimum factu judicarem, eum morte multari : id statim in conspectu militum fieri juberem.

REPOS DE L'ÉTUDE.

Quand Alexandre parcourait l'Inde, en portant le ravage parmi des peuples à peine connus de leurs voisins, il fut atteint par une flèche au moment où il faisait le tour des murailles pour en connaître les points les plus faibles. Cependant il resta longtemps à cheval et continua son observation ; mais, le sang ayant été arrêté, la douleur de cette blessure sèche augmenta de plus en plus, et sa jambe, qui pendait, s'engourdit. Contraint de renoncer, il s'écria : « Tous assurent que je suis fils de Jupiter; mais cette blessure me crie que je ne suis qu'un homme. »

CHAPITRE QUATORZIÈME.

COMPOSITION.

1 — Fac, amice, ut noctis istius supremæ tristissima imago, mente mea removeatur.

2 — In eo quidem dolor, omnium latine loquentium more, ponitur, quum ita pectus conficitur nostrum, ut præ morbo torpeant sensus.

3 — Servos comites legentis ac vestes opesque parantis gemitu luctuque sonabat domus : quocumque adspiceret, mœstos flentesque viros cernebat.

4 — Si licet fidis uti servis, Cæsarem extremum adlocutus, uxorem, natamque, mihi tot cara, strenue relinquam,

5 — His ego finibus discedam : quantum enim potero, numinum vicinis habitantium templis patiar jussa.

6 — Talia audientis tristes ex oculis lacrymæ labuntur ; Nasonis, dicendum est enim sæpius, quis nesciat fatum ?

7 — Sanguis per venas in omne corpus diffunditur. Cic.

8 — Te nunc adloquimur, Ovidi, ad nubes suspice, et eum videbis qui te suis ignibus percusserit.

9 — Laurus, ait Plinius, fulmine non icitur.

CHAPITRE QUINZIÈME.

COMPOSITION.

1 — At Cæsari proximam esse mortem evidentia prodigia denunciabant; ille vero, præter opinionem omnium, religionem spernebat.

2 — Coloni contra maxima cum religione terram scrutabantur, propterea quod sanctiora fiunt vetustate sepulcra.

3 — Perpauca tamen vascula sunt reperta ; quandoque tabulam æneam effodissent, hanc sententiam a conditore Capuæ verbis græcis conscriptam invenerunt.

4 — « Multa post secula, vir dignus memoria, Jove prognatus, manu consanguineorum necabitur. »

5 — In illo tempore, Cæsar, quum Rubiconem flumen exercitum trajecisset, equos omnes consecravit, eosque sine equite dimisit.

6 — Vix Capuæ coloni ultra fines Ausoniæ deducti erant, quum, quod de villis dictum fuerat exstruendis, falsum ac commenticium inventum est.

7 — Scire mihi videris, hæc quanta sit clades.

8 — Cibo abstinentem ubertimque flentem monuerunt custodes, ut consanguineos caveret; ille autem ad hæc, quæ voluit, respondit.

9 — Lex est ratio summa insita in natura, quæ jubet ea quæ facienda sunt, prohibetque contraria. Cic.

10 — Quum haruspex Spurinna ad Capys sepulcrum constitisset, dixit sine cunctatione quod sentiebat, atque futuram cædem omnibus denunciavit.

11 — Multo ante diem destinatam, cum familiarissimis Cæsaris Italiam transiit, atque ejus cædem maximis cladibus vindicavit.

REPOS DE L'ÉTUDE.

CALIGULA.

Il avait une taille élevée, un teint pâle, un corps énorme, des jambes et un cou grêles, des tempes et des yeux caves, un front large et oblique. Ajoutons à ce portrait qu'il avait fort peu de cheveux, qu'il avait le sommet de la tête entièrement nu et que le reste de son corps était velu. Aussi était-ce commettre un crime et s'exposer à sa perte que de le regarder passer d'un endroit élevé, ou de prononcer le mot chèvre pour un motif quelconque. Il s'appliquait à donner un air farouche à son visage déjà hideux et repoussant, et s'exerçait, devant un miroir, à produire l'épouvante et la terreur. Rien n'était sain dans cet homme, ni le corps, ni l'esprit.

CHAPITRE SEIZIÈME.

COMPOSITION.

1 — Romani in bello non crudeles, nec superbi erant; Galli autem, quos vicerint hostes captos immolant.

2 — Adventu Bruti non Cæsar modo, sed omnes etiam circumstantes pavorem deposuerunt.

3 — Nihil igitur cunctatus, omnique metu mortis spreto, ad senatum sexta fere hora se contulit.

4 — Iisdem diebus haruspicem Spurinnam irridens, per quem de periculo erat monitus, vetusto Romanorum modo, immolare voluit.

5 — Postero die Cæsaris cadaver ædibus suis infertur, plerisque quid accidisset, quove casu exstinctus esset ignaris.

6 — Cæsar, aliquot diebus curato vulnere, quum audiisset convaluisse apud milites famam mortis suæ, extrui in medio foro tabulis junctis tabernaculum jussit, ex quo se ostenderet periisse credentibus.

7 — Quamobrem spes omnium talis fuit, ut studiose dextram jungerent, rati quidem Cæsaris letum causam urbi magnarum cladium fore.

8 — Quartusdecimus annus est, ex quo spei tuæ admotus sum; tantum honorum atque opum in me cumulasti, ut nihil felicitati meæ desit.

9 — Dico et fuisse me Cæsaris familiarissimum, et ut essem nihil inexpertum omisisse.

CHAPITRE DIX-SEPTIÈME.

COMPOSITION.

1 — Ea quæ secuta est nocte, Lepidus ab Italia jam discessisse audiebatur.

2 — Lecticis quinque et viginti circiter acceptis, atque eo pluribus hostiis impositis, ex hac domo ad Capitolium progrediuntur.

3 — Interim jacebat vulneribus confossus donec, utroque conjurato circumstante, locutus est unus e Cascis : Jure occisum Cæsarem, atque per cædem unius populum Romanum esse servatum.

4 — Tum ad ea respondit Brutus : Alia jam nunc de re agitur; bona ejus publicentur; acta rescindantur; exanimumque corpus in Tiberim trahatur.

5 — Erant autem, qui existimarent, nullum exitum tot tantisque malis esse sperandum; cuncti igitur per vias diffugientes, Cæsarem ad cœlum tollebant (*ou efferebant*), tamque insignem virum ignobili morte exstinctum esse querebantur.

6 — Tertia enim vigilia certiores facti, quæ in senatu gesta essent, requirere cœperant, quid conjurati in animo haberent.

7 — Quo quid potest dici tristius ? Propius accesserunt, quo facilius eum pugionibus peterent.

8 — Quod ubi Marco Antonio cognitum est, vocari ad se jubet Spurinnam aliosque haruspices; qui sine mora domo egressi, per hostias diis supplicaverunt.

REPOS DE L'ÉTUDE.

Sophocle fit des tragédies jusqu'à l'âge le plus avancé. Attendu que, pour se livrer à ces travaux, il paraissait négliger ses affaires domestiques, ses fils le citèrent en justice, dans le but de le faire interdire, comme cela se pratique chez nous pour les parents dont la gestion est mauvaise. On rapporte qu'alors le vieillard lut aux juges sa pièce d'*OEdipe à Colone* qu'il venait de composer, et qu'il demanda si ce poëme était l'œuvre d'un insensé. Après cette lecture, il fut absous par la sentence des juges.

CHAPITRE DIX-HUITIÈME.

COMPOSITION.

1 — Sæpe impetum cepi abrumpendæ vitæ; patris me indulgentissimi senectus retinuit. Itaque imperavi mihi ut viverem; aliquando enim et vivere, fortiter facere est. Quæ mihi tunc fuerint solatio dicam, si primo hoc dixero, hæc ipsa, quibus acquiescebam, medicinæ vim habuisse. In remedium cedunt honesta solatia : et, quidquid animum erexit, etiam corpori prodest. Studia mihi nostra saluti fuerunt : philosophiæ acceptum fero, quod surrexi, quod convalui; illi vitam debeo, et nihil illi minus debeo.

2 — Ego tibi illud præcipio, quod non tantum hujus morbi, sed totius vitæ remedium est : contemne mortem! nihil triste est, quum hujus metum effugimus.

3 — Morieris, non quia ægrotas, sed quia vivis. Ista te res et senatum manet ; quum convalueris, non mortem, sed valetudinem effugies.

4 — Magnos cruciatus habet morbus; sed nemo potest valde dolere et diu.

5 — Mortem desinamus horrere. Desinemus autem, si fines bonorum ac malorum cognoverimus; ita demum nec vita tædio erit, nec mors timori. Vitam enim occupare satietas sui non potest, tot res varias, magnas, divinas percensentem : in odium illam sui adducere solet iners otium. Sen.

6 — Biduum Romæ remansit Regulus.

7 — Primo die in senatum processit, vultu præferens constantiam animi : Mare, inquit, cum parvo sed forti exercitu trajecimus, paratis ad renovandum bellum militibus.

8 — Post prælium cum Carthaginiensibus consertum, agmen in duas partes divisum colligere statueram; jamque magnum injeceram terrorem, quum ad tempus destitutus a multis, gravi vulnere tardatus deficiensque, hostibus ipsis contra quos agebam, traditus fui.

9 — Victum corpus habent Pœni at non equidem animum.

10 — Ad cruciatus jamjam sum reversurus; nam ego vobis non ut bello pacem exitiosam præferatis, suadeo, sed contra ut (videte quantum legionibus nostris confidam) laudandam victoriam reportetis, hostesque istos in acie superatos subjugetis.

11 — Habetis strenuos mortis meæ ultores, ac si imperatorem civemque romanum amiseritis, haud frustra saltem belli fortunam experti eritis.

12 — Ob eas res senatus decrevit, populusque jussit supplicationes per dies quinquaginta constitui.

13 — Clarissimus vir dimicatione et periculo vitæ suæ bene de republica meritus erat.

CHAPITRE DIX-NEUVIÈME.

COMPOSITION.

1 — Sunt quos iniquissimo fœnore pecuniam juvat ab aliis cogere ; nunquam eos suadeas ut procul ab omni metu civium potentiorum limina deserant.

2 — Beatus ille qui, solutus auri sæva fame, modo jacens sub jucunda populo, Baccho sacra, jam adultas prospectat oves ; modo fructus decerpens melli certantes, ad ripam fontis dulci tumultu obstrepentis, justa laborum deponit præmia.

3 — Irati si Jovis imbres, hyemisque nives comparentur, levem in somnum tranquillo et quieto animo labetur, moxque vacuus curis hominum nequitiæ obliviscetur.

4 — Pars hominum gaudet plura, quam satis est, comparare ; sunt qui contra forum vitent, ac parvo sciant uti.

5 — Si exspectare velimus, dum apri in plagas obstantes irruant, non est ut eos multa cane trudamus.

6 — Quisquis studet (*ou* laborat) oblivisci veterum quæ accepit beneficia, indignus nimirum est, qui recentia impetret.

7 — At miles pro patria non timidus mori, maris non horret pericula, quum prima luce classico excitatur.

8 — Ne forte putes ramos inutiles falce amputatos vitibus nocere ; hoc enim maxime modo adolescunt arbores mitioribusque pomis ruris amatorem munerantur.

9 — Sunt qui bobus junctis, alii vero equis terram exerceant.

10 — Me voluptates agricolarum delectant. Agri equidem colendi studia tenebo usque ad extremum (*ou* ultimum) tempus ætatis (*ou* senectutis) : quorum satietas studiorum vitæ faciet satietatem.

REPOS DE L'ÉTUDE.

Socrate rencontra Xénophon dans une rue étroite. Voyant un jeune homme d'une figure parfaitement belle et modeste, il lui barra le passage avec un bâton. Celui-ci s'étant arrêté, Socrate lui demanda où se vendaient les choses nécessaires aux divers usages des citoyens. Xénophon ayant aussitôt satisfait à cette demande, le philosophe lui demanda en quel endroit les hommes devenaient bons et honnêtes. Le jeune homme répondit qu'il l'ignorait : « Suivez-moi donc, reprit Socrate. » C'est à partir de ce jour que Xénophon commença à être son disciple.

CHAPITRE VINGTIÈME.

COMPOSITION.

1 — Pluribus de causis turpe atque deforme est, quum quid dicamus, inconsulte loqui ac temere ; danda autem opera est (*ou* videndum autem est), ne quid de industria atque emolumenti nostri causa reticeamus : tunc enim de nobis haud aliter existimandum est, atque de iis qui vanam orationem adhibent.

2 — Quod si ita est, Pythium istum, de quo dicit Tullius, fallacem, improbum sordidumque hominem esse, quis non videt ?

3 — Te ego, inquit, ad cœnam in crastinum diem (*ou seul*, in crastinum) non auderem invitare, ni vererer ne forte quemquam esse tui amantiorem existimares.

4 — Qua ex re, quantum te amem, judicare potes.

5 — Pythius noster, nummis dives in fœnore positis, atque negotiari sed non otiari solitus, hortulos quam plurimo vendere gestiebat.

6 — Audite autem ea quæ de Canio, equite Romano, commemorata sunt.

7 — Fama quum percrebuisset, Canium quemdam nobili genere natum, oblectationis causa Syracusas venisse, multi argentarii hominem salutaturi omni festinatione accurrerunt.

8 — Venales alii hortos, alii vero equos habere dictitabant : quod longe secus est ; nam aliud est equitare, aliud in hortulo pedibus ambulare.

9 — Illi porro sæpissime decipiuntur, qui se totos voluptatibus tradere et quamlibet ad rem cupiditate inflammari solent.

CHAPITRE VINGT-ET-UNIÈME.

COMPOSITION.

1 — Omnium rerum, ut opinor, nec vituperabilius est quidquam, quam aliud simulare et aliud agere, nec laudabilius, quam aperte veritatem colere.

2 — Fit autem ex altera parte, ut qui plerumque sapientes haberi so-

leant, inveniantur non esse sapientes; nam multæ incidunt causæ, quæ sæpe virum vel prudentem ac providum nimia cupiditate incendant.

3 — Porro Pythius a convocatis piscatoribus petiverat, ut ante suos oculos piscarentur.

4 — Ad Canii opinionem, non satis multæ erant cymbæ, quæ tot pisces id genus continerent. Non poterat quin exclamaret se nunquam alias tantum vidisse piscium.

5 — Quanti, quæso, inquit, hortulos simul cum aquatione vendes? Villa ista tua carere non possum. Minime miror quid sit, quod longe eam urbi anteponas.

6 — Te oro atque obtestor, ut sine cunctatione ac mora negotium conficias; tanti quanti voles, emam.

7 — Et ille : quid interest, utrum hodierno an crastino die nomina faciamus? Tibi licet hortulis uti, si velis, ut tuis.

8 — Hæc dum inter eos geruntur, proximi vicini se mature congregant, e Canio pro se quisque quærentes, num omnes hos pisces ante villam captos fuisse arbitraretur.

9 — An quisquam, re audita, dubitabit appellare Pythium omnium latronum turpissimum?

10 — Platonis etiam illi hortuli propinqui non memoriam solum mihi offerunt, sed ipsum videntur in conspectu meo hic ponere. Cic.

11 — Cicero ruri, in Tusculano villam ædificaverat, ubi oblectationem animi, requiemque curarum inveniret.

REPOS DE L'ÉTUDE.

On demandait à Socrate s'il regardait comme heureux Archélaüs, fils de Perdiccas, qui passait pour le plus fortuné des hommes. « Je n'en sais rien, répondit-il, car je ne me suis jamais entretenu avec lui. — Que dites-vous? Ne pouvez-vous en juger sans cela? — En aucune façon. — Vous ne pouvez donc pas même dire si le grand roi des Perses est heureux? — Comment le pourrais-je, puisque j'ignore jusqu'à quel point il est savant et homme de bien? — Quoi! c'est donc en cela que vous mettez le bonheur? — Oui, je pense assurément que les gens de bien sont heureux, et les méchants, malheureux. — Archélaüs est donc malheureux? — Sans doute, s'il est injuste. »

CHAPITRE VINGT-DEUXIÈME.

COMPOSITION.

1 — Studendum certe quoties licebit, et quam plurimum et ubique.

2 — Soli ex tempore dicendi facultatem consequi possunt, qui, ut

supra dixi (*ou* significavi), maximam suæ vitæ partem in laboribus studiorum consumpserunt (*ou* exhauserunt).

3 — Si de elocutione dicendum præceptori fuerit, non sola erit agenda diligentia verborum, sed rerum præcipue sollicitudo. Nam, ut orationi leporem verbis opportune positis, sic eloquentiæ rebus ratione et modo delectis vim afferimus.

4 — Sed primo sciendum est, quem quoque verbum postulet locum, et quo maxime modo fructus dispositio effundat uberrimos.

5 — Quod si magnum id, de quo toties sententiam diximus, est judicandum, non solum quid causæ conferat, sed etiam quid deceat, quæramus necesse est.

6 — Quod si quis hæc firmissima eloquentiæ fundamenta vituperat, summo in errore versatur; neque enim perfectus fiet orator, nisi vir bonus, nisi pro virili parte vera atque honesta dicere conatus.

7 — Apud Ciceronem legimus : Erit igitur eloquens is, qui in foro causisque civilibus ita dicet, ut probet, ut delectat, ut flectat. Probare, necessitatis est ; delectare, suavitatis ; flectere, victoriæ.

8 — Plerumque de decoro peccamus. In quo vitio cavendo intuendum est, quatenus progredi possimus.

9 — Ceterum hæc consilia mea non eo pertinent, ut difficultatem laboremque augeant scribendi; sed hac in re quam diligens et attentus fuerit Marcus Tullius, intelligi non potest.

10 — Consuetudo exercitatioque sola dicendi vires faciunt tales, quæ forensi certamini sufficiant.

11 — Judicium igitur ac delectus magnus adhibeatur. Nam ut segetes fecundæ et uberes, non solum fruges, verum herbas etiam effundunt inimicissimas frugibus; sic interdum ingenia disciplinis exculta, aut inania gignunt, aut causis aliena.

CHAPITRE VINGT-TROISIÈME.

COMPOSITION.

1 — Sequitur ut cujusque generis nota quæratur et formula.

2 — Orator atticus summissus est, et humilis, consuetudinem imitans, ab indisertis re plus quam opinione differens; nam orationis subtilitas imitabilis illa quidem videtur esse existimanti, sed nihil est experienti minus. Etsi enim non plurimi sanguinis est, habeat tamen succum aliquem oportet, ut, etiam si illis maximis viribus careat, sit ut ita dicam, integra valetudine.

3 — In idem genus orationis (loquor enim de illa modica atque tem-

perata) verborum cadunt lumina omnia, multa etiam sententiarum : latæ eruditæque disputationes ab eodem explicantur, et loci communes sine contentione inducuntur. Est enim quoddam etiam insigne, et florens orationis, pictum et expolitum genus, in quo omnes verborum, omnes sententiarum illigantur lepores.

4 — Tertius est ille amplus, copiosus, gravis, ornatus, in quo profecto vis maxima est. Hujus eloquentiæ est tractare animos, hujus omni modo permovere. Hæc modo perfringit, modo irrepit in sensus; inserit novas opiniones, evellit insitas. Multum interest inter hoc dicendi genus, et superiora.

5 — Marco Tullio jamdiu florente, Hortensius, qui ante eum eloquentiæ principatum tenebat, forensi certamine caruit.

6 — Disertos aiebat M. Antonius se vidisse multos, eloquentem omnino neminem Hæc erat vera eloquentia quam Cicero quærebat.

7 — Attamen majores nostri omni laude dignissimi eloquentiæ operam dedere maximam; nullo enim modo animus audientis aut permoveri aut converti potest, qui modus a summis oratoribus non tentatus sit.

8 — Fieri sæpe potest, ut quis recte sentiat, et id quod sentit, melius scribere quam eloqui possit.

REPOS DE L'ÉTUDE.

Chacun redoute instinctivement la mort, sans la connaître; chacun pressent son ennemi et a la conscience de ce qui sert à le protéger; chacun connaît la force et l'usage de ses armes. Ainsi, le scare, qui au fond de l'eau est tombé dans un piége, se met en garde contre l'appât que la ruse lui a fait prendre. Il n'ose pas attaquer le réseau de front, mais il recule en frappant l'osier des coups redoublés de sa queue et parvient à s'échapper. Bien plus, si par hasard un autre scare, passant au près de lui, le voit se débattre dans la nasse, il le saisit par la queue.

Quand la sèche, si lente pour la fuite, se trouve surprise au milieu des eaux, et que déjà elle appréhende la main qui la recherche, elle vomit un liquide noir qui trouble la transparence de la mer, et, trompant les regards de son persécuteur, elle dissimule ainsi la route qu'elle veut prendre.

CHAPITRE VINGT-QUATRIÈME.

COMPOSITION.

1 — Hac me sequere, ut ædeis meas videre possies.
2 — Quasnam ædeis?

3 — Hasce, quas multo carius emi quam existumabam.

4 — Insanusne es?

5 — Quidum?

6 — Octoginta minas arrhaboni, quas sciam, dedisti?

7 — Ita 'st.

8 — Quid tibi ægre 'st? Duodeviginti minas cedo, et res conficietur.

9 — Videndum 'st primum, utrum adcipiet, an non adcipiet.

10 — Te juvabo, operamque dabo. Te docebo, ut dicto factoque eum fallas.

11 — Facis amice, neque vero istoc Danista, a quo argentum fœnore sumpsimus, quemquam vidisti magis astutum et maleficum.

12 — Certo scio. Sat sapit, siquis ab illo modo uno cavet.

13 — Nomen interiisse dictitat mutuum.

14 — Credere metuit?

15 — Patri ipsi, cui subriperet potius. Alexander Magnus maxumas, iste autem quæstuosissumas res gessit. Hominum audacem? Adolescentum perniciem! Di me perduint, ni verum loquor! nemo est nequior, scelestior, fraudulentior. Absens agit audacius quæ coram non est ausus. Hujus si forcilles fidem : Quidnam hoc rei est ait; sibi quisque ruri metit; ab astutis cavere conor strenue, sed probus homo sum.

16 — Pro di immortaleis! istic Danista novos mihi erat. Agedum, te lubenter audio.

17 — Homo frugi bonæ ita verbis hujus conficitur, ut censeat se cum Socrate conloqui; sicque credulus deludi patitur. Tum quidquid istic harpagavit argenti, domum tollens curriculo currit. Sed, tace, ædeis hiscunt; eccum, ad nos se confert.

18 — Edepol, nobis obportune advenit. Ardeo cupiditate incredibili, furciferum ut nostrum affatim concipilem.

CHAPITRE VINGT-CINQUIÈME.

COMPOSITION.

1 — Tibi gratiam habeo.

2 — Qua de re?

3 — Uxorem mihi dari graviter, ut scis, ferebam. Te suasore in tempore mi advenit Charinus; et intelligis, arbitror, quid obtigerit.

4 — Rogas? hercle intelligo.

5 — Parentes meos adiit Charinus : Filii indoles, inquit, aliam vitam postulat. Non te præterea fugit quam siet callida Glycerium; quæ sane Pamphilum ea lege diligit, ut, si filium ex altera parte duxerit, ex

altera autem patris habeat nummos. Nihil circuitione utor; sed muliercula dolo et audacia abundat; cura, obsecro, ne quid resciscat.

6 — Quietus esto, nemo ex me scibit : at, summe mi amice, dic, sodes cuja Glycerium?

7 — Chremetis filia.

8 — More hominum evenit, ut, ii qui minus habent, semper aliquid addant divitioribus.

9 — Censen' eam esse Glycerium, ut nos in suis secundis respicere nolit?

10 — Dii me oderint, ni magis nos quam oculos suos nunc amat.

11 — Exspecta, dum redeam; nec erit ulla mora quin mihi profuisse gaudeas.

12 — Noster est nunc Chremes.

13 — Frugi homo est; sed hoc est ei vitium vel maximum, ut ea somniet quæ vigilans voluerit.

14 — Vereor autem, ne me absente despondeatur.

15 — Nihil pericli est. Nos arcessi jussi, statim ut transigetur; præsertim si quid est quod nostra opera rei opus sit.

16 — Hoccine credibile est, ut omnia quæ volam sit Chremes facturus?

17 — Omnia. Eamus ergo intro; restat tantum ut cives plaudant.

REPOS DE L'ÉTUDE.

On doit s'imposer la plus grande réserve en présence des enfants. Si vous vous préparez à commettre une action honteuse, respectez les tendres années de votre jeune fils ; que sa présence soit un obstacle pour la faute que vous méditez. Car si un jour sa conduite attire la colère du censeur, s'il vous ressemble par les mœurs aussi bien que par le corps et le visage, quand en suivant vos traces il se montrera en tout point plus pervers que vous-même, vous le réprimanderez sans doute, vous prendrez un ton acerbe et vous vous mettrez en devoir de changer les termes de votre testament ? D'où vient ce front? D'où empruntez-vous cette liberté qui convient à un père, lorsque vous faites pis que votre enfant, vous, vieillard dont la tête, vide de cervelle, réclame depuis longtemps les ventouses?

FIN DE LA CLEF DES EXERCICES.

PARIS.—IMPRIMÉ CHEZ BONAVENTURE ET DUCESSOIS.

1856.   PRINCIPALES PUBLICATIONS   1856.

DE LA LIBRAIRIE ÉTRANGÈRE DE DERACHE,

RUE DU BOULOY, 7, AU PREMIER, A PARIS.

MÉTHODE-ROBERTSON.

EXERCICES PRATIQUES

Préparatoires au *Nouveau Cours de langue anglaise*, de T. Robertson, à l'usage des Maisons d'éducation; par Miss ROBERTSON. Troisième édition augmentée d'un *Vocabulaire des mots usuels*, des *Éléments de Grammaire*, des *Conjugaisons*. In-18, cart.   1 fr. 50 c.

Dépouiller l'enseignement de son aridité, placer la pratique avant la théorie, c'est entrer dans le véritable esprit de la *Méthode-Robertson*. Afin d'atteindre ce but, l'auteur a pris pour texte deux historiettes faciles, *Androclès et son Lion*, puis le *Vieillard, son Fils et l'Ane*. Elles ont une traduction interlinéaire et littérale ; puis des phrases d'un usage fréquent sont formées avec les mots appris dans les leçons.

NOUVEAU COURS DE LANGUE ANGLAISE,
PAR T. ROBERTSON.

Quatre volumes in-8 brochés, **avec** LA CLEF DES EXERCICES DE TRADUCTION ET DE COMPOSITION contenus dans le *Nouveau Cours* :   15 fr.
— Les mêmes brochés, **sans** LA CLEF DES EXERCICES :   12 fr.

On trouve pour 75 cent. en sus chaque volume cartonné.

Les personnes étrangères à l'étude des langues, qui ouvriront cet ouvrage en se défiant de leur aptitude ou de leurs forces, seront agréablement surprises de voir combien il est simple et facile de lire, de traduire, de parler et d'acquérir des connaissances de grammaire dès la première leçon. Au lieu d'un chemin tortueux, hérissé d'obstacles et d'ennuis, elles trouvent une route droite, large, praticable et commode, qui, même au point de départ, permet de voir le but, de mesurer la distance, de calculer le temps qu'on mettra pour arriver, selon qu'on est plus ou moins bon marcheur.

On vend séparément :

1° La 1re *ou* la 2e PARTIE DU *Cours* **avec** LA CLEF DES EXERCICES :   4 fr.
2° La 3e PARTIE **avec** LA CLEF DES EXERCICES, suivie de l'*Index ou Table raisonnée des trois parties, formant une grammaire alphabétique* 5 fr.
3° DICTIONNAIRE DES RACINES ANGLAISES, précédé d'un *Traité de la formation des mots*, par T. ROBERTSON. Paris, 1839. In-8, br. 2 fr.

Ou bien encore séparément :

1° La 1re *ou* la 2e PARTIE DU *Cours* **sans** LA CLEF DES EXERCICES : 3 fr.
2° La 3e PARTIE **sans** LA CLEF DES EXERCICES, suivi de l'*Index*, etc. 4 fr.
3° Et le DICTIONNAIRE DES RACINES ANGLAISES :   2 fr.

LEÇONS PRATIQUES DE LANGUE ANGLAISE

A l'usage des Etablissements d'instruction publique, par T. ROBERTSON. 6e édition augmentée des *Exercices préparatoires*. Un vol. in-8, br. 3 fr.
— Le même volume cartonné solidement : . . . . 3 fr. 75

Ces leçons, extraites des soixante leçons du *Nouveau Cours de langue anglaise*, ne renferment que le texte avec la prononciation notée,—les questions sans les réponses en regard,—la phraséologie en anglais seulement, comme sujet de *versions;* — les exercices préparatoires, — la composition ou le *thème*.

On vend séparément les divisions suivantes de cet ouvrage

1° LEÇONS I à XX, 1re partie (" *Sultan Mahmoud,* " etc.).   1 fr. 25
2° LEÇONS XXI à XL, 2e partie (" *Young John Lounger,* " etc.). 1 fr. 25
3° LEÇONS XLI à LX, 3e partie (" *I sit down to breakfast,* " etc.). 1 fr. 25

2   LIBRAIRIE ÉTRANGÈRE DE DERACHE, RUE DU BOULOY, 7, AU 1ᵉʳ, A PARIS.

THE GARLAND,
CHOIX DE MORCEAUX EXTRAITS DES MEILLEURS PROSATEURS CONTEMPORAINS par T. ROBERTSON. 2ᵉ édition. *Paris*, 1850. Un volume in-8 br. 4 fr. 50

CONTENTS : *Murad the Unlucky*, by Miss Edgeworth. — *La Bella Tabaccaia*, by Leigh Hunt. — *The Moor's Legacy;* —*Rip Van Winkle*, by W. Irving.—*The Tour of the Virtues*, by Bulwer. —*Curiosities of Literature*, by D'Israeli. — *The adventures of Timothy*, by Marryat.— *Louis XI and the Astrologer* — *Sir Walter Raleigh and Elizabeth*, by Walter Scott. — *A Sea-Fight*, by Cooper.— *A Race for a Wig*, by Howard. — *The Election;* — *The Drunkard's death;* — *Mr. Minns and his Cousin;* — *The Steam Excursion*, by Dickens. — *The Fisherman of Scarphout*, by James. — *A Dissertation upon Roast Pig*, by Ch. Lamb. — *Scenes at Sea*, by Wilson. — *The Shopman*, by Warren.

Ce choix a pour but de faire connaître la littérature anglaise, le genre de style des prosateurs anglais, et surtout celui des romanciers modernes. Des notes bibliographiques et littéraires, réunies à la fin du volume, aplanissent toutes les difficultés.

THE WHOLE FRENCH LANGUAGE[*]
COMPRISED IN A SERIES OF LESSONS, WITH A KEY TO THE EXERCISES, by T. ROBERTSON. *Paris*, 1853-54. Complete in two vols. 8° : 14 fr. *sewed,* —15 fr. 50 c. *boards.*

Sold separately :

Vol. I, with the Key. *Paris*. Un vol. in-8°. 6 fr. *sewed,*—6 fr. 75 c. *boards.*

——THE SAME, without the Key. 5 fr. *sewed,*—5 fr. 75 c. *boards.*

Vol. II, with a copious Index and an *Alphabetical Grammar* comprising all the rules, observations and exceptions contained in the work ; giving the radical irregular verbs and their derivatives ; the plural of compound substantives, and such exceptional words as were not required to be inserted in the text ; with a Key to the Exercises. *Paris*. Un vol. 8 fr. *sewed*,— 8 fr. 75 c. *boards.*

——THE SAME, without the Key. 7 fr. *sewed,*—7 fr. 75 c. *boards.*

PRACTICAL LESSONS IN FRENCH[*]
Extracted from THE WHOLE FRENCH LANGUAGE, and arranged for the use of Schools, by T. ROBERTSON. *Paris*, 1853-54. Complete in one vol. 8° : 3 fr. 50 c. *sewed,*—4 fr. 25 c. *boards.*

Sold separately : Part I : 1 fr. 50 c. *sewed.* —Part II : 2 fr. *sewed.*

The lessons contain the text with the pronunciation figured, the questions without the answers, the preparatory exercises, and the phrases without the Key.

ROBERTSON'S ENGLISH THEATRE. Répertoire de quelques-unes des plus jolies pièces du Théâtre anglais, avec la *traduction française en regard.*

—— William Thompson (ou *Lequel est-ce ?*); a farce, in two acts, by Caroline Boaden. In-18 broché :　　　　　　　　1 fr. 50
—— Isabella (ou *le Mariage fatal*); a tragedy in five acts, by Southern. In-18 broché :　　　　　　　　1 fr. 50
—— Bertram (ou *le Château de Saint-Aldobrand*); a tragedy in five acts, by Maturin. In-18 broché :　　　　　　　　1 fr. 50
—— The Hunchback (ou *le Bossu*); a play, in five acts, by Sheridan Knowles. In-18 broché :　　　　　　　　1 fr. 50
—— The Sleeping Draught (*le Narcotique*); a farce in two acts, by S. Penley. In-18 broché :　　　　　　　　1 fr. 50
—— High life below stairs (*le Salon dans la Cuisine*); a farce in two acts, by Townley. In-18 broché :　　　　　　　　1 fr. 50

---

[*] *Sold also by* DULAU *and* Cᵒ, 37, *Soho-Square, London.*

LIBRAIRIE ÉTRANGÈRE DE DERACHE, RUE DU BOULOY, 7, AU 1er, A PARIS.   3

ROBINSON CRUSOÉ
(ABRÉGÉ DE LA VIE ET DES AVENTURES DE),

Arrangé en série de Leçons progressives de langue anglaise d'après la *Méthode-Robertson*, à l'usage des Maisons d'éducation, par H. HAMILTON. Paris, 1856, 2e édition. Un vol. in-12, broché avec la *Clef des Exercices de composition, des fables et historiettes* de l'ouvrage :   4 fr. 50
—— LE MÊME OUVRAGE, broché sans la *Clef des Exercices:*   3 fr. 50

Chaque exemplaire cartonné : 50 centimes en sus.

Chaque leçon renferme, complet en lui-même, un incident que M. Hamilton a encadré pour ainsi dire en y mettant pour titre, quelquefois un proverbe, et plus souvent une maxime, que De Foé a mise dans la bouche de son héros et qui résume le contenu de chaque leçon. Ces textes ont été appliqués en leçons progressives aux différents exercices si attrayants de la Méthode-Robertson. A partir de la dixième leçon, M. Hamilton a joint aux exercices, comme *repos de l'étude*, une collection charmante d'historiettes et d'anecdotes puisée dans les auteurs anglais les plus célèbres; une leçon de transition, contenant une analyse raisonnée de la conjugaison interrogative, en aplanit les difficultés. La phraséologie, les dialogues, la dictée, la accographie, l'étymologie, la lexiologie et les épreuves orales complètent les exercices que l'auteur a évoqués pour stimuler le goût d'une langue devenue indispensable.

THE VICAR OF WAKEFIELD,

Quatre chapitres, avec la prononciation figurée d'après la *Méthode-Robertson*, et augmentés de nombreuses notes philologiques, grammaticales et anecdotiques, par H. HAMILTON. *Paris*, 2me édition. In-8 br.   2 fr. 50

THE POETICAL READER,

A selection from the eminent poets of the last period of English literature, with a preliminary essay, biographical introductions and notes in French and German, for the use of young people of both nations; by HARVEY. *Paris*. Un fort volume in-12, br.   4 fr. 50

Ce volume peut être considéré comme une histoire pratique de la poésie anglaise pendant la dernière période de cette littérature. On a suivi l'ordre chronologique dans le classement des auteurs et de leurs diverses productions, et l'on s'est borné aux poètes de premier ordre, tels que Burns, Cooper, Crabbe, Pope, S. Rogers, Wordsworth, W. Scott, Coleridge, Southey, Th. Campbell, Moore, Byron.

BUNCLE'S SIMPLE AND INSTRUCTIVE STORIES,

Little Plays, Fables in prose, and Tales about the sea, natural history, from Edgar, Barbauld, Parley, Aikin and others, revised by W. CAMPBELL. Deuxième édition. *Paris*. Un vol. in-18, fig. cart.   1 fr. 50

Peu d'ouvrages offrent à la jeunesse plus d'intérêt que les *Historiettes de M. Buncle* et celles qui complètent cet intéressant petit volume. Simplicité dans les sujets, style pur et varié, charme soutenu; tout, enfin, captive l'attention de l'élève et le conduit, sans qu'il s'en doute, à comprendre des ouvrages bien plus importants.

THE STUDENT'S PASTIME:

Being a selection from the most esteemed works of Inglis, W. Irving, Miss Edgeworth, Th. Moore, Miss Mitford; to which are added numerous anecdotes and other amusing pieces; by DAWSON. *Paris*. In-8°, br. 2 fr.

Il est superflu de parler ici du mérite des auteurs, il est universellement reconnu; nous nous bornerons donc à citer quelques-uns des morceaux empruntés à leurs meilleurs ouvrages, et qui offrent des textes variés pour l'étude : *A Night of imminent peril on the banks of the Adige*, par Inglis. — *Murad the Unlucky*, (a fragment) by Miss Edgeworth. — *The Moor's Legacy*, by Irving. — *The Queen of the Meadow*, by Miss R. Mitford. — *Forget me not.* — *The Student of Bagdad*, by Th. Moore. — *The Love of Flowers.* — *The conjugating Dutchman.* — *An odd Adventure*, etc.

LIBRAIRIE ÉTRANGÈRE DE DERACHE, RUE DU BOULOY, 7 AU 1er, A PARIS.

COURS DE LANGUE ALLEMANDE,

D'après la *Méthode-Robertson*, AVEC DES EXERCICES GRADUÉS, CONVERSATIONS, PHRASES ET LOCUTIONS USUELLES, formant un *Cours de Thèmes et de Versions*, par J. SAVOYE. 5e édition, revue et augmentée. *Paris*, 1856. —Un fort vol. in-8, broché, avec *spécimen d'écriture allemande*, et suivi du *Corrigé des Exercices* : 7 fr. 50
——Le même ouvrage broché, sans le *Corrigé des Exercices* : 6 fr. »

GERMANIA,

RECUEIL EN PROSE ET EN VERS de Littérature allemande, par J. SAVOYE. Deuxième édition, en deux parties graduées. *Paris*, 1845. 2 forts vol. in-8, brochés, imprimés en caractères allemands. 12 fr.
——Le 1er volume contient la *prose*. — Le 2e volume contient la *poésie.* —
  NOTA. — Chaque volume se vend séparément au prix de SIX FRANCS.

COURS DE LANGUE GRECQUE

(*Grec ancien*), en 24 leçons, d'après la *Méthode-Robertson*, par DUSSERT. *Paris*, 1839. In-8, br. 2 fr. 50

COURS DE LANGUE LATINE

Divisé en vingt cinq chapitres, avec *Exercices préparatoires, Repos d'étude*, et suivi du *Corrigé des Exercices*, d'après la *Méthode-Robertson*, par AM. JACQUET. *Paris*, 1856. Un fort volume in-8º, broché. 6 fr. »
——Le même volume cartonné, dos en percaline gaufrée : 6 fr. 75

Chaque chapitre de cet ouvrage est précédé d'un texte qui est expliqué, commenté, et d'où l'auteur fait découler méthodiquement les principes et le mécanisme de la langue latine. Ce texte est tiré des écrivains les plus recommandables et de genres différents : Quinte-Curce, Ovide, Suétone, Saint Augustin, Horace, Cicéron, Quintilien, Plaute et Térence.—La marche, les exercices, les développements, tout tend à former l'élève à une interprétation exacte des auteurs et à une phraséologie latine sûre et correcte. Ce Cours est éminemment propre à répondre aux exigences des baccalauréats ès-lettres et ès-sciences, tant pour la version que pour la composition. L'élève qui aura étudié, compris et retenu les principes développés dans ce traité et qui en aura suivi les exercices avec une attention soutenue, possédera la majeure partie du matériel de la langue latine, il sera capable d'en reproduire l'esprit et la marche dans une composition.

COURS DE LANGUE ITALIENNE,

D'après la *Méthode-Robertson*, par D. MARTELLI. 4me édition, précédée d'un *Traité de prononciation*, suivie d'un *Aperçu* sur les *Italianismes*, et d'une *Clef des Exercices. Paris*, 1853. Un volume in-8, br. 3 fr. 50

LEÇONS DE LANGUE ESPAGNOLE,

D'après la *Méthode-Robertson*, par LÉONCE MALLEFILLE. Troisième édition, considérablement augmentée. *Paris*, 1855. Un fort vol. in-12, 4 fr. 50 c.

L'auteur a divisé son ouvrage en quatre parties : la première a pour résultat de faire connaître les règles fondamentales de l'Espagnol ; — la deuxième présente les verbes irréguliers et les groupe d'une manière toute nouvelle ; — la troisième est accompagnée de phrases familières les plus usitées dans la conversation de chaque jour ; — la quatrième se compose d'extraits des meilleurs auteurs espagnols, Cadalso, Padre Isla, Hurtado de Mendoza, Cervantes, Quevedo, Guevara, Martinez de la Rosa, Toreno, Mesonero Romanos, Guarcia Gutierrez, Villergas ; — ces extraits sont suivis de la *traduction française*. M. Mallefille a ensuite tracé le *Caractère de la langue espagnole*, donné une *Histoire abrégée de sa littérature*; enfin, des notes nombreuses caractérisent rapidement les écrivains dont l'Espagne s'honore.

Paris.—Imprimerie Bonaventure et Ducessois, 55, quai des Augustins.

www.ingramcontent.com/pod-product-compliance
Lightning Source LLC
Chambersburg PA
CBHW050245230426
43664CB00012B/1839